同济法学先哲文存

薛祀光集

薛祀光 著

陈 颐 编

商务印书馆
The Commercial Press
创于1897

同济法学先哲文存
编 委 会

薛祀光教授

(1901—1987)

总　序

同济大学的法科教育,可溯至1914年11月同济大学接收青岛特别高等专门学堂法政科9名学生。1945年9月13日,南京国民政府教育部训令同济大学:"兹为积极培植法律人才,该校自本学年度起成立法学院,并先设法律学系开始招生,仰迅筹办具报,此令。"同月,同济大学发布增设法学院并先添设法律学系布告,筹办法学院,并于当年12月正式开学。

自清末修律以来,近代中国法制变革以日本(清末)、德国(南京国民政府时期)为宗。但在法律教育领域,介绍德国法学者独付阙如。同济大学之外国语文向以德文为主,教育部训令同济大学增设法学院,应是基于上述考量。故此,同济大学法学院之课程及一切设施参照德国法律教育制度,是近代中国法律教育史上唯一一所以德国法为特色的法学院。

同济大学法学院能在近代中国法律教育史上留有一席之地,除了德国法特色外,与法学院在短时期内汇聚了一批国内名家,有莫大的关联。法学院首任院长胡元义教授为南京国民政府教育部第一届部聘教授(第一届部聘教授中唯一的法科教授),民法造诣深厚;继任院长徐道隣教授为德国柏林大学法学博士、一代法学大家;代理院长薛祀光教授为中山大学法学院创始院长,精研债法;代理院长张企泰教授为法国巴黎大学博士,并曾任德国波恩大学及柏林大学法学院研究员。范扬、余群宗、吴岐、俞叔平、顾福漕、刘笃、钱实甫、萧作梁、何远岫、叶叔良、左仍彦、陈盛清、谢怀栻、丘日庆、余鑫如、林诚毅、胡继纯、曹茂良、朱伯康诸教授皆学养深厚、术有专攻、著述不辍，堪称一时之盛。

值此学习贯彻习近平法治思想、开启法治中国建设新征程之际，同济大学法学院奉"同舟共济"之校训，怀"继往"之心，全面整理同济法学先哲著述，纪念同济法学先哲；秉"开来"之愿，勇担"立时代潮头，育法治英才，发思想先声"的历史使命。"同济法学先哲文存"的编辑出版，为同济大学法学院"四分之三世纪再出发"构筑了历史底色，也为全面推进"新法科"建设提供了丰富的先哲智慧。

同济法学先哲，执教同济之先，大抵皆曾掌各名校教席有著誉者；1949年院系调整后，虽散落各方，亦皆曾为新中国法制、法学与法律教育的创建著有功勋。"同济法学先哲文存"的编辑出版，非仅以存同济法学院一院之学，亦拟为中国法学涵化百廿年传统、再创新章略尽绵薄之力。

谨此为序。

"同济法学先哲文存"编委会

二〇二〇年十二月

凡　例

一、"同济法学先哲文存"收录近代同济法学先哲所著,成就斐然、泽被学林的法学文存。入选作品以名作为主,或选录名篇合集。

二、入选著作内容、编次一仍其旧,率以原刊或作者修订、校阅本为底本,参校他本,正其讹误。前人引书,时有省略更改,倘不失原意,则不以原书文字改动引文;如确需校改,则出脚注说明版本依据,以"编者注"或"校者注"形式说明。

三、作者自有其文字风格,各时代均有其语言习惯,可不按现行用法、写法及表现手法改动原文;原书专名(人名、地名、术语)及译名与今不统一者,亦不作改动。如确系作者笔误、排印舛误、数据计算与外文拼写错误等,则予径改。

四、原书为直排繁体,除个别特殊情况,均改作横排简体。原书无标点或仅有简单断句者,增加新式标点;专名号从略。

五、原书篇后注原则上移作脚注,双行夹注改为单行夹注。文献著录则从其原貌,稍加统一。

六、原书因年代久远而字迹模糊或纸页残缺者,据所缺字数用"□"表示;字数难以确定者,则用"(下缺)"表示。

目　录

民法债编各论 ……………………………………………………………… 1

论文 …………………………………………………………… 415

法的本质 ……………………………………………………… 416

法的拘束力 …………………………………………………… 437

如何实现法治? ……………………………………………… 445

宪政与法治 …………………………………………………… 454

宪法上关于人民基本权利之规定 ………………………… 460

刺德布鲁夫(G. Radbruch)的相对主义法律哲学 …………… 468

Léon Duguit 的法律思想 …………………………………… 478

中国法系的特征及其将来 ………………………………… 484

对于我国《民法》之批评 ………………………………… 495

债权之内容——债权与请求权 …………………………… 504

混合契约之分类 …………………………………………… 517

论公同共有之性质 ………………………………………… 525

读《民法物编立法原则》关于典权部分后所感 ………… 534

典权之性质 ………………………………………………… 542

对于司法院院字第四九三号及第四三八号解释之批评 ……… 568

关于典业之回赎问题 ……………………………………… 576

祀产的立法问题 ·································· 596

妇女结婚后的姓及姓在法律学上之我见 ·············· 604

关于妾之解释判例之批评 ······················· 612

寡妇的继承权问题 ····························· 622

举证责任之分配 ······························· 632

律师制度存在的意义 ··························· 646

编后记 ···································· 655

民法债编各论

目　次

第一章　买卖

　第一节　买卖之意义及其性质

　第二节　买卖之成立

　第三节　买卖之效力

　　第一项　出卖人之义务

　　第二项　买受人之义务

　　第三项　买卖标的物之危险负担

　　第四项　买卖费用之负担

　第四节　买回

　第五节　特种买卖

　　第一项　试验买卖

　　第二项　货样买卖

　　第三项　分期付价买卖

　　第四项　拍卖

第二章　互易

第三章　交互计算

　第一节　交互计算之意义及其性质

　第二节　交互计算之客体

第三节　计算前之效力

第四节　计算行为

第五节　计算后之效力

第六节　交互计算关系之消灭

第四章　赠与

第一节　赠与之意义及其性质

第二节　赠与之效力

第三节　赠与之撤销

第四节　特种赠与

　第一项　附有负担之赠与

　第二项　定期给付之赠与

第五章　租赁

第一节　租赁之意义及其性质

第二节　租赁之期限

第三节　租赁之效力

　第一项　出租人之权利义务

　第二项　承租人之权利义务

　第三项　租赁关系之法定继受

第四节　租赁关系之消灭

第五节　特种租赁

　第一项　房屋租赁

　　第一目　《土地法》第三编第三章之规定

　　第二目　《房屋租赁条例》之规定

　　　第二项　基地租赁
　　　第三项　耕地租赁

第六章　借贷
　第一节　使用借贷
　　第一项　使用借贷之意义及其性质
　　第二项　使用借贷之效力
　　　第一目　贷与人之权利义务
　　　第二目　借用人之权利义务
　　第三项　使用借贷关系之消灭
　第二节　消费借贷
　　第一项　消费借贷之意义及其性质
　　第二项　消费借贷之效力
　　　第一目　贷与人之义务
　　　第二目　借用人之义务
　　第三项　以货物折算金钱而为借贷

第七章　雇佣
　第一节　雇佣之意义及其性质
　第二节　雇佣之效力
　第三节　雇佣关系之消灭

第八章　承揽
　第一节　承揽之意义及其性质
　第二节　承揽之效力

第一项　承揽人之义务

第二项　定作人之义务

第三项　工作之毁损灭失或不能完成之效果

第三节　承揽关系之消灭

第九章　出版

第一节　出版之意义及其性质

第二节　出版之效力

第三节　出版关系之消灭

第十章　委任

第一节　委任之意义及其性质

第二节　委任之成立

第三节　委任与权限

第四节　委任之效力

第一项　受任人之义务

第二项　委任人之义务

第五节　委任关系之消灭

第十一章　经理人及代办商

第一节　经理人

第一项　经理人之意义

第二项　经理权

第三项　经理人之义务

第二节　代办商

第一项 代办商之意义

第二项 代办权

第三项 代办商之权利义务

第四项 代办商关系之消灭

第十二章 居间

第一节 居间之意义及其性质

第二节 居间之效力

第一项 居间人之法律上之地位

第二项 居间人之义务

第三项 居间人之权利

第十三章 行纪

第一节 行纪之意义及其性质

第二节 行纪之效力

第十四章 寄托

第一节 寄托之意义及其性质

第二节 寄托之效力

第三节 寄托关系之消灭

第四节 消费寄托

第一项 消费寄托之意义及其性质

第二项 消费寄托之效力

第三项 消费寄托之推定

第五节 旅店主人之法定寄托关系及其保管责任

第十五章　仓库

　　第一节　仓库营业人之意义

　　第二节　仓库契约之意义及其性质

　　第三节　仓库契约之效力

第十六章　运送营业

　　第一节　总说

　　　第一项　《民法》所规定运送营业之范围

　　　第二项　运送人之意义

　　　第三项　运送契约之意义及其性质

　　第二节　物品运送

　　　第一项　物品运送契约之性质

　　　第二项　托运单

　　　第三项　提单

　　　第四项　物品运送契约之效力

　　　　第一目　托运人与运送人间之权利义务

　　　　第二目　受货人与运送人间之权利义务

　　　　第三目　提单持有人与运送人间之权利义务

　　　第五项　相继运送

　　第三节　旅客运送

　　　第一项　总说

　　　第二项　旅客运送契约之效力

第十七章　承揽运送

　　第一节　总说

第二节　承揽运送契约之效力

第十八章　合伙
第一节　合伙之意义及其性质
第二节　合伙之效力
　第一项　合伙之效力与登记之关系
　第二项　合伙之出资
　第三项　合伙事务之执行
　第四项　合伙之财产关系
　　第一目　合伙财产
　　第二目　合伙债务
　　第三目　损益分配
　第五项　合伙人之债权人就合伙人之权利所得行使之权利之限制
第三节　合伙之变更
第四节　合伙之脱退与加入
　第一项　合伙之脱退
　第二项　合伙之加入
第五节　合伙之解散与清算
　第一项　合伙之解散
　第二项　合伙之清算

第十九章　隐名合伙
第一节　隐名合伙之意义及其性质
第二节　隐名合伙之效力
第三节　隐名合伙人对于第三人之关系

第四节 隐名合伙之消灭

第二十章 指示证券
  第一节 指示证券之意义及其性质
  第二节 指示证券之发行
  第三节 指示证券之承担
  第四节 指示证券之让与
  第五节 指示证券之给付
  第六节 指示证券之失效

第二十一章 无记名证券
  第一节 无记名证券之意义及其性质
  第二节 无记名证券之发行
  第三节 无记名证券之流通
  第四节 无记名证券之给付
  第五节 无记名证券之遗失被盗或灭失

第二十二章 终身定期金
  第一节 终身定期金契约之意义及其性质
  第二节 终身定期金契约之效力
  第三节 终身定期金之遗赠

第二十三章 和解
  第一节 和解之意义及其性质
  第二节 和解之效力

第三节   和解之撤销

第二十四章   保证
  第一节   保证之意义及其性质
  第二节   保证之效力
    第一项   保证债务之范围
    第二项   保证人之抗辩权
    第三项   就主债务人所生之事项对于保证人之效力
    第四项   共同保证
  第三节   保证人对于主债务人之关系
  第四节   保证责任之消灭
  第五节   法定保证

第一章 买 卖

第一节 买卖之意义及其性质

称买卖者,谓当事人约定,一方移转财产权于他方,他方支付价金之契约(三四五条一项[①])。以下就其性质分点述之。

(一)买卖是约定移转财产权之契约

(甲)凡属财产权,除其移转为法律所禁止,或为其性质所不许者外,均得为买卖契约之标的。不但物之所有权得为买卖(即所谓物之买卖),所有权以外之物权、债权及无体财产权亦得为买卖。

(乙)此所谓移转云者,乃包括移转、设定二者而言。买卖契约不仅得以财产权之移转为标的,并得以财产权之设定为标的。最明显之例,如约定由他方一次过支付若干金钱,一方为他方设定地上权,在地上权未设定之前,双方关于设定地上权之合意是也。

(丙)因买卖之原因,而移转财产权者,除现买卖外,必须经过二个契约。第一步,仅发生移转财产权之债务;第二步,始实行移转财产权。民法所称买卖,乃仅指前者之契约而言。是故:

[①] 上编《民法债编各论》所称"××条"者,如未指明系"××法××条",均指 1929—1930 年南京国民政府制定公布的《中华民国民法》。——编者注

1. 买卖标的之财产权,并不以属于出卖人者为限。就第三人之所有物,订立买卖契约者,亦系有效,且并不发生侵权问题。盖甲尽可自乙买来,转卖于丙。就第三人之所有物,订立买卖契约,未必即概是给付自始不能也。给付非自始不能者,契约自仍系有效。至于买卖契约既尚只发生债权的效力,并不发生物权的效力。就第三人之所有物,订立买卖契约,尚仅买卖契约之订立,对于第三人自尚不发生侵权问题。且实际上,彼营西书之买卖者,岂非极多之情形,均是先接受我人之定单,而后始向外国进货乎?岂能谓我人此种定书之行为均属无效?

2. 现在尚未存在,而将来可以发生之财产权,例如某制作物,现在虽尚未完成,亦得先订立买卖契约。工厂所接受之定单,往往属于此种情形。

3. 就一个财产权,先后或同时与二个人订立二个买卖契约,应亦非无效。盖买卖契约既只是发生债权,债权并无排他性故也。因是乙丙二人对于甲虽均得请求移转此财产权,究尚只是乙丙对于甲有同样之债权而已,并非乙丙二人对于物有同样之物权,于理论上仍属无妨。不过甲对于乙丙中之一人,他日必难逃债务不履行之责任而已。且甲乙,甲丙之契约,纵订立有先后,甲对于乙丙何人履行,仍听其自便。

4. 买卖标的之财产权,在买卖契约订立当时,并无特定之必要,只须在债务履行时可以特定足矣。且一般买卖,常以种类物买卖为多,唯民法三四五条以下,原则的系关于特定物买卖之规定。

(二)买卖是约定支付价金之契约

约定移转财产权之契约,并不以买卖契约为限。唯更约定支付价金者,始系买卖契约。价金者,与移转财产权相对价之金钱给付也。

(甲)价金或为法定货币,或为自由货币;或为本国货币,或为外国货币。唯价金之债,必须系金额之债,或特种金钱之债。若约定交付特定金钱者,则其性质并非买卖契约。

（乙）价金之数额,必须与财产权相对价。若价金不足以与买卖标的物之价值相抵,而具有半卖半送之意思者,则其性质并非单纯之买卖契约。

（丙）价金之数额,并非在订立买卖契约当时即须确定,只须定有确定之方法,届履行价金债务时,得以确定足矣。例如期货之买卖,一般情形,固系预先订定价格,然亦得约定依交货时之市价以为计算。

（三）买卖系双务契约

因《民法》关于买卖之规定,出卖人须负移转财产权之债务,买受人须负支付价金之债务,二者互相对价,是故买卖应系双务契约。

然例如付若干钱,买香烟乙[一]包之情形,若亦以为系先成立买卖之债权契约,而后为债务之履行,未免与事实不符。此种情形,学者称之为现买卖。余以为现买卖则并非双务契约,仅能准用《民法》买卖之规定。

（四）买卖系有偿契约

无论《民法》上之买卖,抑或现买卖,均系有偿契约。因其双方之给付,互相对价故也。

《民法》且认为买卖乃典型的有偿契约。买卖之规定,对于其他之有偿契约,除性质所不许者外,均得准用之(三四七条)。

第二节　买卖之成立

买卖契约之成立,《民法》并无规定若何之方式。只须双方当事人对于负担移转财产权与支付价金之债务,表示合意即可。有无字据之订立,乃所不问。虽关于不动产之买卖,其债权契约,亦无订立字据之必要。

买卖契约之必要之点,仅移转财产权与支付价金二者而已。关于契约费用之负担,债务履行之时期及处所,担保责任等,则除当事人特以之为买卖成立要件者外,无合意或为表示之必要(三四五条二项)。

财产权之特定,亦并非买卖契约之成立要件。且物之买卖,一般的常仅指定物之种类。其所发生之财产权移转债务,一般的常系种类债务。又关于买卖标的物之数量与乎价金之数额,至交货交钱时,尚不能确定者,买卖契约虽无从生效,至于订约时已否确定,则与买卖契约之成立无关。

地方习惯上,虽有关于某种买卖,认为必须交付定金者。《民法》之规定,则买卖契约之成立,并不以交付定金为要件。唯出卖人已受有定金者,依照二四八条之规定,视为买卖成立而已。

买卖契约未成立前,有先订立买卖预约者。此预约之内容,乃契约双方当事人互负订立买卖契约之义务。仅订立预约,预约尚未履行之前,买卖契约尚未成立也。唯一般所称书籍之预约,则其正确之意义,并非预约,而系买卖契约。

第三节　买卖之效力

第一项　出卖人之义务

(一)移转财产权之义务

买卖契约发生出卖人须向买受人移转财产权之债务,何谓向买受人移转财产权?使买受人取得财产权也。无论关于何种财产权之买卖,出卖人均须为该个财产权移转之意思表示。其系动产之买卖者,更须交付动产之占有。其系不动产物权或著作权、商标专用权等之买卖者,更须为登记注册之协力。其系债权之买卖者,更须向债务人为通知(三四八条、七六一条、七五八条、二九七条,《著作权法》一五条,《商标法》一八条)。

又依照三四八条之规定,不但该财产权之取得,以占有为要件者,出卖人须为物之交付。财产权之取得,纵不以占有为要件,只须其权利之内容,得占有其物者,出卖人亦须为物之交付。

出卖人不为上述一切使买受人得以取得财产权之行为,及该财产权之内容得为物之占有,而出卖人不为物之交付者,买受人得主张出卖人之债务不履行,解除买卖契约,请求损害赔偿,或拒绝价金之支付(三五三条、二二六条、二二七条、二五四条、二五六条、二六〇条、二六四条)。关于物之送交方法,契约经有订定,出卖人不依其订定而为送交者亦然。

关于物之送交方法,契约未经订定,买受人于订约后,始有所指示者,究如何?此点《民法》规定,出卖人除有紧急之原因外,亦须依其指示而送交。例如关于货物包装或交货地点之指示是也。否则出卖人须负损害赔偿之责(三七六条、三七七条)。当然,《民法》仅规定须依其指示而为送交而已,并非规定并须负担费用。且视其情形,出卖人或更得请求买受人先交此特别之费用。

(二) 瑕疵担保责任

瑕疵担保责任有二种之分:一为权利瑕疵担保责任,二为物的瑕疵担保责任。何谓权利瑕疵担保责任?例如买卖标的物原系第三人所有物,买受之后,第三人向买受人请求返还占有之情形,买受人得解除买卖契约,并得向出卖人请求损害赔偿是也。何谓物的瑕疵担保责任?例如

买一水缸,水缸漏水之情形,买受人得解除契约,或请求减少价金是也。以下就此二种瑕疵担保责任分述之:

(甲)权利瑕疵担保责任

(子)权利瑕疵之种类　依我国《民法》之规定,出卖人须负权利瑕疵担保责任者(法定权利瑕疵担保责任),计有下列三种情形:

1. 出卖人应担保第三人就买卖标的物对于买受人不得主张任何权利(三四九条)　所谓第三人就买卖标的物对于买受人主张权利者,例如第三人就买卖标的物对于买受人主张有所有权、共有权、定限物权或租赁权是。租赁权虽非物权,但以《民法》关于租赁乃特别设有四二五条、四二六条之规定,故亦将其列入解释。假若第三人对于买卖标的物有上列所有权等权利,则法律即认为该买卖,权利上有瑕疵,出卖人应负权利瑕疵担保责任。

权利瑕疵担保或称侵夺担保。盖以假若第三人对于买卖标的物有所有权等权利,则出卖人纵已将该买卖标的物交付于买受人,因第三人物权的请求权之行使,买受人将仍须将物交还于该第三人,买受人仍将丧失物之占有,故称为侵夺担保。当然,物之被侵夺乃只是权利有瑕疵之结果。所谓权利之瑕疵,乃是第三人对于买卖标的物有所有权等权利。出卖人所须担保者,乃是须担保权利无瑕疵,并不是只担保物不被侵夺。

然买卖标的物虽属于第三人之所有,出卖人并非概须负权利瑕疵担保责任。买卖标的物在买卖契约订立当时,虽属于第三人之所有,嗣后已由出卖人取得其所有权者,其不发生权利瑕疵担保责任,固不待言。以下数种情形,亦决不是成立权利瑕疵担保关系。①出卖人并非不能自第三人取得所有权,乃出卖人不自第三人取得所有权,以移转于买受人,及②买卖标的物在买卖契约订立当时,原属于出卖人之所有,订约后,出卖人自己移转于第三人,致变为第三人之所有,不能移转于买受人者,则应系成立出卖人之债务不履行责任,并非成立出卖人之权利瑕疵担保责任。又③买卖标的物在买卖契约订立当时,原属于出卖人之所有,嗣后因公用征收、土地重划等原因,变为第三人之所有,致出卖人不能以之移转于买受人者,则应系适用危险负担之规定,亦与权利瑕疵担保责任之问题无关。给付迟延之情形,决不发生出卖人之权利瑕疵担保责任。给付嗣后不能之情形,原则上亦并不发生出卖人之权利瑕疵担保责任。成立出卖人之权利瑕疵担保责任者,原则上乃唯限于给付自始不能之情形。即必须是出卖人不能自第三人取得所有权,且第三人之所有权,原则上必须于买卖契约订立当时即已存在,出卖人之不能自第三人取得所有权,原则上必须于买卖契约订立当时即已确定,始得成立出卖人之权利瑕疵担保责任。债务不履行责任与权利瑕疵担保责任,则是互相排斥。

当然,给付既是自始不能,买受人自又得主张二四六条、二四七条之适用。《民法》设关于权利瑕疵担保责任之规定,乃使买受人于此情形,既得主张契约无效,请求二四七条之损害赔偿,亦得不主张契约无效,而依《民法》关于权利瑕疵担保之规定,行使其权利。任由买受人选择而为主张,选择之权只属于买受人。

至谓成立出卖人之权利瑕疵担保责任,原则上唯限于给付自始不能之情形云者,即第三人之权利,于买卖契约订立当时虽尚未存在,出卖人之不能自第三人取得权利,于买卖契约订立当时虽尚未确定,出卖人亦间或仍须负权利瑕疵担保责任。前者例如出卖人于订约之前,曾自将权利移转于第三人,移转行为附有停止条件,订约后条件始告成就之情形是也。后者例如第三人于出卖人与买受人订约当时虽不是一定不肯让与,但是以后亦并无发生若何特殊之原因,终不肯让与,出卖人于订约之先,并无与第三人切实接洽过,亦并无若何根据,可认为第三人必肯让与之情形是也。

又虽谓给付自始不能者,可以成立出卖人之权利瑕疵担保责任,亦只是就一般情形而言耳。仍并非谓买卖契约凡属给付自始不能者,出卖人即概须负权利瑕疵担保责任。假若出卖人于订约当时,并无欠缺善良管理人之注意,而不知其物系属于第三人之所有者,出卖人应仍无须负权利瑕疵担保责任。

一般学者,虽均谓唯给付自始不能始可成立出卖人之权利瑕疵担保责任,又似谓凡属给付自始不能,出卖人即概须负权利瑕疵担保责任。依余之见,则以为辨别出卖人之是否成立权利瑕疵担保责任,以给付是否自始不能为标准,不过一种便宜说法而已。主要的,只以之说明权利瑕疵担保责任与债务不履行责任之关系而已。辨别出卖人应否负权利瑕疵担保责任,真正正确之标准,应视出卖人有无订约上之过失。给付自始不能者,一般情形,虽常可认为出卖人有订约上之过失。但假若出卖人确并无订约上之过失者,仍当别论。不能谓凡属给付自始不能,出卖人即概须负权利瑕疵担保责任。反之,给付虽非自始不能,假若出卖人确有订约上之过失,则仍不能辞权利瑕疵担保之责。

以上虽系仅就买卖标的物系第三人之所有物之情形而为说明,第三人就买卖标的物得主张其他权利之情形亦同。所差异者,只是第三人所有者,若系其他权利,所谓给付自始不能,应系第三人之权利自始不能除去之意。只须除去第三人之定限物权或租赁权,买卖之权利即无瑕疵矣。当然,并非凡第三人有定限物权或租赁权者,即是权利有瑕疵。权利之有无瑕疵,乃依其约定之给付内容而定。

2. 债权或其他权利之出卖人应担保其权利确系存在(三五○条上段) 此乃谓债权或其他权利之出卖,若权利并不存在,或已消灭者,出卖人亦须负权利瑕疵担保责任。所谓其他权利者,例如定限物权、无体财产权或共有权是。夫所有权之出卖,应担保第三人就买卖标的物对于买受人不得为所有权之主张者,换言之,即是应担保出卖人自己之所有权确系存在耳。于是同样的,债权或其他权利之出卖,自亦应担保其权利确系存在。关于此种权利瑕疵担保责任之说明,完全与1相同,无须重赘。大体的言之,亦唯于订约当时即并不存在,又依订约当时之情形,即不能于订约后取得,致无以移转于买受人者,始须负担保之责。订约后之消灭,原则上并不生瑕疵担保责任。

3. 有价证券之出卖人应担保其证券未因公示催告而宣示为无效(三五〇条下段) 出卖人所移转于买受人之有价证券,若系无效之证券,而其无效又系于订约当时业经法院宣示者,则出卖人须负担保之责。若确系窃取或拾得之证券,则虽于订约后始宣示为无效者亦同。此种权利瑕疵担保责任与前二种不同者,乃此种情形,或可谓其并非给付不能。证券之买卖,事实上等于物之买卖。所订卖者此纸,所交付者亦是此纸。若执此而言,应非不依照债务本旨之履行,只是当初订约之错误而已。于是权利瑕疵担保责任又复与错误之问题有关。

《民法》所规定之权利瑕疵担保责任,只有以上三种。其他瑕疵,例如债权买卖时,关于债务人之支付能力,则出卖人并无法定担保责任。仅于出卖人与买受人间订有特别契约者,发生约定的担保责任而已(三五二条一项)。出卖人约定担保债务人之支付能力,而未言明担保何时之支付能力者,推定其系担保债权移转时债务人之支付能力(同条二项)。至如买卖标的物数量不足之情形,则因出卖人既对于数量有特别之声明,应视为有担保之意思。又因此系权利之不足,并非权利性质上之缺点,〔参照以下(乙)(子)之说明〕应系成立权利瑕疵担保责任。

(丑)权利瑕疵担保之效果 关于此点,《民法》乃规定买受人得依关于债务不履行之规定,行使其权利(三五三条)。于是在出卖人应负权利瑕疵担保责任之时,买受人应得请求损害赔偿;或解除契约,并请求损害赔偿。其不解除契约,仅请求损害赔偿者,于出卖人未为损害赔偿之前,买受人并得拒绝支付价金。关于损害赔偿之范围,买受人不解除契约者,决非仅限于买受标的物本身之代价,更如买受人所支出之诉讼费用,买受人为谋买卖标的物之用益所已支出之准备费用,及买受人就买卖标的物所得预期之利益等,买受人应亦得请求出卖人赔偿。损害赔偿之范围,因解除契约与否而异,则不待言。买受人之所以应认为有价金拒绝支付权者,乃以二六六条并非关于债务不履行之规定。于此情形,应无适用之余地。于是买受人若不解除契约,理论上应尚有价金债务之存在也。买受人除得主张价金与赔偿金之一部相抵销外,就价金之支付与损害之赔偿,应仍不失其二六四条之权利。至于买受人于此情形之解除契约,当然系依照二五六条之规定,并非依照二五四条之规定。

(寅)权利瑕疵担保责任之理由　关于权利瑕疵担保责任之性质,学说纷纷。或以为此仍系契约履行义务之一部(德国学者之通说),或以为此乃法律基于契约有偿之性质,为维持交易之信用,所特别规定之责任(日本及我国学者之通说)。余则以为此乃因当事人欠缺订约时应尽之注意,法律为维持交易之信用,关于有偿契约,特为此种责任之规定也。关于余说,第一点应予说明者,当事人除关于债务之履行外,关于契约之订立,是否亦有应尽之注意? 我国《民法》二四七条既与德民三〇七条相同,显系采纳 Jhering 之主张,认为当事人关于契约之订立亦有应尽之注意。第二点应予说明者,权利瑕疵担保责任之成立,是否更须以当事人欠缺订约时应尽之注意为理由为要件? 先就自始不能之情形而言,任其契约无效,依照二四七条之规定,请求损害赔偿,既须以他方有订约上之过失为前提。今虽认为契约有效,若非因他方有订约上之过失,应亦无请求损害赔偿之理由。次就错误之情形而言,依照九一条之规定,错误者原须自负赔偿之责。若非以他方有订约上之过失为理由,乌得反向他方请求赔偿耶? 更复一般学者均谓权利瑕疵必须于订约当时存在。我国《民法》非如瑞债之有明文规定,若非谓权利瑕疵担保责任之成立,必须以当事人有订约上之过失为要件,将何以说明权利瑕疵之必须于订约时存在耶? 此所以余说与通说独异。当然,余只谓出卖人有订约上之过失而已。给付之所以致成不能,即第三人之所以有权利,及出卖人之所以不能自第三人取得权利,或出卖人之所以不能除去第三人之权利,则出卖人并无过失之必要。至于权利瑕疵担保责任既系发生于自始不能或错误之情形,则其并非契约本来之义务,应无疑义。

一般学者以为权利瑕疵担保责任是一种无过失责任,依余说则仍是过失责任。给付不能虽无须过失,仍须有订约上之过失。差异实在甚大。然试思物之出卖,出卖人已尽善良管理人之注意,而仍不知其非自己之物者,若亦须依(丑)所述之范围,负损害赔偿之责,岂非显失过酷耶? 应可知余说之非不当。

(卯)权利瑕疵担保责任之免除或限制　买受人于契约成立时,知有权利之瑕疵者,除契约另有订定外,出卖人不负担保之责(三五一条)。盖买受人于订约当时,业已知其权利有瑕疵,此乃自愿以约定之价金,为瑕疵权利之买受。且已知其权利有瑕疵,不应更以无瑕疵为前提,为各种费用之支出,或为利益之预期,故出卖人应无须负担保责任。

买受人亦得以特约免除或限制出卖人之权利瑕疵担保责任。唯买受人不知有瑕疵之存在,而出卖人实又系故意不告知者,则其特约无效(三六六条)。盖此种情形,依照一八四条下段之规定,出卖人亦应负责故也。

(乙) 物的瑕疵担保责任

(子)物的瑕疵之种类　依我国《民法》之规定,出卖人须负物的瑕疵担保责任者(法定物的瑕疵担保责任),计有三种情形:(一)物之出卖人应担保其物无灭失或减少其价值之瑕疵;(二)应担保其物无灭失或减少其通常效用之瑕疵;(三)应担保其物无灭失或减少其契约预定效用之瑕疵。价值效用之减少程度,无关重要者,仍不视为瑕疵(三五四条)。然此三种情形,并非谓价值效用之灭失,或有相当程度之减少,出卖人即须负担保之责。乃须物之性质,申言之,物之性状机能上有缺点,致物之价值效用灭失减少者,出卖人始须负担保之责。假若该种物之性状机能,一般的,本是如此者,或性状机能虽有欠缺,而尚不至影响于物之价值效用者,则出卖人并无须负瑕疵担保之责。关于物的瑕疵担保责任之规定,于权利之性质上有缺点,致其价值效用灭失减少者,亦准用之。

除法定物的瑕疵担保责任外,亦更有约定物的瑕疵担保责任,即物欠缺所保证之品质是也(三五四条二项)。物欠缺所保证之品质与物无契约预定之效用,二者应有区别之必要。后者,例如声明买植物油灯,而该灯并不能点植物油者是也。前者,乃系指买受人曾问出卖人此灯可否点植物油,出卖人曾答以可点或更担保其可点之情形而言。又物之价值或通常效用之减少,乃以该物之一般的性质为标准。物之欠缺所保证之品质者,则并不限于该种物一般的本所具备之性质也。

(丑)物的瑕疵之发生时期　权利瑕疵唯于契约成立当时业已存在者,出卖人始须负担保之责;物的瑕疵则不然。只须依照三七三条之规定,危险移转于买受人之时(交付之时,或契约所定危险移转之时),有物的瑕疵之存者,无论其瑕疵系发生于契约成立之前,抑或契约成立之后,出卖人概须负担保之责(三五四条一项、二项)。盖物的瑕疵担保关系,其效果及理由,乃与权利瑕疵担保关系不同。故其瑕疵应无须于订约当时即已存在也。于是物的瑕疵担保责任或系发生于自始不能之情形,或系发生于错误之情形,或系发生于因不可归责于双方当事人之事由而给付嗣后不能之情形。至于仍以危险移转时为标准者,乃以危险移转之后,物本体灭失,买受人尚且须忍受损失。何况仅物之性质上发生缺点,乌得向出卖人有所主张?

(寅)物的瑕疵担保之效果　因物有瑕疵,买受人所得主张之权利乃有以下数种,并非与权利瑕疵担保之效果相同。

1. 解除契约(三五九条)　基于物的瑕疵担保之效果,买受人所得行使之权利,第一为契约解除权。买受人不得解除契约者,仅限于若许其解除契约,将使法律对于双方利害之权衡,有失公平之情形(同条但书)。

买卖标的物有数物,而有主从之分者,主物若有瑕疵,买卖人乃得解除全部契约。且买受人虽仅就主物部分为解除,其效力亦当然及于从物(三六二条一项)。若仅从物有瑕疵,则买受人仅得就从物部分为解除(同条二项)。买卖标的物并无主从之分者,若仅其中一物有瑕疵,买受人原则上亦仅得就该有瑕疵之物为契约之一部解除(三六三条一项上段)。唯买受人仅买受一部之物,将显受损害,或分离出卖,于出卖人显系有害者则不然。前之情形,买受人得解除全部契约。后之情形,于买受人为一部解除之时,出卖人亦得为契约全部之解除(同条二项)。当然,无论其系解除从物部分,或系解除其中一物部分,契约一部解除之后,买受人应更有价金减少请求权(三六三条一项下段)。就该已解除之物,买受人应无须更支付价金故也。

买受人之此种解除权,其消灭原因有二:(一)买受人主张物有瑕疵者,出卖人得定一相当期限,催告买受人于此期限内确答是否解除。买受人逾期不解除契约者,丧失其解除权(三六一条)。(二)除出卖人系故意不告知瑕疵者外,买受人之此种解除权因六个月不行使而消灭。此六个月自标的物交付之时起算(三六五条)。关于三六五条,我国一般学者及最高法院判例均以为并非时效之规定。认为时效者,唯陈瑾昆与余二人而已,应有详述我见之必要。第一,一二五条乃仅规定请求权得罹于时效,并非规定得罹于时效者仅限于请求权。于是彼主张形成权不罹于时效者,一二五条应尚不能为其充分之根据也。第二,若系除斥期间,则将不能适用时效不完成之规定。于是三六五条认为消灭时效,抑或除斥期间,乃系互有利害,实际适用上,未必概以认为除斥期间为胜也。第三,五一四条乃与三六五条相同,当不能如某书之将后者解为除斥期间,前者解为消灭时效。更不能谓五一四条之规定,视其权利之性质,或系除斥期间,或系消灭时效也。若以为五一四条亦概系关于除斥期间之规定,则法律对于定作人之修补费用偿还请求权,更其独对于定作人之费用偿还请求权,必须限制其仅能于一年内行使,殊无若何理由。第四,处于解释之立场,不能不受条文文字之拘束,三六五条之用语既与一二五条相同,解释上仍应以认为消灭时效为是也。

2. 请求减少价金(三五九条)　基于物的瑕疵担保之效果,买受人之第二种权利为价金减少请求权。依其瑕疵之程度,减少价金之额。契约解除权与价金减少请求权,一般情形,乃任由买受人选择行使之。解除契约显失公平之情形,买受人更仅有价金减少请求权。

此种权利之性质,条文虽称"请求"云云,一般学者以为并非请求权,而系形成权,余亦从之。于是买受人无须提起请求法院判令出卖人减少价金之诉(给付之诉)。价金应减少之额,双方纵有争执,买受人亦只须请求法院确定应减少之额(形成之诉),径为减额之支付可也。

价金减少请求权,除出卖人系故意不告知瑕疵者外,亦因六个月之时效而消灭(三六五条)。

3. 拒绝标的物之受领　关于此种权利,《民法》虽无直接之明文规定。然依三五八条之反面解释,若非由他地送来之物,或出卖人于受领地有代理人者,买受人应有拒绝受领权矣。唯此仍以买受人得解除契约为前提。若买受人不得解除契约,仅得请求减少价金者,则并无拒绝受领权。

4. 请求损害赔偿(三六〇条)　法定物的瑕疵担保关系所发生之本质的效果,仅有上述三种权利而已。若买卖之物,缺少出卖人所保证之品质(约定物的瑕疵担保关系之效果),或出卖人故意不告知物之瑕疵者,则买受人更有损害赔偿请求权。此时,契约解除权、价金减少请求权与损害赔偿请求权,三者任由买受人选择行使其一。因仅系许其选择行使,故仍与权利瑕疵担保之情形不同,行使解除权者,不得更请求损害赔偿。至于损害赔偿之范围,则应与权利瑕疵担保之情形相同。损害赔偿请求权虽系与解除权处于选择之关系,赔偿损害并非仅填补物之价值而已也。因物有瑕疵,不堪使用,致买受人不能取得预期之利益等情形,出卖人须负损害赔偿之责,原不待言。他如因瑕疵所生之积极侵害,例示之,因货物品质之低劣,致影响于买受人营业上之声誉,或因食物之已腐败,致买受人发生疾病者,此等损害,出卖人亦应赔偿。

(卯)物的瑕疵担保责任之理由　物的瑕疵担保关系之效果,乃与权利瑕疵担保关系之效果并不相同。于是物的瑕疵担保责任之理由,应亦与权利瑕疵担保责任之理由有异。余以为物的瑕疵担保责任者,乃法律基于买卖契约须具有有偿性之唯一理由,所规定之责任也。盖物的瑕疵担保关系,其本质的效果,乃仅予买受人以契约解除权与价金减少请求权,使给付不对价之买卖契约归于消灭,或使买卖双方之给付仍回复对价而已。于是基此效果,我人应可推知《民法》之所以规定物的瑕疵担保责任者,其目的乃仅欲使买受人不致受给付不对价之损失,其理由乃仅因买卖系有偿契约,有偿契约之双方给付应具有对价性故也。适用自始不能或错误之规定,虽原亦可达此目的。然认为成立物的瑕疵担保关系,使买受人得就解除权与减价权选择而为行使,将更可符合于买受人之意思。有时仅许买受人得请求减价,于保持给付之对价性外,更可顾全出卖人之损失也。

至于标的物未具有所保证之品质,及出卖人故意不告知瑕疵之情形,出卖人更须负损害赔偿之责者,此则另有其各个特别之理由存焉。前者,基于保证行为之效果意思,即应负损害赔偿之责(本书第二十四章第一节参照)。后者,应可认为故意以背于善良风俗之方法加损害于他人。

(辰)种类物买卖之瑕疵担保责任   种类物之买卖,出卖人所交付之物有瑕疵者,亦得成立瑕疵担保关系。此时买受人不但得解除契约,或请求减少价金,亦得即时请求另行交付无瑕疵之物(三六四条一项)。盖以既另有无瑕疵物之存在,买受人不解除契约,亦不请求减少价金,而请求另行交付无瑕疵之物,于出卖人无损,于买受人仍可达到买卖之目的故也,故三者任由买受人选择行使其一。

出卖人另行交付之物,仍有瑕疵者,仍须负担保责任,买受人仍得行使以上三种权利(三六四条二项)。

关于三六〇条之权利,《民法》虽无明文规定,种类物之买受人当然亦有之,至于有瑕疵之物并非中等品质之物者,此则依照二〇〇条一项之规定,出卖人交付有瑕疵之物,并非依照债务本旨之给付,乃与物的瑕疵担保之问题无关矣。

(巳)物的瑕疵担保责任之免除或限制   买受人在契约成立当时,业已知其物有瑕疵,或因重大之过失,不知其物有瑕疵,而出卖人又未保证其无瑕疵者,则出卖人不负担保之责。唯买受人之不知其物有瑕疵,虽系基于重大过失,若出卖人故意不告知者,出卖人仍须负担保之责(三五五条)。

买受人亦得以特约免除限制出卖人之物的瑕疵担保责任。唯特约当时,买受人不知有瑕疵之存在,而出卖人故意不告知者,其特约无效(三六六条)。

(午)瑕疵物之检查、通知、保管及变卖 《民法》于物有瑕疵之时,除规定出卖人须负担保之责任外,反面的又复规定买受人有此数种责任与义务。

1. 检查 买受人受领标的物时,应按物之性质,依通常程序,从速检查其有无瑕疵(三五六条一项上段)。盖以瑕疵究系发生于受领之前,抑系发生于受领之后,事后发生争执,颇难证明。故《民法》特使买受人于受领之时负检查之责。

2. 通知 买受人受领标的物时,检查之结果,发现其物有应由出卖人负担保责任之瑕疵,或日后发现有应由出卖人负担保责任之瑕疵者,买受人应于发现之后,立即向出卖人为通知(三五六条一项下段、三项上段)。怠为通知者,除出卖人系故意不告知者外,法律视为买受人承认其所受领之物(三五六条二项、三项下段,三五七条),买受人不得行使三五九条、三六〇条、三六四条之权利。

当然,检查之后,怠于通知之情形,买受人既不得主张权利,则彼怠于检查,或其检查不按物之性质,或未依通常程序,致不能即时发现瑕疵,通知出卖人者,应亦同。

3. 保管 买受人对于由他地送来之标的物,主张其有瑕疵,不愿受领者,如出卖人于受领地无代理人者,买受人有暂为保管之责(三五八条一项)。此与同地买卖或隔地买卖之有代理人者不同,虽有瑕疵,买受人亦不得拒绝受领。拒绝受领,不为保管,出卖人因而发生损害者,买受人须负赔偿之责。

此种情形,买受人保管瑕疵物,须即依相当之方法,证明其瑕疵之存在。不然,除日后尚能证明者外,推定其物于受领时并无瑕疵(三五八条二项)。

当然,除保存瑕疵之证据外,仍须适用三五六条之规定,向出卖人为瑕疵之通知。

4. 变卖   因保管之义务,更发生变卖之义务。保管之瑕疵物,如易于败坏者,为出卖人之利益有必要时,买受人应有变卖之义务。买受人为自己之利益,亦有变卖之权利。唯无论其为义务之履行,抑或权利之行使,变卖之时,均须先得物之所在地官署、商会或公证人之许可(三五八条三项)。变卖之后,均须即向出卖人为通知。怠于通知者,出卖人因此所受之损害,买受人须负赔偿之责(三五八条四项)。

第二项   买受人之义务

(一) 交付价金之义务

当然买受人对于出卖人须负支付价金之义务(三六七条上段)。以下就此种义务分点述之:

(甲) 价定之数额   价金业已约定数额者,自须按照其约定之数额而为支付。价金若约定以市价为标准者,除契约另有特别订定者外,应依清偿时清偿地之市价而为支付(三四六条二项)。又价金虽未为数额之明定,亦未约定依照市价计算,而依其情形,可得而定者,亦视为定有价金(三四六条一项)。例如在旁先买之人业已讲定价钱,后买之人亦应为同样之支付是。

约定价金,或系约定总额,或系约定每单位若干价金,例如每斤二十元是。价金之依物之重量计算者,除契约另有订定,或另有习惯者外,应除去其包皮之重量(三七二条)。

(乙) 价金之支付时期   价金之支付与买卖标的物之交付,除法律另有规定,契约另有订定,或另有习惯者外,应同时为之(三六九条)。是故买卖标的物之交付定有期限者,其期限推定其为价金支付之期限(三七〇条)。

至于价金之支付与买卖标的物之交付,均未定有清偿期者,出卖人自得随时请求支付价金(三一五条)。业已交付标的物更然。唯此时买受人给付迟延之成立,则虽在受领标的物之后,因我国《民法》无特别之规定故,不得不解为仍须适用二二九条二项之规定。

(丙)价金之支付处所　价金须与标的物同时交付者,其价金须于标的物之交付处所支付之(三七一条)。其他情形适用三一四条之规定,须于出卖人之住所或营业所支付之。

(丁)买受人拒绝支付价金之权利　买受人虽应有支付价金之义务,但在特种情形时,亦得拒绝支付。除权利有瑕疵之情形,已如前述,买受人得拒绝支付价金,及买受人价金之支付,对于出卖人财产权之移转,本得主张同时履行抗辩外,以下之情形,买受人亦有此权利。即买受人有正当理由,恐第三人主张权利,致失其所买受之权利之全部或一部者,若出卖人并不提出相当担保,买受人得拒绝支付价金之全部或一部(三六八条一项)。

此种情形,买受人拒绝支付权之成立,并不以第三人确得主张权利为要件。第三人若确有权利之存在者,则系权利瑕疵担保之问题矣。此乃只须买受人因买卖契约所取得之权利,客观上,有因第三人权利之主张,致被第三人侵夺之危险足矣。客观上,有全部被侵夺之危险者,得拒绝支付全部。有一部被侵夺之危险者,得拒绝支付一部。第三人虽尚未为权利之主张,只须有此危险者,买受人亦得拒绝支付。

出卖人若对于侵夺之危险,业已提出相当担保者,买受人丧失此拒绝支付权。又出卖人若恐买受人将来有不能支付之情事,则可请求买受人提存价金(三六八条二项)。此提存物之受取,并不适用一般提存之规定。乃须俟危险消除之后,出卖人始得向提存所领取价金。

（二）受领标的物之义务

《民法》效德民、瑞债之规定,亦认为买受人有受领标的物之义务(三六七条下段)。于是彼买受人拒绝受领者,应既系受领迟延,又系给付迟延矣。唯若如某书所主张,出卖人得以此为理由解除契约,此则余殊不赞同。盖出卖人之须受领标的物,并非契约内容之债务也。除发生受领迟延之效果外,出卖人仅得请求损害赔偿而已。

第三项　买卖标的物之危险负担

（一）关于一般双务契约之危险负担问题,《民法》虽已设有二六六条之规定,买卖契约之危险负担问题,则并不完全适用二六六条。买卖标的物之危险,除契约另有规定外,自交付时起,由买受人负担(三七三条)。以权利为买卖之标的,如出卖人因其权利而得占有一定之物者亦然(三七七条)。何谓买卖标的物之危险自交付时起由买受人负担？买卖标的物若系在其占有移转于买受人之后,因不可归责于双方当事人之事由,致毁损灭失者,买受人仍须支付其价金之谓也。学者虽或以为三七三条乃系规定危险于所有权移转时移转。此种解释当为条文文字所不许。交付应不能为所有权移转解也。虽一般情形,交付之时,常即系所有权移转之时。然一经交付,所有权纵未移转,危险亦即由买受人负担。至于若未交付,所有权之移转纵已登记,因我国《民法》并无与德民同样之明文,仍只能作消极之解释。

关于三七三条所称之危险,解为限于毁损灭失之危险,此点,学者间并无异见。盖一以条文乃称买卖标的物之危险,二以因物之毁损灭失以外之原因,致给付不能者,殊无以物之交付,定其危险移转之理由故也。

于是三七三条并非得完全排除二六六条之适用。出卖人移转财产之债务,若因物之毁损灭失以外之原因,致给付不能者,仍系适用二六六条之规定。

又《民法》规定物之毁损灭失之危险,自交付时起,由买受人负担者,乃仅指当事人间无特约之情形而言。若有特约,则应于该约定之时期移转。当事人既得约定于交付之前,危险即由买受人负担,亦得约定于交付之后,仍由出卖人负担。

更复谓于无特约之时,物之毁损灭失之危险,应自交付于买受人时起,由买受人负担者,亦仍有例外之情形。出卖人因买受人之请求将买卖标的物,或因该买卖标的之权利而得占有之物,送交于清偿地以外之处所者,则自出卖人将物交付于运送承揽人时起,危险即由买受人负担(三七四条、三七七条)。盖出卖人无将物送交于清偿地以外处所之义务也。此所谓运送承揽人者,当即系六六○条以下所称之承揽运送人。不但交付于承揽运送人而已,交付于运送人,或交付于非以运送为营业之人,危险亦均移转。除此情形,《民法》已有明文规定外,以下三种情形,应亦系非于交付时移转。

1. 出卖人已为物之提出,而买受人受领迟延者,则自受领迟延之时起,危险即告移转。盖关于一般双务契约,他方当事人受领迟延者,亦应适用二六七条之规定故也。

2. 买卖契约订立之前,因原有租赁、寄托等关系,物已为买受人所占有者,则自订约之时起,危险即应由买受人负担。

3. 以占有之改定(七六一条二项)或占有返还请求权之让与(七六一条三项)代交付者,则于占有改定之时,或占有返还请求权让与之时,危险即移转。

(二)关于物之费用之负担,《民法》乃认为与物之危险同时移转于买受人。物之危险于交付之时移转者，交付之后，物之费用亦由买受人负担。物之危险于交付之前已由买受人负担者，则出卖人于危险移转后，物之交付前所支出之必要费用，买受人应依关于委任之规定负偿还责任。出卖人不但得请求偿还全部费用，并得请求自支付时起之利息（三七五条一项、三七七条、五四六条一项）。费用非必要者，买受人应依关于无因管理之规定，负偿还责任（三七五条二项、三七七条、一七六条、一七七条）。唯此所谓必要费用，则应解为指保存费用而言。

（三）关于物之利益，则《民法》仅规定若无特约，亦自交付时起，由买受人承受（三七三条、三七七条）。并非可解为概与物之危险同时移转也。何谓物之利益自交付时起由买受人承受？交付之后，买受人虽尚未取得该物之权利，亦得为该物之使用收益之谓也。

第四项　买卖费用之负担

买卖费用，除法律另有规定，或契约另有订定，或另有习惯外，依其性质，分别由出卖人负担，或买受人负担，或双方平均负担（三七八条）。

（一）买卖契约之费用，由出卖人与买受人双方平均负担。此所谓买卖契约之费用者，例如买卖契约用纸之购买费用，及关于买卖契约成立之证明费用等是也。

（二）移转权利之费用，运送标的物至清偿地之费用，及交付之费用，由出卖人负担。七六〇条之契纸之购买费用，则应系属于移转权利之费用。

（三）受领标的物之费用，登记之费用，及送交清偿地以外处所之费用，由买受人负担。登记费用在其性质上究应否归于第一类或第二类之费用，虽不无疑问，但《民法》则明文规定由买受人负担。

第四节　买　回

何谓买回？权利之出卖，尚未"卖断"者，出卖人回复其权利之谓也。我国从来关于田产之买卖，颇多有未"卖断"之习惯者，或称为未"卖绝""卖死""卖尽"。前大理院判例上称之曰"活卖"。《民法》则就一切物之买卖，无论其为不动产之买卖，抑或动产之买卖，均规定其得为买回之约定。以下就买回之性质及效力等点分述之：

（一）买回之性质

关于买回之性质，我国学者或以为买回系原买卖契约之解除，或以为买回系再买卖——甲卖于乙，乙再卖于甲。前者从日说，后者从德说。在我国虽以前者为通说，平心而论，二说实各有所据。盖三七九条二项为德有而日无，三七九条三项为日有而德无，不从日说，虽无以说明三七九条三项之规定。不从德说，亦无以说明三七九条二项之规定也。余乃折中二说，原则上认为系原买卖契约之解除。例外之情形，关于买回价金另有特约者，认为系再买卖。此再买卖契约乃以出卖人提出买回之金钱，表示买回之意思为其停止条件。

（二）买回之约定

关于买回之约定，我国学者皆以为必须与原买卖契约同时为之，余则并不以为然。盖法律对于原买卖契约订立后所定之买回，并无特别禁止之明文故也。至若以为原买卖契约订立后，所为之买回约定虽非无效，但《民法》上所规定之买回则系仅指与原买卖契约同时约定者而言。此则反使原买卖契约订立后所约定之买回，得无须受期限之限制，显不妥当无疑。

关于买回契约与原买卖契约之关系,亦有一述之必要。无论买回系属于解除抑或再买卖之性质,买回契约均须以原买卖契约之有效为前提。原买卖契约无效者,买回之约定亦无效。反之,买回契约之撤销或具有无效之原因,则除买回契约系与原买卖契约同时为之,当事人间之买卖行为,原只有活卖之意思,不应使其发生卖断之效果者外,并不影响于原买卖契约。

（三）买回之期限

买回之期限不得超过五年。如约定之期限较长者,缩短为五年(三八〇条)。于是依此规定,当事人间关于买回之期限若无约定者,原出卖人乃仅得于五年之内为买回。若有约定,而其约定之期限——无论其原所约定之期限,抑或期限更新之结果——长于五年者亦然。唯其约定之期限不逾五年者,则仍从其约定,原出卖人须于该约定之期限内为买回。

五年之期限究应自何时起算耶?因《民法》并无特别明文规定,应以解为自买回契约订立时起算为是。虽当事人间关于买回之期限有始期之约定者亦然。吾国历来田地活卖之习惯,多系约定若干年后始得回赎。应若系约定二年后始得回赎者,出卖人乃于二年后五年内得为回赎。若系约定十年后始得回赎者,约定无效,出卖人仍系于出卖后五年内随时得为回赎。

至关于《民法债编》施行前所订之买回契约,此则期限之限制,施行法上另有明文(《民法债编施行法》十二条)。《民法债编》施行前活卖之业,现已绝对不得回赎矣。

（四）买回之方法

买回契约仅发生原出卖人得为买回之权利而已。必须原出卖人向原买受人表示买回之意思,提出买回之金钱,始发生买回之效力(三七九条一项、三八一条)。学者或以为只须表示买回之意思足矣,此显与条文之规定有违,应不可取。至于条文虽称"返还""偿还"云云买受人应不得以拒绝金钱之受领,阻止买回效力之发生。故只须原出卖人已为金钱之提出者,原买受人虽拒绝受领,买回亦仍即生效。

买回之时,原出卖人所应提出之金钱,一为价金,二为买卖费用。买卖费用乃指原买受人在原买卖契约,依三七八条一项、三项之规定所支出之费用而言(三八一条一项)。价金并无特约者,则为原出卖人在原买卖契约所受领之价金。有特约者,从其特约(三七九条一项、二项)。价金有特约者,又可分为二种情形:一则关于买回之价金,其数额有具体之约定者;二则其价金依他日买回时该物客观之价值者是也。前之情形,其价金之数额,应仍须受二○六条之限制。

(五)买回之效力

(甲)原买受人须负交付标的物及其附属物于原出卖人之义务(三八三条一项)。此所谓交付标的物云者,移转其原所买得之权利及物之占有之谓也。附属物并不以出卖人从前所交付于买受人者为限。纵系买受人自己所添置者,亦须移转于出卖人。唯若与原标的物间并无主从之关系者,则非此所称之附属物。

原买受人并非拒绝买回金之受领者,原出卖人是否必须为买回金之交付之后,始得向买受人请求此种义务之履行,抑得仅为买回金之提出,关于买回金中价金部分之实行交付,仍得主张与买受人此种义务之履行同时为之? 此点不无疑问。余以为表示买回之时,须同时交付买回之金钱者,立法之目的,无非防出卖人或系无力买回而已。为此理由,应只须由出卖人先为买回金之提出足矣。关于价金之实行交付,出卖人应仍得适用或准用二六四条之规定。不然,若必须由出卖人先为买回金之交付,万一买受人受领之后,不交付标的物,岂非对于出卖人方面,反将有失保护?

原买受人既须负交付标的物之义务，于是因可归责于买受人之事由，致不能交付标的物，或标的物显有变更者，买受人自须负损害赔偿之责（三八三条二项）。此不仅发生于出卖人已为买回之后者买受人须为赔偿，发生于出卖人未为买回之前者亦然。盖前之情形固系成立债务不履行，后之情形亦系成立权利（希望权 Anwartschaftsrecht）之侵害故也。

至于在出卖人未为买回之前，因不可归责于买受人之事由，致交付标的物之给付不能者究如何？《民法》未予以明文规定，因而其应解为解除之情形，应否准用二五九条六款之规定，不无疑问。依照我国历来关于活卖物灭失时之习惯，并比照《民法》上关于典物灭失之规定，标的物全部灭失者，应以解为买回权消灭为是，标的物一部灭失者，则按其灭失之成数，减少原价金，而为灭失部分之买回。唯如标的物被征收之情形，始应准用二五九条六款之规定。

（乙）买受人为改良标的物及利用标的物或添置附属物等原因，支出有益费用，而增加标的物之价值者，出卖人应以买回当时现存之增价额为其限度，对于买受人负偿还费用之责（三八二条）。所谓以现存之增价额为限者，乃出卖人并非必须偿还费用之全部，亦非以支出当时增加之价值为标准，而以若不改良，物在买回当时之价值之差额为限也。

关于必要费用及奢侈费用，《民法》并无规定，究如何？前者，须负偿还之责。唯亦以现存之增价额为限。后者则无须偿还。虽系添置附属物者，出卖人亦仍得不受领奢之附属物，免其费用偿还之责。

至于此费用之偿还，乃并无与价金一同提出之必要。盖以三八二条之规定乃与三八一条一项之规定不同故也。唯出卖人未为费用之偿还之前，余以为亦应解为得准用二六四条之规定，买受人得拒绝物之交付（德民二七三条二项参照）。

此偿还费用之义务，是否在一切情形之买回，出卖人均有之？价金若另有特约者,则不能一概而论。彼买回之价金,依物在买回时客观之价值而定者,其不得更请求偿还费用,乃不待言。卖价八百赎价定为一千者,其理由亦或系为避免因修缮、改良等行为所生之增价额计算之困难,此时应亦不得更请求偿还费用。

（丙）买回之费用,无论其与三七八条所定何款之费用相当,概由买回人负担(三八一条二项)。

（丁）买回属于解除原买卖契约之性质者,基于回复原状之效果,买受人就标的物所得之利益,虽本应负返还之义务,出卖人为价金之返还,虽亦本应附加利息,但法律乃视为二者互相抵销(三七九条三项)。于是孳息既无须返还,利息亦无须支付矣。

（戊）至于价金与买卖费用之交付,虽原非因买回所生之义务。然余乃认为在某种情形,买回金虽未实行交付,亦即生买回之效力。于是在此情形,买回生效之后,出卖人应有交付买回金之义务。

（六）买回权可否移转及能否对抗第三人

关于买回权之意义,先有一述之必要。学者均仅称出卖人之形成权——解除权,或以出卖人一方之行为使再买卖契约发生效力之形成权——为买回权。余则以为将出卖人之此种形成权与出卖人未实行买回前之希望权合称为买回权,似更为妥当。

（甲）关于买回权有无移转性之问题,余乃采积极说。买回权不但得继承,亦得为让与。盖纵如一般学者之仅以出卖人之上述形成权为买回权,形成权亦并非绝对不得让与也。除买回权外,形成权之得为让与,《民法》上亦更有他例,如选择权之移转是。此纯基于概念论上之反对理由,乃显不成立无疑。余更就实际方面,说明积极说之理由。我国一般活卖之情形,出卖人均尚未取得足额之价金。若买受人不肯找价,出卖人又无力回赎者,法律非许其得为买回权之出卖,将何以救济无力回赎之出卖人耶？更复我国从来习惯,活卖之后,又有绝卖。活卖之时,既已移转所有权。当然,绝卖只能认为系买回权之买卖矣。不然,则绝卖将无何种权利可供移转。依上所述,买回权乃非认为得让与不可。

买回权既得让与,于是出卖人不为买回之时,出卖人之债权人应亦得依照二四二条之规定,代位行使无疑。又买回权应亦得得由法院拍卖。

（乙）关于买回权之能否对抗第三人,则只能取消极之解释。盖无论解除原买卖契约,抑或使再买卖契约发生效力,均仅发生与原买受人间之债权关系而已,不能向第三人——在原出卖人未为买回之前,自原买受人取得标的物之第三人——请求返还标的物。外国民法关于买回权设有得为登记之规定者,乃当别论。当然,买回权虽不得对抗第三人,对于原买受人之继承人自仍得行使。

（七）关于活卖与出典之意思表示解释问题

关于买回之期限及买回权之效力等等,既如上述。于是解释当事人之意思表示,究系活卖,抑系出典,应切记不可拘泥于契据上之文字。契据上虽写明田地出卖字样,若有将来得备价回赎之记载者,当仍以解为出典为妥。盖出卖人之意思必以为回赎权可以对抗第三人,又虽十年二十年以前活卖之业,当事人之意思亦必以为仍可回赎故也。

第五节　特种买卖

第一项　试验买卖

（一）试验买卖与普通买卖不同者,试验买卖乃以买受人之承认为停止条件之买卖契约(三八四条)。何谓承认？买受人检查买卖标的物而为满意之通知是也。当然，无须经买受人检查，认为满意，契约一经订立，立即发生效力者，并非试验买卖。须先经买受人检查，认为满意始订立契约者，亦非试验买卖。试验买卖者，乃于买受人未检查以前，已先订立买卖契约，唯须俟买受人检查之结果，认为满意，向出卖人为满意之通知，买卖契约始发生效力。当然，买受人并未检查，而为满意之通知者，买卖契约亦即发生效力。事实上虽满意，或应可满意，而不为满意之通知者，契约亦仍不生效。

（二）试验买卖之出卖人应有许买受人试验其标的物之义务(三八五条)。非交付，不能试验者，出卖人须交付其标的物于买受人，以便买受人试验。唯试验买卖之出卖人，并非因买受人之承认而受不利益，故出卖人虽不许买受人为标的物之试验，并不适用一○一条一项之规定。唯须赔偿损害而已。

（三）所谓承认，既系买受人满意之通知。而品质纵佳良，买受人又仍得表示不满意。于是试验买卖契约之效力发生与否，完全由买受人决定矣。买受人若长守沉默，出卖人既不敢出卖于他人，又不能取得价金，此种情形，法律对于出卖人应有设保护规定之必要。故买受人虽未承认，有时亦视为承认；虽未拒绝，有时亦视为拒绝。

（甲）标的物因试验已交付于买受人者，不问买受人曾否就标的物为试验，若买受人不交还标的物，或不于约定期限内，或出卖人所定之相当期限内，为拒绝之表示者，法律视为承认(三八七条一项)。买受人已交付价金之全部或一部，或就标的物为非试验所必要之行为者亦然(三八七条二项)。

（乙）标的物经试验而未交付者，买受人不于约定期限内，或出卖人所定之相当期限内为承认之表示者，视为拒绝(三八六条)。唯三八六条与三八七条二项互相竞合时,则仍适用三八七条二项之规定。

标的物之试验无交付之必要,而既未交付,又未试验之情形,究如何? 当然,买受人并无试验之义务,应准用三八六条之规定。

(丙)试验买卖契约经买受人承认后,或法律视为承认后,其效力当然适用关于一般买卖之规定。

第二项　货样买卖

货样买卖契约与普通买卖契约不同者,前者乃按照货样而为买卖之约定也。故法律认为货样买卖之出卖人应担保其所交付之标的物与货样具有同一之品质(三八八条)。标的物若缺少与货样同样品质之时,适用三五四条二项之规定,出卖人须负瑕疵担保之责。

至于所交付之标的物,是否与货样相符,究应由何人负举证之责,《民法》既无明文规定,自应由买受人举证。

第三项　分期付价买卖

分期付价买卖契约与普通买卖契约不同者,厥唯价金之支付方法一点。分期付价买卖契约所发生之价金债务,其清偿方式,乃分为数次,每次各为一部清偿。且其分为数次清偿,乃契约所约定之内容与三一八条法院斟酌情形所特别许可者不同。

分期付价买卖契约,一般情形,标的物系约定于第一次付价时即交付于买受人。然此并非成立分期付价买卖契约之必要条件。唯关于标的物之交付时期并无约定者,应解释为出卖人于买受人第一次付价时,即有交付标的物之义务。

分期付价买卖契约,当事人间每多约定,买受人有一期价金之给付迟延,即丧失其期限之利益,须一次过支付全部价金,或其残余价金之全部者。关于此种约定,《民法》为保护买受人起见,设有限制之规定。当事人间纵有此约定,非具备下列二要件,仍不得请求支付全部价金:(一)须买受人连续迟延二期以上之价金;(二)须买受人迟付之价金已达全部价金五分之一(三八九条)。然此乃一次过请求全部价金之要件与解除权之行使则无关。

分期付价买卖契约,当事人间又常有约定出卖人于解除契约时,得扣留其所受领之价金者,对于此种约定,《民法》亦设有限制之规定,扣留之数额,不得超过标的物使用之代价,及标的物受有损害时之赔偿额(三九〇条)。纵约定得扣留全部者,超过此二者之范围,仍应返还。前者依租用时之租金计算。后者应扩充解释,标的物之跌价之损害应亦包含在内。

第四项　拍卖

拍卖有二种,一是强制拍卖,一是任意拍卖。强制拍卖,就买受人方面而言,虽然仍是一种私法上之关系。就拍卖人方面而言,至少拍卖人与拍卖物所有人间之关系是一种公法上之关系。是故三九一条以下之条文,应系关于任意拍卖之规定。对于强制拍卖,唯在强制执行法无规定之时,且与强制执行之一般原则无冲突者始可准用之。

(一)拍卖之性质

拍卖者,使多数人当众争出高价应买,而卖与于出价最高之人者是也。使多数人争出高价,而卖于出价最高之人,此拍卖与普通买卖不同。使多数人当众争出高价,此拍卖又与投标不同。之所以称为拍卖者,乃以拍卖一般常用拍板之方法故也。

又《民法》所称之拍卖,并非由出卖人自为之。拍卖人乃经管拍卖之人,受出卖人之委任,代为拍卖。

（二）应买

拍卖之公告,仅系要约之引诱。应买人之出价应买,始系买卖之要约,仅表示欲买受之意思,而不表示价金之数目者,不成立应买。

拍卖之应买,原则上,任何人均得为之。唯拍卖人则不得自为应买人,亦不得使他人代理自己而为应买(三九二条)。关于应买之要约效力之消灭原因有二:一为高价之出现,二为拍卖之中止。(三九五条)以下分述之:

(甲)高价之出现　拍卖人未拍板之前,已另有他人较出高价者,则在先之低价应买,即失其要约之效力。

(乙)拍卖之中止　虽已系最高价之应买,而未达于委任人所定之标准者,拍卖人应中止拍卖。拍卖人认为价尚不足者,亦得中止(三九四条)。拍卖物为动产,而陈列于拍卖场所者,拍卖之中止须撤回其拍卖物。拍卖物非陈列于拍卖场所,或拍卖物非系动产者,自无撤回之可言,只须为口头之表示足矣。中止拍卖等于拒绝之表示,当然要约失其拘束力。

（三）卖定

拍卖人对于应买所为之承诺,《民法》上称之曰卖定之表示。卖定之表示,须以拍板或其他惯用之方法为之(三九一条)。除委任人经定有价额之标准,而应买人之出价尚未达于该标准者外,拍卖人得将拍卖物拍归出价最高之人(三九三条)。一经拍板,对于该出价最高之人,买卖之关系即告成立。

（四）拍卖之效力

拍卖一经成立,买受人即须以现金支付买价。拍卖公告内另定有买价之支付时期者,依其时期(三九六条)。

关于拍卖物之交付时期,《民法》虽无明文规定,依照双务契约同时履行之一般原则,拍卖物自须于价金支付时为交付。关于拍卖之其他效力,自仍适用一般买卖之规定。

（五）再拍卖

买受人若不于拍卖成立时,或公告所定之时期,为价金之支付者,拍卖人即得解除契约,再行拍卖(三九七条一项)。此解除契约,无须适用二五四条之规定。再拍卖所得之利益,若较原卖价及费用之和为少者,拍卖人得向原买受人请求差额之赔偿(三九七条二项)。

第二章 互 易

互易是双方当事人约定互相移转金钱以外之财产权之契约。其最普通者,即物物交换契约是也。互易之效力,准用关于买卖之规定(三九八条)。

双方除约定互为财产权之移转外,更约定一方须贴补若干金钱于他方者,此乃互易与买卖之混合契约,关于金钱部分,更准用关于买卖价金之规定(三九九条)。

第三章　交互计算

第一节　交互计算之意义及其性质

　　称交互计算者,谓当事人约定,以其相互间之交易所生之债权债务,为定期计算,互相抵销,而仅支付其差额之契约(四〇〇条)。例如二相继运送人约定,各运送人所收取之全程运费,无须即时分交于他运送人。俟届年节,乃为结算。以各运送人所得请求他方分交之运费与所应分交于他方之运费相抵,不足相抵者,乃须将其差额交付于他运送人是也。

　　关于交互计算契约之性质,我国学者多以为交互计算是一种特别契约,余亦以为然。盖交互计算契约与《民法》债编第二章所定之各种契约,性质均不相同故也。然其性质不同之点究何在耶?余以为交互计算乃系就债之消灭方法为特别约定之契约;又系消灭债之契约,而非发生债之契约。

　　盖条文称约定以其相互间之债权债务,为定期计算,互相抵销,而仅支付其差额云者,乃含有二点意义:第一点意义,乃约定双方之债权债务,必须先经定期计算之后,依抵销之方法而消灭,抵销不尽,而后一方须对于差额负交付之责。第二点意义,乃约定双方债权债务,于定期计算之后即当然发生互相抵销之效力。于是就第一点意义而言,交互计算显系就债之消灭方法为特别约定之契约。就第二点意义而言,交互计算显系消灭债之契约。

何以又谓交互计算并非发生债之契约？盖差额债务乃原债务之残余。将如下之所述，余并不认为计算后双方债务全部消灭，依其差额另发生一个新债务。而交互计算契约又并非发生当事人须为共同计算或对于计算须为承认之债务。至当事人之不得将记入交互计算之债权与其他之债权互相抵销，或将记入交互计算之债权移转于他人，依余所见，又不宜仅认为系当事人之债务。故交互计算应非发生债之契约。既非双务契约，亦非片务契约。唯仍系有偿契约。

关于交互计算契约之性质，其重要之点，已如上述。其他更须说明者，交互计算乃限于双方间交易所生之债权债务。就非因交易所生之债权债务，为此同样之约定者，只能认为系准交互计算关系。交互计算之成立，乃须双方有互相发生债权债务之可能。若仅一方将货物赊卖于他方，约定届年节始收账者，则并非交互计算关系。约定互相赊卖者，视其有无以价金相抵销之意思而定。至于交互计算之当事人，则在我国《民法》上，并不限于商人。纵双方均非商人者，交互计算之条文亦适用之。

第二节　交互计算之客体

（一）客体之范围

（甲）交互计算之客体限于当事人相互间交易所生之债权债务　于是因赠与契约所生之债权，或债务不履行，侵权行为、不当得利、无因管理等所生之债权，或受让于第三人之债权，均非交互计算之客体矣。无偿之消费借贷所生之债权亦然。唯当事人间订有得不计利息互相借贷之契约者，则各个之无偿消费借贷所生之债权，仍系交互计算之客体。

关于交易之种类，当事人间或经特别指定，或则否。有特别指定者，又或系就双方之债权，为同一种类之指定，或分别为不同种类之指定。前者如第一节所举之例是，后者如银行与贮金者间订有透支契约之情形是（唯在我国之实际情形，透支契约或宁解为只是消费借贷之预约）。有指定者，唯该所指定种类之交易所生之债权，始系交互计算之客体。无指定者，则当事人间因一切交易所生之债权，均系交互计算之客体。

当然，以上所述，乃当事人间无以某个债权记入交互计算之特别同意而言。若有特别同意者，则当别论。

（乙）交互计算之客体限于金钱债权　此点，学者虽或持反对说，然其他物品之债，或则物之种类不同，或则物之品质不同，应不适于交互计算也。条文不称交付，而称支付云者，当亦系限于金钱债权。

（丙）原则上唯交互计算契约订立后所生之债权始系交互计算之客体　债权若系发生于交互计算契约订立之前者，则唯限于当事人间有特别之同意，始系交互计算之客体。

（二）客体之记入及除去

（甲）客体之记入　条文每称"记入交互计算"云云，所谓"记入"者究系何种意义耶？应有说明之必要。交互计算，一般情形，必备有账簿，将每次双方所发生之债权记入账簿。计算书之作成，更须将双方每次所发生之债权记入计算书。条文之所以称记入云者，殆以一般情形，交互计算必有账簿之设置与计算书之作成故也。

然于此须注意者，账簿之记入，并非交互计算之效力之发生要件。债权发生于交互计算契约订立之后者，一经发生，即当然成为交互计算之客体。记入账簿与否，乃与交互计算之效力无关。

（乙）客体之除去　交互计算之客体原不能仅凭一方之意思而为除去。唯《民法》关于取得证券之对价债务，则特设有例外之规定（四〇一条）。一方当事人向他方当事人买受证券，其证券之债务人不为清偿者，则其买受该证券之价金债务，买受人得自交互计算之客体中除去之。关于一方因他方之请求，发行证券，他方所应付之代价债务亦然。付款人是否即系发票人，则非所问。至于条文虽仅就汇票、本票、支票及其他流通证券而为规定，当然，因其他证券之发行或买受所应付之对价债务亦准用之（盖所谓非流通证券者，并非绝对不得流通之证券，乃流通不简便之证券也）。

此除去之权利，乃一种形成权。一方当事人一经为除去之意思表示，嗣后该项债务即非交互计算之客体。当然，仅除去其为交互计算之客体而已，债务则仍旧存续。

至于此种除去与因记载错误而除去者，其性质当然并不相同。盖后者并非客体之除去，乃本非客体，仅系记载之除去而已。然四〇五条之规定，在我国《民法》上，应只能解为对于二种除去均适用。客体除去之权利，亦唯于计算后一年内得行使之。

第三节　计算前之效力

交互计算之效力，应分为计算前之效力与计算后之效力。前者即所谓交互计算之消极的作用，后者即所谓交互计算之积极的作用。本节先就前者分点述之：

（甲）债权人不得请求债务之履行　此即一般学者所谓债之作用停止是也。盖以当事人间既经约定，双方相互间之债权债务，统俟至一定时期，互相抵销。于是若债权人仍向债务人请求履行，债务人应得以俟他日抵销为词，拒绝履行矣。故谓债权人不得请求债务之履行。

　　债权人既尚不得请求履行,于是债权之消灭时效,应尚未开始进行。债务人既得拒绝履行,于是债务人应无所谓给付迟延之责任。

　　然在未计算之前,法定之迟延利息虽不发生,约定利息则仍有效(四〇四条一项)。盖以纵在展缓给付之期限内,当事人间固仍不妨约定债务人须负担利息也。且若双方之债权额相差甚远之时,非许其附加利息,将有失公允。唯此利息债权,亦系交互计算之客体。

　　(乙)债务人不得为债务之履行　不但债权人不得请求债务之履行,债务人亦不得为债务之履行。所谓债务人不得为债务之履行者,乃债务人提出给付之时,债权人虽拒绝受领,亦并不负受领迟延之责任。盖以既先有抵销之约定,债权人应得拒绝受领,主张仍俟他日抵销。

　　唯学者或以为债务人之给付,虽经债权人受领,债亦并不因而消灭,仅发生不当得利关系,此则为余所不取。

　　(丙)一方当事人不得主张债务之抵销　此乃谓于未计算之前,一方当事人不得依照三三四条之规定,为债务之抵销也。盖以交互计算之客体之债,其抵销时期、抵销方法,交互计算契约已另有约定。故虽同系交互计算之客体之债,于未计算之前,应亦不得依照三三四条之规定,互为抵销。其与非交互计算之客体之债,不得互相抵销,更不待言。当事人纵为抵销之意思表示者,亦属无效。

　　(丁)债权人不得为债权之让与或出质　盖以双方之债权,统须留作将来抵销之用,故债权人应不得将债权让与或出质。且此非仅当事人发生不得移转之义务而已,乃债权自身失去其得为移转之性质,故第三人亦不得扣押。

　　以上丙、丁二点效力,外国学者或以为乃各个之债,失去其独立之性质,成为总债权总债务之一部。此系以采取总抵销说为前提也。余则以为乃因各个之债,一经发生,即已系他日抵销之标的故也。

第四节   计算行为

因交互计算之积极的作用,乃须经定期计算之后,而始发生,故本节先就计算行为略述之:

(一)**计算之期间**   计算之期间,有约定者,应从其约定。如按月计算,或三节计算是。无约定者,每六个月计算一次(四〇二条)。

(二)**计算之方法**   计算得由双方当事人会同为之,或由双方各自单独为之,或仅由一方单独为之。二、三两种情形,均须送达计算书于他方。二之情形,须双方所作成之计算书内容相符。三之情形,须一方所作成之计算书,经他方之承认始可。一方经送达计算书于他方,他方并不声明异议者,视为承认。

(三)**计算书之内容**   余以为计算书所必须记载者,乃:(一)双方在该期间内因交易所发生之各个债权之发生原因、发生日期与其债权之数额、利率及其担保。债权更发生有利息债权者,并列入其各个利息债权之数额。(二)抵销后所剩存之债权,及其剩存之数额。关于第二点,彼采取总抵销说者,更其采取差额债权系新债权说者,固只须记载双方债权之差额足矣。依余说,则必须更表明此差额债权究系何个债权之残余。

(四)**计算书之错误遗漏**   计算书所列入之债权,其中有系无效或并不存在,或并非交互计算之客体之债权者,或其所列入之债权之数额、利率、担保等,记载有错误者,双方当事人中之任何一方均得请求除去或改正之。记载有遗漏,或计算有错误者亦然。唯《民法》关于此种权利,乃设有除斥期间之规定。唯于会同计算完毕后,或后到达之计算书到达后,或承认后一年内得行使之(四〇五条)。逾此期间,则当事人不得请求除去或改正,只能依照原所作成或原所承认之计算书为给付或请求给付。已为给付者,逾此期间,且不得请求不当得利之返还。

(五)承认行为之性质　关于承认行为之性质,因余见与众说不同之故,亦略述数言。学者多以为承认系一种法律行为,或以为承认是债务之更改行为,或以为承认是债务之承认契约(Schuldanerkenntis)。余则二说均不以为然。余以为承认乃仅系一种观念通知。盖承认不过通知对方,谓其计算书之记载与计算无误而已,并非含有若何效果意思之表示故也。

第五节　计算后之效力

(一)抵销效力之发生　双方会同计算完毕,或双方所作成之计算书均已到达于他方,而其内容相一致,或一方所作成之计算书经他方承认后,双方之债即发生互相抵销之效力。

关于此抵销之方法,我国学者皆以为系总抵销,乃双方债权之总体与总体互相抵销。余则并不以为然。余以为此仍系双方之各个债权,依抵充之原则(三四二条、三二二条、三二三条),分别相抵销。关于此抵销之效力,我国学者或以为双方之债权,不论多少,全部均归消灭。余则以为双方之债权仍仅系等额的消灭,仅一方之债权全部消灭,他方则仍残留一个或数个债权。盖以我国《民法》四〇〇条仅称"抵销"云云,并非如日商二九一条之有明文规定"以总额为抵销"。在我国《民法》上,采取总抵销说,乃于法条无据也。既非总抵销,自无全部均归消灭之理。且若以为系总抵销,双方之债权全都消灭,则所谓差额债权当然只能认为系一个新债权矣。原债权纵各有担保,差额债权乃并无担保。原债权之约定利率虽各在法定利率之上,差额债权之迟延利息乃只能依法定利率而为计算。此显有失当事人之意思。若以为系总抵销,债权一部余存,则所余存者,将仍只能解为系债权总体之余存,不能解为系某个债权之余存。原有担保并非对于债权总体之担保,乃系对于各个债权之担保。我国《民法》并无与德商三五六条同样之规定,原有担保之效力将仍不能及于差额债权。至于原债权之约定利率常各不相同,差额债权之利息更无法依原债权之利率而为计算。此其不妥当,与前说一也。就实际适用之结果而言,二说应均不可取。

关于此抵销之效力,其他尚有一说之必要者,此抵销并非使债权溯及于未计算之前消灭。于是双方之原本债权,数额纵属相同,发生时期纵亦不相前后,因约定利率之不同,亦得发生差额。关于贮户与银行间之交互计算关系,贮户于该期间内虽未曾有过透支,计算之结果,而仍发生差额债务者,即系基于此点原因。

(二)差额之支付　　抵销不尽之额,于计算之后,债权人即得向债务人请求支付。然此已如上述,差额债权并非一新债权,乃当事人原有之债权。唯依照交互计算契约之约定,债权人至此时而始得为支付之请求耳。

债权人究系于计算之后,即得向债务人请求支付,抑系须俟债务人为计算书之承认之后,始得请求支付,此不无疑问。余从通说,差额支付之请求乃得与计算书之送达同时为之。盖不然,则债务人一日不为承认,债权人即一日不得请求支付矣,显不妥当。

债权人既已得为支付之请求,于是消灭时效期间应即开始进行。又债权人既已得请求支付,应亦得主张一般之抵销——主张以差额之债与其他非因交易所发生之债,依三三四条以下之规定相抵销。更复第三人声请扣押此差额债权,应亦为法之所许。

经债权人之请求,而债务人仍不为差额之支付者,债务人自须依照二三三条之规定,负给付迟延之责,乃不待言。但《民法》之规定,则债务人自计算时起,即须负担利息(四〇四条二项)。并非必须经债权人请求之后,债务人仍不为支付者,而始发生法定利息之责任。且差额债权纵系含有利息债权在内者,利息债权亦系自计算时起,更生利息。此利息之利率,或依原各该债权之约定利息,或依法定利率。

以上所述,乃就当事人间并无将差额债权转入于次期计算之同意者而言。若有此同意者,则差额债权又成为交互计算之客体。四〇四条二项虽系适用,但于次期计算之前,债权人仍不得请求支付矣。

第六节　交互计算关系之消灭

交互计算契约,当事人间订有存续期间者,因其期间之届满而终了。未订有存续期间者,一方当事人得随时终止契约(四〇三条)。一经为终止之意思表示之后,则嗣后所发生之债权债务,已非交互计算之客体矣。至以前所发生之债权债务,应于终止之后,即为计算。

第四章　赠　与

第一节　赠与之意义及其性质

称赠与者,谓当事人约定一方无偿移转财产权于他方之契约(四〇六条)。以下就其性质分点述之:

(一)赠与是一种契约　《民法》所称之赠与,乃须"经他方允受而生效力",故应非单独行为,而系一种契约。彼以一方之意思表示为赠与者,只能准用《民法》关于赠与之规定。

(二)赠与是一种债权契约　非仅为赠与物之移转,系一种法律上之行为。赠与之约定,即已发生法律上之效力。赠与乃与其他债权契约相同,亦系发生债权债务之契约也。

不但买卖有现买卖,赠与亦有现赠与。现赠与,余亦以为并非《民法》上所称之赠与契约,仅能准用《民法》赠与之规定。

(三)赠与是约定移转财产权之契约　此点性质,赠与乃与买卖完全相同。无论关于所有权、其他物权、债权或无体财产权之移转设定,均得成立赠与关系。

至于四〇六条虽称"以自己之财产"云云,赠与契约成立之时该财产权并无属于赠与人之必要。

（四）赠与是片务无偿契约　条文称"无偿给与"云云，财产权之无偿移转乃赠与契约之特质也。故赠与应系片务无偿契约。彼附有负担之赠与契约，虽双方均负担债务，但并不对价，仍不失其片务无偿性。

字据上虽系写明赠与，若非无偿给付者，例如因某人对于自己业务上有相当之功绩，因而约定赠与若干元，以示酬庸之情形，则仍非赠与契约。

（五）赠与是不要式契约　赠与契约成立无须订立字据。虽仅口头之表示，亦得成立赠与关系。唯未订立字据者，或尚得撤销而已。

第二节　赠与之效力

《民法》关于某种赠与之效力发生时期，设有特别之规定。兹先就此点略述之：一般赠与虽于契约成立，或条件成就、期限届至后，立即发生效力。不动产物权之赠与则不然。须赠与人与受赠人间就该赠与之不动产物权，为移转登记后，始发生赠与之效力（四〇七条）。于是此种赠与，契约成立后，受赠人尚无请求移转赠与物之权利。至赠与人已为赠与物之移转登记之后，始发生移转赠与物之义务。当然既已移转登记，移转赠与物之义务事实上剩未履行者，只或物尚未交付耳。

关于赠与之效力，一言以蔽之，发生赠与人移转财产之义务而已。然以基于赠与所生之义务，乃系属于无偿给付之性质，故赠与人有时乃得拒绝履行。其不履行之责任，亦与一般之债务不同。更复赠与虽系无偿契约，例外的亦得发生瑕疵担保责任。以下就此数点分述之。

（一）赠与人移转财产权之义务

无论赠与立有字据与否,亦不问其是否系履行道德上义务之赠与,契约一经发生效力,赠与人即有移转财产权之义务。未立有字据之赠与,虽得撤销,未撤销之前,亦仍有移转财产权之义务也。学者或以为未立有字据之赠与,受赠人不得请求履行,乃为余所不取。

当然,赠与人既有移转财产权之义务,自应为此义务之履行。然在下列情形,赠与人则得拒绝履行(四一八条):

1. 赠与约定后,赠与人之经济状况显有变更,如履行赠与债务,将致其生计发生重大之影响者。

2. 赠与约定后,赠与人之经济状况显有变更,如履行赠与债务,将有妨碍其法定扶养义务之履行者。

此二种情形,赠与人之得拒绝履行,均以赠与人于订约后,基于自己之原因或外部之原因,特殊之原因或一般之原因,经济状况有变更为要件。唯2之情形,因法定扶养权利人之经济状况有变更,致扶养费增多者应亦同。此履行拒绝权之性质,乃一种延期抗辩权,义务并不消灭。赠与人于失其拒绝履行之理由之时,仍须履行。

（二）赠与人债务不履行之责任

关于赠与人债务不履行之责任,《民法》设有二条特别规定(四○九条、四一○条)。此二条之解释,颇有疑问。依余所见,赠与人债务不履行之责任,应分别情形如下:

(1) 赠与人有故意或重大过失者　此则无论赠与立有字据与否,亦不问其是否系履行道德上之义务之赠与,赠与人对于各种债务不履行,均应依照一般原则,负损害赔偿之责。此时,赠与人之责任,决非以四○九条所定之范围为限也。关于损害赔偿之范围,应适用二一六条之规定。关于金钱之赠与,其给付迟延更得适用二三三条之规定。

（2）赠与人仅有轻过失者　此则赠与人之责任，因其是否立有字据，并因其是否系履行道德上之义务而不同。

（子）立有字据之赠与，或为履行道德上之义务而为赠与者，若赠与物因赠与人之轻过失而给付不能之时，则赠与人须为价金之赔偿。然虽系此等赠与，赠与人亦仅对于给付不能负责。且其负责之范围，以给付价金为限。至若给付迟延与不完全给付系基于轻过失者，则赠与人并无若何责任。受赠人仅得请求交付赠与物，并不得请求利息，或其他不履行之损害赔偿。

（丑）赠与既未立有字据，亦非履行道德上之义务者，则赠与人仅有轻过失之时，对于各种债务不履行，概无须负责。受赠人并不得请求基于债务不履行之任何损害赔偿。唯于给付可能之时，仍得请求原给付而已。

以上余之说明，乃认为四〇九条系关于赠与人仅有一般过失者，其所应负责之范围之规定。四一〇条系关于赠与人之负责范围，若依一般之原则者，其所需之过失之程度之规定。故赠与人虽仅有轻过失之时，仍应依照四〇九条之规定负责。赠与人有故意或重大过失者，其所应负责之范围，则并不以四〇九条所规定者为限。然余何以不从通说，解为四〇九条系规定四一〇条所规定责任之范围，四一〇条系规定四〇九条所定责任之要件。盖若从通说所解，则因我国《民法》四〇九条与德民五二二条不同之故（德民除迟延利息外，更有诉讼利息 Prozesszinsen 之规定。德民五二二条并不排除诉讼利息。且德民五二二条仅规定无须支付迟延利息，并非如我国《民法》四〇九条之将一切不履行之损害赔偿概予排除也）。赠与人故意迟延给付者，亦并不发生若何责任。法律岂非奖励赠与人之故意迟延耶？显不妥当。若就赠与人故意所加之债权积极侵害而言，认为赠与人无须负责，则其不妥当也更甚。故余不从通说也。

（三）赠与人之瑕疵担保责任

不问其为权利之瑕疵，抑或物之瑕疵，赠与人原则的均不负瑕疵担保之责。盖赠与契约乃一无偿契约故也。唯若赠与人故意不告知其瑕疵，或保证其无瑕疵者，则仍不能免其责。此时赠与人对于受赠人因瑕疵所生之损害，须负赔偿之义务（四一一条）。

关于此赔偿之范围，余以为应与买卖不同。赠与物因瑕疵所减少之价值，则并不得请求赔偿。所得请求赔偿者，乃限于与所谓"债权之积极的侵害"相当之损害。例如甲赠与乙衣服一件，衣袋破漏致乙装入之金钱途中遗失之情形是也。

第三节　赠与之撤销

（一）撤销之原因

未立有字据之赠与，亦非为履行道德上之义务而为赠与者，在赠与物未交付之前，赠与人得无需若何原因，撤销其赠与契约。赠与物仅已交付一部分者，就未交付部分，赠与人亦得为无原因之撤销（四〇八条）。

赠与立有字据，或系为履行道德上义务而为赠与，或其赠与物业已交付者，则唯具有下列各种原因时，赠与人或其继承人始得撤销赠与契约。

（甲）赠与人之撤销原因（四一六条）：

1. 受赠人对于赠与人，或其最近亲属，有故意侵害之行为，依《刑法》有处罚之明文者。

2. 受赠人对于赠与人有扶养义务而不履行者。

（乙）赠与人之继承人之撤销原因（四一七条）。

1. 受赠人因故意不法之行为，致赠与人死亡者。

2. 赠与人生前原欲撤销赠与,而受赠人以故意不法之行为,妨碍赠与人为撤销者。

（二）撤销之方法

赠与之撤销,应向受赠人以意思表示为之（四一九条一项）。

（三）撤销之效力

赠与契约尚未履行者,撤销后,赠与人自无须履行。业已履行者,受赠人应依照不当得利之规定,返还赠与物或偿还其价额（四一九条二项）。关于交付后,撤销前,受赠人就赠与物所收取之孳息亦然。

（四）撤销权之消灭

撤销权之一般消灭原因为受赠人之死亡（四二〇条）。无论四〇八条,抑或四一六条,抑或四一七条之撤销,受赠人死亡之时,撤销权均即归消灭。关于四一六条、四一七条之撤销权,《民法》更设有特种时效之规定。前者,自知有撤销原因时起,一年间不行使而消灭（四一六条二项上段）。后者,自知有撤销之原因时起,六个月不行使而消灭（四一七条但书）。又四一六条之撤销权,因赠与人对于受赠人为宥恕之表示,亦归消灭（四一六条二项下段）。

第四节　特种赠与

第一项　附有负担之赠与

所谓附有负担之赠与者,其契约之内容乃双方均负担债务,唯受赠与人之债务轻于赠与人之债务。例如甲乙二人约定,甲给付乙外套一件,乙给付甲六法全书一本,或代抄文稿数页是也。当然,外套一件并非以之与六法全书互易，或为抄录之报酬，仍系基于赠与之意思。故附有负担之赠与契约，原则的自应适用一般赠与之规定。以下仅就其特则述之：

（一）负担之履行

附有负担之赠与契约，受赠人自须向赠与人为负担之履行。不但赠与人有负担请求权，赠与人死亡后，赠与人之继承人亦有负担请求权。盖负担请求权之性质，应非不得继承也。负担以公益为目的者，《民法》更规定，于赠与人死亡后，该公益事项之主管官署亦得命受赠人履行负担（四一二条二项）。以下就负担之履行分点述之：

（甲）负担之履行时期　关于负担之履行时期，有约定者，仍应依其约定。无约定者，则赠与人必须自己先为给付，而后始得向受赠人请求履行负担（四一二条一项）。

（乙）负担不履行之效果　受赠人不履行负担时，赠与人得撤销赠与（四一二条一项）。此不仅受赠人给付迟延，及因可归责于受赠人自己之事由而给付不能时，赠与人应有此权利。负担因非可归责于双方当事人之事由而不能给付者亦然。盖附有负担之赠与，究非无条件之赠与，而该项条文又并无明文限制，仅适用于可归责于受赠人之情形故也。

至于条文虽称唯赠与人已为给付，始得撤销赠与，此乃仅关于负担之履行时期无特别约定之规定。若受赠人之负担，依约须先为履行者，则赠与人自己虽未为给付，亦得撤销。

（丙）负担之履行范围　一般情形，受赠人自须履行全部之负担。唯契约订立后，因物价之变动，赠与反不足以偿其负担者，则受赠人仅于赠与之价值限度内，有履行其负担之责任（四一三条）。当然，此系就契约订立后，负担未届应为给付前，发生此种情事者而言。若契约订立时，负担之价值业已大于赠与之价值，乙之负担业已大于甲之赠与，而甲又有赠与之意思者,此当非附有负担之赠与契约,应不能适用附有负担之赠与之规定。负担迟延后,始发生此种情事者,受赠人亦不能因迟延反得减少负担。

（二）瑕疵担保责任

附有负担之赠与契约,其赠与之物或权利如有瑕疵者,并不适用四一一条之规定。于受赠人之负担之限度内,赠与人须与出卖人负同一之责任(四一四条)。

第二项　定期给付之赠与

所谓定期给付之赠与者,例如约定每月赠与米一斗,或每年赠与国币二百万元是也。定期给付之赠与,一般情形,常有其存续期间之约定。如无约定者,因赠与人或受赠人之死亡而消灭(四一五条)。关于定期给付之赠与其他效力及消灭原因,概适用一般赠与之规定。

第五章　租　赁

第一节　租赁之意义及其性质

称租赁者,谓当事人约定一方以物租与他方使用收益,他方支付租金之契约(四二一条一项)。以下就其性质分述之:

（一）租赁是约定一方以物租与他方使用收益之契约

（甲）租赁之客体,以物为限。我国《民法》上之租赁,并不包含权利之租赁在内。当事人间约定一方以权利租与他方使用收益,仅能准用租赁之规定。

（乙）租赁契约或以物之使用收益二者为目的,或仅以物之使用为目的,前者如土地之租种,后者如桌椅之租用是。

（丙）所谓以物"租与他方使用收益"者,乃债权关系与物权关系不同。出租人既非将该物之所有权,移转于承租人,亦非为承租人就该物设定用益物权。仅出租人须容许承租人为该物之使用收益,出租人不得为任何足以妨碍承租人用益之行为,及为使承租人得为用益起见,出租人须为该物之交付,及其他一切必要之行为而已。

（丁）租赁契约既非对于租赁物之物权的处分,于是租赁物应不限于出租人自己所有之物。就第三人之所有物,订立租赁契约,亦为法之所许。更复就一个物,先后,或同时与二个人订立二个租赁契约者,应亦非无效。

（戊）至于租赁物在契约订立当时，当然并无特定之必要。且动产之租赁，于契约订立时，常仅指定物之种类。

（二）租赁是约定他方支付租金之契约

（甲）租金并不以金钱为限，得以租赁物之孳息充之（四二一条二项）。例如耕作租赁得以谷米或豆麦交租是。

（乙）一般情形，租金虽系在订约时即应订定数额。但租金至履行时，其数额始确定者，如按收获量之成数交租之情形，只须其成数不超过限制，契约亦系有效。

（丙）一般情形，租金虽系分期支付，但约定一次过支付租赁期间之全部租金者，仍不失为租赁契约。

（三）租赁是双务有偿契约

承租人对于出租人取得物之使用收益之债权，乃须支付租金，故租赁应系双务有偿契约。

（四）租赁是诺成契约

《民法》关于租赁，并无与四六五条、四七五条同样之规定，其应系诺成契约，而非要物契约，更无疑义。

（五）租赁是不要式契约

租赁契约之意思表示之方式，并不以书面为限，以口头约定租赁者，亦系有效。故租赁应系不要式契约。

唯不动产之租赁契约，其约定期限逾一年者，若欲发生期限约定之效力，则非订立字据不可。未订立字据者，租赁虽仍系有效，仅视为不定期限之租赁（四二二条）。

第二节　租赁之期限

《民法》关于租赁之期限，设有最长期之限制。无论关于何种物之租赁，其约定租赁之期限，均不得逾二十年。当事人间纵约定二十年以上之期限者，法律上亦仅有二十年之效力（四四九条一项）。约定不确定期限者亦同（院解字二四七九号参照）。盖以《民法》虽设有四二九条二项、四三一条、四三七条之规定，租期太长，究未免有碍于物之保存与改良。且租期太长，关于租金之数额亦易发生纠纷故也。

然租赁契约当初所约定之期限，虽不得逾二十年。若于该期限届满之后，再约定将原租赁契约延长二十年以内之期限者，则并非法之所不许，所谓期限之更新是也（四四九条二项）。当然，期限之更新，需当事人间之契约行为。更新与否，纯听之当事人之自由。预约更新者，若其原所定之租赁期限已为二十年，预约应无效。至于租赁契约之更新，概念上虽与期限之更新不同。一则重订契约，一则只是延长期限。契约之更新，此则法律更无禁止之理由，唯新契约之期限亦以二十年为限。

《民法债编》施行前所订之租赁契约，定有期限，若届《民法债编》施行时，其残余期限尚有二十年以上者，则自《民法债编》施行之日起算，仅有二十年之效力，残余期限不满二十年者，依其期限（《民法债编施行法》十三条一项）。

第三节　租赁之效力

关于租赁之效力与其他债权契约不同，应首先予以说明者，租赁规定之溯及力是也。一般债权契约，订立于《民法债编》施行之前者，原则上本不适用《民法债编》之规定（《民法债编施行法》第一条），租赁契约则不然。租赁契约虽系订立于《民法债编》施行之前者，自《民法债编》施行后，其效力亦依《民法债编》之规定（《民法债编施行法》十三条一项）。

第一项　出租人之权利义务

（一）使承租人得为物之使用收益之义务

此种义务，乃出租人之基本义务。盖以租赁契约之目的，原系使承租人得为物之使用收益，而承租人又并无取得得为物之使用收益之物权，故出租人应负使承租人得为物之使用收益之义务。

出租人为使承租人得为物之使用收益起见，应以合于所约定使用收益之租赁物交付承租人，并应于租赁关系存续中保持其合于约定使用收益之状态（四二三条）。以下就其交付之义务及使租赁物合于约定使用收益之义务分述之：

（甲）交付之义务　一般情形，承租人非为物之占有，不能为物之使用收益。故一般租赁，出租人为使承租人得为物之使用收益起见，应负交付之义务。

（乙）使租赁物合于约定使用收益之义务　出租人之义务，并不以交付租赁物为已足，更须使租赁物合于约定之使用收益。不但于交付之时，租赁物须合于约定之使用收益，并须于租赁关系存续中，保持其合于约定使用收益之状态。盖出租人所交付之租赁物，若不合于约定之使用收益，或于租赁关系存续中，发生有不合于约定使用收益之情状，则承租人虽占有租赁物，亦不能为约定之使用收益故也。

如何使租赁物合于约定之使用收益？此点《民法》设有明文者，虽仅有关于租赁物修缮之规定，然为使租赁物合于约定之使用收益起见，除修缮之义务外,出租人应尚有不为妨害之义务与除去妨害之义务。

(子)不为妨害之义务　例如出租人于租赁物出租之后,又为租赁物之处分,则租赁物必将不合于承租人之使用收益矣。故出租人为使租赁物合于约定之使用收益起见,应不得为妨害之行为。

(丑)除去妨害之义务　第三人之行为妨害承租人之使用收益者,例如第三人向承租人请求返还租赁物之占有,则承租人将无法为租赁物之使用收益矣。故出租人为使租赁物合于约定之使用收益起见,对于第三人之妨害,应负除去之责。除去之方法,若租赁物原属于第三人之所有者,出租人须向第三人取得租赁物之所有权,或与第三人约定,容许承租人之使用收益。

不但于第三人已为妨害之时,出租人应负除去之责。第三人虽未为妨害,而有妨害之虞时,出租人亦应防止之。

(寅)修缮之义务　何谓修缮? 租赁物因破损不合于约定之使用收益之时,使之回复合于约定使用收益之状态之行为也。盖出租人既须使租赁物合于约定使用收益,故修缮若系可能,出租人自应负修缮之责(四二九条一项)。不但租赁物原有破损,不合于约定使用收益者,出租人须先修缮完整而交付。交付后租赁物破损,致不合于约定使用收益者,只须其破损并非基于可归责于承租人之事由,无论其因何人之行为,抑或因行为以外之原因而破损,出租人亦应负修缮之责。

租赁关系存续中,租赁物发生有修缮之必要,若承租人经已定有相当期限,催告出租人修缮,而出租人于其期限内不为修缮者,承租人并得终止契约,或自行修缮,而请求出租人偿还其费用,或于租金中扣除之(四三○条)。准此规定,破损之租赁物,承租人拒绝受领者,若承租人已定有相当期限催告修缮,逾期,承租人应得解除契约。

唯《民法》关于出租人修缮责任之规定,并不认为强行法规。契约另有订定者,从其契约。另有习惯者,从其习惯(四二九条一项)。此并非谓出租人无须使其租赁物合于约定使用收益,乃以出租人常有贱值出租,以免去自己修缮之责任故也。当然,出租人既无修缮之责任者,自不能适用四三〇条之规定。

(二)瑕疵担保责任

(甲)权利瑕疵担保责任　《民法》条文与租赁之权利瑕疵担保责任有关者,仅有四三六条。依该条规定,承租人因第三人就租赁物主张权利,致不能为约定之使用收益者,承租人乃仅得请求减少租金,或终止契约,并无请求损害赔偿之权利。于是关于租赁之权利瑕疵担保责任,是否仍应准用买卖之规定,不无疑问。

第三人就租赁物主张权利,致承租人不能为约定之使用收益者,其第三人权利之取得,可分为三种情形:其一、如订约后土地被征收之情形是也。其二、乃出租人于订约后,租赁物交付之前,将租赁物之所有权让与第三人,或为第三人设定定限物权。其三、乃租赁物原属于第三人,或第三人对于租赁物原有典权等定限物权。(一)之情形,原系危险负担责任问题,当然以认为承租人有请求减少租金及终止契约之权利为已足。(二)之情形,乃出租人为妨害承租人使用收益之行为。承租人显得基于债务不履行之理由,请求损害赔偿,亦可置之不论。(三)之情形,此正系权利之瑕疵问题。若仅认为有请求减少租金及终止契约之权利,殊与买卖之规定有失均衡。且为顾全善意承租人之损失起见,亦有认为出租人应负损害赔偿责任之必要。故租赁物于订约当时,原属于第三人之所有者,若出租人不能向第三人取得所有权,或与第三人约定容许承租人之使用收益,则关于出租人之责任,更应准用买卖权利瑕疵担保之规定(三五三条、三五一条、三六六条)。承租人所支出之设备费与因此所引起之诉讼费用及其他损害,出租人原则上应负赔偿之责。

（乙）物的瑕疵担保责任　观之四二四条之规定,关于租赁之物的瑕疵担保责任,原则的显系准用买卖之规定矣。盖以四二四条乃系三五五条一项之例外规定,理论上显以准用买卖之规定为前提也。唯租赁物破损,不合于约定之使用收益,即系租赁物有灭失或减少其契约预定效用之瑕疵。租赁物破损,不合于约定之使用收益,或得向出租人请求修缮,或不得请求修缮。其不得向出租人请求修缮者,又或系基于四二九条一项之规定,应由承租人自为修缮,或系因修缮不能。修缮请求权与三五九条之权利,其间之关系究如何? 应有说明之必要。

依契约或习惯,租赁物之修缮非由出租人负担者,承租人虽不得向出租人请求修缮若其所定之租金不能与破损之租赁物保持对价者,则承租人仍得准用三五九条、三六〇条、三六四条之规定行使其权利。租赁物之修缮由出租人负担,而修缮不能者亦然。物之破损,究系发生于订约之前,抑或订约之后,交付之前,抑或交付之后,则非所问。至于租赁物之修缮由出租人负担,而修缮又系可能者,此则纯系债务不履行问题,与物的瑕疵担保问题无关。更约言之,修缮请求权与三五九条之权利,乃互相排除也。

关于买卖物之瑕疵担保之其他规定,原则的当然亦准用于租赁。唯租赁物为房屋或其他供居住之处所者,如有瑕疵,危及承租人或其同居人之安全或健康时,承租人虽于订约时已知其瑕疵,或已抛弃其终止契约之权利,仍得终止契约(四二四条)。

（三）偿还费用之义务

关于承租人就租赁物所支出之费用,可分为三种:(一) 为必要费用。(二) 为有益费用。(三) 为奢侈费用。以下就其偿还义务分述之:

1. 必要之费用　如修缮费用及税捐之垫付是也。租赁物之修缮由出租人负担。承租人依照四三〇条之规定,自为修缮者,修缮之后,即得向出租人请求偿还费用,其偿还额为修缮费用之全部。承租人垫付税捐者亦然。依契约或习惯租赁物之修缮非由出租人负担,而承租人修缮者,其偿还义务究如何? 此则应视其契约或习惯及其租金之情形而定,并非概不得请求偿还也。或仍即得以按期扣租之方法,受修缮费用全部之偿还,或则虽得即时请求偿还,但仅能依不当得利之范围,或则须俟租赁关系终了时,请求现存之增价额。租赁物之修缮虽由出租人负担,而承租人并未先向出租人请求修缮,或不俟逾期,即自行修缮者,则承租人虽得即时请求修缮费用之偿还,其范围应依不当得利之规定。

2. 有益费用　承租人就租赁物支出有益费用,因而增加该物之价值者,如改良租赁物之情形,若出租人当时知其改良,而不为反对之表示,则承租人于租赁关系终了时,得请求出租人偿还其费用,但仍以租赁物在租赁关系终了时现存之增价额为限(四三一条一项)。例如承租人支出改良费用一千元者,至多固仅得请求偿还一千元。但非在任何情形,均得请求偿还一千元。若租赁物纵不改良,于租赁关系终了时,尚可值五千元。改良之结果,于租赁关系终了时,亦仅值五千五百元。则改良费用虽支出一千元,亦仅能请求偿还五百元。当然,有特约者,从其特约。至于出租人当时业已反对改良者,此则承租人之权利,与支出奢侈费用之情形同。

以上关于必要费用及有益费用之偿还请求权,其消灭时效期间,《民法》设有特别之规定。自租赁关系终了时起算,因二年间不行使而消灭(四五六条)。

3. 奢侈费用　承租人就租赁物支出奢侈费用者,承租人并无费用偿还请求权。唯若其费用之支出,系增设工作物者,得依照四三一条二项之规定,取回工作物而已。

（四）负担税捐之义务

就租赁物应纳之一切税捐，由出租人负担（四二七条）。当然，何种税捐，应由何人负担，并非《民法》所规定之范围。此乃谓依税法上之规定，出租人就租赁物所应负担之一切税捐，承租人亦得请求出租人缴纳也。关于此点，院字第一一四一号解释，虽不甚明白，或许是与余见相反。若然，则该号解释显系自相矛盾矣。盖本条若是规定何种税捐应由何人负担，岂复是非强行法规耶？至于行政命令根本不能为税捐之规定也。

（五）留置权

依租赁契约，出租人对于承租人应有租金请求权。承租人违反义务时，出租人对于承租人应有损害赔偿请求权。《民法》为保护出租人之此等权利起见，规定出租人对于承租人之物有留置权（四四五条一项）。但以不动产之出租人为限。动产之出租人则并无留置权。以下就不动产出租人之留置权，分点述之：

（甲）不动产出租人留置权之效力

1. 所担保之债权　不动产出租人留置权所担保之债权，《民法》经有明文规定（四四五条二项）。一为租金债权，二为损害赔偿请求权。租金以本期及以前未交付者为限。损害赔偿请求权以已得请求者为限。损害赔偿债权，《民法》所规定者，计有四三二条二项、四三三条、四三四条、四三七条二项、四四四条二项等五种。此五种损害赔偿，均系一经发生之后，即得请求履行。所谓已得请求者，应系指损害业已发生，即损害赔偿债权业已发生而言。唯将来之损害赔偿债权始不在担保之列。

2. 留置物　对于非承租人之所有物，出租人当然无留置权。承租人之所有物亦以置于该租赁之不动产者为限（四四五条一项）。所谓置于该租赁之不动产者，系指置于该租赁之土地之上，或该租赁之房屋之中，或为利用该租赁之土地，或该租赁之房屋起见，置于该租赁之土地，或该租赁之房屋之近旁者而言。

　　至于置于该租赁之不动产之物，《民法》虽无限于动产之明文。然出租人留置权系准用《民法》物权编一般留置权之规定（九三九条），自应亦以动产为限。置于该租赁之不动产之物，系禁止扣押之物者，则出租人对之仍无留置权（四四五条一项但书）。例如承租人职业上所必要之器具物品是也（《强制执行法》五三条参照）。

　　3. 留置权之发生时期　出租人之留置权，并非于租赁关系终了后而发生。观之四四七条二项之规定，出租人显系在租赁关系继续中即有留置权。即租金一届清偿期后，损害赔偿请求权一经发生以后，出租人即有留置权。当然，承租人若仅无善良管理人之注意，尚无损害之发生者，则出租人并不得主张留置权。

　　4. 出租人对于留置物之占有　不动产出租人之留置权与一般留置权不同者，厥唯一般留置权之成立，以留置物之占有为前提。不动产出租人之留置权则在成立当时，既无须占有留置物。成立后，一般的亦无占有留置物之效力。唯对于承租人之取去，出租人得提出异议之留置物，在承租人离去租赁物时，出租人得占有之而已。

　　5. 留置物之取去　承租人一般的不得取去留置物。留置物原为承租人所占有，究何谓取去留置物耶？取去留置物者，使留置物离开租赁物之谓也。承租人取去留置物时，除承租人系因执行业务取去其物，或其取去适于通常之生活关系，或其所留之物足以担保租金之支付、损害之赔偿者外，出租人得向承租人提出异议（四六六条二项）。该项虽称所留之物足以担保租金之支付者，即不得提出异议。然承租人尚有损害赔偿债务者，应须其所留之物，并足以担保损害之赔偿。

　　出租人对于留置物之取去，有提出异议之权。已提异议，而承租人仍欲取去该留置物者，出租人得不声请法院，径以自力阻止其取去。又出租人对于其取去得提出异议之留置物,于承租人离去该租赁之不动产时,出租人得占有之(四四七条一项)。此仅以之防留置物之丧失,当然承租人返还租屋时,自仍须返还占有于承租人。

承租人乘出租人之不知,或不顾出租人提出异议,而取去其留置物者,除留置权并不因而消灭外(四四六条一项但书),出租人并得终止契约(四四七条二项)。

6. 留置物之拍卖取偿 当然,关于出租人之留置权,除有特别规定者外,应准用一般留置权之规定(九三九条)。不动产出租人应得准用九三六条之规定,拍卖留置物,就其卖得价金受债权之清偿。

(乙) 不动产出租人留置权之消灭

出租人留置权之消灭原因有二:一为留置物之取去,二为担保之提出。承租人取去留置物,并非乘出租人之不知,而取去当时,出租人又未曾提出异议者,则该物上之留置权即因取去而消灭(四四六条一项)。当然,出租人对于其取去并无异议者,一经取去之后亦然。

承租人为出租人设定抵押权或质权,若其抵押物或质物之价额,足以清偿留置权所担保之租金与损害赔偿者,则抵押权或质权设定之时,出租人在承租人所置于该租赁不动产之一切物上之留置权即归消灭(四四八条上段)。条文虽仅称提出担保云云,应以物上担保为限。又条文虽仅称得免出租人行使留置权,应系留置权消灭之意(九三七条参照)。

至于就各个留置物而言,承租人若提出与某个留置物价值相当之担保者,则该个物上之留置权亦即归于消灭(四四八条下段)。

第二项 承租人之权利义务

(一)租赁权

何谓租赁权? 我国学者间之解释并不一致。当然,依照四二三条之规定，及前项之所述，承租人应有对于出租人请求交付租赁物之权、请求不为妨害之权、请求除去妨害之权及请求修缮之权。除以上各种请求权外，承租人更有得为租赁物之使用收益之权。总括以上各种请求权及使用收益权，称之为租赁权。

关于交付、修缮等请求权，已于前项述之，不赘。兹仅就承租人之使用收益权说明之：第一，承租人之使用收益权究系直接对于租赁物之权利耶，抑只系对于出租人之权利？承租人究系直接对于租赁物有得为使用收益之权利耶，抑只系对于出租人有得为租赁物之使用收益之权利？学者虽或以为承租人之使用收益权是直接管领租赁物之权利，非仅有对人的效力，余殊不以为然。盖若承租人之使用收益权本是直接管领租赁物之权利，非仅有对人的效力，《民法》复何需乎设四二五条、四二六条之规定耶？不但无须设此二条规定，且此二条之规定将反是不合理之规定矣。承租人之使用收益权乃于租赁契约订立之后立即发生，并非于租赁物交付之后而始发生。假若承租人之使用收益权是直接管领租赁物之权利，非仅有对人的效力，是则应无论租赁物所有权之让与或用益物权之设定是在租赁物交付之后，抑或在交付之先，只须是在租赁契约订立之后，承租人即概得对于受让人或用益物权人主张权利。何以该二条规定租赁物所有权之让与或用益物权之设定是在租赁物交付之先者，承租人并不能对于受让人或用益物权人主张权利耶？认为承租人之使用收益权是直接管领租赁物之权利，非仅有对人的效力，对于《民法》此二条之规定显不能说明无疑。矧况《民法》此二条之规定，并非他国法律之所均有。他国法律或规定须经登记后始可以对抗于第三人。承租人之使用收益权，其本来之性质乃仅有对人的效力，并非直接对于租赁物之权利也尤明。更复将如以下第二之所述，租赁物虽非由所有人或用益物权人出租者，依据租赁契约，亦一样的发生承租人之使用收益权。假若以为承租人之使用收益权是直接管领租赁物之权利,试问彼出租人自己尚且无直接管领租赁物之权利,乌能以租赁契约使承租人取得直接管领租赁物之权利耶?显然的,承租人之使用收益权并非直接对于租赁物之权利,只是对于出租人之权利,承租人并非直接对于租赁物有得为使用收益之权利,只是对于出租人有得为租赁物之使用收益之权利明甚。

第二,出租人非租赁物之所有人,亦非租赁物之用益物权人者,租赁契约亦发生承租人之使用收益否?当然,若以为承租人之使用收益权是直接管领租赁物之权利,此点应非采取消极说不可。然彼学者虽主张承租人之使用收益权是直接管领租赁物之权利者,其谓非出租人自己所有之物亦得成立租赁契约,则仍与一般学者相同。既然是出租人虽非租赁物之所有人,亦非租赁物之用益物权人者,其所订立之租赁契约亦仍属有效。承租人订立租赁契约,其目的当然是为取得使用收益权。租赁契约,虽更发生承租人之请求交付修缮等等诸权利。此等等诸权利均只是为使用收益权而存在。乌能一方面既谓其租赁契约是属有效,一方面又谓其并无使用收益权耶?显然的,出租人虽非租赁物之所有人,亦非租赁物之用益物权人,租赁契约亦仍发生承租人之使用收益权无疑。学者虽或谓承租人之为使用收益,是代行租赁物所有人之使用收益权。当然,以自己之契约,只能使他人代行自己之权利,不能使他人代行第三人之权利。显系忘却出租人而非租赁物所有人之情形。

然则,依据以上第一、第二两点之意见,余究以为租赁人之使用收益权是何种权利耶?余以为承租人之使用收益权,乃只是使承租人之使用收益之行为,对于出租人之关系,因此而得具有正当性而已。所以承租人之使用收益权,在本质上,乃并无对抗第三人之效力。盖承租人之使用收益权之存在,只是认为承租人之为租赁物之使用收益,对于出租人是属正当而已。并无更认为其使用收益之行为对于第三人亦属正当。

当然,假若租赁物之使用收益权本属于出租人者,第三人对于租赁物之使用收益乃根本无权置喙,承租人自只须取得使用收益,对于出租人之正当性即已足。然若租赁物之使用收益权原非属于,或已非属于出租人者,则大不同。因为并无更认为其使用收益之行为对于第三人亦属正当之故,于是除适合于九五二条之情形外,承租人所收取之孳息遂将仍须返还于第三人(最高法院二九年上字第四〇三号判例参照),其使用亦将仍是构成不当得利。且不但事后须返还,事前第三人将亦得禁止使用收益。余说之用意,即重在说明此后之情形。又承租人之使用收益权既只是使承租人之使用收益之行为,对于出租人之关系,因此而得具有正当性而已,是显并无影响于第三人之权益矣。此所以租赁物虽非由所有人或用益物权人出租者,亦仍不妨认为承租人有使用收益权。

承租人之使用收益权之内容及作用既如斯,于是论其性质,应只是一种 Darfrecht(容许权)。既非支配权,亦非请求权,且亦非如某学者之所云,是一种形成权。盖形成权者,得以一方之行为,使发生法律效果之权利也。若认为承租人之使用收益权是一种形成权,试问将以何者为形成效果之行为耶,何者为行为所形成之效果耶? 出租人之不得为妨害等义务,既不是承租人行使使用收益权而始形成之效果,而使用收益之结果,又未必一定可以将孳息取为己有。认为形成权,显属不宜。

至于学者虽或只指承租人之此使用收益权,称为租赁权。然所谓租赁权之让与,当非只是使用收益权之让与,而系使用收益权与请求出租人使承租人得为使用收益之权利之一并让与。因此,租赁权应以解为是此等权利之总称为宜。

以下就承租人行使租赁权,对于租赁物使用收益之方法、承租人不能达到使用收益之目的时之权利、承担人之转租权及租赁权之让与分述之:

1. 承租人对于租赁物之使用收益方法

关于租赁物之使用收益之方法,经有约定者,承租人应依约定方法,为租赁物之使用收益。未有约定者,承租人应以依租赁物之性质而定之方法为之(四三八条一项)。承租人不依约定方法,或不以依租赁物之性质而定之方法为使用收益者,出租人得阻止之。经阻止而仍继续为之者,出租人得终止契约(四三八条二项)。至于何谓以依物之性质而定之方法为使用收益? 例如乘马不能以之为驮货之用。虽系驮马,若系老弱者,不能使之与强壮者驮运同量之货物是也。

2. 承租人不能达到使用收益之目的时之权利

此应分为三种情形述之:一为应由承租人自己负责者,二为应由出租人负责者,三为基因于不可归责于双方当事人之事由者。

(1)之情形,承租人自无何种权利之可言。承租人因可归责自己之事由,致不能为租赁物之全部或一部之使用收益者,并不得免其支付租金之义务(四四一条)。

(2)之情形,关于出租人有瑕疵担保责任,及出租人修缮义务给付迟延时承租人之权利,已于前项述之,不赘。其他各种债务不履行,承租人应得依照二二六条、二二九条、二三一条之规定请求损害赔偿。并得分别适用或准用二五四条至二五六条之规定,解除或终止契约。唯若其债务不履行之结果,仅发生物之破损者,则应先请求修缮,不得径行终止契约。

至于四三五条之规定,对于因可归责于出租人之事由,致租赁物之一部灭失者,当然亦适用之。然并非因有四三五条之规定故,遂得谓租赁物之一部灭失,虽系基因于可归责于出租人之事由,承租人亦仅有租金减少请求权与终止权。

(三)之情形,并非概适用二六六条之规定。例如出租人因家有病人，不能依时迁让者，固应依照二六六条之规定，承租人免为租金给付之义务。若因风雨关系，承租人不能依时迁入租屋者，则并不能以之为免租之理由。盖以出租人虽负使承租人得为物之使用收益之义务，并非担保承租人得为物之使用收益也。因物以外之原因，致承租人不能为物之使用收益者，则与出租人无关。出租人为使承租人得为物之使用收益起见，唯发生交付等义务。因此等义务，基于不可归责于双方之事由，给付不能，致承租人不能达到使用收益之目的者，始适用二六六条之规定。否则，承租人仍须依约支付租金。租期未满者，不得以此为理由，终止契约。

至于租赁关系存续中，因不可归责于双方当事人之事由，致租赁物之一部灭失，《民法》乃规定承租人得按灭失之部分，请求减少租金。承租人就其存余部分不能达租赁之目的者，得终止契约（四三五条）。此虽亦得减少租金，或租金给付之义务消灭，仍与适用二六六条者不同。其租金之减少或租金给付义务之消灭，须有待于承租人之意思表示。

3. 承租人之转租权

何谓转租？转租并非承租人因租赁契约所生之一切债权债务之包括移转，亦非承租人之租赁权之让与。乃承租人将自己向出租人所租来之物，转出租于次承租人。

关于承租人转租权有无之问题，一般的言之，并非谓承租人与次承租人间之转租之租赁契约是否有效，乃承租人转租之时，出租人是否得以此为终止契约之理由。除房屋之一部转租外，非经出租人之承诺，承租人不得转租。房屋之一部转租，有反对之约定者亦然（四四三条一项）。出租人未经承诺，或曾有反对之约定，而承租人为转租者，出租人得终止自己与承租人间原所订立之租赁契约（四四三条二项）。

当然，转租所容许次承租人之使用收益，自不能超过于承租人自己所得为使用收益之范围。若出租人与承租人间经有关于使用收益方法之约定，而转租之时，承租人竟容许次承租人为约定以外方法之使用收益者，则虽系房屋之一部转租，并无反对约定之情形，出租人亦得终止契约。

转租之效果，关于承租人与次承租人间之权义，悉依转租契约之所定。关于出租人与承租人间，则租赁关系仍为继续（四四四条一项）。出租人与承租人间仍保有因租赁关系所生之一切权利义务。因转租所发生于出租人与承租人间之特别效果，唯因次承租人应负责之事由所生之损害，承租人对于出租人亦须负赔偿之责（四四四条二项）。此项损害赔偿请求权之消灭时效为二年，自出租人受租赁物返还时起算（四五六条）。承租人之所以须负赔偿之责者，盖以与次承租人间之关系，唯承租人对之有租赁契约，出租人对之则无租赁契约。次承租人违反四三二条之义务之时，唯承租人始得基于租赁之规定，向次承租人请求损害赔偿，出租人则并不得基于租赁之规定，直接向次承租人请求损害赔偿。且次承租人之选择，一般情形，完全由承租人决定，并非由出租人共同决定故也。

四四四条虽系仅就承租人得为转租之情形而为规定。当然，承租人不得为转租者，在出租人未为终止之前，出租人与承租人间之租赁关系亦仍为继续。得为转租之情形，承租人对于因次承租人应负责之事由所生之损害，既须负赔偿之责。不得为转租之情形，承租人须负赔偿之责任，自更不待言。

4. 租赁权之让与

关于租赁权之让与，我国《民法》上并无明文规定。因租赁权之让与常可使租赁物发生不利之结果，故租赁权原则的应不得让与。

然若经出租人承诺者，在我国《民法》之解释，租赁权之让与，原则上应亦系有效。此时,租赁权让与之效果,除有特别约定者外,让与人应完全脱离承租人之地位,嗣后之租金债务,亦应由受让人负担。

（二）支付租金之义务

租金之数额,应依契约之所定,或依价目表。租金之支付时期,有约定者应依约定,无约定者应依习惯。无约定亦无习惯者,应于租赁期满时支付之。如租金分期支付者,应于每期届满时支付之。如租赁物之收益有季节者,应于收益季节终了时支付之(四三九条)。租金之交付处所,应依三一四条之所定。以下仅就租金迟延之效果,及租赁物之价值有升降时是否得增减租金分述之：

1. 租金迟延之效果

租金系约定全部一次过支付者,租金迟延之时,自应得终止契约。租金分期支付者,一般租赁,一期租金之迟延,亦得为终止契约之原因。租金或一期租金支付迟延之时,由出租人定一相当期限催告承租人支付。承租人不于其期限内为支付者,出租人得终止契约(四四〇条一项)。

唯房屋之租赁则不然,仅一期之欠租,并不得终止契约。须迟付租金之总额已达两期之租额,始得经催告后,终止契约(四四〇条二项)。例如连续两月完全欠租,或第一月完全欠租,第三月又完全欠租,或数个月均仅交付一部租金,其每月所积欠之额合计已达两期之租额是也。当然屋租系上期租者,第一月已完全欠租,至第二月初又不为租金之支付者,即得定期催告,终止契约,不必待至月尾,自不待言,至于承租人另外有损害赔偿债务之迟延,则并不能计算在迟付之租金之内。

关于房屋租赁之规定,不但《民法》有之,《土地法》亦有之。《民法》《土地法》之外,又复特别公布有《房屋租赁条例》。究竟此四四〇条二项之规定,是否尚有适用之余地,应须说明。当然,在适用《房屋租赁条例》

之地区,又在此条例之有效期间者,四四〇条二项自完全不适用。唯在不适用《房屋租赁条例》之地区,或此条例已失效之后,则依司法院三四八九号解释,对于定期租赁,四四〇条二项应仍是适用。

2. 租赁物之价值有升降时是否得增减租金

因租赁物之价值之升降,而得增减租金者,依《民法》(《房屋租赁条例》之规定另详后述)乃仅限于未定有期限之不动产租赁。动产之租赁,或定有期限之不动产租赁,在期限未届满以前,则租赁物之价值纵有升降,非经他方之同意,亦不得增减租金。唯未定有期限之不动产租赁,于租赁关系存续中,租赁物之价值有升降之时,始得由一方当事人声请法院为增减租金之判决(四四二条)。

但在《复员后办理民事诉讼补充条例》施行期间内,依法应优先适用该条例。依该条例十二条之规定则不同。虽系动产之租赁,及虽系定有期限之租赁,在期限未届满之前,乃亦得声请法院为增加租金之判决。

(三)租赁物保管之义务

(甲)承租人应以善良管理人之注意,保管租赁物。租赁物之有生产力者,并应以善良管理人之注意保持其生产力(四三二条一项)。承租人违反保管义务,致租赁物毁损灭失,或租赁物之生产力减少灭失者,须负损害赔偿之责(四三二条二项)。当然依约定之方法,或依物之性质而定之方法为使用收益之结果,致物有变更毁损者,此则无须赔偿(四三二条二项但书)。

承租人不但对于因自己之行为致租赁物毁损灭失或生产力减少灭失者,须负赔偿之责。因承租人之同居人,或因承租人允许为租赁物之使用收益之第三人应负责之事由,致租赁物受毁损灭失,或生产力减少灭失者,承租人亦须负损害赔偿之责任(四三三条)。

当然,成立四三二条之损害赔偿责任,显以承租人有抽象的过失为已足。四三三条虽无明文规定,其所谓应负责之事由,应亦指同居人或第三人故意过失之行为而言。只须同居人或第三人有抽象的轻过失,承租人即应负责。唯租赁物因失火而毁损灭失者则不然。唯承租人有重大过失之时,承租人始须对于出租人负损害赔偿之责。承租人对于失火仅有抽象的轻过失者,出租人并不得向承租人请求损害赔偿(四三四条)。因承租人之同居人或允许为使用收益之第三人之过失而失火者亦然。唯该同居人或第三人有重大过失之时,承租人始须负赔偿之责。何谓重大过失?判例云:"所谓重大过失系指显然欠缺普通人应尽之注意而言"(二二年[1933年]上字二五五八号),余则以为应是完全欠缺注意,或非常欠缺注意之义。盖构成抽象的轻过失之所谓欠缺善良管理人应尽之注意,一般情形,亦只是欠缺普通人应尽之注意而已。仅易善良管理人为普通人,此乌能为二种过失之区别。"显然"二字更不能为区别之标准。岂过失之轻重,不以注意欠缺之程度为分,而以欠缺注意之事实明显与不明显为分耶?判例所云,虽是在我国学说上相沿已久,应仍不足取。至于失火之情形,特以重大过失为赔偿之要件者,则以承租人自己已受有失火之损害故也。

以上四三二条、四三三条、四三四条所规定之损害赔偿,其请求权之消灭时效期间均为二年,自出租人受租赁物返还时起算(四五六条)。当然,租赁物已全部灭失者,自更无返还之可言,此则其时效应自出租人知悉租赁物全部灭失时起算。

(乙)承租人对于出租人既负有保管租赁物之义务,因此更有以下两种附属义务:

1. 饲养之义务　租赁物为动物者,其饲养费由承租人负担(四二八条)。

2. 保存行为容忍之义务　出租人为保存租赁物所为之必要行为,

承租人不得拒绝（四二九条二项）。虽保存行为有暂时妨碍承租人之使用收益者亦然。

（四）通知之义务

租赁关系存续中，若租赁物发生有修缮之必要，应由出租人负担，或因防止危害，有设备之必要，或第三人就租赁物主张权利，而此等情事之发生为出租人所不知者，承租人应即通知出租人（四三七条一项）。承租人怠于通知，致出租人不能及时救济者，承租人应须赔偿出租人因此所生之损害（四三七条二项）。此损害赔偿请求权之时效期间亦为二年，自出租人受租赁物返还时起算（四五六条）。

（五）取回工作物之权利

承租人就租赁物所增设之工作物，得取回之。但应回复租赁物之原状（四三一条二项）。此取回工作物之权利，或单独存在，或与请求偿还费用之权利竞合存在。四三一条一项之情形，理论上亦有取回工作物之权利存在也。工作物取回权之时效期间亦为二年，其租赁关系终了时起算（四五六条）。

第三项　租赁关系之法定继受

为使承租人之租赁权，不受租赁物物权变动之影响，即出租人纵将租赁物之所有权让与于他人，或在租赁物上为他人设定物权，承租人亦仍得依据原所订之租赁契约，为租赁物之继续使用收益起见，从前《不动产登记条例》规定租赁权得为登记，登记后对于以后取得物权之人亦生效力。《民法》则规定出租人于租赁物交付后，纵将其所有权让与于他人，或为他人设定物权，其租赁契约对于受让人或物权取得人仍继续存在。二者用语虽不同，其均规定由租赁物之所有权受让人，或取得其他物权之人法定的继受租赁关系者一也。唯其所须具备之要件有异耳。

当然,如《不动产登记条例》之规定,以登记为要件,更可明确的使第三人获悉有租赁权之存在。然以登记为要件,将只能适用于不动产租赁及特种动产租赁,一般动产租赁并不能适用。譬如机器之租赁,对于承租人之租赁权,亦未始不有须予以同样保护之必要。所以《民法》之规定乃与不动产登记条例之规定不同。《民法》是以德民为母法,《不动产登记条例》是以日民瑞债为母法。以下就我国《民法》上关于租赁关系法定继受之条文分述之:

(一)出租人于租赁物交付后纵将其所有权让与于第三人其租赁契约对于受让人仍继续存在(四二五条)　关于本条所须说明者:第一,当然是法定继受之要件。第二,是法定继受之效果。除此二者之外,当事人是否得以附解除条件之方法,排除租赁关系之法定继受,及租赁物之所有权非基于出租人之意思而移转者,是否亦得准用本条之规定,应亦有说明之必要。

1. 法定继受之要件　关于此问题,司法院有一极重要之解释。三十五年院解字第三〇七三号解释云:"租赁物经出租人交付承租人后,即为承租人所占有。出租人如将其所有权让与第三人,第三人可就承租人之占有,知有租赁契约之存在,不致因租赁契约于受让后继续存在而受不测之损害。《民法》第四百二十五条系基于承租人受交付后,必占有租赁物之普通情形而为规定。若出租人于承租人中止租赁物之占有后,将其所有权让与第三人,则第三人无从知有租赁契约之存在,绝无使其租赁契约对于受让人继续存在之理。同条之规定自应解为不能适用。"依此解释,于是出租人之将租赁物所有权让与于第三人,纵在租赁物已交付于承租人之后,亦未必一定概可适用本条。更必须是在承租人之继续占有中,出租人将租赁物所有权让与于第三人,承租人始得对于受让人主张租赁契约仍继续存在。

不过条文之文字,究只以交付为要件。以下二种情形,应仍以采积极之解释为是。A. 假若承租人并非基于自己之意思,中止租赁物之占有,而系占有被侵夺者,当不能以其占有被侵夺之故,而遂谓其不得为本条文之主张。B. 出租人将租赁物所有权让与第三人时,承租人虽已中止租赁物之占有,但假若受让人对于有租赁契约之存在,并非善意者,应仍是受本条之适用。至于就房屋之租赁而言,承租人迁离房屋,当不能即概谓之已中止房屋之占有。承租人迁离之时,将房屋加以锁闭者,房屋应仍是属其管领。

2. 法定继受之效果　条文称其租赁契约对于受让人仍继续存在,应是原租赁契约仍继续存在,只是出租人由让与人变为受让人而已。租赁物嗣后由受让人仍依原租赁契约继续出租于承租人。其效果细析之如下:

A. 租赁物嗣后既仍由受让人出租于承租人,受让人自不能向承租人请求返还租赁物。且受让人既已处于出租人之地位,自应负使承租人得为租赁物使用收益之义务。承租人应更得向受让人请求不为妨害、请求除去妨害、请求修缮。当然,不但此后关于出租人之义务归受让人负担,关于出租人之权利自亦归受让人享有。此后之租金,承租人应向受让人支付。此后承租人如有损害租赁物等情事,损害赔偿请求权亦应属于受让人。更复终止契约,亦应由受让人,或向受让人为之。

B. 原租赁契约既仍是继续存在,受让人既仍是依原租赁契约继续出租于承租人,于是关于受让人与承租人间之权利义务之内容,譬如租金之数额,修缮由何方负担等,自悉仍其旧。租赁期限之有无亦然。本系不定期之租赁,让与之后,当然亦仍系不定期之租赁。本定有期限,期限未满者,让与之后,在原所定期限,即原所定期限之残余期限未届满之前,自亦仍系定期租赁。

C. 出租人既已由让与人变为受让人,于是让与人即原出租人,此后自已脱离出租人之地位矣。不过以前之租金,及以前所发生之损害赔偿债权,应仍属于原出租人耳。以后之权利义务,概与原出租人无关。不但原出租人已无使承租人得为租赁物继续使用收益之义务,且在无特别明文规定之我国《民法》,对于受让人之租赁债务之履行,原出租人应亦并不负法定保证之责。

D. 承租人对于原出租人交有押金者,押金乃以之供出租人对于承租人之债权之担保,出租人既已变为受让人,让与之时,让与人即原出租人应将押金交付于受让人,自无疑义。及受让人已受押金之交付者,于租赁关系终了之时,应将押金返还于承租人,亦不待言。唯受让人未受押金之交付,甚或不知有押金者,租赁关系终了之时,承租人是否亦得向受让人请求返还押金,则颇有问题。司法院第一九〇九号解释变更以前之解释,谓押金未由原出租人交付于受让人者,押金权尚未移转于受让人,受让人自不负返还押金之义务。其以债权移转时,为其担保之动产质权,非移转物之占有,不生移转效力为比,在概念上虽似颇有理。然在该号解释之后,已迭有《战时房屋租赁条例》,《房屋租赁条例》之公布,及《土地法》之修正。按之《土地法》九八条一项、一〇〇条三款,及《房屋租赁条例》九条二款之规定,谓押金未转交于受让人者,押金权尚未移转于受让人,当不能不踌躇。盖若谓此时押金权尚未移转于受让人,是则依《土地法》及《房屋租赁条例》之用语,即是谓承租人对于受让人之租赁,乃尚并无担保金关系存在。《土地法》九八条一项后段,及《土地法》一〇〇条三款,《房屋租赁条例》九条二款所称"除担保金抵偿外",将均不能适用。显非各该条文之立法本旨无疑。既有此等现行法之规定,关于此问题,当仍以回复以前之解释为是。不同受让人已否受押金之交付,纵甚或不知有押金,租赁关系终了之时,受让人亦仍须对于承租人负返还押金之责(一八四三号解释)。

　　3. 当事人是否得以附解除条件之方法排除租赁关系之法定继受
承认租赁关系之法定继受,自难免不有影响于租赁物之出卖。于是原出
租人为图他日之容易出卖起见,预先以解除条件订明,出卖之时,租赁关
系当然消灭者,究得以此排除租赁关系之法定继受否? 余以为本条虽无
疑的是承认买卖之效力不一定胜于租赁。但只是规定租赁物所有权让
与之后,受让人亦仍须承认从前让与人与承租人间所订之租赁契约,亦
仍须承认承租人从前依租赁契约所已取得之权利而已。并非谓租赁物
出卖之后,租赁关系必须仍继续存在。只是依原租赁契约,本可存续至
何时为止者,租赁物虽出卖,亦仍可存续至该时为止耳。于是假若于订
立租赁契约之时,即附以解除条件,预先订明租赁物出卖之时,租赁关系
即归消灭者,此乃依原租赁契约,租赁关系本只能存续至租赁物出卖之
时为止,自不发生租赁关系之法定继受问题。此时受让人之请求租赁物
之返还,决非不承认从前让与人与承租人间所订之租赁契约,反而根据
此租赁契约,而后始为物权的请求权之行使也。承租人当然不能仍以本
条之规定,而为对抗。至于租赁契约附此解除条件,是否为法之所许,除
关于房屋租赁,适用《房屋租赁条例》者,须考虑该条例九条二项及十一
条之规定,在出租未满二年以前,此解除条件虽成就,亦不能承认此条件
成就之效果,及关于耕地租赁,应以采消极之解释为宜外,其他租赁,附
此条件,概属有效。

　　4. 租赁物之所有权非基于出租人之意思而移转者是否亦得准用本
条之规定　因为本条之立法理由乃与租赁物之所有权是否系基于出租
人之意思而移转无关。租赁物之所有权虽非基于出租人之意思而移转,
承租人之租赁权之应保护者一也。所以原则上应得准用。以下列举情
形分述之:

A. 法院拍卖之情形　法院为强制执行,拍卖租赁物者,承租人与买得人间之关系,应仍得准用本条之规定(院字一五八〇号解释)。租赁在先,设定抵押权在后,法院拍卖抵押物者亦然。唯设定抵押权在先,租赁在后者则否。

B. 土地征收之情形　原为需用土地而始征收土地,故本条对于土地征收之情形应不准用。

C. 买回之情形　买回权并不能对抗第三人,故本条对于买回人应仍得主张之。

D. 取得时效之情形　此虽更根本不是移转取得,而是原始取得。但是假若在时效进行中,是由承租人使用收益者,则在时效完成之后,承租人当然亦仍得为使用收益。

(二)出租人就租赁物设定物权致妨碍承租人之使用收益者准用前条之规定(四二六条)　当然既称准用前条之规定,自亦系由物权人法定的继受出租人之地位,并非物权之设定不得发生效力也。又既称准用前条之规定,自亦须具备前条所定之要件。说明已见于前条者概不赘。唯此所谓物权,究指一切定限物权而言,抑仅指其中数种定限物权而言,述明如下:

物权之并不以使用收益为内容者,不适用四二六条之规定,自不待言。然第三人在租赁物上取得所有权以外之物权,致妨碍承租人之使用收益者,尚可分为二种情形:一种是该物权之行使完全与承租人之使用收益相冲突者,如地上权、永佃权及典权是。他种是该物权之行使仅使承租人之使用收益受限制者,如地役权是。是否此二种物权之设定,均应适用四二六条之规定? 当然,地上权、永佃权及典权原以对于标的物之独占的用益为其权利之内容。一经设定之后,所有人即不得自己再为用益,或使他人为用益。且此等物权人或原有将其标的物出租之权利。

法律认为此等物权人法定的继受所有人之出租人之地位,而为新出租人,使所有人丧失租金请求权,嗣后租金请求权归此等物权人享受,使所有人嗣后无须再负使承租人得为物之使用收益之义务,自系妥当之规定。至于地役权人若亦认为继受出租人之地位,则一个土地上常设有数个地役权,其将使何个地役权人为新出租人乎?地役权就供役地上所享受之利益乃极轻微,地役权设定后,供役地所有人尚可就供役地为相当之使用收益。若使地役权设定后,供役地所有人即脱离出租人之地位,无须再负使承租人得为物之使用收益之义务,未免徒引起供役地所有人即原出租人与承租人间之纠纷。且地役权常系无偿设定,使供役地所有人失去租金之请求权,更系有失公平。故四二六条所称之"妨碍"二字,应系指其完全冲突而言。唯出租人于租赁物交付后,就租赁物为他人设定地上权、永佃权或典权者,其租赁关系始系嗣后由原出租人法定的移转于此等物权人。设定地役权之情形,并不能适用四二六条之规定。

当然,《民法》既系采取保护租赁之立场,于是设定地役权之情形,虽不能适用四二六条之规定,应亦须认为租赁契约之效力胜于地役权之设定行为。地役权之设定于租赁物交付之后者,地役权之设定应不能妨碍承租人之利益。在租赁关系未终了以前,地役权应只能在不妨碍承租人权利之范围内为行使。唯租赁关系则仍系于原出租人与承租人间存在,并不移转于地役权人。

第四节　租赁关系之消灭

(一)租赁关系消灭之原因

除依法律行为之一般消灭原因外,租赁关系更因租赁期限之届满、租赁契约之终止及租赁物之全部灭失而消灭。

（甲）租赁期限之届满

除其他法律另有规定外，租赁定有期限者，其租赁关系于期限届满时消灭（四五〇条）。唯其期限届满后，承租人仍为租赁物之使用收益，而出租人不即表示反对之意思者，视为以不定期限继续契约（四五一条）。此时则租赁关系之终了，更须有待当事人之终止行为。

（乙）租赁契约之终止

除前节第一项、第二项所述外，于下列情形时，出租人或承租人亦得终止租赁契约。

1. 租赁契约未定有期限者，除其他法律另有规定外，出租人与承租人均得随时终止契约。但有利于承租人之习惯者，从其习惯（四五〇条二项）。期满后视为以不定期限继续契约者亦然。所谓若有利于承租人之习惯，应从其习惯者，乃该地方上若有出租人不得随时终止契约之习惯，则出租人不得随时终止。至于虽有承租人不得随时终止之习惯，承租人仍得随时终止。

此种终止，无论出于出租人抑或承租人，均须先期通知。究须在若干时日之前，先为通知，此则除不动产之租赁，由出租人终止者，《民法》有明文规定外，其他动产之租赁，或不动产之租赁由承租人终止者，悉依习惯。无习惯者，应于相当期日前通知之。关于不动产之租赁，若由出租人终止者，则租金以星期计，至少应于一星期前通知，租金以半个月计，至少应于半个月前通知，租金以月计，至少应于一个月前通知；并应依其租金之如何计算，分别以历定星期或半个月或一个月之末日为契约终止期（四五〇条三项）。唯须注意，此项本文但书均只是关于前项终止之规定，不能概以之准用于租赁契约其他情形之终止。

何谓通知？为终止契约之意思表示，或通知其将为终止之意思表示也。后之情形,乃先为通知,经所定之时日后,始得为终止之意思表示。前之情形,乃当事人终止契约之意思表示,须经所定之时日后,始发生终止之效力。至于不动产之租赁由出租人终止者,既须至少于一星期或半个月或一个月之中途径为终止之意思表示者,乃须经过一星期或半个月或一个月以上之期间,始发生终止之效力。彼出租人表示立即或于中途发生终止之效力者,乃属无效。

不动产之租金虽以星期或半个月或一个月计者,而租赁关系并非开始于历定星期或半个月或一个月之始日者,是否亦适用四五〇条三项但书之规定,及不动产之租金以年计或季计,是否亦准用四五〇条三项但书之规定,应亦有予以说明之必要。前者只须使其满一个星期或半个月或一个月足矣,并非仍以历定之星期或半个月或一个月之末日为终止期,唯仍须于一个星期或半个月或一个月前通知。后者应适用四五〇条三项本文之规定,只须依习惯先期通知,或于相当期日前通知即可。唯仍须以满一季时或年底为终止期。

至于出租人每有不先为终止之通知,遽诉请交还租赁物者,此则因其既已诉请交还租赁物,自可视为已有终止之意思。于诉状送达于承租人之时,应即视为已有终止之通知。又因诉状送达之时,距言辞辩论终结之时,必已有相当期日,且恒已超过四五〇条三项但书所定之期间。故只须出租人依法得为终止者即足矣(最高法院判例二二年上字八五六号,二九年上字四九八号参照)。

2. 租赁契约虽定有期限,若当事人间约定于期限未届满以前,一方当事人得终止契约者,则出租人或承租人应仍得随时终止契约。唯其终止亦须依四五〇条三项之规定,先期通知(四五三条)。

3. 承租人死亡者,则租赁契约虽定有期限,期限未满,其继承人仍得终止契约。其终止亦须依四五〇条三项之规定,先期通知(四五二条）。

（丙）租赁物之全部灭失

四五三条仅就一部灭失之情形而为规定，于租赁物因不可归责于双方当事人之事由而全部灭失者，应适用二六六条，认为租赁关系终了。

（二）租赁关系消灭之效果

（甲）除租赁关系因租赁物之全部灭失而终了者外，承租人应于租赁关系终了时，将租赁物返还于出租人。租赁物有生产力者，并应保持其生产状态，返还出租人（四五五条）。

（乙）承租人曾交付押金于出租人，以为租金之担保者，租赁关系终了时，出租人应将押金返还于承租人。当然，在目前之时，关于押金之返还，更可适用《复员后办理民事诉讼补充条例》十二条之规定。院解字第三四八九号解释，尤可供其参考。

（丙）租赁关系因终止而终了者，如终止后始到期之租金，出租人已预先领受，应返还于承租人（四五四条）。例如租金已预付至十月，而于九月底发生终止之效力，应返还十月份之租金是也。该条虽仅就四五二条、四五三条之终止而为规定，当然其他情形时之终止亦同。

第五节　特种租赁

第一项　房屋租赁

关于房屋租赁，并不完全适用《民法》关于租赁之规定。不但《民法》关于租赁之一般规定，并不完全适用。《民法》关于不动产租赁，甚且关于房屋租赁所设之特别规定，亦并不完全适用。我国关于房屋租赁，乃于《民法》之外,另定有特别法规。现在且有二重之特别法规:一为《土地法》第三编第三章,一为《房屋租赁条例》。《土地法》第三编第三章对于《民法》已是特别法,《房屋租赁条例》对于《土地法》第三编第三章又是特别法。所以特设本项,分述《土地法》第三编第三章及《房屋租赁条例》之规定。

然我国关于房屋租赁,虽于《民法》之外,另设有特别法规,《房屋租赁条例》更是特别法中之特别法。并非一切房屋租赁均是第一位须先适用《房屋租赁条例》,第二位始适用《土地法》,第三位始适用《民法》。亦并非一切房屋租赁,均须先适用特别法,特别法所未规定者,始适用《民法》。适用《房屋租赁条例》者,仅限于省市政府所在地,及人口繁多,租屋困难,经省府指定适用之地区(《房屋租赁条例》一条)。其他地区则并不适用《房屋租赁条例》。又《房屋租赁条例》乃有有效期间之规定,其有效期间为三年(《房屋租赁条例》二十二条)。一旦期满时效,则又不适用《房屋租赁条例》矣。至于其他地区,及《房屋租赁条例》期满失效后,是否均须先适用《土地法》,此又不能一概而论。因为司法院解释乃认为《土地法》一〇〇条之规定对于定期租赁并不适用(院解字第三四八九号解释)。于是若非城市地方之房屋,又无担保金之约定者,此种定期租赁应完全不适用《土地法》矣,只适用《民法》。唯不定期租赁始必须先适用《土地法》。何种情形先适用《房屋租赁条例》,何种情形先适用《土地法》,不适用《房屋租赁条例》,及何种情形仅适用《民法》,此必须先注意。

第一目 《土地法》第三编第三章之规定

当然,所谓特别法者,并不完全排除普通法。特别法所未规定者,仍是适用普通法。以下仅就《土地法》第三编第三章关于房屋租赁所设之特别规定,分点述之:

（一）关于租金限制之特别规定

《土地法》九七条称："城市地方房屋之租金，以不超过土地及其建筑物申报总价额年息百分之十为限。约定房屋租金超过前项规定者，该管市县政府得依前项所定标准强制减定之。"关于此条条文，可能有二种不同之解释。或以为自新《土地法》施行之后，人民所约定之租金即已概不得超过九七条一项之标准，或以为本条只是授权市县政府，得依一项之标准减定租金而已。即市县政府得以单行规章或命令规定租金不得超过《土地法》所定之标准，有此单行规章或命令之后，租金始受限制。《土地法》此条之规定，其自身并不直接发生限制租金之效力。余主后之解释。盖以无论当时立法者之意思如何，近年来一般利率既如此之高，早已名存实亡之《民法》二○五条之规定，最近且亦以《利率管理条例》明文废止适用。复乌能独对于房租，限制其不得超过年息百分之十耶？不但将九七条与九四条相较，国家之福利行政，本应贴本，尚且容许其得有八厘之年息，而对于人民之出租房屋所收租金，只许其合于年利一分，显欠公允。《战时房屋租赁条例》本定为不得超过百分之二十，《土地法》更改为百分之十。租金太低，人民谁愿为建筑房屋之投资？而政府依法虽本应自建房屋，租给人民，事实上政府又无此余力。所谓保障人民之居住者，租金之限制尚在其次，首须解决城市之屋荒问题。假若房屋根本不足，则事实上将不能不以高价承租。《土地法》此条之立法，亦显欠有周详之考虑也。矧且此百分比之不当，犹其次焉。《战时房屋租赁条例》之规定，其所谓百分之二十者，尚是以实际之价额为标准。《土地法》此条之所谓百分之十，乃是以土地及其建筑物之申报总价额为标准，不当尤甚。莫说地价年年重新规定，建筑物价年年重新估定，在我国今日之行政效率，决为事实之所不许。纵以同年之年初与年尾相较，价额亦不啻相差五倍十倍。所谓年息百分之十者，若依该月之实际价额计算，岂非可能只是合于年息百分之一二，或千分之几耶？假若真是照此实行限制，直是类于滑稽矣。以土地及其建筑物申报总价额定房租之百分比，必须待诸物价之稍稍安定，目前决尚非其时。新《土地法》本硬性的规定地租不得超过地价百分之八，政府迫得命令暂仍依收获量之千分之三百七十五计算，可为明证。所以余乃主后之解释，欲将《土地法》此条之规定，事实上停止适用也。将此条解为只是授权市县政府限制之规定，则市县政府决不至于将一年之房租限制为不得超过于建筑物时值之年息之百分之一二，或千分之几，可免法律有太不近于情理之讥。虽大都市已是另适用《房屋租赁条例》，《房屋租赁条例》已祛除《土地法》此条之规定。为适用于其他地区起见，应亦仍有如此解释之必要。至于就条文文字上而言，如此解释，亦并非条文文字之所绝对不许。因为假若以为第一项即是直接限制租金者，复何必更为第二项之规定耶？《民法》二〇五条与《土地法》一一〇条均无与此第二项相同之条文。可见此第一项，其性质并非与《民法》二〇五条、《土地法》一一〇条相同。本条本只是限于城市房租之规定，与乡镇之房租无关，自不待言。

（二）关于担保金之特别规定

关于房屋之租赁，出租人亦得收取担保金。即所谓押金、押租是也。唯不问当事人间有无反对之约定，并不问其地方之习惯如何，且无论其为城乡之房屋，房屋租金之担保金均须计算利息。担保金之利息，视为租金之一部（《土地法》九八条一项），由承租人于每期所应付之租金中扣除之。唯租金若已发生迟延利息者，自当别论。不能谓本项之规定且已排除三二三条之原则。

或怀疑《土地法》九八条以下，亦只是适用于城市地方房屋。然而独城市地方房屋，担保金须计算利息，乡间房屋之担保金则不许。法律并无如是之明文规定，我人果有何理由可以作如是之解释耶？《土地法》九八条以下各条,既无标明"城市"二字,应对于城乡之房屋均适用之。

担保金计算利息,其利率应与租金所由算定之利率相等(《土地法》九八条二项)。唯此所谓租金所由算定之利率,应是指各月之租金与土地及其建筑物在保证金交付当时,一般的言之,即订约当时之实际价额之比例而言。

又担保金不但须计算利息,且担保金之数额亦有限制。无论城乡之房屋,无论是否按月交租,抑或按年按季交租,担保金均不得超过二个月房屋租金之总额(《土地法》九九条一项)。已交付超过此限度之担保金者,除担保金交付在先,新《土地法》施行在后,《土地法》对之无溯及之效力外,其超过部分,承租人得以之抵付房租(《土地法》九九条二项)。抵付由承租人向出租人以意思表示为之。当然,在未抵付之前,此超过部分之保证金亦须计算利息。至于承租人得不以抵付房屋,而请求返还否,此则在《土地法》上,当只能为消极之解释。

(三)关于出租人终止房屋租赁契约之特别规定

房屋承租人之终止租赁契约,虽仍适用《民法》关于一般租赁之规定。房屋出租人之终止契约则不然,《土地法》一〇〇条另设有特别规定。且此条乃是列举规定,非具有该条所举之原因之一,房屋出租人决不能终止契约。至于该条虽称"收回房屋",并非称终止契约,当然该条所限制者,只是出租人之终止原因而已。与基于其他原因,租赁关系消灭,因而出租人主张收回房屋者无关(院解字第三四八九号解释第四点参照)。

房屋租赁有定期与不定期之分。究竟此《土地法》一〇〇条对于定期与不定期之租赁均适用否?司法院第三二三八号解释以为均适用。第三四八九号解释则以为对于定期租赁不适用。虽后之解释亦并不妥当。因为就欠租而言,一依《土地法》,一依《民法》,欠租之限度大不相同,显不合理。且有此解释之后,出租人恐皆将订立短期间之定期租赁,期满再订,避免不定期租赁,《土地法》一○○条之限制势将等于虚设矣。然在司法院之解释未再度变更以前,当然,《土地法》一○○条对于定期租赁并不适用。以下就《土地法》一○○条各款所定,分点述之:

1. 出租人收回自住(《土地法》一○○条一款)　何谓收回自住?解为必须收回自己住,应嫌太狭。虽非供自己居住,而系供自己同家之人居住者应亦可。出租人是否为家长,且所不问。若供其他亲属居住,则唯出租人对之负有扶养义务,基于扶养义务,须供给其居住之处所者始可。出租人之诉请收回自住,每云自己之兄弟至亲无屋可住,不能反租与他人。其是否应准其收回,即依此而决。盖所谓收回自住者,应系收回给自己之人居住之意。以上所解,乃系所谓自己之人之范围。

收回自住,包括收回自用。此在《战时房屋租赁条例》之解释即已然。收回供自己营业,或其他事业之用,亦得为终止契约之理由。然收回自住包括收回自用,虽已是确定之解释。所谓自用之范围,则尚有疑问。营业每以合伙之组织为多,给合伙营业之用,是否亦得为收回之理由?余以为除非以该房屋之所有权为出资,因该房之所有权已属于合伙团体,依《民法》四二五条,已变为合伙团体是出租人,当然可由合伙团体收回自用。若仅以该房屋之使用为出资者,则应作消极之解释。盖此并非供出租人自己营业之用,而系供出租人与他人间之共同营业之用。且以房屋之使用为出资,事实上几等于将房屋出租于合伙团体,而以租金为出资故也。

关于此种终止原因,《战时房屋租赁条例》及《房屋租赁条例》均称出租人须因正常事由有收回自住或自用之必要,《土地法》之解释亦同(院解字第三四九一号解释)。盖若无收回自住之必要,而主张收回自住,不但其所谓收回自住,当并非事实,因而所谓收回自住,将成为出租人收回房屋之最好口实。且若并无收回自住之必要,而收回自住,亦显系权利之滥用,权利之滥用应为法所不许故也。至所谓更必须基于正当之事由,有收回自住之必要云者,例如某人本有甲、乙二屋,甲屋自住、乙屋出租,乃复将甲屋一部出租,而后主张屋不够住,收回乙屋,此类情形自亦应防止也。当然,关于因正当事由有收回自住之必要,自应由出租人负举证之责。唯举证方法则并无限制。

出租人以收回自住为理由,收回房屋,收回后实际并不自住,或只以自住为收回之手段,收回后只自住一极短时期,仍复出租者如何? 当然,承租人若能反证其实并无收回自住之意思者,则出租人虽已证明其因正当事由有收回自住之必要,法院仍非驳回出租人之诉不可。然若承租人并不能反证其实并无收回自住之意思者,则只须出租人已能证明其因正当事由有收回自住之必要,此时法院之判决,即已只有准其收回矣。出租人收回后,实际并不自住,或只自住一极短期间,仍复出租者,此对于判决之效力,并无影响。承租人唯有另谋救济之方。《土地法》虽无与《房屋租赁条例》十五条同样之明文,当然承租人亦得依照《民法》二一九条或一八四条一项后段之规定,请求出租人赔偿损害。假若出租人收回后,另租他人,该他人亦可认为有共同侵权之情节时,更得以该他人为共同被告,请求损害赔偿,回复原状。

《房屋租赁条例》以收回自用究系出租人所最易假借之口实之故,遂更限制必须出租后已满若干时期,始得主张收回自用。莫说《房屋租赁条例》此点规定本未必妥当,《土地法》既无此明文,自不能为同样之解释。至于收回自住,须先期通知,自属必要。《土地法》虽无如《战时房屋租赁条例》及《房屋租赁条例》之特别设有明文,自应仍适用《民法》四五〇条三项。《土地法》一〇〇条只排除该条二项而已,并非连三项亦一并排除。

租约上有"租清任住"之记载,或该地方有租清任住之习惯者,出租人究亦得主张收回自住否? 此则在第一种情形,应已是定期租赁,依司法院解释,不适用《土地法》一〇〇条之规定。盖租约上载明租清任住者,显是以房屋塌倒为终期之不确定期限之定期租赁,在未满二十年以前,应不能视为不定期租赁也。第二种情形则以《土地法》一〇〇条既称"非因左列情形之一,不得收回房屋",反面之解释,自只须有"左列形之一",即得收回房屋。《民法》四五〇条二项但书之规定,应已并不适用。

2. 房屋重新建筑(《土地法》一〇〇条一款)   关于《土地法》一〇〇条一款所规定之此第二种终止原因,《战时房屋租赁条例》及《房屋租赁条例》均称"房屋必须改建",独《土地法》则称"重新建筑",究竟此二者之意义有不同否? 院解字第三四九一号解释云:"《土地法》第一百条第一款所谓……重新建筑,系指因正当事由有……重新建筑之必要者而言。"于是《土地法》虽无"必须"二字,乃亦系必须重新建筑之义。此点在二者间应并无差异。其次所谓重新建筑与改建,关于变动原建筑,是否有程度上之不同? 此则无论依据《土地法》,抑或依据其他二条例,均只视其有无终止契约,使承租人交还全部房屋之必要而定。关于原建筑之改动程度则在所不问。《土地法》此款之规定,亦决非谓必须将房屋全部拆毁,重新建筑者,始得终止契约。所谓重新建筑,实即是改建之义。又一称"房屋必须改建",一称"重新建筑",是否前者之限制较严? 既如以上二点所述,二者间之意义并无不同,自无严宽之分。当然,因改良房屋而改建者,依《土地法》乃得终止契约。但是依其他二条例,亦决非唯为保存之原因,唯于房屋快将塌倒之情形,始得收回改建。尤其《房屋租赁条例》之规定,宁说是以房屋改良之情形为主要对象。唯须知《土地法》与其他二条例,在适用上既有时间与地区之不同,因而在客观情形上,是否可认为因正当事由有改建之必要,亦不能不有不同耳。关于是否因正当事由有改建之必要,首先固必须就该房屋本身而为认定,但决不是只就该房屋本身即可为认定也。更必须考虑其他客观之情形。尤其该地方之房屋供需情形,亦必须加以考虑。譬如该地方之房屋非常不足者,则该房屋若非急须改建,应尚不能认为因正当事由,有改建之必要。《土地法》与《房屋租赁条例》,一是适用于州县与乡镇,一是适用于都市,房屋之供需情形大不相同。于是条文上之规定虽无差异,其得依法收回改建与否,在事实上则确有不同。

至于依《战时房屋租赁条例》及《房屋租赁条例》之规定,关于此种终止原因,虽更以已领得建筑执照为要件。《土地法》既无此明文,自非必要。不但建筑执照并非必要,且亦无须与建筑商人已订有建筑契约或已购有建筑材料。唯以此为理由,诉请收回房屋者,对于1. 确系因正当事由有重新建筑之必要与2. 因重新建筑之故,确有使承租人迁出之必要,出租人应须负举证之责而已。不但关于第一点,出租人须负举证之责,关于第二点,出租人亦非证明不可。盖定期租赁,适用《民法》之规定,出租人为保存租赁物所为之必要行为,承租人不过不得拒绝而已(四二九条二项)。不定期租赁适用《土地法》之规定,在并无使承租人迁出之必要之时,乌能遽解为出租人得终止契约耶?

又《战时房屋租赁条例》及《房屋租赁条例》均规定,改建后原承租人有优先承租之权。《土地法》无此明文,自亦只能为消极之解释。唯出租人以重新建筑为理由,经法院判准收回后,并不重新建筑,或依其以后重新建筑之情形,实并无使承租人迁出之必要者,其亦系违反诚实信用之原则,且亦系故意以背于善良风俗之方法,加损害于他人,及承租人若能反证出租人实并无重新建筑之意思,法院亦应驳回出租人之诉,自不待言。

至关于此种终止,是否须先期通知,应分别情形而论。紧急保存行为的重新建筑,自无必于一定期限之先,通知承租人之理由。其他情形之重新建筑,则应仍适用四五〇条三项。

3. 承租人违反《民法》第四百四十三条第一项之规定转租于他人(《土地法》一〇〇条二款)　此种终止原因,乃《民法》四四三条二项已有明文,并非《土地法》之特别规定。关于此种终止原因,本已无待再加赘述。唯以《土地法》修正之后,对于出租人之终止权大加限制之故,出租人必须于法定原因中,觅得其一,以为终止之理由。于是关于一部转租是否已有反对约定问题,应更有再添予说明之必要矣。即租约上载明"不得转租"字样者甚多,此是否即可解为对于一部转租亦已有反对约定?

当然,若只就概念上而言,一部转租亦转租也。租约上即已载有"不得转租"字样,似乎即应认为对于一部转租亦已有反对之约定。然余意以为此乃意思表示解释之问题也,理应依《民法》九八条定之为是。举例以言,譬如某地方之习惯,一部转租,向用"分租"之名称,以别于全部转租者,即该地方之习惯,唯全部转租始称转租,一部转租则并不称为转租,而称为分租者,则租约上若只有"不得转租"字样,应尚不能解为对于一部转租亦已有反对之约定,唯既云应依《民法》九八条定之,自应就各个具体情形分别而论。此不过姑举一例以供参考耳。

4. 承租人积欠租金额除担保金抵偿外达二个月以上(《土地法》一〇〇条三款)　出租人收回房屋之诉,自以主张承租人欠租者为最多。因就此种终止原因,特为较详细之说明:

第一,何谓欠租?譬如出租人于今年五六月时,以承租人欠租为理由,诉请收回房屋,提出租簿为凭,租簿上之记载,租仅交至去年底,究即可认为承租人积欠租金额,除担保金抵偿外(假定担保金为二个月租金),已达二个月以上否?此并不能一概而论,必须先注意到租金之清偿地问题。假若依约，或依习惯，房租应由出租人赴承租人处收取（三一四条参照），而出租人并未赴承租人处收租者，则应只有构成出租人受领迟延之可能，决不能反谓承租人欠租。此时，承租人已催请出租人收租，或已将租金提存者，其不能谓承租人欠租，固不待言。承租人纵未催请出租人收租，亦未将租金提存者，亦仍不能谓承租人欠租。当然，承租人主张有此约定或习惯之存在，除此习惯之存在为法院所已知者外，应由承租人负举证之责（《民诉法》二七八条、二八三条）。承租人证明有此约定或习惯之后，出租人主张已赴承租人处催收过租，则应由出租人负举证之责矣。

出租人应赴承租人处收租，而出租人不赴收租者，既不能谓承租人欠租。则承租人已为租金之给付提出，而出租人拒绝收受者，自亦不能谓承租人欠租。《战时房屋租赁条例》及《房屋租赁条例》均规定出租人拒绝收受时，承租人得将租金提存。提存决非免责要件，不可误会。本非欠租，本无责任，何需提存以免责？二条例之各该条规定不过指示承租人可以提存了事，免去他日之争执耳。

第二，关于欠租之构成，除须注意清偿地问题外，自更须注意清偿期问题。当事人间究系约定于月初交租，抑或月尾交租，出租人之得依照土地法此款之规定，收回房屋之时期，迥不相同。然按月交租者，相差尚不过一月而已。按季交租者，相差更甚。当事人究系约定于每季之初交租，抑或约定于每季之尾交租，其得因欠租之理由，而收回房屋之时期，相差将有一季之多。《战时房屋租赁条例》除规定租金必须按月计算外，并规定租金必须先期支付。《土地法》则并无此明文，除当事人有约定者外，应依《民法》四三九条之规定。如无约定，亦无习惯，清偿期应在每月每季每年之末日。

第三，关于欠租之限度，《民法》虽已就房屋租赁为特别放宽之规定，须承租人欠租达两期之租额时,出租人始得终止契约(四四〇条二项)。《土地法》等诸特别法则更规定须欠租除以担保金抵偿外达二个月以上时,始得终止契约。于是承租人交有一个月租额之担保金者,承租人乃可欠租三个月以上。交有二个月租额之担保金者,乃可欠租四个月以上。所以更可欠租至三个月、四个月以上者,则以担保金有利息,利息已抵偿过每月租金之一部故也。承租人交有超过二个月租额之担保金者究如何?若超过部分从前未以之抵付租金者,则须连超过部分亦抵偿外,达二个月以上时,始得终止契约。此所谓担保金者,并非指法定限度内之担保金而言,乃是指出租人当初实收之担保金而言。

第四,所谓交有一个月或二个月租额之担保金者,当然是以担保金交付当时之租额为标准。于是以后若租金增加者,担保金之数额将不及于增加后之一个月或二个月之租额矣。究仍作为一个月或二个月之租额抵偿,抑只照当初交付时之数字抵偿?譬如目下之情形,加租纯是因于货币购买力之低落者,自应以采取前说为是。司法院之解释亦采前说。院解字第三四八九号解释云:"租赁契约成立后,因情事变更,租金额增为若干倍者,同条第三款抵偿租金之担保金,系契约成立时交付者,亦应依同一比例增加之。"唯解释因不愿直指出货币购买力之低落,而只称因情事变更,恐有语病。《民法》四四二条本文之规定,亦何尝不是基于情事变更原则?确只是产价之高涨,并非货币购买力之低落者,决无采取前说之理由。至于当初所交付之担保金,虽非若干月租额之整数,亦并非从租额折算者,亦仍须依同一比例增加抵偿。又担保金契约虽是成立于租赁契约之后者亦同,此不过须以担保金交付时之租金为标准耳。

第五,担保金是交付于《土地法》施行之前者究如何?虽已如前述,《土地法》九九条二项之规定,乃并不能适用于同法施行前交付之担保金。《土地法》本款之规定，则对于施行前所交付之担保金，亦仍适用之。且不问其当初所交付之担保金，是合于几个月之租额，亦须照其所合之月数抵偿。

第六，新《土地法》虽特别避用"押租""押金"等名称，而改用"担保金"字样。当事人之意思表示，租约上之记载，则一般的仍是称"押租""押金"也。于是在以欠租为理由，出租人提起收回房屋之诉时，出租人为只求能达到收回房屋之目的起见，反而主张自己当初所收受之押租、押金，只是一种小费之性质，并非担保金者将如何？押租、押金应受担保金之推定。除非该地方之习惯，称"押租""押金"者确非担保金，或依其意思表示之内容确非担保金之性质者外，应须除以押租、押金抵偿外达二个月以上始可。

第七，所谓达二个月以上者，是否仅限于租金按月计算之情形？即租金按季计算、按年计算者，是否须以担保金抵偿外达二季、二年以上时，始得终止契约，抑或亦只须以担保金抵偿外达二个月以上时，即得终止契约？虽然，依《民法》之规定，租金以季为期者，承租人本可欠至不满二季之额。以年为期者，承租人本可欠至不满二年之额（四四〇条二项）。若依《土地法》之规定，以为亦只可除以担保金及其利息抵偿外，欠至不满二月之额，《土地法》对于承租人之保护将反薄于《民法》。又因定期租赁仍是适用《民法》之故，可以欠至不满二季或二年之额。关于不定期租赁与定期租赁，法条之规定将有失均衡。然《土地法》一〇〇条乃称"出租人非因左列情形之一，不得收回房屋"，既已将出租人可得终止之情形概列举于该条，是若认为依《土地法》该条，不能终止，应即是绝对不能终止矣。乌能一方面对于《土地法》该款则主张除外解释，一方面又主张适用《民法》终止耶？且租金以季为期者，可以欠租两季，租金以年为期者，可以欠租两年，《民法》四四〇条二项之规定原亦未必绝对允洽。

所以关于不定期租赁，无论租金是否以月为期，应概是适用《土地法》此款之规定。

第八，依《土地法》此款之规定，是否只须积欠租金额除以担保金抵偿外，已达二个月以上之时，即得收回房屋耶，抑或仍须先定期催告？司法院之解释采取积极说。院解字第三四八九号解释云："出租人基于《土地法》第一百条第三款承租人欠租之事由，收回房屋，应依《民法》第四百四十条第一项规定，对于支付租金迟延之承租人，定相当期限，催告其支付，承租人于其期限内不为支付者，其租赁契约始得终止。"其理由殆以特别法对于普通法发生排除作用者，只限于规定同样事项之条文。《土地法》一〇〇条三款与《民法》四四〇条二项同系关于可以构成终止原因之欠租程度之规定，自发生排除作用。《民法》四四〇条一项所规定之事项则不同，该项乃系关于基于欠租原因之终止方法之规定。所规定之事项既不相同，自不发生排除作用。不能因其排除该条第二项之故，遂谓其连该条第一项亦一并排除适用。此解释自属妥当。唯须注意者，出租人虽须先定期催告，而后可以终止。然欠租一经达此限额，出租人定期催告之后，则除非承租人将欠租全部交清，否则出租人仍得终止契约。欠租是否已达限额，乃只就催告时而言。未达限额，而为定期催告，固不能即以此终止契约。已达限额，已为定期催告之后，则必须于期内交清矣。已受定期催告之后，仍只为欠租之一部清偿，则决不能阻止出租人之终止。至于催告，只须催其付清足矣，并非必须表示，若不付清，则将终止。又期之定得相当与否，甚至有无定期，亦无关碍。唯必须经过相当期间后，始得终止耳。

第九，《房屋租赁条例》明文规定必须承租人因可归责于己之事由，积欠租金，除以担保金抵偿外，达二个月以上者，出租人始得终止契约，《土地法》之解释亦同否？当然亦应为同样之解释。盖此并非《房屋租赁条例》之特别规定,《民法》二五四条之解释,即已应如此也。唯无论就《房屋租赁条例》而言,抑或就《土地法》而言,均只须承租人于未受催告前之不给付有过失,或于受催告后之不给付有过失,二者有其一,出租人即得终止契约。又承租人应就自己之无过失,负举证之责,并非出租人应就承租人之有过失,负举证之责。此于二三〇条之规定应可推知之。

　　第十,所谓欠租之争执,实多发生于承租人不同意加租,或对于加租之额不同意之情形。譬如原租额为每月二百万,出租人欲加为每月三百万,二百万出租人不肯收,三百万承租人不肯交是也。对于此种情形,应亦有特别提出说明之必要。当然,若加租或其所加之额,既未获得承租人之同意,而出租人又未诉请法院为加租之判决者,承租人只须照原租额为给付之提出足矣。只须已照原租额为给付之提出,即并非欠租。纵加租及其所加之额,在客观上至极公允者亦然。盖依照《民法》四四二条、《复员后办理民事诉讼补充条例》十二条,出租人均须声请法院为加租之判决故也。有疑问者,乃出租人于提起收回房屋之诉之先,已提起加租之诉,或出租人将加租之诉与收回房屋之诉合并提起之情形。余以为关于加租之诉,法院虽判准应自正月份起加租,因而自正月份起之租金,承租人虽概须照判决所定之额支付。但是当正月份之时,法院固尚未有加租之判决也。应不能谓当正月份之时,承租人照原租额交租,即已只是一部给付,出租人可以拒绝受领。盖此加租判决之性质,乃形成判决也,决非确认判决。判决之主文虽溯及正月份起加租,但决不能谓承租人当正月份之时,即已有依嗣后判决所加之额交租之义务。于是就上举之例而言,法院之判决虽准出租人之请求,自正月份起,加为每月三百万元者,但当正月份之时,法院尚未为加租之判决,承租人依原租额所已提出,而出租人拒绝受领之二百万元,自仍不能计入欠租额。至于若该每月加租一百万元之判决,于收回房屋之诉第二审言词辩论终结前业已确定者,依最高法院二十九年上字第四九八号判例(即关于诉权之有无,应以何时之情状为准之判例),该自正月份起每月所加之一百万元,虽可计入欠租额,以决定是否已足以收回房屋。然纵依该判例,出租人当亦必须对于该所加之租金,已经定期催告过始可。

5. 承租人以房屋供违反法令之使用(《土地法》一〇〇条四款) 此乃不问契约所定之使用方法如何,纵该违反法令之使用方法,本是双方所约定者,承租人以房屋供违反法令之使用时,出租人亦仍得收回房屋。惟假若约定供某种使用,在约定当时即已违反法令者,应更系契约自始无效。

6. 承租人违反租赁契约(《土地法》一〇〇条五款) 何谓承租人违反租赁契约耶? 虽或解为唯承租人之行为违反租赁契约之内容者始是。余则对于本款主扩充解释。余意以为《土地法》此款应包括有二种情形:(1) 承租人之行为违反租赁契约之内容者;(2) 承租人之行为违反租赁契约之性质者。

(1) 关于承租人之行为违反租赁契约之内容,出租人可以持之为终止契约之理由者,以下数点,必须注意:第一,《土地法》一〇〇条五款决非容许当事人得以契约排除同条其他各款所定关于出租人终止权行使之限制。譬如租约上载有"租金不得拖欠"之字句者,虽租金一有拖欠应即是违反租赁契约,然亦仍必须具备同条第三款之要件,始得收回房屋。决非于租金一有拖欠之时,即得依照此第五款之规定,收回房屋。关于《土地法》此款之适用,最须注意者,乃为此点。所谓承租人之行为,违反租赁契约之内容,出租人可以持之为终止契约之理由者,例示之,应唯以下等类情形:(A)承租人违反约定之使用方法而为使用;(B)依约承租人应负修缮义务,而承租人不为修缮;(C)出租人依约本仍保留有自己使用之权,而承租人拒绝出租人使用;(D)于租金外,更订有承租人其他之负担者,承租人不履行负担。第二,关于本款之适用,应又须注意意思表示之解释问题。譬如就(A)例而言,租约上虽有载明"租与承租人经营某种生意",未必即是关于使用方法之约定,未必即是不许承租人用以经营别业之意思,或许只是因承租人在租屋当初,是用以经营某种生意,遂写为"租与承租人经营某种生意"耳。就(B)例而言,租约上载明"修理由承租人负担"者,未必即是约定承租人须负修缮之义务,或许亦只是免除出租人修缮之义务耳。必须先依九八条之规定,正确解释当事人之意思表示,而后始可以适用本款之规定。第三,关于权利滥用问题亦须注意。譬如租约上既载明"租与承租人经营某种生意",又载明"不得改营别业"者,承租人改营别业之时,固系合于(A)例之违反租赁契约矣。然是否即应许其依《土地法》本款之规定,收回房屋,应仍须考虑出租人之终止是否系权利滥用,权利之滥用应仍为法所不许。假若承租人改营别业,或有其他违反租约所定限制之行为时,在出租人为保护自己之利益起见,并无终止契约之必要者,则其终止,表面上虽是以承租人违反契约为理由,实际上则纯以损害他人为主要目的矣。依照一四八条规定,自仍应不许终止。第四,关于上举(D)例,应须注意该其他负担是否亦系定期给付。假若当事人间约定,每月除租金之外,更须交米若干者,则仍须将所欠之钱米合并计算,除以担保金抵偿外,达二个月应交之钱米之和时,始得收回房屋。唯如租赁契约约定承租人更须代出租人看管邻屋之情形,则承租人一有不代管情形,出租人始即得适用本款。

(2)关于《土地法》一〇〇条五款之适用,余之所以主张更包括承租人之行为违反租赁契约之性质者,盖以《土地法》一〇〇条乃是列举规定。列举规定每不能包罗无遗。譬如承租人将租赁权出顶于他人,及承租人将房屋一部转租,转租所收之租金远超过于原租金之比例等情形,即并未包罗在内矣。唯有将本款规定扩充解释,则此等情形均系违反租赁契约之性质,出租人始亦可以终止契约,收回房屋。

　　当然,承租人将租赁权出顶于他人者,其情节更重于将房屋全部转租于他人,其应容许出租人得以收回房屋,自无异词。唯如何可以容许出租人得以收回房屋,解释难免不同。或以为承租人既已出顶,自无再使用房屋之意思。依照院解字第三〇七三号第三一五〇号解释,自即可认为承租人已有终止契约之默示的意思表示。更根据租赁权之性质不许让与,解为租赁权之让与行为无效,顶受人又系无权占有。如此,出租人即已可以收回房屋矣,无须更予出租人以终止权。或以为司法院之解释向皆认为列举规定亦可类推。承租人出顶租赁权之情形,亦尽可类推适用本条二款关于转租之规定,无须就本款为扩充解释。然第一种意见谓承租人已有终止契约之默示的意思表示,显与事实不符。盖租赁权之让与,当然是以认租赁权之仍继续存在为前提。乌能因为承租人已有让与租赁权之事实之故,而反认为承租人即已有终止契约之默示的意思表示耶? 关于第二种意见,司法院虽确曾有过此类解释(院解字第二八二三号第二八八〇号解释),因而在目前诉讼上之引用虽另作别论,在理论上则究非妥当。盖列举规定若亦容许类推适用,列举之限制复何存耶? 类推适用应为列举规定之性质所不许。以上二种意见,应均不可采。唯有将本款扩充解释,始可以合理地认为出租人得以收回房屋。一方面,扩充解释与类推解释不同,扩充解释并非列举规定之性质所不许。一方面,租赁契约所发生之租赁权,其性质不许让与,乃任何人均无异见。租赁权之让与,显系违反租赁契约之性质故也。

　　至于将本款扩充解释之结果,认为承租人将房屋一部转租,转租所收之租金远超过于原租金之比例者,出租人亦得终止契约,虽与《房屋租赁条例》之规定不同,此亦无须踌躇。盖《房屋租赁条例》六条二项既称转租租金必须按原租金比例计算,不得超过一倍,又称必须将超过之数,

一半分与出租人,将承租人转租之所得,重重限制,显亦是认为房屋之一
部转租,在本质上,决非容许承租人得借此以图利。余谓承租人将房屋
一部转租,转租所收之租金远超过于原租金之比例者,乃是违反租赁契
约性质之说,非为条例所不容明甚。于是因《土地法》并无与条例同样之
明文之故,自不能与条例为同样之解释,解为出租人于此情形径得终止
契约,虽与条例之规定不同,自亦并无不合理矣。何况条例之将转租租
金溢出于原额部分,命由承租人与出租人各分一半之办法,本非彻底之
规定。尤其承租人若将此一半亦并不分与出租人,出租人只有诉请给付
之一法,租赁契约则仍须任其继续,不妥当将更甚。孰若使出租人径得
终止契约之为愈耶?

　　以上虽只就此二种情形而为说明。当然,本款之扩充解释,其用决
不止此而已。譬如承租人将房屋占为己有者与其效司法院第二〇四九
号解释,谓其“使出租人失其间接占有人之地位”“违反《民法》第四百三
十二条之规定”,孰若谓其行为违反租赁契约之性质较为合理。且《土地
法》一〇〇条六款之文字与一一四条五款不同,更只有利用本款之扩充
解释,始可终止。

　　7. 承租人损坏出租人之房屋或附着财物而不为相当之赔偿(《土地
法》一〇〇条六款)　此种终止原因,当然系指承租人依法应负赔偿责任
者而言。彼《民法》四三二条二项但书之情形,承租人既无须赔偿,出租
人自不能终止。至于条文虽只称“承租人损坏”云云,当然《民法》四三三
条及四四四条二项之情形,应亦同得适用本款之规定。唯出租人之房屋
及附着财物虽被不断损坏,甚而纵出于承租人之故意,依本款之规定,乃
亦必须先请求赔偿。经催告而不为赔偿,始得依本款之规定,终止契约。
条文之规定如此,不容不作如此解释也。此亦可以证明前款规定须为扩
充解释之必要。

关于《土地法》一〇〇条各款之规定,已尽述如上,末更就《房屋租赁契约》附解除条件问题,附加一言。盖此问题与《土地法》一〇〇条极有关也。院解字第三四八九号解释第四点云:"《土地法》第一百条之规定,非禁止房屋租赁契约之附有解除条件……,亦不排除《民法》所定解除条件成就……之效果。出租人某甲与承租人某乙约定,如第三人某丙需用租赁之房屋时,租赁关系当然终止者,应解为附有解除条件成就时,某甲自得收回房屋……。"此问题经解释明白宣示之后,事实上当然大减却《土地法》一〇〇条之效用矣。不但《土地法》一〇〇条之效用大为减却,以后始公布之《房屋租赁条例》第九条之效用亦然。出租人势必于订约之初,先附以许多之解除条件。然若以为只须先订为解除条件,即可不必再受《土地法》一〇〇条、《房屋租赁条例》九条之限制,则又未必尽然。盖如该号解释所举以为例之解除条件,固属有效。假若约定如下之解除条件:譬如约定嗣后如有任何第三人需用房屋,承租人即须将房屋交还,又如约定租金一有拖欠,租赁关系即当然终止者,则应属无效矣。房屋租赁契约虽得附解除条件,但决不许借此以达到对于《土地法》一〇〇条、《房屋租赁条例》九条脱法之目的。

第二目 《房屋租赁条例》之规定

《房屋租赁条例》之规定,其中颇有与《土地法》相同者。相同之部分,说明概从略。以下仅就不同之点,详细述之:

(一)关于租金之特别规定

1. 关于租金最高额之限制 条例关于此点与《战时房屋租赁条例》及《土地法》均不相同,只规定"其最高额得由该管政府经民意机关之同意,按当地经济状况,予以限制"而已(条例四条一项)。条例自身既并无为直接之限制,亦并无规定一限制之标准。于是此后关于适用条例地区之房屋租金，限制与否，及如何限制，其权均操之于市县政府及市县之民意机关矣。该条所称"该管政府"，并不是指省政府而言，而是指市县政府而言，纵省会所在地亦然。

市县政府及市县民意机关究应如何限制，始为合理？前目所述，只是对于《土地法》九七条，及附带的对于《战时房屋租赁条例》三条之批评意见而已。根据前目所述，此后市县政府将及市县民意机关决定租金之限制之时，固不宜仍抄袭《战时房屋租赁条例》，尤其《土地法》之规定。然而关于房屋租赁之立法，保障人民之居住，究是其第一目的。又决定房租之限制，固不宜不考虑一般利率，但是房屋自身已有保值作用。此二点亦不可不注意。更复法律之所以授权市县政府决定者，当以市县政府之决定，有可以因地制宜之便利。各地之房屋供需情形未必相同，尽可各自为不同标准之限制也。

各市县之房租最高额，一经各该市县政府，经民意机关之同意，决定且公布之后，房租自不能再超过该最高额。约定之房租少于该所定之最高额者，仍从其约定。超过于最高额者，则承租人只须依最高额给付足矣。超过部分已给付者，视为不当得利，承租人得于给付后六个月内，请求返还之（条例四条二项）。或于未满六个月前，向出租人表示以之抵付下期之房租亦可。唯依该项条文之文字，该六个月应是除斥期间。于是《民法》三三七条之规定，应无法适用矣。

将来各市县政府经民意机关之同意，所定房租最高额之限制，可能的，并不是一个固定之数字。例如以若干基数乘生活指数是。此则约定之租金额在超过于此标准之时，虽当然须依此标准而减少。一旦不及于此标准之时，则仍是依约定额。盖政府所定租金最高额之限制，只是限制租金不得超过于最高额而已，并非将约定有租金额之契约变更为依最高额给租之契约也。已不及于此标准之时，只有另依条例第十条而为请求。此当然更须具备第十条之要件。

2. 租金按月给付（条例四条一项）　此为《土地法》之所无，回复《战时房屋租赁条例》之规定也。回复此点规定，确属必要。不但一次过支付一年租金，每为承租人经济能力之所不许。且若此后关于租金之限制，亦如《土地法》之只限制一年之总额者，于年初一次过付清一年租金，与依此总额，分月给付，将利息加入计算，所差实有数倍之多。乌可不并限制租金之须按月给付耶？在适用条例之地区，乃纵约定一年租金须于期初一次过付清者，承租人亦仍得按月给付。约定季租者亦然。不过若系约定年租季租若干者，将年租季租换算为月租之时，当亦不能只以年租季租之额，以十二或三除之耳。

当然，此点规定，乃以约定期初付租为前提。假若当事人间约定住满一年或一季而始付租者，法律自无命令承租人必须按月给付之理由。

3. 关于增减租金之限制　关于租金之增减，条例已另有第十条之规定。虽其限制并无如《民法》四四二条之严，但亦并非如《复员后办理民事诉讼补充条例》十二条所规定，无论何种租赁，概得请求增减租金。依条例该条之规定，乃唯所定期限在一年以上之定期房屋租赁，及不定期房屋租赁，始得于该地经济状况显有变动之时，请求酌量增减租金。所定期限不满一年之定期房屋租赁，则虽该地经济状况显有变动，亦并不得请求增减租金。又虽所定期限在一年以上之定期租赁及不定期租赁，亦并非于订约后，该地经济状况一有变动，即得请求增减租金。因所定期限不满一年之定期租赁既不得于期内请求增减，所定期限在一年以上之定期租赁及不定期租赁于订约后未满一年者应亦同。应亦必须于订约满一年后，始得请求增减。更复第一次增减既必须于订约满一年后为之，于是第二次以后之增减，应亦必须于前次增减满一年后始得为之。

盖此二点虽非条例此条之所明定,条例此条之规定显只是有条件的承认情事变更原则,不满一年者,不得为情事变更之主张故也。

当然,此条关于限制租金增减之规定,只是适用于当事人间无特约之情形而已。假若其所定期限虽不满一年,而有得因经济状况之变动,增减租金之特约者,又无论其租赁之为定期与否,并不问其定期之长短,假若于租约上预先订明租金每半年,纵或每三个月调整一次者,其约定应仍系有效。盖譬如以米定租,法律既无禁止之明文,自无法谓其无效,又譬如照二十六年之租金乘生活指数,当更不能谓其无效,此岂非亦月月加租耶? 所以应不能解为当事人此等特约无效。又此条虽规定租约所定期限在一年以上者,当事人得以经济状况变动为理由,请求增减租金,但假若曾于约上订明于所定期内决不加减租金者,自仍应受其拘束。唯不定期房屋租赁,约定永不加减租金,则应不许。

至于此条称"得请求酌量增减其租金",虽与《民法》四四二条,《复员后办理民事诉讼补充条例》十二条用语不同,应仍系得声请法院增减之意。既非请求对方酌量增减,亦非自己酌量增减。盖既称酌量,其权应即非属于一方当事人。

（二）关于担保金之特别规定

关于担保金,《房屋租赁条例》之规定与《土地法》不同者,实只是一点而已。担保金超过限额者,依据条例之规定,承租人乃得请求返还(条例三条二项)。当然,以之抵付房租,自亦可。

条例虽更明文规定出租人于租金担保金外,不得收取小费或其他任何名义之费用(条例五条)。此当系指一切违反良俗之费用而言。《土地法》虽无明文,自亦同。

至于条例虽无关于担保金须计算利息之规定,此则依条例第一条,亦计算利息。当不能因条例无明文之故,遂为消极之解释。

(三) 关于转租之特别规定

1. 关于当事人对一部转租已有反对之约定者　关于房屋之一部转租，契约已有反对之订定者，如承租人仍以之一部转租于他人，依条例之规定，乃必须先经出租人书面同意，或将转租契约送交出租人签订始可（条例六条一项）。否则，出租人纵已同意者，亦仍得终止契约（条例九条一项四款）。此显与依《民法》或《土地法》之规定大不相同。盖在《民法》或《土地法》上之解释，事先之同意既不限于书面同意，事后之同意更不限于必须在转租契约上签证，事先事后，书面口头之同意均可。依条例，则无论事先事后，口头之同意概不生效。未经出租人在转租契约上签证者，事后书面之同意亦不生效。条例对于此同意之方式，限制甚严。

不过依条文之文字，虽只得如此解释。将来判解之演变如何，则殊难预卜，或许仍以为只须承租人能提出一种证据方法，证明出租人确曾同意或承认即可。盖当事人当初反对之约定，原亦无须书面。所谓以后同意者，不过打消当初之反对约定而已。谓纵系口头之约定，亦必须以书面始能打消，说明当感困难。且法律本是容许房屋之一部转租。房屋之可以一部转租者，本是原则，并非例外。乃对于当事人之特别反对一部转租，方式既任其自便。而对于当事人之又同意一部转租，仍回复合于原则之情形者，反必严格限制其方式。当亦难于圆满的说明理由故也。

2. 关于一部转租之租金及担保金　条例对于一部转租之租金及担保金，其数额乃有限制之规定。转租租金按房屋转租部分与原租金比例计算，不得超过原租金一倍。原有担保金者，其担保金计算亦同（条例六条二项上段）。条文第二句所称之"原租金"与第一句所称之"原租金"，意义应不相同。第二句所称之"原租金"，应只指转租部分之原租金，即转租部分在原租金中所占之额而言。盖条文第一句既先称"转租租金按房屋转租部分与原租金比例计算",第二句所称之"不得超过原租金一倍",应显系指比例计算后转租部分所占之原租金而言也。于是譬如一座房屋,由承租人向出租人全部租来,全部租金为三百万,承租人将三分之一转租于他人,其转租之租金,应是不得超过二百万(即按原租金之三分之一计算,为一百万,一倍为二百万),并不是不得超过六百万(即原租金三百万之一倍)。至于担保金之计算,则譬如承租人原所交于出租人之担保金若为六百万,照三分之一计算,为二百万。承租人向次承租人所收之担保金应不得超过四百万。原无担保金者,转租所收之担保金固只须受第三条之限制足矣。原有担保金者,则更须受本条之限制。当然,转租所收之租金或担保金超过此第六条之限制者,准用四条二项、三条二项之规定,次承租人乃亦得请求返还。

关于转租之租金与担保金,不但须与原租金、原担保金按照比例计算,不得超过一倍。且此在一倍以下之超出之额,亦须将其半数给付出租人(条例六条二项下段)。即如上举租金之例,若承租人转租所收之租金为二百万者,因按照原租金之三分之一计算,只为一百万,超出一百万,应交五十万于出租人。所收之租金若为一百八十万,超出八十万,应交四十万于出租人。又如上举担保金之例,若承租人转租所收之担保金为四百万,按原担保金之三分之一计算,超出二百万,应交一百万于出租人。关于此段条文,适用上颇多问题,以下分点述之:第一,承租人不将此租金、担保金之超出之额之一半交与出租人时,出租人是否可以终止契约? 担保金不交,当然不合于九条之要件,不能终止。租金不交,亦绝对不能适用九条一项二款。因此并非将原来之三百万租金加为三百五十万或三百四十万也。条文上并无若何根据,可以作如此解释。并非次承租人欠租者,出租人可以向承租人提起给付之诉。次承租人欠租者,出租人可以依二四二条之规定,代位行使承租人对于次承租人之租金请求权而已。第二，承租人已将此超额一半之担保金交与出租人者，在承租人自己欠租之时，出租人适用九条一项二款，终止契约，是否须将此担保金亦并入抵偿？此亦应作消极之解释。盖此担保金并非承租人之租金债务之担保金故也。第三，出租人分得此担保金，是否须计算利息？当然亦须计算利息，由承租人于分交之租金中扣除之。第四，转租关系消灭时，出租人是否须将从前所分得之担保金返还？除以之抵偿所应分得之租金，及四四四条二项之损害赔偿外，自应返还。第五，承租人转租所收之租金与担保金超过本项上段之限制者如何？超过上段之限制之数，则出租人并不能请求亦分一半。譬如前举之例，转租之租金虽为三百万，出租人亦仍只能请求分与五十万，并不能请求分与一百万。第六，至关于一部转租，原有反对之约定者，则除非承租人已将转租契约提交出租人签证。否则，出租人应并不能请求将租金、担保金之超出部分，分与一半，出租人只能终止契约而已。

　　关于承租人转租之所得，除以上二种限制外，条文虽更规定转租房屋不得收取顶费、小费或其他任何名义之费用（条例六条三项）。然转租并非租赁权之出顶，当然不能有顶费。条文称转租房屋不得收取顶费云云，殆是出于误会。小费或其他任何名义之费用不得收取，前条已有规定，应是重复。

　　3. 关于条例施行前之违法转租　　关于条例施行前之违法转租，条例另设有第七条之规定。既不适用《民法》或《土地法》，亦不适用条例九条一项四款。

　　《房屋租赁条例》施行前，承租人将房屋全部转租他人者，由现有承租人与有出租权人于条例施行后六个月内，另订契约（条例七条上段）。于是出租人若未于条例施行前，依当时之法律终止契约者，条例施行后六个月内，应不得以转租为理由，收回房屋矣。满六个月不订约，或订约不成，始得收回房屋。又条文之意，应是承认现有承租人有请求有出租权人另订契约之权。有出租权人若无正当理由，不与现有承租人订立契约者，现有承租人应更得诉请法院判令有出租权人订约。所谓现有承租人者，当然是指次承租人而言。次承租人得与出租人直接订约，直接订约之后，原承租人与出租人之关系消灭。前条称转租房屋不得收取顶费，本条文又不称次承租人而称现有承租人，立法显有将转租与租赁权之让与，在观念上混淆之嫌。

　　当事人间关于一部转租若曾有反对之约定，而承租人于本条例施行前，未经出租人之同意，以房屋一部转租他人者，应于条例施行后，即将转租契约送交出租人签证。出租人不愿签证者，得将其转租部分之房屋收回，另行出租，但原次承租人有优先承租权（条例七条下段）。当然，此种情形，出租人之收回房屋，亦应同样的对于次承租人予以六个月之犹豫期间。条文称得将转租部分之房屋收回，另行出租者，决非许其立即收回也。且原次承租人不但有优先承租权而已，出租人若无正当理由，应亦不得拒绝与原次承租人订立契约。盖一部转租本为法之所许，法律应不是对于一部转租之次承租人，反不如对于全部转租之次承租人之予以优遇也。至所谓有优先承租权者，当然亦是得以与他人同样之条件，优先承租之谓，可参照本节次项关于基地及房屋之优先购买权之说明。

　　已如前述，本条乃唯适用于出租人未于条例施行前依当时之法律终止之情形。出租人每每不另为终止行为，而径向法院提起请求返还房屋之诉。于是假若出租人在条例施行前已提起此种诉讼者，依最高法院二十二年上字第八五六号判例，应亦不能适用本条矣。

　　（四）关于出租人终止房屋租赁契约之特别规定

　　此为《房屋租赁条例》第九条之规定。亦系限制出租人之终止。所列原因亦大致与《土地法》一〇〇条相同。唯在《土地法》上之解释，租期届满,乃是租赁关系当然消灭。此则亦只列为终止原因。第七款之终止原因,更完全为《土地法》所无。

以下就该条各款及有关各条之规定分述之。但只限于其与《土地法》之规定不同之点,相同者说明概从略。

1. 承租人以房屋供违反法令之使用者(条例九条一项一款) 此与《土地法》一〇〇条四款之规定完全相同。

2. 承租人因可归责于己之事由积欠租金除以担保金抵偿外达二个月以上者(条例九条一项二款) 此与《土地法》一〇〇条三款之文字虽稍有不同,解释则已如前目所述,并无二致。至于条例虽更设有十二条之规定,谓承租人依租约之所定,给付租金,出租人无正当理由而拒绝收受时,承租人得以出租人名义,将租金提存银行或邮局,并通知出租人。此当然并非限制承租人不得提存于法院所附设之提存所。更决非规定承租人必须提存,始可避免终止。

3. 承租人故意或过失损坏房屋而不为修复或相当之补偿者(条例九条一项三款) 《土地法》一〇〇条六款称不为相当之赔偿,此称不为修复或相当之补偿,实质上之意义并无不同。盖损害赔偿原以回复原状为原则故也。唯依条例之规定,仅损坏附着财物者,乃不得终止。

4. 承租人违反第六条第一项之规定者(条例九条一项四款) 此与依《土地法》一〇〇条二款之规定不同之点,唯以关于一部转租,先有反对之约定,以后又复同意者,其同意之方式,条例设有特别之规定,未具此方式,同意仍属无效,因而依条例,乃仍不许一部转租耳。已详前述,亦不赘。

5. 出租人依第十一条规定将房屋收回自用经确切证明者(条例九条一项五款) 此与土地法一〇〇条一款之规定所不同者,计有三点:1.必须出租已满二年之后;2.必须于三个月前通知;3.原承租人有请求继续承租权并得请求损害赔偿。

（1）必须出租已满二年之后　依条例，乃必须出租已满二年之后，始得以收回自用为理由，终止契约。若出租未满二年者，则出租人纵因正当事由，有收回自用之必要，亦并不能终止契约。条例对于出租人之收回自用，添此限制，是否妥当，殊大有问题。盖条例既不许出租人于出租未满二年之前，以收回自用之理由，终止契约，收回房屋，当然亦不许以附解除条件之方法，达此目的。而二年以下之定期租赁，依条例九条二项之规定，其租赁关系又并不能因满期而消灭。是假若房屋目前虽空闲，一二年内自己仍需用者，在房屋所有人将只有不出租之一法矣，不出租以留备自用。一方面，条例第二条之规定，政府对于空闲之房屋，乃得限期命其出租。一方面，条例第十一条之规定，则反逼成房屋所有人之不出租。二者岂非自相矛盾？且若条例之规定反逼成房屋所有人之不出租，岂非使房屋之供应更增加不足，此岂是条例立法之目的？夫条例第二条之规定，在我国目下之情形，我人本已不能寄以奢望。何况唯以需用房屋者不易觅到房屋之故，政府始有《房屋租赁条例》之制定。今条例既不许房屋所有人于自己需用之时，得收回自用，复何怪乎房屋所有人不出租以留备自用耶？须知虽是适用《房屋租赁条例》之地区，房屋之所有人亦未必概是以租赁为业者。仍有许多房屋是以自用之目的，建筑购买也。

虽然，自《土地法》修正之后，极多之出租人假借收回自住之口实，诉请收回房屋，此固是无可否认。条例之所以对于收回自用，更添此限制者，其理由殆即在此。然此亦只应对于假借此理由者，收回后并不自用之时，加以更重之责任，又课以一定之制裁。不应使真正欲收回自用者亦不能收回自用。从前司法院对于《土地法》一〇〇条之第三二三八号解释[1946年]与现在条例之规定，显然是两失极端。

　　为补救条例规定之不当起见,他日或许有人以为条例虽不许出租人于出租后未满二年之前,以收回自用为理由,终止契约,收回房屋,但是若预先附以解除条件,以达此目的,则非不可。然而试问条例九条一项各款所定对于出租人终止之限制,究得以契约排除否? 约定欠租一月,即得终止,约定有效否? 当然,无疑的,九条一项各款所定对于出租人终止之限制,乃不能以契约排除。夫终止契约之目的,不过在收回房屋而已。契约附以解除条件,条件成就,契约失其效力,出租人更当然可以收回房屋。其可以达到收回房屋之目的者一也。既然是当事人间虽约定无论何时,只须出租人有收回自用之必要,即得终止契约者,出租人仍不能于出租未满二年之前,终止契约。是则虽改以解除条件订明,无论何时,出租人有收回自用之必要,租赁契约即失其效力者,自亦不能于出租未满二年之前,主张契约失其效力明矣。法律行为虽许附以解除条件,然决非可以借此脱法。

　　(2)必须于三个月前通知　此与四五〇条三项之规定相较,出租人不过须于较早之期日通知而已。当然通知则并不限于出租已满二年之后。又条文虽称“通知承租人退租”云云,通知之内容并非一定需要提及请求承租人退租,只须表示欲收回自用足矣。

　　(3)原承租人有请求继续承租权并得请求损害赔偿　收回自用之房屋,如过三个月空闲不用,或于一年内改租他人者,原承租人有请求继续承租权,并得请求损害赔偿(条例十五条)。此所谓请求继续承租权之性质,应亦是一种形成权,并非请求权。所谓继续承租云云,应是仍照原条件承租之意(参照本节第三项关于《土地法》一一七条之说明)。一般情形,原承租人乃既有请求损害赔偿之权利,请求赔偿过去被收回之损害,又有请求继续承租之权利,请求以后仍继续承租。唯出租人若因收回后情事之变更,致空闲不用,或又出租者,则原承租人应只有后之权利,并无前之权利。

至于条例第十三条虽只称"前四条之规定,于《民法》第四百二十五条之受让准用之"。当然,若是由受让人收回自用者,承租人自亦一样的对于受让人有请求继续承租权与请求损害赔偿权。条例第十三条本是不必要之规定也。盖既已由受让人取得出租人之地位,一切关于租赁之规定,无论其为《民法》抑或特别法上之规定,自概得对于受让人即新出租人适用之。唯让与时已先由原出租人收回者,则原承租人应只能向原出租人请求损害赔偿,不能对于受让人有所主张。

6. 约定租赁期限已届满者(条例九条一项六款)　依条例之规定,租期届满,乃并非租赁关系当然消灭。出租人只是得以租期已满为理由,终止契约而已。且若二年以下之定期租赁,或有特约者,尚是除外(条例九条二项)。

当然,谓租期届满之时,租赁关系并非当然消灭者,原来之定期租赁关系自无法不认为消灭,只是租赁关系更以不定期限继续而已。又租期届满之时,租赁关系既非当然消灭,自不但出租人欲消灭租赁关系,须为终止;承租人欲消灭租赁关系,应亦同样的非为终止之表示不可。终止应分别准用《民法》四五〇条三项但书及本文之规定。盖此并非因可归责于他方当事人之事由而终止,自应需要先期通知故也。又此终止必须于期满前为之。一经满期之后,即变为不定期租赁,适用之条文不同矣。

依条例本款与依《民法》之规定,出租人之得于满期时收回房屋,及承租人之得于满期时退租一也。所不同者,依条例之规定,既只是得为终止。此种终止,依其性质,乃必须先期通知。于是若不于满期之前,先为通知,则依条例之规定,出租人乃仍不能于满期之时,收回房屋。承租人亦不能于满期之时即退租,对于满期后之租金即概不负责。实际之差别乃在于此。

　　且出租人得以满期为理由,终止契约者,乃仅限于超过二年之定期租赁。二年以下之定期租赁,则不但租期届满之时,租赁关系并不当然消灭,出租人亦不得以满期为理由,终止契约。约定二年以下之定期租赁,就出租人方面而言,实与不定期等,毫不能沾到定期之利益。较之超过二年之定期租赁,则出租人反为不利。

　　当然,立法之意,只是不许二年以下之定期租赁,出租人以满期为理由,收回房屋而已。盖恐出租人借缩短租期之方法,避免法律所定关于终止之限制也。承租人之得于满期时退租,则不论其所定租期之长短。所以二年以下之定期租赁,出租人虽不得以满期为理由,终止契约,承租人则否。承租人则仍得于满期之前,先为期满退租之通知。唯必须注意,承租人若未于满期之相当期日之前,先为通知者,则对于满期后一个月之租金,将仍不能免其责。既然依前述,超过二年之定期租赁,承租人期满退租,尚且需要先期通知。二年以下之定期租赁,期满,租赁关系是否继续,乃完全付之承租人一方决定,自更应有先期通知之必要。

　　至于所谓有特别约定者,例如租约上载租期定为若干年期满,承租人得请求续租,或载租期定为若干年,期满,租金另议是也。前之情形,出租人既预先承认承租人有期满续租之权,自不能于期满时即收回房屋。唯出租人得于未满期之前,征问承租人,期满是否续租,承租人应有答复之义务,及须顾到原所定之期限是否已届《民法》四四九条之限制耳。后之情形,则租金纵协议不成,又无其他标准可资依据,法律之态度既是尽量保障承租人之居住,应许承租人请求法院公平决定,出租人自亦不能遽收回房屋。若有此等特约,更无须问所定期限是否只在二年以下矣。

　　7. 承租人扃闭房屋不为使用达六个月者(条例九条一项七款)　法律既设有空屋及多余之屋得强制其出租之规定,此种情形,许出租人得为终止，自属恰当。且依余所见，条文所着重者，乃只是不为使用达六个月而已。所以此所谓承租人扃闭房屋不为使用者，应只是承租人基于自己之意思将房屋空置不用之意，并非必须将房屋关闭。又只须承租人基于自己之意思，将房屋空置不用，已达六个月足矣，承租人虽仍是有再使用之意思，出租人亦得终止。假若已可认其有不再使用房屋之意思者，则依第三〇七三号、第三一五〇号解释，承租人自己已默示终止契约，自无须出租人更为终止矣。

8. 房屋必须改建已于三个月前通知承租人并已领得建筑执照者（条例九条一项八款）　当然，此所谓必须改建，亦系因正当事由有改建之必要之义。所不同于《土地法》一〇〇条一款者，乃必须于三个月前通知，及必须已领得建筑执照耳。此第一点，于房屋快将塌倒之情形，自有窒碍。然条文之规定既如斯，出租人当唯有另依《民法》四二九条二项，请求承租人迁出。第二点是仅适用于有发建筑执照之地区，自不待言。且纵有发建筑执照之地区，终止之通知与执照之请领，亦仍不妨同时为之，或先为通知，后领执照。唯若未领得建筑执照，应不能收回房屋。

房屋经改建而仍出租者，原承租人有优先承租权（条例十四条）。当然，所谓优先承租权，自与请求继续承租权不同。改建后若不出租，根本无所谓优先承租。又虽仍出租，若已自用一个时期者，除能证明其自用确系改租之手段，或只系出租之等待外，原承租人应亦丧失其优先承租权。盖条例并无规定若干时期以内，原承租人有优先承租权，势不能解为原承租人永有优先承租权也。唯收回改建者，究系最初之出租人，抑系租赁物所有权之受让人，则应不问。关于优先承租权之其他一切，亦请参照次项关于优先购买权之说明，不赘。

9. 承租人违反租约所定之限制者（条例九条一项九款）　本款之文

字,当然不能与《土地法》一○○条五款为同样之解释。于是承租人之行为,若只是违反租赁契约之性质,并非违反租赁契约之内容者,乃不能依本款,终止契约矣。唯承租人之行为违反租赁契约之内容者,始得终止。虽因此,将有若干情形,不能终止,解释之得以补充立法,原有限度也。

第二项　基地租赁

本项应首先说明者,租用基地,建筑房屋,《土地法》究系认为是何种法律关系耶?《土地法》一○二条之规定,似乎对于凡租用基地,建筑房屋者,概认为是地上权关系。《土地法》一○三条、二○四条之用语,只称租赁契约,并无并称地上权契约,只称承租人,并无并称地上权人,又似乎概认为是租赁关系。解释颇费踌躇。余以为《土地法》一○二条,应解为只是规定其租用基地,建筑房屋,若是设定地上权之意思者,应限于若干期日内为地上权之登记,并非规定凡租用基地,建筑房屋者,概须为地上权之登记。《土地法》一○三条所称之"租赁契约",应作为租用契约解,包括租赁契约与地上权契约。《土地法》一○四条所称之"承租人",应解为兼包括承租人与地上权人。《土地法》对于租用基地,建筑房屋,既非概认为是地上权关系,亦非概认为是租赁关系,仍是认为或系地上权关系,或系租赁关系,从当事人自己之意思表示。

关于地上权关系,非本书所述之范围。以下只就基地租赁关系之消灭原因,基地承租人或基地所有人对于基地或房屋之优先购买权,及关于基地租赁之租金与担保金等,《土地法》一○三条至一○五条之规定,分点说明之:

（一）关于基地租赁关系消灭原因之特别规定

此为《土地法》一○三条之规定。该条所规定基地租赁关系之消灭原因计有五。然该条虽亦系列举规定，当不能谓基地租赁关系之消灭原因仅有此五者而已也。不过出租人之终止基地租赁契约，须以具有《土地法》本条第二款至第五款之原因为限。尤其是本条乃排除《民法》四五〇条二项对于基地出租人之适用，则属无疑。

1. 契约年限届满时（《土地法》一〇三条一款）　此并非《土地法》就基地租赁关系所设之特别规定，《民法》对于一般租赁之规定已然（《民法》四五〇条一项）。反而一般租赁，期限届满时，出租人均即得请求返还租赁物。基地租赁，契约年限届满时，出租人是否概得收回基地，《土地法》一〇三条一款应作如何解释，颇有疑问。余以为不但租用基地建筑房屋，已成立地上权者，《土地法》一〇三条一款之规定，决并不排除民法八四〇条之适用。纵尚只是成立基地租赁关系者，《民法》八四〇条之规定，对于基地租赁关系，亦准用之。除契约年限届满时，房屋或已灭失，或已塌倒，或已不堪使用者外，应唯合于《民法》八四〇条二项后段之情形，出租人始得收回基地。盖房屋若尚存在者，所谓出租人收回基地，实即是请求承租人拆除房屋。房屋完好，拆除房屋，显系公私经济之损失故也。尤其《民法》关于租赁期间限制之规定，根本未考虑基地租赁。一般房屋之寿命，岂止二十年？《民法》既将租赁期间，一律限为二十年，当更不能谓基地租赁契约一届期满，承租人即概须拆除房屋，交还基地。

或谓关于租赁，《民法》乃另设有四三一条一项之规定，基地租赁应亦系适用《民法》四三一条一项，并非准用八四〇条。然房屋与基地，在法律上乃是二物。租赁基地，建筑房屋，岂是就租赁物支出有益费用？而其于租赁关系终止时所得请求偿还之费用，又岂应只以租赁物之增价额为限？更复基地之承租人于基地上所建筑之房屋，于租赁关系终止时，岂是即当然归诸基地之出租人耶？所以关于基地租赁，应显不能适用《民法》四三一条一项。至或谓《土地法》一〇三条一款已排除《民法》

八四〇条之规定,此则若仅凭条文之文字,认为是否已排除《民法》八四〇条之规定,解释原属两可。适用之结果既如上述,以解为不排除为宜,自以解为不排除为是。从前《战时建筑用地租赁条例》亦设有与《民法》八四〇条一项相类之规定。

2. 承租人以基地供违反法令之使用时(《土地法》一〇三条二款)所谓以基地供违反法令之使用者:① 以基地供建筑房屋以外之违反法令之使用;② 依法令,不得在该基地上建筑房屋,或建筑某种房屋,而承租人违反法令,在该基地上建筑房屋,或建筑某种房屋。① 之情形,同时系违反契约,当然得终止契约,收回基地。② 之情形,则须依该行政法令而定。譬如依法令亦只须退后若干,或改造者,应不能遽以土地法此款之规定为理由,收回基地。至于以在基地上所建筑之房屋供违反法令之使用,则除建筑房屋之目的,即以之供违反法令之使用者外,应并不适用本款。比照从前《战时建筑用地租赁条例》之规定,立法之意思虽或许不是如此,然条文之文字既只称"以基地"云云,当只能作如此之解释。

3. 承租人转租基地于他人时(《土地法》一〇三条三款) 此不问承租人将基地全部转租,抑或只是一部转租,出租人均得终止契约,收回基地。当然,出租人已承诺者则否,《土地法》此款并不排除《民法》四四三条。

4. 承租人积欠租金额除以担保现金抵偿外达二年以上时(《土地法》一〇三条四款) 此与《土地法》一〇〇条三款所不同者,只是除以押租抵偿外,更须达二年以上之租额而已,其余悉同。

5. 承租人违反租赁契约时(《土地法》一〇三条五款) 此亦与就《土地法》一〇〇条五款所述者同,包括承租人之行为违反租赁契约之内容与违反租赁契约之性质。唯房屋已建成后,基地租赁权之让与,事实上并不致使出租人蒙受不利之故,当并非违反租赁契约之性质。

（二）关于基地或房屋之优先购买权之特别规定

《土地法》一〇四条一项称:"基地出卖时,承租人有依同样条件优先购买之权。房屋出卖时,基地所有人有依同样条件优先购买之权。"当然,承租人若并非向基地所有人承租者,则基地所有人出卖基地之时,彼承租人应并无此权。又条文既是称基地所有人有优先购买之权,并非称出租人有优先购买之权,出租人与基地所有人非同一人者,优先购买权自系属于基地所有人,并非属于出租人。

法律既承认承租人对于基地,基地所有人对于房屋,有依同样条件优先购买之权,于是出租人(即基地所有人)或承租人(即房屋所有人)出卖基地或房屋,纵已与他人间洽定关于买卖契约之全部内容,仍只可与该他人间订立附停止条件之买卖契约,非先将与该他人间所洽定之契约内容,通知承租人或基地所有人,征询其是否亦愿依同样条件买受不可。通知后,承租人或基地所有人为拒绝之表示者,优先购买权始归消灭,始可将基地或房屋出卖于他人。唯所谓拒绝者,既不限于优先购买权人根本无购买之意思,亦不限于对于价金数额之不同意,只须确系他人所已同意之条件,又已经通知于优先购买权人者,其中任何一点,优先购买权人对之为不同意之表示,即是拒绝,优先购买权即告消灭。至若通知后,优先购买权人既不为拒绝之表示,又不为愿买之表示者如何? 此则于优先购买权人接到通知后,十日内不为表示者,即视为放弃优先权(《土地法》一〇四条二项)。此时,优先权既已视为放弃,当然亦即可出卖于他人。

假若出租人或承租人并不先通知优先权人,或通知后,优先权人既未为拒绝之表示,又未经过十日,遽将基地或房屋实行出卖于他人,或优先权人已于十日内为愿买之表示,而出租人或承租人仍将基地或房屋实行出卖于他人,或不照实通知,如虚抬高价,至优先权人迫得为拒绝之表示,或为优先权之放弃者,均系构成对于优先购买权之侵害,须负损害赔偿之责。唯若只与他人订立买卖之债权契约,纵不附停止条件,亦尚未构成对于优先购买权之侵害,不过出卖人自己必属不利耳。实行出卖于他人,即物权亦已实行移转之后,始系侵害优先购买权。又若因不能通知而未为通知,及因依其他事实,已确知优先购买权人决不愿购买,遂不为通知,或不待优先购买权人之拒绝或放弃者,当亦并非侵害优先购买权。

关于侵害此条优先购买权之效果,究只能向出卖人请求损害赔偿耶,抑更得对于买受人亦有所主张? 余对于《土地法》一〇七条之优先承买权、优先承典权虽认为是一种物权,对于本条之优先购买权,则以为并无亦如此强调其效力之必要。唯买受人与出卖人构成共同侵权之时,始得对于买受人亦有所主张。

至于出卖人,则有时更系成立二重责任,一系侵害优先购买权,一系债务不履行。盖优先购买权人于接到通知后,一为愿买之表示,买卖之债权关系即告成立故也。虽未接到通知,从其他方面获悉,而为愿买之表示者亦同。

（三）关于基地租赁之租金与担保金之特别规定

《土地法》关于基地租赁之租金与担保金之数额,亦设有限制,准用关于房屋租赁之规定(《土地法》一〇五条)。即基地租赁之租金,亦得由市县政府以单行规章或命令,限制其不得超过基地申报价额年息百分之十。又基地租赁之担保金,亦不得超过二个月基地租金之总额。已交付之担保金超过此限度者,得以超过之部分抵付租金。

第三项　耕地租赁

关于耕地租赁,《民法》亦设有数条之特别规定(《民法》四五七条至四六三条),《土地法》更特别设有"耕地租用"一章(《土地法》一〇六条至一二四条）。此二者间之关系如何，兹先予以说明。是否凡属耕地租赁，即概适用《土地法》该章之规定，《土地法》之规定与《民法》之规定不同者，且更废止《民法》之适用，适用《土地法》，抑或耕地租赁是有数种情形，仅其中某种情形如此，他种情形则仍仅适用《民法》之规定耶？并非凡属耕地租赁，即概适用《土地法》"耕地租用"章之规定。唯由承租人自任耕作者始然（《土地法》一〇六条）。除承租人自任耕作之情形外，更有承租人直接经营耕作之情形（《土地法》六条）。其别，后者乃以由雇农耕作为主。假若承租人只是直接经营耕作，并非自任耕作者，则无论是维持一家生活与否，概仅适用《民法》之规定。不过所谓自任耕作，并不是绝对不许使用雇农，因而我国农村之实际情形，乃以自任耕作为绝大多数。且纵只是直接经营耕作，《土地法》"耕地租用"章之条文抑或可以准用。以下以自任耕作之情形为主，将《民法》及《土地法》就耕地租赁所设之特别规定分点述之：

1. 关于地租之特别规定

（1）地租最高额之限制　地租不得超过地价百分之八。约定地租或习惯地租超过地价百分之八者，应比照地价百分之八减定之。不及地价百分之八者，依其约定或习惯，地价照法定地价。未经依法规定地价之地方，依最近三年之平均地价（《土地法》一一〇条）。此所谓"应比照……减定之"云云，当然是谓当事人应将地租照此比例减定之。然出租人纵不同意减定，承租人亦只须照地价百分之八缴付足矣。本条应是直接发生限制地租之效力，盖条文上既无提及市县政府减定，又非用"得"字，而用"应"字，自应与九七条不同。

地租得依习惯，以农作物代缴（《土地法》一一一条）。此所谓代缴，并非只限于代物清偿，约定缴付农作物者亦可。唯均须折算金钱，同受一一〇条之限制。农产物折价之标准，由该管市县地政机关依当地农产物最近二年之平均市价定之。地价如经重估,农产物价亦应视实际变更,重为规定(《土地法施行法》二六条)。即地价如系去年以前申报者,农产物价依去年及今年之平均市价。地价如系今年申报,或于今年已重新规定者,农产物价应亦依今年之市价,免致耕农吃亏。

旧《土地法》关于地租最高额之限制,乃以耕地正产物收获总额为标准,不得超过收货总额千分之三百七十五。就理论上而言,自以现《土地法》之规定为是。盖收获之增多,乃是农人所施劳力与所加费用之结果,不应将其一部分亦分归地主所得。不过现《土地法》关于此点之修正,观之目下之实际情形,究尚嫌为时太早也(国民政府三十六年三月十五日处字第二二四号训令《关于〈土地法〉第一一〇条之地租暂仍依正产物千分之三百七十五计算》)。

至于耕地出租人有以耕畜、种子、肥料或其他生产用具供给承租人者,当然更得于《土地法》一一〇条所限制之地租之外,酌收报酬。《土地法》对于此报酬,亦限为不得超过供给物价值年息百分之十(《土地法》一二一条)。余意此应解为只是指耕畜及其他生产用具之使用之供给而言,种子、肥料之供给当不在内。

(2) 预收地租之禁止 耕地出租人不得预收地租(《土地法》一一二条一项)。《土地法》此项之规定,乃是排除《民法》四三九条。纵有反对之约定或习惯,出租人亦唯于收益季节终了时,始得收取地租。当然,收益每年有两季者,可以分两季收租。但决不许于订约时,或未收获前,即预收地租。约定承租人须预交地租者,契约关于预交地租部分无效,租赁契约仍是有效。已预交者,应返还于承租人。

(3) 担保金之限制及计息 旧《土地法》原规定耕地租赁绝对不得收取押租。现《土地法》之规定则稍稍放松。有习惯者,可以收取担保金。但仍以有习惯者为限,且其所收担保金之额,不得超过一年应缴租额四分之一(《土地法》一一二条一项但书)。若无习惯而收取担保金,或虽有习惯而其所收之担保金超过限额者,均须返还于承租人。又耕地之担保金与房屋之担保金同,亦须计算利息,将利息视为地租之一部。利率则依当地一般利率(《土地法》一一二条二项)。当然,此所谓一般利率,自仍不能超过法律之限制(《利率管理条例》五条参照)。

(4)地租之减少或免除　一般用益租赁,虽因不可抗力致收益减少或全无之时,承租人并不得请求减少或免除租金,耕地租赁则不然。耕作地之承租人因不可抗力致其收益减少或全无者,得请求减少或免除租金(四五七条一项)。此所谓因不可抗力云者,最多之情形,自系自然的灾害,如水旱虫灾是。但不以自然的灾害为限,凡非基于承租人自己之事由,而系基于外部所生之事实者均属之。又虽系属于自然的灾害,承租人得以一般之努力避免者,仍不得认为是因不可抗力。所谓收益减少者,当然是以一般情形时之收益为标准。耕地因不可抗力致收益减少者,视其收益减少之程度,承租人得行使形成权,减少地租,或免除地租。因不可抗力致收益全无者,承租人得行使形成权,免除地租。条文虽只称"请求"云云,并非只是一种请求权,乃是一种形成权(参照关于三五九条之说明)。唯市县政府依《土地法》一二三条,已为减租或免租,及减租若干成之决定者,则应从其决定,不能再自为减免之主张。

且此租金减免之权利,乃不得预先抛弃(《民法》四五七条二项)。其为预先抛弃之表示者,即于约上订明无论收成好坏,一概照额交租者,其订明无效,承租人仍并不因此丧失减免权。盖不然,则耕地承租人有时当不得不接受不合理之条件故也。

(5)地租之一部支付　原来债务人无为一部清偿之权利。其得为一部清偿者,仅限于法院特别许可之情形(《民法》三一八条)。耕地之地租则不然。承租人不能按期支付应交地租之全部,而先以一部支付时,出租人不得拒绝收受,承租人无须经过《民法》三一八条一项但书之程序。当然,承租人不得因其收受,而推定为减租之承诺,自不待言(《土地法》一一三条)。

以上五点,除第四点地租减免之权利,乃是规定于《民法》之故,当然对于一般耕地租赁均适用之。其余四点,则唯第一点关于地租最高额之限制,对于纵非为维持一家生活,直接经营耕作之情形亦准用之。第二点、第三点及第五点则应唯准用于为维持一家生活,直接经营耕作之情形。所以此四点均准用于为维持一家生活,直接经营耕作之情形者,盖《土地法》对于此种情形,亦以自耕论,每与自任耕作者予以同样之优遇故也。所以第一点更准用于非为维持一家生活,直接经营耕作之情形者,盖以此点之立法理由,除保护耕农外,应更有限制地主不劳所得之意思故也。

2. 关于承租人得优先典买及照价收买之特别规定

(1) 承租人得优先典买耕地　出租人出卖或出典耕地时,承租人有依同样条件优先承买或承典之权(《土地法》一○七条一项)。出租人欲将耕地出卖或出典,因而已与他人商妥出卖或出典之条件者,应须先将与该他人间商妥之条件,通知于承租人,征询其是否亦愿以同样条件承买或承典,不可遽出卖或出典于他人。承租人于接到通知后,为拒绝之表示,或于十日内既不为愿买愿典之表示,又不为拒绝之表示者,此时出租人始可出卖或出典于他人(《土地法》一○七条二项)。

出租人不向承租人为通知,或不俟承租人优先权之消灭,遽将所有权移转于他人,或遽为他人设定典权,或承租人已于十日内为愿买愿典之表示,而出租人仍将所有权移转于他人,或为他人设定典权,或出租人并不照实通知,因而承租人为拒绝之表示,或为优先权之放弃,出租人遂将所有权移转于他人,或为他人设定典权者,其效果如何? 余以为此非仅如侵害一○四条优先购买权之情形,承租人可得请求损害赔偿而已也,承租人乃得声请法院撤销出租人与该他人间之所有权移转行为,或典权设定行为。盖《土地法》此条之立法目的,无疑的,是使耕者有其田。只认为有向出租人请求损害赔偿之权利,乌能达此目的? 所以关于此优先承买权、优先承典权之性质,应认为是一种物权。被侵害时,其效果应认为得声请法院撤销出租人与他人间移转所有权之行为,或设定典权之行为。撤销后,则出租人与他人间移转所有权或设定典权之行为无效矣。承租人已为愿买或愿典之表示者,即可请求出租人为所有权之移转或典权之设定。未为表示者,亦即可为愿买或愿典之表示,因而亦即可请求为所有权之移转或典权之设定。于是耕者有其田之目的始可达到。从前大理院之判例乃是如此主张。关于耕地承租人之优先承买权、优先承典权,应仍以接受前大理院之主张为是。至若谓《土地法》已另有第三〇条之规定,关于本条之效力不必再如此强调主张。此则须知《土地法》一〇七条与三〇条之不同,决非只是一从卖者方面规定,一从买者方面规定而已。一〇七条较之三〇条,乃更进一步,欲使原耕者有其田。仅合于三〇条之规定,买受人仍未必即是原耕者也。当然,由原耕者买受,更为相宜。且所谓使耕者有其田,当然是使自任耕作者有其田之义。三〇条之规定,则买受人尚未一定限于自任耕作之人也。

(2) 承租人得请求该管县市政府代为照价收买耕地　此为《土地法》三三条之规定,收买之要件有二:① 须承租人已在该耕地上继续耕作满八年以上。向前业主,或向现业主之被继承人,或由承租人之被继承人开始承租者,其期间合并计算。② 须土地所有权人为不在地主,或非自耕农。但虽非自耕农,若系老弱孤寡残废,借地租维持生活,及教育慈善公益团体,借地租维持事业者,仍免予收买。何谓不在地主,依《土地法》第八条之规定。何谓自耕农,依《土地法》第六条之规定。

收买自须付价。该条所谓照价收买,价指何价而言,应解为照时价收买为是。不但照时价收买,较为公允,本条亦非如八九条有"照申报地价收买"之明文也。所称请求代为照价收买,"代"字应不宜解为代理之意,应只是须先向该管县市政府表示此意思,由县市政府审核其是否合于法定要件,认为合于要件,而后由县市政府将承租人之此意思转知于土地所有权人而已。至于此照价收买权之效力,余以为应只须县市政府认为其请求照价收买合于要件,将承租人之此意思转知于土地所有权人,通知到达之时,承租人与土地所有权人间之买卖契约即告成立,且嗣后他人即不得再向土地所有权人承买。如此解释,始合于本条立法之本旨。当然,该承租人若系向非所有权人承租与所有权人间则并无租赁关系之存在者,自根本无此权。

以上二点,无论优先承买、承典之权与照价收买之价,余以为应均唯自任耕作之承租人始有之。不但一〇七条之规定,应解为对于非自任耕作者概不准用。三三条虽只泛称承佃人,此所谓承佃人亦应缩小解释,解为只指自任耕作之承租人而言。盖所谓使耕者有其田,真正之意思,当是使自任耕作者有其田,决不是使非自任耕作而只借雇农耕作者有其田。纵是为维持一家生活,直接经营耕作者,亦只须许其可以承买农地,已甚足矣,不应更认其对于农地有优先承买、承典与照价收买之权。非为维持一家生活,直接经营耕作者,更无论矣。

3. 关于转租之特别规定

依《民法》四五九条之解释,《民法》原并无禁止耕地之转租。只须经出租人之承诺,耕地承租人亦与一般承租人同,可以转租。然《土地法》之规定则不同,耕地承租人纵经出租人之承诺,亦不得将耕地全部或一部转租于他人(《土地法》一〇八条)。此盖欲以革除旧日包租之制度,俾免于业佃之间,更发生中间阶级,对于佃农为二重之剥削也。于是本条虽只是关于自任耕作之规定,对于非自任耕作之情形,应亦一同准用。

虽非自任耕作者,应亦不得主张已得出租人承诺,依《民法》可以转租。

《土地法》禁止耕地转租之目的既如斯,因而若当初即约定非由承租人自己直接经营耕作,而系约定租来转租者,契约应自始无效。

又耕地之转租既绝对禁止,同此理由,耕地租赁权之有偿让与应亦然。纵经出租人承诺,耕地承租人亦不得将耕地租赁权出卖于他人。

4. 关于承租人改良耕地及请求偿还改良费用之特别规定

一般承租人虽亦得为租赁物之改良,然须出租人知其情事而不为反对之表示者,承租人始得请求改良费用之偿还。耕地之改良则不同。承租人于保持耕地原有性质及效能外,以增加劳力资本之结果,致增加耕地生产力或耕作便利者,《土地法》上称为耕地特别改良。耕地特别改良,承租人得自由为之,唯须将特别改良费之数额,于改良后即通知于出租人而已(《土地法》一一九条)。不问出租人于改良之初,是否知其情事,并不问出租人是否曾为反对之表示,只须承租人于改良后,曾将特别改良费之数额,通知于出租人者,租赁关系终了时,承租人原则上概得请求出租人偿还费用。其偿还之范围,以其未失效能部分之价值为限。出租人无须偿还者,仅限于《土地法》一一四条一款、四款之情形。七款之情形,于所欠之地租中扣抵之。条文虽无提及该条七款之情形,应无不得扣抵之理由(《土地法》一二〇条一项)。且余思条文之所以无提及七款之情形者,只以有欠租可以扣抵而已,并非谓承租人一有欠租,即须牺牲改良费用。于是假若欠租不足扣抵,不足之额,出租人应仍须偿还。

本条之规定,对于为维持一家生活直接经营耕作之情形,亦应准用。唯非为维持一家生活直接经营耕作之情形,则应仍是适用《民法》四三一条。

5. 关于出租人留置权行使范围之特别规定

耕地之出租人对于承租人耕作上必需之农具、牲畜、肥料及农产物,不得行使《民法》四四五条规定之留置权（《土地法》一一八条）。当然,此留置问题,事实上乃唯发生于地主对于佃农兼供给有庄屋之情形。又此所谓农产物,当然亦只指耕作上必需之农产物而言,即种子是。决非凡谷麦即概不得对之行使留置权。关于此条条文之准用范围,余以为亦应只限于为维持一家生活直接经营耕作之情形。

6. 关于租赁关系消灭之特别规定

（甲）耕地租赁关系之消灭原因

（子）不定期限之耕地租赁关系之消灭 《土地法》一一四条称:"依不定期限租用耕地之契约,仅得于有下列情形时终止之。"其所列之情形计有七种,以下分述之:

（1）承租人死亡而无继承人时（《土地法》一一四条一款） 条文称"仅得于有下列情形时终止之",依条文,似虽于本款情形,亦尚须有终止行为。然无人继承之财产,乃归属于国库。国家当然不承佃,复何需乎终止行为耶?且若认为亦尚须终止,终止权其将谁属耶?余意此种情形时,应解为租赁关系当然终了。

（2）承租人放弃其耕作权利时（《土地法》一一四条二款） 所谓承租人放弃其耕作权利,实即是承租人终止契约之意思表示。盖承租人放弃其耕作权利者,其意思当然亦不愿再负担租金。且唯以其更含有消灭租金债务之意思,所以法律规定承租人放弃其耕作权利,必须于三个月前,向出租人为意思表示（《土地法》一一五条上段）。

既然此放弃之意思表示,已即是终止之意思表示,当然无须更为终止。因此放弃之意思表示,租赁关系即归消灭。

放弃之意思表示,得为明示,亦得为默示。且非因不可抗力,承租人继续一年不为耕作者,亦即视为放弃耕作权利（《土地法》一一五条下段）。唯此种情形,其租赁关系之消灭,应在满一年之后,此一年之租金应仍须支付。

（3）出租人收回自耕时（《土地法》一一四条三款）　此须出租人基此理由，向承租人为终止之意思表示，因终止行为，租赁关系始告终了。此终止并须于一年前通知承租人（《土地法》一一六条）。

何谓自耕，依《土地法》第六条之规定。于是必须收回自任耕作，或为维持一家生活，直接经营耕作，始得终止契约。假若该出租人既不是可以自任耕作之人，而其一家生活又无须赖经营耕作以维持者，则虽借口收回自耕，应亦仍不得终止契约。

又收回自耕虽得为不定期耕地租赁之终止理由，然若收回自耕之耕地再出租时，原承租人应有优先承租之权。自收回自耕之日起，未满一年而再出租时，原承租人并得以原租用条件承租（《土地法》一一七条）。申言之，出租人收回耕地后，未满一年而再出租者，原承租人对之一为愿租之表示，租赁关系即告成立，条件照原约。出租人收回耕地，满一年后，再出租者，则原承租人有依与他人同样之条件，优先承租之权。亦只须原承租人一为愿租之表示，租赁关系即告成立，条件依他人之条件。他人之条件超过法定限制者，依法定之最高额。且以上二种情形，无论他人与出租人间是否已成立租赁契约，只须原承租人对于出租人已为愿租之表示，耕地即应仍归由原承租人耕种（其余参照关于优先承买权之说明）。

（4）耕地依法变更其使用时（《土地法》一一四条四款）　此则依《民法》二六六条之法理，租赁关系亦应系当然终了，无须更待当事人之终止。

（5）违反《民法》第四百三十二条及四百六十二条第二项之规定时（《土地法》一一四条五款）　此即因承租人欠缺善良管理人之注意，致耕地毁损灭失，或其生产力减少灭失，或其连同租赁之附属物灭失等情形是也。此等情形，出租人乃亦得终止契约。且非如房屋被毁损之情形，更以承租人之不为赔偿为要件。唯条文乃亦规定须于一年前通知(《土地法》一一六条)。

(6) 违反《土地法》第一百零八条之规定时(《土地法》一一四条六款) 《土地法》既绝对禁止转租,于是《民法》四五九条认为唯未经承诺之转租,出租人始得终止契约之规定,固已废止适用矣。然转租之时,原租赁关系究系当然终了耶,抑亦仍仅认为出租人有终止权,不无疑问。余思《土地法》禁止转租之目的,并非为保护出租人之利益,乃是为革除不良之制度,应认为租赁关系是当然终了。

(7) 地租积欠达二年之总额时(《土地法》一一四条七款) 此时其终止方法亦仍应适用《民法》四四〇条之规定,须先为定期催告,承租人逾期仍不为支付,出租人始得终止契约。唯本款之规定与一〇〇条三款、一〇三条四款不同,此欠租之额,无须将担保金扣抵计算。

以上第三、第五、第七款,均系关于出租人终止契约之规定。本条虽不能谓为列举规定,但出租人之终止契约,则非具有此三款中之一款不可。《民法》四五九条关于耕地出租人之终止契约,虽亦已另设特别规定,排除《民法》四五〇条二项之适用。《土地法》一一四条则又复排除《民法》四五九条。且《土地法》此条各款之规定,对于为维持一家生活,直接经营耕作之情形,应亦准用。对于非为维持一家生活,直接经营耕作之情形,则原则上仍是适用《民法》四五九条,本条唯第一、第二、第四、第六款始准用之。

(丑)定有期限之耕地租赁关系之消灭 此则其消灭原因,分别规定于《土地法》一〇九条及《土地法施行法》二七条。前者乃是关于期限已届满时之规定,后者乃是关于期限未届满前之规定。

(1) 期限已届满时 依定有期限之契约租用耕地者,于契约届满时,除出租人收回自耕外,如承租人继续耕作,视为不定期限继续契约

《土地法》一〇九条)。于是耕地租赁契约,期限届满时,唯承租人自己不继续耕作者,租赁关系始当然归于消灭。否则,仍必须出租人收回自耕,租赁关系始告消灭。假若出租人并非收回自耕,则出租人对于承租人之继续耕作,纵即表示反对,租赁关系亦并不消灭。

(2)期限未届满前　《土地法》施行法二七条称:"《土地法》第一百十四条第一、第二、第六、第七各款之规定,于定期租用耕地之契约准用之。"此当然只是指期限未届前而言也。盖期限已届满后,租赁关系虽仍存续者,亦已非定期之租赁矣。依此规定,乃一一四条三款、四款、五款均不准用。三款之不能准用,自系当然之理。然四款、五款不准用,殊不可解。解释当仍应认为若耕地依法变更其使用时,虽系定期租赁,期限未满,租赁关系亦系当然终了。

以上《土地法》一〇九条之规定,应唯对于为维持一家生活,直接经营耕作者,始准用之。《土地法施行法》二七条之规定,则除《土地法》一一四条七款外,对于非为维持一家生活,直接经营耕作之情形,亦准用之。

(乙)耕地租赁契约之终止期

耕地出租人为租赁契约之终止者,应以收益季节后,次期作业开始前之时日,为契约之终止期(四六〇条)。基于《土地法》一一四条三款、五款之原因,出租人终止契约者,既须适用《土地法》一一六条之规定,又须适用《民法》四六〇条之规定。当然,《民法》四六〇条之规定,乃对于任何情形之耕地租赁均适用之。

(丙)耕地租赁关系终了之效果

关于此点之特别规定,乃耕地之承租人,因租赁关系终止时未及收获之孳息所支出之耕作费用,得请求出租人偿还,但其请求额不得超过孳息之价额(《民法》四六一条)。盖以耕地之收益乃有季节。必须先支

出耕作费用,到季节时始有收益。于是假若承租人在未届季节之前,即
终止其契约者,在承租人将虽已支出耕作费用,而不能收益,在出租人则
并无支出耕作费用,反有收益,显不公平无疑。是故法律特规定,除该季
节毫无孳息可收者外,出租人应在该季节所收之孳息之限度以内,由承
租人证明其耕作费用支出之额,负耕作费用偿还之责。承租人所加之劳
力,亦系耕作费用。本条适用上所发生之问题,乃在收获不良之时。
① 事实上每每不但承租人支出有耕作费用,出租人亦复支出有耕作费
用,二者之和多于收益之情形将如何? 此则承租人应亦只能按照比例请
求偿还。② 出租人故意怠于收取如何? 出租人应仍不能免偿还之责。
至于本条之适用范围,当然是对于一切情形之耕地租赁均适用之。

　　7. 关于附属物一并租赁之特别规定

　　耕作地之租赁,附有农具、牲畜或其他附属物者,当事人应于订约
时,评定其价值,并缮具清单,由双方签名,各执一份(四六二条)。当然,
价值之评定及清单之作成,并非附属物租赁之成立要件。纵未评定价
值,缮具清单,附属物之租赁亦仍系有效。唯若经评定其价值,并缮具清
单,由双方签名,各执一份,则其效力将适用《民法》四六二条二项、三项
及四六三条之规定与一般租赁微有不同。以下就此特别规定分述之:

　　(1) 清单所载之附属物,如因可归责于承租人之事由而灭失者,承
租人应负补充之责(四六二条二项)。依照一九六条之规定,承租人原只
须负金钱赔偿之责。依此规定,乃必须购置同种类、同品质之物,以为
赔偿。

　　(2) 附属物如因不可归于承租人之事由而灭失者,由出租人负补充
之责(四六二条三项)。此则与依照四三五条之规定,完全不同。出租人
不为补充者,承租人并得请求损害赔偿矣。

　　(3) 耕作地之承租人依清单所受领之附属物,应于租赁关系终止

时,返还于出租人。如不能返还者,应赔偿其依清单所定之价值。但因使用所生之通常折耗,应扣除之(四六三条)。依此规定,不但关于赔偿额一点,出租人可免去举证之责。且评定纵不正确,及价值纵有上落,亦依清单所载,显更与一般租赁不同。当然,适用《复员后办理民事诉讼补充条例》十二条,乃属另一问题。

　　至关于此所谓附属物之意义,应亦非耕地之附属物,只是附属耕地出租之物。或且连附属出租之意思亦无之,只是附属耕地亦交由承租人使用之物。于是彼出租人若对于承租人供给有庄屋者,应亦是适用四六二条、四六三条之规定。又无论承租人系自任耕作,抑或只是直接经营耕作,并不问其是否系为维持一家生活,直接经营耕作,四六二条、四六三条之规定均适用之。

第六章　借　贷

第一节　使用借贷

第一项　使用借贷之意义及其性质

称使用借贷者,谓当事人约定,一方以物无偿贷与他方使用,他方于使用后返还其物之契约(四六四条)。

(一)使用借贷是当事人约定一方以物无偿贷与他方使用之契约

(甲)使用借贷乃仅以约定物之使用为其内容,非如租赁之得以物之使用收益二者为内容也。

(乙)虽系仅以物之使用为内容之租赁,亦与使用借贷不同。使用借贷乃对于物之使用,不得请求报酬。

(丙)更复使用借贷与租赁所发生关于物之使用之权利义务,亦并不相同。其一,关于使用借贷,物之交付并非契约所发生之义务。其二,贷与人仅须容许借用人为物之使用,对于借用人负不为妨害之消极的义务而已,非如租赁关系,出租人对于承租人更须负除去妨害及修缮之积极的义务。

(丁)至于《民法》所称之使用借贷,乃以约定容许物之无偿使用为限。约定以权利贷与他人使用者,仅能准用《民法》使用借贷之规定。

（二）使用借贷是当事人约定他方于使用后返还其物之契约

使用借贷关系终了后,借用人因占有权原之消灭,原须返还物之占有于贷与人。我国《民法》则更以借用人之返还借用物,定为使用借贷契约之内容。于是依我国《民法》,借用人不返还借用物者,贷与人既得为物上请求权之主张,又得为债权之主张。

（三）使用借贷是片务无偿契约

依（二）之所述,我国《民法》上之使用借贷契约,虽系双方当事人各互相负担债务。然其债务并非互相对价,应系片务无偿契约。

（四）使用借贷是要物契约

《民法》乃规定使用借贷须经物之交付,始生效力（四六五条）,故使用借贷应系要物契约,而非诺成契约。

第二项　使用借贷之效力

第一目　贷与人之权利义务

（一）贷与人须容许借用人为物之使用之义务

贷与人将借用物交付于借用人之后,不得为借用物之处分,或自为借用物之使用,致妨害借用人之使用。违则贷与人须负债务不履行之责。

至于借用物纵或破损,或第三人就借用物主张权利,致借用人不能为借用物之使用者,则贷与人除于特别情形,须负瑕疵担保责任外,并无其他责任。

（二）贷与人之瑕疵担保责任

因使用借贷系无偿契约之故，贷与人原则上应不负瑕疵担保责任。唯借用物于交付当时，瑕疵业已存在，贷与人故意不告知瑕疵，致借用人受损害者，则贷与人仍须负损害赔偿之责任（四六六条）。

（三）贷与人请求返还借用物之权利

依照四六四条之规定，贷与人应有向借用人请求返还借用物之权利。当然，此种权利，并非发生于借用物交付之时，而系发生于使用借贷关系终了之时（四七〇条）。至于该条虽称使用完毕后返还云云，实则贷与人之请求返还借用物，并非仅限于借用人使用完毕之时。有时借用人虽未使用，贷与人亦得请求返还（四七二条参照）。

第二目　借用人之权利义务

（一）借用人之使用权

称借用人之使用权，亦系含有二种权利：一系请求之权，一系使自己之行为正当化之权。关于后者，完全与租赁权所含者相同，不再说明。借用人使用之范围，亦与承租人相同。有约定方法者，依约定方法。无约定方法者，依借用物之性质所定之方法（四六七条一项）。唯关于允许第三人为借用物之使用，则与租赁不同。非经贷与人之同意，借用人不得允许第三人使用借用物（四六七条二项）。不但将借用物出租不可，将借用物无偿转贷亦不可。不但转贷不可，仅事实上允许第三人为使用，并非有发生法律效果之意思者亦不可。唯关于四六七条二项之适用，以下二点，应须注意：

1. 因借用物之性质，常有贷与人系当然同意借用人允许第三人为使用者，如凳椅是。

2. 借用人以第三人为借用物使用之补助人者，如借用他人之风车，使工人为风车之使用是。此二种情形,当然非法之不许。

　　（二）借用人保管借用物之义务

　　借用人受领借用物后,应以善良管理人之注意,保管借用物(四六八条一项)。除依约定方法或依物之性质而定之方法使用借用物,致有变更或毁损者外,如系借用人违反保管义务,致借用物毁损灭失者,借用人应负损害赔偿之责任(四六八条二项)。

　　借用人不但须负借用物之保管义务,并须负担借用物之通常保管费用(四六九条一项上段)。例如通常之修缮费用是也。借用人就借用物不支出通常保管费用,致借用物毁损灭失者,亦须负违反保管义务之责任。

　　因借用人违反保管义务所生之贷与人之损害赔偿请求权,其消灭时效期间为六个月,自贷与人受借用物返还时起算(四七三条)。

　　借用人既须负保管义务,又须负通常保管费用,于是借用物为动物,其饲养费用应由借用人负担,更不待言(四六九条一项下段)。

　　（三）借用人取回工作物之权利

　　借用人就借用物所增加之工作物,得取回之。但应回复借用物之原状(四六九条二项)。此关于租赁亦曾有同样之规定。与租赁所不同者,乃承租人非仅有取回工作物之权利,更有请求偿还费用之权利。借用人则无论其在借用物上所增加之工作物,为奢侈之工作物,抑或有益之工作物,均不得请求偿还费用,仅有取回之权利。此取回之权利,其时效期间为六个月,自借贷关系终了时起算(四七三条)。借用人因为通常保管行为,而增加某种工作物者究如何?此则以《民法》既规定借用人有须负担通常保管费用之义务,应不得取回此种工作物。

　　（四）共同借用人之连带责任

　　数人共借一物者,对于贷与人连带责任(四七一条)。即数人以一个契约向贷与人共同借用一物者,关于物之返还,物之保管,及因此等义务不履行之损害赔偿,均应连带负责。其中某一借用人过失之有无,仅能以之为决定分担部分之理由,并不影响对于贷与人之责任。

关于租赁,并无此同样之明文。数人共租一物之情形究如何？或将怀疑同是以物之利用为给付内容之债,理应为类推之适用。然须知连带债务之成立,除基于明示之约定外,以法律有规定者为限(二七二条),自只能为消极之解释。

第三项　使用借贷关系之消灭

除依一般法律行为之消灭原因外,使用借贷关系之消灭原因有三:一为满期;二为依借贷目的之使用完毕;三为终止。以下分述之:

(一)满期　借用人应于契约所定期限届满时,返还借用物(四七〇条一项本文上段)。当然,唯认为满期乃使用借贷关系终了之原因,故借用人应于满期时返还借用物。

(二)依借贷目的之使用完毕　使用借贷未定期限者,借用人应于依借贷之目的使用完毕时返还借用物(四七〇条一项本文下段)。此亦以使用借贷既未定有期限,仅定有借贷之目的者,依借贷之目的使用完毕之时,使用借贷关系终了,故于此时借用人亦应返还借用物。

(三)终止　不但四七二条为关于使用借贷契约终止之规定,四七〇条一项但书及二项亦然。于是贷与人得为终止之情形,应有以下六种:

1. 已经过相当时期可推定借用人已使用完毕者(四七〇条一项但书)　此乃指使用借贷未定有期限,而定有借贷之目的,事实上依借贷之目的所为之使用虽未完毕,而业已经过相当时期,借用人依借贷目的所为之使用,应已可以完毕之情形而言。此种情形,贷与人应得终止契约。其立法之目的,盖以借阅他人之书籍者,应不能搁置不阅,而以未阅或未阅完毕为理由,永不返还故也。至于该但书虽无终止之用语,仅称得为返还之请求,此所谓返还之请求当然系含有终止之意思也。

2. 使用借贷未有定期限亦不能依借贷之目的定其期限者(四七〇条二项)　此乃指使用借贷未定有期限,亦未定有借贷之目的,或虽定有借贷之目的,而依其目的,无所谓使用完毕之时者而言。此种情形,贷与人乃得随时终止契约,于终止后请求返还。或径为返还之请求,以返还之请求兼代终止之表示。

3. 贷与人因不可预知之情事自己需用借用物者(四七二条一款)　此乃无论期限已否届满,借用人使用已否完毕及借用后是否已经过相当时期,贷与人均得终止契约。唯以其自己之需用系基于不可预知之情事者为限。

4. 借用人违反约定或依物之性质而定之方法使用借用物或未经贷与人同意允许第三人使用者(四七二条二款)

5. 因借用人怠于注意致借用物毁损或有毁损之虞者(四七二条三款)　此二种情形,乃于借用人方面有违法原因之存在,当然更不问其期限如何,借贷之目的如何,及是否已借用相当时期,贷与人均得终止契约。

6. 借用人死亡者(四七二条四款)　无论借用人死亡时,契约是否期满,及其承继人是否仍需要继续借用,贷与人均有终止之权。

第二节　消费借贷

第一项　消费借贷之意义及其性质

称消费借贷者,谓当事人约定,一方移转金钱或其他代替物之所有权于他方,而他方以种类品质数量相同之物返还之契约(四七四条)。

(一)消费借贷是约定一方移转金钱或其他代替物之所有权于他方之契约

(甲)消费借贷之目的,乃以他人所有之物,供自己消费之用。一经消费之后,或则物即失去其存在,如食品之消费是也。或则消费之方法,即系所有权之移转,如金钱之消费是也。是故消费借贷关系,借用人非取得物之所有权不可。非仅如使用借贷或租赁关系之仅取得物之占有而已也。

(乙)然消费借贷契约究系俟贷与人移转物之所有权于借用人之后,而始发生效力耶,抑系由消费借贷契约发生贷与人须移转物之所有权于借用人之义务耶? 各国立法不同。依我国《民法》四七四条、四七五条之规定,应不容采取前说。四七四条明文规定,约定贷与人须移转物之所有权于借用人,乃消费借贷契约内容之一部。四七五条亦并非规定以物之所有权之移转,为消费借贷契约之效力发生要件,乃仅以物之交付为要件而已。

(丙)贷与人所移转之物,以金钱或其他代替物为限。贷与人所约定移转于借用人之物,若非代替物者,则不能成立消费借贷关系。何谓代替物? 一般交易上,仅着重于其种类品质数量,而不着重于其个性之物是也。

(二)消费借贷是约定他方以种类品质数量相同之物返还之契约

(甲)此所谓返还与使用借贷之情形不同,非仅物之占有之返还,乃系物之所有权之返还。盖消费借贷关系,贷与人所应移转于借用人者,亦非仅物之占有而已,而系物之所有权故也。

（乙）此所谓返还,与使用借贷之情形又不同者,乃并非返还原物,而系返还种类品质数量相同之物。盖以一经消费之后,返还原物已不可能。且所贷与者既系代替物,则返还之物只须与贷与之物同其种类、同其品质、同其数量足矣,无返还原物之必要。

（丙）返还之意义既如上述,于是消费借贷契约之第二点内容,应系约定借用人须移转同种类、同品质、同数量之物之所有权于贷与人。消费借贷契约之事实上之目的,虽亦为图物之利用,其法律上之关系,则仅系约定双方互为物之所有权之移转。物之种类品质数量均属相同,唯其移转之时期有先后不同而已。盖必先有借而后有还故也。

（三）消费借贷原则的是片务无偿契约

此盖以消费借贷关系,双方虽互负同种类、同品质、同数量之物之所有权之移转债务,然因其移转之时期,必须有先后之不同,双方之债务主观的应仍非对价故也。因此借与人虽亦有移转所有权之债务,消费借贷原则的仍系片务无偿契约。唯消费借贷关系,当事人更得为利息或其他报偿之约定。所谓其他报偿者,例如借银百元,还时须另外加米一斗,或借用人须代画图一张是也。合其利息或其他报偿之债务,双方之全部债务是认为对价者,则系双务有偿契约。

（四）消费借贷是要物契约

因《民法》设有四七五条之规定故,消费借贷必须经物之交付,始生效力,应系要物契约。

第二项　消费借贷之效力

消费借贷契约并非于双方合意后立即发生效力。契约订立后,更须经贷与人将金钱或其他代替物交付于借用人,始生效力（四七五条）。当然,契约订立时,金钱或其他代替物已为借用人所占有者,自更无交付之必要。此种情形,则契约一经订立,立即发生效力。又七六一条二项、三项之规定应亦适用,贷与人亦得使借用人取得间接占有,或让与其对于第三人之返还请求权于借用人,以代交付。前者如所借之物,暂时仍放置于贷与人处,后者如贷与人之物存于第三人处,请借用人向第三人取是也。

第一目　贷与人之义务

（一）移转金钱或其他代替物之义务

消费借贷契约须于金钱或其他代替物交付后而始发生效力。然交付仅占有之移转而已,并非所有权之移转。故消费借贷契约发生效力后,贷与人应尚有移转金钱或其他代替物之所有权之义务。换言之,贷与人应尚有为让与所有权之意思表示之义务。

当然,一般情形,让与所有权之意思表示,常与交付同时为之。事实上似无须认为于交付之后,更有移转所有权之义务。然我国《民法》既规定消费借贷仅以交付为效力发生要件,而消费借贷契约又系具有贷与人须移转物之所有权于借用人之内容。于是就概念上而言,应不能不认为贷与人于交付之后,发生移转所有权之义务。且认为贷与人有移转所有权之义务,于某种情形,适用之结果亦不相同。交付之物系第三人之所有物者,一经交付之后,贷与人亦即发生须自第三人取得所有权,以移转于借用人之义务。并非除借用人得依照八〇一条之规定,取得所有权者外,消费借贷不发生效力也。

（二）瑕疵担保责任

（甲）消费借贷约定有利息或其他报偿者

此则贷与人之所有权移转,乃系一种有偿关系,贷与人自应负瑕疵担保责任。不仅对于物的瑕疵，须负担保责任，对于权利瑕疵，亦须负担保之责任。当然，因权利有瑕疵，致不能为物之交付者，自无担保责任之可言。唯所交付之物，权利有瑕疵者，贷与人始须负担保之责任。关于权利瑕疵之效果，准用三五三条之规定（三四七条）。

关于物的瑕疵之效果，则《民法》另设有特别之规定（四七六条一项）。借用物有瑕疵时，借用人所得行使之权利有二种。一为请求另易无瑕疵之物，二为请求损害赔偿。三五九条之规定，对于消费借贷并不准用。唯贷与人不另易无瑕疵之物时，或则当时即拒绝受领，已拒绝者当然亦得解除契约。至于借用人所得请求损害赔偿者，应亦限于三六〇条所规定之情形。

（乙）消费借贷并无约定利息或其他报偿者

此则其消费借贷乃无偿关系，贷与人原则上自无须负瑕疵担保责任。唯贷与人故意不告知其瑕疵者，借用人始得请求损害赔偿（四七六条三项）。

第二目　借用人之义务

（一）返还之义务

（甲）返还之物

借用人原则的乃须返还与借用物种类品质数量相同之物于贷与人。唯于例外之情形，始得为，或应为价值之偿还。至于金钱借贷之返还，则《民法》另设有特别规定。以下就价值之偿还及金钱返还之特则分述之：

（子）价值之偿还　借用人得为或应为价值之偿还者，限于以下二种情形：

1. 消费借贷为无报偿者，如借用物有瑕疵时，借用人得照有瑕疵原物之价值,返还贷与人(四七六条二项)。当然,此种情形,借用人返还与原物有同一程度之瑕疵之物,自非法所不许。唯借用人亦得照有瑕疵原物之价值,返还贷与人。其价值当然应以返还时返还地为标准。

至于该项虽仅就无偿借贷而为规定,有偿借贷之情形,未另易无瑕疵之物者,借用人应亦有此种权利。

2. 借用人不能以种类品质数量相同之物返还者,应以其物在返还时返还地所应有之价值偿还之。返还时或返还地未约定者,以其物在订约时或订约地之价值偿还之(四七九条)。此乃指同种类同品质之物已不存在之情形而言。例如某种物品,本地市面上业已绝货,又无法向外地购买是。当然市面既已绝货,自无市价可言。故条文称应以其物在返还时返还地所应有之价值偿还之。

(丑)金钱返还之特则   关于金钱借贷之返还,何种情形,应返还何种货币,及其返还之额,应如何计算,除契约另有订定者,应依其订定外,《民法》设有补充规定(四八〇条):

1. 以通用货币为借贷者,如于返还时,已失其通用效力,应以返还时有通用效力之货币偿还之(同条一款)。此款乃仅表明二〇一条之规定亦适用于借贷之返还债务而已。条文虽仅规定货币之种类,应更有货币之如何折算之问题。除法令已另定有折算之标准者,应依法令所定之标准折算外,无特别法令者,依以下标准折算。即第二种通用货币于贷与人交付时业已存在者,依其交付当时之比例。第二种通用货币嗣后始发行者,依其发行时所定之比例。

2. 金钱借贷约定折合通用货币计算者,不问借用人所受领货币价格之增减,均应以返还时有通用效力之货币偿还之(同条二款)。此款在表面上虽仅系关于金种之规定,实质上亦并系关于金额之规定。当然,既折合通用货币计算,则其借贷关系当初即系通用货币之借贷。其借贷之额,依当初之折合,即已决定。金种与金额,二者应均不受嗣后比价变动之影响也。

3. 金钱借贷约定以特种货币为计算者,应以该特种货币,或按返还时返还地之市价,以通用货币偿还之(同条三款)。当然,消费借贷关系乃须返还同种类之物。既系特种货币之借贷,虽该货币并非通用货币,自仍须为该特种货币之返还。至于仍许借用人得按返还时、返还地之市价,以通用货币偿还者,此乃基于国家推行法定货币之立场也。

(乙)返还之时期

(子)当事人间约定有返还期限者,借用人应于期限内返还之(四七八条上段)。逾期不为返还者,视其期限确定与否,分别适用二二九条一项、二项之规定,借用人须负迟延责任。至于提前返还自非不许。唯若系有偿之消费借贷,欲提前返还,以免付若干时期之利息者,则仍须受二〇四条之限制。

(丑)当事人间未约定有返还期限者,借用人得随时返还之。贷与人催告返还,则必须定一个月以上之相当期限(四七八条下段)。催告期满后,借用人不为返还者,始须负迟延责任。

(二)支付利息或其他报偿之义务

消费借贷有利息或其他报偿之约定者,借用人应负支付利息或其他报偿之义务。报偿之种类及其数额,当事人间必须有所约定。利率无约定者,则依照二〇三条之规定。

关于利息或其他报偿之支付时期,当事人间有期限之约定者,从其约定。无期限之约定者,若其借贷期间在一年以下,应于借贷关系终止时支付之。即例如金钱之借贷,约定之借贷期间为一年者,利息之返还不妨与本金之返还同时为之。无期限之约定,而其借贷期间逾一年者,应于每年终支付之(四七七条)。当然借贷未定有期限者,亦应于每年终支付之。

第三项　以货物折算金钱而为借贷

（一）以货物折算金钱而为借贷之意义

以货物折算金钱而为借贷，究系何种法律关系，颇有疑问。我国学者多以为是债务变更关系。将货物买卖之价金债务，变更为消费借贷上之返还债务。若然，则返还债务之内容，完全即系价金债务之内容，应不能于价金之债务变更为消费借贷上之债务之时，减少其金钱之数额。且一般买卖，《民法》亦无关于限制价金之规定，岂事实上对于价金之支付予以期限之犹豫者，反须受限制耶？观之四八一条之规定，应不能作为债务变更解释。余以为我国《民法》上所谓以货物折算金钱而为借贷者，无论依文义及依四八一条之规定，均应解为系指金钱之消费借贷关系，借与人移转货物于借用人，依货物之价值折算为金钱者而言。更析言之，此乃含有二种情形：或则自初即系约定以货物折算金钱而借贷，或则先订有金钱之消费借贷契约，后复约定以货物折算金钱。前者乃系约定借贷还钱之无名契约，后者则仍系金钱之消费借贷关系，唯贷与人乃是以货物为金钱之代物清偿。

（二）借贷之金额

以货物折算金钱而为借贷者，纵有反对之约定，仍应以该货物按照交付时交付地之市价所应有之价值，为其借贷金额（四八一条）。例如，贷与人移转货物十箱于借用人，虽约定每箱以百元计算，若该货物依交付时交付地之市价，每箱仅值八十元者，则仍应认为仅有八百元之借贷金额。盖恐借用人或亟欲受领货物，变换为金钱应用，因此虽高价折算，亦不得不忍受故也。不但上述第一种情形，应依此规定，定其借贷金额。上述第二种情形，本有借贷金额之约定者亦然。唯此条乃系保护借用人之规定,于是若以低于交付时交付地之市价之标准为折算者,则应仍为法之所许。又此条之适用,乃限于金钱之借贷关系。若非贷与人以物代钱,而系物之借贷关系,借用人以钱代物者,则并不能适用此条规定。

第七章　雇　佣

第一节　雇佣之意义及其性质

称雇佣者,谓当事人约定,一方于一定或不定之期限内,为他方服劳务,他方给付报酬之契约(四八二条)。

（一）雇佣是当事人约定一方于一定或不定之期限内为他方服劳务之契约

（甲）雇佣是一方为他方服劳务之契约　以上六章所述之各种契约,除交互计算外,均系属于物之给付之契约,雇佣与下述之承揽、出版、委任、居间、行纪、寄托、运送等乃系劳务给付契约。物之给付契约与劳务给付契约,系债权契约中不同之二大类。

然劳务给付契约既不仅雇佣一种,雇佣契约与《民法》上其他各种劳务给付契约究有何不同？ 又劳工法规上更有劳动契约之名称,雇佣契约与劳动契约究有何差异？ 欲明雇佣契约之性质,此数点应有阐述之必要：

1.《民法》关于雇佣仅泛称服劳务,是雇佣乃得以各种劳务之给付为其契约之内容。非如出版、居间、行纪、寄托、运送等系限于特种劳务之给付。此雇佣与出版、居间、行纪、寄托、运送等之不同也。

2. 承揽系以完成工作为其契约之目的,委任系以处理事务为其契约之目的。此二种契约,虽亦须给付劳务,然给付劳务仅其手段而已。唯雇佣则《民法》称为是当事人约定一方为他方服劳务之契约,乃以给付劳务为其契约之目的。此雇佣与承揽、委任之不同也。

更申言之,雇佣关系乃仅由雇用人指定某一种或某数种劳务,使受雇人为该一种或该数种之劳务之给付而已。给付劳务之结果,虽常可完成某种工作,然工作之完成与否,则并非受雇人之责任。又雇用人主观的虽必系为处理某种事务,始约定使受雇人给付劳务。然给付何种劳务,乃由雇用人自己决定。劳务如何给付,乃由雇用人自己指挥。受雇人乃依其指定,依其指挥,而为劳务之给付。至如何使其有利于事务之处理,则并非受雇人之责任。

3. 劳工法规上所称之劳动契约,并不以属于雇佣关系者为限。或系承揽关系,如劳动之以件计工资,又其用意是欲使工人负担工作不能之危险者是也。又依我国《民法》上所定雇佣与委任之区别,有时更系委任关系,如一般情形之精神劳动是也。纵系属于雇佣关系者,亦必须其受雇人乃系为生计而劳动,因而与雇用人间发生经济上之从属的关系,始系劳动契约(《劳动契约法》一条参照)。此雇佣契约与劳动契约之不同也。

当然,劳动法规之制定,乃着眼于劳动关系之一般性。适用之时,该个劳动关系有无具此一般性,则置之不问。因此,虽非属于上述性质之劳动契约,某种劳工法规一经施行之后,该种劳动关系即概仅次位的适用《民法》关于雇佣之规定。

4. 至于一般习惯上所称之雇佣与《民法》上所称之雇佣,其不同处亦有略为说明之必要。我国一般习惯上,称雇佣者,乃限于低级劳务之给付。对于为高级之精神劳动之人,一般习惯,决无称为雇佣者。当然,关于高级劳务,一般情形,因他方无指挥之能力之故,事实上常无从成立雇佣关系。然在我国《民法》之规定上,则雇佣并非限于低级劳务。虽系高级劳务之给付,有时亦系雇佣关系。反之,低级劳务之给付,亦并非概属雇佣。若并未指定劳务之种类,由给付劳务者依其事务之目的,自为劳务种类之决定者,则虽系低级劳务,仍属委任关系。

(乙)服劳务之约定限于一定或不定之期限　此乃谓当事人约定一方永久为他方服务之雇佣契约,法律认为无效。当然,虽约定限于一定或不定之期限,而事实上仍常有毕生不能脱离劳动者之地位者。唯若约定一方永久为他方服劳务,即迹近于奴工契约,应为法律所不许。

(二)雇佣是当事人约定他方给付报酬之契约

雇佣是双务有偿契约。雇用人必须对于受雇人之服劳务,给付报酬。报酬虽未约定,如依情形,非受报酬,即不服劳务者,视为当事人间有关于报酬之合意(四八三条一项)。

报酬不以金钱为限,以物品为报酬者亦可。由雇用人供给伙食者,伙食亦系报酬之一部。于是徒弟契约,学习期间完全不给工资,仅供给衣食者,虽非纯粹之雇佣契约,应亦尚含有雇佣契约之成分。

报酬或以年月日时计,或以件计。以件计者,有时亦仍是雇佣关系。盖报酬虽以件计,若雇用人并无使受雇人负担危险之意思,仅欲以之促进工作之效率者,应仍不能认为承揽关系。

受雇人于薪工伙食之外,或尚得享受花红。花红之性质,虽非雇佣之报酬,然就整个契约而言,应仍不失为雇佣契约。

第二节　雇佣之效力

雇佣契约同时又复成立劳工法规上之劳动契约者,则其效力除适用

《民法》上关于雇佣之规定外,更应优先适用劳工法规之规定,如《工厂法》之规定是。又习惯上,雇佣之一方当事人须负担某种义务者,更应依其习惯,负担义务。如主人对于仆人之保护义务,仆人对于主人之秘密义务等是。以下仅就《民法》上关于雇佣效力之规定分述之:

(一)受雇人给付劳务之义务

(甲)关于给付劳务债务之履行

1. 关于劳务之种类,自应依其契约之所定。关于劳动之时间,有约定者,从其约定。无约定者,依习惯。

2. 关于劳务之给付方法,有约定者,从其约定。无约定者,受雇人须服从雇用人之指挥。唯受雇人基于其智识经验,知其指挥不当者,须向指挥者为告知,否则仍系违反二一九条之义务。

3. 受雇人须有一般标准之技能。受雇人明示或默示保证其有特种技能者,更须具有该特种技能。

4. 受雇人之服劳务,原则上须自己为之。非经雇用人同意,受雇人不得使第三人代服劳务(四八四条一项下段)。关于此点,雇佣之规定虽与委任(五三七条)不同。当然,习惯上,于某种情形,认为得使第三人代服劳务者,则受雇人应仍得依习惯,使第三人代服劳务。

(乙)关于给付劳务债务不履行之效果

基于受雇人之故意过失,至给付劳务债务不履行者,《民法》既无特别明文,自应适用一般债务不履行之规定。因不可归责于双方当事人之事由,致劳务债务给付不能者亦然。

受雇人未具有所保证之特种技能及受雇人使第三人代服劳务为法所不许之时,《民法》虽仅规定雇用人得终止契约(四八四条二项、四八五条)。当然,雇用人因此受有损害者,应更得请求损害赔偿。

唯特别法上有不同之规定,或依习惯,虽在不能工作之期间内,仍得请求报酬者,则自须依特别法或习惯。例如《工厂法》(三七条)所规定女工分娩期内仍须照给工资及习惯上仆人因病不能劳作之时,如属短期间内,无庸扣工钱是也。

(丙) 关于劳务给付受领迟延之效果

雇用人之受领延迟,并不适用一般债权人受领迟延之规定。一般债权人受领迟延时,除二四一条之规定外,债务人仍须为债务之履行。受雇人则在雇用人受领迟延后,无须补服劳务而仍得请求报酬。唯受雇人因不服劳务所减省之费用,或转向他处服劳所务取得,或故意怠于取得之利益,雇用人得由报酬额内扣除之(四八七条)。盖劳务给付之债与物之交付之债不同,第一日不为劳动,第二日并非得为双倍之劳动也。

(丁) 关于劳务债务及劳务请求权之专属性

不但受雇人非经雇用人同意,不得使第三人代服劳务。雇用人非经受雇人同意,亦不得将其劳务请求权让与第三人。雇用人未经受雇人同意,而让与劳务请求权于第三人者,受雇人亦得终止契约(四八四条)。盖以劳务给付之能力与劳务给付之指挥,均因人而不同故也。

当然,《民法》既仅规定当事人得终止契约,则当事人不终止契约者,第三人之代服劳务应系有效之第三人清偿。第三人受让劳务请求权后,受雇人应须向该第三人为劳务之给付。

劳务债务及劳务请求权既系具有专属性,受雇人或雇用人死亡时究如何?《民法》仅关于委任设有明文,关于雇佣则无之。当以准用四八四条为是。

(二)受雇人请求报酬之权利

雇用人或系曾为给付报酬之同意,或系法律视为允与报酬。二种情形,受雇人均有请求报酬之权利。以下就报酬额及报酬支付时期分述之:

（甲）报酬额　报酬额有约定者,雇用人自须依照其约定额而为支付。报酬额未约定,而一方定有价目表者,依其价目表为支付。既未约定,又无价目表可以依据者,则应依照习惯而为支付(四八三条二项)。

雇佣契约又系劳动契约者,则于订有团体协约,协约上定有报酬额之时,应依团体协约之规定(《团体协约法》一六条)。

（乙）报酬支付时期　关于报酬之支付时期,特别法上或设有强行之规定(《工厂法》二二条)。就《民法》而言,则有约定者,依其约定。无约定而有习惯者,依其习惯。无约定亦无习惯者,始依照下列之规定(四八六条):

1. 报酬分期计算者,应于每期届满时给付之。

2. 报酬非分期计算者,应于劳务完毕时给付之。

第三节　雇佣关系之消灭

雇佣关系消灭之原因有二种:一为期满,二为终止。以下分述之:

（一）满期　雇佣约定有期限者,其雇佣关系于期限届满时消灭。虽未约定有期限,而能依劳务之性质或目的定期限者,于该期限届满时亦然(四八八条)。

（二）终止　关于雇佣契约之终止,除前述四八四条、四八五条所规定者外,尚有以下两种情形:

1. 雇佣未定期限亦不能依劳务之性质或目的定其期限者,各当事人得随时终止契约。但有利于受雇人之习惯者,从其习惯(四八八条二项)。所谓利于受雇人之习惯者,例如雇用人仅得于月尾或三节辞工之习惯是也。受雇人之辞工,则并不受习惯之拘束。

2. 雇佣虽约定有期限,或得依劳务之性质或目的定其期限者,若当事人之一方遇有重大事由,则该方当事人仍得于期限届满前终止契约(四八九条一项)。是否系重大事由,应就各个具体情形而为决定。至于该事由究系何方之事由,抑或系外界之事实,则所不问。唯该事由系因当事人一方之过失而生者,则他方得向其请求损害赔偿(同条二项)。例如仆人因不堪虐待,致不得不于未满期前辞工者,主人应须赔偿仆人因辞工所生之损害。又如主人因自己发生大不名誉事,不得不暂时迁避他地,于迁徙前遣散未满期之仆人者亦然。

第八章 承　揽

第一节　承揽之意义及其性质

称承揽者,谓当事人约定,一方为他方完成一定之工作,他方俟工作完成,给付报酬之契约(四九〇条)。

(一)承揽是当事人约定一方为他方完成一定工作之契约

1. 承揽乃以完成一定工作为其契约之内容。当然,完成工作必须给付劳务。然承揽人并非如受雇人,仅负给付劳务之义务,乃须负完成工作之义务。申言之,承揽人不仅须给付劳务而已,更须依其完成工作之需要,决定其劳务之种类及方法。劳务负担之范围,亦依其完成工作之需要而定。

2. 承揽又并非以只须努力于工作之完成为已足。若然,则系委任关系矣。承揽乃必须工作已告完成,始认为债务已履行。

3. 完成一定工作,一般的虽系对于材料之加工,而产生加工物。《民法》称承揽人之对方为定作人,亦系就此一般之情形而为命名。然承揽之目的,并非以产生一加工物为限。只须发生一定结果,无论结果系有形的,抑或无形的,及有无财产的价值,均所不问。例如修缮契约、包医契约及侦探契约,均系承揽契约之一种。

4. 承揽契约之目的系产生一加工物者,其材料自须由定作人供给。否则,并非单纯之承揽契约,而系承揽与买卖之混合契约。唯仅附属材料由承揽人供给者,则仍不失为承揽契约。

又承揽人原则的自必须就定作人所供给之材料而为加工。若当事人间约定,得由承揽人另易同种类、同品质、同数量之材料者,此则系学者所称之不规则承揽。虽仍不失为承揽之一种,已与普通承揽不同矣。

(二)承揽是当事人约定他方俟工作完成给付报酬之契约

1. 承揽是双务有偿契约。定作人必须对于承揽人一定工作之完成,给付报酬。一般承揽,当事人间自必有关于报酬之约定。报酬虽未约定,如依情形,非受酬报,即不为完成其工作者,视为允与报酬(四九一条一项)。

2. 报酬不以金钱为限,以物品为报酬亦可。唯承揽人由定作人供给伙食者,伙食则其性质常非承揽之报酬。

3. 条文所称俟工作完成给付报酬者,其意义乃仅谓承揽之报酬是对于工作完成之对待给付,与报酬给付时期之问题无关。

第二节　承揽之效力

第一项　承揽人之义务

(一)完成工作之义务

承揽人须负完成工作之义务,乃不待言。唯承揽人对于此种义务究应如何履行及不履行时之效果究如何,以下分点述之:

1. 承揽人须依照约定之内容完成工作　工作之内容,契约经有约定者,自须依其约定。例如器具之制作,其器具之大小高度及其用途,契约经有指定者是也。违则并非依照债务之本旨之给付,有时且可构成债务不履行之一种,所谓不完全给付。

契约关于工作之详细内容,或并无约定。其无约定者,应须使其工作物具备通常之品质,且适于通常之使用。

《民法》虽仅就工作有瑕疵之时,对于其效果设有特别之规定。然纵非四九二条所称之瑕疵,而工作不合约定之内容,或缺乏通常之内容者,四九三条以下,除四九七条当然适用外,其他各条应亦准用之。

2. 承揽人须依照约定方法为工作　工作之方法,契约经有约定者,承揽人须依其约定之方法为工作。违则系债务不履行。盖承揽契约既有关于工作方法之约定,承揽人之工作方法,自应受承揽契约之拘束故也。

3. 承揽人须遵从定作人之指示　盖以承揽人乃须为定作人完成工作,故虽无与委任同样之明文,承揽人亦应遵从定作人指示。且观之四九六条及五○九条之规定,《民法》显系认承揽人须遵从定作人之指示无疑。

4. 承揽人须负忠实之义务　所谓忠实之义务者,即定作人之指示不适当,或定作人所供给之材料有瑕疵之时,承揽人须告知于定作人是也。四九六条、五○九条虽仅就承揽人之不告知,设有不利益之规定。然依照二一九条,承揽人应负告知之义务也。关于约定之方法,承揽人于工作进行中,发现其不适当者亦然。

5. 承揽人须自为工作　承揽人原则上须自为工作。尤以契约着重于承揽人个人之技能者为然,此乃劳务给付契约当然之性质也。

然承揽并非绝对不得使第三人代为工作。一般承揽,事实上宁以使用第三人工作者为多。唯承揽人使用第三人工作,或转使第三人承揽者,对于该第三人之过失,须与自己之过失负同一责任而已(二二四条),并非概得适用四九七条。

6. 承揽人须依期完成工作   关于工作之完成,契约经定有期限者,承揽人须依限完成。因可归责于承揽人之事由,致工作不能于约定期限完成者,定作人得请求减少报酬。虽未定有期限,而已经过相当时期不能完成者亦然(五〇二条一项)。当然此请求减少报酬,亦并非请求权,而系形成权。依此项规定之反面解释,对于工作完成之迟延,承揽人无过失者,除有特别约定者外,定作人应不得减少报酬。一般给付迟延,债权人虽更有解除权,承揽人则于一般情形并无此权利。至于仅减少报酬,尚不足以填补定作人之损失者,则此项规定,应并非排除定作人之损害赔偿请求权。

因可归责于承揽人之工作完成迟延,而定作人有解除权者,仅限于契约以工作于特定期限完成或交付为要素之情形(五〇二条二项)。此所谓以工作于特定期限完成或交付为要素者,乃与二五五条所称,同其意义。应系指依契约之性质或当事人之意思表示,非于一定时期为工作之完成或交付,不能达其承揽契约之目的者而言。其解除亦无须先为定期催告。

以工作于特定期限完成或交付为契约之要素者,且不仅于该特定期限届到后,工作尚未完成或交付,定作人得解除契约。因可归于承揽人之事由,迟延工作,显可预见其不能于期限内完成者,则该期限未届到之前,定作人亦得解除契约(五〇三条)。例如该工作至少须二三个月始能完成者,期限虽至下月始届到,若迄今尚未动工,则现在即得解除。

当然,迟延完成工作,定作人已经受领,不为保留者,自不能再以迟延为理由,解除契约。定作人于受领该迟延完成之工作时,对于报酬减少请求权及损害赔偿请求权之行使，未经声明保留者，一经受领之后，亦即不得更主张减少报酬及请求损害赔偿（五〇四条）。

（二）交付工作物之义务

当然，并非关于一切工作之承揽，承揽人均有交付之义务。若非关于物之加工之承揽，自无交付之可言。虽系关于物之加工，而该物仍为定作人所占有者，亦无须交付。唯该物于加工中，为承揽人所占有者，则加工完成之后，承揽人须负交付工作物之义务。

（三）瑕疵担保责任

承揽人完成工作，应使其具备约定品质及无减少或灭失价值，或不适于通常或约定使用之瑕疵（四九二条）。当然，工作不具备约定之品质，或有减少，或灭失价值，或不适于通常或约定使用之瑕疵，乃给付不合于债务之本旨，应可认为债务不履行之问题。唯四九二条以下各条之规定，不仅适用于工作具备约定之品质及工作无瑕疵自始原系可能之情形；自始不能者亦适用之。自始不能者，则其责任，应与债务不履行无关。故《民法》四九二条以下虽作为瑕疵担保责任规定，实则一方面又系关于债务不履行之规定也。一方面既又系关于债务不履行之规定，于是给付之不合于债之本旨，虽非如四九二条之所定，四九三条以下各条应亦准用之。以下就瑕疵担保之效果，瑕疵之发见时期及瑕疵之预防分述之：

（甲）瑕疵担保之效果

1. 请求修补之权利　无论其工作之瑕疵，是否重要，并不问其是否系关于土地上工作物之承揽，只须其瑕疵并非因定作人自己之事由而生者，则修补若系可能，定作人均得定相当期限，请求承揽人修补（四九三条一项）。此修补请求权与修缮请求权同，就其性质而言，实并非物的瑕疵担保之效果。至关于修补之规定，不仅适用于物之制作修缮之承揽契约而已,对于包医等承揽契约亦适用之。唯修补需费过巨者,承揽人乃得拒绝修补(四九三条三项)。

2. 自为修补而请求偿还费用之权利　定作人经已定相当期限,请求承揽人修补,而承揽人逾期不为修补者,则定作人得自行修补,向承揽人请求偿还修补必要之费用(四九三条二项)。当然,唯有第一种之权利者,始有此第二种之权利。承揽人经以需费过巨之理由,拒绝修补者,亦无此第二种之权利。

3. 请求减少报酬之权利　瑕疵不能修补,或因需费过巨,承揽人拒绝修补者,定作人得请求减少报酬。承揽人逾期不为修补,而定作人不愿自行修补者亦然(四九四条)。当然,此请求减少报酬,其性质亦并非请求权,而系一种形成权。

4. 解除契约之权利　瑕疵不能修补,或承揽人拒绝修补,或逾期不为修补者,若其瑕疵系重要之瑕疵,且并非关于建筑物或其他土地上工作物之承揽,则定作人更得解除契约(四九四条)。

定作人之瑕疵修补请求权、修补费用偿还请求权、减少报酬请求权或契约解除权,均因瑕疵发现后,一年间不行使而消灭(五一四条一项)。

5. 请求损害赔偿之权利　工作之瑕疵,若系因可归责于承揽人之事由而生者,定作人除得依照四九三条、四九四条行使上述四种权利外,并得请求损害赔偿(四九五条)。盖以债务不履行之损害赔偿之范围,应依二一六条之所定。仅请求修补或使负担修补费用,或减少报酬,尚不足以填补定作人全部之损害也。至于工作之瑕疵系因可归责于承揽人之事由而生者,定作人解除契约,仍须依照四九四条之规定,致关于建筑物或其他土地上工作物之承揽,承揽人虽有过失,定作人亦不能以瑕疵为理由,主张解除契约,而一方面承揽人又得以草率完工,避免五○二条二项之解除,虽属不当,四九五条之文字上乃只能作如此解释也。

以上所述四九三条、四九四条所定之各种权利,乃必须以工作之瑕疵并非因定作人自己之事由而生为消极要件。四九五条之债务不履行责任,更必须其瑕疵之发生系基因于承揽人之故意过失行为。所以工作之瑕疵,因定作人所供给材料之性质,或依定作人之指示而生者,定作人自应无四九三条、四九四条及四九五条之权利(四九六条本文)。条文虽仅就材料与指示二者而为规定,当然其瑕疵因定作人之协助行为而生者亦然。唯承揽人明知其材料之性质,或指示不适当,而不告知定作人者,承揽人始仍须负责(同条但书)。盖以承揽人违反忠实之义务故也。且依此但书之规定,定作人不但得请求损害赔偿,并得以瑕疵为理由,主张四九三条、四九四条之权利。又工作之瑕疵虽系因定作人自己之事由而生,而承揽人之行为或外界之事实亦系其发生瑕疵之共同原因者,此则并不能遽适用四九六条本文之规定,主张完全免责。盖以四九六条之规定,乃系就工作之瑕疵完全因定作人自己之事由而生者而言也。

(乙) 瑕疵之发见时期

当事人间无特别约定,而其工作又非系建筑物或其他土地上工作物之新造或重大修缮者,则其瑕疵须在工作交付后,工作无须交付者,工作完成后,一年以内发见。否则定作人不得主张四九三条、四九四条、四九五条之权利(四九八条)。承揽人若系故意不告知其瑕疵者,延长此一年之期间为五年(五○○条)。

当事人间无关于瑕疵发见时期之约定,而其工作系建筑物或其他土地上工作物之新造或重大修缮者,则定作人于工作交付后或完成后五年内发见瑕疵,仍得主张四九三条、四九四条、四九五条之权利(四九九条)。承揽人故意不告知其瑕疵者,延长此五年期间为十年(五○○条)。

至于当事人间自己所约定之期间,长于四九八条至五○○条所规定者,从其约定。短于四九八条至五○○条所规定者,其约定无效(五○

一条)。

条文虽仅就四九三条至四九五条之权利而为规定,当然,定作人依照四九六条但书之规定而得行使其权利者,亦应适用四九八条至五〇一条之规定。

(丙)瑕疵之预防

工作进行中,因承揽人之过失,显可预见工作有瑕疵,或有其他违反契约之情事者,定作人得定相当期限,请求承揽人改善其工作,或依约履行。承揽人逾期仍不改善工作或依约履行者,定作人得使第三人改善或继续其工作,其危险及费用均由承揽人负担(四九七条)。依此规定,似系定作人向承揽人请求改善工作,或请求依约履行,亦须以承揽人有过失为前提,应无此理。唯定作人得以承揽人之费用,并由承揽人负担危险,使第三人改善或继续其工作者,乃必须承揽人有过失也。所谓危险由承揽人负担者,乃在第三人改善或继续工作中,工作因不可抗力而毁损灭失者,承揽人仍不得向定作人请求报酬。所谓费用由承揽人负担者,乃该第三人改善或继续工作之报酬须由承揽人负担。假使定作人与第三人所订之契约,并非承揽契约者,则承揽人有时自己虽不能取得报酬,亦仍须负担报酬。至于定作人与第三人订立契约,并无承揽人同意之必要。只须对于第三人之选择、指示及关于契约之内容,尽其相当之注意足矣。条文不规定定作人得解除或终止契约,而规定定作人得使第三人改善或继续其工作,其用意端在仍由承揽人负担危险及定作人不至因此而增加费用之负担故耳。对于定作人之保护,实较之许其解除或终止契约为更优。

第二项　定作人之义务

(一)协助之义务

工作之完成,常有必需定作人之行为者。例如制作器具之承揽,承揽人所负之义务,原系就定作人所供给之木料,为器具之制作。若定作人不供给木料,承揽人自无从为器具之制作矣。又如建筑房屋之承揽,若关于地基之权利,发生纠纷,此解决地基之纠纷,自系定作人之事。定作人若不解决地基之纠纷,承揽人亦无从为房屋之建筑矣。

当然,定作人不为上述之必要行为,致承揽人不能如期完成者,承揽人对于工作之迟延,无须负责,自不待言。然定作人对于承揽人是否有为此等必要行为之义务,此则在我国《民法》上亦可采取积极说。当然,就公平之原则而言,自非认为定作人有协助之义务不可。盖定作人若不解决地基之纠纷,承揽人将不得不中途停工。中途停工,承揽人势必发生损害。虽解除契约,解除之效果,仍不足以补偿承揽人全部之损失。在他国《民法》上,不能觅得积极之根据者,固不能不采消极说。我国《民法》则既有五〇七条之规定,五〇七条乃与二五四条相同,理论上应可解为以认定作人有协助之义务为前提也。

既认为定作人有协助之义务,于是工作需定作人之行为始能完成者,定作人不为其行为时,承揽人不但得定相当期限,催告定作人为之。定作人逾期不为其行为者,承揽人得解除契约(五〇七条)。定作人不为协助之时,承揽人应并得依照二二九条、二三一条之规定,请求损害赔偿。承揽人之此种契约解除权与损害赔偿请求权,《民法》设有特别时效之规定。自发生后,一年间不行使而消灭(五一四条二项)。

（二）受领工作物之义务

定作人对于承揽人所交付之工作物,有受领之义务。盖以一部工作,《民法》既规定其有受领之义务(五一二条二项)。则工作全部完成之时,承揽人依照债务之本旨,为工作物之交付,定作人有受领之义务,应更不待言。

（三）支付报酬之义务

（甲）报酬额　当事人间关于报酬之数额有约定者,定作人自应依其约定之数额,负支付报酬之义务。无契约而有价目表者,依其价目表。无约定,亦无价目表者,依照习惯(四九一条二项)。报酬额虽有约定,而仅约定其概数者,则应以其劳力之价值与承揽人所支出之费用为标准,计算其支付之额。

附属材料由承揽人供给者,当事人间所约定之报酬额,或价目表上所定之报酬额,是否已包括附属材料之费用在内,应须注意。并非一切附属材料之费用,在一切情形,均得于报酬外,另为请求也。

（乙）报酬之支付时期　报酬并非必须俟工作完成而始为支付。报酬之支付时期有约定者,从其约定。虽约定于工作开始时先支付报酬之一部,只须于工作不能完成之时,仍须返还于定作人者,仍不害于承揽之性质。唯无约定之时,始依照下列之规定:

1. 工作完成后,须为支付者,报酬应于交付时支付之。无须交付者,应于完成时支付之(五〇五条一项)。

2. 工作系分部支付,而报酬系就各部分定之者,应于每部分交付时,给付该部分之报酬(五〇五条二项)。工作无须交付,而报酬系就各部分定之者,则于每部分完成之时,给付该部分之报酬。

（丙）报酬之法定担保　所谓报酬之法定担保者,乃承揽人在工作物上,无须定作人之设定行为,享有担保物权之谓也。当然承揽人所完成之工作物,其所有权之归属,并不适用加工之规定。因承揽之目的,当然应认为定作人之所有(材料亦由承揽人供给者,则作别论)。于是彼由定作人供给材料,使承揽人制作动产者,承揽人对于所制成之动产,依照九二八条之规定,有留置之权,自不待言。唯《民法》更对于不动产设有特别之规定。承揽之工作为建筑物,或其他土地上之工作物,或为此等工作物之重大修缮者,承揽人就承揽关系所生之债权,对于其工作所附之定作人之不动产有抵押权(五一三条)。此抵押权乃法定抵押权,乃无须定作人之设定行为。

所谓工作所附之定作人之不动产者,即系指该新造或修缮后之土地上之工作物而言。此抵押权,主要的,系担保承揽人之报酬请求权。唯除报酬请求权外,其他因承揽关系所生之承揽人之债权,如垫款返还请求权、协助迟延之损害赔偿请求权,亦在担保之列。关于此抵押权之其他效力,当然准用《民法》物权编抵押权之规定(八八二条)。承揽人得声请拍卖该土地上之工作物,就其价金为报酬等之取偿。

第三项　工作之毁损灭失或不能完成之效果

（一）因可归责于承揽人之事由致工作毁损灭失或不能完成者

承揽人原须负完成工作及交付工作物之义务。于是因可归责于承揽人之事由,致工作毁损灭失,或不能完成者,承揽人不但不得请求报酬,自更须负损害赔偿之责。不但对于定作人所供给之材料之毁灭,须负损害赔偿之责,对于定作人之其他损害亦然。

（二）因不可归责于双方当事人之事由致工作毁损灭失或不能完成者

工作毁损灭失之危险,于定作人受领前,由承揽人负担(五〇八条一项上段)。工作无须交付者,于工作完成前,由承揽人负担(五一〇条)。盖以工作在未交付前或未完成前毁损灭失者,此乃承揽人交付工作或完成工作之义务,因不可归责于双方当事人之事由,给付不能。依二六六条之规定,承揽人原不得请求报酬也。《民法》虽仅就毁损灭失而为规定,当然,其他情形工作不能完成者,应亦同。

至于定作人所供给之材料,因不可抗力而毁损灭失者,承揽人则不负其责(五〇八条二项)。工作与材料之危险,乃由承揽人与定作人分担也。然此所谓不可抗力,究应作何解?非以承揽为营业者,只须无过失,即系不可抗力。以承揽为营业者,则应限于业务外之原因,始得认为不可抗力。

（三）因可归责于定作人之事由致工作毁损灭失或不能完成者

1. 定作人受领迟延者,工作损毁灭失之危险由定作人负担(五〇八条一项下段)。此盖以二六七条之规定,原亦应解释为包含受领迟延在内也。工作业已完成,承揽人提出给付,定作人拒绝受领者,拒绝受领后,工作虽毁损灭失,承揽人亦仍得请求报酬。

债权人不为必要之协助行为,原亦系受领迟延之一种。于是定作人不为必要之协助行为,致工作毁损灭失者,依照五〇八条一项之规定,承揽人应亦得请求报酬。更复工作虽非毁损灭失,因定作人不为必要之协助行为,致工作不能完成者,依照二六七条之规定,承揽人应亦不失其报酬请求权。

2. 关于因定作人供给材料之瑕疵,或其指示不适当,致工作于交付前或完成前毁损灭失,或不能完成者,此则《民法》设有特别之规定(五〇九条、五一〇条)。承揽人不将材料之瑕疵,或指示不适当之情事,通知定作人,或未及时通知者,则承揽人并不得请求报酬。已及时通知者,更复因定作人之有无过失,异其效果。定作人无过失者,承揽人仅得请求其已服劳务之报酬及垫款之偿还。定作人有过失者,承揽人更得请求损害赔偿。所谓及时通知者,乃承揽人于发见后即时通知,或虽未即时通知,定作人仍得及时补救者是也。所谓定作人有过失者,则系指定作人接受承揽人之通知,原尚可及时补救,而不为补救,或怠于注意致延误其补救者而言。

第三节　承揽关系之消灭

(一)承揽契约之解除

关于承揽契约之解除,除前节一、二两项所述外(四九四条、五〇二条、五〇三条、五〇七条),《民法》尚有一条规定。即订立契约时,仅估计报酬之概数者,如其报酬因非可归责于定作人之事由,超过概数甚巨者,定作人亦得于工作进行中,或完成后解除契约(五〇六条一项)。兹仅就此条所规定之解除述之:

订立契约时,仅估计报酬之概数者,定作人所应支付之报酬,仍须以承揽人所给付之劳务之总值及承揽人所支出之费用为标准。于是虽有概数之约定,定作人所应支付之报酬未必与该概数相符。超过概数甚巨者,定作人或将无支付之能力,亦所不免。且定作人之决定订立该承揽契约,乃仅就该概数而为考虑而已。若早知其须支付如许多额之报酬,或将自初即不愿订立契约。是故承揽报酬之约定概数者,若超过概数甚巨,《民法》规定定作人得解除契约,以免支付报酬。

唯因定作人之行为,增加承揽人劳务之给付及费用之支出者,此则概数之巨额超过,纯系基于定作人自己之原因,定作人自应不得解除契约。该条所称可归责于定作人之事由,应泛指定作人之行为而言,并不以定作人有过失为限。

解除得于完成后为之,亦得于工作进行中为之。工作进行中,已可预见其将来必超过概数甚巨者,于工作进行中,定作人即得解除契约。

唯应许承揽人准用二五七条之规定,催告定作人于一定期限内确答是否解除。逾期不解除者,解除权即消灭。

至于工作若为建筑物或其他土地上工作物之新造或重大修缮者,则唯于工作未完成之时,定作人始得解除契约。一经完成之后,定作人即并无解除权矣,仅得请求相当减少报酬(五〇六条二项)。该条所称"未完成"三字,不宜作严格解释。大致已完成者,应亦不得解除。

无论系何种工作之承揽,定作人以报酬超过概数过巨为理由,解除契约者,定作人均须对于承揽人为相当金额之损害赔偿(五〇六条三项)。此种损害赔偿请求权之时效,亦适用五一四条二项之规定。至其赔偿额则须依各个具体情形定之。当然,唯于解除后其工作物之所有权依加工之规定属于定作人者,定作人始有赔偿责任之可言。若归属于承揽人者,承揽人或反须对于定作人为相当金额之补偿。定作人取得所有权,赔偿相当金额于承揽人者,其赔偿范围仍非完全依照八一六条之规定。

(二)承揽契约之终止

承揽契约既得解除,又可终止。盖以承揽契约虽系以发生工作完成之结果为其目的。然承揽人为完成工作故,一般情形常须继续的为劳务之给付故也。工作未完成前,定作人乃得随时终止契约(五一一条本文)。

终止与解除不同,承揽契约仅嗣后消灭其效力。于是定作人对于承揽人所已给付之劳务,自仍应支付报酬。其报酬额依照工作之分量定之。除支付已服劳务部分之报酬外,更应赔偿承揽人因契约终止而生之损害(五一一条但书)。盖以定作人之终止契约,无须若何理由故也。此种损害赔偿请求权,当然亦适用五一四条二项之规定。

五〇六条之情形,既得解除契约,自亦得终止无疑。该条二项所称之停止工作,应即系终止之义。其效力与一般终止同。

（三）因某种事实之发生而消灭

承揽关系除得因当事人解除、终止之意思表示而消灭外,亦有因某种事实之发生而消灭者。承揽之工作以承揽人个人之技能为要素者,如承揽人死亡,或非因其过失,致不能完成约定之工作时,其契约为终止（五一二条）。无须定作人或承揽人或其继承人之终止表示,承揽关系即当然消灭。

关于因此种原因而消灭之效果,《民法》亦另有明文规定。唯工作已完成之部分,于定作人为有用者,定作人始有受领及给付相当报酬之义务（五一二条）。否则,仅能依照加工及不当得利之规定。

第九章　出　版

第一节　出版之意义及其性质

称出版者,谓当事人约定,一方以文艺、学术、美术之著作物为出版而交付于他方,他方担任印刷及发行之契约(五一五条)。

(一)出版是约定出版权授与人以文艺学术或美术之著作物为出版而交付于出版人之契约

(甲)不问其著作物系文艺著作物,或系学术著作物,或系美术著作物,均得成立《民法》上之出版契约。

(乙)不问其著作物是否曾为著作权之注册,亦均得成立《民法》上之出版契约。

(丙)所谓出版权授与人者,并不以著作人为限,亦并不限于著作权人。

(丁)出版契约是约定出版权授与人须将著作物交付于出版人。交付云者,移转占有之谓也。依照出版契约之内容,换言之,依照出版契约双方当事人之意思表示,所发生出版权授与人之债务,仅此而已。

(戊)出版权授与人之交付著作物,乃以使出版人出版为其目的。申言之,乃以使出版人印刷发行为其目的。是故《著作权法》第一条各款所规定之著作物,并非均得成立出版契约。又著作物之内容,有涉及依法禁止登载之事项者（《出版法》二一条以下），应亦不能成立出版契约。

（二）出版是约定出版人担任印刷及发行之契约

（甲）印刷云者，以机械印版或化学之方法，重制著作物之谓也。关于印刷之方法，《民法》并无限制。于是无论约定以何种方法为印刷，均得成立《民法》上之出版契约。

（乙）何谓发行？发行虽本系包括发售与散布之二种情形。然《民法》五一五条以下，仅有关于出版物发卖之规定，并无关于出版物散布之规定。且出版人担任散布出版物之情形，认为出版权授与人亦须负五一六条三项之义务，殊无理由。故在《民法》上，发行应宜仅作发卖解释。

当然，约定由出版人担任印刷及散布之契约，虽非《民法》上之出版契约，在其性质所许可之范围内，自亦得准用《民法》出版之规定。

（丙）印刷所成之物，为出版人之所有。发卖之后，其价金亦归出版人取得。基于此点，我人可将出版契约与以印刷发卖为内容之委任契约相区别。

（丁）所谓出版人担任印刷及发行云者，乃出版人须负印刷及发行之义务之谓也。一般卖版权之情形，彼买得版权者，并无印刷及发行之义务。此点，出版契约又与版权买卖契约不同。

（三）出版是片务契约

出版权授与人为出版而交付著作物之债务，与出版人印刷发行之债务，二者并非对价，故出版应系片务契约。

（四）出版或系有偿契约或系无偿契约

此有偿、无偿之区别，乃视出版人有无报酬之义务而定。盖以出版人履行债务之结果，可取得价金之利益。其所取得之价金，常较所支出印刷发行之费用为多。故当事人间有关于报酬之约定，或法律视为允与报酬者，则为有偿契约。否则，为无偿契约。

（五）出版是诺成契约

出版契约并不以著作物之交付为成立或效力发生要件，故系诺成契约。著作物虽未完成，著作人亦不妨先与出版人订立出版契约。

第二节　出版之效力

（一）出版权授与人关于著作物已出版或已公表之告知义务

出版权授与人已将著作物之全部或一部，交付第三人出版，或经第三人公表为其所明知者，应于契约成立前，将其情事告知出版人（五一六条三项）。此种义务，严格的言之，并非出版契约之效力，因出版权授与人须于出版契约未成立前为告知故也。

此项规定之理由，乃以著作物之全部或一部，业已经第三人出版，或经以其他方法为公表，则此后关于出版物之销行，自必受其影响。出版人若预知其情事，或将不愿订立出版契约。为使出版人得先明了事实，而后决定承诺与否起见，故认出版权授与人应有在契约未成立前为告知之义务。出版权授与人违反此种义务者，出版人应得请求损害赔偿。

当然，出版人若系被诈欺者，出版人更得依照九二条之规定，行使其权利。第三人出版之权利若尚未消灭者，出版权授与人更须依照五一六条二项之规定负责。此等情形，则非仅告知义务之违反矣。

（二）出版权授与人为出版而交付著作物之义务

出版权授与人须负交付著作物于出版人之义务。出版契约订立时，著作物尚未完成者，须负完成著作物而为交付之义务。著作物之交付时期有约定者,从其约定。无约定者,应于契约订立时或著作物完成后,即为支付。

出版权授与人之交付著作物,乃以使出版人出版为其目的。是故出版权授与人所交付之著作物,须适于出版。否则,例如出版权授与人所交付之著作物,誊写并不清楚者,应非依照债务本旨之履行。

(三)出版权或著作权之法定移转

著作人之权利,于契约实行之必要范围内,移转于出版人(五一六条一项)。以下就其移转之权利,移转之性质及其范围,出版权授与人之瑕疵担保责任及出版权授与人非著作人之情形,是否亦适用此项之规定分述之:

(甲)移转之权利

五一六条一项所称之"著作人之权利",究系何种权利耶? 著作人关于该著作物尚无著作权者,其所移转之权利为出版权。著作人关于该著作物曾为著作权之注册者,则其所移转之权利为著作权。

著作人关于该著作物虽无著作权者,当然,著作人亦得就该著作物享受重制而为发卖之利益。享受此种利益之权利,称之曰出版权。我国《民法》上所称之出版权,应系指此种权利而言。盖以我国《民法》既泛称出版人之对方为出版权授与人,而依照五一六条二项下段之用语,出版之著作物又并不以有著作权为限。是故我国《民法》上所称之出版权,应不能仍解释为著作权之一种作用,或认为系出版人行使著作人之著作权之一种权能。至于出版契约订立之后,此出版权须移转于出版人者,乃因出版契约之目的,系使出版人为著作物之重制,由出版人取得发卖重制物之利益,自非将著作人之出版权移转于出版人不可也。且依照《著作权法》十九条二项,虽未领得执照,只须业已申请注册,著作人之出版权即已附条件的具有等于著作权之作用矣。基此原因,著作人之出版权更非移转于出版人不可。

著作人关于该著作物又著作权者,则著作人不但就该著作物得享受重制而为发卖之利益而已,更得独占的享受重制而为发卖之利益。此种独占的享受利益之权利,称之曰著作权(《著作权法》第一条参照。)出版契约订立之后,著作权移转于出版人。出版人之所以须取得著作权者,盖以著作物之曾经为著作权之注册者,唯有著作权之人始得为著作物之出版故也。

当然,无论著作物之有著作权与否,出版契约订立之后,思想维持权自仍为著作人之所保有。至于司法院一六四八号解释谓对于侵害人提起诉讼之权亦系移转出版人,此则《诉讼法》上之权利保护请求权原以实体法上之权利为前提也。

(乙)移转之性质及其范围

五一六条一项并非规定著作人须将自己之出版权或著作权移转于出版人。依照该项之规定,著作人之出版权,或著作权之移转于出版人者,乃无需乎著作人为移转之意思表示也。出版契约一经发生效力之后,著作人之出版权或著作权即当然移转于出版人。

此移转又复与一般移转不同,或仅系一定期间之移转。五一六条一项所谓"于契约实行之必要范围内移转"是也。出版契约仅约定一版或数版者,于该一版或该数版之出版物具已卖完之时,则出版权或著作权仍复归于著作人。此复归亦无需出版人之意思表示。

当然,一方当事人欲以其著作权之移转或复归对抗于第三人者,自仍须依照《著作权法》一四条之规定,为移转之注册。然当事人间之效力,则系当然移转,当然复归,无需乎注册也。

(丙)出版权授与人之瑕疵担保责任

出版权或著作权虽系当然移转,并非著作人须负移转之义务。然

《民法》规定出版权授与人对于出版人之不能取得出版权或著作权,仍须负瑕疵担保责任。出版权授与人应担保其于契约成立时,有出版授与之权利。如著作物受法律上之保护者,并应担保其有著作权(五一六条二项)。

该项称"应担保其于契约成立时有出版授与之权利"者,担保其自己于契约成立之时,有订立该出版契约之权利,出版人因此得取得出版权之谓也。著作人若于契约成立之时,其自己亦无出版该著作物之权利者,或著作物完成之后,因其内容亦不得为出版者,或出版契约虽附有期限,而于期限届至之时,出版权仍不能复归于著作人者,则著作人显无订立该出版契约之权利,出版人自无从取得出版权矣。此等情形,著作人应负瑕疵担保之责任。

又该项称"如著作物受法律上之保护者",乃指该著作物曾经为著作权之注册者而言也。若著作物曾经为著作权之注册者,则著作人并须于契约成立之时,或期限届至之时,担保其有著作权。盖著作人自己若无著作权,则出版人自无从取得著作权。此时,著作人亦须负瑕疵担保责任。

至于著作人有瑕疵担保责任之时,出版人所得行使之权利究如何?此则应分别情形论之。出版契约系有偿契约者,应完全准用买卖之权利瑕疵担保之规定。出版契约系无偿者,此则应准用附有负担之赠与之规定,著作人仅于出版人所支出之出版费用之范围内,与出卖人负同一之责任。

(丁)出版权授与人非著作人者是否亦应适用五一六条一项之规定

五一六条一项虽称著作人云云,对于出版权授与人非著作人之情形,应亦适用之。例如出版权授与人系出版权或著作权之受让人是。此时,其出版权或著作权亦由其受让人法定的移转于出版人。

至于五一六条二项原泛称出版权授与人云云,则其得适用出版权授与人非著作人之情形,更不待言。出版权授与人系出版权或著作权之受让人者,亦须对于出版人负上述瑕疵担保责任。

（四）出版人印刷发行之义务

（甲）印刷之义务　出版既系出版人之权利,又系出版人之义务。出版之权利,乃基于法律之规定而取得。出版之义务,则系出版契约之所约定。且唯因出版人有出版之义务,法律始认为出版人有出版之权利也。出版之义务,析言之,一为印刷之义务,一为发行之义务。何谓印刷之义务？即出版人须以自己之费用印刷著作物之谓也。《民法》关于出版人印刷之义务,设有下列各点规定：

1. 出版人对于著作物不得增减或变更（五一九条一项）。当然,出版人自须依其所交付之原稿而为排印。增减或变更者,应非合于债务本旨之履行。

2. 同一著作人之数著作物,为各别出版,而交付于出版人者,出版人不得将其数著作物并合出版。著作人以其著作物为并合出版,而交付于出版人者,出版人不得将其著作物各别出版（五二一条）。此所谓不得并合出版或不得各别出版者,即数册不得合为一册,一册不得分为数册是也。当然,出版权授与人虽非著作人,亦仍适用该条之规定。

3. 出版人应以适当之格式印刷著作物（五一九条二项上段）。当然,不仅格式而已,关于纸张、装订等亦然。

4. 出版人依约得出数版或永远出版者,前版之出版物卖完之后,出版人须即为新版之印刷。怠于新版之印刷者,出版权授与人得声请法院,令出版人于一定期限内,再出新版。逾期不遵行者,丧失其出版权（五一八条二项）。《民法》虽仅就第二版及以后各版之出版迟延而为规定。当然,关于第一版之出版迟延亦同。第一版之出版时期,有约定者,从其约定。无约定者,须于著作物交付后,即为印刷。

(乙)发行之义务　已如前述,此发行应作发卖解。发卖之价金,乃归于出版人之所有。似此,发行应非出版人之义务矣。然出版之目的,乃为谋著作之流传。故发卖出版物,一方面应仍系出版人之义务。何况出版权授与人之得向出版人请求出版之报酬者,一般情形,多以抽版税之方式为计算者耶?《民法》关于发行之义务,设有下列各点之规定:

1. 出版人应为必要之广告及通常之方法推销出版物(五一九条二项下段)。所谓用通常之方法推销出版物者,即出版人须将出版物分寄各处书店代售,且须依通常之条件与各处书店订立代售契约是也。

2. 出版物之卖价由出版人定之,但不得过高,致碍出版物之销行(五一九条三项)。定价过高者,出版权授与人得请求酌减。

(五)出版权授与人不得就著作物为不利于出版人之处分

出版权授与人于出版人得印行之出版物未卖完时,不得就其著作物之全部或一部,为不利于出版人之处分(五一七条)。违则出版权授与人须负损害赔偿之责任。

(甲)著作物无著作权者,出版人虽不能独占的享受重制发卖之利益。然出版权授与人则在出版人未卖完得印行之出版物以前,应不得将该著作物自为重制发卖,亦不得与第三人订立出版契约。著作人虽曾将著作物修改,若著作物并不失其同一性者亦然。例如仅变更其书名,内容并无多大增改是。

(乙)著作物之有著作权者,则出版权授与人于出版人未卖完得印行之出版物以前,自行出版,或再交第三人出版,乃系侵害著作权之行为。其为法所不许,更不待五一七条之明文规定。

（丙）关于登载于新闻杂志之著作物，除约定得由著作人另行出版或另交他人出版者外，因我国《民法》并无例外之规定故，五一七条应亦适用。唯事实上或系对于出版人并无不利而已。

（丁）唯出版权授与人与第三人订立附有期限之出版契约，至原出版人得印行之出版物均已卖完之时，该出版契约始发生效力者，则对于原出版人乃并无若何不利。此种处分，应非法之所禁。

（戊）又出版权授与人就著作物译成他国文字，另行出版者，除契约有特别订定者外，亦不受五一七条之拘束。至著作物翻译之同意权，乃属于著作人（五二二条）。

（六）出版人支付报酬之义务

当事人间曾有报酬之约定，或法律视为允与报酬者，出版人须负支付报酬之义务。如依情形，非受报酬，即不为著作物之交付者，视为允与报酬（五二三条一项）。以下就报酬之方式及报酬额，与报酬之支付时期分述之。

（甲）报酬之方式及报酬额　报酬之方式，计有下列数种：1. 系就其所印行之全部版数定报酬总额；2. 系就每一版定其报酬额；3. 系就每一册定其报酬之比例，依其销行之多寡，计算其报酬之实数；4. 系一与三，或二与三之混合方式。3 之方式，即一般所谓抽版税是也。

报酬之方式及报酬之数额或报酬之比例，自应由当事人约定。无约定者，或法律视为允与报酬之情形，则以习惯上，出版之报酬，以抽版税为多之故，出版人应以版税之方式，支付报酬。其比例依照习惯。

当事人间关于前版之报酬及其他出版条件，经有约定，而次版并无约定者，则我国《民法》乃效瑞债之规定，认为次版之报酬及其他出版之条件，推定与前版相同（五二三条二项）。所谓其他出版之条件者，例如出版时须赠送出版权授与人出版物若干册是也。然此项规定，应仍仅适用于无特别习惯之情形。有特别之习惯者,仍应依照习惯。

（乙）报酬之支付时期　报酬之支付时期有约定者,从其约定。无约定者,依下列之规定:

1. 报酬若系采取上述一或二之方式,则著作物合为一册出版者,于其全部印刷完毕时,给付报酬。分册出版者,于各该册印刷完毕时,给付各该册之报酬(五二四条一项)。

2. 报酬若系采取上述三或四之方式,则出版人应依习惯计算,支付报酬。即版税应每季或半年计算一次是也。当然,计算每期之版税,出版人应提出销行册数之证明(五二四条二项)。

（七）危险负担

关于出版之危险负担,分为二种情形:一为著作物在交付后未出版前因不可抗力之毁损灭失,二为出版物因不可抗力之毁损灭失。其发生当事人相互间之权利义务,并不相同。兹分述之:

（甲）著作物在交付后未出版前因不可抗力而毁损灭失者　著作物交付于出版人之后,在未出版之前,著作物因不可抗力而毁损灭失者,出版人仍须负支付报酬之义务(五二五条一项)。唯对于著作物,则无须赔偿。关于报酬之数额有约定者,依其原约定之数额支付报酬。报酬系抽版税者,依该著作物若出版时估计其可得销售之册数,定其应支付之报酬额。此所称不可抗力之意义,与承揽章所述同。

唯毁损灭失之著作物,如出版权授与人另存有稿本者,有将该稿本交付于出版人之义务。如出版权授与人即系著作人者,无稿本时,若其重作并不多费劳力,则出版权授与人须负重作之义务(五二五条二项)。出版人依照此项规定,请求支付稿本或重作之时,出版权授与人不得拒绝,仅得请求出版人于报酬之外,更给付相当金额之报偿(五二五条三项)。

《民法》关于出版权授与人交付稿本或重作之义务，并非规定以出版权授与人向出版人请求报酬（即如版税）为前提。于是出版权授与人违反五二五条二项之规定者，纵不向出版人请求报酬，亦仍有损害赔偿之责。

以上系将损毁灭失相并而论。盖五二五条虽仅就灭失而为规定，对于毁损之情形，应亦准用故也。

至于著作物在未交付之前，因不可抗力而毁损灭失者，此乃出版权授与人之债务不能履行之问题，自不生出版人之危险负担责任。著作物于出版后毁损灭失者，并不影响于出版物之发行，当然无免除报酬之理由。

（乙）出版物因不可抗力而毁损灭失者　出版物已印刷完毕，于发行之前，或发行之中，出版物因不可抗力而全部或一部毁损灭失者，出版人亦并不得以毁损灭失为理由，主张报酬之免除或减少。唯出版人限于灭失，或因毁损而不能卖出之册数，得以自己之费用，补行出版。对于此补行出版之册数，无须再给报酬（五二六条）。

补行出版与否，听之出版人之自由。出版权授与人并无请求出版之权。又补行出版与否，并无影响于出版权授与人所得请求之报酬之数额。

五二六条虽仅就出版物于发行前灭失而为规定。当然，对于出版物于发行中灭失及出版物于发行前或发行中毁损而不能卖出者，应亦准用之。

（八）出版人与著作人间之权义关系

出版契约系出版人与出版权授与人间之契约。出版权授与人非著作人者，著作人与出版人间原不能因出版契约而发生若何权利义务。然因著作人就自己之著作物有思想维持权，故著作人虽非出版权授与人之

时,出版人对之应仍须负下列义务:

(甲)出版人对于著作物不得增减或变更(五一九条一项)　出版权授与人非著作人者,出版人不但对于出版权授与人须负此义务,对于著作人亦然。盖著作物乃代表著作人之思想学问,自不容他人擅为增减或变更。增减或变更著作物,将有影响于著作在学术上之声誉故也。出版人增减或变更著作物者,不但出版权授与人得请求损害赔偿,非契约当事人之著作人亦有请求损害赔偿之权。

(乙)著作人有订正修改著作物之权利　此种权利,亦并非限于著作人系出版权授与人者,始有之。纵著作人经已将出版权或著作权出卖于他人,由该他人与出版人订立出版契约者,著作人亦仍保有此权利。盖此亦系基于著作人思想维持权之作用。且非认为著作人有此种权利,殊有碍于文化之发展故也。

因认著作人有订正修改著作物之权利,故出版人于每次印刷新版之前,应予著作人以订正修改著作物之机会(五二〇条二项)。所谓予以订正或修改之机会者,即于每次印刷之前,应通知著作人,予以订正修改著作物之相当期间之谓也。当然,著作人逾此期间,不为订正修改,出版人自仍得照旧出版。

然著作人订正修改著作物之结果,虽免不有妨害出版人之利益,或增加出版人费用之负担者。此种情形究如何?《民法》乃称:"著作人于不妨害出版人出版之利益,或增加其责任之范围内,得订正或修改其著作物。但对于出版人因此所生不可预见之费用,应负赔偿责任。"(五二〇条一项)条文之解释,不无疑问。依余所见,该项之规定,应仍非限制著作人仅得于一定之范围内,为其著作物之订正修改。唯订正修改后,对于出版人因此所丧失之利益,或增加之费用,除如通常之订正,其费用可以预见者外,须负赔偿责任而已。盖著作物之内容,著作人已认为不足以代表自己现在之思想学问者,著作人既自愿赔偿出版人之损失,法律应无仍禁止其订正修改之理。且就国家促进文化之立场而言,亦应作此解释。

于是五二○条二项虽系规定出版人须于每次印刷新版前,予著作人以订正修改之机会。于印刷进行中,著作人为订正修改者,应亦非绝对不许。著作人若愿赔偿排版之损害,应仍得为之。

第三节　出版关系之消灭

出版关系之消灭原因,除五一八条二项及五二五条一项之情形外,尚有二种:一为约定出版之完毕,二为著作物之不能完成。以下分述之:

（一）约定出版之完毕

约定出一版者,在一版之出版物均已卖完之时,出版关系消灭。约定得出数版者,须出版人已为最后版之印刷,而历版所印刷之出版物又均已卖完之时,出版关系始归消灭。

约定出版人得永远出版者,自无所谓出版之完毕。然版数未约定者,究如何?《民法》乃规定版数未约定者,出版人仅得出一版(五一八条一项)。于是依此项规定,版数未约定者,在第一版之出版物卖完之时,出版关系即归消灭,出版人并无出第二版之权。唯另有习惯者,应依其习惯。

（二）著作物之不能完成

著作物未完成前,如著作人死亡,或丧失能力,或非因其过失,致不能完成其著作者,其出版关系消灭(五二七条一项)。盖以一方既不能为著作物之完成,他方自无从为著作物之出版,故应认为出版关系消灭。

　　所谓丧失能力者,丧失其完成著作物之能力之谓也,例如失明是。所谓非因其过失,致不能完成其著作者,例如无法搜集资料是。当然此不能完成之原因,自以发生于契约订立以后者为限。否则,契约无效,而非契约关系消灭。

　　然著作人虽不能依照债务本旨为著作物全部之完成,而已完成其一部,或得完成其一部者有之。又完成著作物之债务,其性质,原则上虽不能使第三人代为清偿。而使第三人代为完成,并不影响于著作物之内容价值者亦有之。在此等情形,虽有上述三种原因,应亦无认为出版关系消灭或全部消灭之必要。故如出版关系之全部或一部之继续,为可能且公平者,因一方当事人或著作人之继承人之声请,法院应得许其出版关系继续,并命为必要之处置(五二七条二项)。所谓命为必要之处置者,即命著作人或其继承人自己,或命其使第三人完成其全部或一部之著作,或命著作人或其继承人交付其已完成之一部著作物是也。

　　至于五二七条,依其用语,虽系仅就出版权授与人系著作人之情形而为规定。然只须可能且公平者,出版权授与人虽非著作人之时,亦得适用五二七条二项之规定。

第十章　委　任

第一节　委任之意义及其性质

称委任者,谓当事人约定,一方委托他方处理事务,他方允为处理之契约(五二八条)。该条虽仅就委任人先为要约,受任人后为承诺之情形而为规定。当然,受任人先为要约,委任人后为承诺者亦同。总之,称委任者,谓当事人约定,一方为他方处理事务之契约也。以下就其性质分点述之:

（一）委任是以处理事务为目的之契约

（甲）何种情形,契约乃得认为系以处理事务为目的? 契约之一方当事人不但须给付劳务,关于给付何种劳务及其劳务之内容、劳务之给付方法等,给付劳务者亦须依其事务之需要,自为决定者是也。更析言之:

1. 一方绝对信任他方,关于劳务之种类、内容及其给付方法等,完全任由他方决定者,当然系委任契约无疑。

2. 关于劳务之种类、内容及其给付方法等,一方虽已有指示,只须多少尚有待于他方自为决定者,亦仍系委任契约。他方决定后,是否仍须经委托者同意,则所不问。唯其留待他方自为决定之点,必须因其决定,有影响于事务之结果者始可。否则,彼以单纯服劳务为目的之雇佣契约,受雇人亦并非在任何情形,关于劳务之给付方法等,均完全毫无自为决定之余地也。

3. 指示极尽周详者,则须视其情形急迫之时,他方是否得变更其不当之指示而定(五三六条参照)。他方得变更其指示者,仍系委任契约。盖他方既得变更指示,显仍系有决定权也。

(乙)关于事务之种类,则无限制。无论以处理何种事务为目的,原则上均得成立委任契约。委任之事务,或系财产上之事务,或系其他事务。或系法律上之事务,或则否。或系个人之事务,或系团体之事务。或系自己之事务,或系他人之事务。事务之不得成立委任关系者,仅限于下列情形:

1. 某种事务,性质上不能由他人代为处理者,则并不能成立委任关系。例如结婚、离婚、订立婚约、解除婚约等是。唯关于此等事件,委任诉讼上之代理,则应作别论。

2. 事务之内容,违反善良风俗、公共秩序、强行法规者,当然不能成立委任关系。

3. 属于受任人自己之事务,亦不能成立委任关系。此种情形,纵系有效,其性质上亦非委任契约。

(丙)就处理事务之行为而言,其种类亦无限制。或系事实上之行为,或系法律上之行为。或系私法上之行为,或系公法上之行为。事实上之行为,例如诊治疾病、制作物品是也。私法上之行为,则以委托为法律行为之情形为多。公法上之行为,则以诉讼行为为多。其他私法或公法上之行为,亦均得成立委任契约。至于一般学者虽称处理事务为处分管理事务云云,处理事务之行为,实并非仅限于处分行为与管理行为也。

(二)委任或系片务无偿契约或系双务有偿契约

外国法律虽或认为委任必系无偿契约,或认为委任乃以无偿为原则。我国《民法》之规定,则委任唯不以有偿为契约之要素而已。委任得为片务无偿契约,亦得为双务有偿契约。且委任不但得定为双务有偿契约,有时更不待乎当事人间之约定,当然的系双务有偿契约(五四七条)。

(三)委任是典型之劳务给付契约

关于劳务给付之契约,不属于法律所定其他契约之种类者,概适用关于委任之规定(五二九条)。是《民法》显系认委任为典型的劳务给付契约矣。

第二节　委任之成立

委任契约之成立,自与一般契约相同,必须有要约与承诺之二个意思表示。沉默本不能视为承诺,唯若某人有承受委托处理一定事务之公然表示者,如对于他人就该事务之委托,不即为拒绝之通知,即视为允受委托(五三〇条),委任契约即告成立。所谓有承受委托处理一定事务之公然表示者,例如医生之曾经挂牌,或曾经登有开业广告者是也。

当然,五三〇条之规定,仅视沉默为承诺而已。委任契约之成立自仍以有效之要约为前提。要约并未具备契约客观的必要之点者,契约应仍无从成立。又对于事务处理之委托虽无拒绝,而对于报酬及其他等等曾提出条件者,应亦不能适用五三〇条之规定。

第三节　委任与权限

(一)何谓权限　权限系指代理权及其他得以自己之行为对于

他人发生效果之能力而言。盖以自己之行为,原则上,应唯能对于自己发生效果。自己之行为,其得对于他人发生效果,更其得使他人发生不利益之效果者,应需具有法律上特别之能力。此种能力,称之曰权限。当然,此或系基于权利之作用。然对于其自己并无利益之可言及并非为自己,而是为他人,使他人发生效果者,应非权利,而是另一种性质之能力。

（二）权限之种类　权限就其内容而言,可分为三种:一为处分他人权利之权限;二为使他人负担义务之权限;三为实现他人权利之权限。就其态样而言,亦可分为三种:一即代理权是也;二乃以自己之名义为行为,直接对于他人发生效果;三乃其行为之效果,直接的虽系对于自己发生,间接的仍归于他人,所谓间接代理者是也。关于第二种态样,或不易了解。然而无权处分之承认,其性质应是事后之授权。而此种权限当与直接代理、间接代理均有别也。

（三）受任人之权限　权限与委任,乃"能"与"应"之关系。"应"须以"能"为前提。故受任人自必须具有权限。

然权限乃有多种之不同。各个具体情形,受任人所应需具有者,究系何种权限者耶? 委任契约有订定者,依其订定。未订定者,依其委任事务之性质定之(五三二条一项)。盖以权限之态样,须与其处理事务之方式相适应。处理事务之方式,或依双方之合意,或依事务之性质而定故也。权限之内容,须与所委任之事务相符,更不待言。

（四）对于受任人之授权　五三二条一项仅系规定受任人应需具有何种权限而已。受任人有无权限,则与此项之规定无关。盖以我国《民法》乃于基本关系外,认为另有授与代理权之独立行为故也。

然若必欲贯彻代理与委任分离之理论,当事人间仅订立有委任契约者,认为尚仅有委任之义务,并无与此义务相适应之权限,则不但于事实上将使委任契约无从实行,与委任人之意思亦不相符。故《民法》对于受任人之权限,是否需要独立之授权行为,又复就特别委任与概括委任,分别而为规定。

委任人得指定一项或数项事务而为特别委任,或就一切事务而为概括委任(五三二条一项)。前者,例如委托他人为物之出卖是也。后者,例如营业全般委托他人处理是也。受任人受特别委任者,就委任事务之处理,得为委任人为一切必要之行为(五三三条)。此特别委任之情形,乃无须另经委任人之授权。只须该种行为,依委任契约之订定,或依其委任事务之性质,为处理事务所必要者,即认为受任人有此权限。例如关于某物之处分,当事人间经约定受任人须以自己的名义为之者,则委任人虽未为授权,法律亦认为受任人有得以自己之名义,处分他人之所有物之权限。又如关于某物之处分,依其性质,宜以代理之方式为之者,则委任人虽未为授权,法律亦认为受任人有代理之权限。

受任人受概括委任者则不然。关于一般行为,为处理事务所必要者,法律虽亦系认为受任人当然有此权限。但为下列各种行为,则须有特别之授权(五三四条)。

1. 不动产之出卖或设定负担　设定负担者,设定典权、永佃权等不动产之定限物权也。此款究系仅指债权行为而言耶,抑兼指物权行为而言,不无疑问。应以解为履行债务无须特别授权为是。即债权行为若系出于委任人之所自为,或已经委任人特别授权者,则物权行为应无须再特别授权。然若债权行为与物权行为均未经特别授权者,则应二者均无效。

2. 不动产之租赁其期限逾二年者　条文虽系称"租赁",并非称"出租",但亦应唯不动产之出租,期限逾二年者,始需特别之授权(余之旧说不同,兹放弃旧说)。

3. 赠与　关于赠与,与第一款所述同。至于受赠,自无须特别授权。

4. 和解　无论法庭上之和解,抑或一般和解,均须特别授权。

5. 起诉　此"起诉"二字,当然应作广义解释。关于声请支付命令及假扣押等,亦须特别授权。又参加诉讼及为诉讼上被告之行为亦然。唯委任人失踪之情形,司法院另有解释,谓经委任人住所地法院之许可,得代为起诉(院解字二四七八号解释)。

6. 提付仲裁　仲裁者,由第三人处断争执之谓也。提付仲裁亦须特别授权。唯提付仲裁若系基于当事人间之仲裁契约者,则乃其仲裁契约之订定,须经特别授权。

（五）对于受任人授权之方式　代理权授与行为原系不要式行为,其他授权行为亦然。唯为委任事务之处理,须为法律行为,而该法律行为依法应以文字为之者,其处理权之授与,亦应以文字为之(五三一条)。此条所称"处理权"乃与"权限"同义。受任人处理事务若须为要式行为者,则为使该行为得对于委任人发生效力起见,授权行为亦须要式。当然,并非必须另有要式之授权行为也。若系特别委任之情形,只须委任契约经以文字订立者即可。

（六）权限与内部关系　关于处理他人之事务,除"应"与"能"之关系外,更有"应"与"能"二者与"许"之关系。对于他人之事务既应为处理,能为处理,应更须该他人许为处理。该他人若非许为处理,纵有"应"与"能",亦徒然也,将仍不敢为处理。何谓许为处理? 他人容忍其对于事务之干涉,干涉之结果,无须对于他人负侵权行为之责任也。"许"纯系内部关系。

我国学者或以为五三一条所称之处理权,五三二条所称之权限,均系指此内部关系而言。五三三条、五三四条均系关于内部关系之规定。

受任人之有代理权,则须待委任人另为授权行为。此殆欲彻底委任与代理分离之理论也。然试问此究与当事人之意思相符合否乎?委任人订立委任契约者,关于委任人处理事务所需之权限,固必亦有授与之意思无疑也。若但求概念上之彻底,不顾当事人之意思,如此解释,势必引起当事人间许多意外之纠纷矣(受任人以为自己有权限,或委任人以为受任人已有权限)。且《民法》之规定,关于委任与代理之关系,固亦非认为彻底分离也。不然,何为而有一〇八条——更其该条二项但书之规定?余以为权限与其基本法律关系间之关系,原则上,权限乃随其基本法律关系而同生同灭。唯虽无基本法律关系者,亦得因授权行为而发生权限而已。

第四节　委任之效力

第一项　受任人之义务

(一)受任人处理事务之义务

委任契约乃以委托事务之处理为内容,是故受任人之有处理事务之义务,自不待言。以下就此种义务分点述之:

(甲)受任人须依委任人之指示处理事务

盖以受任人之处理事务,乃系受委任人之委托,自应尊重委任人之意思。是故无论关于劳务之种类,抑或关于劳务给付之方法,凡委任人有所指示者,原则上受任人均应依其指示而为处理(五三五条)。不然,则并非依照债务本旨之履行。

委任人之指示,或于契约订立之时为之,或于契约订立之后为之。

于订立契约之后，另为一新指示，以变更其从前所为之指示者，亦为法之所许。无论其在何时所为之指示，只须指示之内容，并不违反诚实信用之原则者，受任人均有遵从之义务。受任人唯有时得根据五四九条二项但书之规定，终止契约而已。

　　然受任人之须遵从委任人之指示者，乃仅限于一般情形。若于指示之后发生情事之变更，可推定委任人若知有此种情事，亦将允许变更其指示，而又因事情急迫，致不能俟其变更指示者，则受任人得不依照委任人之原指示，径自为适当之处理（五三六条）。此种情形，受任人虽不依照委任人之指示而为处理，只须其处理之方法，客观的可认为适当者，即系依照债务本旨之履行。

　　又五三六条之情形，余以为受任人不但得不依照其指示而为处理而已，并应不依照其指示而为处理。盖唯另为适当之处理，始合于二一九条之规定故也。

　　（乙）受任人应以相当之注意处理事务

　　受任人处理事务所需之注意程度，因委任之为无偿或有偿而不同。无偿委任，受任人之处理事务须与处理自己事务为同一之注意。有偿委任，受任人之处理事务，应以善良管理人之注意为之（五三五条）。

　　（丙）受任人应自己处理事务

　　一般给付劳务之债务，性质上原均不能使第三人代为清偿。尤以受任人处理事务之债务为然。是故原则上，受任人应必须自己处理委任事务。其得使第三人代为处理者，仅限于三种情形：（一）经委任人同意者；（二）另有习惯者；（三）受任人有不得已之事由者（五三七条）。

　　受任人之使第三人代为处理，学者称为复委任。然此仅就一般情形而言耳。并非受任人基于五三七条但书之规定，使第三人代为处理，所得订立之契约，必须限于委任契约也。复委任为法之所许者，虽限于三种情形。然受任人于其他情形所为之复委任,并非与第三人间之契约关系无效,仅其对于委任人须负加重之责任而已。以下就复委任之效力分述之:

(A) 复委任为法之所许者

此种复委任,关于委任人与受任人间之效力,受任人乃仅就第三人之选任及其对于第三人所为之指示,负其责任(五三八条二项)。申言之,受任人只须其选任及指示行为并无不适当,或虽不适当而并无过失,则委任人虽系因第三人处理事务之行为而受损害,不问第三人有无过失,受任人对于委任人概无须负损害赔偿责任。关于委任人与第三人间之效力,则关于委任事务之履行,委任人对于该第三人亦有直接请求权(五三九条)。既有直接请求权,于是第三人对于委任人亦有债务不履行之责任矣。

至于委任人与受任人间之原委任关系,并不因而消灭及受任人与第三人间应发生复委任关系,或其他劳务给付契约关系,自不待言。

(B) 复委任为法所不许者

受任人使第三人代为处理,其情形若非法所许可者,则其效力,受任人非但须就其选任及其指示行为负其责任而已,乃须就该第三人之行为,与就自己之行为负同一责任(五三八条一项)。申言之,该第三人之行为,视同受任人自己之行为。该第三人之故意过失,视同受任人自己之故意过失。委任人若系因该第三人故意过失之行为而受损害者,则受任人即须对于委任人负损害赔偿责任。至关于委任人与该第三人间之效力,则委任人既得拒绝受领,亦得直接请求(五三九条);唯二者仅得行使其一而已。

(二) 受任人报告事务进行状况之义务

受任人应将委任事务进行之状况,报告委任人(五四〇条上段)。报告之时期有约定者,依其约定。无约定者,应于适当时期,或委任人请求之时报告之。

委任关系终了之时,并应明确报告其颠末(五四○条下段)。该段规定,对于委任关系因终止以外之原因而消灭者亦适用之。

（三）受任人交付金钱物品及移转权利之义务

受任人常有为委任人处理事务,而自己取得金钱物品之占有,或债权、物权等权利者。基于委任之目的,此等处理所得之利益,自应移转于委任人。以下就受任人交付金钱物品之义务与移转权利之义务分述之:

（甲）受任人交付金钱物品及孳息之义务

受任人处理事务所为之法律行为,以委任人之名义为之者,该法律行为所发生之权利乃直接归属于委任人。此时关于金钱物品之所有权,虽已无待移转,然该金钱物品或仍属受任人所占有,受任人应仍须负交付之义务。又受任人于占有中,就该金钱物品更收取有法定孳息或天然孳息者,其所收取之孳息,亦应交付于委任人(五四一条一项。)

至于如下述,关于金钱物品及其所生之孳息之所有权,须待受任人移转于委任人者,权利移转之时,须并为占有之交付,更不待言。

（乙）受任人移转权利之义务

受任人处理事务之法律行为,若以受任人自己之名义为之者,此时则其法律行为所生之权利,乃系受任人之权利,并非委任人之权利。故受任人应须将其所取得之权利,移转于委任人(五四一条二项)。

然权利之移转虽系受任人之义务。受任人究应于何时移转及应移转何个阶段所得之权利(债权抑或物权),则仍须依契约之所定也。

（四）受任人支付利息之义务

受任人为自己之利益,使用应交付于委任人之金钱,或使用应为委任人利益而使用之金钱者,应自使用之日起,支付利息(五四二条)。基

此规定,受任人支付利息之义务,其发生乃须具有下列要件:

(甲)须受任人有使用金钱之行为　受任人无使用金钱之行为者,无论何种情形,均不能成立此支付利息之义务。当然,条文虽称"使用"云云,适用此条之规定者,宁以消费之情形为多。

(乙)须受任人之使用金钱系为自己之利益　所谓为自己之利益使用金钱者,例如将该金钱作为自己购物或经营事业之用是也。当然,以该金钱经营事业之结果,对于自己有无发生利益,乃所不问。又纵系以该金钱捐助于慈善事业,若以自己之名义为捐助者,应仍系为自己利益而使用。

(丙)须受任人所使用之金钱系应交付于委任人或应为委任人利益而使用之金钱　此乃谓受任人所使用之金钱,须系依照五四一条之规定,应交付于委任人之金钱,或依照五四五条之规定,委任人所预付之费用是也。当然,该金钱只须系应交付于委任人,或应为委任人利益而使用足矣。是否已届应为交付及应为委任人利益而使用之时期,乃所不问。

除以上三个要件外,是否更须其他要件? 第一,受任人是否须有过失;第二,委任人是否须受有损害。前者,条文虽无明白规定,盖以受任人为自己之利益,使用应交付于委任人,或应为委任人利益而使用之金钱,一般情形,必有过失故也。若该金钱虽系委任人为委托处理事务所交付之金钱,而受任人并无过失,误信其以之清偿对于自己之债务,或以之贷与于自己者,则应不发生五四二条之义务矣。后者,则委任人虽无发生损害,亦得请求支付利息。如委任人因而受有损害者,则于利息不足以补偿损害之时,不足之额,委任人更得请求赔偿(五四二条末段)。

至于此利息之计算,应自使用之日起,计算至交付之日,或已另以自己之金钱为委任人之利益为使用之日止,利率依法定利率。

（五）受任人损害赔偿之责任

受任人之损害赔偿责任，《民法》分为二种：一为债务不履行之损害赔偿责任；二为逾越权限之损害赔偿责任。以下分述之：

（甲）受任人债务不履行之损害赔偿责任

受任人处理委任事务，须具有相当之注意，五三五条经有明文规定。其未具有相当之注意者，显系债务不履行矣。故受任人因处理委任事务有过失，致委任人受损害者，对于委任人应负赔偿之责（五四四条一项）。

有偿委任，受任人须对于抽象的轻过失负责。无偿委任，受任人须对于具体的轻过失负责。无偿受任人若无具体轻过失者，则仅就重大过失负责（五四四条二项、二二三条）。此点，余之解释乃与我国一般学者不同。无偿受任人非仅对于重大过失负责，对于具体的轻过失亦须负责。盖不然，则五三五条关于无偿受任人之注意义务之规定，将失其意义矣。至于以为重大过失即系无与处理自己事务为同一之注意者，此则为余所不取。重大过失者，完全欠缺注意或非常欠缺注意之谓也。

（乙）受任人逾越权限之损害赔偿责任

当然，此并非谓逾越"能"之范围，所发生之损害赔偿责任也，乃以"能"与"许"有牵连关系，逾越"许"之范围，所发生之损害赔偿责任也。前述学者将权限作为内部关系解者，若系就五四四条所称之权限而言，则亦为余所赞同。受任人逾越委任人所容许之范围，侵害他人之权利者，须负损害赔偿之责。

然逾越权限，纵作如上解，亦并非发生损害赔偿责任之充分要件。虽逾越权限，若无故意过失，则其行为仅有违法性而已，尚并不能发生损害赔偿责任也。若因有五四四条之规定，遂以为只须逾越权限，即须赔偿损害，此则误矣。

第二项　委任人之义务

委任人之义务,因其委任之为无偿或有偿而异。无偿委任人仅有偿还费用、代为清偿债务及赔偿损害之义务。有偿委任人则除此三者以外,更有支付报酬之义务。以下分述之:

（一）偿还必要费用之义务

关于处理委任事务之必要费用,受任人若向委任人请求预付者,则委任人有将该所需费用预先交付于受任人之义务（五四五条）。唯此种义务,应不得声请强制执行。委任人不为预付,受任人又不愿垫支者,只有终止契约之一途。

处理委任事务之必要费用,受任人已代为垫支者,则委任人须负偿还之责。并须自受任人支出时起,依照法定利率,附加利息（五四六条）。此种义务,则得声请强制执行。依照二二九条之规定,成立给付延迟之时,则于附加利息之外,更得适用二三三条三项之规定。

所谓必要费用者,果为何种意义耶?《民法》上所用"必要费用"一语,其意义有多种之不同。此两条所称之必要费用,乃系指处理委任事务所必要之费用而言。又只须依五三五条之注意程度,认为必要者足矣。

（二）代为清偿债务之义务

受任人以自己之名义,为处理委任事务行为,因而发生受任人自己对于第三人之债务者,若该债务系必要之债务,则受任人得请求委任人代其清偿。债务未至清偿期者,得请求委任人提出相当担保（五四六条二项）。此所谓请求代其清偿者,无非请求委任人消灭受任人之债务而已。因此委任人纵不代其清偿,而为承担等行为者亦可。至于请求委任人提出相当担保,于委任人请求受任人移转其处理委任事务所取得之权利时,受任人固应有此权利。然条文之规定,则并非系限于此种情形也。

（三）赔偿损害之义务

受任人处理委任事务,因而垫支必要费用或负担必要费用者,虽已如上述,受任人得请求偿还或请求其清偿。然除此二种情形外,受任人更有因处理事务,致受损害者,此则须具有下列二个要件,始得请求委任人赔偿（五四六条三项）：

（甲）须其损害系因处理委任事务而发生　此并非谓损害之发生须与处理事务之委托,具有相当因果关系也。只须受任人若不处理委任事务,不致蒙受损害者,即得请求赔偿。唯仅系处理事务时所受之损害,纵不处理事务,仍不能免此损害者,则不得请求赔偿。

（乙）须损害之发生,并非基于可归责于受任［人］之事由　因受任人处理事务,怠于五三五条之注意,而致发生损害者,或受任人处理事务虽无过失,而其避免损害未尽相当注意者,则并不得请求赔偿。

（四）支付报酬之义务

支付报酬之义务,唯有偿委任人有之。委任契约有约定支付报酬者,委任人须负支付报酬之义务,自不待言。报酬纵未约定,如依习惯,或依委任事务之性质,应给与报酬者,受任人亦得请求报酬（五四七条）。

（甲）报酬之数额　关于报酬之数额有约定者,当然从其约定。无约定者,则四八三条二项、四九一条二项之规定,对于委任之报酬亦准用之。

（乙）报酬之支付时期　关于报酬之支付时期,有约定者,亦从其约定。例如约定按期支付,或先期支付是也。无约定者,则受任人须于委任关系终了,且已明确报告颠末之后,始得请求报酬（五四八条一项）。

（丙）委任关系中途消灭之报酬　例如委托调查某地之商业情形者,调查尚未完毕,因该地发生战争,委任关系因给付不能而中途消灭,或委任契约原定有期限,因受任人有侵吞款项之情事,于期限未届满之前,为委任人所解聘者是。前之情形,则以委任关系之中途消灭,并非因可归责于受任人之事由,受任人就其已处理之部分,仍得请求报酬(五四八条二项)。当然,亦只能按照比例,请求原定报酬之一部,自不待言。后之情形,则以其委任关系乃因可归责于受任人之事由而中途消灭,受任人无报酬请求权。

当然,委任关系因可归责于受任人之事由而中途消灭,受任人无报酬请求权者,法律决非对于一部之事务处理,承认委任人之无须支付对价也。仅于报酬之范围内,免除委任人关于损害之证明责任而已。于是委任人若又复请求损害赔偿者,自仍须扣除此额。又报酬之系分期支付者,关于过去各期之报酬,应不适用五四八条二项之规定。

第五节　委任关系之消灭

(一) 因当事人之终止行为而消灭

关于委任契约之终止,与前述各种契约之终止,颇不相同。无论委任契约之定有期限与否,双方当事人均得随时终止契约(五四九条一项)。并非仅限于未定有期限之委任契约,双方当事人始得随时终止也。又一方当事人之终止委任契约,无须有可归责于他方当事人之事由,亦无须自方有不得已之原因。委任契约之终止,乃无须若何理由也。委任人之终止如此,受任人之终止亦然。当事人间欲限制委任契约之终止者,须另为限制之约定。

当然,法律许可一方当事人得无须若何理由,随时终止委任契约,难免不使他方当事人发生损害。此则另以损害赔偿之方法为救济。当事人之一方于不利于他方之时期终止契约者,除因非可归责于该方当事人之事由,致不得不终止契约者外,该方当事人对于他方当事人须负损害赔偿之责(五四九条二项)。

(二)因某种事实之发生而消灭

委任人或受任人死亡、破产或丧失行为能力者,原则上,委任关系即因而消灭(五五〇条本文)。其不消灭者,仅限于契约另有订定,或因委任事务之性质,不能消灭之情形(同条但书)。此所谓因委任事务之性质不能消灭云云,余以为应作广义解释。凡依其委任事务之性质,无须因此三种事实而消灭者,应亦以解为不消灭为宜。

然委任关系依照五五〇条本文之规定,虽应归于消灭者,亦并非于任何情形,均系于此等事实发生之后,立即消灭也。为顾全委任人或受任人之利益起见,在下列二种情形时,委任关系暂时仍系视为存续。

(甲)如委任关系之消灭,有害于委任人利益之虞时,受任人或其继承人或其法定代理人,于委任人或其继承人或其法定代理人能接受委任事务前,应继续处理其事务(五五一条)。此继续处理,当然系依原委任契约之条件为之。故条文虽仅称继续处理云云,应系认为委任关系暂时存续。存续至委任人或其继承人或其法定代理人能接受委任事务时为止。当然,不以自己接受为限,使第三人接受者亦同。至于受任人或其继承人或其法定代理人不能继续处理者,自不在此限。

(乙)委任关系消灭之事由系当事人之一方发生者,于他方知其事由或可得而知其事由前,委任关系视为存续(五五二条)。此条规定,对于委任关系因终止而消灭者,自无适用之余地。委任关系因一方当事人之死亡、破产,或丧失行为能力而消灭者,以无通知于他方当事人之必要故,若例如委任人虽已死亡,受任人仍继续为事务之处理者,不认为委任关系仍暂时存续,将无以保护受任人之利益矣。故此种情形,委任关系,以受任人知其死亡,或可得而知其死亡时为止,应视为存续。

又此条规定于委任人之利益亦适用之。委任人不知且不得知其消灭之事由者,则无论能否接受,委任关系概视为存续。唯限于受任人或其继承人或其法定代理人能继续处理而已。

第十一章 经理人及代办商

第一节 经理人

第一项 经理人之意义

称经理人者,谓有为他人管理商业上全般事务之义务及权限之人也。此定义与《民法》五五三条一项之规定,用语颇不相同。以下分点述之:

(一)经理人乃为他人管理商业上全般事务

(甲)经理人乃管理商业上之事务 《民法》五五三条一项虽称经理人为商号管理事务。然商号者,自然人或公司在商业上用以表彰自己之名称也。《商业登记法》上更废止商号之用语,直称为"商业名称"。于是为商号管理事务云者,当然并非为商业名称管理事务,乃系为自然人或公司管理商业上之事务之谓也。

何谓商业?除《商业登记法》第三条所列举之十六种营业均为商业外,该法第四条又复规定,其他营业依《商业登记法》呈请登记者,亦视为商业。

何谓管理商业上之事务?管理事务乃与处理事务同义。经理人非但给付商业上之劳务而已,对于商业之如何经营,乃具有相当之独立决定权。从前《商人通例》分商业使用人为经理人、伙友及劳务者三种。此点乃前二者与后者之区别也。

（乙）经理人乃管理商业上之全般事务　此点乃经理人与伙友之区别。唯管理商业上之全般事务者，始系经理人。否则，若仅管理特定事项者，则系伙友。

至于五五三条三项所称得限于管理商号事务之一部者，此乃指一个商号包括数种营业，就每种营业分设经理人而言。

于是凡系经理人者，必系管理全般事务。唯其管理之全般性得有下列情形之不同而已。或管理某一商号所经营之各种营业，或仅管理其中之某一种或某数种营业。或其管理及于各个营业所之营业，或仅及于其中某一个或某数个营业所之营业（五五三条三项）。

（丙）经理人乃为他人管理商业上全般事务　此点乃经理人与商业主人之区别也。故必须系为他人管理商业上全般事务者，始系经理人。

然经营商业之合伙，彼执行事务之合伙人究应适用《民法》及《商业登记法》上关于经理人之规定否？执行事务之合伙人虽系执行自己之事务，同时又系执行他人之事务。故执行事务之合伙人若系管理商业上全般事务者，应仍亦具有经理人之性质。

（丁）至于五五三条一项于管理事务之外　虽更称"为其签名"云云，此则签名乃管理事务所需之手段也，仅称管理事务足矣。

当然，关于经理人签名之方法，依余所见，乃须签某某商号、经理人某某。纵图简便，亦决不能仅签某某商号。唯或得仅签经理人之姓名而已。当然，此亦必须于契约之内容已知其商号者始可。

（二）经理人有为他人管理商业上全般事务之义务与权限

（甲）经理人有为他人管理商业上全般事务之义务　从前《商人通例》，列经理人为商业使用人之一种，商业使用人当然有为他人管理商业上事务之义务。现《民法》五五三条一项关于此点虽无明文规定。然既认为有竞业禁止之义务,显亦以经理人有管理商业上全般事务之义务为前提矣。

然经理人之此种义务,究系雇佣之义务耶? 抑系委任之义务耶? 日本学者虽多争执,余以为经理人与商业主人间之契约,正确的言之,应系委任关系无疑。纵顾及《海商法》关于船长、船员与船舶所有人间之关系,亦只须认为委任、雇佣之混合足矣。

(乙) 经理人有为他人管理商业上全般事务之权限　经理人既有管理事务之义务,于是为使其能履行此义务起见,自非予以权限不可,此权限称之曰经理权。

当然,其他商业使用人亦有权限。唯经理人之权限,其范围乃及于商业之全般事务。

从前《商人通例》上无经理权之用语,称之曰经理人之代理权。当然,经理权乃以代理权为主。

(内) 至于五五三条一项虽称管理事务为经理人之权利云云　此殆系权限之误矣。盖从前学者原有认为代理权系一种权利故也。然莫说《民法》上有代理权限之用语,《民法》并非认为代理权之性质系一种权利。且若认为管理事务系经理人之权利,则商业主人于聘请经理人之后,自为事务之管理者,将系侵害经理人之权利。经理人岂非得提起不作为之诉耶? 此显不妥当无疑。又权利之行使与否,乃系权利人之自由,岂经理人得不为事务之管理耶? 何况管理事务之效果,并非归属于经理人。鸟得认为经理人之权利?

第二项　经理权

(一) 经理权之授与

依照五三三条、五三四条之规定,一般受任人之代理权,原则上,原无须另有授权行为。经理权之授与应亦然。只须有聘请某人为经理人之契约,则该人即应认为有经理权。并非必须另有授与经理权之行为也。

唯《民法》关于经理权乃有其法定范围。彼商业主人若欲授与经理人以不同范围之经理权者,此种情形,则必须另有授权行为矣。又或依照一六七条之规定,商业主人向第三人为授权之表示者,当然亦系于委任契约之外,另有一个授权行为。

经理权之授与行为,得以明示或默示为之(五五三条二项)。明示或默示之效果并无不同,得以口头或书面为之。口头授权与书面授权之效果则并不相同(五五四条二项)。

当然,若已有经理权之授与行为者,则经理权即因此而发生。有无委任契约及委任契约是否有效,乃所不问。又授权行为之内容与委任契约之内容亦并无一致之必要。

(二)经理权之范围

经理人对于第三人之关系,就商号或其分号或其事务之一部,视为其有管理上一切必要行为之权(五五四条一项)。称就商号或其分号或其事务之一部云者,乃或系一商号设一经理人,或系一营业所设一经理人,或系一营业设一经理人也。所谓管理上必要云者,即营业上必要之谓也。营业上必要行为之意义,其范围自较营业行为为广。凡有关于营业之行为,申而言之,凡系营业之维持上、发展上所必要之行为均属之。是否必要,则就客观定之。盖五五四条一项乃仅就对于第三人之关系而为规定也。以下就其行为之种类分述之:

(甲)法律行为　经理人代理商业主人所为之行为,以法律行为为最普通。例如订立买卖契约或其他营业上之合同及聘用伙友、租赁铺屋是。经理人之得为法律行为,自不待言。只须其法律行为为营业上所必要者,虽系无偿行为,经理人亦不妨为之。

关于营业上所必要之法律行为,法律设有限制者,仅不动产之买卖及设定负担而已。不动产之买卖及设定负担,除有书面之授权外,经理人不得为之(五五四条二项)。此条之规定,解释不无疑问。委任虽曾以书面订立,或经理权之授与行为虽曾以书面为之,仍不能有此等权限。必须另有关于此等权限之书面授权,或授与经理权之书面上特别列明此等权限者始可。

(乙)诉讼行为　经理人就所任之事务,视为有代表商号为原告或被告或其他一切诉讼上行为之权(五五五条)。所谓代表商号为原告或被告云者,条文之用语有欠明了。乃《民诉法》五二条所称依法令得为诉讼上行为之代理人之谓也。原告或被告之名义乃系商号。唯经理人之为商号诉讼代理人,不适用《民诉法》六九条之规定而已。

所谓其他一切诉讼上行为云者,例如参加、和解、支付命令、假扣押、假处分等之声请及告诉、自诉等是。此等行为,经理人均得以商号之名义为之。又不仅关于司法诉讼而已,行政诉讼及诉愿,经理人亦同有此权限。

至于商业主体之系公司者,虽另有董事,得代表公司,提起诉讼。但五五五条之规定,则仍系适用。当然,董事所得代表公司提起之诉讼,并非经理人所概得代理提起,自不待言。

(丙)其他行为　经理人不仅有为法律行为及诉讼行为之权限而已。其他,法律行为以外之私法上行为及诉讼行为以外之公法上行为,经理人均得以商号之名义为之,而对于商业主人发生效力。前者如催告、通知是,后者如登记、注册是。

(三)共同经理

所谓共同经理者,一商号或一营业所或一营业设置数个经理,数个经理人对于该商号或该营业所或该营业之事务,须共同为之是也。共同经理为《民法》之所许(五五六条)。

然共同经理人无论为二人,抑或二人以上,只须有共同经理人二人之签名,其行为对于商业主人即生效力(五五六条但书)。无须签名者,有二人之共同意思表示亦同。一六八条本文之规定,对于共同经理,并不适用。

第三人对于商业主人所为之意思表示,究亦须向二经理人为之否?学者虽或以为只须向一经理人为之足矣。此乃于法无据。当然,消极代理自无更较积极代理慎重之必要。应以准用五五六条但书之规定为是。

至于共同经理人间更自相推定一人经理者,是否得由该一人单独代理?此点,学者亦虽采肯定说。余以为应只能适用关于复委任之理论而为决定。

(四)经理权之限制

关于经理权之限制,为《民法》自己所规定者,计有五五三条三项、五五四条二项、五五六条,均已于上述之矣。除此三者之外,其他限制,商业主人是否亦得为之?外国法律虽或规定经理权之限制无效。我国《民法》则仅规定不得以之对抗善意第三人(五五七条)。第三人若非善意,则其限制仍属有效。

经理权之限制,可分为二种情形:一如设置正经理一人,副经理二人,仅副经理之签名者无效是;二如设置经理二人,一专管门市,一专管批发是。《民法》既无就此二种情形分别而为规定,于是虽如二之情形,其限制系与经理权全般性相冲突者,亦并非无效,仍得对抗于非善意之第三人。至于其所禁止之行为,原不属于经理权之范围者,则并非经理权之限制,更不问其第三人之为善意与否,均得对抗矣。

（五）经理权之消灭

经理权原以委任关系为其"所由授与之法律关系"。而依照一〇八条二项但书之规定,经理权又原不能于其所由授与之法律关系存续中撤回之,是故经理权应唯于委任关系消灭之时,始告消灭。

关于经理人委任关系之消灭,原则的适用一般委任之规定。唯一般委任关系虽系因当事人一方之死亡、破产或丧失行为能力而消灭(五五〇条本文),经理人委任关系则不然。《民法》乃认为商业主人之死亡、破产及丧失行为能力并非经理人委任关系之消灭原因。故规定经理权不因商业主人之死亡、破产或丧失行为能力而消灭(五五六条)。

关于经理权不因商业主人之破产而消灭一点,应须参照《破产法》之规定略为说明。考商业主人一经破产之后,对于属于破产财团之财产,其自身且尚无管理及处分之权(《破产法》七五条),经理人当然不能代为处分。又破产财团之构成,破产人于破产宣告后所取得之财产亦属之(《破产法》八二条一项二款)。商业主人因此亦不能另借取一宗款项,专为继续营业之用。于是《民法》所规定经理权并不因破产而消灭者,应仅指非有关于处分财产之行为而言。

（六）经理权之登记

经理人之选任、解任及其经理权消灭时,商业主人应于十五日内,向营业所所在地之主管官署声请登记(《商业登记法》八条)。已登记之事项,登记官署应公告之(同法十二条)。应登记之事项,非经登记及公告后,不得对抗善意第三人(同法十三条一项)。于是虽无选任某人为经理人之行为,而曾登记某人为经理人者,或某人之经理权虽已消灭,而未曾登记者,即该人所代为之行为,善意之第三人仍得主张其有效。唯登记仅系效力对抗要件,而非效力发生要件而已。

第三项　经理人之义务

经理人之有一般受任人之各种义务，自不待言。唯除一般受任人之各种义务外，《民法》关于经理人更有一种特别义务之规定，即所谓不为竞业之义务是也（五六二条）。本项仅就此种义务述之：

所谓不为竞业之义务，乃包含以下三种不作为之义务：（一）经理人不得为自己经营与其所办理之同类事业。无论独资经营，抑为合伙经营，均为法所不许。（二）经理人不得为第三人经营与其所办理之同类事业。如甲、乙二商号系经营同类之事业者，甲商号之经理人不但不得任乙商号之经理人，亦不得任乙商号之其他商业使用人或代办商。（三）经理人不得为同类事业公司无限责任之股东。即不得为经营同类事业之无限公司之股东，或两合公司或股份两合公司之无限责任之股东是也。

法律之所以认经理人须负不为竞业之义务者，虽与禁止兼业更有不同之理由，重在杜防利害冲突，以免发生纠纷。然竞业若为商业主人之所允许者，则经理人仍得为之。经理人若自己营业在先受聘在后，而为商业主人之所明知者，如未约定经理人须废止自己之营业，应亦视为允许。

关于违反不为竞业义务之效果，商业主人得证明其所受损害之额，请求其因此所生之全部损害之赔偿，自不待言。唯得法为顾及商业主人举证之困难起见，更复规定商业主人得请求因其行为所得之利益，作为损害赔偿（五六三条一项）。此所谓因其行为所得之利益者，依余所见，经理人因此违反义务之行为，自己所得之利益也。于是彼上述（二）之情形，应系指经理人自乙商号所受之报酬而言，并非指乙商号所得之利益而言。

又依照该项之规定,商业主人之得请求因其行为所得之利益,乃以之作为损害赔偿。于是一经请求移转利益之后,则损害虽系超过利益者,不足之额,亦并非更得请求赔偿矣。此利益移转请求权,自商业主人知有违反行为时起,经过一个月,或自行为时起,经过一年而消灭(五六三条二项)。

《公司法》二一八条除禁止经理人竞业外更禁止经理人兼业。《民法》并无关于禁止经理人兼业之规定,究竟非公司之经理人,法律是否许其兼业? 当然,虽无明文,兼业亦应不许。

第二节　代办商

第一项　代办商之意义

称代办商者,谓非经理人,而受商号之委托,于一定处所或一定区域内,以该商号之名义,办理其事务之全部或一部之人也(五五八条一项)。以下分点述之:

（一）代办商乃受商号之委托于一定处所或一定区域内以该商号之名义办理其事务之全部或一部

（甲）代办商有为他商号办理事务之义务　条文称受商号之委托,办理其事务云者,即以之表明代办商有为他商号办理事务之义务也。事务当然以商业上之事务为限。

唯若因条文有委托字样,遂以为代办商与他商号间之关系,概系委任契约,殊嫌未当。代办商以按成抽佣者为多。抽佣之情形,宁系承揽关系。

（乙）代办商之任务乃限于代理　我国从前《商人通例》及德、日商法之规定，关于代办商之任务，虽分为代理与介绍二者。今《民法》上之代办商则不然。五五八条明文规定代办商以该商号之名义办理其事务云云，于是《民法》上之代办商，其任务应仅限于代理矣。无所谓介绍之代办商。

唯代办商之代理，不以订结契约为限。若例如贩卖之代办商者，则关于交付货物、催收账项等之代理，应亦属于代办商任务之范围。

代办商之任务，既系代理。于是凡属代办商者，自必须有代理之权限。此代理之权限，《民法》上称之曰代办权。

（丙）代办商乃仅于一定处所或一定区域内代理他商号之营业　此点，亦为我《民法》之所明文规定。我国《民法》上之代办商，其代理他商号之营业，必须有地域上之限制。或仅限于一定处所，或则仅限于一定区域。限于一定处所者，限于一定营业所之谓也。此种情形，代办商唯于所定之营业所内，有代理营业之义务与权限。限于一定区域者，例如某省或某市内之生意，统归其代理是。此时代办商乃于该省或该市内，得自审其必要设立营业所。

（丁）代办商或系代理他商号各种之营业行为或仅代理其一种或数种之营业行为　条文所称办理其事务之全部或一部云者，即此之谓也。他商号之营业分为数部类者，代办商或代理其全部类，或仅代理其一部类或数部类。又如买卖业者之代办商，常或仅代理贩卖，或仅代理购买。唯购入原料，制造后出卖者，代办商或兼代理购买与贩卖二者。

（二）代办商非经理人

《民法》称代办商非经理人，从前《商人通例》称代理商非商业使用人。二者，用语虽不同，其目的均无非表明代办商乃独立之商人而已。盖法律既认代办业亦为商业之一种，于是代办商一方面固系经营他人之商业(如买卖业),一方面又系经营自己之商业(代办业),一方面虽系他商业主体之代理,一方面自己亦系商业主体,故代办商乃独立之商人也。关于代办商与经理人或商业使用人之具体的区别,以下分点述之:

(甲)代办商之办理范围较之经理人之管理范围为狭　代办商虽系办理其事务之全部者,其办理范围亦较之经理人为狭。代办商之办理事务,不但有其地域上之限制,且有其事务性质上之限制。例如使用人之任用,决非代办商之办理范围矣。

虽代理店内亦有使用人,此乃代办商自己之使用人也,并非代理他商号所任用。代办商之任用使用人,乃以自己之名义为之。

(乙)代办商乃自有其营业所　经理人或商业使用人,乃系在其商业主人所设之营业所内管理事务。代办商则系自设营业所,在其自设之营业所内代理营业。代办商之营业所,决非该代理商号之分号也。

当然,代办商若系小商人者,或并无营业所。商业使用人之中,亦有并不在主人之营业所内管理事务者。此种情形,则须另依据其他各点而为区别矣。

(丙)代办商乃自负担其营业之费用　代办商虽系代理他人之营业,但代办业亦系营业之一种。就代办业而言,其商业主体乃代办商自己也。故其所需之费用,应由代办商自己负担。

然此亦非绝对之区别也。关于营业之费用,代办商得受该代理商号之津贴者,亦系事所常有,唯须有特别之约定耳。

(丁)代办商之报酬常系取佣金之方式　一般情形,代办商之报酬,常系按照一定成数,抽取佣金。经理人或商业使用人之报酬,则常系定为月薪或年薪若干。于是若系按成抽佣者,当可推定为代办商矣。

(戊)代办商常不仅代理一个商号　代办商常系代理数个商号,或于代办业外,更兼营其他商业。经理人或商业使用人则事实上多需专任。此点亦可为推定其是否系代办商之一个标准。

第二项　代办权

代办权者,代办商代理之权限也。代办权之取得,或系另有授权行为。但虽无另外之授权行为,只须有委托代办商之基本法律关系之存在,即当然认为有代办权。

关于代办权之范围,依其授权行为之内容,或其代办事务之需要而定。无另外之授权行为者,代办商就其所代办之事务,有为一切必要行为之权。另有授权行为者,则其所授与之权限,若超过于代办事务所需要者,当然从其授权行为。若其所授与之权限,不及于全部必要行为者,则对于善意第三人之关系,其限制仍不得对抗。盖条文乃称代办商对于第三人之关系,就其所代办之事务,视其有为一切必要行为之权也(五五八条二项)。

然条文虽称有为一切必要行为之权,若负担票据上之义务,或为消费借贷,或为诉讼者,则仍需另外之书面授权(五五八条三项)。虽曾以书面概括的授与代办权者亦然。

至于代办权与登记之关系,其效力完全与经理权之登记同。

第三项　代办商之权利义务

关于代办商之权利义务,《民法》特设有明文规定者计有四点。以下分述之:

(一)报告之义务

代办商就其代办之事务,应随时报告其处所或区域之商业状况于其商号。并应将其所为之交易即时报告之(五五九条)。依此规定,代办商报告之义务,乃有二种:一为随时报告;二为即时报告。随时报告者,或于他方请求之时即为报告,或于每隔相当时期报告一次,或于特别事故发生之时即为报告是也。应为随时报告之事项,其范围颇广。例如商品需要供给之状态,同业竞争之情形,汇率之涨落及运输之是否安全,与乎税制之变更等均属之。关于即时报告,《民法》则系规定代办商就其所为之交易,须负此义务,未免有失过酷。另有习惯者,应不适用。

（二）不为竞业之义务

代办商亦须负不为竞业之义务。此当然系限于同类之营业。《民法》关于不为竞业之义务,乃就经理人与代办商一并而为规定（五六二条、五六三条）。其范围、责任与乎时效之期间,二者完全相同,前节经已述明,不重赘。

（三）请求支付报酬之权利

凡系代办商,不问其有无特别之约定,有无特别之习惯,均有请求支付报酬之权利（五六〇条）。该条称代办商依契约所定,请求报酬,或请求偿还费用云云,或将发生疑问。依余解释,乃谓代办商得依契约之所定,请求报酬,或并得请求偿还费用,并非谓代办商依契约之所定,或得请求报酬,或仅得请求偿还费用也。盖若不得请求报酬,仅得请求偿还其所垫支之费用,是乃无偿的给付劳务,并非营利行为,乌得称之为商耶?

关于报酬之数额及其计算方法,则有约定者得依其约定。无约定而有习惯者,依其习惯。无约定亦无习惯者,依其代办事务之重要程度及多寡定之,此即取佣金之方式。其佣金之成数,由法院依其代办事务之重要程度酌定之是也。

（四）请求偿还费用之权利

代办商之费用,分为二种:其一乃代办业自身之费用,即营业所内之经常开支是也;其二如关税及运费等是也。条文称得依契约所定,请求偿还费用者(五六〇条),应系指此第一种费用而言。唯有特约者,始得请求偿还。其得请求偿还之额,亦从其特约。至于第二种费用,则虽无特约,应亦得请求偿还。

第四项　代办商关系之消灭

关于代办商关系之消灭,《民法》设有特别规定者,仅有以下两点:

(一) 代办权未定期限者,当事人之任何一方得随时终止契约。唯除该方当事人因非可归责于自己之事由,致不得不终止契约者外,必须先于三个月前通知他方(五六一条)。

一方当事人因非可归责于自己之事由,致不得不终止契约者,此则其终止无须先期通知(五六一条二项)。此项规定,对于虽定有期限,而其期限未届满者,亦适用之。

(二) 代办商之死亡、破产或丧失行为能力,虽系代办商关系之消灭原因。他方之死亡、破产或丧失行为能力,则代办商之契约关系及代办权并不因而消灭(五六四条)。

第十二章 居 间

第一节 居间之意义及其性质

居间是当事人约定,一方为他方报告订约之机会,或为订约之媒介,他方给付报酬之契约(五六五条)。以下就其性质分述之:

(一)居间是一方当事人约定为他方报告订约之机会或为订约之媒介之契约

我国《民法》效德民、瑞债之规定,无论仅约定报告订约之机会,或约定为订约之媒介,均称之为居间关系。

所谓报告订约之机会者,例如租赁之居间,告知其某处有空屋出租、某人有空屋出租是。所谓为订约之媒介者,则须居中斡旋,传达双方之意思,并使其双方之意思互相接近,俾得订成契约是也。

一般居间,常系约定为订约之媒介者为多。《民法》关于居间之条文,其中数条,亦系单就媒介居间而为规定。

至关于居间之事项,《民法》则并无限制。无论为何种契约之居间,只须其契约之内容,不违反强行法规及善良风俗、公共秩序者,居间之约定均系有效。又居间人是否以居间为营业,乃所不问。无论其以之为营业与否,均适用《民法》居间之规定。

至于委托居间之人,或系订约之双方当事人,或系其中之一方当事人。当然,双方共同委托居间,自非法所不许。唯《民法》乃系就后之情形而为规定。

（二）居间是他方当事人约定给付报酬之契约

除婚姻居间外,其他一切居间均系双务有偿契约,约定由委托人向居间人给付报酬。唯婚姻居间则虽有报酬之约定,其报酬之约定亦系无效(五七三条)。又除婚姻居间外,其他一切居间关系,虽无报酬之约定,如依情形,非受报酬即不为报告订约机会或媒介者,法律亦视为允与报酬(五六六条一项)。

（三）居间究系何种劳务供给契约

外国学者,或以为居间是一种委任契约,或以为居间是一种承揽契约。我国学者则多以为居间既非委任,亦非承揽,乃系另一种劳务给付契约,余亦以为然。余之理由:盖以居间人既非于依约履行自己之义务之后,即得请求报酬。亦非如承揽人之仅负担不可抗力之危险。委托人之与相对人订立契约与否,乃完全属于委托人之自由。委托人无论其内在的系基于何种原因及斡旋之结果,相对人所承认之条件,客观的纵系对于委托人有利,委托人亦得不为契约之订立,而无需对于居间人支付报酬也。此所以居间之性质与委任、承揽之性质均不相同,而系另一种劳务给付契约。

第二节　居间之效力

第一项　居间人之法律上之地位

居间人与行纪人及代办商,此三者,其法律上之地位,极易混淆。特先设本项述之：

（一）居间人与行纪人之地位之不同

虽同系关于委托货物之出卖，行纪人乃自为该买卖契约之当事人（出卖人），居间人则否。此居间人与行纪人之地位之不相同也。

因居间人并非该契约之当事人故，所以居间人就其媒介所成立之契约，无为当事人给付或受领给付之权（五七四条）。该条所称权者，自系权限之义。除五七五条所规定之特别情形外，原则上居间人无为委托人受领给付之权限。相对人向居间人为给付者，仅得依三一〇条之规定而定其效力，并非债之关系即归消灭。盖非如五七八条所规定，行纪人乃自得权利也。该条又称居间人无为当事人为给付之权限。盖以居间人既非如行纪人之自负给付之义务，而除五七五条规定之特别情形外，委托人因契约所生之义务，又非由居间人自负履行之责。是故居间人无为委托人为给付之权限。申言之，居间人乃无以委托人之计算为给付之权限。

（二）居间人与代办商之地位之不同

代办商乃代理人，代理委托人与他人订立契约，居间人则否。此居间人与代办商之地位之不同也。

居间人虽亦间有并代理委托人与相对人订立契约者。然此乃属于特别之情形，并非居间人本质之义务。且纵系并代理委托人与相对人订立契约，仍须遵守其为居间人之立场。所谓居间人之立场者，乃居间人须抱中正之态度，不但不得有偏袒于委托人之相对人之行为，并不得有偏袒于委托人之行为。非如代办商、行纪人之唯委托人之利益是图也。

第二项　居间人之义务

（一）居间人报告订约机会或为订约媒介之义务

居间契约订立之后，居间人应依其约定，负担报告订约机会，或为订约媒介之义务(五六五条)。居间人不为订约机会之报告,或不为订约之媒介者,非但不得请求报酬而已也。如有故意过失之时,并须负债务不履行之损害赔偿责任。

关于此二种义务之履行,自亦适用二一九条之规定,居间人应以诚实及信用之方法为之。

当然,居间人对于委托人之相对人并无为订约媒介之义务。然一旦既为双方之媒介,则对于相对人之关系,应亦须持诚实信用之态度。否则,对于相对人亦须负损害赔偿之责。

(二)居间人就其所知事项据实报告之义务

居间人关于订约事项,应就其所知,据实报告于各当事人(五六七条上段)。不但对于委托人有据实报告之义务,对于委托人之相对人亦然。先就对于委托人而言,居间人纵系仅约定向委托人报告订约机会者,亦不以仅报告订约之机会为已足。其有关于订约之事项,为居间人所知者,居间人均须负报告之义务。居间人若系约定为委托人为订约之媒介者,则非将有关于订约之事项,详细报告于委托人,不能收斡旋之效。此种情形,居间人之须负报告之义务,更不待言。居间人之报告并须据实为之。居间人若不为报告,或报告而不据实者,均须负损害赔偿之责。唯居间人报告之范围,以有关于订约之事项为自己所知者为限。无关于订约之事项,居间人则并无报告之义务。纵系有关于订约之事项,居间人亦只须就其所知而为报告足矣,不知者并无代为调查之义务。

次就对于委托人之相对人而言,委托人之相对人虽非居间契约之当事人,居间人之为订约之媒介者,对于相对人,法定的亦须负担此义务。

(三)居间人于特种情形时应不为媒介之义务

居间人对于显无支付能力之人,或知其无订立该约能力之人,不得为其媒介(五六七条下段)。违者,应负损害赔偿之责。唯依该段条文之用语,对于无支付能力之情形,无论明知或得知,均须负责。对于无订约能力之情形,则唯居间人明知者,始须负责。

所谓无订约能力云者,究何所指? 严格的解释,自系仅指行为能力之欠缺或受限制而言。然余以为权限欠缺之情形,应亦以解释其包含在内为妥。

该段之规定,亦不仅适用于居间人对于委托人之关系而已。委托人已显无支付能力,或委托人无订立该约能力为居间人所知者,居间人亦不得为该委托人为订约之媒介。且在居间契约订立当时,委托人已显无支付能力,或居间人已知其无订立该约能力者,居间契约虽系自始无效,相对人亦仍得依照此段之规定,请求损害赔偿。

（四）居间人不告知当事人之姓名之义务

当事人之一方,指定居间人不得以其姓名或商号告知相对人者,居间人有不告知之义务（五七五条一项）。不但委托人嘱其隐秘之时,居间人须为隐秘,委托人之相对人嘱其隐秘者亦然。否则,居间人须负损害赔偿之责。

当然,一方当事人姓名或商号隐秘之时,该因居间而成立之契约,并非居间人自为当事人也。唯居间人既不以一方当事人之姓名或商号告知于相对人,相对人将无法向该方当事人为债权之行使与债务之履行。是故居间人就该方当事人因契约所生之义务,应自己负履行之责,并得为该方当事人受领给付（五七五条二项）。所谓居间人应自己负履行之责者,并非谓相对人仅能向居间人请求履行。纵在知悉该方当事人之姓名、商号之时,亦不能向该方当事人请求履行也。唯纵已知悉该方当事人之姓名、商号之时,亦仍得向居间人请求履行而已。所谓得为其受领给付者,乃指居间人有受领给付之权限而言,居间人受领之后,相对人之债务即消灭。而居间人所受领之给付物,乃系该方当事人之所有物,居间人仅系占有人而已。

　　然依五七五条一项之规定，居间人须依其指定不为告知者，究系指何时之指定而言耶？居间契约订立之时，并无关于隐秘之约定者，其后委托人是否仍得为隐秘之指定？关于此点，余采取积极之解释。居间人若不愿自负履行之责者，唯有出于不为斡旋之一途。此种情形，居间人之不为斡旋，并不成债务不履行关系。

　　又居间人不为告知之义务，究应遵守至何时为止乎？契约未成立之前，自不得为告知。契约已履行之后，自不妨为告知。契约已成立之后，未履行之前，则应以不得告知为原则。唯在有特种情形之时，法律应仍许居间人得为告知。盖若如相对人就契约之解除，或契约之撤销，提起诉讼之时，自非以该方当事人为被告不可。于是此等情形，相对人请求居间人为姓名、商号之告知，虽在未履行之前，居间人应亦有告知之义务矣。

第三项　居间人之权利

（一）居间人请求报酬之权利

　　一般居间关系，均得为报酬之约定，居间人得依其约定请求报酬。且如依情形，非受报酬，即不为报告订约机会或媒介者，则虽未为报酬之约定，亦视为允与报酬，居间人亦有报酬请求权。唯婚姻居间则不然。婚姻居间不得为报酬之约定。纵有约定亦系无效（五七三条），居间人仍不得为报酬之请求。

　　然一般居间关系，居间人虽得请求报酬，并非于报告订约机会，或为媒介之后，即有请求报酬之权利也。须因其居间，委托人与相对人之间成立契约之后，居间人始得请求报酬（五六八条一项）。契约之附有停止条件者，则更须于条件成就之后，居间人始得请求报酬（五六八条二项）。

若虽经居间人之报告,或已尽力斡旋,终不能订成契约,或停止条件不成就者,则居间人仍不得请求报酬。以下就报酬额、报酬之支付时期、报酬义务人、报酬请求权之除斥分述之:

(甲)报酬额　报酬额有约定者,从其约定。无约定,而居间人定有价目表者,依其价目表。无约定,亦无价目表者,按照习惯给付(五六六条二项)。

关于约定报酬之多少,原则上自任由双方当事人之合意。唯约定之报酬,较居间人所任劳务之价值,为数过巨,失其公平者,法院得因委托人之请求酌减之(五七二条本文)。当然,认其约定之报酬额是否失其公平,并非以居间人所实任之劳务为标准,而应以依其居间契约订立当时之情形,所需任之劳务为标准。至于依此标准,虽属为数过巨,失其公平,若已为给付者,仍不得请求返还(五七二条但书)。

(乙)报酬之支付时期　五六八条并非关于报酬支付时期之规定也。乃于契约成立或条件成就之后,始发生报酬请求权。关于报酬支付之时期,当事人间仍得另为约定。例如约定于契约履行之后始支付报酬是。

唯关于报酬支付之时期,并无另为约定者,则将依照三一五条之规定,于报酬请求权发生之后,居间人即得随时请求清偿。

(丙)报酬义务人　居间人因媒介应得之报酬,除契约另有约定,或另有习惯外,由契约当事人双方平均负担(五七〇条)。依此规定,是报酬义务人并不以委托人为限。原则上,委托人之相对人亦系报酬义务人。委托人与其相对人所负担之报酬额,原则上亦系相等。其理由盖以相对人虽非居间契约之当事人,因其居间行为,亦受有同样之利益故也。

所谓契约另有订定者,乃指居间契约而言。至于委托人与其相对人间所订立之契约,关于双方报酬之负担,纵有不同之约定,亦不能对抗于居间人。所谓另有习惯者,例如买卖之居间费用,习惯上常系买方多而卖方少也。

然余以为五七○条所称除契约另有订定或另有习惯外,须由契约双方当事人平均负担报酬者,应仅限于报酬之数额系依照价目表或按照习惯给付之情形。若报酬之数额系由委托人与居间人约定者,则唯约定之数额少于价目表或习惯,始对于相对人有效。约定之数额多于价目表或习惯者,相对人仍得仅依照价目表或习惯而为给付。

(丁)报酬请求权之除斥　居间人违反其对于委托人之义务,而为利于委托人之相对人之行为,或违反诚实及信用方法,由相对人收受利益者,契约虽已因居间而成立,其附有停止条件者,条件虽已成就,居间人亦不得向委托人请求报酬(五七一条)。所谓违反其对于委托人之义务,而为利于委托人之相对人之行为者,例如关于买卖标的物之情形,不据实报告,致委托人为高价之买受是。所谓违反诚实及信用方法,由相对人收受利益者,例以委托人需款孔急之情形,告知于相对人,相对人因此得以低价买成是。

然五七一条究系关于居间人损害赔偿责任范围之规定乎,抑仅系关于委托人损害额举证责任免除之规定乎? 余以为应以采取后之解释为是。无论委托人所受损害之程度如何,居间人均不得向委托人请求报酬。若依照五七一条之规定尚不足填补委托人之损害者,则经委托人证明之后,居间人仍须负余额赔偿之责。当然,唯依照五七一条之规定,不足以填补损害之情形,委托人始得另行请求赔偿。

又五七一条之规定,就居间人对于委托人之相对人之关系,余以为亦应准用之。盖已如前述,居间人偏袒于委托人之时,居间人对于委托人之相对人亦须负损害赔偿责任。应非但委托人始得免除损害之举证责任也。何况相对人之报酬义务,原系法律基于公平之观念所认定者乎？

（二）居间人请求偿还费用之权利

居间人原则上无请求偿还费用之权利。虽契约不成立，或停止条件不成就，因而居间人不得请求报酬之时亦然（五六九条二项）。居间人之得向委托人请求偿还费用者，仅限于另有约定之情形（五六九条一项）。

然纵有约定，若居间人违反其对于委托人之义务，而为利于委托人之相对人之行为，或违反诚实及信用方法，由相对人收受利益者，则居间人仍不得向委托人请求偿还费用（五七一条）。

第十三章　行　纪

第一节　行纪之意义及其性质

称行纪者,谓以自己之名义,为他人之计算,为动产之买卖,或其他商业上之交易而受报酬之营业(五七六条)。行纪营业人,《民法》上称为行纪人,该他人称为委托人。以下就其性质分点述之:

(一)行纪乃一种营业

何谓营业?具有营利之目的,以某种行为为其常业之谓也。《民法》所称之行纪,乃系营业之一种。唯限于以行纪为营业者,始得适用《民法》关于行纪之规定。

(二)行纪乃系受报酬之营业

营业虽均以营利为其目的,然其营利之方式则各有不同。行纪乃以给付劳务,向他人取得报酬之方式为营利之营业也。

(三)行纪乃系为他人为动产之买卖或其他商业上之交易之营业

以给付劳务,取得报酬为内容之营业,种类仍多。行纪乃系为他人为动产之买卖,或其他商业上之交易,而受报酬之营业。所谓为其他商业上之交易者,例如包承代登广告是也。当然,下述之承揽运送,其性质亦系行纪之一种。

　　条文不称其他交易,而特称其他商业上之交易,适用范围上或将发生疑问,然此并非就委托人而言也。委托人纵非商人及委托人纵非以商业上目的,委托行纪人代为某种交易者,亦仍系适用《民法》关于行纪之规定。

　　又既称交易,于是行纪业务之范围,应不仅限于代订契约。契约之实行亦系行纪之业务。至于若系无偿关系,当然不能称为交易。

　　(四)行纪乃系以自己之名义为他人之计算为商业上之交易之营业

　　代办商亦系为他人为商业上之交易。然代办商之为商业上之交易,乃以委托人之名义为之。行纪人之为商业上之交易,乃以行纪人自己之名义为之。唯以自己之名义,为他人为商业上之交易,始系行纪关系。

　　然行纪人虽系以自己之名义,为商业上之交易,而其交易之结果所生之利益损失,则仍归属于委托人。换言之,赚钱亏本,概系委托人之事,与行纪人无关。此条文之所以称以自己之名义为他人之计算也。

　　以自己之名义,为他人之计算,学者称之为间接代理。唯须注意者,行纪人之间接代理,与一般受任人之间接代理,其效力又复稍不相同。此点当于次节述之。

第二节　行纪之效力

　　行纪人为行纪之营业,与他人订立行纪契约,始因而发生行纪之效力。所谓行纪契约者,行纪人与委托人约定,行纪人以自己之名义,为委托人之计算,为动产之买卖,或其他商业上之交易,委托人给付报酬之契约也。

行纪契约之性质,《民法》乃认为委任之一种。故其效力,除《民法》另设有明文者外,应适用委任之规定(五七七条)。以下就行纪契约之效力,分点述之:

(一)行纪人买卖动产或为其他商业上交易之义务

行纪契约既以受托为动产之买卖或为其他交易为其内容,则行纪人自应依其契约,负买卖动产或为其他交易之义务。

且其义务之内容,非仅与第三人订立买卖或其他有偿契约而已。更须为各该契约所发生之债权之行使、债务之履行。例如委托买入者,行纪人更须向第三人取得买卖标的物,以交付于委托人。不但须为各该契约所发生之债权之行使,更须为第三人债务不履行时之损害赔偿请求权之行使。

至关于此种义务之履行,原则上自亦适用五三五条至五三九条之规定(五七七条)。行纪人应以善良管理人之注意,依委任人之指示,自己代为与第三人间之各种交易行为。唯《民法》对于行纪人之为买卖,更设有二点特别规定:

(甲)行纪人之为买卖,关于其价金,依照五三五条之规定,虽本应遵从委托人之指示。唯行纪人以低于委托人所指定之价额卖出,或以高于委托人所指定之价额买入者,如担任补偿其差额,其卖出或买入对于委托人仍发生效力(五八〇条)。所谓对于委托人仍发生效力者,即第一,行纪人仍得向委托人请求报酬;第二,其代买入者,行纪人仍得向委托人请求交付该高于定额之买价,代为卖出者,行纪人无须负逾越权限之责任。

五八〇条乃称担任补偿云云,于是行纪人欲使该违反指定价额之买卖,仍对于委托人发生效力者,只须向委托人声明自愿补偿其差额足矣。

并非须为差额交付之后，始对于委托人发生效力也。当然，委托人乃得仅交付定额之买价，而声明差额由行纪人自己补足。

当然，有五三六条之情形时，五八〇条之规定自并不适用。在此情形，行纪人原得不依照其所指定之价额而为买卖，应无补偿其差额之必要也。

至于行纪人以高于委托人所指定之价额卖出，或以低于委托人所指定之价额买入者，则因其所指定之价额原系最低额或最高额故，其卖出或买入自系对于委托人发生效力。唯其利益乃归属于委托人（五八一条）。指定卖价为五十元者，若以六十元出卖，行纪人应不得以仅交付五十元为已足。指定买价虽为五十元，而以四十元买入者，行纪人仍仅得请求其偿还四十元。且除有特别约定外，行纪人并不得以此为理由，请求额外之报酬。

（乙）行纪人之代为买卖，原则上本系代为订立买卖契约，而自为买卖契约之一方当事人。是故委托出卖者，行纪人原则上应不得自为买受人。委托买入者，原则上应不得自为出卖人。唯委托人委托出卖或委托买入之物系货币、股票或其他市场定有市价之物者则不然。除有反对之约定外，行纪人得自为买受人，或自为出卖人（五八七条一项上段）。所谓行纪人之介入权是也。

当然，在此情形，因仅有一个当事人故，自不能认为仍有买卖契约之存在。乃法律特许可行纪人得以一方行为发生与买卖契约（由委托人与行纪人所订立之买卖契约）同样之效果也。盖以委托人之目的，无非欲换得金钱或买得物品而已。行纪人虽系自为买受或自为出卖，亦得达此目的。是故行纪人不但得自为买受人或自为出卖人而已，且仍得行使五八二条所定之请求权（五八七条二项）。委托人托卖之物虽系由行纪人自己买受，行纪人虽系将自己之物出卖于委托人，行纪人亦仍得请求行纪之报酬。

至于行纪人自为买受,或自为出卖之价金,则应以依委托人指示而为出卖,或买入时市场之市价定之(五八七条一项下段)。委托人并无关于价金之指定者,应依市价,自不待言。委托人虽有关于价金之指定,若依委托人指示而为出卖时市场之市价高于指定价额,或依委托人指示而为买入时市场之市价低于指定价额者,亦仍须依照该时市场之市价,定其价金额。所谓依委托人指示而为出卖或买入时市场之市价者,既非将自为买受或自为卖出之情事通知于委托人时之市价,亦非行纪人自为买受或自为出卖时之市价。行纪人自为买受或自为出卖之行为,虽因记入账簿而即发生效力,其价金则须依委托人所指定为买卖之时期,或最有利于委托人之时期之市价定之。例如逆料其货价必将高涨,行纪人乘其未涨之先,自为买受者,仍须依涨后之市价,给付价金。

行纪人自为买受或自为出卖之价金,不以依委托人指示而为出卖或买入时市场之市价定之者,仅限于价金经有指定而所定之价金尚高于依委托人指示而为出卖时之市价,或尚低于依委托人指示而为买入时之市价之情形。关于此点,《民法》虽无明文规定,排除五八七条一项下段之适用。唯以此种情形依指定价额而为买卖,乃较有利于委托人。行纪人若系代为与第三人订立买卖契约者,在此情形,原不得仍依市价代为出卖或代为买入。是故在此情形,行纪人自为买受或自为出卖者,应亦须依照指定之价额给付价金,或仅得依指定之价额请求价金。

(二)行纪人报告之义务

五四〇条之规定,乃对于行纪亦适用(五七七条),是故行纪人对于委托人应负报告之义务。

五四〇条乃仅称受任人应将委任事务进行之状况,报告委任人而已。于是行纪人究须将每一个交易,于成立之后,均立即报告否乎? 余以为除另有约定，或另有习惯，或依其情形须逐件立时报告外，只须按期汇齐报告足矣。虽系自为买受或自为出卖，亦无立即报告委托人之必要。

应报告之事项，其中最重要者，自为契约之订立与夫契约之实行。报告契约之订立，不但报告契约之内容而已，自并须报告契约之他方当事人。违者，须依债务不履行之规定，负其责任。唯《民法》对于某种买卖，行纪人不报告契约他方当事人之姓名者，更设有特别之规定。即行纪人得自为买受人或出卖人时，如仅将订立契约之情事，通知委托人，而不以他方当事人之姓名告知者，视为自己负担该方当事人之义务（五八八条）。所谓行纪人得自为买受人或出卖人者，五八七条所规定之情形也。所谓视为自己负担该方当事人之义务者，乃视为系自为买受或自为出卖也。既视为系自为买受，或自为出卖，于是委托人遂得依照五八七条之规定定其价金矣。当然，五八八条之适用，乃有待于委托人自己之援用。

（三）行纪人所为交易行为所发生之效果

关于行纪人所为交易行为所发生之效果，《民法》仅规定行纪人为委托人之计算所为之交易，对于交易之相对人，自得权利，并自负义务（五七八条）。此盖以行纪人之为交易，乃以自己之名义为之故也。行纪人与第三人订立契约，其契约所发生之债权乃行纪人之债权，其契约所发生之债务乃行纪人之债务。

然余以为该契约所发生之债务，固系行纪人之债务。该契约所发生之债权，则唯对于该交易之相对人而言，系行纪人之债权而已。在委托人与行纪人间之内部关系及委托人对于行纪人之债权人间之关系，该债权乃仍应认为委托人之债权。行纪人实行债权所取得之物，亦无须经行纪人之移转行为，即系委托人之所有物。余之理由如下：

（甲）盖以法律之解释，应求事实上之妥当。法律之系规定某种营业关系者，其解释更须顾及该种营业之发展，此乃解释上不易之原则也。兹所论之债权，应否如余之主张，认为委托人之债权，发生问题乃在行纪人为该债权之处分或行纪人破产之时。若不认为委托人之债权，则行纪人得为该债权之处分。行纪人破产之时，该债权被归入于破产财团。委托人所有者，仅对于行纪人之损害赔偿债权或破产债权而已。假定委托贩卖之情形，委托人之货物已由行纪人移转于交易之相对人者，委托人之货物将仅易得一个损害赔偿债权或一个破产债权。此非对于委托人之利益，显有失于保护耶？委托行纪之不安全如此，试问谁将为行纪之委托耶？势必阻碍行纪营业之发展无疑。此余之主张之第一点理由也。

（乙）至就条文之根据而言。我国《民法》五七八条特称对于交易之相对人云云，显系认仅对于交易相对人之关系，系行纪人之权利也。又五七九条称行纪人为委托人之计算所订立之契约，其契约之他方当事人不履行债务时，对于委托人，应由行纪人负直接履行契约之义务。若非认委托人为债权人者，何为乎对于委托人须负履行之责耶？依此规定，更显可知在我国《民法》上，对于委托人与行纪人间之关系，系认为委托人之债权无疑。此余之主张之第二点理由也。

依上二点理由，不但该契约所发生之债权，在委托人对于行纪人或其债权人间之关系，系委托人之债权。行纪人实行该债权所取得之物，亦无须经纪人之移转行为，即系委托人之所有物。行纪人虽有实行债权，取得其物，以移转于委托人之义务；所须移转者仅物之占有而已。

（四）行纪人直接履行之义务

行纪委托之内容，非仅委托其为契约之订立而已，乃并委托其为交易之实行。是故已如前述，行纪人非仅负订立契约之义务，更须负行使该契约所发生之债权之义务。然行纪人虽已为债权之行使，而交易之相对人不为债务之履行者,岂非仍不能达到行纪委托之目的耶? 此种情形,行纪人究仅不得请求行纪之报酬,抑尚须负某种责任?

关于此点,各国法律之规定不同。我国《民法》乃规定契约之他方当事人不履行其债务时,行纪人对于委托人原则上须自负履行之责。无须自负履行之责者,仅限于契约另有订定或另有习惯之情形(五七九条)。以下就行纪人此种责任之成立要件、发生时期、范围及法律上之性质分述之:

(甲)成立要件 行纪人此种责任之成立,第一,乃以契约之他方当事人须有债务之存在为前提;第二,须契约之他方当事人不履行其债务。唯五七九条所称不履行其债务云者,并非仅指成立债务不履行之情形而言。他方当事人并无过失而未依期履行者,委托人亦得向行纪人请求履行。又他方当事人成立债务不履行之时,行纪人亦并非让与对于他方当事人之损害赔偿请求权于委托人,或将他方所赔之物转交于委托人,即可免去自己履行之责。

至于行纪人之过失,更非此种责任之成立要件。行纪人对于他方当事人,虽并无怠于为债权之行使者亦然。

(乙)发生时期 给付之定有期限者,期限届满后,行纪人即须自负履行之责,此乃毫无疑问。唯给付之未定有期限者,在行纪人未请求给付之前,他方当事人尚并非不履行其债务。究须行纪人向他方当事人请求给付之后,始发生自己之履行之责耶? 然行纪人应不能以违反契约之行为,使其自己之履行责任迟延发生。是故余以为给付之未定有期限者,在行纪人以善良管理人之注意,应向他方当事人请求给付之时,即发生自为履行之责。

(丙)范围 行纪人应自为履行之范围,并不以该契约所定之给付为限。若他方当事人已构成债务不履行者,对于他方当事人债务不履行之损害赔偿,亦须负履行之责。

（丁）法律上之性质　行纪人自为履行之责任发生之后,该债务则仍系他方当事人之债务。一方面,行纪人须履行他方当事人之债务,他方面,行纪人仍得向他方当事人请求履行。

行纪人自为履行之后,所消灭者仅委托人之债权而已。他方当事人之债务,则并不消灭。且并非委托人之债权移转于行纪人,乃系此债权嗣后成为绝对的属于行纪人之债权。

于是行纪人之负担自为履行之责任,既非债务之承担,亦非履行之承担,亦并非对于他方当事人之债务负保证责任。此乃一个特种性质之责任,法律为求行纪委托之安全,特别设此种责任也。

（五）行纪人保管之义务

行纪人为委托人之计算所买入或卖出之物,为其占有时,适用寄托之规定（五八三条一项）。是行纪人对于买入之物未交付于委托人之前及卖出之物未交付于交易相对人之前,或卖出之物无人买受,而未返还于委托人者,行纪人乃应负保管之义务。行纪人须以善良管理人之注意,保管买入或卖出之物（五九〇条）。行纪人原则上并须自为保管（五九二条）。因行纪人不以善良管理人之注意为保管故,致该买入或卖出之物毁损灭失者,委托人得向行纪人请求损害赔偿。行纪人使第三人代为保管者,亦须依照五九三条两项之规定,分别负其责任。又依照五九一条之规定,行纪人原则上并不得为该买入或卖出之物之使用,或使第三人使用。

然行纪人仅有保管之义务而已。除委托人另有指示外,行纪人对于买入或卖出之物,并不负付保险之义务（五八三条二项）。

当然,行纪人既有保管之义务,自亦必有因保管所生之权利。五八三条一项乃称适用寄托之规定,非仅适用关于受寄人之义务之规定也。

除关于寄托报酬及因保管所垫支之费用，五八二条经另有明文规定外，五九六条之规定对于行纪人亦适用之。

（六）行纪人适当处置之义务

委托出卖之物，于达到行纪人时有瑕疵，或依其物之性质易于败坏者，行纪人为保护委托人之利益，应与保护自己之利益为同一之处置（五八四条）。是行纪人除有保管之义务外，更有处置之义务。

行纪人保管之义务，对于出卖之物与买入之物均有之。行纪人须负处置之义务者，则《民法》所定，仅限于委托出卖之物。又行纪人为物之保管，依照上述，须以善良管理人之注意为之。行纪人为处置行为，依照五八四条之规定，则须以与处理自己事务同一之注意为之。保管之义务与处置之义务，二者显不相同。盖保管云者，乃维持物之原状之谓也。处置之目的，则系保全委托人关于该物之利益。以下就有瑕疵之情形与易于败坏之情形分述之：

（甲）委托出卖之物，于达到行纪人时有瑕疵者，行纪人保管之义务，只须于其占有期中，加以善良管理人之注意，使其物之瑕疵程度不至加重足矣。至若进而言其处置义务，则行纪人更须于受领之时，向运送人为损害赔偿请求权行使之保留，就其受领当时该物之瑕疵状态预为证据之保全行为，俾得于法之所许之时，可向运送人请求损害赔偿。

（乙）委托出卖之物，依其性质，易于败坏者，其处置之义务之内容，更显与保管不同。物之将近败坏者，行纪人若坚执货价经有指定，不肯贬价出售，致货物败坏者，虽其败坏，并非基于行纪人保管之不注意，行纪人仍须负损害赔偿之责。盖此种情形，乃行纪人不履行其处置之义务也。

关于处置易于败坏之物，贬价急速出售，乃其最普通之方法。其他之处置，例如受托鱼之出卖者，在鱼将近腐臭之前，将鱼腌晒是。

当然,行纪人究应为何种之处置,此乃视其具体之情形而定。某种处置方法,在该情形,对于委托人较为有利者,行纪人即须采取此种处置。

（七）行纪人请求报酬及费用之权利

（甲）报酬、寄存费及运送费　行纪人有向委托人请求报酬、寄存费及运送费之权（五八二条上段）。所谓报酬者,行纪人为委托人为交易行为之报酬也。所谓寄存费者,行纪人自为保管行为之报酬也。所谓运送费者,行纪人自为运送行为之报酬也。至若行纪人向仓库营业人或运送人所垫支之保管费用或运送费,则系五八二条下段所称为委托人之利益而支出之费用,并非五八二条上段所称之寄存费或运送费也。

行纪因系一种受报酬之营业故,行纪人自应得请求报酬。行纪人之得请求报酬,既无需当事人间之约定,亦决无行纪人不得请求报酬之习惯。于是五八二条上段称行纪人得依约定或习惯请求报酬、寄存费或运送费者,应非规定行纪人唯于有约定或习惯之时,始得请求此等报酬,而谓此等报酬之数额应从约定或习惯也。唯当事人间约定报酬额者,虽仅有一个报酬之名目,而当事人之意思,间或有包括寄存费或运送费在内。在此情形,行纪人应不得于约定报酬之外,再请求寄存费及运送费。

关于报酬之支付时期及交易未实行或未实行完毕时之报酬,自适用五四八条之规定（五七七条）。唯另有约定或另有习惯者,应仍从其约定或习惯。关于寄存费及运送费之支付时期,则前者于保管完毕时,后者于运送完毕时,即得请求之。

（乙）行纪人所垫支之费用　行纪人为委托人之利益所支出之费用,委托人应负偿还之责者,并须附加自支出时起之利息（五八二条下段）,利息以法定利率计算。当然,参照五四六条之规定,委托人须负偿还之责者，自应以交易实行上所必要之费用为限。

（八）行纪人拍卖之权利

（甲）关于买入之物之拍卖

行纪人所买入之物，虽在其占有之时，原已系委托人之所有物。且行纪人原负有将买入之物交付于委托人之义务。故行纪人对于买入之物，本应无权处分。唯《民法》为免除行纪人保管之责任及保全行纪人因行纪委托关系所发生之债权起见，认为行纪人于特种情形之时，有拍卖买入之物之权（五八五条）。当然，须具备该条所定之全部要件，始得拍卖。兹列举该条所定之要件，分别说明之：

（子）须行纪人之买入行为系合于委托人之指示　盖若系不依委托人之指示所买入之物，则并非委托人之所有物。且此种情形，行纪人并不发生五八二条之权利，自无须认为有拍卖之权。唯五八〇条、五八一条之情形，既系对于委托人发生效力，自仍适用五八五条之规定。

（丑）须委托人拒绝受领　当然，委托人既已为物之受领，该物已非行纪人所占有者，行纪人自无拍卖之权。该条所称拒绝受领云云，其意义则与二三四条所称拒绝受领完全相同，包含有二种情形：（一）委托人不为物之受领行为；（二）委托人不为给付之必要协助行为。例如委托人迁移地址，不告知于行纪人，致行纪人无法为交付者，行纪人亦有五八五条之权。唯委托人之不能受领，则仅成立委托人之受领迟延责任，并不适用五八五条之规定。

（寅）须行纪人已定相当期限催告委托人受领而委托人仍逾期不为受领　虽系拒绝受领，一般买入之物，在未具备此个要件之时，尚仅成立委托人之受领迟延责任。须具备此个要件之后，行纪人始有拍卖之权。催告之通知，一般情形自须送达于委托人。唯上例不知地址之情形，则得以登报通告代之。催告所定之期限并不相当者，须经相当之期限之后,始得拍卖。相当期限虽已届满,行纪人欲为拍卖者,除因委托人仍未为给付之必要协助行为,致行纪人仍不能为给付之提出者外,假若委托人已于期内通知行纪人,请予送来,而依约又原非以行纪人之营业所为清偿地者,则行纪人仍须再为一度之给付提出行为。并非委托人逾期不来取去,行纪人遂于期限届满之后,即得拍卖。

然须具备(寅)之要件者,乃限于拍卖一般之买入之物。若该买入之物系易于败坏之物者,则只须具备(子)(丑)二个要件,无须经过催告,即得拍卖(五八五条二项)。盖恐迟延时日,物将败坏,虽为拍卖,亦无所得,不能达到以其拍卖所得之价金扣抵债权之目的故也。

(乙)关于委托出卖之物之拍卖

行纪人之得拍卖委托出卖之物,为《民法》五八六条所规定,计分二种情形:一为委托出卖之物不能卖出之情形,一为委托人撤回其出卖委托之情形。所谓不能卖出者,乃指不能依委托人所指定之价额卖出而言。所谓委托人撤回其出卖之委托者,乃指委托人终止或撤销其委托行纪之契约而言。《民法》虽就此二种情形,同规定其得为拍卖,其意义则并不相同。前之情形,《民法》乃规定其得不依委托人所指定之价额,而以拍卖之方法为出卖。后之情形,《民法》乃规定其虽已无出卖之权限(因委托行纪契约所取得之权限),而仍得以拍卖之方法为出卖。

此二种情形,尚均须委托人不于相当期间取回或处分其物,行纪人始有拍卖之权。前之情形,更须行纪人已为不能卖出之通知,其相当期间亦自通知达到后起算。唯条文乃称委托人不取回,并非称委托人拒绝受领,自只须已为不能卖出之通知足矣。并无就物之返还曾为现实之提出,且亦并无曾为言词提出之必要。至称处分其物者,例如命行纪人将物交付于第三人是也。

学者或以为行纪人依照五八六条之规定,拍卖其物者,亦尚须先为催告。此点余则不以为然，余以为五八六条称行纪人得依前条之规定行使其权利者，乃行纪人得拍卖其物，得就拍卖价金取偿债权，并得提存其剩余之谓也。

（丙）拍卖价金之处分

称行纪人有拍卖之权者，其权利之内容，非仅行纪人得就其物为换价行为而已也。行纪人因委托关系所生对于委托人之债权，亦得径就此拍卖价金中取偿之。抵偿债权实系此拍卖之重要目的（五八五条一项末段、五八六条）。

当然，得以拍卖价金抵偿者，限于因委托关系所生之债权。所谓因委托关系所生之债权者，五八二条所规定各种报酬费用之请求权是也。除五八二条所规定者外，因保管、运送关系所生之损害赔偿请求权（五九六条、六三一条）应亦属之。

拍卖价金，以之抵偿因委托关系所生之债权外，尚有剩余者，行纪人得径将此剩余额提存之。此提存无须再适用三二六条之规定。然此剩余额乃原应交付于委托人者，行纪人对于委托人纵尚有其他债权，应不能径就此剩余额中取偿之。

第十四章 寄 托

第一节 寄托之意义及其性质

寄托是当事人一方以物交付他方,他方允为保管之契约(五八九条一项)。以下就其性质分点述之:

(一)寄托系以约定物之保管为内容之契约

(甲)寄托契约乃系约定由受寄人保管寄托人所交付之物。保管云者,保持其物之占有,并维持其物之原状之谓也。

(乙)寄托契约因受寄人取得物之占有而成立。寄托契约终了之后,受寄人须将物之占有返还于寄托人。是故在寄托关系存续中,受寄人须继续保持寄托物之占有,以便将来返还于寄托人。此所以称保管云者,非但维持物之原状而已也,并须保持物之占有。

(丙)何谓维持物之原状?物不灭失毁损或发生其他瑕疵之谓也。为保管之目的,受寄人在寄托关系存续中,须为防止寄托物灭失毁损或发生其他瑕疵之必要行为。

(丁)关于保管之物,我国《民法》则并无明文限制,应不以动产为限,不动产亦得成立寄托关系,又寄托物当然并不限于寄托人之所有物。

(二)寄托系要物契约

依照五八九条一项之规定,寄托契约并无约定物之交付。所约定者仅关于物之保管而已。该项称一方以物交付他方,他方允为保管之契约云云者,乃谓寄托契约之成立,须有物之交付行为与双方关于保管之合意。是故寄托契约之系要物契约者明矣。

（三）寄托契约或系片务无偿契约或系双务有偿契约

寄托或得请求报酬,或不得请求报酬。不得请求报酬者,乃系片务无偿契约。得请求报酬者,乃系双务有偿契约。唯我国《民法》五八九条二项之规定,寄托契约乃以片务无偿为原则。

（四）寄托究系属于何种典型之契约

余以为为他人保管物品,其性质仍不外乎为他人处理事务。寄托契约尽可视为委任契约之一种。所不同者,唯寄托契约系要物契约而已。

第二节　寄托之效力

（一）受寄人保管寄托物之义务

寄托契约以约定物之保管为其内容,受寄人之应负保管寄托物之义务,自不待言。保管之意义既如前节之所述,于是就保管之义务分析言之,受寄人应有保持占有与维持原状之二种义务。为履行保持占有之义务起见,受寄人应将寄托物置于安全之所,为安全之设备。在占有被侵夺之时,并须行使九六〇条、九六二条之权利。为履行维持原状之义务起见,受寄人须依其情形,为各种必要行为。例如果物之受寄,须置于通风之所使不易腐烂;失火之时,须将寄托物搬出是也。更复因此义务,寄托物之生有天然孳息者,受寄人须为天然孳息之收取。盖以天然孳息在未分离之前原系物之一部故也。

关于保管之注意、保管之方法及可否得使第三人代为保管，《民法》设有明文规定。以下就此数点分述之：

（甲）受寄人保管寄托物应具之注意，因其得请求报酬与否而不同。受寄人得请求报酬者，应以善良管理人之注意为保管。不得请求报酬者，应与处理自己之事务为同一之注意（五九〇条）。

（乙）保管之方法经有约定者，受寄人应依约定之方法为保管。唯有急迫之情事，并可推定寄托人若知有此情事，亦允许变更其约定方法者，受寄人始得变更之（五九四条）。唯此情形，始得变更，并应为变更。

（丙）受寄人应自己保管寄托物。唯经寄托人同意，或另有习惯者，或有不得已之事由者，始得使第三人代为保管（五九二条）。盖以寄托人之所以将寄托物交与受寄人保管者，常系基于受寄人个人之信赖故也。

受寄人之使第三人代为保管，为法之所许者，受寄人仅就第三人之选任及其对于第三人所为之指示，负其责任（五九三条二项）。受寄人只须其选任及指示并无不适当，则寄托人纵因第三人之保管行为，受有损害，亦无须负赔偿之责。

并无具备五九二条但书所规定之各种情形，而受寄人违法使第三人代为保管者，则受寄人对于寄托物因此所受之损害，应负赔偿责任（五九三条一项本文）。依此规定，受寄人不但对第三人之过失应负责任，即寄托物在送付于第三人之途中，因不可抗力而灭失，或寄托物因第三人无过失之行为而发生损害者，受寄人亦应负赔偿之责。此其责任范围显较五三八条一项所规定者为大。至于五九三条一项但书之规定，亦并非减轻受寄人之责任范围。盖以该项但书所称之情形，乃仅系其损害发生于代为保管之时，并非因使第三人代为保管，而始发生此损害。依照该项本文之规定，原无须负责。该项但书之规定，乃将因果关系之举证责任亦归由受寄人负担也。虽事实上系纵不使第三人代为保管,亦仍不免发生损害,若受寄人不能证明之者,受寄人仍须负损害赔偿之责。

因上述甲、乙、丙三点规定,所生寄托人之损害赔偿请求权,其消灭时效期间均为一年,自寄托关系终止时起算(六〇五条)。

(二)受寄人使用寄托物时之责任

寄托契约乃约定由受寄人负保管之义务,并无约定受寄人得为寄托物之使用。是故无论寄托契约之为有偿或无偿,受寄人之不得为寄托物之使用,乃显不待言。受寄人之得自为寄托物之使用,或得使第三人使用者,仅限于曾经寄托人同意之时(五九一条一项)。

受寄人未经寄托人之同意,自为寄托物之使用,或使第三人使用寄托物者,此乃侵害寄托人之权利,本应只成立侵权行为之损害赔偿责任。但《民法》规定,此种情形,受寄人之责任并不以赔偿损害为限,受寄人仍须负二种责任:一为给付报偿;二为赔偿损害(五九一条二项)。虽寄托人并无因此而受损害,受寄人亦须给付相当报偿,此乃使用之对价也。至若寄托人因此而受损害者,则须负给付报偿与赔偿损害之二种责任。当然,此种损害赔偿责任,既系因侵权行为而发生,自须具备侵权行为之全部要件。于是受寄人能证明纵不使用寄托物,仍不免发生损害者,应无须负损害赔偿之责。又既另得请求给付使用之报偿,于是因使用当然之消耗,应亦不能再视为损害,请求赔偿。关于此种损害赔偿请求权之时效期间,应亦适用六〇五条之规定。

(三)受寄人必要费用偿还请求权

受寄人因保管寄托物所支出之必要费用,寄托人应偿还之。但契约另有订定者,依其订定(五九五条)。所谓契约另有订定者,或系其所约定之报酬业已计算保管费用在内,或系约定保管费用亦由受寄人负担是也。此等情形,则受寄人并无请求偿还费用之权。

又五四五条之规定,对于寄托应亦准用之。除契约有反对之订定者外,受寄人应亦得请求寄托人预先支付。

关于费用偿还请求权之时效期间为一年,自寄托关系终止时起算(六〇五条)。

(四)受寄人损害赔偿请求权

受寄人因寄托物之性质或瑕疵所受之损害,寄托人应负赔偿责任(五九六条本文)。不但寄托之为无偿者,受寄人有此请求权。寄托之为有偿者亦然。因寄托物之性质而受损害者,例如寄托物易于爆发者是也。因寄托物之瑕疵而受损害者,例如寄托之动物藏有传染病菌者是也。

然寄托人之损害赔偿责任,乃与委任人之损害赔偿责任并不相同。五四六条三项之规定,只须受任人自己并无过失,即得请求委任人赔偿。关于寄托人之损害赔偿责任,则《民法》规定,寄托人于寄托时非因过失而不知寄托物有发生危险之性质或瑕疵,或为受寄人所已知者,不在此限(五九六条但书)。于是原则上寄托人虽须负损害赔偿责任,然若受寄人于寄托时已知其有发生危险之性质或瑕疵,或寄托人于寄托时并不知其有危险之性质或瑕疵,且其不知并非基于过失者,则寄托人仍并无损害赔偿之责。寄托人之责显较委任人为轻。唯对于此二种情事,须由寄托人负举证之责而已。

关于损害赔偿请求权之时效期间为一年,自寄托关系终止时起算(六〇五条)。

(五)受寄人请求报酬之权利

受寄人唯于经有报酬之约定,或依其情形,非受报酬,即不为保管者,始得向寄托人请求报酬(五八九条二项)。

报酬额有约定者,自依其约定。无约定者,依其习惯。受寄托人订有价目表者,则于无约定之时,则依价目表请求报酬。

报酬之支付时期,自亦应依照当事人之约定。支付时期若无约定,则非分期定报酬额者,寄托人应于寄托关系终止时给付之。分期定报酬额者,寄托人应于每期届满时给付之(六〇一条一项)。

然寄托关系终止时,约定之保管义务尚未全部履行完毕者,受寄人是否亦得请求报酬?例如约定保管一月,在未满一月之时,受寄人将寄托物交还,或寄托人将寄托物取回是。在此等情形,受寄人是否得请求报酬及是否得请求全部之报酬?其经有约定者,自应依其约定。如无约定,则寄托关系若系因可归责于受寄人之事由而终止者,受寄人不得请求报酬。寄托关系若系因非可归责于受寄人之事由而终止者,则受寄人得就其已为保管之部分,按照比例,请求原定报酬之一部(六〇一条二项)。

关于报酬请求权之消灭时效期间为一年,自寄托关系终止时起算(六〇五条)。

(六)受寄人返还寄托物之义务

寄托人之将寄托物之占有移转于受寄人者,乃为保管之目的。寄托人仅为此目的,一时的移转占有,并非永久移转占有。是故当此目的终了之时,受寄人自应将寄托物返还于寄托人。此所以寄托契约之效力,受寄人应负返还寄托物之义务。不但寄托物之属于寄托人所有者,受寄人应负此义务,寄托物虽非属于寄托人所有者亦然(六〇四条)。当然,寄托物之属于寄托人之所有者,寄托人更得依据物权的请求权之作用,请求返还。以下就返还之时期、返还之范围、返还之处所及寄托契约所发生之返还请求权与物权的请求权之关系分述之:

(甲)返还之时期　受寄人唯于寄托关系终止之后,始有返还之义务。亦唯于寄托关系终止之后,始得返还。五九七条及五九八条一项之情形,乃寄托人或受寄人得随时终止契约,故得随时请求返还,或随时返还。

（乙）返还之范围　受寄人有收取寄托物之孳息者,返还寄托物之时,应将该物之孳息一并返还（五九九条）。

（丙）返还之处所　寄托物之返还,于该物应为保管之地行之。受寄人依五九二条或依五九四条之规定,将寄托物转置他处者,亦仍应于受寄人应为保管之地行之。当然无论何种情形,关于返还之处所经有约定者,自应依其约定。

（丁）寄托契约所发生之请求权与物权的请求权之关系　此二种请求权均属于寄托人之时,自不发生若何问题。唯寄托物若非属于寄托人所有者,寄托人得依据寄托契约之效力,请求返还。所有人亦得依据物权的请求权之作用,请求返还。于此之时,受寄人究应向何人而为返还乎？仅知其系属于第三人之所有者,或第三人仅向受寄人为诉讼外之请求,则受寄人仍须将寄托物返于寄托人。唯第三人就寄托物主张所有权或其他物权,基于物权的请求权之作用,经向受寄人提起诉讼或已为扣押者,受寄人始得对于寄托人拒绝返还（六〇四条一项）。所谓对于受寄人提起诉讼者,乃指对于受寄人提起请求物之交付之诉而言。盖以受寄人若受败诉之判决,须将物交付第三人,故第三人已经提起此种诉讼之后,在第三人未经败诉确定以前,受寄人无须将物返还于寄托人。至于已为扣押,则无论其物受扣押（《强制执行法》一二三条、一二四条）或寄托人对于受寄人之返还请求权受扣押（同法一二六条）,受寄人依法原均不能将寄托物交还于寄托人。是故在此情形,受寄人自无须将寄托物返还于寄托人。

在第三人提起诉讼或为扣押之时,虽无须返还于寄托人。唯为使寄托人得参加诉讼,或提起执行异议之诉,以保护自己之权利起见,受寄人应立即通知寄托人(六〇四条二项)。否则,寄托人因此而受损害者,受寄人应负赔偿之责。

第三节　寄托关系之消灭

寄托契约定有期限者,因满期或终止而消灭。未定有期限者,因终止而消灭。当然,解除条件之成就、寄托物之消灭等亦系寄托关系之消灭原因。以下就寄托人之终止权与受寄人之终止权分述之:

(一)寄托人之终止权　寄托契约无论定有期限与否,寄托人均得随时终止(五九七条)。该条虽系称得随时请求返还,盖以得随时终止,始得随时请求返还也。唯以请求返还之通知,并代终止之意思表示。

或将以为有偿之寄托,认寄托人得于期限未届满前,随时终止者,未免有失公平。此则五九七条不称得随时终止,而称得随时请求返还,解释上较为便利。有偿寄托,寄托人虽得随时请求返还,对于期限内之报酬,仍须负全部支付之责。

(二)受寄人之终止权　寄托契约未定有期限者,受寄人得随时终止契约,返还寄托物(五九八条一项)。然该项虽称随时返还寄托物,若寄托人之受领有需准备者,仍须先为终止,再为返还。

寄托契约之定有期限者,受寄人于期限未满之前,原则上应无终止之权。其得于期限未满之前为终止者,仅限于有不得已事由之情形(五九八条二项)。

第四节　消费寄托

第一项　消费寄托之意义及其性质

寄托物为代替物,且约定寄托物之所有权移转于受寄人,将来由受寄人以种类品质数量相同之物返还者,此种契约关系,学者称之为消费寄托契约,即《民法》六〇二条所规定之情形是也。

《民法》六〇二条称"适用关于消费借贷之规定",于是消费寄托契约究系寄托契约乎,抑系消费借贷契约乎?寄托契约仅以物之占有之移转为成立要件,消费寄托契约则并须约定物之所有权之转移。是消费寄托契约与寄托契约不同。就其适用消费借贷之条文而言,消费寄托契约虽似即系消费借贷契约,然一则仍以寄托物之保管为其目的,一则以使他方得为使用而消费为其目的。消费寄托契约应亦与消费借贷契约不同。消费寄托乃系既非寄托亦非消费借贷之另一种契约。

第二项　消费寄托之效力

关于消费寄托之效力,《民法》仅称,自受寄人受领该物时起,适用关于消费借贷之规定。然在受领人未受领该物之前,消费寄托果有何种效力否乎?依照六〇二条之规定,消费寄托契约之内容,虽有约定寄托物所有权之移转,余以为受寄人应无请求移转寄托物所有权之权。盖消费寄托契约乃纯系为寄托人之利益而订定故也。纵与消费借贷亦不能同论。须寄托人将寄托物所有权移转于受寄人之后,消费寄托契约始生效力。

受寄人受领寄托物之后,《民法》规定其适用消费借贷之规定,于是四七六条二项、三项,四七八条,四七九条及四八〇条均应适用于消费寄托。更复依照四七八条之反面解释,消费寄托之定有期限者,在所定期限未届满之前,寄托人应不得请求返还。

关于消费寄托之效力,除适用消费借贷之上开各条条文外,当然寄托物之利益及危险,自所有权移转之后,即归由受寄人享受负担。

第三项　消费寄托之推定

《民法》六〇三条称:寄托物为金钱时,推定受寄人无返还原物之义务。是寄托物为金钱者,推定其当事人间所订之契约为消费寄托契约,并推定其金钱之所有权经已移转于受寄人。

因推定其为消费寄托关系,故受托人应无返还原物之必要,只须返还同一数额足矣(六〇三条一项)。当然,四八〇条一款之规定,对于此种推定之消费寄托亦适用之。

因推定其金钱之所有权经已移转于受寄人,故关于该金钱之利益及危险,应由受寄人享受负担,并认为自金钱交付时起,利益及危险即移转于受寄人(六〇三条二项)。

唯关于所定期限未届满前寄托人请求物之返还,则六〇三条三项另有规定,乃与消费借贷之规定不同。换言之,虽推定其为消费寄托,关于此点之效力,则与一般消费寄托并不相同。一般消费寄托,适用消费借贷之规定,在所定期间未满之前,无论何种事由,寄托人均不得请求返还。推定之消费寄托,适用六〇三条三项之规定,则原则上虽亦不得请求返还,但若有不得已之事由者,期限虽未届满,仍得请求返还。此在立法上,其不当也不待言。

第五节　旅店主人之法定寄托关系及其保管责任

我国《民法》仿各国民法、商法之例，亦认为旅店主人，其他供客人住宿为目的之场所之主人、饮食店之主人及浴堂之主人，对于客人所携带之物品，有法定之保管责任（六〇六条以下）。此等场所之主人与客人间虽无寄托契约之订立，对于客人所携带之物品，《民法》亦视为有法定之寄托关系。且此等场所主人之保管责任，《民法》认为较之一般受寄人为重。其理由盖以：（一）旅店、其他住宿场所、饮食店、浴堂等处，常有许多客人之聚会。一客人虽欲对于自己所携带之物品，为充分之注意，事实上亦常系不可能。（二）旅店等营业，原以许多客人之聚会为其目的，于是其营业之性质上，自应有完全之设备与夫充分之管理，使客人所携带之物品不致损坏丧失故也。以下就旅店主人等之保管责任分点述之：

（一）旅店主人或其他以供客人住宿为目的之场所主人之保管责任

所谓其他以供客人住宿为目的之场所者，即较之旅店，设备简陋之公寓、学旅等是也。并非以供他人住宿为营业，临时供他人住宿及不取住宿费者，并不包括在内。

旅店主人或其他场所主人之保管责任，因其物品之种类而异。若非属于金钱、有价证券、珠宝或其他贵重物品，则只须系客人所携带者，旅店主人或其他场所主人即须负保管责任。此种情形，旅店主人等之保管责任与一般受寄人之保管责任，所不同者计有三点：第一，旅店主人等，就此等物品，虽未与客人订有寄托契约，亦须负保管责任；第二，所谓客人所携带之物品，该物品仍系客人自己所占有者为多，无须交付于旅店主人等之后,旅店主人等始负保管责任也;第三,旅店主人等之保管责任,非如一般受寄人之仅对于自己或其使用人之故意过失之行为始负责也。除基于其自己或使用人之故意过失之行为所致者外,对于自己或其使用人无过失之行为、第三人之行为、客人无过失之行为及因行为以外之原因所致之毁损丧失,亦均须负损害赔偿责任。无须负责者仅限于物品因不可抗力,或因物之性质,或因客人,或其伴侣,或其随从,或其来宾之故意过失而致毁损丧失之情形。且此等免责之情形,须由旅店主人等自负举证之责(六〇六条一项、二项)。至该条所称之不可抗力,其意义亦与从前所述者不同。若系基于业务上之原因者,概不得认为不可抗力。唯属于业务外之原因事实,旅店主人等纵尽相当之注意,仍不能防止其毁损丧失者,始系不可抗力。该条所称因其物之性质所致云者,则系兼指及物之性质或瑕疵(物之通常性质之缺少)所致者而言。

客人所携带之物品,为金钱、有价证券、珠宝或其他贵重物品者,则旅店主人或其他住宿场所主人,视其情形,或亦须负六〇六条同样之保管责任,或只须与一般受寄人负同一之保管责任。欲使旅店主人或其他住宿场所主人,对于金钱珠宝等贵重物品,亦负与六〇六条同样之保管责任者,则须将此等贵重物品,报明性质及数量,交付于旅店主人等保管始可(六〇八条一项)。盖以贵重物品,一旦毁损丧失,旅店主人等所需之赔偿额巨大故也。于是当客人报明贵重物品之性质数量而交付保管之时,旅店主人等若有正当理由,应可拒绝保管。例如交付极大数额之金钱于小旅店保管是。唯若旅店主人或其他住宿场所主人并无正当理由而拒绝保管者,则旅店主人等虽未为金钱等贵重物品之受领,自其拒绝时起,即须负六〇六条同样之保管责任(六〇六条二项上段)。

次就旅店主人或其他住宿场所主人对于金钱等贵重物品之一般保管责任而言。六〇八条一项称不负责任者,并非绝对不负责也,仅不负六〇六条同样之责任而已。于是关于金钱等贵重物品,旅店主人等与客人间,若已成立一般寄托关系者,于不能适用六〇八条一项之规定之时,应仍须负一般受寄人之保管责任。假定金钱等贵重物品,业已交付于旅店主人或其他住宿场所主人者,则虽未为性质数量之报明,若因主人或其所雇用之人之故意过失而致毁损丧失者,主人应仍负损害赔偿之责(六〇八条二项下段)。该条所称之雇用人,乃受雇人之误。

(二)饮食店主人、浴堂主人之保管责任

关于饮食店主人、浴堂主人之保管责任,与旅店主人或其他住宿场所主人之保管责任所不同者,仅其保管物之范围有广狭之分而已。饮食店主人及浴堂主人乃仅对于客人所携带之通常物品负责(六〇七条)。所谓客人所携带通常物品云者,乃指客人赴饮食店饮食或赴浴堂入浴时通常所携带之物品而言。非通常之物品,则除已成立一般寄托关系者外,饮食店主人、浴堂主人无须负责。通常物品之保管责任,饮食店主人、浴堂主人与旅店主人等完全相同。亦唯于六〇六条二项之情形,饮食店主人、浴堂主人始得免责。客人所携带之金钱等贵重物品,并不超出于通常所携带之范围者,若经报明性质数量,交付保管者,饮食店主人、浴堂主人亦仍须依照六〇六条负责。

(三)旅店主人等免除或限制其保管责任之揭示之效力

旅店、其他住宿场所、饮食店及浴堂内,常张贴有"贵客物件,各自留心,如有遗失,与本店无涉"一类之揭示者。以此揭示,限制或免除六〇六条至六〇八条所定主人之责任,《民法》认为无效(六〇九条)。此类揭示虽张贴于易见之处,亦不能视为客人系承认此类揭示之效力而为住宿或饮食、入浴者。主人若欲限制或免除自己责任,须与客人间确有限制或免除之合意。

(四)毁损丧失之通知

客人知其物品毁损丧失后,应即通知主人,使主人得为可能之补救行为。例如物品被窃,使主人得报告警察,或自为追踪是也。客人怠于通知者,丧失其损害赔偿请求权(六一〇条)。

(五)客人之损害赔偿请求权之消灭时效期间

依六〇六条至六〇八条所生之客人之损害赔偿请求权,其时效期间,不适用六〇五条之规定。自客人发见丧失或毁损时起,六个月不行使而消灭。不问客人曾否发见,自客人离去场所后,经过六个月者亦同(六一一条)。

(六)旅店主人等之留置权

《民法》既规定旅店主人等对于客人所携带之物品,法定的负担保管义务。故同时又复规定此等主人对于客人所携之物品,有留置权(六一二条)。此所以使此等主人对于客人物品之义务与权利得以保持均衡也。此留置权之成立,并不以客人之物品现为旅店主人等所占有为要件。

留置权之范围,条文虽泛称客人所携之行李及其他物品云云,当然饮食店主人、浴堂主人既仅对于通常所携带之物有保管义务,应亦唯对于通常所携带之物有留置权。

此留置权所担保之债权,六一二条所列举者仅有三种:一为住宿所生之债权;二为饮食所生之债权;三为旅店主人、其他住宿场所主人、饮食店主人或浴堂主人垫款所生之债权。浴费债权,依照条文,乃并不在内。

关于此留置权之其他效力,因系法定留置权之一种故,应准用物权篇留置权之规定(九三九条)。

第十五章　仓　库

商业繁盛之区,常有设置仓库,专以代他人保管物品为业者,此即《民法》上所称仓库营业人是也。仓库营业人为代他人保管物品而与他人所订立之契约,《民法》上称之曰仓库契约。仓库契约之性质及其效力,乃与一般寄托不同。故《民法》于寄托之次,特另设仓库之规定。

第一节　仓库营业人之意义

称仓库营业人者,谓以受报酬,而为他人堆藏及保管物品为营业之人也(六一三条)。以下分点述之:

（一）仓库营业人是为他人堆藏及保管物品之人

所谓堆藏云者,即置于仓库内之谓也。仓库自系一种工作物,但不以仓房为限,地窖亦系仓库。

仅为他人保管物品者,并非仓库营业人,须将他人之物品收藏于仓库之内而为保管者,始系仓库营业人。

（二）仓库营业人是受报酬而为他人堆藏及保管物品之人

须受报酬,而为他人堆藏及保管物品者,始系仓库营业人。

（三）仓库营业人是以堆藏及保管物品为营业之人

虽受报酬而为他人堆藏及保管物品,若仅偶为之者,仍非仓库营业人。仓库营业人乃以受报酬而为他人堆藏及保管物品为营业之人。

第二节　仓库契约之意义及其性质

仓库营业人之意义既如前节所述,于是仓库契约者,仓库营业人与他方约定,仓库营业人为他方堆藏及保管物品,他方支付报酬之契约也。以下述其性质:

（一）仓库契约是以物品之堆藏保管为其目的

（甲）一般寄托关系,虽亦有将他人之物品收藏于仓库之内而为保管者。仓库契约则以收藏于仓库之内而为保管为其要件。

（乙）仓库契约既须将物品收藏于仓库之内而为保管,于是仓库契约之物品,应以动产为限。

（二）仓库契约是双务有偿契约

仓库契约乃一方负担堆藏保管之债务,他方负担支付报酬之债务,是故仓库契约必系双务有偿契约。

（三）仓库契约乃仓库营业人所订立之契约

仓库契约之受寄人,须为仓库营业人。否则,不适用《民法》仓库之规定。

（四）仓库契约并非要物契约

外国学者虽多以为仓库契约亦系要物契约。然余以为《民法》关于仓库契约,并无如一般寄托契约,明文规定为要物契约。虽仓库契约,其性质为寄托契约之一种,并非必须亦认为要物契约也。盖如订约后仓库已满,或订约后并不交货存库等情形,若认为要物契约,将不能以债务不履行之理由,说明双方之责任矣,应以认为诺成契约为宜。

第三节　仓库契约之效力

《民法》六一四条称:仓库除本节有规定者外,准用关于寄托之规定。于是五九一条至五九六条、六〇〇条至六〇二条之规定,均应准用于仓库契约。关于仓库营业人堆藏保管之注意程度,则应准用有偿寄托之规定(五九〇条)。以下仅就《民法》关于仓库契约之效力设有明文者,分点述之:

（一）仓库营业人填发仓单之义务

仓库营业人因寄托人之请求,应由仓单簿填发仓单(六一五条)。

（甲）仓单之形式

仓单应记载下列事项,并由仓库营业人签名(六一六条一项):

一、寄托人之姓名及住址;

二、保管之场所;

三、受寄物之种类、品质、数量及其包皮之种类、个数及记号;

四、仓单之填发地及填发之年月日;

五、定有保管期间者,其期间;

六、保管费;

七、受寄物已付保险者,其保险金额、保险期间及保险人之名号。

以上七款,除五、七两款,在未定有保管期间及未付保险之时,无须记载外,其余五款,非全部记载不可。缺一不载,或未经仓库营业人签名者,仓单即系无效。至于添记其他事项,则在不违反仓单性质之范围以内,并非法所不许。

（乙）仓单填发之方法

仓单须由仓单簿填发(六一五条)。并须将仓单上所记载之各款事项,记载于仓单簿之存根(六一六条二项)。然不由仓单簿填发,或无存根,或存根之记载不完全者,此乃与仓单之效力无关。

(丙)请求填发仓单之人

依照六一五条之规定,请求填发仓单之人乃寄托人。且唯经寄托人请求之后,仓库营业人始有填发之义务。

至于寄托人之得请求填发仓单者,是否限于货物所有人? 关于此点,因六一五条仅泛称寄托人而已,并无限制之明文,应作消极之解释。寄托人虽非货物所有人,亦得请求填发仓单。

(丁)仓单之性质及其效力

(子)仓单是表彰货物交付请求权之证券　寄托人之所以请求填发仓单者,乃为寄托物贩卖之便利计也。寄托物贩卖之时,无须将寄托物自仓库中提出,交付于买受人。以仓单之交付,代货物之交付。仓单交付之后,由买受人凭仓单自向仓库营业人提取货物。

仓单之用途既如斯,于是寄托人一经将仓单交付于他人之后,应即不得自向仓库营业人请求交付货物。唯持有仓单者,始有向仓库营业人请求交付货物之权。

既唯持有仓单者,始有请求交付货物之权。于是货物交付请求权乃与仓单有不可分离之关系,仓单应系表彰货物交付请求权之证券。

(丑)仓单是物权的证券　仓单既系表彰货物交付请求权,本应认为一种债权证券。然如上述,仓单之交付乃以代货物之交付。依照六一八条之规定,货物之处分,又非为仓单之交付不可。就仓单之交付而言,仓单实有代表物品之性质。故余亦称仓单为一种物权的证券。

(寅)仓单是否系不要因证券及文义证券　学者或以为仓单亦系不要因证券者。或以为就货物交付请求权之发生而言,虽系要因证券。货物交付请求权若已发生,仅就其内容而言,则系文义证券。或以为仓单之要因性,乃仅就寄托人与仓库营业人间之关系而言,一经移转之后,则必系文义证券。然仓单未填发之前,已有货物交付请求权。货物交付请求权乃因仓库契约而发生也。仓单并非货物交付请求权之发生原因,乃系表彰仓库契约所发生之货物交付请求权。唯货物交付请求权经已发生,仓单始有其表彰之目的。仓单并非设权证券,仓单显非不要因证券。

又仓单既系表彰仓库契约所发生之货物交付请求权,仓单并无创设权利之效力,因之应亦无变更权利内容之效力。于是仓单所表彰之货物交付请求权,其内容自应依仓单契约而决定,非应依仓单之记载而决定也。仓单应非文义证券。

至于仓单虽经移转之后,仓单所表彰之货物交付请求权,仍系原仓库契约所发生之货物交付请求权。应不能谓一经移转之后,仓单即失去要因性也。提单之在受让人与运送人间之关系,为文义证券者,乃因《民法》设有六二七条之特别规定也。

唯仓单虽系要因证券,虽非文义证券,因六一八条规定,仓单之移转曾经仓库营业人签名之故,纵仓库契约未经有效订立,或仓库营业人未为货物之受领,或仓单之记载纵与仓库契约之内容不符,仓库营业人亦仍须依仓单之记载,负履行之责。

(卯)仓单是记名证券或指定证券(Orderpapier)　依照六一六条一项一款之规定,仓单显须为记名证券。又于仓单上添记指定文句(Orderklause),并无违反仓单之性质,应系有效,故仓单亦得为指定证券。唯因有六一八条之规定故,仍与一般指定证券之性质不同耳。至于无记名证券之仓单,则为《民法》所不许。

(戊) 仓单之移转

先略述仓单移转之效果。仓单所表彰者,既仅系货物交付请求权,于是仓单移转行为自身所发生之效果,自仅货物交付请求权之移转而已。唯以仓单常系为处分货物之目的而移转。合物权的意思表示与仓单移转行为二者所发生之效果,取得仓单者遂因而取得物权矣。

关于仓单之移转方法,《民法》设有六一八条之规定。该条称:仓单所载之货物,非由货物所有人于仓单背书,并经仓库营业人签名,不生所有权移转之效力。于是仓单之移转,不仅为仓单之交付而已,须先经背书及签名。寄托人欲将自己所有之寄托于仓库之物,凭仓单以让于他人者,其仓单之转移方法,须先由寄托人自己在仓单上背书,再经仓库营业人在仓单上签名,而后将该仓单交付于被背书之人。若未经背书签名,或未经签名者,则寄托人虽曾为货物所有权移转之意思表示,且曾为仓单之交付,该他人亦不能取得货物所有权,仅取得仓单之占有而已。

仓单背书之方法,准用《票据法》二八条一项之规定,由仓单持有人为之。唯仓单持有人非货物所有人者,应不得以移转货物所有权之目的,为仓单之背书。

然六一八条仅系关于让与货物时之规定而已。我国《民法》关于仓库证券乃采取一券主义(即一单主义),仓单既以供让与货物之用,又以供出质货物之用。出质货物之时,仓单究须如何移转,质权始得有效设定耶? 学者或以为只须背书交付足矣。余以为凭仓单而出质货物者,并非证券权利之出质,九〇八条应不适用。《民法》关于出质货物时仓单移转之方法既无另设明文,应准用六一八条关于让与时之规定,寄托人欲将自己所有之寄托物凭仓单而为出质者,除须为设定质权之意思表示外,亦须自己在仓单上背书,送请仓库营业人在仓单上签名之后,将仓单交付于债权人,始系有效。至于背书,亦只须依照《票据法》二八条一项之规定则可。因我国《民法》并无与日商三六七条同样之规定故,应不以债权额之记入为要件。

以上虽就寄托人之移转仓单而为说明。当然,彼凭仓单而自寄托人取得货物之所有权或质权者，自更得凭仓单将货物所有权或质权再移转于他人。此时之仓单移转，亦须依照六一八条之规定为之。

（己）仓单移转后之仓库契约

第三人自受让仓单之后，原即得凭仓单向仓库营业人请求交付货物。其不请求交付者，视为寄托人与仓库营业人间之仓库契约关系，嗣后亦移转于仓单受让人。盖仓单仅表彰货物交付请求权，若不认为仓单受让人与仓库营业人间有仓库契约关系，将何以说明仓单受让人亦有检点摘样之权（六二〇条）？若不认为寄托人之仓库契约关系系移转于仓单受让人，将何以说明仓单移转前之保管费，于拍卖之时，亦得一并扣除（六二一条）？既认为仓单受让人亦有仓库契约关系，而系随同仓单之移转，受让于寄托人，于是仓单受让人不仅有检点摘样之权利及支付保管费用之义务而已，关于货物在保管期中所生之损害，仓单受让人亦得依照债务不履行之规定，请求仓库营业人赔偿。仓库营业人因寄托物之瑕疵或性质所受之损害，仓单受让人对之亦应负五九六条之责任。

唯仓单之移转，无须得仓库营业人之同意。于是寄托人因仓库契约所生之义务，虽认为自仓单移转之后，亦移转于仓单受让人。若仓库营业人之权利，不能自仓单受让人得到满足，或拍卖价金不足抵扣之时，则寄托人仍不免其责。

又仓单受让人虽系受让寄托人之仓库契约关系。仓单受让人若系货物所有权之受让人，则因仓库营业人于仓单移转时曾经签名之故，仓单受让人应得主张其仓库契约之内容，仓单有记载者，依照仓单之记载。

（庚）仓单之分割

寄托人或其后之仓单持有人，为贩卖或出质之利便故，常有分割仓单之必要。盖大量货物殊不易卖出，而以大量之物品为担保，向某一个人借取多额之金钱亦较为困难也。故《民法》规定仓单持有人得请求仓库营业人将寄托物分割为数部分,并填发各该部分之仓库。当然,既已就各部分分填仓单之后,原仓单自须返还(六一七条一项)。至于分割货物及填发各部分新仓单之费用,则应由仓单持有人负担(同条二项)。

(二)寄托人或仓单持有人检点货物或摘取样本之权利

关于此二种权利,为《民法》六二〇条所规定。检点货物者,检点其货物有无灭失、丧失及有无发生瑕疵也。摘取样本者,以便于贩卖,或亦系检点瑕疵之一法也。此二种权利,不但原寄托人有之,其后之仓单持有人亦有之。

然检点之后,如发见有瑕疵,仓库营业人是否更须容忍其必要之保存行为?此点,我国《民法》虽无明文规定,在不妨碍仓库营业人之营业范围以内,仓库营业人自不能拒绝。

至于《民法》虽仅称许其检点,然并非仓库营业人自身绝无检点之积极义务也。因准用五九〇条之规定,仓库营业人自应以善良管理人之注意,时为受寄物之检点。检点之后,发见受寄物有灭失或发生瑕疵之虞,则更须通知于寄托人或仓单持有人。

(三)仓库营业人之契约终止权

仓库营业人虽亦有终止仓库契约之权,然法律许其得为终止之情形,乃与一般受寄人不同。仓库契约之定有保管期间者,在保管期间未届满之前,仓库营业人绝对不得终止契约。既不得终止契约,故不得请求移去寄托物(六一九条一项)。此不但对于原寄托人不得终止,对于寄托人以外之仓单持有人亦然。

仓库契约之未定有保管期间者,亦非如一般受寄人之得随时终止。仓库营业人须经已保管六个月之后,始得终止契约,请求移去寄托物;且须预于一个月前通知(六一九条二项)。唯此六个月乃自该货物由寄托人交来保管之时起算。仓单纵已移转,并非自仓单移转之时起算。又仓库营业人虽系对于仓单持有人之前手通知,亦得向现在之持有人请求移去。

（四）仓库营业人拍卖货物之权利

仓库契约已因满期而终了,或一方当事人业已为终止契约之有效表示,而寄托人或仓单持有人不移去其货物者,若任其堆置于仓库之中,此显系有妨于仓库之营业。在此情形,应许仓库营业人对于货物有一种处置方法。此《民法》之所以认仓库营业人有拍卖之权也(六二一条)。仓库契约若已终了,不问其寄托人或仓单持有人系不肯移去,或系不能移去,仓库营业人均得先定一相当期限,请求寄托人或仓单持有人于期限内移去货物。不知仓单持有人之住址,以登报通告之方法为之。逾期仍不移去,仓库营业人得拍卖货物。

拍卖之后,拍卖费用及保管费用,仓库营业人径得自拍卖代价中扣除之。但六二一条仅规定此二种费用而已,于是五九五条所垫支之费用及五九六条之赔偿金,因无明文故,应不得扣除。至于拍卖及拍卖后之扣除费用,对于货物属于何人所有,则置所不问。所得扣除之保管费用,除曾已支付一部者外,自系保管期间内之全部保管费用,并非以仓单让与后之保管费用为限。

拍卖代价,扣除此二种费用后,其余额应交付于应得之人。所谓应得之人者,即寄托人或仓单持有人是也。寄托人或仓单持有人虽非货物所有人,亦应交付于寄托人或仓单持有人。又仓单持有人虽仅系货物之质权人,而拍卖代价又复多于担保金额,若仓单上并未载担保金额者,仍得将全部余额交付于仓单持有人。

当然,拍卖代价余额之交付,与货物之交付同。余额全部交付之时,自须将仓单返还仓库营业人。

第十六章 运送营业

第一节 总 说

第一项 《民法》所规定运送营业之范围

普通所称运送营业者,计分三种:一为物品运送营业;二为旅客运送营业;三为通信运送营业。然通信运送营业,乃属于国家邮政事业之一部分,国家另订有法规,自非《民法》所规定之范围。《民法》所规定者,仅限于物品运送营业与旅客运送营业二者而已。

而关于物品运送及旅客运送,以《海商法》上所称之船舶为之者,则属于《海商法》之规定(《海商法》七〇条至一一〇条)。物品运送及旅客运送之以火车飞机为之者,又复另有法律规定。于是《民法》上运送营业之规定,事实上仅适用于铁路以外之陆上运送及内河运送而已。

第二项 运送人之意义

运送营业人,《民法》上称之为运送人。运送人者,谓以运送物品或旅客为营业,而受运费之人(六二二条)。以下分点述之:

(一)运送人系运送物品旅客之人

(甲)所谓物品者,自以动产为限,不动产不能为运送物。盖以不动产不适于运送故也。

（乙）所谓旅客者，并非须其自己有旅行之意思。旅客乃泛指人而言。虽无意思能力者，例如婴孩，亦系旅客。

（丙）所称运送物品或旅客者，乃将动产或人，自某处移至于他处之谓也。至于其所移之距离之长短，乃所不问。

（二）运送人系受运费之人

唯运送物品或旅客，请求运送之报酬者，始系《民法》上所称之运送人。运送之报酬，《民法》上称为运费。

（三）运送人系以运送物品或旅客为营业之人

运动物品或旅客，虽受报酬，而仅偶为之者，仍非《民法》上之运送人。运送人须系以受运费而运送物品或旅客为营业之人。

第三项　运送契约之意义及其性质

称运送契约者，运送人与他方约定，运送人为他方运送物品，或为人之运送，他方支付报酬之契约也。以下就其性质，分点述之：

（一）运送契约是以物品或旅客之运到他处为其目的

运送契约并非仅约定为物品或旅客之运送行为，乃系约定将物品或旅客运到他处。换言之，运送契约乃以运送工作之完成为目的也。

（二）运送契约乃系双务有偿契约

多数学者均以为运送契约是双务有偿契约，余亦以为然。反对说者或以为婴孩之乘坐舟车，乃无须买票。然此并不能为运送契约得为片务无偿契约之根据。盖以大人携带婴孩，乘坐舟车之时，并非成立二个旅客运送契约也。又物品运送之运费，提单上虽有载明其支付人为受货人者（六二五条二项二款）。然运费虽约定由受货人支付，托运人对于运费并非毫无责任(二六八条)。且当事人之意思,实宁唯以二六八条之规定为前提,而始同意由受货人为支付也。故就此种情形而言,运送契约仍不失为双务有偿契约。

至于免费之物品或旅客运送,虽间亦有之。然在此情形,已显非营业行为,应不适用《民法》上运送营业之规定。故不能因有免费之运送,遂谓《民法》上之运送契约得为片务无偿契约。

(三)运送契约须系运送人所订立之契约

唯运送人所订立具备上述二点性质之契约,始系《民法》上之运送契约。若非《民法》上所称之运送人者,则纵其与他人所订契约之内容,完全与运送契约相同,亦不适用《民法》运送营业之规定。

第二节　物品运送

第一项　物品运送契约之性质

物品运送契约者,约定运送物品之运送契约也。托运人与受货人或系一人,或系二人。前者乃约定将物品运到之后,仍交付于自己,或交付于自己之代理人。后者乃约定将运送物交付于第三人。

关于物品运送契约之性质,除其与旅客运送契约共通之点,已于前节述明者外,更有以下三点,应特为说明:

(一)托运人与受货人非同一人之时物品运送契约亦并非向第三人为给付之契约　盖非只须给付向第三人为之者,即系向第三人为给付之契约。《民法》上所规定向第三人为给付之契约,乃指第三人亦因该契约而发生给付之直接请求权者而言(二六九条一项)。物品运送契约之订立,则并不发生受货人之货物交付请求权。受货人之货物交付请求权乃与运送物达到目的地后,基于法律之规定而取得。故物品运送契约虽在托运人与受货人非同一人之时,亦非向第三人为给付之契约。

（二）物品运送契约或系约定由第三人为给付之契约　运费常有约定由受货人支付者(六二五条二项二款)。此种情形,物品运送契约应系一个约定由第三人为给付之契约,适用二六八条之规定,故托运人对于运费仍不能免其责。

（三）物品运送契约并非要物契约　《民法》关于物品运送契约并无认为要物契约之明文规定,物品运送契约应非要物契约。托运人虽未将货物交付于运货人,物品运送契约亦已有效成立。

第二项　托运单

托运单者,托运人所作成关于运送事项之证据文件也。托运人因运送人之请求,应填给托运单(六二四条一项)。

托运单仅系一种证据文件而已,是故托运人虽未填给托运单,运送契约仍系有效。且唯经运送人请求之后,托运人始有填给托运单之义务。

又托运单虽亦有称为证券之一种者,然此乃证据证券,并非有价证券。与仓单及提单不同,并无所表彰之权利。

托运单之证据作用,乃与一般证据文件不同。托运单乃具有较强大之证据作用。非然,则《民法》殊无规定托运单应记载若干事项之理由也。我国《民法》虽无与德商四二六条三项同样之规定,托运人对于运送人,亦应就托运单所记载事项之正确,负其责任。例如托运单误载受货人为甲,运送人将货物交付于甲之时,托运人纵能证明当时所约定之受货人确非甲而为乙,托运人亦不得主张运送人之交付行为为非依照债务本旨之履行。又如货物原为高等品质之物,托运单上误载为下等货物者,托运人行使六三八条之权利之时,纵能证明当时所交运之物确系高等品质之物,亦只能就下等品质之物计算其价值。于是托运单者,乃具有绝对证据作用之证据文件也。除运送人填发有提单之情形外,托运单乃不容许任何反证之提出。

一般证据文件,关于记载事项之多少,并无限制。托运单则必须记载下列五款事项,并由托运人签名(六二四条二项):

一、托运人之姓名、地址;

二、运送物之种类、品质、数量及其包皮之种类、个数及记号;

三、目的地;

四、受货人之名号及住址;

五、托运单之填给地及其填给之年月日。

以上五款,缺一不载,或未由托运人签名者,托运单均系无效。虽曾交付于运送人,仅有一般文件之证据作用而已。至于五款之外,更添记其他关于运送契约之内容,例如添记运费者,则仍不失为有效之托运单。关于该添记事项,亦有强大之证据作用。

托运单不仅对于托运人有强大之证据作用,对于受货人亦然。例如受货人行使六三八条之权利时,亦仅得照托运单所误载之下等品质,计算价值是。唯运送人经已填发提单者,则对于提单持有人间之关系,应适用六二七条之规定,不得以托运单之记载相对抗。

至于提单尚为托运人所占有,提单之记载与托运单之记载不符者,既不适用六二七条之规定,托运单亦失其上述之强大的证据作用。此时,运送人与托运人间之权利义务,应依契约之真实之内容。

第三项　提单

提单者,运送人所填发之证券也。运送人因托运人之请求,应填发提单(六二五条一项)。

(甲) 提单之形式

提单应记载下列事项,并由运送人签名(六二五条二项):

一、托运人之姓名及住址;

二、运送物之种类、品质、数量及其包皮之种类、个数及记号;

三、目的地;

四、受货人之名号及住址;

五、运费之数额及其支付人为托运人或为受货人;

六、提单之填发地及其填发之年月日。

以上六款,缺一不载,或未经运送人签名者,提单乃系无效。至于添载其他事项,除已有明文规定者,自不待言外(六二八条但书),只须不违反于提单之性质,亦概为法之所许。

(乙) 请求填发提单之人

依照六二五条之规定,请求填发提单者乃托运人。且唯经托运人请求填发之后,运送人始有填发之义务。填发之后,亦系交付于托运人。请求填发提单之托运人,并不以货物所有人为限。至于受货人,则并不得请求填发提单。

(丙) 提单所表彰之权利

提单亦系表彰货物交付请求权之证券。然提单所表彰之货物交付请求权,究系请求交付于自己之权利耶? 抑系请求交付于他人之权利? 虽在托运人与受货人非同一人之时,物品运送契约乃仅发生请求交付货物于他人之权利。提单则在任何情形,均系表彰请求交付货物于自己之权利。

（丁）提单之第一权利人

提单虽系交于托运人，然托运人与受货人非同一人者，托运人仅系提单之第一占有人，提单之第一权利人则系受货人。

当然，主张托运人只是提单之第一占有人，并非提单之第一权利人。关于托运人之交付提单于受货人，是否亦须背书？及托运人是否得以自己之背书，移转提单于受货人以外之人？此等等诸问题均将发生不同之结论，决非只是概念上之游戏而已。余之所以主张托运人只是提单之第一占有人，并非提单之第一权利人者，盖以提单所表彰者，当然是请求交付货物于自己之权利，并非请求交付货物于他人之权利。托运人则除行使六四二条运送处分权之特殊情形外，决非请求交付货物于自己者。所以托运人应非提单之权利人。唯以提单必由运送人先交付于托运人，并非由运送人直接交付于受货人。所以提单之第一权利人虽为受货人，提单之第一占有人则为托运人。至于运送之处分虽亦须凭提单为之，托运人虽亦得凭提单为运送人之处分。此只以货物交付请求权既专属于提单持有人，运送处分权之行使自不能不凭提单。不然，将使运送人无所适从。提单所表彰者，则仍只是货物交付请求权则已，不能因此而遂谓托运人仍是提单之第一权利人。

（戊）提单之性质

（子）提单或系设权证券　托运人与受货人非同一人者，提单乃系设权证券。盖提单既系表彰请求交付货物于自己之权利，而在托运人与受货人非同一人之时，物品运送契约又并不发生请求交付货物于自己之权利，于是提单应系设权证券矣。因提单之作成行为，发生受货人之货物交付请求权。

（丑）提单系文义证券　关于此点，六二七条设有明文规定。提单无论为设权证券与否,均系文义证券。既是文义证券,自不宜又认为要因证券。唯提单之系非设权证券者,即托运人与受货人系同一人者,在托运人持有提单之时,则提单仍系要因证券,而系非文义证券。

(寅)提单系物权的证券　六二九条规定,提单之交付与物品之交付有同一之效力,故提单亦有代表物品之性质,而系一种物权的证券。

(卯)提单系记名证券或指定证券　受货人之姓名,为提单所必须记载之事项之一,提单自系记名证券。至于提单之得为指定证券,自不待言。盖依照六二八条之规定,提单虽记名式者,亦系当然之指定证券故也。

(己)提单之效力

(子)一经填发提单之后,货物交付请求权之行使,须凭提单为之。虽托运人自为受货人者亦然。托运人与受货人非同一人者,受货人并不得依照六四四条之规定,为货物交付请求权之主张。唯经托运人交付提单后,始得向运送人请求交付货物。

(丑)提单之移转,即发生货物交付请求权之移转。且货物交付请求权之移转,须凭提单为之。唯为提单之移转,始得发生货物交付请求权移转之效果。受货人欲将货物交付请求权移转于他人者,必须将提单移转于该他人。

(寅)提单之交付移转,于货物买卖赠与之时,就所有权移转之关系,与货物之交付,有同一之效力(六二九条)。该条所称有受领物品权利之人者,即系指物品所有权之受让人而言。例如物品隔地买卖之情形,并非必须俟运送人将物品交付于买受人后,始发生所有权移转之效果。其填发有提单者,出卖人只须将提单交付于买受人,所有权即移转。又如受货人欲将运送中之物品转卖于他人者,只须将托运人所交来之提单,移转于他人,亦即发生所有权移转之效果。

六二九条虽仅就物品所有权移转之关系而为规定。当然,就物品设定质权之时,提单之移转亦与物品之交付有同一之效力。

(卯)提单之交付移转,不但可以代物品之交付而已。且为运送物之处分,非为提单之交付不可。若提单仍为让与人所持有,仅一物权的意思表示,或虽并为货物交付请求权让与之意思表示,并不能发生运送物处分之效果。

(辰)至于提单为文义证券之效力,则提单一经交付于受货人,或经受货人移转于其他人之后,纵当时托运人与运送人间之运送契约,并未有效成立,提单持有人亦得凭提单而为货物交付请求权之主张。又提单之记载纵与运送契约之内容不符,而提单持有人关于货物交付请求权之内容,亦仍得依提单之记载而为主张(六二七条)。当然,此种效力,仅限于提单持有人非托运人之时有之。若托运人自为受货人,而提单仍为托运人所持有者,则关于货物交付请求权之存在与内容,应依运送契约而为决定。

(庚)提单之移转

(子)提单移转之意义　称提单之移转,与提单之交付,意义不同。就托运人与受货人间之关系,只须为提单之交付足矣,无须为提单之移转。六二八条并不适用于托运人与受货人间之关系。

(丑)提单移转之方法　除提单上有禁止背书之记载者,须依一般债权让与之方法为提单移转者外,其他情形,无论为记名证券或指定证券,提单之移转,均只须提单持有人在提单上背书,交付于被背书人足矣。提单背书之方法,无论其为货物之转让,或货物之出质,均准用《票据法》二八条一项之规定。至于提单之第一背书人,除托运人自为受货人者外,必为受货人。

(寅)提单移转之效果　提单既系表彰货物交付请求权,于是提单之移转自仅移转货物交付请求权而已。其物权因而变动者,此乃合物权的意思表示所生之效果。

至于托运人交付提单于受货人,合物权的意思表示,虽亦发生物权变动之效果。托运人仅交付提单于受货人,此则其交付行为乃系货物交付请求权之发生原因。

第四项　物品运送契约之效力

除前二项所述关于托运单之填给与提单之填发,亦系物品运送契约之效力外,兹更就物品运送契约之其他效力,分为以下三目述之:(一)托运人与运送人间之权利义务;(二)受货人与运送人间之权利义务;(三)提单持有人与运送人间之权利义务。以此顺序说明,眉目较为清楚。

第一目　托运人与运送人间之权利义务

(一)运送人运送物品之义务

物品之运送,不但将物品运至某处而已,并须为物品之交付。既须为物品之交付,自须保持物品之存在与占有。且其物品之交付,须以受领时之原状为之。是故物品运送义务之内容,析言之,计含有三种义务:一须为物品之运送;二须为物品之保管;三须为物品之交付。以上就物品运送义务之应如何履行及其不履行时之责任,分点述之:

(甲)物品运送义务之履行

(子)须按时为运送　托运物品应于约定期间内运送之。无约定者,依习惯。无约定亦无习惯者,应于相当期间内运送之(六三二条一项)。所称相当期间之决定,应顾及各该运送之特殊情形。例如该物品之运送,需特殊之包装者,应将车船运行所需之日期与特殊包装所需之时日合计而为决定是也。至于约定或习惯之期间,常有仅关于运送之开始者。此则除依其期间开始运送外,更须于相当期间内完毕其运送。

(丑)须依照托运人之指示而为运送　托运人关于运送义务之如何履行,有所指示者,运送人原则上应依照其指示而为运送。无论其指示系在于契约订立之时或订立之后者均然。指示以关于运送义务之履行者为限。

但若有急迫之情事,并可推定托运人若知有此情事,亦允许其变更者,则得变更其指示(六三三条)。此种情形,其不依照指示,并不成立债务不履行责任。依照下述六四一条之规定,或反有变更之义务。

(寅)须对于运送物及运送为必要之注意及处置　如有六三三条、六五〇条、六五一条之情形,或其他情形足以妨碍或迟延运送,或危害运送物之安全者,运送人为保护运送物所有人之利益,应为必要之注意及处置(六四一条)。所谓六三三条之情形者,即遇有急迫之情事,托运人知此情事亦将变更其指示之情形也。所谓六五〇条之情形者,受货人所在不明或拒绝受领之情形也。所谓六五一条之情形者,受领权之归属发生诉讼之情形也。所谓其他情形者,例如交通发生故障或危险等情形是也。发生以上各种情形,足以危害运送物之安全,致运送物有灭失毁损之危险,或迟延运送,或妨碍运送,例如将使运送发生困难或增加费用者,运送人须为必要之注意及处置。所谓必要之注意者,交易上必要之注意之义也,即须有善良管理人之注意。所谓必要之处置者,例如变更指示,或重行包装,或更换舟车等是也。运送人须以善良管理人之注意,防止上述结果之发生。必要之时,更须为积极之防止行为。

至于六四一条之用语虽似系认为对于运送物所有人之义务,此殊不然。托运人虽非运送物所有人者,运送人对之亦有此义务。且运送物所有人亦唯系托运人者,运送人对之始有此义务。

（卯）运送物达到目的地时应即通知受货人　运送人为履行交付运送物之义务，应于运送物达到目的地时，即通知受货人（六四三条）。盖一以使受货人为受领之准备，二以使受货人为提单之提示，运送人始得为交付义务之履行也。此通知义务乃因交付义务而生，故系对于托运人之义务，并非对于受货人之义务。通知不仅限于货物之达到而已，运费未受支付，或运费约定由受货人支付，或运送人经垫付各种费用等情事，亦应一并通知。

（乙）物品运送义务不履行时之责任

《民法》关于物品运送义务不履行时之责任，有明文规定者，计有二种：一为运送物丧失、毁损、迟到之责任（六三四条至六四〇条）；一为违反六四一条一项规定之责任（六四一条二项）。然违反六四一条一项之规定，亦多系发生运送物丧失、毁损、迟到之结果者。唯不以发生此三种结果为限，如因而增加运送费用是。又违反依照指示之义务，亦有仅因而增加费用者。以上各种情形，不履行责任之成立及其范围，究应如何依据而决定耶？余以为债务不履行之结果，致运送物丧失、毁损或迟到者，其责任之成立及范围，概依照六三四条至六四〇条之规定。其因而发生其他结果者，则其成立及范围，概依照一般债务不履行及损害赔偿之规定。以下就丧失、毁损及迟到之责任，分点述之：

（子）丧失、毁损、迟到之意义

丧失不仅指占有之丧失而言，系包括物之灭失在内。毁损不仅指形体之毁损，乃兼指价值效用之灭失、减少而言。迟到乃指运送之迟延与交付之迟延二者而言。

（丑）丧失、毁损、迟到之责任之成立

运送物丧失、毁损、迟到之时，运送人乃须为免责要件之证明，始得不负赔偿之责任。免责要件有四：（一）运送物因不可抗力而丧失、毁损、迟到者；(二) 运送物因其性质而丧失、毁损、迟到者；(三) 运送物因托运人之过失而丧失、毁损、迟到者；(四) 运送物因受货人之过失而丧失、毁损、迟到者。运送物之丧失、毁损、迟到，若并非基于此四种原因者，或虽系基于其中一种原因，而不能证明者，运送人概须负赔偿之责任（六三四条）。

何谓不可抗力及性质二字之含义，均与六〇六条所称者相同。不可抗力系指业务外之原因事实，运送人纵尽相当之注意，仍不能防止其丧失、毁损或迟到者而言。性质乃包括性质与瑕疵二者而言。至所称托运人之过失与受货人之过失，则系兼指托运人与受货人之故意过失及其使用人之故意过失而言。

免责要件既如上述，于是运送人对于运送物之丧失、毁损、迟到应负责任者，可分为二种情形：(一) 运送物因运送业务上之原因事实，而丧失、毁损、迟到者，无论运送人有无过失，均须负责。(二) 运送物因运送业务外之原因事实，而丧失、毁损、迟到者，无论其系因于自然界之变化，或系因于人之行为，须运送人有过失，致怠于防止者，始须负责。至于运送物因运送人所雇用之人，或其所委托为运送之人有过失，而致丧失、毁损、迟到者，依照一般债务不履行之规定（二二四条），原应视同运送人自己之过失，无庸六三六条再为明文之规定也。

然运送人与托运人或受货人均有过失，或运送物之性质既易于毁损丧失，而运送之设备亦欠妥善，或运送人亦有过失者，丧失毁损或迟到之时，运送人究须负责否乎？关于包皮有易见之瑕疵，运送人未代为包装妥固，因而丧失毁损者，《民法》设有明文规定。运送物因包皮有易见之瑕疵而丧失或毁损时，运送人如于接受该物时不为保留者，应负责任（六三五条）。即运送人于接受运送物时，若曾声明包皮有瑕疵，物品虽免破损者，则虽未代为包装妥固，嗣后因包皮瑕疵之原因所生之丧失毁损，运送人无须负责。若未声明者，则运送人欲求免责，须代为包装妥固。否则，无论其丧失毁损系以包皮之瑕疵为单独原因，或以包皮之瑕疵与运送人之过失或运送设备之不妥善为共同原因，运送人均须完全负责。至于其他情形，亦并非只须其运送物之性质系易于丧失毁损，或托运人或受货人有过失，运送人即无须负责也。例如托运人之指示不适当，为运送人所明知者，运送人除于事前声明，如此指示，将来若有丧失、毁损、迟到之情事，不能负责者外，应不能遂以六三四条为根据，主张免责。盖六三四条但书乃称因性质或债权人之过失而致者不在此限，若因运送物之性质与运送人之过失，或债权人与债务人双方之过失而致者，则并非六三四条但书所规定之范围。

（寅）丧失、毁损、迟到之责任之范围

（1）运送人有故意或重大过失时之责任范围　运送物之丧失、毁损或迟到，系因运送人之故意或重大过失所致者，除应依应交付时目的地之价值，赔偿损害外，如尚有其他损害，并应赔偿（六三八条一项、三项）。何谓依其应交付时目的地之价值计算赔偿额？例如运送物依约应于二月中旬交付者，假定运送物在该时目的地之价格为一千元，丧失之时，则应赔偿一千元。物经毁损仅值七百元者，则赔偿三百元。迟至三月中旬始交付，至三月中旬较之二月中旬物品跌价者，依其所跌之程度赔偿。当然，运送物丧失毁损之时，因而运费或其他费用无须支付者，自须由此赔偿额中扣除之（六三八条二项）。前例，运费为五十元并曾代支关税及包装费用等一百元者，丧失之时，只须赔偿八百五十元足矣。

至于其他损害亦应赔偿者，例如就该物已订定买卖契约者，因无物交付于买受人故，致支付违约金，或因届时无物使用，致不得不先向第三人租赁之情形，违约金或租金亦应一并赔偿是也。

（2）运送人仅有轻过失或无过失时之责任范围　运送人仅有轻过失，或并无过失时，则只须依其应交付时目的地之价值，计算其赔偿额足矣（六三八条一项）。换言之，只须赔偿物品之价格，或其价格之差额足矣，对于其他损害，则无须赔偿。运送物丧失毁损，因而运费或其他费用无须支付者，赔偿价格之时，并得扣除此省去之费用（六三八条二项）。

六三八条一项、三项乃就丧失、毁损、迟到三者一同规定。于是当事人间若并无特别之约定，运送人又仅有轻过失或并无过失之时，假定运送物虽迟到，而并无跌价者，运送人将并无若何责任矣。

（3）迟到责任之限度　无论运送人有无故意过失及其过失之轻重，因迟到之损害赔偿额，不得超过因其运送物全部丧失可得请求之赔偿额（六四〇条）。此条规定，殆关于迟到之损害赔偿额之约定之限制也。原来无论关于丧失、毁损或迟到之损害赔偿，均得由当事人间为违约金之约定，不适用六三八条之规定。关于丧失、毁损之违约金，仅须受二五二条之限制而已。关于迟到之违约金，则并得不超过运送物全部丧失时依照六三八条之规定所可得请求之赔偿额。

（4）贵重物品之责任　金钱、有价证券、珠宝或其他贵重物品，除托运时报明其性质及价值者外，运送人对于其丧失或毁损，不负责任（六三九条一项）。《民法》虽仅就丧失与毁损二者而为规定，迟到之时应亦然。盖若未报明其性质及价值者，迟到之时，使运送人须依六三八条一项之范围负赔偿责任，亦同系有失过苛也。

又性质价值经报明者，运送人虽应依照六三八条各项之规定，分别负其责任。但价额之赔偿，则以托运人所报者为限（六三九条二项）。申言之，运送人仅有轻过失或并无过失之时，其依照六三八条一项之规定所计算之赔偿额，不得超过于托运人所报之价额。至若运送人有故意或重大过失者,则仍应不受此限制。

然性质价值未经报明,六三九条所谓不负责任者,究系完全不负债务不履行之责任耶? 抑仅系不依照六三四条之规定负责耶? 当然,采取前说者,自亦以为运送人若有故意过失,依其情形,仍得成立侵权行为,其不能免责者一也。余则更以为应依后说。盖未经报明,乃债权人之故意过失,理论上仅得成立过失相抵而已,并非得完全排除债务人之不履行责任也。运送人若有故意过失之时,除适用二一七条外,其责任范围仍分别依照六三八条各项之规定。

(卯)责任之限制免除

以上所述运送人债务不履行之责任,自得由双方当事人之合意限制或免除之。唯运送人交与托运人之提单,或其他文件上(如运送章程是),有免除或限制运送人责任之记载者,除能证明托运人对于其责任之免除或限制,明示同意外,不生效力(六四九条)。并非只须提单或其他文件上经有免除限制之记载,且曾交付于托运人,即得谓托运人有关于免除限制之同意也。以提单或其他文件免除限制责任者,须有托运人明示之同意。沉默无论矣;仅依其行为,可以推定其系同意者,亦不生效力。不但运送物丧失、毁损或迟到之责任如此,关于其他债务不履行之责任亦然。

(辰)责任之消灭

运送人责任之消灭原因有二:(1) 不为保留;(2) 时效完成。以下分述之:

(1) 不为保留　受货人受领运送物,并支付运费及其他费用,不为保留者,运送人之责任消灭(六四八条一项)。无论其为关于丧失毁损迟到之责任,或关于其他不履行之责任均然。所谓保留者,当然系指损害赔偿请求权之保留而言。欲求于受领支付之后,仍得为损害赔偿之请求者,须于受领支付之时为损害赔偿请求权之保留。否则,自初即应拒绝受领支付。既不拒绝,又不保留,则一经受领支付之后,运送人之责任即归消灭矣。

唯若系运送物内部之丧失、毁损不易发见者,受货人于受领运送物后十日内将丧失、毁损通知于运送人者,其保留仍系有效。经十日后仍未通知者,始归消灭(六四八条二项)。又运送人若以诈术隐蔽其丧失毁损,或丧失毁损系因运送人之故意或重大过失所致者,则当时虽未为保留,十日内亦未为通知,运送人之责任,并不因而消灭(六四八条三项)。

(2) 时效完成　既经即时保留,或经于十日内通知,或运送人系以诈术隐蔽其丧失毁损,或丧失毁损系基于运送人之故意或重大过失者,则运送人之责任,因时效之完成而始消灭。关于丧失毁损或迟到所生之损害赔偿请求权,其消灭时效期间为二年,自运送终了或应终了之时起算(六二三条),关于其他不履行之损害赔偿请求权,则适用一般消灭时效之规定。

(二) 托运人交付必要之文件及为必要之说明之义务

托运人对于运送人,应交付运送上及关于税捐警察所必要之文件,并应为必要之说明(六二六条)。盖唯此,运送人始得为运送义务之履行也。且托运人不交付必要之文件,或不为必要之说明,因此使运送人发生损害者,托运人应负赔偿之责。

(三) 托运人告知性质之义务

托运物依其性质,对于人或财产有致损害之虞者,托运人于订立契约前,应将其性质告知运送人。怠于告知者,对于因此所致之损害,应负赔偿之责(六三一条)。盖运送人若知其性质,或将不愿订立契约,故托运人应有告知之义务。性质系包含瑕疵而言。

所谓怠于告知云者,因过失而不告知也。详言之,或因不知而不告知,其不知系基于过失。或知而不告知,其不告系基于过失。此二种情形,对于运送人因运送物之性质所受之损害,均应负赔偿之责。

当然,运送物之性质若为运送人所已知者,自无再为告知之必要。六三一条虽无如五九六条为排除之明文规定,托运人应亦无须负责。

(四)托运人请求中止运送返还运送物或为其他处分之权利

此所谓托运人之处分权是也(六四二条一项)。托运人得请求运送人中止运送。未开始运送者,得请求勿为运送。已运至中途者,得请求中途停止运送。已运至目的地者,得请求勿为交付。托运人又得请求运送人返还运送物,即请求运送人交付运送物于自己或自己之代理人。托运人更得为其他处分,例如请求运送人将运送物交付于所约定之受货人以外之第三人,或请求寄于仓库是。

托运人之处分,以不加重运送人之义务及害及运送人之权利为限。否则,托运人则无此权利。申言之,托运人虽得请求返还运送物,或请求交付运送物于另一第三人,但不得因此延长运送之路线。又托运人虽得请求运送人勿为交付,此亦仅限于暂时而已,运送人并无长期间代为保管之义务。至于运送物搁置中途,恐有丧失毁损之虞,致危及运费等请求权之物的担保者,则运送人亦得不依其处分。以上乃关于处分权之性质上之限制也。

其次,处分权更有时期上之限制。运送物达到目的地后,运送人经已通知于受货人,或受货人经已请求交付者,则托运人之处分权即归消灭。托运人之处分权,唯于运送人未将运送物之达到通知受货人,或受货人于运送物达到后尚未请求交付运送物之前有之。盖运送人既将运送物之达到通知于受货人,显系请求受货人受领之意思,自不便再出尔反尔,不将运送物交付于受货人。又运送物既已达到目的地,又经受货人请求交付者,是依照六四四条之规定,受货人已取得托运人因运送契约所生之权利,托运人自不能再为处分。

依上所述,托运人在其处分权未消灭之前,就其权利范围以内所为之处分,运送人应有遵从之义务。违其处分而有过失者,对于托运人因此所受之损害,须负赔偿之责。

至于运送人依其处分所支出之费用,自应请求托运人偿还。因其处分所受之损害,自应得请求托运人赔偿。依其处分而中止运送者,运费除得就其已为运送之部分,按照比例,请求支付外,就未为运送之部分,并得请求损害赔偿(六四二条二项)。例如原所约定之运费为一百元,假定此项运送,运送人有二十元之纯益者,则托运人若于运至二分一之途程时,命其中止,运送人除得请求五十元之运费外,并得请求十元之损害赔偿。

(五)运送人请求支付运费及偿还其他费用之权利

(甲)运费请求权　运费约定由托运人支付者,运送人对于托运人,自应有运费请求权。运费之数额,或依约定,或依价目表计算。运费之支付时期,则除有特别约定者外,运送人唯于运送完成之时,始得请求支付。

运送物于运送中丧失者,运送工作之不能完成,显已确定。但已运至中途,虽未完成运送,运送人已为一部分劳务之供给。此种情形,运送人究得请求运费否乎?《民法》称运送物于运送中因不可抗力而丧失者,运送人不得请求运费(六四五条上段)。此盖以运费并非劳务供给之报酬,乃工作完成之报酬也。因不可抗力而丧失者,既不得请求报酬,则因应由运送人负责之事由而丧失者,其不得请求运费,更不待言。运费纵已于丧失前受领,亦应返还(六四五条下段)。运送物于运送中丧失,运送人仍得请求运费者,除因依托运人之处分行为而丧失者外,唯系因运送物之性质瑕疵,或因托运人、受货人或其使用人之故意过失所致者,始得请求。

运送物并未丧失,但因战争等原因不能运至目的地者,运费请求权究如何?此则《民法》运送营业节并无明文规定。余以为运送人亦应不得就其已为运送部分请求运费。盖以运费乃运送完成之报酬,唯运送完成之后,始得请求全部运费。除有特别之规定者外,应不得请求一部运送之报酬也。虽托运人于此时请求返还运送物亦然。运送之责依二六六条业已消灭,应不能仍视其为托运人之处分行为,适用六四二条二项之规定。

以上乃就运费约定由托运人支付者而言。至若运费约定由受货人支付者,托运人本无运费之约定义务。唯托运人仍须负损害赔偿责任,故其须为运费之支付者一也。

(乙)费用偿还请求权 运送人常有代托运人垫付运送上各种必要之费用者,如包装费、税捐、保险费及仓库之保管费用等是。关于此等费用,运送人对于托运人自应有偿还请求权。并得请求自垫付时起,依照法定利率,计算利息。

(丙)关于运费请求权、费用偿还请求权之担保(留置权) 《民法》为保护运送人之运费请求权及费用偿还请求权之安全起见,规定运送人对于运送物有留置权(六四七条一项)。受货人不支付运费及其他费用,而为运送物交付之请求者,运送人得拒绝交付。运送人并得依照九三六条之规定,拍卖运送物,以取偿运费及其他费用。

运送物留置之范围,以足以清偿运费及其他费用者为限。即须拍卖全部运送物,始足以清偿运费及其他费用者,得为全部运送物之留置。

仅一部运送物之价金即足以清偿者,则仅得为一部运送物之留置。计算运费以决定留置之范围之时,应将全部相继运送人之运费计算在内。

运送物之得为留置者,并不以属于债务人之所有者为限。此运送之留置权,与一般留置权之不同处。运送物无论属于何人之所有,运送人对之均有留置权。运送物纵非属于托运人之所有,又非属于受货人之所有者亦然。

关于运送人留置权之效力,《民法》有一项特别规定,即六四七条二项之规定是也。该项称:运费及其他费用之数额有争执时,受货人得将有争执之数额提存,请求运送物之交付。例如一言数额为百元,一言仅七十元,则为七十元之支付,又为三十元之提存,运送人之留置权即归消灭。实则此仅可根据九三七条而为解释,无需特别之规定也。

(六)受货人所在不明或拒绝受领或受领权之归属有诉讼时运送人之权利义务

(甲)通知托运人并请求其指示之义务　受货人所在不明,或拒绝受领运送物时,除已如前述,运送人应为必要之注意及处置外(六四一条),运送人应立即将其情事通知托运人,并请求其指示运送物处分之方法(六五○条一项)。受领权之归属有诉讼,致交付迟延者亦然(六五一条)。

所谓受货人所在不明,或系受货人在目的地之住址迁移,不知现在迁至何处,或受货人已迁离目的地,或受货人之住址自初即系错误,或受货人之住址自初即非在目的地者。所谓拒绝受领运送物,或系因人之错误,拒绝受领,或系因种类品质之不符,拒绝受领。运费约定由受货人支付者,受货人不肯为运费之支付者,亦系六五○条所称拒绝受领之一种情形。至所谓受领权之归属有诉讼,致交付迟延者,则或因法院已为禁止交付之裁定,或系仅因不知谁为真实之权利人,不能交付。虽未发生诉讼,关于受领权之归属已有争执者,亦准用六五一条之规定。

此通知并请求指示之义务,乃与六四二条所规定托运人处分权之存灭无关。虽运送人已将运送物之达到通知受货人,或受货人于运送物达到后业已请求交付者,若发生上述三种情形时,运送人仍须通知托运人,并请求其指示。此征之于受货人拒绝受领之情形明甚。受货人之拒绝受领必在运送人将运送物之达到通知于受货人之后也。且六五〇条、六五一条之情形,托运人依运送人之请求所为之指示,虽亦系关于运送物之处分。但六四二条之规定,乃纯系为托运人之便利而设。六五〇条一项、六五一条之规定,乃为运送人免去保管义务,二者之立法本旨完全不同也。

(乙)将运送物寄存于仓库之权利　上述三种情形,既须请求托运人之指示,则自须俟其指示。指示之后,自须遵从之。然若托运人之指示,事实上不能实行,或虽经请求,托运人不为指示,运送人不能继续保管运送物者,则运送人得以托运人之费用,寄存运送物于仓库(六五〇条二项)。

所谓指示不能实行及不能继续保管云云,均不宜作严格之解释。指示之加重运送人之义务者,应亦视为指示不能实行,例如远途之运送,托运人指示其运返原地是。虽非不可能,运送人亦得不运返原地,而寄存于仓库。至于继续保管之有妨于运送人之营业,或有危及运送人之利益之虞者,则均应视为不能继续保管。

寄存以运送人自己之名义为之,寄存费则运送人支付之后,得向托运人请求偿还。六四七条、六五二条所称之其他费用,均包含此寄存费在内。寄存之时,通知若系可能者,应将仓库寄托契约之内容及其实行寄存之情事,通知于托运人及受货人(六五〇条四项)。

至于运送人之为寄存权之行使,虽为免去保管之义务,然仅能免去自为保管之义务而已。若运送物于寄存中毁损灭失者,运送人仍须依照五九三条二项之规定,负其责任。

（丙）拍卖运送物之权利　　运送物如有不能寄存于仓库之情形,或有腐坏之性质,或显见其价值不足抵偿运费及其他费用时,运送人得拍卖之(六五〇条三项)。此拍卖权既可行使于请求指示之后,亦可不请求指示而径为拍卖权之行使。前者如依照六五〇条二项之规定,运送人已得为寄存权之行使之时,而目的地并无仓库,或仓库不允寄存之情形是。后者如运送物有腐坏之性质,不能俟其指示,须急为处分者是。又此拍卖权既可行使于不能寄存之时,亦可行使于已寄存之后。例如寄存相当期间之后,核其寄存费用与运费及其他费用之和,运送物之拍卖价金已仅足相抵而无余者,则运送人亦得于此时自仓库提回运送物而拍卖之。当然,自初则仅足抵偿或不足抵偿运费及其他所已垫支之费用者,则自得不为寄存,径为拍卖。唯此种情形,乃与运送物有腐坏之性质者不同,必须先为指示之请求。

无论以上何种情形,拍卖之时,通知若系可能者,均须将拍卖情事先通知托运人及受货人(六五〇条四项)。

拍卖之后,运送人得就拍卖代价中,扣除拍卖费用、运费及其他费用。盖拍卖费用应不能责令运送人负担,而运送物对于运费及其他费用,原有法定担保关系故也。扣除之后,价金如尚有剩余者,则以其余额交付于应得之人。应得之人所在不明者,为其利益提存之(六五二条)。所谓应得之人者,果系何人乎? 并非运送物所有人也,乃系有货物交付请求权之人。如已填发提单者,余额必须交付于提单持有人。提单持有人所在不明,致不能交付者,为提单持有人提存之。如未填发提单者,若受货人并未依照六四四条之规定,取得权利,则交付于托运人。若已取得权利,则应交付于受货人。唯至拍卖之后,受货人仍系所在不明,或受货人又复拒绝价金余额之受领,或诉讼仍未解决者,则运送人或可将余额交付于托运人。

至于拍卖自须依照《拍卖法》及《民法》三九一条以下之规定。现在《拍卖法》尚未公布施行,运送人得径将运送物依照市价变卖,唯须经法院、公证人、警察官署、商会或自治机关之证明而已(《民法债编施行法》一四条)。

第二目　受货人与运送人间之权利义务

(一)受货人之权利

物品运送契约并无直接发生受货人对于运送人之任何权利。盖受货人既非物品运送契约之当事人,又已如前述,物品运送契约并非向第三人为给付之契约也。受货人之有对于运送人之权利者,乃基于法律之规定。运送物达到目的地,并经受货人请求交付后,受货人取得托运人因运送契约所生之权利(六四四条)。以下就受货人之权利之种类、权利之取得时期及其取得后托运人之权利之存灭等分述之:

(甲)受货人之权利之种类

(子)货物交付请求权

(丑)损害赔偿请求权　唯运送物于运送中全部丧失之情形,则无之。其他,则托运人得请求损害赔偿之情形,受货人均得请求损害赔偿。虽六五〇条之情形,运送人不请求托运人指示,或不为必要之注意及处置者亦然。

(寅)处分权　受货人业已请求交付之后,运送人尚未实行交付之前,受货人应有六四二条之处分权。此基于六四四条之解释,应无疑义。外国商法更有规定受货人于运送中即有处分权者(德商四三四条参照)。唯受货人处分权之范围,自较托运人之处分权之范围为狭。受货人之处分,例如请求暂为寄存保管是也。

(卯)价金余额交付请求权

(乙)受货人之权利之取得时期

受货人权利之取得,须具备二要件:(一)运送物已达到目的地;(二)受货人已请求交付。此二个要件均已具备之时,受货人始取得权利。

运送物未达到目的地之前,受货人业已请求交付者,是否于运送物达到目的地之后,受货人立即取得权利? 此因六四二条规定,运送物达到后,受货人未请求交付者,托运人尚有处分权故,应作消极之解释。须运送物达到后,请求交付,受货人始取得权利。

至于受货人之货物交付请求权,是否于运送物达到目的地之时即已有之? 抑亦须俟二个要件均具备之时始取得耶? 亦须于运送物达到目的地,受货人请求交付之后,始有货物交付请求权。盖仅达到目的地,未请求交付之前,托运人尚有处分权故也。

(丙)受货人取得权利后托运人之权利之存灭

六四四条虽称受货人取得托运人之权利云云,受货人取得权利之后,托运人似即因而丧失其权利,是并不然也。托运人之权利仍旧存续,唯受货人之权利优先于托运人之权利而已。该条所称取得托运人之权利云者,并非托运人之权利法定的移转于受货人之意,乃谓受货人取得与托运人同一之权利也。更申言之,受货人之权利并非取得于托运人,乃基于法律直接之规定而取得。唯其所取得之权利,与托运人因运送契约所生之权利相同耳。盖不然,若认为取得于托运人,受货人取得之后,托运人之权利丧失,则受货人不为损害赔偿之请求之时,托运人亦不得请求损害赔偿。例如托运人为出卖人,受货人为买受人,运送中物品一部丧失之情形,托运人既不得请求受货人支付全部之价金,又不得自向运送人请求赔偿丧失部分之损害,此岂非显不妥当耶? 至于托运人之处分权,六四二条本规定有时期之限制,自当别论。且或受货人之处分权未取得之前,托运人之处分权已先消灭(譬如运送人已将运送物之达到通知受货人,而受货人尚未请求交付之情形),正可证明受货人之权利并不是托运人之权利之移转。乌能反以此为主张权利移转说之论据? 何况六四二条之外,尚有六五〇条。名则虽托运人之处分权已消灭,实则亦仍只是受货人之处分权优先于托运人之处分权耳。

(二)受货人之义务

外国法律,有明文规定受货人有支付运费及其他费用之义务者(德商四三六条、日商三四三条二项)。此义务当然非因运送契约而生。我国并无与德、日商法同样之规定,究应作如何之解释耶? 既不得谓其系基于法律之规定负担义务,亦不能谓其因取得权利故,必须负担义务。余以为唯下列三种情形,受货人有支付运费及其他费用之义务。

(甲) 运送契约约定运费由受货人支付,运送人于为六四三条之通知之时,曾将此点一并通知于受货人,而受货人于接到此通知之后为交付之请求,又并无声明运费不负责者。

(乙) 运费虽系约定由托运人支付,托运人尚未支付。运送人于为六四三条之通知之时,曾将运费未受支付之情事一并通知于受货人,并经于通知内向受货人声明须收到运费,始交付货物。而受货人于接到此通知之后,为交付之请求,并无声明运费不负责者。

(丙) 运送人垫付各种费用,未受偿还,于为六四三条之通知之时,曾将此点通知于受货人,通知内并经声明须此等费用受偿还后,始交付货物。而受货人于接到此通知之后,为交付之请求,并无声明对于此等费用不负责者。

唯此三种情形,因可认为受货人有承认运费债务,或其他费用债务之意思,故应发生受货人支付运费或其他费用之债务。其他情形则否。当然,在此三种情形,虽发生受货人之义务,托运人之义务并不因而消灭。二者乃同时并存,任由运送人向受货人或向托运人请求支付。又受货人之义务虽已发生之后,运送人并非即得为请求也,须于运送物交付之时,或交付之后,始得请求交付。

第三目　提单持有人与运送人间之权利义务

《民法》关于提单持有人之权利义务,仅有二条规定:一为交还提单之义务(六一○条);二为处分之权利(六四二条)。前者,因提单系表彰货物交付请求权之证券故,提单持有人受领运送物时,自应将提单交还。后者,则因提单之由托运人交付于受货人,或更由受货人移转于其他人,乃发生运送契约关系移转之效果。运送契约之一方当事人已非原托运人,而系提单持有人矣。故提单持有人自应有处分之权。

提单持有人之权利义务,不仅此二点而已也。提单之交付移转既发生运送契约移转之效果,于是提单持有人应更有托运人在运送契约上之一切权利义务。

然认提单之交付移转,发生运送契约关系移转之效果者,其根据果何在哉?盖以提单并无表彰处分权,提单持有人,若非取得托运人之权利,应无处分之权。一般学者虽以为提单持有人乃以受货人之资格,于取得提单之时,取得托运人因运送契约所生之一切权利。但受货人之处分权,其得处分之范围,较之托运人之处分权为狭。提单持有人之得处分之范围则与托运人相同。故提单持有人应认为取有托运人之地位,以托运人之地位,而为处分,并非以受货人之地位而为处分也。且提单之交付,既视同物品之交付,则物品买卖之时,托运人将提单交付于受货人之后,关于运送人履行债务与否,已尽可置之不问。运送契约之履行,纯系提单持有人之利益,与托运人无关。此时,运送契约之一方当事人,更显应认为系提单持有人,而非原托运人矣。

当然,提单填发之后,唯提单持有人始有请求交付货物之权。于是提单持有人者,不仅系托运人而已也,且系受货人。提单持有人实乃兼具有托运人与受货人之地位。

关于提单持有人之权利义务,因系托运人与受货人之权利义务故,已详述第一目、第二目,不必重赘外,尚有以下数点应更为说明:

(一)提单持有人之权利义务虽系移转取得于托运人,但因有六二七条之规定故,提单之记载与契约之内容不符者,托运人之权利义务虽依契约之内容,提单交付移转之后,提单持有人之权利义务则依提单之记载。

(二)因提单持有人系兼具有托运人与受货人之地位故,提单持有人之处分权应复与托运人之处分权不同,不受六四二条一项之限制。虽运送人业已通知于原所指定之受货人,或原受货人业已请求交付之时,提单持有人应仍得处分。通知于提单持有人,或提单持有人请求交付之后,其仍得处分,更不待言。

(三)因提单持有人之权利义务系移转取得之故,嗣后托运人虽应再无权利义务。但以托运人究系运送契约之订立人,运送契约关系之移转又无须运送人之同意。故托运人于提单移转之后,应仍不能完全免其义务。运送人不能自提单持有人得其债权之满足之时,托运人应仍须负其责任。又六五〇条、六五一条之情形,运送人若知其提单现为何人所持有者,固应向提单持有人为通知及请求指示,不知之时则只须向托运人通知及请求指示足矣。

(四)运费约定由受货人支付者,提单交付之后,因提单持有人既系托运人,又系受货人故,嗣后运费之支付应即成为提单持有人之义务。

盖此时,运送契约已非一约定由第三人为给付之契约,而系约定由自己给付之契约故也。

第五项　相继运送

（一）相继运送之性质

关于相继运送,《民法》上并无法定之定义。于是关于相继运送之性质,学说间不无争执。以下分点述之:

（甲）相继运送须有二人以上之运送人。

（乙）相继运送之数运送人乃每人各运送一段路程。例如甲将货物自广州运送至上海,乙更自上海运送至天津,丙更自天津运送至沈阳是。

（丙）除以上二点,依照相继运送之字义,应作如此解释外,相继运送更应解释为并非部分运送,亦非委托运送。盖前者乃数运送人各自分别与托运人订立契约,数运送人相互间并无若何法律关系,应不能说明最后运送人有六四六条之责任。后者,除有特别之约定者外,受运送之委托者应亦无代收运费及其他费用之义务。何况《民法》关于运送既无与五三九条同样之明文,又无如瑞债所定(瑞债四四〇条二项),运送准用委任之规定,又焉得谓受运送之委托者有六三七条之责任耶?

（丁）学者或依德商四三二条二项之规定,谓相继运送者,最初乃仅第一段路程之运送人与托运人订立全段路程之运送契约,嗣后则第二段路程、第三段路程之运送人因运送物及托运单之受领,亦参加运送契约。然我国并无与德商同样之明文,应不能亦解为运送物及托运单之受领,法定的发生参加契约之效力。何况托运人常有并无填给托运单者,将何所据而谓《民法》关于相继运送之规定,仅适用于填有托运单之情形耶?

（戊）余以为相继运送,乃数运送人间订有概括的运送分担契约,第一段运送人以一个运送分担人与托运人订立全路程之运送契约者是也。

何谓概括的运送分担契约？例如甲乙丙三个运送人约定，于一定或不定之期限内，不问何个运送契约，并不问运送契约之为何人所承接，广州上海间统由甲运送，上海天津间统由乙运送，天津沈阳间统由丙运送者是。

（二）相继运送之特别规定

《民法》关于相继运送之特别规定有三：一为相继运送人对于托运人之责任；二为最后运送人对于前运送人之责任；三为最后运送人之权限。以下分述之：

（甲）相继运送人对于托运人之责任　运送物由数运送人相继为运送者，除其中有能证明无六三四条至六三六条之责任者外，对于运送物之丧失毁损或迟到，应连带负责（六三七条）。依此规定，是（子）各相继运送人均应对于托运人负运送之义务及其义务不履行时之责任。（丑）各相继运送人只须在其自己所分担之运送路程内，无依照六三四条至六三六条规定应负责之情事时，即无须负责。（寅）各相继运送人不能证明自己无六三四条至六三六条之责任时，应连带负责。此盖以就相继运送人方面而言，运送契约虽系第一段运送人所订定。然各运送人间订有运送分担契约，第一段运送人乃系基此分担契约，声明分担运送，而为运送契约之订立。故不仅第一段运送人而已也，以后各段运送人亦应对于托运人负运送之义务及其不履行时之责任。次就托运人方面而言，夫纵系各运送人自初即共同承受全程之运送，或各运送人依次参加。共同承受全程之运送，因而纵依照二七九条之规定，托运人亦不能主张就一运送人之不利益事项，对于其他运送人亦生效力。何况第一段运送人于订约之时，即声明自己仅系一个运送分担人，全程运送乃由各运送人分段负责者乎？故不问以后各段运送人，或第一段运送人，均只须在自己所分担之运送路程内，无依照六三四条至六三六条规定应负责之情事时，即无须负责。唯运送物在运送途中，乃由各运送人间自为交收。

运送物究系在何段路程中丧失毁损及究系在何段路程中运送迟延,托运人、受货人每无从知悉,故各运送人有无依照六三四条至六三六条规定应负责之情事,应由各运送人自为证明。各运送人不能证明之时,应连带负责。此不仅保护托运人、受货人之利益而已,因而增加分担运送之信用,于运送人亦有利益也。至于此时各运送人连带责任之内部关系,则依照所应得运费之比例而为分担。

六三七条虽仅就运送物之丧失、毁损、迟到而为规定,发生其他不履行之损害之时亦然。

(乙)最后运送人对于前运送人之责任　运送人于受领运费及其他费用前交付运送物者,对于所有前运送人应得之运费及其他费用,负其责任(六四六条)。此盖以前各运送人对于自己所应得之运费及其他费用,不能行使留置权,而相继运送既系各运送人间订有概括的运送分担契约,最先之运送人既系为全体之利益,订立契约,最后之运送人自应为全体之利益,收取全部之运费及其他费用也。故最后运送人于未受领全部之运费及其他费用之前,将运送物交付于受货人,或依照托运人之处分,交付于其他人者,对于以前各运送人所应得之运费及应得请求偿还之其他费用,应自负支付之责。

(丙)最后运送人之权限　最后运送人既须代以前各运送人收取运费及其他费用,未收取而为交付者,既须自负支付之责,故法律自须认最后运送人有为以前各运送人之利益,而留置、拍卖,拍卖后扣取费用之权限(六五三条)。该条所称权利云者,乃兼指权利、权限而言也。最后运送人不但得为自己之利益,而留置、拍卖及扣取自己所应得之运费及其他费用。最后运送人虽在自己之运费及其他费用已受清偿之时,亦得为留置。留置之范围,就各运送人全部之运费及其他费用决定之。运送物之价值虽足以抵偿最后运送人之运费及其他费用,而不足以抵偿全部运送人之运费及其他费用者，最后运送人亦得拍卖之。拍卖之后，最后运送人不但得扣取自己所应得之运费及其他费用，并得扣取以前各运送人之运费及其他费用。

第三节　旅客运送

第一项　总　说

旅客运送关系自亦须有契约之订立，此契约称之为旅客运送契约。其运送人须系以旅客之运送为营业之人。托运人则或系旅客，或系旅客以外之人。唯一般情形，常系旅客自为托运。彼小学生之每日乘车赴校者，依照七七条但书之规定，亦依自订契约。

旅客运送契约之内容，乃约定将人运到某处，故旅客运送契约之成立，必须双方有关于目的地之合意。彼旅客如乘车乘船时，并不预告以目的地，或并无一定之目的地，仅使其依自己之指示而为行驶者，例如雇船游湖之情形，应非成立旅客运送契约。

旅客运送之运费虽与物品运送不同，多系预先支付者。然其性质则仍系工作完成之报酬。因不可抗力而不能达到目的地者，仍得请求运费之返还。

旅客运送契约之由旅客以外之人所订立者，其契约之性质乃系一个向第三人为给付之契约。债务不履行之时，除关于旅客之损害亦适用六五四条之规定外，关于托运人之损害，则应依照一般债务不履行之规定负责。

旅客运送契约之成立时期，须先买票者，于买票之时成立。买长期票者亦然。先上车或先上船而后买票者，则于上车上船之后，或占有一定座位床位之后,契约即告成立。

旅客之运送,当系包括行李之运送在内。故旅客运送人应并有运送旅客行李之义务。唯有时因行李之容积、重量、性质或其他特别情形,旅客运送人拒绝行李之运送,或对于行李另外请求运费,亦为法之所许。

车票船票之性质,学者多以为是一种有价证券,余则以为仅系运费业已支付之证据。其适用上不同之处,乃在于车票船票遗失、被盗或灭失之时。依余之说,则遗失、被盗或灭失之时,只须证明确已购票,并确无移赠于他人之情事足矣,无须一定经过公示催告之程序(《民诉法》五五二条以下参照)。

第二项　旅客运送契约之效力

(一)关于旅客之运送

旅客运送之义务,乃须将旅客运到目的地。有期限之订定者,须依其期限运到。无期限之订定者,须于相当期限内运到。运送中并须保障旅客之安全。

旅客因运送而受伤害,或运送迟延者,旅客运送人对于旅客须负损害赔偿之责。欲求免责者,须证明其伤害系因不可抗力或因旅客之过失所致(六五四条)。当然,迟延之时,能证明其迟延系因不可抗力或因旅客之过失所致者,自亦得免责。一车船上有多数旅客之时,虽系分别订立契约,因一旅客之过失,对于其他旅客亦得主张免责。

(二)关于行李之运送

(甲)行李之交托于运送人者

此种情形,无论对于行李另收运费与否,关于行李运送之权利义务及其义务不履行时之责任,原则上概适用物品运送之规定。所不同者,仅下列数点而已(六五七条):

（子）行李及时交运送人者,行李须与旅客同时或较旅客先时运到。旅客于自己到达时,即得请求返还（六五五条）。唯未及时交付者,始适用六三二条之规定。于何时交付始得称为及时交付,则应就各该具体情形决定之。

（丑）旅客不取回其行李者,并不适用六五〇条之规定。行李与旅客同时或较旅客先时运到者,旅客达到后六个月内不取回其行李,运送人即得拍卖（六五六条一项）。旅客达到时行李尚未运到者,此六个月期间自行李运到时起算。行李有易于腐坏之性质者,更只须经四十八小时即得拍卖（六五六条二项）。至关于拍卖后价金之处分,《民法》虽称准用六五二条之规定（六五六条三项）,然其所得扣除之运费,并非仅限于行李之运费也,人之运费尚未经支付者,亦得一并扣除。

（寅）行李之留置权,不但担保人之运费,并担保物之运费。虽对于行李并无另计运费者,旅客运送人亦有留置权。且其留置权之行使,亦并不准用一般留置权之规定。只须在六五六条所定之期间内,不支付运费,取回行李者,即得拍卖。

（乙）行李之未交托于运送人者

此种情形,运送人虽仍有运送之义务。然其义务之内容,显与前者不同。因运送人并无占有行李故,自无交付之义务。丧失毁损之责任,亦较之已交托之情形为轻。唯旅客能证明行李丧失毁损系因运送人或其所雇用之人之过失所致者,运送人始须负赔偿之责（六五八条）。至于迟到之责任则仍有之,并非因未交托故,即无须负责也。且须证明其迟到系因不可抗力或因旅客之过失所致者,始得免责。

六五六条关于拍卖行李之规定,对于行李未交托之情形,例如旅客携带之行李忘置于车内者,亦适用之。此时,运送人并非得主张遗失物拾得人之权利也。

（三）旅客运送人之责任之免除限制及消灭

（甲）责任之免除限制　运送人对于旅客及行李之责任，自得以双方当事人之合意，免除或限制之。唯若仅运送人交与旅客之票、收据或其他文件上，有免除或限制运送人责任之记载者，则除能证明旅客对于其责任之免除或限制，明示同意外，不生效力（六五九条）。

（乙）责任之消灭　旅客之损害赔偿请求之时效完成之时，运送人之责任消灭。旅客因伤害迟延或其行李丧失毁损迟到所生之损害赔偿请求权，其消灭时效期间为二年，自运送终了或应终了之时起算（六二三条）。又旅客之行李已交托者，关于行李之责任，并得依六四八条之规定而消灭。

第十七章　承揽运送

第一节　总　说

（一）承揽运送人之意义

称承揽运送人者,谓以自己之名义,为他人之计算,使运送人运送物品,而受报酬为营业之人(六六〇条一项)。不以为营业者,仍非《民法》上所称之承揽运送人。

（二）承揽运送契约之意义

承揽运送契约者,乃承揽运送人与委托人约定,承揽运送人以自己之名义,为委托人之计算,使运送人运送物品,委托人对于承揽运送人支付报酬之契约也。承揽运送契约并非约定由承揽运送人负运送之义务,故与运送契约不同。又承揽运送契约亦并非约定由承揽运送人以委托人之名义,代理委托人与运送人订立运送契约。若以委托人之名义,代理委托人订立运送契约者,此则仅得适用委任之规定,并非承揽运送契约。

（三）承揽运送契约之性质

承揽运送契约之性质,乃系行纪契约之一种。盖二者所受托处理之事务虽不相同,而同系以自己之名义,为他人之计算,换言之,同系以间接代理之方式,为委托人处理事务故也。

（四）承揽运送所受托处理之事务

依承揽运送契约，承揽运送人所受托处理之事务，乃使运送人运送物品。申言之，承揽运送人须为运送人之选定，订立物品运送契约，并须为物品托运上所必要之一切行为及行使履行运送契约所发生之一切权利义务，以达到运送之目的是也。所订立之物品运送契约，则并不以适用《民法》之规定者为限。

第二节　承揽运送契约之效力

承揽运送，除有特别规定者外，准用关于行纪之规定（六六〇条二项）。以下就承揽运送之效力，分点述之：

（一）承揽运送人使运送人运送物品之义务

依承揽运送契约之目的，承揽运送人自应有此义务。基此义务，承揽运送人须为下列各种行为：

（甲）承揽运送人须为物品之受领保管　委托人为使承揽运送人实行承揽运送契约，交付物品于承揽运送人之时，承揽运送人应有受领之义务。受领之后，交付于运送人之前，并应有保管及为适当处置之义务（六六〇条二项、五八三条、五八四条）。

（乙）承揽运送人须为运送人之选定　除委托人经已指定运送人者，承揽运送人应有选定运送人之义务。

（丙）承揽运送人须与运送人订立物品运送契约　承揽运送人之订立物品运送契约，须以自己之名义为之，自为该物品运送契约之托运人。对于运送人之关系，乃由承揽运送人自得运送契约上之权利，自负运送契约上之义务（六六〇条二项、五七八条）。唯与行纪相同，就委托人与承揽运送人间之内部关系及委托人与承揽运送人之债权人间之关系而言，则运送契约上之权利，仍应属于委托人。

承揽运送人所订物品运送之内容，须依委托人之指示（六六〇条二项、五七七条、五三五条）。关于运费之数额，委托人经有指定者，并准用五八〇条、五八一条之规定。

至于所订物品运送契约，究应以何人为受货人，亦应依委托人之指示。或以委托人为受货人，或以委托人所指定之第三人为受货人，或以承揽运送人自己为受货人。

（丁）承揽运送人须为物品托运上所必要之一切行为　承揽运送人须将物品交付于运送人，此乃系承揽运送人对于委托人之义务。其他，如物品之包装、出口税之代纳等，如经约定者，亦系承揽运送人之义务。

（戊）承揽运送人须行使履行运送契约所发生之一切权利义务　承揽运送人之为处分权及损害赔偿请求权之行使，乃系对于委托人之义务。处分及对于运送人之指示，须依委托人之指示。运费及其他费用之支付，与乎文件之交付及其必要之说明，亦不仅系对于运送人之义务，且系对于委托人之义务。运送契约之以承揽运送人自己为受货人者，承揽运送人对于委托人，并有向运送人请求交付物品、受领物品之义务。更复委托人经有指示者，承揽运送人之请求运送人填发提单，亦系对于委托人之义务。

（二）承揽运送人报告之义务

关于运送契约之订立及其运送之进行情形，承揽运送人应报告于委托人（六六〇条二项、五七七条、五四〇条）。

（三）承揽运送人直接履行之义务

因承揽运送准用关于行纪之规定故，于是承揽运送人应亦有直接履行之义务（五七九条）。然承揽运送人若非兼营运送业者，运送债务应无得请求其直接履行之理。唯运送人不履行损害赔偿债务之时,除契约另有订定,或另有习惯者外,委托人应得请求承揽运送人直接履行。

(四)物品丧失毁损或迟到时承揽运送人之责任

托运物品之丧失毁损或迟到,或系基于承揽运送人之债务不履行,或系基于运送人之债务不履行,或系基于物品之性质与委托人自己之过失。然承揽运送人对于委托人原则上须负损害赔偿之责。承揽运送人欲免去自己之损害赔偿责任者,须证明自己并无债务不履行情事。当然,纵能证明之时,所得免去者,亦仅损害赔偿之责任而已。直接履行之义务则仍有之。又运送人若依法须负赔偿责任,承揽运送人自己虽无须负损害赔偿责任,此损害赔偿请求权及运送人所赔之物,自仍须移转于委托人始可。

(甲)承揽运送人之免责要件

承揽运送人欲免去自己之损害赔偿责任者,须证明下列各种事项均未怠于注意(六六一条):

(子)物品之接受并未怠于注意　承揽运送人自委托人接收物品,并未怠于善良管理人之注意。

(丑)物品之保管并未怠于注意　承揽运送人在物品占有中,对于物品之保留,并未怠于善良管理人之注意。对于物品之处置,亦已与处理自己事务,尽同一之注意。

因六三五条之规定准用于承揽运送故(六六五条),承揽运送人如于接收包皮有易见瑕疵之物品时,未为保留者,欲求免责,并须证明自己已代为包装妥固。已为保留者,则无此必要。

(寅)运送人之选定并未怠于注意　运送人非由委托人所指定者,承揽运送人关于运送人之选定并未怠于善良管理人之注意。

(卯)物品在目的地之交付并未怠于注意　所称在目的地之交付者,

乃指在承揽运送契约约定之地,交付于运送人,或承揽运送人分段与二个运送人订立契约者,在次段运送之起点,交付于第二个运送人,或承揽运送人所订立之运送契约,以自己为受货人者,于物品之运到地,交付于委托人,或其所指定之人而言。承揽运送人关于此等交付行为,均并未怠于善良管理人之注意。

(辰)其他与运送有关之事项亦并未怠于注意 所谓其他与运送有关之事项者,乃运送契约之订立,文件之交付说明,处分权之行使,六五〇条、六五一条情形时之指示及经填发提单者,交付提单于受货人等是也。

物品丧失毁损或迟到之时,承揽运送人欲求自己不负损害赔偿之责任者,不但须证明对于接收、保管、选定、交付等未怠于注意,并须证明对于一切与运送有关之事项,自己并未怠于善良管理人之注意。不能证明,或不能全部证明者,承揽运送人对于委托人即须负损害赔偿之责。至于运送人对于承揽运送人有无损害赔偿责任,此乃另一问题。

(乙)承揽运送之责任范围

物品丧失毁损或迟到时,承揽运送人之责任范围完全准用关于运送人之规定(六六五条)。

(子)承揽运送人有故意或重大过失时之责任范围 除应依应交付时运送目的地之价值赔偿损害外,如尚有其他损害,并应赔偿。委托人因而无须支付之报酬或其他费用,则自赔偿额中扣除之(六三八条)。

(丑)承揽运送人仅有轻过失或并无过失时之责任范围 此时委托人仅得依应交付时运送目的地之价值,请求赔偿,并须扣除自己因而无须支付之报酬或其他费用(六三八条一项、二项)。

(寅)迟到责任之限度 关于迟到时之损害赔偿额之约定,不得超过物品全部丧失时之赔偿额(六四〇条)。

(卯)贵重物品之责任　金钱、有价证券、珠宝或其他贵重物品丧失、毁损之时,除委托人于订立承揽运送契约时,曾报明其性质及价值者外,委托人对于承揽运送人不得主张其有六六一条之责任。迟到之时亦然。价值经报明者,承揽运送人以所报价额为限,负其责任(六三九条)。

(丙)承揽运送人之责任之消灭时效　委托人对于承揽运送人因物品之丧失毁损或迟到所生之损害赔偿请求权,自物品交付或应交付之时起,二年间不行使而消灭(六六六条)。交付系指交付于委托人或其所指定之人而言。

(五)承揽运送人请求支付报酬及偿还垫款之权利

(甲)承揽运送人请求支付报酬之权利　承揽运送人之有请求支付报酬之权利,自不待言。报酬之数额有约定者,依其约定。无约定而有价目表者,依价目表。关于报酬之支付时期,我国《民法》并无如德商(四〇九条)、日商(三二三条)之明文规定,于物品交付于运送人时支付。于是准用行纪,再准用委任之规定,除承揽运送契约另有订定者外,应于承揽运送关系终了并已明确报告其颠末后,始得请求报酬(五四八条一项)。仅将物品交付于运送人者,承揽运送关系尚未终了也。除因物品丧失、承揽运送契约解除等原因而终了者外,须物品已运到目的地,交付于委托人或其所指定之人,或委托人或其所指定之人以受货人之资格,已取得托运人之权利,承揽运送关系始告终了。

又承揽运送之目的尚未完成之时,承揽运送人是否得请求报酬,此亦准用行纪,再准用委任之规定。承揽运送关系因非可归责于承揽运送人之事由,于承揽运送之目的未完成之前消灭者,承揽运送人仍得按照比例,请求报酬(五四八条)。因可归责于承揽运送人之事由而消灭者则否。

（乙）承揽运送人请求偿还垫款之权利　垫款如运费、税捐、包装费用等是。垫款之偿还时期，准用行纪之规定，既得请求利息（五八二条），应于垫出之后，即得请求偿还。物品虽中途丧失，已垫付之税捐等，仍得请求偿还也。

（丙）承揽运送人之留置权　承揽运送人为保全其报酬及垫款得受清偿之必要，按其比例，对于运送物有留置权（六六二条）。关于此点，须为说明者，厥唯承揽运送人如何可以行使其留置权。运送契约以委托人或其所指定之人为受货人者，若运送人已将物品交付于受货人，承揽运送人自再无留置权之可言。若未交付，尚在运送途中之情形，则承揽运送人得依照六四二条之规定，为处分权之行使，命运送人交付物品于当地之自己之代理人，或命运送人代为收取报酬垫款，而后交付于受货人。至若运送契约之以承揽运送人自己为受货人者，则物品原由承揽运送人交付于委托人，或其所指定之人，承揽运送人自可为留置权之行使。

（六）承揽运送人请求损害赔偿之权利

物品依其性质，对于人或财产，有致损害之虞者，委托人于订立承揽运送契约前，应将其性质告知承揽运送人。怠于告知者，承揽运送人因此而受损害，得向委托人请求赔偿（六六五条、六三一条）。

（七）承揽运送人拍卖物品之权利

承揽运送人除得以留置权之实行，拍卖物品外，因承揽运送准用关于行纪之规定故，五八五条、五八六条所规定之拍卖，承揽运送人应亦有之。盖例如委托人早已撤回其承揽运送之委托，而久不取回其物品者，致其他委托人之物品无处堆置，显系有妨于承揽运送人之营业，故认为有拍卖之权。

（八）承揽运送人自为运送之权利

承揽运送契约虽系约定承揽运送人使第三人运送，然其目的不过欲将物品运往他处而已。纵由承揽运送人自为运送,其得达到此目的者一也。且承揽运送人常系兼营运送业,故与行纪人之得自为买受人或出卖人相同。承揽运送人除契约另有订定外,亦得自行运送物品(六六三条上段)。学者称之为承揽运送人之介入权。

承揽运送人自行运送之时,其权利义务与运送人同(六六三条下段)。当然,此时并非承揽运送人与委托人间成立运送契约也。乃承揽运送人以一方行为,使委托人与自己间,发生与运送契约相同之效果。承揽运送人开始自行运送之时,或承揽运送人向委托人为自行运送之表示之时,委托人与承揽运送人间即发生托运人与运送人之权利义务。六六四条称承揽运送人填发提单于委托人,视为承揽运送人自己运送者,亦以既自行填发提单,显系表示自行运送故也。

然六六四条乃规定,承揽运送人填发提单于委托人者,不得另行请求报酬。此究应扩充解释,适用于一切介入之情形耶? 抑对于承揽运送人填发提单之情形,亦应为限制适用之解释耶? 余以为行纪人介入之时,既仍有请求报酬之权,承揽运送人介入之时应亦然。盖承揽运送人自行运送,与使第三人运送,委托人所得之利益一也。所得之利益既属相同,应无减其负担之必要。且承揽运送人若非适当之运送人者,承揽运送人自行运送,应负选定怠于注意之责。是承揽运送人于介入之后,既仍有承揽运送契约上之义务,自应仍有承揽运送契约上之权利。何况承揽运送人亦有已与其他运送人接洽,经调查之结果,认为其他运送人均不适当,而始自行运送者乎? 此种情形,委托人更应支付承揽运送之报酬。六六四条称承揽运送人填发提单于委托人者,不得另行请求报酬之规定,不但不应扩充解释,适用于一切介入之情形,且对于承揽运送人填发提单于委托人之情形,亦应为限制适用之解释。唯提单上所填运费之数额,已将报酬并算在内者,始不得另行请求报酬。不然,则仍得请求。

　　至于六六四条又称就运送全部约定价额者,视为承揽运送人自己运送,不得另行请求报酬云云,此则与介入权之问题无关。并非视为承揽运送契约订立后而为介入权之行使,乃视为自初即系订立运送契约。既非承揽运送关系,自不得请求承揽运送之报酬。

第十八章 合 伙

第一节 合伙之意义及其性质

称合伙者,谓二人以上,互约出资,以经营共同事业之契约(六六七条一项)。以下就其性质分点述之:

(一)合伙乃约定经营共同事业之契约

(甲)合伙所经营之事业,其种类并无限制。虽以营利之事业为多,并不以营利之事业为限。经营公益之事业,得为合伙之目的。经营非公益非营利之事业,亦得为合伙之目的。盖我国《民法》关于合伙事业,并无限于营利事业之明文规定故,应不能以其经营之事业并非营利事业,即认为并非合伙关系也。

(乙)合伙所经营之事业,并不以继续的事业为限。例如数人共同出资,仅为一次之货物共同买受者,亦得成立合伙关系。

(丙)合伙所经营之事业,须全体合伙人共同之事业。何谓共同之事业?即事业之利益与损失是由全体共同享受共同负担,而又直接由全体共同享受共同负担之谓也。假若事业之利益与损失均只是归于其中一人或数人者,其非全体之共同事业,自不待言。利益虽由全体共同享受,损失则只由其中一人或数人负担,或损失虽由全体负担,利益则只由其中一人或数人享受及利益与损失虽由全体共享共担,但只是内部的共享共担,对外的则只是属于其中一人或数人之名义者,亦均非全体之共同事业,均不能认为合伙关系。唯只须直接由全体共同享受、共同负担足矣,各人间享受负担之程度及享受之程度与负担之程度纵有不同,并不失为共同之事业。

（丁）合伙之事业,原则上须由全体合伙人共同经营。但交由其中一人或数人经营者,亦不失为合伙关系。

（二）合伙乃约定各为出资之契约

（甲）合伙须约定全体合伙人均为出资。若仅约定由其中数人出资者,则并非合伙关系。唯其出资之种类及其多少,则并无相同之必要。

（乙）出资得为金钱或他物（六六七条二项）,但不以此二者为限。约定为物权、债权、无体财产权及商号、营业、信用等之出资者亦可。信用之出资使资金易于周转,其有裨于事业之经营,几与金钱之出资相等,故应亦得认为出资之一种。至于单纯之不作为,则不能认为出资。

（丙）又出资得以劳务代之（六六七条二项）,此盖以事业之经营,原系财与力二者并需,不出财而出力,自亦为法之所许。当然,劳务之得认为出资者,应限于事业经营上之劳务。

（三）合伙是一个双务有偿契约

《民法》既明定合伙是一种契约关系,于是合伙究系何种契约乎？既系契约,自系债权契约无疑。唯究系双务契约抑系片务契约乎？合伙契约发生各个合伙人互相对价之出资债务,应系双务有偿契约。

然合伙人常不仅二人,各个合伙人之出资债务究系对于何人之债务耶？称各个合伙人之出资互相对价者,究系何个债务与何个债务相对价耶？先就第一点言之:余以为甲乙丙三人合伙之情形,请求丙之出资,乃甲乙之连带债权;请求乙之出资,乃甲丙之连带债权;请求甲之出资,乃乙丙之连带债权。依照连带债权之性质,甲乙二人对于丙乃各有一个债权。甲丙对于乙,乙丙对于甲亦然。各个合伙人非仅有一个债务也,丙有对于甲,对于乙;乙有对于甲,对于丙;甲有对于乙,对于丙之各二个出资债务。次就第二点言之:余以为各个合伙人之出资债务互相对价,乃丙对于甲之出资债务与甲对于丙之出资债务相对价,丙对于乙之出资债务与乙对于丙之出资债务相对价。至丙对于甲之出资债务与乙对于丙之出资债务,或甲对于丙之出资债务与丙对于乙之出资债务,则其间并无对价关系。于是称合伙为双务有偿契约者,乃谓甲乙间、甲丙间、乙丙间均互负出资债务,而甲乙间、甲丙间、乙丙间相互之出资债务又各系互相对价也。

（四）合伙具有团体性

（甲）我国《民法》上关于合伙之团体性之规定　我国《民法》上关于合伙之规定,颇多以认合伙有团体性为前提者。合伙财产认为全体合伙人之公同共有(六六八条),此其一也。一合伙人之死亡、破产,不认为合伙解散之原因,仅认为退伙之原因(六八七条),此其二也。合伙加入之时,加入者对于加入前之债务,亦须负责(六九一条二项)及加入、脱退之时,无须财产之移转行为,此其三也。第一点须以合伙人间有基于目的而生之联系关系为说明。第二点须以团体之仍旧存续为说明。第三点须以合伙之债务财产乃团体之债务财产,团体并无变更为说明。显均以合伙之有团体性为前提。

（乙）合伙之团体性强弱之程度　合伙之团体性之强弱,有各种不同之程度。例如德国《民法》上之合伙,除有特别约定者外,合伙人间仅有基于目的而生之联系关系而已。其团体性之程度,显远弱于我国《民法》上之合伙。我国社会上实际之合伙情形,则其团体性之程度,乃远强于《民法》上所规定。我国许多合伙商店,组织常宛如法人也。前者,因合伙之规定,大部分并非强行法规故,虽在我国《民法》之下,约定合伙仅有人的联系关系,应亦非法之所不许。后者,因合伙设有法人之组织,并无违反《民法》之规定,应亦非无效。于是合伙之团体性,实不能一概而论;合伙得具有各种不同程度之团体性。

(丙) 合伙与无权利能力之社团　团体法之权威学者 Gierke 氏以团体性之强弱,区别合伙与无权利能力之社团。谓合伙仅有人的联系关系,其组织宛如法人者,则系无权利能力之社团,一般学者亦均从之,以为无人格之团体乃与合伙关系不同。余则以为此说殊不能适用于我国之合伙。盖不但如上述,合伙得具有各种不同程度之团体性而已也。且我国《民法》并无关于无权利能力之社团之规定,应不宜将合伙之有法人之组织者,排出于合伙之概念之外,致大多数之合伙,无条文可以适用。

既认为虽构成无人格之团体,仍系合伙关系。于是又因合伙事业并不限于营利事业故,彼经营公益事业之团体及经营既非公益亦非营利之事业之团体,未经依法取得法人之人格,法律又未定为法人者,依余之见,亦概认为合伙关系。

第二节　合伙之效力

第一项　合伙之效力与登记之关系

此仅关于商业合伙之问题。《商业登记法》九条称:"经营商业之合伙,应将合伙人之姓名住址,出资之种类数额,向主管官署声请登记。合伙已依前项规定为登记,其约定出资而未登记为该合伙之合伙人者,视为隐名合伙人,适用《民法》关于隐名合伙人之规定。"依此规定,彼未登记之合伙人究认为自初即系隐名合伙人耶? 抑认为一部登记之后始成为隐名合伙人耶？又该条就合伙完全未为登记之情形,未为规定;此时合伙究有效否耶？余以为经营商业之合伙,虽须为合伙人之登记。然未为登记之前,合伙业已发生效力。虽系经营商业之合伙,亦并非以登记为效力发生要件也。唯若仅为一部合伙人之登记,则发生合伙关系之变动。嗣后其他未登记之合伙人认为退伙,仅与已登记之合伙人间保有隐名合伙关系。

第二项　合伙之出资

出资之约定,为合伙契约之要素。出资之给付时期有约定者,合伙人应于约定时期,无约定者,应于请求给付之时,向合伙所指定受领之人,为出资之给付,自不待言。唯关于出资之以下数点问题,应有说明之必要:

（一）出资之数额

各合伙人出资之数额,原应由合伙契约约定。其未约定者,究如何？纵认为各合伙人应为平等出资,一般情形亦无从定其出资之额。故一般情形,未约定出资之数额者,应认为合伙契约无效。当然,只是一般情形无效而已,并非绝对无效。

（二）劳务之出资与合伙事务之执行

由一合伙人或数合伙人执行合伙之事务,并非即概系劳务之出资。盖其执行事务或受报酬故也。唯一合伙人或数合伙人被委任执行事务,并无报酬之约定者,则因不得请求报酬之故,虽未折算股数,原则上亦应认其执行事务为劳务之出资。从前大理院民国三年之判例,虽以为必须已折算股数者,始认为劳务之出资,余殊不取。

（三）出资债务之同时履行抗辩

学者或以为合伙人之出资债务不适用同时履行抗辩之规定者。余以为不认合伙为双务契约则已,既认为双务契约,即当然适用同时履行抗辩之规定。甲、乙、丙三人合伙之情形,甲之出资债务虽未履行,乙亦得向丙请求出资者,则以甲对于丙之出资债务与丙对于乙之出资债务间并无对价关系;换言之,二者并非对待给付故也。若乙自己亦未履行出资债务者,则丙当然得依照二六四条之规定,为同时履行之抗辩。至于乙为执行事务之合伙人者,则以乙所行使者,并非自己之债权,乃合伙之债权,故亦与同时履行抗辩之问题无关。

（四）出资债务之给付不能

就二六六条之情形、二六七条之情形分述之:

（甲）二六六条之情形　甲乙丙三人合伙,甲之出资债务因不可归责于自己及乙丙之事由而给付不能之时,并非不适用二六六条之规定也。唯以仅对于甲之出资债务,始系甲之出资债务之对待给付,故二六六条适用之结果,仅甲对于乙丙之出资债务与乙丙对于甲之出资债务归于消灭而已,乙丙间之出资债务则仍不消灭。合伙关系仍旧存续,仅甲退伙。

（乙）二六七条之情形　甲乙丙三人合伙,甲之出资债务因可归责于乙丙二人之事由而给付不能之时,当然得适用二六七条之规定。唯若甲之出资债务仅因可归责于乙一人之事由而给付不能者,则因丙对于甲得为二六六条之主张,甲已失其合伙人之资格。纵认为甲对于乙有请求出资之权,于甲亦无实益也。故此种情形,不适用二六七条之规定,仅认为甲有向乙请求赔偿之权。

（五）出资之增加及补充

合伙人除有特别订定外,无于约定出资之外,增加出资之义务。因损失而致资本减少者,合伙人无补充之义务（六六九条）。盖出资义务是因合伙契约而生。合伙契约既无此订定,其无增加补充出资之义务,自不待言。发生问题者,厥为执行事务之合伙人及合伙人全体大会之多数决,得决定增加补充出资否耶? 余以为若无此约定,并无此习惯者,应亦不得为之;必须全体合伙人一致之同意始可。

第三项 合伙事务之执行

合伙之目的乃经营事业。为达到合伙之目的起见,自须为事业之经营。称执行合伙之事务云者,即经营合伙之事业之谓也。以下就合伙事务之执行分点述之:

（一）执行事务之人

合伙事务原则上须由全体合伙人执行(六七一条一项),但亦得约定由其中一合伙人或数合伙人执行之(同条二项)。后之情形,《民法》称为一合伙人或数合伙人被委任执行事务。

（二）执行事务之义务性与权利性

合伙人之执行事务,既系义务,又系权利。一执行事务人不执行事务之时,应对于其他合伙人负债务不履行之责任。甲执行事务人妨碍乙执行事务人执行事务,或非执行事务之合伙人妨碍执行事务之合伙人执行事务者,被妨碍执行事务之合伙人应得依据侵权行为之规定,请求损害赔偿。

执行事务之所以既系义务,又系权利者,盖以合伙事业乃全体合伙人共同之事业故也。若仅系自己个人之事业,则其执行事务自非对于其他合伙人之义务。若完全系他人之事业,则其执行事务自非对于其他合伙人之权利。唯因系属于自己与其他合伙人共同之事业,故其执行事务,既系对于其他合伙人之义务,又系对于其他合伙人之权利。

至于合伙事务约定由一合伙人或数合伙人执行之情形,《民法》虽称该一合伙人或数合伙人被委任执行事务,此并非认该一合伙人或数合伙人与其他合伙人间有委任契约关系也。应不能以此为执行事务之合伙人仅有执行事务之义务之说明。且我国《民法》六七五条明文称"执行合伙事务权利"云云,是在我国《民法》上,认执行事务之具有权利性,更复有明文之根据。

(三)执行事务之权限

执行事务之合伙人不但有执行事务之义务与权利而已也,并须有执行事务之权限。盖执行事务常系为法律上之行为者,若无执行事务之权限,则虽有执行事务之义务与权利,亦无从为义务之履行与权利之实现。故执行事务之合伙人执行事务,而为法律上之行为者,应有代理其他合伙人之权限。《民法》称合伙人被委任执行事务者,对于第三人,为他合伙人之代表(六七九条),即系规定执行事务之合伙人有代理其他合伙人之权限也。

不但合伙事务约定由一合伙人或数合伙人执行之情形,该一合伙人或数合伙人有代理其他合伙人之权限。虽约定由全体执行之情形,因仍许一合伙人单独执行故,此时该一合伙人应亦认为有代理其他合伙人之权限。至于代理权之范围,则及于法律行为,公法上行为及法律行为以外之其他私法上行为。

学者或以为执行事务之合伙人之权限,乃代表权,并非代理权。此虽似于条文有据,余则并不以为然。盖以法人之董事之权限,所以认为代表权者,乃以法人之董事系法人之机关。法人无董事,则无行为之能力。法人须由董事为行为,法人之一切行为概由董事为之。故董事所为之行为视为法人之行为,董事所为之事实行为亦视为法人之事实行为。若夫执行事务之合伙人与其他合伙人之关系,则执行事务之合伙人并非其他合伙人之机关。其他合伙人自有其行为之能力,其他合伙人自有其自己所为之行为。当然不能以执行事务人之行为为其他合伙人之行为也。无论法律上行为或事实行为均然。执行事务人所为之行为,仍系执行事务人自己之行为,仅系对于其他合伙人发生效力而已。故应系代理关系,并非代表关系。事实行为无所谓代理。

然执行事务之合伙人,虽非其他合伙人之代表,究得认为合伙团体之代表否耶? 当然,合伙团体事实上亦系自为一个独立之单位,在社会上为活动,其活动乃以执行事务之合伙人为其机关。但以合伙团体并无人格故,事实上虽系团体之活动,在私法上亦并不能认为团体之行为,仅认为全体合伙人之行为。因此执行事务之合伙人事实上虽系合伙团体之机关,在私法上亦不能认为合伙团体之代表。彼买卖、消费借贷等书面契约上写明买受人借用人为某会、某社代表某人者,虽因极普遍之事实故,势不能认为无效。然法律对于其性质之解释,仍并不认为某人代表某会某社而为契约之订立,乃视为某人系代理全体会员、社员而订立契约也。至于合伙团体之有当事人能力及执行事务之合伙人之系合伙团体在诉讼上之代表,此乃《民诉法》四〇条三项有明文规定,应作别论。

（四）执行事务之方法

合伙事务约定由全体合伙人执行,或约定由数合伙人执行者,合伙事务究应如何执行耶? 申言之,多数之执行事务人之间,究应如何为行为之决定及行为之实行耶? 以下分言之:

（甲）关于行为之决定

执行合伙事务行为之决定,或须基于全体一致之意思,或须基于多数之意思,或则由各个执行事务之合伙人单独决定。关于何种事务,采取何种决定方法,此任由合伙契约自为订定也。兹仅就合伙契约无特别订定之时论之:

（子）全体一致决定　关于非通常之事务,《民法》规定除契约另有订定外,由合伙人全体,或被委任执行事务之数合伙人全体共同执行之

（六七一条一项、二项、三项）。此所称共同执行者,即行为之决定,须有全体之执行事务之合伙人一致之同意之谓也。

（丑）多数决定　通常之事务,如次段所述,原得由各执行事务之合伙人单独决定之。其得以多数决定,自不待言。非通常之事务,余以为视其合伙事业之种类,或依习惯,亦得以多数决定。六七一条一项、二项不宜作严格之解释。

（1）非营利之合伙,不问章程上有无多数决之订定,会员大会之议决,原则上均得以多数决之方法为之。其不得以多数决为议决者,仅限于章程上订明一致议决之事项。

（2）营利之合伙,关于某种事务有得以多数决定之习惯者,合伙人全体大会之议决,应亦得依习惯,以多数决之方法为之。其仍不得以多数决为议决者,仅限于合伙契约上有反对约定之情形。

（3）被委任执行事务之数合伙人间,为某种非通常事务之决定,有得依多数决之习惯者,除有反对之约定外,亦得以多数之意思为决定。

至于采取多数决方法时,各合伙人表决权数之计算,则除合伙契约有反对之订定外,不问出资之多寡,各合伙人均仅有一个表决权。被委任执行事务之数合伙人间之表决亦然（六七三条）。欲依出资额定各个合伙人之表决权数者,必须于合伙契约上订明。

（寅）单独决定　关于通常之事务,《民法》规定,得由有执行权之各合伙人单独执行之（六七一条三项本文）。此所称单独执行者,乃单独决定而实行之谓也。至于何种事务系通常事务,此乃因各种合伙之事业而不同。一般的言之,通常事务者,日常轻微之事务也。

然单独决定,其决定之内容,常有为其他执行事务之合伙人所不赞同者。于是《民法》对于单独决定,又容许其他执行事务之合伙人为异议。一经其他任何一个执行事务之合伙人为异议之后,即须停止依该决定为实行(六七一条三项但书)。若仍一意孤行,对于因此所生之损害,须负赔偿之责。至于不就行为之内容为异议,而主张该事务并非通常事务者,则只须该事务确系通常事务,即无须停止实行。

(乙) 关于行为之实行

事实行为之实行,其系通常事务者,依照六七一条三项之规定,由各个执行事务之合伙单独实行之。其非通常事务者,亦得于决定之后,交由一执行事务人或数执行事务人实行。六七一条一项、二项乃系关于行为决定之规定,与行为之实行无关(最高法院二八年上字一五三三号判例参照)。

法律上行为之须如何实行,此则系共同代理或单独代理之问题。《民法》原规定,代理人有数人者,除有特别规定,或有特别意思表示者外,代理行为应由该数个代理人全体共同为之(一六八条)。于是被委任执行事务之合伙人有数人之时,其为法律上行为之实行,原则上自须全体共同代理。所须为说明者,厥唯在何种情形,虽无特别意思表示,亦得单独代理,或无须全体共同代理。

(1) 余以为六七一条三项之规定,亦适用于法律上行为之实行。于是各个执行事务之合伙人就通常事务,得为单独之决定,并为单独之代理。此等事务,既得由各个执行事务之合伙人,依自己单独所决定之内容,为单独之代理行为,则其行为之内容若已经全体一致或多数决定者,得由各个执行事务之合伙人单独代理,自更不待言。执行事务之合伙人关于通常事务之代理,乃排除一六八条之适用也。

(2) 合伙若系经营商业,而数个被委任执行事务之合伙人又均系管理商业上全般事务者,则五五六条之规定应亦适用于此种执行事务之合伙人。除关于通常事务,仍适用六七一条三项之规定外,关于非通常事务,只须二人共同代理,即得生效,并无全体共同代理之必要。

（五）执行事务之范围

合伙事务约定由一合伙人或数合伙人执行，或以多数决执行之情形，应注意执行事务之范围。其一为性质上之范围，其二为约定之范围。

唯有关于合伙事业之经营者，始系执行合伙事务。例如增加或补充出资，变更合伙契约或其所定之事业，开除合伙人，允许合伙之加入及解散合伙等，则其性质并非执行合伙事务。除有特别订定者外，应不得由被委任执行事务之一合伙人或数合伙人决定，亦不得由合伙人大会仅依多数决定。

又合伙事务约定由一合伙人或数合伙人执行者，常仅限于合伙事务之一部。约定以多数决定者亦然。此种情形，被委任执行事务之合伙人更仅就约定之范围内，对于一部之合伙事务，有执行之义务权利与权限。《民法》称合伙人被委任执行合伙事务者，于依委任本旨，执行合伙事务之范围内，对于第三人，为他合伙人之代表者（六七九条），即谓其仅就合伙契约所约定之事务，有执行之权限也。至于得以多数决定之事务，既经契约限定，自亦唯就该限定之事务，得为有效之多数决定。

（六）执行事务之合伙人关于执行事务之义务及因此所生之权利

（甲）执行事务之合伙人履行事务之义务，须与处理自己事务为同一之注意（六七二条）。当然，若经约定须以善良管理人之注意为执行者，自应从其约定。余更以为执行事务若有报酬，则虽无约定，亦须以善良管理人之注意为之。盖有偿契约，债务人须对于抽象的轻过失负责，乃我国《民法》上之一般原则。合伙人之执行事务，并无若何特别理由，应排除此原则之适用。六七二条乃以无报酬（六七八条二项）为前提之规定。

（乙）执行事务之合伙人，除经其他合伙人同意，或另有习惯，或有不得已之事由外，其执行合伙事务，须自己为之。使第三人代为之者，其责任完全与受任人同。其他合伙人对于该第三人亦有关于事务执行之直接请求权(六八〇条、五三八条、五三九条)。

(丙) 执行事务之合伙人须将合伙事务进行之状况,报告于其他合伙人。满任、解任或合伙解散之时,并须明确报告其颠末(六八〇条、五四〇条)。

(丁) 执行事务之合伙人,须将自己因执行合伙事务,所取得之金钱、物品及孳息,交付于合伙所指定管理之人。又因执行事务,以自己之名义,为合伙取得之权利,须移转于全体合伙人(六八〇条、五四一条)。

(戊) 执行事务之合伙人,为自己之利益,使用应交付于合伙之金钱,或使用应为合伙之利益而使用之金钱者,应自使用之日起,支付利息。如有损害,并应赔偿(六八〇条、五四二条)。

(己) 执行事务之合伙人执行合伙事务,如有报酬约定者,须就抽象的轻过失负债务不履行之责。如无报酬之约定者,须就其具体的轻过失与重大过失负责。又执行事务之合伙人在执行约定事务所必要之范围内,虽得适法侵害全体合伙人所公同共有之权利。若超出执行约定事务所必要之范围而为侵害者,则须依照侵权行为之规定,负损害赔偿之责(六八〇条、五四四条)。

(庚) 执行事务之合伙人得请求合伙预付执行事务所必要之费用(六八〇条、五四五条)。其由执行事务之合伙人垫付者,得请求偿还,并得请求自支出时起之利息(六七八条一项、六八〇条、五四六条一项)。

(辛) 执行事务之合伙人因执行合伙事务,负担必要债务者,得请求合伙代其清偿。未至清偿期者,得请求合伙提出相当担保(六八〇条、五四六条二项)。

(壬) 执行事务合伙人执行合伙事务,因非可归责于自己之事由,致受损害者,得向合伙请求赔偿(六八〇条、五四六条三项)。

（癸）执行事务之合伙人，除契约另有订定外，其执行事务不得请求报酬（六七八条二项），此点乃与受任人不同。纵系由一合伙人或数合伙人执行之情形亦然。唯合伙人之执行事务，并非基于合伙契约，而由被委任执行事务之合伙人依其权限，更委托该合伙人执行者，则其是否得请求报酬，应依委任之规定（五四七条），并非亦适用六七八条二项也。

（七）执行事务之合伙人之辞任及解任

（甲）合伙人中之一人或数人被委任执行合伙事务者，非有正当事由，不得辞任（六七四条一项）。盖合伙人之事业，乃全体合伙人共同之事业，而约定由一合伙人或数合伙人执行事务者，又系合伙契约之内容之一部故也。无正当事由而得辞任者，唯经其他合伙人全体之同意，或有约定之情形。

（乙）合伙人中之一人或数人被委任执行合伙事务者，非有正当事由，且经其他合伙人全体之同意，不得将其解任（六七四条一项、二项）。仅有正当事由，而未经其他合伙人之同意，或虽有其他合伙人全体之同意，而并无正当事由者，均不得解任。其所谓其他合伙人之范围，例如甲乙丙丁戊己六人合伙，以甲乙为执行事务人，甲或乙之解任，须丙丁戊己与乙或甲之同意。于是以丙丁戊己四人之同意，将甲乙二人一并解任者，亦为法所不许。

当然，六七四条二项并非强行法规，若约定得以多数决解任者，其约定自系有效。又有多数决之习惯者，从其习惯。余更以为非营利之合伙，原则上概得以多数决解任。

（丙）合伙事务由全体合伙人执行者，一合伙人之辞任，或对于一合伙人之解任，亦准用六七四条一项、二项之规定。

（八）无执行事务权之合伙人之权利

无执行合伙事务权利之合伙人，有临时检查合伙事务及其财产状况,并查阅账簿之权利。此权利不得以契约排除之(六七五条)。不但完全无执行权之合伙人,应有此权利。虽对于少数事项仍保有共同执行之权者亦然。

无执行权人之权利,除检查权外,尚有执行事务请求权。盖执行权人之执行事务,已如前述,既系权利,又系义务故也。此不但无执行权人对于执行权人有此权利,执行权人相互间亦然。至关于执行事务请求权之让与,虽准用五四三条之规定(六八〇条),只须执行权人之同意,即得为之。然第三人若非同时受让股份,加入合伙,仅为执行事务请求权之受让,固毫无意义也。

第四项　合伙之财产关系

第一目　合伙财产

（一）合伙财产之构成

何者系合伙财产?（一）各合伙人之出资;（二）出资物或出资权利所生之孳息,与其灭失、毁损、消灭时之损害赔偿;（三）经营事务之所得。除此三者之外,对于各个合伙人之出资请求权,亦系合伙财产。盖请求一合伙人为出资,既系其他合伙人之债权,又系合伙之债权,其他合伙人乃请求该合伙人向合伙为出资也。

（二）合伙财产之归属

合伙财产为合伙人全体之公同共有(六六八条)。盖合伙团体并无人格,法律上不能为团体之所有。而合伙人乃因经营共同事业,成一公同关系(八二七条),故认为合伙人之公同共有。

称合伙财产为公同共有者,究系指各个财产而言,抑系指财产之集团而言耶? 各个合伙财产,不问其为所有权、其他物权、债权,或无体财产权,均认为合伙人全体之公同共有或准公同共有(八三一条)。全部财产又复构成一财产集团,认为合伙人全体之公同共有。

合伙财产既为全体合伙人之公同共有,于是其效力,除有特别规定者外,自应适用物权编关于公同共有之规定。以下仅就合伙财产之分析及股份之处分分述之:

(甲)合伙财产之分析　合伙财产既系公同共有,依照八二九条之规定,原不得于公同关系存续中,请求分析。盖合伙财产既为经营共同事业而共有,若仍欲为事业之继续经营,自不得为合伙财产之分析也。然《民法》关于合伙财产之分析,不但规定解散前不得请求,解散后清算前亦不得请求(六八二条一项)。盖八三九条乃就因公同关系仅发生公同共有者而为规定。合伙之公同关系,不仅因而发生公同共有之合伙财产,更因而发生连带负责之合伙债务。故须以合伙财产为合伙债务之清偿后,始得为合伙财产之分析,此其理由之一也。且解散后,清算人尚须了结现务。在了结现务之范围内,公同关系应仍存在,此其理由二也。原来,合伙财产之分析,即系六九七条二项及六九九条所称之返还出资及分配利益,应唯在解散后,经已了结现务,清偿债务,始得为之。

至于退伙之情形,其他合伙人仍保持合伙财产之公同共有,并非合伙财产之分析,故不适用六八二条之规定。

又六八二条一项乃系关于合伙总财产之规定。若就各个合伙财产而言,则不但于合伙清算前,不得请求为某个财产之分析。纵在合伙解散,经已了结现务,清偿债务之后,合伙人亦不得主张为各个合伙财产之个别分析。

(乙)股份之处分　股份云者,合伙人对于合伙财产之应有部分也。不但分别共有关系,各分别共有人有应有部分。公同共有关系,各公同共有人亦有应有部分。

公同共有之应有部分,性质上,各公同共有人乃不得自由处分。合伙人之股份,则非经他合伙人全体之同意,不得转让于第三人(六八三条本文)。盖合伙人不能无股份,非合伙人不能有股份。股份之转让,须嗣后让与者脱离合伙关系,受让者加入合伙关系始可。而合伙之加入,依法(六九一条一项)乃须合伙人全体之同意。故股份之转让,须经他合伙人全体之同意也。

《民法》虽仅就股份之转让为规定。当然,股份之出质,亦须经他合伙人全体之同意(二二年上字二三五号判例参照)。盖质权实行之结果,股份亦将移转于第三人故也(九〇二条)。

唯股份之转让于他合伙人者,则无须以外合伙人之同意(六八三条但书)。盖并不发生加入新合伙人之情事故也。然以让与者此后脱离合伙关系,应仍须准用六八六条之规定,与声明退伙受同一之限制。

至于仅就某个合伙财产之应有部分为转让者,则无论转让于第三人或他合伙人,均为法所不许。盖此乃与股份之一部转让不同也。

第二目　合伙债务

(一) 合伙债务之连带责任

何谓合伙债务? 因经营共同事业,合伙所生之债务是也。合伙债务乃全体合伙人之连带债务(六八一条)。其效力除适用关于连带债务之一般规定外,以下就各合伙人之责任及其责任之避免方法,与债权人亦系合伙人之时,是否亦须连带负责分述之:

(甲) 各合伙人关于合伙债务之责任　合伙债务虽系全体合伙人之连带债务,然债权人在债权初届清偿期之时,一般情形,并不能向各个合伙人为全部给付之请求(二七三条一项参照)。合伙债务,债权人先须请求以合伙财产为清偿。合伙财产不足清偿合伙债务之时,各合伙人始须对于不足之额,负连带责任(六八一条)。于是合伙财产足以清偿合伙债务者,债权人不得向其中一合伙人或数合伙人请求给付。纵该一合伙人或数合伙人系合伙之执行事务人者亦然。合伙财产不足以清偿合伙债务者,债权人亦唯就不足之额,始得向任一合伙人或数合伙人请求给付。因此,债权人向某一个合伙人提起给付之诉者,必须证明合伙财产不足清偿始可。否则,应受驳回之判决(二九年上字一四〇〇号判例参照)。若非对于合伙团体合并提起给付之诉,或虽分别提起,而合并辩论者,则须证明不足清偿外,更须证明不足之额。唯关于后点之证明,当然可以适用《民诉法》三四二条耳。至于所称不足清偿,并非不足清偿总债务之意义。只须现存之合伙财产,尚足以清偿对于该债权人之债权人仍不得向各个合伙人请求给付。又只须尚有合伙财产,合伙之执行事务人纵不以合伙财产清偿债务,亦不得径向各个合伙人请求给付。

(乙)合伙人关于合伙债务之责任避免方法 凡系合伙人,不问其有无共同执行事务及其出资之种类,与其当时出资合伙之动机如何,均须对于以合伙财产清偿后所剩之合伙债务,连带负责。欲避免责任,则唯有经他合伙人全体之同意,仅登记自己以外之人为合伙人。此时,法律仅认已登记者为合伙人,未登记者变为隐名合伙人(《商业登记法》第九条)。对于已登记者之关系,未登记者仅于出资之限度内,负分担损失之责任(七〇三条)。对于债权人之关系,则未登记者并非合伙债务之债务人。于是可以无须负六八一条之责任矣。

当然,对于未登记以前所生之合伙债务,自仍须负责。又七〇五条之规定,对于未登记之合伙人亦适用之。

至于一合伙人与其他合伙人间,虽于合伙当时即预先约定自己只就出资之限度内负责者,此则并不能以之避免六八一条之责任。纵当时之意思,确只是成全他人,完全是一种帮助之性质,等于答允他人做会者亦然。盖须知他人对于合伙商店之信用之给与,往往只是对于其中一合伙人之信赖故也。且事实上,其他合伙人亦有以该合伙人之信誉为号召之情形。所以此种约定,对内的虽非无效,对于债权人则并不能对抗(二六年上字九七一号判例参照)。有此约定者,尚且无效。若只是当时之心理确是如此者,自更不待言。

(丙)合伙债务之债权人亦系合伙人之时其他合伙人是否仍须连带负责　此种情形,就合伙财产不足清偿之额,该合伙人是否得向其他任何一合伙人请求全部给付,抑须扣除自己分担之部分外,始得任向一合伙人请求,抑仅能按照各合伙人之分担部分,向各合伙人分别请求?余以为仅能按照分担部分,分别请求。盖以连带债务人中之一人不能又为连带债务之债权人。其当时得以有效发生者,因先以合伙财产为清偿故也。一届向各个合伙人请求给付之时,则应得主张因混同而消灭(二七四条);唯有二八一条之权利与责任(二九年上字一一〇五号判例参照)。

(二)合伙债务之移转

关于此点,实际上发生问题者,乃合伙人为股份之转让之时,该合伙人所应连带负责之合伙债务是否亦随同移转?虽股份仅系合伙财产之应有部分,然合伙人转让股份者,一般情形,皆有连同移转债务之意思,故除有反对之约定者外,应解为债务亦随同移转。唯既系概括承受,自须对于债权人为通知或公告后,始生承担债务之效力。且关于到期之债权,自通知或公告时起,未到期之债权,自到期时起,二年以内,原合伙人仍须连带负责(三〇五条)。

第三目　损益分配

(一)利益之分配　利益之分配,分为解散时分配、退伙时分配与定期分配三种。无论何种合伙,解散时,合伙财产除清偿债务,返还出资外,若尚有盈余者,除契约有特别订定外,盈余之额概须按其成数,分配于全体合伙人。退伙时,合伙财产多于债务与各合伙人之出资之和者,除契约有特别订定外,退伙人亦均得按照成数,请求盈余之分配。

营利之合伙,则除解散时、退伙时受利益之分配外,各合伙人更得按期受利益之分配。当然,无论何种合伙,除契约另有订定外,决算均应于每届事务年度终为之。营利之合伙,则决算之结果如有盈余,除契约另有订定外,更须于每次决算后,即为利益之分配(六七六条)。且只须有盈余之事实,即发生各合伙人之利益分配请求权。有盈余而不分配,或仅分配盈余之一部者,须有全体合伙人一致之同意,或契约或法令之根据。有习惯者,则以合伙人大会多数决定亦可。

(二)损失之分配　一般情形,合伙唯于解散或于退伙时,始为损失之分配。或仅得受出资之一部返还,或更须分担债务(连带债务之内部分担)。唯利益之分配乃全体合伙人均有此种权利,损失之分配则不然。以劳务为出资之合伙人,除契约有特别订定者外,不受损失之分配(六七七条三项)。申言之,以全部合伙财产清偿后所剩之合伙债务,关于此债务,以劳务为出资之合伙人若未登记其出资之种类为劳务者,虽仍系连带债务人之一,但其内部关系则除有特别约定外,并无分担部分。合伙若系约定资本因损失而减少时,合伙人有补充出资之义务者,则关于损失,合伙人亦须受定期之分配。每届事务年度终时,决算之结果,若有亏损,各合伙人应依其自己所分担之损失,补充出资。

(三)分配之成数　关于损益分配之成数,各有约定者,各依其约定之成数而为分配。仅就利益,或仅就损失,约定分配成数者,视为损益共通之分配成数(六七七条二项)。二者均未约定分配成数者,则利益与损失均按照各合伙人出资额之比例分配之(六七七条一项)。

合伙人或为金钱之出资,或为金钱以外之出资之情形,若经约定各人所占之股数者,此股数则系损益之分配成数。若未定股数者,则金钱以外之出资,概须依照合伙契约成立当时之价格,换算金钱,定其比例。

第五项　合伙人之债权人就合伙人之权利所得行使之权利之限制

（一）合伙人之债权人对于合伙负有债务者不得主张抵销（六八二条二项）　例如甲乙丙三人合伙,丁对于合伙有债务,对于甲有债权。丁不但不得以对于甲之债权与对于甲乙丙之债务,即对于合伙之债务相抵销,亦不得以对于甲之债权与对于甲一人之债务抵销。前者,因乙丙对于丁并无债务之故,其不得抵销,自不待言。后者,则以甲一人对于丁虽有债权,但合伙债权乃全体合伙人准公同共有之债权,并非全体合伙人之连带债权也,故亦不得抵销。其理由盖以合伙财产若非仅一个债权之情形,则合伙人关于总财产之应有部分未消灭之时,不能单消灭关于某个财产之应有部分。合伙财产若仅有该个债权者,则在公同关系未消灭之时,更不能消灭关于该个债权之应有部分。何况应有部分乃系互有弹力性,纵认为丁得以抵销之方法,消灭甲之债权,于丁亦毫无利益。故与连带债权之情形不同,认为不得抵销。更具体的言之,例如甲乙丙三人股份相等,丁欠合伙三千元,丁不但不得主张三千元之全部抵销,纵以甲名下应占有一千元之债权为理由亦不得主张一千元之抵销。

（二）合伙人之债权人就合伙人关于合伙之权利不得代位行使（六八四条）　合伙人关于合伙之一切权利,原则上,其债权人概不得代位行使。不但事务执行权、检查权等不得代位行使,合伙人之股份,原则上亦不得代位行使。此盖以合伙人关于合伙之权利,其行使之结果,常影响及于全体合伙人关于合伙之利益。而合伙契约之所以订立者,原以对于人之信赖为前提。故其权利之行使与否,应由各合伙人自己之意思决定,债权人不得代位行使。至于债权人之不能干涉合伙事业之经营,更不待言。

利益分配请求权则不然。盖依法既须分配,或既经决定分配,则无论由合伙人自己请求,或由其债权人请求,其应为给付之额一也。且纵不请求,执行事务人亦须为利益之分配。是对于合伙并无不利,故得代位行使(六八四条但书)。

《民法》虽仅规定利益分配请求权得代位行使,余以为只须其代位行使之结果,对于合伙并无发生不利之虞,又并无干涉及合伙事业之经营者,则虽关于其他权利,应亦无禁止债权人得为代位之理由。例如若干人组织一敬神会,购置田产,由各人轮流收租,举行祭典者,依第一节之所述,因合伙事业并非限于营利事业之故,亦系合伙关系,债权人就债务人轮值之年,为田产之代位出租,应仍为法之所许。

当然,合伙人关于合伙之权利,债权人不得代位行使者,自以合伙存续中之权利为限。至若退伙后,或解散后之权利,则应得代位行使。唯清算人选任权之代位,仍为法所不许。

(三)合伙人之债权人扣押股份之限制(六八五条)　合伙人之债权人扣押该合伙人之股份,须于二个月前,先向合伙为通知。而该通知,《民法》又认为有为该合伙人声明退伙之效力。于是该条一项本文虽谓合伙人之债权人就该合伙人之股份得声请扣押,实则声请扣押之时,因在通知二月之后故,依照六八六条一项之规定,已发生该合伙人退伙之效果。此时,该合伙人已无股份,所得扣押者,仅该合伙人退伙后请求返还及请求分配之权利而已。

然《民法》何以如此规定?此盖以合伙人未退伙之前,若容许债权人为股份之扣押,则扣押后,为扣押物之拍卖,将发生股份移转于第三人之结果故也。夫股份之移转于第三人,合伙人自己尚不得为之(六八三条),合伙人之债权人自应不能有此权利。故只能先使其退伙,而后为扣押。

通知之目的,既系先使其退伙,而后扣押。于是债权人之通知若不能发生退伙之效果者,则通知虽经二月之后,应仍不得声请扣押。债权人并非于任何时为通知,即得发生退伙之效果也。通知仅有声明退伙之效果而已。若于不利于合伙事务之时期为通知,并不能发生退伙之效果。

又既系为扣押而使其退伙,于是若尚无执行名义之时,因尚不得声请扣押之故,虽经通知,应亦不认其发生退伙之效果。债权人必须先取得执行名义,嗣后为通知,嗣后再声请扣押。

当然,退伙之效果发生,与嗣后有无实行声请扣押则无关。嗣后纵不实行声请扣押,退伙之效果亦仍发生。且通知经二月后,债权人若不即实行声请扣押,致被合伙人自领去出资及利益者,亦属债权人之自误。

第三节　合伙之变更

何谓合伙之变更?仍保持合伙关系之同一性,而变更合伙契约之内容之谓也。其最重要之情形,为变更合伙事业之种类。其他如执行事务之变更、期限之变更是也。至于合伙人之变更及出资之变更,则《民法》经另有规定。

合伙契约,或其事业之种类,除契约另有订定外,非经合伙人全体之同意,不得变更(六七〇条)。此盖以唯全体之同意,始得变更全体所订立之契约也。合伙之变更,与合伙事务之执行,二者截然不同。后者须依照契约之内容为之。故虽系被委任执行事务之合伙人,亦不能为合伙契约之内容之变更。

唯合伙契约经有特别约定者,则得依其约定,由多数决变更,或由被委任执行事务之合伙人变更之。又若有得以多数决,或得由执行事务之合伙人变更之习惯者,除有反对之约定外,亦从其习惯。

至于合伙契约之补充,虽于合伙契约之变更不同,应亦非经合伙人全体之同意,不得为之。

第四节　合伙之脱退与加入

第一项　合伙之脱退

合伙之脱退,《民法》上称之曰退伙。《民法》上所规定之退伙,计有二种:一为任意退伙,一为非任意退伙。前者乃基于退伙人自己之意思而退伙是也,后者乃并非基于退伙人自己之意思而退伙是也。当然,除此二者之外,一合伙人更得基于自己之意思,且经他合伙人全体之同意而退伙,自不待言。以下就任意退伙、非任意退伙及退伙之效果分述之:

（一）任意退伙

（1）任意退伙之方法　任意退伙由退伙人向他合伙人全体为声明退伙之意思表示。仅向他合伙人中之一人或数人声明退伙者,当然无效。向合伙之执行事务人声明退伙者,原则上亦系无效。盖以接受声明退伙之意思表示,性质上并非属于执行事务之范围故也。唯合伙契约经有此订定,或有此习惯者,则得仅向执行事务人声明退伙。

(2) 任意退伙之性质　　任意退伙乃退伙人仅以自己一人之意思表示,无须其他合伙人之同意,消灭自己与其他合伙人间之合伙关系,且亦仅有嗣后消灭之效力。故其性质实系一种终止行为,唯其效力并不及于整个合伙关系而已。

(3) 任意退伙之事由　　合伙未定有存续期间,或经订明以合伙人中一人之终身为其存续期间者,合伙人之声明退伙,无须若何事由。合伙人不愿继续合伙,即得声明退伙(六八六条一项本文)。合伙定有存续期间,而其所定之存续期间又非以某一合伙人之终身为标准者,则合伙人应受所定期间之拘束。在期间未届满之前,唯有非可归责于自己之重大事由,始得声明退伙(同条三项)。换言之,唯有不得不退伙之事由,且其事由又非因自己之故意过失而生者,始得声明退伙。例如其他合伙人执行事务,继续有不正当之行为,而又不能依法将其辞任,或其他合伙人不为出资义务之履行,而又不能依法将其开除,或自己因受官吏之任命,不能兼营该种事业是也。至于某合伙人在合伙当时之动机,虽纯系对于他合伙中之某一个人之信赖,在该人退伙之时,则并不得以此为重大事由,自己亦主张退伙。

(4) 退伙之意思表示之效力发生时期　　退伙之意思表示,并非于到达后立即发生效力。乃须意思表示到达后,届满二个月,始发生效力(六八六条一项但书)。唯退伙人若系先为退伙之通知,届满一个月,而后为退伙之意思表示者,则应作别论。至于因非可归责于自己之重大事由,而声明退伙者,是否亦须先期通知? 此点,《民法》虽无明文之除外规定(《公司法》五九条二项、瑞债五四五条二项、德民七二三条一项本段),唯既有重大事由,应无须先期通知。无论合伙定有存续期间与否,其因非可归责于自己之重大事由而声明退伙者,概于声明后立即发生退伙之效力。

（5）为退伙之意思表示之时期上之限制　合伙人声明退伙之意思表示，不得于退伙有不利于合伙事务之时期为之（六八六条二项）。其于不利之时期为之者，不生退伙之效力。何谓不利于合伙事务之时期？就经营商业之合伙而言，例如该种商业一年中最旺盛之季节是也。于商业最旺盛之季节退伙，其将影响于资金之不足周转，或将影响于商店之对外信用，或将无其他适当之人可以执行事物者，则虽曾于二月前通知，亦并不生退伙之效力。

至于此种限制，对于因非可归责于自己之重大事由而声明退伙者，亦并不适用。无论合伙定有存续期间与否，其有非可归责于自己之重大事由者，乃均得随时声明退伙。

（二）非任意退伙

此乃无须声明退伙之意思表示，有下列各种原因时，即发生退伙之效果：

（甲）合伙人之死亡

合伙之事业经营，系以合伙人间相互之信任为前提。对于合伙人信任，对于合伙人之继承人未必信任也。是故合伙股份，与其他一般财产权不同，除有特别约定者外，不得继承。非经合伙契约订明继承人得为继承者，合伙人死亡之时，即认为退伙（六八七条一款）。继承人并不得主张继承合伙，仅得继承因退伙所生之权利义务。

然虽无得为继承之特别约定，而有得为继承之习惯者究如何？即譬如营利之合伙，一般习惯皆认为股份可以继承。营利合伙之一合伙人死亡后，合伙对于该合伙人之继承人之关系究如何？余以为若认为退伙，即不应有此种行为，而事实上合伙方面或继承人方面已有此种行为者及若认为退伙，即应有，或必有此种行为，而事实上一方并无此种行为者，

则在依习惯,股份本可以继承之合伙,应可认为一方已有继续合伙之意
思。于他方主张合伙仍继续存在之时,除非他方自己已有否认合伙存在
之行为者,此方应不能再主张已退伙。如此解释,庶不致反因法律之规
定,而引起人民之纠纷。

(乙) 合伙人受破产或禁治产之宣告

合伙人受破产之宣告,显已失去社会上之信用。合伙人受禁治产之
宣告,已因此失去行为能力。故遇有此等情形时,对于该受宣告之合伙
人,法定的发生退伙之效果(六八七条二款)。

(丙) 合伙人之被开除

开除之目的,原系将某合伙人斥出合伙关系,故有效之开除行为,自
应发生被开除者退伙之效果(六八七条二款)。开除之要件如下(六八
八条):

(1) 须有正当事由　例如出资义务给付迟延,或给付不能,或有不
正当之执行事务行为,或有其他行为,致妨碍合伙事务之进展等是也。

(2) 须有他合伙人全体之同意　例如甲乙丙丁戊五人合伙,欲开除
甲,必须有乙丙丁戊四人之同意。并不得以丙丁戊三人之同意,同时为
甲乙二人之开除。唯有特别之约定,或习惯之时,始得以多数决为开除。

(3) 须通知被开除之合伙人　开除之意思表示,乃系他合伙人全体
间之决议,无须向被开除者为之。故除决议行为外,更须有一个通知行
为,于通知到达被开除之合伙人后,始发生退伙之效果。

(三) 退伙之效果

关于退伙之效果,无论其为何种退伙,一言以蔽之,退伙人与他合伙
人间之合伙关系嗣后归于消灭是也。一经退伙之后,退伙人更无执行合
伙事务之义务与权利。对于合伙财产之股份亦归于消灭,仅有请求返还
出资与分配利益之权利而已。以下更分点详述之:

（甲）合伙财产主体之变动与合伙团体之同一性

原系甲乙丙丁四人合伙,甲退伙之后,甲乙丙丁四人公同共有之合伙财产变为乙丙丁三人公同共有之合伙财产矣。此显系发生合伙财产主体之变动。然合伙团体则仍保持其同一性。第一,退伙前所发生由甲乙丙丁四人连带负责之合伙债务,虽于甲退伙后,合伙财产已变为乙丙丁三人所公同共有,债权人仍须先就合伙财产受清偿。不足之时,对于不足之额始得向甲请求清偿。第二,于合伙人全体大会时以得票最多数当选之执行事务人,虽嗣后选举其为执行事务人者已大部退伙,亦并不因而丧失其执行事务人之地位。第三,原系甲乙丙丁四人所公同共有之土地,虽因甲之退伙,已变为乙丙丁三人之公同共有。然此并无须甲之移转行为,应不得为土地增值税之征收。

（乙）合伙财产之结算与出资之返还及损益之分配

退伙后,原则的自须对于退伙人为出资之返还及损益之分配。为决定返还及分配之额,须为合伙财产之结算。结算与返还及分配,均由执行事务人为之。

（1）合伙财产之结算　退伙人与他合伙人间之结算,应以退伙时合伙财产之状况为准（六八九条一项）。唯合伙事务于退伙时尚未了结者,于了结时计算（同条三项）。当然,结算既以之定退伙人应受返还及分配之额,自应以发生退伙效力时合伙财产之状况为准。所谓于了结后计算者,乃就该未了结之事务,认为退伙人仍保持其合伙关系至了结时为止,故以了结时财产状况为准。唯若于该事务了结前,又复为他事务之经营者,则关于他事务之盈亏,自与退伙人无涉。又所谓事务尚未了结者,例如经营建筑承揽之合伙,某项已承包之工程尚未完成是。若仅债权未收取者,则并不能为延期计算之主张。

（2）出资返还　营利之合伙在退伙时,合伙财产多于合伙债务者,必须返还出资与退伙人。关于以劳务或物之使用为出资者亦然。合伙财产扣除合伙债务后,多于或等于全部合伙人原出资之总和者,返还退伙人之全部出资。否则,按照各合伙人出资之比例,返还一部。

出资返还,不问其原出资之种类,概得以金钱为之(六八九条二项)。不但以劳务或物之使用为出资,或出资之物或权利业已消灭之情形,当然须以金钱抵还,即出资之物或权利仍旧存者,亦得以金钱抵还之。金钱计算,依订约当时之价格。

至于非营利事业之合伙,虽或应解为不能请求返还出资。然以关于此等合伙解散时财产之处置,若无特别之约定,或特别之决议者,亦须分别返还分配于各合伙人。故合伙契约若无特别之订定者,虽关于此等合伙,退伙时,退伙人应亦得请求返还出资。唯计算退伙时之合伙财产,应将出于第三人之捐助者除开。

(3)利益分配　退伙时合伙财产扣除合伙债务外,尚多于全部合伙人原出资之总和者,则退伙人更得请求依照成数分配利益。利益分配成数从六七七条之规定。唯第三人为赞助合伙所经营之公益事业,而捐赠于合伙者,当然不能作为合伙之利益,请求分配。

(4)损失之分配　退伙时,合伙财产少于合伙债务者,退伙人不但不能请求返还出资,更须依照六七七条之规定,受损失之分配。所谓损失分配者,非仅算定退伙人之分担部分,乃退伙人须将自己对于合伙债务所应分担之数额,于退伙时,交付于合伙。虽该合伙债务未届清偿期者亦然。至于退伙人不信赖合伙,而将自己所应分担之数额,直接交付于债权人者,其对于合伙之损失分配义务仍不消灭。唯因是对于合伙取得债权,可以主张抵销耳。

(丙)退伙人对于合伙之债权人之责任

关于退伙前合伙所负之债务,退伙人虽已将自己所应分担之数额,交付于合伙,退伙人仍须负连带责任(六九〇条)。唯已交付之后,退伙人更无内部的分担部分而已,并不能消灭对于债权人之责任。此与《公司法》六四条相比较,虽似嫌对于退伙人太苛。以自己意思退伙者,唯有不采取退伙之方式,而采取转让股份于他合伙人全体之方式之一法耳。

关于退伙后合伙所发生之债务,因退伙人已非合伙人故,自无须负责。唯退伙若未登记者,则在登记前所发生之债务,债权人善意之时,退伙人仍须负责(《商业登记法》十三条)。

第二项　合伙之加入

合伙之加入云者,第三人加入合伙关系,原系四人之合伙嗣后变为五人之合伙是也。以下就其加入之方法及加入之效果分述之:

（一）合伙加入之方法

合伙之加入,须有加人者与原合伙人全体间之合意。加入之允许,并非属于执行事务之范围。除有特别约定者外,执行事务人未经合伙人全体之同意,径与第三人订立加入契约者,其契约无效。又除有特别之约定,或有特别之习惯者外,仅以合伙人多数之意思,亦不得允许第三人加入(六九一条一项)。

加入契约之内容,除必须有加入为合伙人之意思外,关于加入者出资之约定亦系其不可缺之要素。

（二）合伙加入之效果

（甲）原合伙契约对于加入者之效力　合伙加入之第一点意义,乃第三人加入为原合伙契约之当事人。故除加入契约另有约定外,原合伙契约之内容,悉对于加入者有拘束之效力。例如第三人加入之后,不问其出资之多寡,概不得即主张执行事务人之改任。又合伙成立后,第三人加入前,原合伙人间经订有关于合伙之补充契约者,此补充契约对于加入者亦系有效。唯第三人加入之时，原合伙人关于合伙契约或其补充契约之各个条款，有故意不告知之情事者，自作别论。

（乙）加入者对于加入前之合伙财产与合伙债务之权利与责任　合伙加入之第二点意义，乃第三人加入原合伙人所组成之合伙团体。原系甲乙丙丁四人所公同共有之合伙财产，戊加入之后，变为甲乙丙丁戊五人所公同共有。原系由甲乙丙丁四人所连带负责之合伙债务，戊加入之后，变为由甲乙丙丁戊五人连带负责（六九一条二项）。加入者不但对于加入后所增加之合伙财产有其权利，对于加入后所发生之合伙债务应负责任。对于加入前之合伙财产亦有权利，对于加入前之合伙债务亦应负责。又因第三人之加入合伙，仅认为合伙团员之增加，合伙团体仍保持其同一性之故，虽发生股份与债务之变动，并不需有关于股份与债务之移转行为。

然第三人加入之时，变更原合伙商号者究如何？纵变更商号，加入者亦仍须对于从前之债务负责。欲免六九一条二项之责任者，唯有解散原合伙，第三人与原合伙人重新成立一合伙之一法。

第五节　合伙之解散与清算

第一项　合伙之解散

（一）解散之意义

合伙之解散云者，合伙关于嗣后全体的消灭之谓也。合伙关系之消灭与其他契约关系之消灭不同。合伙关系之消灭，依其消灭之范围，可分为二种情形：一为仅其中某合伙人之合伙关系消灭，二为全体合伙人之合伙关系均归消灭。二者相区别起见,前之情形称之为退伙,后之情形称之为解散。至于合伙关系虽亦有溯及的消灭者,解散则系指嗣后的消灭而言。

又合伙关系之消灭,可分为二个阶段。在第一个阶段,仅合伙之事业经营,从此终止而已。至第二个阶段,合伙关系始完全消灭。称合伙解散者,乃合伙关系第一个阶段之消灭也。合伙关系之完全消灭,则须待至清算之后。

（二）解散之原因

合伙解散之法定原因,仅有三种（六九二条）。然除此三者之外,合伙人更得为其他各种解散原因之约定。例如约定遇有六八七条一款、二款之情事,合伙即解散是也。又合伙人若仅二人者,一合伙人依法退伙之时,应亦发生合伙解散之效果。以下仅就三种法定解散原因分述之:

（甲）合伙存续期限届满（六九二条一款）　合伙契约定有存续期限者,期限届满,合伙解散。此乃合伙关系因满期而消灭,无须合伙人为解散之意思表示。

唯虽已满期,全体合伙人仍约定继续合伙者,自为法之所许。此时,合伙应并不解散。又合伙人间虽无约定继续合伙,只须于满期后仍继续其事务者,例如全体合伙人在所定期限届满后仍继续进行其事务者,或被委任执行事务之合伙人在期限届满后仍继续进行其事务,而其他合伙人不为反对之表示,则亦视为以不定期限,继续合伙契约（六九三条）。

（乙）合伙人全体同意解散（六九二条二款）　此乃合伙关系基于合伙人之意思表示而消灭。合伙无论发生有何种情事,除有特别约定者外,一合伙人均只能为退伙之声明,不能为解散之请求。合伙因合伙人意思而解散者,唯限于全体合伙人同意之时。至于合伙之执行事务人,当然不能为合伙解散之决定。以合伙人多数之意思,决议解散者,亦唯于有此约定，或有此习惯之时，始系有效。

（丙）合伙之目的事业已完成或不能完成（六九二条三款）　盖合伙之目的事业若已完成，则合伙自无所经营矣，故事业完成之时应即认为合伙解散。

所谓目的事业不能完成者，例如：（一）财产亏损甚巨，又不能征得全体同意补充出资，经济上已无继续经营之能力；（二）存货售卖已罄，新货又因战争等问题，来源断绝；（三）无适当之人才可供聘用等情形是也。遇有此等情形时，因合伙已不能继续为事业经营，故亦应认为合伙解散。当然，合伙人间关于事业是否尚有完成之希望，常难免不无争执。因此，立法上实以仅认合伙人得声请法院为解散之判决为宜。然我国《民法》乃与各国《民法》相同，以事业之不能完成，为合伙当然解散之原因。于是只须客观的，事业之不能完成业已确定之时，合伙即认为解散。其他合伙人虽未为清算之请求，此后执行事务人若仍为继续经营之目的，与第三人订立契约，或为金钱之支出者，即系逾越权限矣。

至于合伙所定之事业，法令禁止其继续经营者，亦准用六九二条三款之规定。自禁止之日起，认为合伙解散。

第二项　合伙之清算

合伙解散之后，必须经过清算之手续，合伙关系始告完全消灭。清算者，了结合伙之一切法律关系也。以下就清算人之选任、清算之职务、清算行为之性质、清算职务行使之方法及清算人之辞任与解任分述之：

（一）清算人之选任

除合伙契约有特别订定者外，合伙之执行事务人并无清算之权限与清算之责任。执行事务人亦并不得为清算人之选任。清算或由全体合伙人为之，或由全体合伙人选任清算人为之（六九四条一项）。清算人之选任,并无合伙人全体同意之必要,只须依照六七三条所规定之权数标准,有过半数之同意,即系有效(六九四条二项)。选任之清算人,或为合伙人中之一人或数人,或为合伙人以外之人。当然,依法再选任原执行事务人为清算人者,自非法所不许。

判例所云:"关于合伙解散后之清算事务,合伙人未经另选有清算人者,则以前执行业务之合伙人当然任清算之责。"(最高法院判例十九年上字四四九号)余殊不取。盖按之六九四条一项之法意,显然并不认为被委任执行事务之合伙人有清算之权责也。将六九四条与三七条及《公司法》二六七条比对更明。须知被委任执行合伙事务者,被委任经营合伙事业也。清算岂是被委任执行事务人之本质上之职务? 无明文之规定,乌能遽为积极之解释? 矧且法人之解散,乃必是经法院之宣告或社员总会之决议。股份有限公司之解散,董事乃必须即通知各股东,并公告之。股份有限公司及法人之清算,清算人乃必须先造具资产负债表及财产目录提交股东会或社员总会承认(三六条、四一条、五七条,《公司法》二六五条、二七一条)。合伙则均不同。假若如判例之所云,则执行事务人乘清算人未选出之前,或其他合伙人尚根本不知合伙解散,执行事务人遽自为清算行为,当亦不能谓其对于合伙不生效力。清算之职务,虽如下述,只分五点。观之《公司法》上清算必须先造具资产负债表及财产目录提交股东会承认之规定,当不只是以此为清算之根据而已。法律上之所谓清算,当亦尚含有俗之所谓清算之意义。判例殆绝未考虑及此点也。

（二）清算之职务

清算事务之内容,计可分为五点:即了结现务、收取债权、清偿债务、返还出资及分配利益是也。

（甲）了结现务　合伙之解散,并不以一切事务均已了结为前提,于是解散后自不免仍有未了结之事务。然如已接受之定单,未交货者须为货物之交付。已交货未收银者,须为价金之收取。此则系清偿债务、收取债权。所谓了结现务者,乃终止契约、撤回要约、停止广告等是也。

《民法》关于合伙清算人之此点职务,并无明文规定。当然,合伙解散后,须为现务之了结,自不待言。唯了结现务,究应由执行事务人为之,抑应由清算人为之,不无疑问耳。然执行事务人者,为合伙经营事业之人也。合伙一经解散之后,事业之经营既已终止,执行事务人之地位即已随之丧失。故了结现务,应由清算人为之。何况《民法》关于法人之清算,《公司法》关于公司之清算,均以了结现务为清算职务之一部(四〇条《公司法》七七条),合伙之清算应无独异之理由。

尚有虽非了结现务之性质,如声请为合伙消灭之登记及为歇业停办之呈报等,应亦属于清算人之职务。

(乙)收取债权　基于(甲)所述同一之理由,解散后收取合伙之债权,应亦系清算人之职务。

(丙)清偿债务　合伙若负有债务,而当清算时,又已届清偿期者,清算人应以合伙财产,清偿合伙债务。或以提存、抵销等方法,消灭合伙债务亦可。合伙之金钱不足以清偿合伙债务之时,清算人并应将合伙商店内剩存之货物,合伙未收取之债权及其他合伙财产,在必要限度以内,变卖为金钱,以供清偿合伙债务之用(六九七条三项)。

合伙之债务,当清算时,未届清偿期者,清算人应自合伙财产中,将其清偿所必需之数额,划出保留。合伙债务之存否,或其数额,或其他事项,尚有争执,而在诉讼中者亦同(六九七条一项)。保留之方法,例如贮存于邮局或银行是也。

清算人关于合伙财产之处分,必须先清偿合伙债务,或划出应保留之额(六九七条一项)。尚有剩余之时,始得依照下述(丁)(戊)二种程序,分别移转于各合伙人(六九七条二项、六九九条)。否则,若并不先清偿合伙债务,或并不划出应保留之额,遽将全部合伙财产分别移转于各合伙人者,因系违反强行法规故,其处分行为应系无效。且若债权人因此不能得到债权之满足,或其中一合伙人或数合伙人因此迫得以自己之财产清偿合伙债务,而不能向其他合伙人达到求偿之目的之时,清算人并须负损害赔偿之责。

至若合伙财产不足以清偿全部债务之时,清算人究须负何种职责?除以全部财产清偿债务,或将财产保留外,清算人只须就其不足之额,依照六七七条之规定,算定各合伙人之分担部分,通知于各合伙人,并将合伙已毫无财产之情事通知于各债权人足矣。清算人并无更向各合伙人收集所各应分担之额,以交付于债权人之责任。当然,其向各债权人所为之一部清偿,须以公平之比例为之,自不待言。及债权人中有其自身亦系合伙人者,须预先尽数向其他债权人为清偿,或先尽数保留清偿其他债权所必须之额。

(丁)返还出资   合伙财产清偿债务,或划出必需之数额后,尚有剩余之时,则清算人须以剩余财产返还各合伙人之出资(六九七条二项)。剩余财产足以返还各合伙人出资之全部者,应各返还其全部。不足以返还出资之全部者,应按各合伙人出资之比例,各返还其一部(六九八条)。

至于出资之种类,乃所不问。不但以金钱或以金钱以外之物为出资者,须为返还。纵以劳务或物之使用为出资者,亦须返还。此点,我国《民法》并无与德民七三三条二项末段同样之明文规定,若亦为消极之解释,殊嫌于法条上无根据也。且彼之劳务或物之使用为出资者,实等于以供给劳务所应得之报酬,或物之贷与使用之代价为出资。清算之时,自亦应返还其劳务之报酬,或其物之使用之代价,方不失为公平。

出资返还之方法,不问其原出资之种类,一般的均以金钱为返还。虽原出资之物于清算之时尚存在者亦然。盖此时原物之价值必已与从前不同故也。清算人为返还出资起见,应于必要限度以内,将合伙财产变卖为金钱(六九七条三项)。然以金钱返还出资,究应返还若干数额? 在折定有股数之情形,依其每股之金额返还,自不待言。唯未折定股数者,究应以何时之价格计算金钱乎? 此点我国《民法》并无明文规定,应以订约当时之价格为标准,计算金钱为是。间或出资另定有期限者,则以所定出资时之价格为标准。

(戊) 分配利益　合伙财产于清偿债务,返还出资后,尚有剩余者,则清算人应将此时全部之剩余财产,按照分配利益之成数,全部分配于各合伙人(六九九条)。无论合伙人为何种之出资,均得受利益之分配。利益分配之成数,依六七七条之规定。

关于返还出资与分配利益,尚有一个共通问题,须为说明。即经营公益事业之合伙,解散时,清偿债务尚有剩余财产者,其剩余财产是否亦得与营利之合伙为同一之处分? 更申言之,既系经营公益事业,顾名思义,是否亦得分配利益? 经营公益事业,常得第三人之捐助。第三人捐助之财产,合伙人是否得为分配? 第三人捐助之财产,捐助之时,虽已移转其所有权。但其目的,乃捐与合伙,作为经营公益事业之用,并非无条件的赠与于合伙人也。应不能以第三人捐助之财产,分配为各合伙人之所有。清偿债务之后,捐助财产返还于捐助人,或征得捐助人之同意,移转于其他公益机关。至于并非出于第三人之捐助,或已返还捐助财产之后,尚有剩余者,则以《民法》关于合伙并无与四四条二项同样之规定故,此剩余财产当然仍属合伙人所共有。而一旦已供经营公益事业之用之私人共有财产,并无必须永远使用于公益事业之理由。虽此剩余财产多于原出资之和者亦然。就道德上之观点而言,经营公益事业,固不宜自己反有所利得。就法律上之观点而言,则只须其公益事业之经营,并无违反于国家之法令足矣。对于其财产之增加部分,法律并无否认合伙人之所有权,法律亦并无限制合伙人对于此财产增加部分之利益享受也。故经营公益事业之合伙,清偿债务,并除开捐助财产外,合伙人亦得为剩余财产之分配。不但得以此剩余财产,受出资之返还,并得将此剩余财产全部分配之。若不分配,将无以消灭已无存在意义之共同关系。当然,合伙人若关于此剩余财产处置,另有约定,或另有决议者,则作别论。

（三）清算行为之性质

清算人之为清算行为,乃清算人之义务与权限。除关于诉讼行为外,其权限之性质,亦系代理权,并非代表权。清算人乃代理全体合伙人而为清算行为也。至于清算人之义务与权限之范围,当然亦依其执行职务所必要之限度定之。

清算人之由合伙人充任者,则不但有为清算之义务与权限,其执行清算职务,且系合伙人之权利。其他合伙人妨害清算人之职务执行者,清算人并得请求损害赔偿。

（四）清算人职务行使之方法

数人为清算人时,关于清算之决议,应以过半数行之(六九五条)。此点《民法》经有明文规定,自与执行事务不同,无全体同意之必要。然六九五条是否适用于一切清算事务？通常事务由一个清算人单独决定,既较便利,又无危险,应无决议之必要。该条并不适用于通常事务。关于清算之通常事务,准用六七一条三项之规定。

至于清算行为之实行,在清算人有数人之时,究应如何为之,此点则《民法》并无特别规定。除关于通常事务,由各清算人单独实行外,关于非通常事务,应依照一六八之规定,由全体清算人共同代理。

（五）清算人之辞任与解任

清算人非由合伙人充任者,关于清算人之辞任及解任,自应适用关于委任契约之规定。清算人由合伙人充任者,若系合伙契约所选任,则非有正当理由,不得辞任;非有正当理由及经其他合伙人全体之同意,不得解任(六九六条、六七四条)。然六九六条所称"以合伙契约选任"云者,究是否包含解散后选任之情形在内? 合伙解散后,选任一合伙人或数合伙人为清算人者,依照六九四条二项之规定,其选任既无须全体之同意,解任应亦无全体同意之必要,只须有过半数之同意足矣。唯清算人之由合伙人充任者,无论系何时所选任,其辞任及解任概须有正当之理由。

第十九章　隐名合伙

第一节　隐名合伙之意义及其性质

称隐名合伙者,谓当事人约定,一方对于他方所经营之事业出资,而分受其营业所生之利益及分担其所生损失之契约(七〇〇条)。隐名合伙契约之当事人,一方称为隐名合伙人,他方称为出名营业人。以下就隐名合伙契约之性质分点述之:

(一)隐名合伙契约是约定由出名营业人为事业之经营之契约

(甲)隐名合伙之目的亦系经营事业,此点乃与合伙相同。隐名合伙人之所以不与他人订立合伙契约,而与他人订立隐名合伙契约者,其用意乃欲避免自己对于外部之责任。换言之,事业纵或亏损,债权人亦不能向隐名合伙人追讨欠款是也。然若隐名合伙人亦系事业之主体,则对于事业所生之债务,当然不能不负责。故隐民合伙之事业,并不认为出名营业人与隐名合伙人之共同事业,而认为仅系出名营业人之事业。

(乙)既仅系出名营业人之事业,故仅由出名营业人经营(七〇四条一项),并非由出名营业人与隐名合伙人共同经营。非如合伙事业之系全体合伙人之共同事业,而由全体合伙人共同经营也。

（丙）但出名营业人之经营自己之事业，其性质又复与一般人经营自己之营业不同。一般人经营自己之营业，并非对于他人之义务。出名营业人经营自己之营业，则系对于隐名合伙人之义务。

（丁）出名营业人所经营之事业，以继续的营利事业为限。否则，并非《民法》上之隐名合伙关系。盖以七〇〇条乃称"营业"云云故也。

（二）隐名合伙契约是约定隐名合伙人对于出名营业人所经营之事业为出资之契约

（甲）隐名合伙亦系集二人以上之资本，经营事业，此点乃与合伙相同。故隐名合伙人亦必须为出资。出名营业人唯欲利用隐名合伙人之资本，故始与隐名合伙人订立隐名合伙契约。隐名合伙人唯以对于出名营业人之营业，出有资本，将来始得分受利益。否则，隐名合伙人之与出名营业人订立隐名合伙契约，将无意义矣。且唯隐名合伙人亦出有资本故，出名营业人之经营事业，始系对于隐名合伙人之义务也。

（乙）当然，不但隐名合伙人须为出资，出名营业人亦须出资。出名营业人之担任经营事业，即系劳务之出资也。且一般情形，乃隐名合伙人仅须出钱，出名营业人出力更须出钱。

（丙）唯隐名合伙与合伙所不同者，合伙之出资系全体合伙人公同共有之财产，隐名合伙之出资则否。隐名合伙人之出资乃变为出名营业人之财产（七〇二条）。盖不然，则出名营业人将不能处分隐名合伙人之出资以供营业之用也。

（丁）至于隐名合伙人出资之种类，学者多以为限于财产出资。当然，一般情形，隐名合伙人均系以财产为出资。唯若以为以财产出资为限，则我国《民法》之规定，与日商不同，殊无明文之根据。且隐名合伙人为劳务出资，亦并无违反隐名合伙之本质。关于隐名合伙人出资种类之限制，唯隐名合伙人无信用出资而已。

（三）隐名合伙契约是约定隐名合伙人对于出名营业人所经营之事业分受利益分担损失之契约

（甲）出名营业人所经营之事业，虽因隐名合伙人并非其事业之主体故，对外关系，并不发生隐名合伙人之权利义务。但出名营业人因事业所生之利益，仍须分配于隐名合伙人，因营业所生之损失，仍与隐名合伙人共分担之。盖隐名合伙人唯冀分得营业之利益，始将资本交由出名营业人营业也。不过此利益之分受与损失之分担，与合伙不同，仅系隐名合伙人与出名营业人间之法律关系而已。

（乙）约定利益之分受与损失之分担，二者均系隐名合伙契约必要之内容。仅约定分受利益，而不分担损失者，在我国《民法》上，并非隐名合伙契约。

（丙）关于隐名合伙人损失之分担，七○三条虽定有限度。然约定隐名合伙人于出资亏完之外，尚须负损失分担之责者，亦不失为隐名合伙契约。

（四）隐名合伙契约是双务有偿契约

隐名合伙人负担出资之债务，出名营业人负担营业之债务，而出名营业人之营业，又复与隐名合伙人分受利益，分担损失，故隐名合伙契约应系双务有偿契约。

第二节　隐名合伙之效力

（一）隐名合伙人出资之义务

隐名合伙人须为契约所定之出资，出资向出名营业人为之。约定以金钱,或其他物,或其他财产权为出资者,须将所有权或其他财产权移转于出名营业人(七〇二条)。约定以物之使用为出资者,须将其物交付于出名营业人,并须为使出名营业人得为其物之使用之一切必要行为。约定以劳务为出资者,须向出名营业人为劳务之给付。

出资之时期有约定者,从其约定。无约定者,须于出名营业人请求之时为之。否则,须负迟延损害赔偿之责。除有特别约定者外,隐名合伙人出资义务之履行,不得以出名营业人尚未开始营业为抗辩,或主张出名营业人必须先为出资。

至于出资之数额,以契约所定者为限。营业纵亏损,除有特别约定者外,隐名合伙人并无补充出资之义务(七〇三条)。

(二)出名营业人营业之义务

(甲)出名营业人之营业义务,乃以隐名合伙人之出资为营业。于是隐名合伙人若不为出资,则出名营业人因此不为营业之时,无须负营业义务不履行之责。但隐名合伙人已为出资给付之提出,而出名营业人拒绝受领者,则其不为营业,仍系债务不履行。拒绝受领隐名合伙人之出资,而以自己之资本为营业者亦然。

(乙)出名营业人之营业义务,须将自己受领于隐名合伙人之出资,全部使用于营业。否则,即系债务不履行,须负损害赔偿之责。若系约定以隐名合伙人与自己双方之资本为营业,而自己不出资本者亦然。

(丙)出名营业人之营业种类,须依契约之所定。未得隐名合伙人之同意者,不得为营业种类之变更(七〇一条、六七〇条)。关于营业之方法有约定者亦然。

(丁)出名营业人之为营业,是否须具有善良管理人之注意,抑只须具有与处理自己事务同一之注意足矣?此点颇有疑问。出名营业人之为营业,原系处理自己之事务。且隐名合伙准用合伙之规定(七〇一条),依照六七二条,似只须与处理自己事务为同一之注意。然出名营业人之为营业,虽系经营自己之营业,乃系对于隐名合伙人之义务,其营业之结果对于隐名合伙人亦发生利害关系。且出名营业人之营业劳务,一般情形,已折作股数,或于计算损益之时,先提出营业劳务之报酬。故仍应解为须以善良管理人之注意为之。

(戊)出名营业人之为营业,原则上须由自己为之(七〇一条、六八〇条、五三七条至五三九条)。

(己)出名营业人须负报告营业状况之义务(七〇一条、六八〇条、五四〇条)。

(三)隐名合伙人监督营业之权利

隐名合伙之事务,专由出名营业人执行之(七〇四条一项)。隐名合伙人无执行事务之权利,仅有监督营业之权利而已。监督营业之方法,为查阅账簿与检查其事务及财产之状况(七〇六条)。查阅账簿者,查阅账簿之记载是否与实际相符。检查其事务者,乃检查其营业之种类、方法及其注意程度。检查其财产之状况者,乃检查其对于出资之使用情形及其资本之全部使用数额。

查阅与检查之时期,计有二种:一、为每届事务年度终了时之查阅及检查;二、为随时之查阅及检查。隐名合伙人除每届事务年度终了时得为查阅及检查外,如有重大事由,并得随时为查阅及检查。唯此第二种之查阅及检查,必须先向法院声请,经法院许可后,始得为之。隐名合伙人查阅及检查之权利,不得以契约排除之。

(四)出名营业人计算之义务

除契约另有订定外,出名营业人应于每届事务年度终了时,计算营业之损益(七〇七条一项上段)。隐名合伙关系终止时亦然。

（五）出名营业人分配利益之义务

利益之分配,分为两种:一为每届事务年度终了时之分配(七〇七条一项下段);二为隐名合伙关系终止时之分配(七〇九条)。关于第二种分配,当于第四节述之。兹仅就第一种分配为说明:

每届事务年度终了时之利益分配,乃出名营业人以隐名合伙人之资本,或以隐名合伙人与自己双方之资本为营业,所生盈余之分配也。于是关于每年度利益分配义务之发生要件:第一,须以出名营业人已为营业为前提。出名营业人未为营业者,无利益分配之义务。纵隐名合伙人已为出资给付之提出,而出名营业人拒绝受领,不为营业者亦然。第二,须以出名营业人经以隐名合伙人之出资为营业为前提。出名营业人纵有为营业,而拒绝受领隐名合伙人之出资者,亦并无分配利益之义务。第三,须以营业有盈余为前提。当事人间关于利益分配,分为股息及红利之二种名目者,不但红利须于营业有盈余时始得请求,股息亦除另有约定,或属于其他性质之利息者外,非有盈余,不得请求。且盈余若已以之供营业扩充之用者,不能认为仍有盈余之存在。前年度亏损者,本年度之盈余须先填补亏损后,始得分配。

关于利益分配之数额,或将盈余全部分配,或仅分配其一部,此则从隐名合伙契约之所定。唯纵无约定,亦须于不妨于此后之营业之范围内,为利益之分配。隐名合伙人所得受分配之成数,则有约定者,从其约定。无约定者,准用六七七条一项之规定(七〇一条)。唯定双方出资额之比例之时,必须将出名营业人之营业劳务,亦折作出资计算。

关于利益分配之时期,出名营业人须于每届事务年度终了后,即为计算,计算后即为支付。隐名合伙人则于计算后,随时均得支取。应归隐名合伙人之利益,而未支取者,除另有约定外,不得认为出资之增加(七〇七条二项)。

第三节　隐名合伙人对于第三人之关系

出名营业人之执行事务,乃执行自己之事务,并非代理隐名合伙人,执行自己与隐名合伙人之共同事务。故出名营业人执行事务之行为,应不能发生隐名合伙人对于第三人之权利义务(七〇四条二项)。唯若隐名合伙人参与合伙事务之执行,或为参与执行之表示,或知他人表示其参与执行而不否认者,则须负出名营业人之责任(七〇五条)。

何种情形乃隐名合伙人参与合伙事务之执行? 例如甲为某商店之出名营业人,乙为该商店之隐名合伙人,丙对于该商店欠有款项,而乙向丙追讨;或该商店与某银行之来往契约,由甲乙二人共同出名订立是也。唯若乙系受甲之委任,声明代理甲向丙追讨;或乙并无共同出名订立,则虽甲之订立契约,暗中经乙之共同决定者,均非此所称之参与合伙事务之执行。隐名合伙人为参与执行之表示者,乃乙向他人表示,该商店之一切契约,或某个契约,由彼与甲二人共同出名订立,或声明他人与该商店订立契约,须由彼与甲二人共同签名是也。隐名合伙人知他人表示其参与执行而不否认者,乃甲表示或甲与该商店订立契约之他方当事人表示,或向其他人表示该商店之一切契约或某个契约,系由甲与乙二人共同订立,或表示须由甲与乙二人共同订立,乙知之,而故意或因过失不为否认,或不为适当方法之否认是也。

此等情形,第三人将因此信为甲乙间之关系并非隐名合伙关系,而系合伙关系,甲乙同为合伙人。如另有其他隐名合伙人者,将信为甲乙二人同系出名营业人。故《民法》规定,此等情形,乙须负出名营业人之责任。当然,对于该商店营业上所生之债务,甲须负责,自不待言。一有此等情形,乙乃须与甲连带负责。余在上段所述,谓乙若系受甲之委托,声明代理甲向丙追讨者,仍非本条所称之参与合伙事务之执行,其理由亦即在此。

　　然乙究并非合伙人,并非出名营业人也。不过因有此等情形之后,第三人信其为合伙人,信其为出名营业人而已。为保护第三人之利益起见,只须对于此后该商店营业上所生之债务,认为乙有连带责任足矣。对于以前所生之债务,债权人原并不以乙亦系合伙人,应无认为乙亦须连带负责之必要。又若第三人仍知乙为隐名合伙人,或得知而因重大过失而不知者,则该第三人之债权虽系以后所取得,乙亦无须负责。至于乙共同签名于银行来往契约上之情形,甲乙间之约定,纵约定乙无须负责,并不能对抗于第三人。不但不能对抗于该银行,亦不能对抗于其他因而信乙为合伙人之人。

　　至于乙须负出名营业人之责任之时,与原出名营业人,即甲间之关系究如何? 对外的,乙虽须与甲连带负责。内部关系,则乙并无分担部分,乙清偿后,得全部向甲求偿。

第四节　　隐名合伙之消灭

(一)隐名合伙关系消灭之原因

　　隐名合伙关系之消灭,除基于意思表示有瑕疵之情形,而系溯及的消灭者外,其嗣后的消灭原因如下(七〇八条):

　　(甲)一方当事人声明退伙　隐名合伙人与出名营业人均得依照六八六条之规定,声明退伙。声明退伙之意思表示发生效力之时,隐名合伙关系消灭。

隐名合伙人有数人者,虽与出名营业人间仅有一个隐名合伙契约,一隐名合伙人亦得单独声明退伙。此时,则仅该个隐名合伙人与出名营业人间之契约关系消灭,其他隐名合伙人与出名营业人间之契约关系仍旧存续。

(乙)存续期限届满 隐名合伙契约定有存续期限者,期限届满时,隐名合伙关系消灭。六九三条之规定并不准用于隐名合伙契约。

(丙)当事人同意 全体隐名合伙人与出名营业人均同意之时,全体之契约关系消灭。仅一隐名合伙人与出名营业人同意之时,该隐名合伙人之契约关系消灭。

(丁)目的事业已完成或不能完成 因仅以出名营业人为营业主体之故,隐名合伙事业之不能完成,将有仅基于出名营业人个人之原因者,与合伙不同。

(戊)出名营业人死亡或受禁治产之宣告 隐名合伙契约乃基于隐名合伙人对于出名营业人之信任而成立。故出名营业人死亡或受禁治产之宣告之时,契约关系应归消灭。

至于隐名合伙人之死亡或受禁治产之宣告,并非契约当然消灭之原因。继承人或法定代理人欲消灭契约关系者,须依六八六条声明退伙。

(己)出名营业人或隐名合伙人受破产之宣告 出名营业人破产之时,隐名合伙关系应归消灭,自不待言。隐名合伙人破产之时,为使得请求返还出资,以作清偿债务之用起见,亦应认为隐名合伙关系消灭。

(庚)营业之废止或转让 出名营业人之营业义务,性质上乃不能强制执行。故出名营业人废止或转让其营业之时,亦只得认为隐名合伙关系消灭,俾隐名合伙人得有因隐名合伙关系消灭而生之各种债权。当然此时隐名合伙人乃并得请求营业义务不履行之损害赔偿。

至于出名营业人自初不为营业者,因无明文规定之故,应仍须隐名合伙人声明退伙之意思表示，并非当然消灭。

（二）隐名合伙关系消灭之结果

除因意思表示有瑕疵而撤销隐名合伙契约之情形，仅发生出资之不当得利关系外，因上述各种原因而消灭者，出名营业人须返还出资，并分配利益。

当然，利益之分配，以营业有盈余为前提。营业若有盈余，出名营业人应按照约定成数，或出资之比例（六七七条），分配利益于隐名合伙人。出资返还之额，亦须视其营业有无亏损及其亏损之程度定之。营业并无亏损者，返还全部出资。营业亏损而出资尚有一部余存者，按照比例（六八九条），返还一部。出资业已全部亏完者，无须返还（七〇九条）。

至于营业亏损不论其达于如何程度，隐名合伙人除不得请求返还出资外，无更须分担损失之责任（七〇三条）。超过于双方出资之亏损，其超过部分完全由出名营业人独自负担之，不得请求隐名合伙人分担。此恰与两合公司之股东中或系无限责任或系有限责任者相同。唯当事人间若有反对之约定者，其约定仍系有效。此时，则出名营业人更应得按照约定成数，或出资比例，请求隐名合伙人为分担额之给付。

第二十章　指示证券

第一节　指示证券之意义及其性质

称指示证券者,谓指示他人,将金钱、有价证券或其他代替物,给付第三人之证券(七一〇条一项)。指示之人称为指示人,被指示之他人称为被指示人,受给付之第三人称为领取人(同条二项)。

指示证券之样式如下:

凭券祈付
宝隆号国币伍亿元正此致
仁昌钱庄照
中华民国三十七年七月七日
蔡福荣

上券,蔡福荣为指示人。由蔡福荣发行,交付于宝隆号。宝隆号为领取人,仁昌钱庄为被指示人。宝隆号凭券向仁昌钱庄取款。

上券,载有请仁昌钱庄向宝隆号付款之表示。宝隆号向仁昌钱庄取款之时,将上券向仁昌钱庄提示。于是蔡福荣请仁昌钱庄付款之表示,到达于仁昌钱庄矣。故称指示证券为指示他人将金钱等给付于第三人之证券。

指示证券有广义、狭义之分。就广义而言,汇票、支票原则上亦系指示证券之一种。《民法》所规定者,乃系狭义之指示证券,并不包括汇票、支票在内,其性质亦与汇票、支票稍有不同。以下就指示证券之性质分点述之:

(一)指示证券乃指示他人为给付之证券

指示证券并非由证券发行人自负给付之责,乃证券发行人指示他人为给付,证券持有人凭之向该被指示之他人收取给付之证券也。此点乃指示证券之基本性质。盖若由证券发行人自负给付之责者,则系自付证券,并非指示证券矣。

何谓指示他人为给付?指示之意思表示,其内容乃系授与被指示人,以指示人之计算,向领取人为给付之权限。然证券上则只须载明请指示人向领取人为给付足矣。有此记载,即系指示证券。

(二)指示证券在发行之初并无表彰任何权利,经承担之后始系表彰给付请求权之证券

被指示人就指示证券为承担之后,被指示人乃发生为给付之义务。而领取人向被指示人请求给付,须凭券为之。故此时,指示证券应系表彰给付请求权之证券。

至于指示证券发行之后,未承担之前,余乃认为指示证券之发行,并不发生领取人之任何权利,仅发生被指示人得以自己之名义,指示人之计算,向领取人为给付及领取人得以自己之名义,指示人之计算,受领给付之权限。故此时,指示证券应并无表彰任何权利,仅表彰权限而已。

(三)指示证券系设权证券

指示证券所表彰之权利与权限,乃系因指示证券之承担行为与发行行为而发生,故指示证券应系设权证券。

(四)指示证券系不要因证券

称指示证券系不要因证券者,乃谓其证券之发行行为与承担行为均系不要因行为也。何者系指示证券发行承担之原因? 一般情形,乃因甲欠乙款,乙欠丙款,乙始作成以甲为被指示人之指示证券,交付于丙,使丙直接向甲收款,此指示证券发行之原因也。甲亦因自己对于乙欠有款项,始就乙所发行之指示证券为承担,此指示证券承担之原因也。然甲乙之间、乙丙之间虽并无债权债务关系,例如误认其有债权债务之存在,或发生该债关系之契约已被撤销而无效者,指示证券之发行行为与承担行为亦仍系有效。

(五)指示证券系文义证券

指示证券所表彰之权限与权利,既系因指示证券之发行行为与承担行为而发生,故其权限与权利之内容,概依指示证券之记载。指示证券系文义证券。

(六)指示证券或系记名证券或系指定证券或系无记名证券

七一六条二项称:指示证券之让与应以背书为之。依此规定,指示证券虽似只能有记名证券与指定证券二种。然证券之指示性与证券之无记名性,二者间性质上并无冲突矣。

且背书有空白背书之一法。空白背书之后,记名证券与指定证券事实上亦将等于无记名证券,殊无特别不许可其采取无记名性之理由。故指示之证券亦得为无记名证券。

指示证券之系指定证券者,其样式如下:

> 凭券祈付
>
> 宝隆号或其号指定人国币伍亿元正此致
>
> 仁昌钱庄照
>
> 中华民国三十七年七月七日
>
> 蔡福荣

指示证券乃为德文 Anweisung 之译名,指定证券为德文 Orderpapier 之译名,二者绝不相同,不可混淆。日本《民法》上所称之"指图债权",从前大理院判例上虽译称"指示债权",与《民法》上之指示证券风马牛也。指示证券乃与自付证券相对,是关于证券义务人之分类。指定证券乃与记名证券、无记名证券相对,是关于证券权利人之分类。指示证券并非即是指定证券。

(七)指示证券或系金钱证券或系有价证券或系代替物证券

指示证券之给付内容,得为金钱,得为有价证券,亦得为其他代替物(七一〇条一项)。故指示证券或系金钱证券,或系有价证券,或系代替物证券。非代替物则不得为指示证券之给付内容。

何谓有价证券？表彰财产权之证券也。因七一〇条一项称"金钱、有价证券或其他代替物"之故。于是有价证券之中,亦唯具有与代替物同样之性质者,始得为指示证券之给付内容。指示证券之系给付有价证券者,例如给付公债券之指示证券是也。

第二节　指示证券之发行

（一）发行之方法

称指示证券之发行者,指示人作成证券,交付于领取人之行为也。于是指示证券之发行,必须作成证券,为必要事项之记载,将证券交付于领取人。

（甲）指示证券之记载事项

关于指示证券之记载事项,《民法》并无直接之明文规定。余以为必须记载,缺一不可者,只有以下四点:

（A）须记载指示之意旨　盖唯载有指示之意旨,始成为指示证券。然记载指示之意旨,只须有"祈付""请交"等字样足矣。

（B）须记载给付之内容　盖若不记载给付之内容,则其所发生之权限及更经承担后所发生之债权,将无从确定。给付金钱或有价证券者,须记载其种类及数量。给付其他代替物者,须记载其种类、品质及数量。

（C）须记载被指示人之姓名　指示证券乃就被指示人发生权限与债务,故被指示人必须特定。且被指示人必须系指示人以外之人。

（D）须由指示人签名　未经指示人签名者,依照《民法》第三条之规定,当然不能有效。

除此四者之外,其他事项之记载,则并非必要。例如表明其为指示证券之文字,领取人之姓名,给付之日期及证券发行之年月日等,虽未记载,指示证券并不因而无效。又其他事项之记载,亦并无限制。例如指示证券上载明"人单两认"者,其记载仍系有效。

(乙)指示证券之交付

指示证券作成后,须交付于领取人。其未交付,或交付于领取人以外之人,或因遗失、被盗等原因,非基于指示人自己之意思,而为他人所持有者,均不得谓之发行。其未交付,尚为指示人自己所持有者,则虽已作成,指示证券仍毫无效力。

（二）发行之效力

指示证券之发行,乃指示人对于被指示人及领取人之二重授权:一方面授与被指示人以自己之名义以指示人之计算向领取人为给付之权限,他方面授与领取人以自己之名义以指示人之计算受领被指示人之给付之权限。称以指示人之计算向领取人为给付者,乃谓被指示人向领取人为给付之后,其给付之损失归由指示人负担。称以指示人之计算受领给付者,乃谓领取人受领给付之后,其给付之利益归属于指示人。唯其负担损失及享受利益之方法,则因各种具体情形而不同。

《民法》关于发行之效力,仅就被指示人对于指示人负有债务及指示人对于领取人负有债务之情形,设有规定。然指示人发行证券之原因,并不以对于被指示人与领取人有债权、债务为限也。且虽无原因,指示证券之发行亦系有效。以下当就各种情形,分述指示人与被指示人间及指示人与领取人间之效力:

(甲)指示人与被指示人间之效力

(子)被指示人对于指示人负有债务之情形

1. 被指示人虽对于指示人负有债务,无承担其所指示给付,或为给付之义务(七一三条上段)。盖以指示证券之发行,乃指示人之一方行为,应不能使被指示人发生义务。无论指示人系基于何种原因而指示,并不问其指示有无原因之存在,被指示人对于指示人,均并无向领取人为给付之义务。纵被指示人对于指示人负有债务者,其指示被指示人向领取人为给付,亦并非指示其向自己之代理人,为对于自己之债务之履行。故虽在此种情形,被指示人对于指示人,亦并无向领取人为给付之义务。至于承担乃被指示人以自己一方之行为,设定自己对于领取人之义务。被指示人对于指示人无此义务,更不待言。

2. 被指示人已向领取人为给付者,就其给付之数额,对于指示人,免其债务(七一三条上段)。盖以被指示人之向领取人为给付,乃系对于指示人之权限。被指示人给付之损失,须由指示人负担。故被指示人对于指示人负有债务者,被指示人向领取人为给付之后,就其给付之数额,被指示人对于指示人之债务归于消灭。此以债务之消灭,补偿被指示人给付之损失也。

指示人或于证券上并载明为债务而指示之意思,或于证券外另为此指示原因之表示,或虽无表示,可以推定其系为债务而指示。然依照七一三条下段之规定,乃只须有债务存在之事实足矣。除另有为其他原因而指示之表示,或得推定其为其他原因而指示者外,只须有债务之存在,即发生债务消灭之效果。

3. 至于指示人发行证券之后,是否仍得向被指示人请求债务之履行,余以为若就指示人与领取人间之关系而言,因领取人既不得请求指示人履行(七一二条二项本文),固亦应不许指示人请求被指示人履行。然就指示人与被指示人间之关系而言,则被指示人仅有得向领取人为给付之权限而已,指示人自向被指示人请求履行之时,被指示人殊无拒绝之理由。唯被指示人若已经承担者,则因被指示人已另生给付之义务故,除被指示人于所定期限内,或相当期限内,不向领取人为给付者外,指示人应不得向被指示人请求履行。

(丑)被指示人与指示人间订有消费借贷契约之情形

此种情形,被指示人一经向领取人为给付之后,消费借贷契约即因而发生效力,指示人须负借用物返还之责。此以消费借贷债权之取得,补偿被指示人给付之损失也。然必须指示人有关于为此原因而指示之表示,或得推定其系为此原因而指示,始发生此效力。

(寅)欠缺原因之情形

此种情形,虽无从发生债务消灭之效果,亦无从取得消费借贷之债权。然基于权限之作用,被指示人给付之后,仍得请求指示人偿还给付之费用。又因被指示人之给付无原因故,指示人因其给付而受利益,被指示人并得请求不当得利之返还。

(乙)指示人与领取人间之效力

(子)指示人为清偿债务而交付证券之情形

1. 指示人为清偿其对于领取人之债务,而交付指示证券者,其债务于被指示人为给付时消灭(七一二条一项)。盖以领取人之受领给付,仅系领取人之权限。受领之后,原须移转于指示人。此种情形,乃以领取人应移转于指示人之给付,转作为指示人对于领取人之债务之清偿。故被指示人一经向领取人为给付之后,指示人对于领取人之债务即归消灭。而领取人所受领之给付,则无须更移转于指示人。

唯依照七一二条一项之规定,必须指示人有为清偿债务之意思。申言之,必须指示人有关于此意思之表示,或得推定其系为此意思而交付证券者,指示人对于领取人之债务始归消灭,领取人所领受于被指示人之给付始无须移转于指示人。若仅有债务之存在,而无清偿债务之意思者,则尚不能发生此效果。

至于指示人虽有清偿债务之意思,仍必须待至被指示人向领取人给付之后,债务始归消灭,自不待言。

2. 指示人虽为清偿债务之意思,交付证券于债权人者,债权人亦得不为证券之受领。或当场拒绝,或于收到之后,即送还于指示人,而仍向指示人请求原有债务之履行。

唯指示人交付证券之目的,原欲免去自己给付之责任。故债权人若经受领证券,则除于指示证券所定期限内,未定期限者,于相当期限内,不能由被指示人领取给付者外,应不得就原有债务,向指示人请求给付(七一二条二项)。当然,其所谓不得向指示人请求给付者,仅系期限内之追诉,须受败诉之判决而已,与利息之进行则无关。指示人关于原有债务之责任,并不得因指示证券之交付,中断其利息之计算。又被指示人纵已向领取人为指示证券之承担,而不于所定期限,或相当期限内为给付者,亦仍得向指示人请求给付。

3. 债权人受领指示证券之后,遇有下列二种情形,应即时通知指示人:

(1) 债权人不愿由其债务人受领指示证券者(七一二条三项)　债权人不愿受领指示证券者,须立即送还于指示人。否则,须将其不愿受领之意思,即时通知指示人。

(2) 被指示人对于指示证券拒绝承担或拒绝给付者(七一四条)无论其拒绝有无原因关系上或证券本身上之理由,均应即时通知。若证券所定期限业已届满,或已经过相当期限者,即纵无拒绝之表示,亦应通知。

以上二种通知义务,债权人违反之时,指示人如因而受有损害,债权人须为赔偿之责(瑞债四六七条三项、四六九条参照)。盖指示人因被指示人对于自己负有债务而为指示者,一经发行指示证券之后,常不自向被指示人请求给付。领取人若不通知,指示人将失去保全其债权利益之机会故也。

不但领取人系债权人者,对于上述二种情形,须负通知义务,领取人纵非债权人者亦然。

（丑）指示人为实行贷与而交付证券之情形

指示人与领取人间订有消费借贷契约者,指示人交付指示证券于领取人,领取人自被指示人受领给付之时,消费借贷契约即因而发生效力。此种情形,领取人亦无须移转给付于指示人,唯发生借用物返还之义务。然除订有消费借贷契约外,更须指示人经表示系为实行贷与之原因而交付证券,或得推定其系为此原因而交付者,始得发生此效果。

（寅）欠缺原因之情形

此种情形,则因领取人之受领给付,对于指示人之关系,原仅系权限之作用,应须将其所受领于被指示人之给付,移转于指示人。此恰与受任人间接代理所取得之权利,须移转于委任人者相同。至指示人之更得依照不当得利之理由,向领取人请求利益之返还,自不待言。

第三节　指示证券之承担

（一）承担之方法

称指示证券之承担者,乃被指示人向领取人表示,对于证券所定之给付,愿由自己负责交付之行为也。承担之方法,须由被指示人于证券上记载承担字样,并由被指示人签名,或仅由被指示人签名于证券者亦可（《票据法》四〇条参照）。唯若仅口头表示者,则无效。

承担当然得附以期限,亦得附以条件。但期限太长者及附有条件之情形,领取人应即通知指示人(《票据法》四四条二项参照)。

当然,被指示人于证券上签名记载之后,更须将证券交还于领取人。《票据法》四八条之规定,于指示证券之承担亦准用之。

(二)承担之效力

指示证券承担之效力,一言以蔽之,发生被指示人对于领取人之债务也(七一一条一项)。以下更分点论之:

(甲)有效之承担,以有效之发行为前提。发行行为无效者,承担亦不能发生效力。指示证券宣告无效之时,承担亦失其效力。

(乙)承担所发生之债务,除附有条件者外,其内容悉依照证券之记载。与被指示人、指示人间,或指示人、领取人间原有债务之内容无关。附有条件者,依其条件内容,发生债务。

(丙)关于承担所发生之债务,被指示人仅得以本于指示证券之内容,或其与领取人间之法律关系,所得对抗领取人之事由,对抗领取人(七一一条二项)。其与指示人间之法律关系,则并不得以之对抗领取人。盖承担所发生之债务,乃一新债务,并非被指示人与指示人间,或指示人与领取人间原有债务之移转。而被指示人承担,又并不以对于指示人原负有债务为前提。纵系负有债务者,承担与否,亦系被指示人之自由故也。

(丁)承担虽发生被指示人之新债务,领取人之新债权。被指示人对于指示人之原债务,领取人对于指示人之原债权,仍旧存在。故虽经承担,而拒绝给付者,仍须通知指示人。虽经承担,在七一二条二项但书之情形,仍得向指示人请求原有债务之履行。

(戊)领取人因被指示人承担行为所取得之债权,当然系证券上之债权,唯凭证券始得行使。于是领取人就原有债权,自指示人受领给付之后,将证券交还于指示人,则承担所发生之债权亦即因而消灭矣。

（己）承担发生之债权，其消灭时效期间为三年，自承担时起算（七一七条）。唯承担附有期限者，则自期限届到时起算。

第四节　指示证券之让与

除指示人于指示证券有禁止让与之记载者外，领取人得将指示证券让与第三人（七一六条一项）。不但领取人得为让与，受让人亦得更为让与。以下就让与之方法及其效力分述之：

（一）让与之方法

指示证券之让与，应以背书为之（七一六条二项）。背书准用《票据法》二八条之规定。空白背书既无禁止，应亦可。当然，若系无记名式之指示证券，则只须交付足矣，无须背书。

（二）让与之效力

指示证券之让与，分为二种情形：一为承担后之让与，二为承担前之让与，观之七一六条三项之规定，后者应亦为《民法》之所许。二者效力并不相同。前者始发生债权移转之效果，后者则仅系让与人又转授与受让人以受领给付之权限。至于其所及于指示人及被指示人之影响，则二者异同之点各有之。

（甲）被指示人对于指示人之原有债务，则无论指示证券系承担前让与或承担后让与，均须经被指示人向受让人为给付之后，始归消灭。又须经向受让人为给付之后，始对于指示人取得借用物返还请求权。

（乙）指示人对于领取人之原有债务，亦均系于被指示人向受让人为给付之时消灭。纵承担后之让与，领取人经已自受让人取得对价者亦然。又指示人与领取人间之消费借贷契约，亦不问其是否已取得债权让与之对价，仍须经被指示人向受让人为给付之后，始发生效力。

（丙）未经承担而让与指示证券者，其关于让与人与受让人间之效力，乃与指示人与领取人间之效力相同。七一二条、七一四条之规定，对于让与人与受让人间亦适用之。领取人与指示人间亦仍保持其七一二条、七一四条之权利义务。

（丁）已经承担而后让与者，此时，让与人与受让人间，并无与指示人与领取人间同一之效力。唯让与之结果，让与人因承担所取得对于被指示人之债权，移转于受让人。

（戊）承担后之让与，有无影响于领取人与指示人，或让与人与其前手间之效力？此则因承担所发生之债权已移转于受让人故，领取人对于指示人或让与人对于其前手之债，亦移转于受让人。盖领取人一经取得对于被指示人之债权之后，领取人对于指示人之原债权，已退居于类似于保证债权之地位。此时仍认为领取人继续有后之债权者，仅为恐领取人不能得到前之债权之满足也。领取人若将前者移转于他人，则后者亦无保有之意义。故前者移转之时，后者应亦随同移转。又领取人对于指示人，或让与人对于其前手之七一四条之通知义务，此后亦由受让人负担。

（己）至于先承担而后让与者，债权移转之后，被指示人纵不为债务之履行，让与人亦不负若何责任。盖因无与《票据法》八二条同样之明文之故，受让人于让与人应无追索之权。又因不适合于瑕疵担保之要件故，让与人对于受让人应亦无瑕疵担保之责任。

（庚）更就被指示人与受让人间之效力论之。未经承担而让与，让与后，被指示人始向受让人为承担者，被指示人不得以自己与领取人间，或让与人间法律关系所生之事由，与受让人对抗（七一六条三项）。已经承担而后让与者，《民法》虽无同样之明文，亦应作同一之解释。盖若以为此时,受让人对于被指示人之债权,系移转取得于让与人,应适用一般债权让与之规定,被指示人所得对抗让与人之事由,皆得以之对抗受让人,则大有妨碍于指示证券之流通矣。

第五节　指示证券之给付

（一）证券之提示

指示证券之权利人向被指示人请求给付之时,须为指示证券之提示。不为证券之提示而请求者无效。被指示人虽明知其系证券上之真实权利人,于其未为证券之提示之时,亦仍得不为给付。

又被指示人虽已为指示证券之承担者,于给付到期之日,亦并无送交之义务。须由证券权利人提示证券,向被指示人索取。

（二）持有人之调查

被指示人乃须向持有证券之真实权利人为给付。证券持有人或并非证券上之真实权利人。于是关于此点,被指示人是否须负调查之责任?

（甲）证券权利人提示证券而请求给付之时,被指示人须负调查之责任者,唯证券之是否具备必要之记载事项,证券之是否已经失效及证券上之背书是否连续而已。对于无效,或已失效,或背书不连续之证券为给付者,被指示人应自负其责。

（乙）背书只须形式上连续足矣,对于领取人与以后各让与人之背书之真伪,则被指示人并无调查之责。除出于诈欺,或有重大过失者外,被指示人虽对于背书伪造之证券为给付者,亦有七一三条二项之效力（《票据法》六八条参照）。

（丙）当然，彼提示证券请求给付之人，其所自称之氏名，与证券上最后权利人氏名并不相符者，被指示人自不能向之为给付。至提示证券请求给付之人是否系证券上最后权利人本人，则被指示人并不负调查之责。除出于诈欺或有重大过失者外，被指示人虽对于冒称之人为给付者，亦对于指示人有效。

（丁）关于彼持有人证券之取得，是否系窃取或拾得，则被指示人更无调查之责。虽对于窃取者为给付，亦系有效。

（三）证券之交还

证券权利人受领给付之时，须将证券交还于被指示人。盖唯被指示人收回证券，证券上之权利始告消灭也。

第六节　指示证券之失效

指示证券之失效，《民法》所特别规定者，计有二种情形：一为指示证券之撤回；二为指示证券宣告无效。以下分述之：

（一）指示证券之撤回

撤回又分为二种：一为指示人之撤回行为；二为法定撤回。

（甲）指示人之撤回行为　指示人之得撤回指示证券者，乃限于被指示人未向领取人承担所指示之给付，或为给付之前（七一五条一项上段）。已经承担或已经给付之后，则不得撤回。向受让人为承担或为给付者亦然。

撤回无须若何理由。虽并非发见原因欠缺，或领取人不愿受领证券，或被指示人拒绝承担或拒绝给付之情形，亦得撤回。

撤回之方法，须向被指示人以意思表示为之（七一五条一项下段）。

撤回无通知于领取人之必要。不向被指示人为意思表示，仅向领取人为通知者，不生撤回之效力。撤回在《民法》并非必须收回证券。

撤回之效力，乃使被指示人及领取人之权限归于消灭。领取人向被指示人受领给付之权限既已消灭，于是领取人对于指示人之原债权之行使，应不受七一二条二项之限制矣。又领取人自己之权限既已消灭，则领取人转授与于受让人之权限，应亦随之消灭。

（乙）法定撤回　指示人于被指示人未承担或给付前，受破产宣告者，其指示证券视为撤回（七一五条二项）。此时，无须指示人之意思表示，指示证券之效力即归消灭。于是此后被指示人纵为给付，亦不生七一二条一项、七一三条二项之效力。

（二）指示证券之宣告无效

指示证券遗失、被盗或灭失者，法院得因持有人之声请，依公示催告之程序，宣告无效（七一八条）。指示证券在作成后，未交付于领取人以前，遗失或被盗者亦然。又指示证券虽经承担，亦得宣告无效。

此所谓宣告无效者，乃此后任何人均不得凭证券主张权利。被指示人向证券持有人为给付者，不生债务消灭之效力。而声请人则无须提示证券，仅得凭除权判决而为权利行使。盖证券上之权利义务并不因而消灭，唯此后不得凭证券，亦无须凭证券主张权利而已。

宣告无效，以除权判决为之。法院虽未为除权判决，而原持有人经已向被指示人为止付之通知者，被指示人当然亦不得为给付。

第二十一章 无记名证券

第一节 无记名证券之意义及其性质

称无记名证券者,谓持有人对于发行人得请求其依所记载之内容为给付之证券也(七一九条)。以下分述其性质:

(一)无记名证券系表彰给付请求权之证券

证券权利人得凭无记名证券,向证券义务人请求给付。给付之种类,《民法》并无限制。无论金钱、物品、有价证券或劳务,均得为无记名证券之给付内容。

(二)无记名证券系并无记载权利人姓名之证券

记名证券及指定证券,均记载有权利人之姓名。指定证券经空白背书之后,虽亦无从认知其权利人之为何人。然无记名证券,则自初即并无记载权利人之姓名。

(三)无记名证券系自付证券

《民法》七一九条以下所规定之无记名证券,乃系自付证券,由发行人自负给付之责。

(四)无记名证券系不要因证券

无记名证券之发行,虽欠缺原因之时,证券亦系有效。

（五）无记名证券系文义证券

无记名证券之给付，须依证券之记载。

第二节　无记名证券之发行

（一）发行之方法

无记名证券之发行，亦包括二个行为：一为证券之作成；二为证券之交付。

（甲）证券之作成　作成无记名证券，所必须记载之事项，仅以下二点而已：一为给付内容；二为发行人之签名。未经载明给付之内容，或未经发行人签名无效。至于给付之日期等，则并无记载之必要。

（乙）证券之交付　发行人作成无记名证券后，更须交付于他人。交付之时，须具有使该他人取得证券上权利之意思，始发生发行之效力。唯关于此点，《民法》为保障证券之流通起见，设有特别之规定，当然于次节另述之。

（二）发行之效力

无记名证券发行之效力，乃发生发行人须依证券所记载之内容，向持有人为给付之义务。

第三节　无记名证券之流通

（一）流通之方法

无记名证券之让与，虽系证券所表彰之权利之让与。但其让与之方法,完全适用动产让与之规定,与记名证券及指定证券不同。除让与之意思表示外,仅须交付即发生效力。

(二)流通之效力

无记名证券之让与,发生证券所表彰之债权移转之效力。证券受让人得凭证券,向发行人请求证券上之给付。

证券受让人之债权,虽系移转取得于让与人。但发行人并不得以与让与人间之法律关系所发生之事由,与受让人对抗。其得对抗受让人者,仅限于本于证券之无效、证券之内容及其与受让人间之法律关系所生之事由(七二二条)。

(三)对于善意受让人之保护

(甲)无记名证券发行人,其证券虽因遗失、被盗,或其他非因自己之意思,而流通者,对于善意持有人仍应负责(七二一条一项)。所谓其他非因自己之意思而流通者,例如甲所作成之证券,寄托于乙处,乙将之让与于丙是也。遗失、被盗之情形,发行人并未为证券之交付。寄托之情形,虽已为证券之交付,并无使他人取得证券上权利之意思。三者实均不能认为证券业已发行。既未发行,本无从发生证券上之权利。唯以受让证券,若必须为发行人之交付行为及其交付之意思之调查,殊有碍于证券之流通。故只须受让系善意者,虽让与人并无证券上之权利,受让人亦得凭证券向发行人请求给付。

(乙)无记名证券不因发行在发行人死亡或丧失能力后,失其效力(七二一条二项)。当然,已死亡之人自无从为证券之作成。所谓发行在发行人死亡后云者,乃指发行人生前作成证券,尚未交付,死亡后,他人占有证券者,将之让与于第三人而言。所谓发行在发行人丧失能力后云者,或系其作成证券及交付证券之时,均无行为能力;或系在有能力之时所作成之证券,至丧失能力后始交付于他人,而他人更将之让与于第三人。此等情形,虽或发行人并无为证券之交付,或证券之交付行为,或并其作成行为均非有效。为保障证券之流通起见,仍认为受让人得主张证券上之权利。唯《民法》虽无与第一项同样之明文限制,应亦仅适用于善意之受让人。

(四)新证券之换给

无记名证券,因毁损或变形,不适用于流通,而其重要内容及识别记号仍可辨认者,持有人得请求发行人换给新无记名证券(七二四条一项)。盖无记名证券之效用,重在流通故也。所谓识别记号者,例如银行兑换券上之号码是也。

换给新证券之费用,银行兑换券或其他金钱兑换券则由发行人负担,其他证券则由持有人负担(七二四条二项)。

第四节　无记名证券之给付

(一)证券之提示

无记名证券持有人请求给付之时,须为证券之提示。无记名证券发行人唯于持有人提示证券之时,始有给付之义务(七二〇条一项本文)。

(二)持有人之调查

无记名证券发行人给付之时,对于证券持有人有无处分证券之权利,并无调查之必要。虽证券持有人并无处分证券之权利者,发行人对之为给付之时,证券上之义务亦因而消灭(七二〇条二项)。所谓就证券无处分之权利者,或则持有人并非证券之真实权利人,例如证券之持有人仅系证券之受寄人,或系拾得或窃取者是。或则虽系证券之真实权利人,而法律禁止其处分者,一二一六条所规定之情形是。

唯发行人若知持有人就证券无处分之权利,或受遗失、被盗或灭失之通知者,则不得为给付(七二〇条一项但书)。知之而为给付,因有七二三条二项之规定故,证券上之义务虽仍得因而消灭,但须负损害赔偿责任。

然此种情形,发行人须负损害赔偿之责者,亦仅限于一般无记名证券而已。若系无利息见票即付之无记名证券,又非利息、年金及分配利益之证券者,如银行兑换券、商店礼券等,则发行人虽知其无处分权利而为给付,亦不负损害赔偿之责(七二八条)。

(三)证券之交还

无记名证券持有人受领给付之后,应将证券交还于发行人(七二三条一项)。盖唯收回证券,证券上之义务始归消灭也。

虽持有人就证券无处分之权利者,发行人向该持有人为给付,而收回证券之时,亦仍取得其证券之所有权(七二三条二项)。

第五节　无记名证券之遗失被盗或灭失

关于无记名证券遗失、被盗或灭失之时,持有人之权利保障方法,因无记名证券之种类而不同。以下分述之:

(一)一般无记名证券

一般无记名证券遗失、被盗或灭失之时,持有人得依公示催告之程序,声请法院,以除权判决,宣告该证券无效(七二五条二项)。

声请公示催告,持有人当然须提出证券缮本,或开示证券要旨及足以辨认证券之事项,并释明证券遗失、被盗或灭失及有声请权之原因事实(《民诉法》五五五条)。唯关于实施公示催告之必要事项及其证明所必要之材料,持有人得请求发行人告知与供给(七二五条二项)。发行人故意不告知或不供给,致持有人不能为上述之提出、开示及释明者,须负损害赔偿之责。《民法》虽仅就发行人而为规定,持有人之前手亦然。

公示催告程序中,持有人当然得声请法院对于发行人为禁止支付之命令(《民诉法》五六二条)。此命令更有停止提示期间进行之效力。其停止自声请发此命令时起,至公示催告程序终止时止(七二六条)。所谓提示期间者,乃持有人得提示证券请求给付之期间。证券上另有关于提示期间之记载者,依其记载。否则,消灭时效期间即其提示期间。

声请公示催告之人得有除权判决之后,此时可径凭此判决,请求发行人为证券上之给付。若已经于公示催告程序中声请法院发禁止支付命令者,则除权判决时,时效纵已届满,亦仍得请求。

(二)利息、年金及分配利益之无记名证券

关于利息、年金及分配利益之证券遗失、被盗或灭失时持有人权利之保障,除得依公示催告之程序外,更有其他简易方法。即由持有人自向发行人为遗失、被盗或灭失之通知是也,俗称之谓挂失。《民法》规定其效力如下:

(甲)利息、年金及分配利益之无记名证券,有遗失、被盗或灭失,而通知于发行人者,如于法定关于定期给付之时效期间届满前,未有提示,为通知之持有人得向发行人请求给付该证券所记载之利息、年金或应分配之利益(七二七条一项本文)。依此规定,乃只须第三人于法定时效期间届满前,并无为证券之提示足矣。法定时效期间届满后,该为通知之持有人即得向发行人请求给付。并非必须依公示催告程序,经除权判决而始得请求也。

(乙)既规定该为通知之持有人得于法定时效期间届满后为请求,则该通知自非并有延长时效期间之效力不可。《民法》乃规定自法定时

效期间届满后,经过一年,请求权始归消灭(七二七条一项但书)。是其时效期间之延长程度,亦与声请法院发禁止支付命令不同。

(丙)第三人若于法定时效届满前,为该项证券之提示者,则发行人应将不为给付之情事,告知该第三人。并于该第三人与为通知之人合意前,或于法院为确定判决前,应不得向任何一方为给付(七二七条二项)。此则不仅关于利息等证券,持有人曾为遗失、被盗或灭失之通知者应如此。纵系一般证券,持有人曾基于此等事实,为止付之通知者亦同。

（三）除利息、年金及分配利益证券外之无利息见票即付之无记名证券

此等无记名证券,如银行兑换券、商店礼券等,则遗失、被盗或灭失之时,并不得声请公示催告。纵挂失,发行人亦仍得向提示证券者为给付(七二八条)。于是持有人为保障自己之权利起见,唯有向拾得者或窃取者,请求返还证券或赔偿损害而已。灭失之时,更毫无救济方法。

第二十二章　终身定期金

第一节　终身定期金契约之意义及其性质

称终身定期金契约者,谓当事人约定,一方于自己或他方或第三人生存期内,定期以金钱给付他方或第三人之契约(七二九条)。

（一）终身定期金契约是以金钱之给付为标的

必须约定给付金钱者,始得成立终身定期金契约。若约定给付金钱以外之物者,则纵具备以下各点性质,亦只能成立准终身定期金契约,准用七二九条以下之规定。

（二）终身定期金契约是以定期给付为标的

所谓定期给付者,每一定期间给付一次是也。例如每月给付一次,每季给付一次,或每年给付一次是。必须约定为金钱之定期给付者,始得成立终身定期金契约。

（三）终身定期金契约是以至某人死亡时为止之定期给付为标的

终身定期金契约之定期给付,或以至债权人死亡时为止,或以至债务人死亡时为止,或以至第三人死亡时为止。此所以称为终身也。例如约定至债务人死亡时为止,每年给付二百元是。非以某人死亡时为止者,纵系长期间之定期给付,亦非终身定期金契约。

终身定期金契约之每期给付数额,虽必须由当事人约定。而其全部给付之数额,则因死亡之偶然事实而决定,故应系射幸契约之一种。

（四）终身定期金契约是要式契约

终身定期金契约必须以书面为之（七三○条）,故系要式契约。未经订立书据者,无效。

（五）终身定期金契约是否系无偿契约

七二九条并无规定对方之对待给付,终身定期金契约似系无偿契约。然终身定期金契约之所以另成为契约之一种典型者,乃纯以终身之定期给付为其特点,与给付之无偿或有偿性无关。纵系有偿,只须系约定金钱之终身定期给付者,仍不失为终身定期金契约。终身定期金之属于无偿赠与者,除适用终身定期金之规定外,更须适用赠与之规定。

（六）终身定期金契约或系约定向第三人为给付之契约

七二九条称"给付他方或第三人"云云,终身定期金契约有时显系向第三人为给付之契约。此种情形,更当然须适用二六九条、二七○条之规定。

第二节　终身定期金契约之效力

终身定期金契约之效力,一言以蔽之,发生终身定期金之债权是也。至某人终身为止,每隔一定期间,债务人即须为金钱之一次给付。

（一）关于终身之推定　契约未订明终身者,自不能成立终身定期金契约。唯未订明何人之终身者,则其契约仍有效。契约未订明何人之终身,或系何人之终身契约上有疑义者,推定为债权人之终身(七三一条一项)。盖当事人间之所以订定终身定期金契约者,一般情形乃为维持债权人之生活故也。于是甲与乙约定,由乙向丙为金钱终身定期给付之情形,虽甲丙二人均系债权人,应以丙之终身为标准。

(二)关于每期给付金额之推定　终身定期金契约必须订明每期之给付金额。唯究系以年为期,抑或以季为期,抑或以月为期,契约虽有疑义,亦仍有效。此时推定其为每年应给付之金额(七三一条二项)。

(三)定期金之支付时期　当然,以月为期者,须按月支付。以季为期者,须按季支付。唯以年为期者,除契约另有订定外,仍须分季支付。又并非于每届满一月、一季后始行支付,乃须于每月、每季开始时预行支付(七三二条一项)。

依其生存期间而定终身定期金之人,如在定期金预付后,该期届满前死亡者,定期金债权人仍取得该期金额之全部(七三二条二项),无须扣算该未满期间之金额,返还于债务人。

(四)因可归责于债务人之事由而死亡时之效力　契约约定以某人之终身为标准者,若该人因可归责于债务人之事由而死亡之时,债权人或其继承人得声请法院,宣告其定期金债权在相当期限内仍为存续(七三三条)。盖债务人之故意过失,应不能反得减轻自己之负担故也。至关于该相当期限之决定,自应以一般年龄及该人生前之健康状态为标准。

(五)定期金债权之不得移转性　终身定期金之权利,除契约另有订定外,不得移转(七三四条)。此亦因定期金债权一般情形乃为维持债权人之生活故也。移转殊有失于订约之本意。除终身定期金契约上,或订立终身定期金契约之原当事人间,另有订定者外,定期金债权之移转无效。

第三节　终身定期金之遗赠

因遗赠之单独行为,而发生终身定期金债权者,除适用关于遗赠之规定外,并适用七三一条至七三四条之规定(七三五条)。

第二十三章　和　解

第一节　和解之意义及其性质

称和解者,谓当事人约定,互相让步,以终止争执,或防止争执发生之契约(七三六条)。

（一）和解是以终止争执或防止争执发生为目的之契约

（甲）和解契约是以争执业已发生或有发生之可能为前提

和解并非必须以争执业已发生为前提也。争执虽未发生,而有发生之可能者,亦得成立和解契约。

（乙）和解契约是以法律关系为标的

争执当然系指法律关系之争执而言。单纯事实之争执,无关于当事人间之权义者,其不得为《民法》上和解契约之标的,自不待言。纵系因事实之争执,而发生法律关系之争执者,其和解亦非和解事实之争执,而系和解法律关系之争执。

一般法律关系均得为和解之标的。唯法律关系之不能由当事人自由处分者,如亲子关系等,则不得为和解。

（丙）和解契约是以终止争执或防止发生争执为目的

所谓终止争执,或防止争执发生者,确定所争或不明确之法律关系,嗣后双方再不得为他种不同之主张是也。和解之目的,乃确定当事人间之法律关系。一经确定之后,该当事人间嗣后即不得再行争执。

确定当事人间之法律关系者,其方法原不以和解为限。唯出于当事人间之同意者,始称为和解。又和解分为二种:一为诉讼上之和解,二为诉讼外之和解。《民法》所规定者,乃系后之和解。然《民法》关于和解之规定,对于诉讼上之和解,当然亦适用之。

(二)和解是互相让步之契约

必须互相让步,始得称为和解。仅一方让步者,契约纵亦有效,并不适用和解之规定。此点于错误之情形,发生极大之不同。然只须双方均有让步足矣,让步之程度则并无均等之必要。例如关于债权之争执,纵仅豁除利息,亦不失为和解。又关于双方让步之方式,亦并无限制。一般情形,虽系互相承认对方,抛弃自方之一部分权利。然例如一方承认他方之债权,他方予以期限之犹豫者,亦仍系双方互相让步。

(三)和解系不要式契约

《民法》上之和解,并无订定书据之必要。纵系关于不动产物权之和解者亦然。

(四)和解是否系双务有偿契约

学者或以为和解系双务有偿契约。余则以为此并无不能一概而论也。先就和解契约是否系双务契约言之。和解有时并不发生双方之债权,或仅发生一方之债权。前者如双方之债权均作为消灭。后者如一方之债权作为半数算是。此等情形,显非双务契约无疑。唯若发生双方之债务者,则二六四条、二六六条之规定,当然适用或准用之。

次就和解契约是否系有偿契约言之。此则双方之让步,无论主观的,抑或客观的,均未必互相对价也。唯和解之结果,无论双方或仅一方须负给付之责者,则对于给付之瑕疵概应负担保之责。

第二节　和解之效力

关于和解之效力，《民法》仅设有七三七条之规定。该条称："和解有使当事人所抛弃之权利消灭及使当事人取得和解契约所订明债权之效力。"然和解有仅决定系争权利之归属者。或其效力并及于系争以外之权利。系争之权利或系债权，或系物权与其他权利。和解所决定系争权利之归属，或则恰与和解前真实之权利状态相符，或则相反。情形复杂，不能一概而论。以下分点述之：

（一）关于系争权利之消灭与取得

（甲）系争权利系当事人间之债权者　此则其和解之效力，完全适用七三七条之规定。一经和解之后，当事人之债权即因而消灭，或因而取得债权。仅和解契约即有使当事人之债权消灭或取得债权之效力，盖以当事人间之债权之消灭与取得，原仅须当事人间之意思表示，即得发生效力故也。

何谓和解有使当事人所抛弃之权利消灭及使当事人取得和解契约所订明权利之效力？例如甲乙二人互争各对于对方有千元之债权，和解之结果，由乙偿还百元之情形，纵和解之结果与权利之真实状态不符，事实上乙对于甲确有千元之债权，甲对于乙确并无千元之债权者，一经和解之后，乙之千元债权亦视为因抛弃而消灭，甲之百元债权亦视为因和解契约而新取得。于是乙虽于和解后始发见证据，亦不得再为该千元债权之主张及百元债务之否认。又不但和解之结果与权利之真实形态不符之情形，和解有消灭或取得债权之效力。纵和解之结果与权利之真实状态相符者亦然。虽事实上甲对于乙确有千元之债权，该千元之原债权亦视为因和解而消灭,另因和解契约而取得百元之新债权。于是该百元之新债权,其时效乃自和解后起算。原保证人未参与和解者,该百元债权乃系无保证之债权。此所谓和解之效力,并非权义之认定,乃权义之创设是也。

(乙)系争权利系物权或其他权利者　物权或并非属于当事人中之任何一方者,此时纵经双方和解,应无从取得物权。且物权之取得,除意思表示外,更须具备七五八条、七六〇条、七六一条之要件。故关于物权争执之和解,其效力应不能适用七三七条之规定。

甲乙二人互争物权,和解之结果,认为甲方所有者,其和解契约所生之一般的效力,仅乙不得再为该物权之主张而已。唯该物若为乙所占有者,乙更应交付于甲。登记簿上若系乙之名义者,乙更应移转登记。至关于物权之得丧问题,则该物权若原属于甲方之所有者,和解后甲方之物权仍系原有之物权,并非因和解契约而新取得。该物权若并非属于甲乙任何一方之所有者,和解虽认为甲方之所有,甲方仍不能取得物权。该物权若原属于乙方之所有者,和解字据虽得以替代乙方移转物权之意思表示,亦仍须更经交付、登记之后,甲方始取得物权,且其取得应系一种继受取得。

于是甲乙间之和解,虽认为甲方之所有,嗣后甲方关于该物权更与第三人发生诉争之时,则并不能仅依和解契约,即可得胜诉之判决也。唯甲乙既得主张物权系因和解而取得,亦得主张该物权原属于自己所有。前之情形,得引用乙方从前取得该物权之证据。

至于系争权利系其他权利者,和解之效力,原则上亦与系争权利系物权之情形同。譬如甲乙二书局互争对于某书有出版权,和解之结果,书由甲方出版者,假若该书之著作人或著作权人并未参与和解,或真正之出版权人既非乙,亦非甲,乃另有其人者,则和解之效力,不过乙不得出版而已,甲实尚并未取得出版权。唯若甲乙关于买回权之存在发生争执,和解之结果,延至明年由甲方买回,此则和解契约应系发生创设之效力。区别之标准,一须视其是否只是对于一方当事人之权利,二须视其权利是否得仅以意思表示创设。仅系对于对方当事人之权利,而其权利之取得,依法又无须于意思表示之外,更具备其他要件者,始得依和解契约而取得。

　　(二)关于系争以外之权利之消灭与取得

　　和解之效力,间有及于系争标的以外之权利者。例如甲乙二人,互争一地,和解之结果,地归于甲,由甲贴补千元于乙,或由甲另让与他权利于乙,或甲免除乙之某债务是也。此等系争以外之权利之得丧,或则因和解契约而即发生效力,或则更须有待于登记之移转,占有之交付,或对于债务人之通知等行为,亦并非完全适用七三七条之规定也。

第三节　和解之撤销

　　和解乃系一种法律行为,本应适用一般法律行为之规定,唯对于八八条则排除适用。当事人得以错误为理由,主张撤销和解契约者,仅限于下列各种情形(七三八条):

　　(一)和解所依据之文件事后发见为伪造或变造而和解当事人若知其为伪造或变造则不为和解者(七三八条一项)

　　此种情形,其撤销须具备以下三要件:(甲)和解所依据之文件为伪造或变造者;(乙)和解当时不知其为伪造或变造,事后而始发见者;(丙)和解当时若知其为伪造或变造,即不愿为和解,或不愿为如斯条件之和解者。此第三要件更须就客观的标准而为决定。盖若嗣后仅发见一无关重要之文件系伪造或变造之时,亦得撤销和解契约,殊失和解立法之本旨。必须客观的认为确系因此文件而始让步者,始得撤销。至于文件之伪造或变造,是否系对方之所为,则所不问。

（二）和解事件经法院确定判决而为当事人双方或一方于和解当时所不知者（七三八条二项）

此种情形,其撤销须具备二要件:（甲）和解事件曾经法院确定判决者;（乙）该确定判决为当事人于和解当时所不知者。并非已经判决确定之法律关系,即不许当事人再为和解。唯不知其已经判决确定而为和解者,乃得撤销和解。双方均不知者,双方均得撤销。仅一方不知者,该不知之一方得为撤销。至于仅经判决而未确定者,则虽为当事人所不知,亦不得为撤销之原因。

（三）当事人之一方对于他方当事人之资格或对于重要之争点有错误而为和解者（七三八条三项）

所谓对于他方当事人之资格有错误者,例如错认他方当事人为某人之继承人,或误认其与某人间曾有移转系争权利之行为,即误认他方为系争权利之一般继受人或特别继受人,因而始以他方为和解之对手,始与他方订立和解契约是。此种情形,其错误乃不但影响于和解契约之内容,且是根本影响于和解契约之订立,故错误者得撤销和解契约。所谓对于重要之争点有错误者,事实上之重要争点与当事人所认识之重要争点不一致是也。例如事实上他方所争者仅为典权,此方误认为争所有权而为和解者,其和解应得撤销。至于非重要之争点,虽有误会,亦不得为撤销原因。

第二十四章　保　证

第一节　保证之意义及其性质

称保证者,谓当事人约定,一方于他方之债务人不履行债务时,由其代负履行责任之契约(七三九条)。例如甲借乙款,丙与乙约定,甲不还时,由丙负责是也。甲称为主债务人,乙称为债权人,丙称为保证人。

（一）保证是保证人与债权人间之契约

债权人、主债务人与保证人,三人相互间常有三个不同之契约。一系主债务人与债权人间之契约,一系主债务人与保证人间之契约,一系保证人与债权人间之契约。所谓保证契约者,乃保证人与债权人间之契约也。

（二）保证是约定主债务人不履行债务时由保证人代负履行责任之债权契约

（甲）保证契约乃系债权契约　保证契约发生保证人保证之债务。其债务内容,乃对于主债务人之债务,由保证人代负履行之责。原来,履行他人之债务者,并不以保证人为限(八七九条、三一一条)。唯保证人之履行主债务人之债务,乃系因保证契约所生保证人之债务。

（乙）保证契约所发生保证人之债务乃系补充债务　保证契约乃约定主债务人不履行债务时,始由保证人代负履行责任。并非一经成立保证契约之后,债权人即得向保证人请求履行也。唯主债务人不履行债务之时,债权人始得向保证人请求履行。故虽已发生保证之债务(保证债务)之后,主债务人之债务(主债务)亦仍旧继续存在。且主债务人仍系第一位之债务人,保证人仅系第二位债务人。

外国法律有关于连带保证之规定者。在连带保证,保证债务虽系与主债务同时存在,保证债务并非补充债务。我国《民法》无关于连带保证之明文规定,例如商业使用人之保证人,于保证书上有"如有侵吞款项情事,唯保证人是问"之记载者,其性质应即系连带保证。又如保证人与订约时预先,或订约后抛弃其先诉抗辩权者,应亦系失其补充性矣。

(丙)保证契约乃系从契约,保证债务乃系从债务　保证债务之内容,既系对主债务人之债务,代负履行之责。于是保证债务之有效成立,原则上,自应以主债务之有效存在为前提。唯已有主债务之存在者,始得发生保证债务;或保证债务与主债务同时发生。唯主债务有效者,保证债务始系有效。又主债务之系因契约而发生者,原则上,应唯该契约有效之时,保证契约始得有效。此所谓保证债务、保证契约之从属性也。

然关于此点,乃有二例外:第一,就将来所发生之债务,或债权契约附有停止条件,条件尚未成就之前,成立保证契约者,其保证契约亦系有效。我国《民法》虽无明文之规定,例如商业使用人之保证人,显系对于其将来所发生之损害赔偿债务,预行订立保证契约也。至若保证契约订立时,误以为有主债务之存在者,则并不能发生保证债务。第二,保证人对于因错误或行为能力之欠缺而无效之债务,如知其情事而为保证者,其保证仍为有效(七四三条)。此唯以保证人知主债务人欠缺能力,或知其错误为限,主债务虽系无效,或虽经撤销,保证债务始仍系有效。

(丁)唯主债务得由他人代为履行者,始得成立保证契约　依债务之性质,原有不能由他人代为履行者,如演剧、奏乐等债务是。就此等债务,应不能成立保证契约。虽社会上亦常为剧员、乐师之保证者,此则只能解为系对于原债务不履行时之损害赔偿债务之保证,或则系对于二四七条之损害赔偿债务之保证。

(三)保证是不要式契约

我国《民法》上之保证契约,并不以订立字据为要件,口头保证者亦系有效。

(四)保证是片务无偿契约

保证契约仅发生保证人一方之债务,债权人并无对待给付,故系片务无偿契约。

(五)三五四条二项、四一一条及四八五条之保证

三五四条二项、四一一条及四八五条之情形,显亦于买卖契约、赠与契约、雇佣契约之外,更另有一个保证契约之存在。然此乃另是一种性质之保证契约,与本章所述之保证契约决不相同,不可混淆。

此另种保证契约,究系何种意义、何种性质之契约耶?余以为此种保证契约乃系约定契约解除原因及损害赔偿责任之契约也。契约之解除,分为法定之解除与约定之解除。约定之解除乃无须具备法定之要件,只须发生约定之解除原因,即得解除契约。此种保证契约即是约定契约解除原因之契约也。损害赔偿亦可分为法定之损害赔偿与约定之损害赔偿。约定之损害赔偿乃无须具备法定之责任要件,只须发生约定之原因,即得请求损害赔偿。此种保证契约又即是约定损害赔偿责任之契约也。盖此种保证契约之特点,其一,乃只须给付欠缺保证之品质,无须具备解除之法定原因,即得解除契约。又只须给付欠缺保证之品质,无须具备成立损害赔偿责任之法定要件,即得请求损害赔偿。所以谓此种保证契约是约定契约解除原因及损害赔偿责任之契约。其二,乃保证之事项虽系自始不能,保证契约亦系有效。所以应不能谓此种保证契约只是须使给付具备一定品质之契约。若以为此种保证契约只是须使给付具备一定品质之契约,则如给

付自始即不能具备此一定之品质者,保证契约将根本无效,保证人将根本无须负保证之责,殊失当事人订约之本意矣。此种保证契约,在本质上,决非只是须使给付具备一定品质之契约。唯若以保证人之行为,使给付具备一定品质尚属可能之情形,而依契约之性质与当事人之意思表示,又并非必须限于一定时期为给付者,则保证人应得以修缮、改作、挑换等行为,使给付仍具备此一定之品质,以免契约之解除而已耳。至于对方因给付欠缺保证品质所已受之损害,保证人自仍须负赔偿之责。

　　或云三五四条二项、四一一条及四八五条之保证与本章之保证,其区别乃至极简单也。一系保证自己,一系保证他人。当然此乃二者间最显而易见之区别也,然此仍非二者间本质上之区别。盖譬如居间人对于一方当事人保证,他方当事人所为之劳务给付,必可使其欢喜,亦何尝不是保证他人。论其性质,则与本章之保证仍并不相同,宁与上开诸条之保证反亦有类似之点。何以谓与本章之保证仍并不相同?因虽系保证他人,并非保证他人之债务,无所谓主债务之存在故也。给付劳务者只有依约给付劳务之义务,决无使自己之劳务给付必可获得主人欢喜之义务。何以谓与上开诸条之保证反亦有类似之点?因为除非不认为此种保证有效果意思,有之,则当亦是约定损害赔偿责任之契约故也。所以必须如上段所述,始能明白二者间本质上之区别。

第二节　保证之效力

第一项　保证债务之范围

　　关于保证债务之范围,因保证人与债权人间有无特别之约定而不同。

（一）无特别约定之情形

保证人与债权人间，关于保证范围，无特别之约定者，保证人须对以下各款，负保证之责（七四〇条）。至于保证人与主债务人间如何约定，则所不问。

1. 主债务　当然，保证人须对于主债务之全部，负保证之责。就连续发生之债务为保证者，应对于连续发生之各个债务，均负保证之责。

2. 利息　无论约定利息或迟延利息，均须负保证之责。唯约定利息系约定于保证契约订立之后者，则不在此限。

3. 违约金　无论其系二五〇条二项本文之违约金，抑或但书之违约金，均须负保证之责。唯违约金订立于保证契约之后则不然。

4. 损害赔偿　无论系因何种债务不履行所发生之损害赔偿债务，均应负保证之责。当然，债务不履行常系发生于保证契约订立之后。

5. 其他从属于主债务之负担　此所谓从属云者，应从宽解释，乃因主债务而发生之谓也。例如催告之费用、终止契约之费用、追诉之费用是。

（二）有特别约定之情形

关于保证之范围，保证人与债权人间有特别约定者，从其约定。例如仅保证主债务或仅保证主债务之一部是。

唯虽有特别约定，若保证人之负担，较主债务人为重者，则应减缩至主债务之限度（七四一条）。此所谓减缩至主债务之限度者，乃减缩至主债务人所负担之限度也。例如主债务契约所约定之利息为年利一分，而保证契约所载之利息为二分者，亦只须支付一分足矣。当然，保证契约同时含有其他契约之性质者，则作别论，意思表示之解释应须注意。

第二项　保证人之抗辩权

保证人之抗辩权,或系基于主债务之原因,或系基于保证债务之性质。后者即所谓先诉抗辩权是也。以下分述之:

（一）基于主债务之抗辩权

（甲）主债务人所有之抗辩,保证人得主张之(七四二条一项)。凡系主债务人关于主债务之抗辩,主债务人虽不为主张,保证人亦得向债权人主张之。主债务人关于主债务之抗辩如下:

1. 主债务不发生抗辩　例如主债务人欠缺行为能力,或系虚伪之意思表示,或其法律行为之内容不合法等情形。

2. 主债务消灭之抗辩　例如主债务已经清偿、抵销或已免除等情形。

3. 同时履行之抗辩　主债务因双务契约而发生之情形。

以上三种抗辩权,不但主债务人得为主张之时,保证人得为主张。纵主债务人已抛弃者,保证人亦仍得主张之(七四二条二项)。盖以主债务不发生或已消灭者,纵主债务人抛弃其抗辩权,仍系无主债务之存在。同时履行抗辩权抛弃于保证契约订立之后者,保证之标的乃系得主张同时履行之债务故也。唯同时履行抗辩权抛弃于保证契约订立之前者,则保证人不得主张。

至于主债务人所得主张之抗辩,保证人不得主张者,仅限于七四三条之情形。

（乙）主债务人就其债之发生原因之法律行为有撤销权者,保证人对于债权人得拒绝清偿(七四四条)。此亦系基于主债务之原因,保证人之一种延期抗辩权也。如错误或被诈欺胁迫等情形,主债务人就主债务发生原因之法律行为有撤销权者,在主债务人未实行撤销之时,虽不能适用七四二条之规定,然只须撤销权尚存在者,保证人即得拒绝履行。主债务人已抛弃撤销权者则否。

七四三条之情形,因纵经撤销,保证债务亦仍系有效故,应不适用七四四条之规定。

至于主债务人有抵销权或解除权之情形,《民法》因无明文规定之故,保证人是否亦得拒绝清偿? 学者虽有采消极说者,余则以为应亦得拒绝清偿。

(二) 先诉抗辩权

保证人于债权人未就主债务人之财产强制执行而无效果前,对于债权人得拒绝清偿(七四五条)。学者称之为先诉抗辩权,或称为检索抗辩权。其性质亦系延期抗辩权之一种也。

所谓就主债务人之财产强制执行而无效果者,例如主债务人虽有财产,而不能调查其财产之所在者,或其财产在外国者,或拍卖不成是也。二次或三次拍卖不成,债权人又不愿承受者,视为强制执行无效果(《强制执行法》七〇条、七一条、九一条、九二条、九四条)。债权人未经证明就主债务人之财产强制执行无效果以前,保证人得拒绝清偿。债权人未经声请强制执行,或未经取得执行名义,或未经向主债务人请求履行者,更不待言。

《民法》之所以认保证人有先诉抗辩权者,因保证债务仅具有补充性故也。于是在下列各种情形,保证人应不得主张先诉抗辩权(七四六条):

(甲)保证人抛弃其先诉抗辩权者　保证书上常有载明保证人抛弃先诉抗辩权者。既已抛弃,自不得再为主张。至若连带保证,原非补充性。如保证书上载明,"如有侵吞款项情事,唯保证人是问"者,其不得主张先诉抗辩,更不待言。

（乙）保证契约成立后，主债务人之住所、营业所、居所有变，更致向其请求清偿发生困难者　此种情形必须住所、营业所、居所变更于保证契约订立之后，更须因其变更致向主债务人请求清偿发生困难，保证人始丧失其先诉抗辩权。若主债务人之住所、营业所、居所虽有变更，而向主债务人请求清偿并不因而发生困难者，例如主债务人虽搬迁何处不明，或搬迁国外，而有担保物或其他财产可供拍卖之情形，则保证人之先诉抗辩权仍并不丧失。盖唯向第一位之债务人请求清偿业已发生困难，基于补充之作用，第二位之债务人始不能辞其责也。

然以《民法》仅就住所、营业所、居所变更之情形而为规定，于是因其他之原因致请求清偿发生困难者，保证人之先诉抗辩权应仍不丧失。

（丙）主债务人受破产宣告者　主债人一经受破产宣告之后，保证人即丧失先诉抗辩权。

（丁）主债务人之财产不足清偿其债务者　此所谓不足清偿其债务者，乃指不足清偿其该受保证之债务而言。虽不足以清偿总债务，而仍足以清偿该受保证之债务者，保证人之先诉抗辩权并不丧失。唯主债务人之财产中，他人对之有担保物权者，或他人已查封者，或依法不得查封者，应除外计算。

至于依照此款规定，保证人丧失其先诉抗辩权之情形，债权人并非仅得就该不足部分，径向保证人请求清偿，乃径得向保证人为全部债务之请求也。

关于保证人之先诉抗辩权问题，从前一二判例，依其所摘要旨，颇易滋误会，因并附带说明。前大理院六年上字四〇三号判例及最高法院十九年上字三三〇号判例均谓债务关系如于设定担保物权外，并有保证人者，主债务人不清偿其债务时，除有特别约定外，应须先尽担保物拍卖充偿。依余度之，当均只是限于担保物属于债务人所有之情形而言耳。盖保证债务虽是对于主债务之补充债务,然保证债权决非只是对于担保物权之补充。法律只规定保证人于债权人未就主债务人之财产强制执行而无效果前,对于债权人得拒绝清偿而已,应不能谓担保物无论是属于何人之所有,均须先尽担保物拍卖充偿。

第三项　就主债务人所生之事项对于保证人之效力

就主债务人所生之事项,或则对于保证人亦生效力,或则否。以下分论之:

(甲)对于保证人亦发生效力者

(一)基于主从之性质,主债务因清偿、提存、抵销、混同、免除等行为而消灭之时,保证债务应亦随之而消灭。主债务因时效完成而消灭者亦然。

(二)主债务人与债权人间,关于主债务存在与否及关于给付内容、给付期限之判决,其有利于保证人者,对于保证人亦生效力。

(三)基于七四〇条、七四一条之规定,主债务人之过失及债权人对于主债务人之受领迟延,对于保证人应亦生效力。

(四)基于二九五条之规定,主债权之移转,保证债权应亦随同移转。且只须通知主债务人足矣,并无更通知保证人之必要。

(五)《民法》又明文规定,债权人向主债务人请求履行及为其他中断时效之行为,对于保证人亦生效力(七四七条)。即因债权人对于主债务人之行为,主债权之时效中断者,保证债权之时效亦中断。此盖以保证人有先诉抗辩权之故,不能再规定必须向保证人更为请求起诉也。

(乙)对于保证人不生效力者

(一)主债务人与债权人间之判决,其不利于保证人者,对于保证人概不生效力。

（二）债权之时效，因主债务人之承认而中断者，保证债权之时效并不中断。又七四七条之规定，对于保证人已丧失先诉抗辩权之情形及系连带保证者，应仍不适用。

第四项　共同保证

一个主债务，由数个保证人保证者，称之为共同为保证。不问其数个保证人系与债权人间仅有一个契约，或有数个契约，又不问其数个契约系同时订立，或先后订立，除契约另有订定外，其效力乃由数个保证人连带负保证责任（七四八条）。申言之，即债权人得向任一保证人为主债务全部给付或其一部之请求也。数个保证人相互间之关系，亦适用连带债务之规定。各个保证人与主债务人之关系，则仍与一般保证同，并非成立连带债权。一保证人向债权人为全部给付之后，该保证人既可取得原债权人对于主债务人之债权，请求主债务人偿还（七四九条），又可径向其他保证人为分担部分之求偿（二八一条、二八〇条）。其他保证人实行偿还之后，于偿还范围内，取得原债权人对于主债务人之债权（二八一条二项、七四九条）。纵不径向其他保证人为分担部分之求偿，其他保证人之保证范围，应亦不能解为仍各是原债权之全部。

至所谓契约另有订定者，例如订定由数保证人分割负担是也。若甲乙二保证人，仅甲之保证契约订明负担二分之一，乙之保证契约并无订明者，则债权人仍得向乙请求全部给付，其中二分之一由甲乙负连带之责。

第三节　保证人对于主债务人之关系

关于保证人与主债务人间之效力，自应依照保证人与主债务人间之

法律关系而为决定。《民法》保证节所特别规定者,仅有二点:一为保证人之求偿;二为保证责任之请求除去。以下分述之:

（一）保证人之求偿

保证人之为保证,无论系基于主债务人之委托,抑或是无因管理,保证人清偿之后,均得向主债务人求偿。其求偿之方式,并非发生一请求偿还费用之新债权。乃债权人对于主债务人之原债权,法定的移转于保证人。全部清偿者,原债权全部移转。一部清偿者,原债权于清偿之限度内一部移转(七四九条)。该条之用语,与次条不同。虽系无因管理而为保证者,自亦当然适用。

此移转乃基于法律之规定,无须债权人之让与行为。于是二九七条之规定,于此移转应不适用之。保证人一经清偿之后,即取得债权人对于主债务人之原债权。

至于认为原债权之法定移转,与认为发生一请求偿还费用之新债权,其效果应有下列各点不同:

1. 既系原债权之移转,于是原债权设有担保物权者,保证人应亦因而取得担保物权。原债权更有其他共同保证人者,债权人对于其他保证人之保证债权,应亦随同移转于该为清偿之保证人。唯保证人仅为一部清偿者,则须俟债权人受债权人全部满足之后,担保物权始移转于保证人。

2. 保证人虽系为代物清偿,保证人所得向主债务人请求者,亦仍系债权之原来给付。

3. 保证人清偿之后,主债务人不立即偿还者。并非就保证人所支出之费用附加利息,乃就原债权计算迟延损害。(最高法院十八年上字一五六一号判例应已不能引用)原债权无确定期限者,更须适用二二九条二项之规定。

4. 保证人为清偿之后，主债务人撤销或解除与债权人间之契约者，则因原债权已不存在之故，保证人自不能有此债权。唯得对于债权人请求不当得利之返还及对于主债务人请求损害赔偿而已（五四六条、一七六条）。

（二）请求保证责任之除去

保证人系受主债务人之委任而为保证者，于具有下列情形之一时，得请求主债务人除去其保证责任（七五〇条一项）：

1. 主债务人之财产显形减少者　此所谓显形减少者并非减少之明显，乃指减少程度之明显而言。须其减少之程度，有影响于总债务之清偿者，始适用此条之规定。

2. 保证契约成立后，主债务人之住所、营业所或居住所有变更，致向其请求清偿发生困难者　须债权人对于主债务人请求清偿发生困难，且系因保证契约订立后，主债务人住所、营业所、居所之变更所致者。

3. 主债务人之履行债务迟延者　此点当系指主债务已届清偿期，主债务人给付迟延而言。

4. 债权人依确定判决得令保证人清偿者　此乃指债权人对于保证人已有确定之判决，得为保证债务之执行而言。

盖以保证契约之内容，虽系由保证人代负履行之责。委任契约之内容，则保证人仅负订立保证契约之义务。主债务人委托保证人保证之目的，仅以之坚固债权人对于主债务人之信用，使主债务人与债权人间之契约得以成立，或债权人不至终止契约而已。就对于主债务人而言，保证人并无代为履行之义务也。故于情事变更，保证人有须清偿债务之危险，或其危险状态业已成熟之时，保证人应得请求债务人除去其保证责任，俾得无须代为履行。

当然，保证人若于保证契约订立之后，即得请求除去其保证责任，自有失于委托保证之目的矣。故保证人抛弃其先诉抗辩权者及连带保证之情形,亦仍须于具备上述各款之要件时,始得请求除去。

何谓除去其保证责任? 主债务人消灭其主债务,则保证责任即随之而消灭矣。一般除去之方法,主债务人自为主债务之清偿、抵销等是也。发生主债务之法律行为可以撤销、解除者,主债务人撤销、解除法律行为,当然亦系保证责任之除去。经保证人之请求,主债务人不为除去,致保证人须代为履行者,除适用七四九条之规定外,保证人对于主债务人更有损害赔偿请求权。

主债务未届清偿期者,于期前为清偿、抵销,乃主债务人之不利。此时,则主债务人得提出相当担保于保证人,以代保证责任之除去(七五〇条二项)。此所谓担保者,乃担保一届清偿期,即为除去也。

至于《民法》虽仅就委任保证之情形而为规定,其系无因管理而为保证者,应亦有保证责任除去请求权。盖有义务而为保证者,既得请求除去保证责任,无义务,纯基于好意而为保证者,更应得请求除去也。

第四节　保证责任之消灭

保证人或主债务人为主债务之清偿、抵消,因而保证责任消灭,自不待言。兹仅就保证责任之特别消灭原因述之:

(一)债权人抛弃其担保物权

债权人对于主债务人之债权,有保证人,更复有担保物权者,债权人抛弃其担保物权之时,保证人就债权人所抛弃权利之限度内,免其责任(七五一条)。无论该担保物权系主债务人所设定,抑或第三人所设定,并无论该担保物权系设定于保证契约订立之前,抑或订立之后者均然。

盖以债权人抛弃其担保物权,将使保证人将来对于主债务人之求偿,亦失去担保故也。

准用七五一条之规定,债权人免除其他共同保证人之保证债务及虽非基于债权人之意思表示,如八九八条、九三八条之情形,债权人丧失其担保物权者,应亦于其免除或丧失之限度内,保证责任归于消灭(前大理院十一年上字九号判例参照)。

（二）保证期间之经过

约定保证人仅于一定期间内为保证者,如债权人于其期间内,对于保证人不为审判上之请求,保证人免其责任(七五二条)。盖既系约定仅于一定期间内负保证责任,债权人逾期不向保证人为请求者,保证责任自应归于消灭。唯依据该条之规定,债权人必须于期内向保证人为审判上之请求,即须向保证人提起给付之诉,或声请发支付命令,仅向保证人为审判外口头或书面之请求者,期间一经届满,保证责任仍归消灭。

然期间究应自何时起算? 除有特别订明者外,应解为自保证人依法已不得拒绝清偿之时起算。盖于保证人尚得拒绝清偿之时,向保证人提起诉追,徒负讼费而已。

至于保证主债务人于一定期间内清偿者,则并非七五二条所称"仅于一定期间内为保证",自不适用七五二条之规定。

（三）债权人逾期不向主债务人为审判上之请求

保证未定期间者,保证人于主债务清偿期届满后,得定一个月以上之相当期限,催告债权人于其期限内,向主债务人为审判上之请求。债权人不于该期限内,向主债务人为审判上之请求者,保证人免其责任(七五三条)。此只系关系于保证未定有期间,而主债务定有清偿期者之规定。其规定之理由,乃以一般情形,保证人唯估计于债权人请求清偿之时,彼主债务人自己有清偿之能力,而始代为保证。主债务定有清偿期者,一般情形,债权人于一届清偿期后,即向主债务人请求清偿。故保证人关于主债务人之清偿能力,一般情形,常仅就清偿期时而为估计。若债权人于清偿期届到后久不请求,主债务人始丧失其清偿能力者,因此而保证人必须代为履行,履行之后,又复无法求偿,此显使保证人受意外之损害矣。保证定有期间者,于期间内,保证人固仍应不能辞其责。既未定有保证责任之继续期间,则对于保证人此意外之损害,自应有一补救之方。故许保证人得以催告之方法,消灭其保证责任。催告于清偿期届满后即得为之。催告期间须为一月以上。至于清偿期是否系确定期限,抑或不确定期限,则所不问。

然债权人虽于期限内向主债务人为审判上之请求,而判决确定之后,仍不声请强制执行者,或主债务并未定有清偿期者,究将如何? 此则七五三条并不能适用。唯赖一八四条一项下段及二一九条以为补救。

(四)保证契约之终止

此系关于就连续发生之债务为保证者之规定。如职务保证、交互计算之保证是。更复如租金之保证,亦得终止。唯概以未定有保证期间者为限。委任、租赁等契约定有期间者,保证亦视为同其期间。

就连续发生之债权为保证,而未定有期间者,保证人得随时通知债权人,终止保证契约。保证人对于通知到达债权人后所发生之主债务人之债务,不负保证责任(七五四条)。终止保证契约,俗称之曰退保。非就连续发生之债务为保证者及定有期间者,概不得退保。又既云终止,自亦无溯及力。虽已退保,对于以前所发生之债务,仍应负责,无论由保证人或其继承人退保者均然。

至于保证人终止保证契约时,债权人依法不及即行终止主债务之契约者,其间所发生之债务,保证人仍无须负责。

（五）债权人之允许主债务人延期

就定有期限之债务为保证者,如债权人允许主债务人延期清偿时,保证人除对于其延期已为同意外,不负保证责任(七五五条)。此其规定之理由,完全与七五三条相同。盖主债务人或于延期后始丧失其清偿能力故也。唯以债权人已允许延期,自不能再催告债权人为审判上之请求。而又以已允许延期故,主债务人并非给付迟延,保证人不能请求除去其保证责任。故径认为保证责任消灭。

所谓保证人对于其延期已为同意者,例如债权人于允许延期之前,经询问保证人,得其同意,或保证人与主债务人共同向债权人请求延期者是也。

第五节　法定保证

关于信用委任关系,委任人对于受任人乃须负法定保证责任。所谓信用委任契约者,委任他人,以该他人之名义及其计算,供给信用于他人之契约是也。例如甲委托乙借一千元于丙是。其消费借贷关系,乃乙丙间之关系。既非以甲之名义,亦非以甲之计算。唯以乙之贷与,并非仅基于甲之媒介,乃基于甲之委托。故甲对于丙之该一千元消费借贷债务,应负法定保证责任(七五六条)。关于保证之规定,除七三九条、七五二条外,均适用于此法定保证。

学者或以为信用委任乃委任与保证之混合契约,余则并不以为然。盖此并非必须当事人有保证之效果意思,始发生保证之责任也。虽仅有委任之合意,亦须负保证责任。故应以解为法定保证责任为是。

附:《民法债编各论》引用法律法规目录*

名称	颁布、修正时间
《民法》[中华民国民法]	国民政府(南京)1929 年 5 月 23 日、1929 年 11 月 22 日、1929 年 11 月 30 日、1930 年 12 月 26 日次第公布
《民法债编施行法》	国民政府(南京)1930 年 2 月 10 日公布
新《土地法》	国民政府(南京)1946 年 4 月 29 日公布
旧《土地法》	国民政府(南京)1930 年 6 月 30 日公布
《土地法施行法》	国民政府(南京)1935 年 4 月 5 日公布;1946 年 4 月 29 日修正
《不动产登记条例》	民国政府(北京)1922 年 5 月 21 日公布
《房屋租赁条例》	国民政府(南京)1947 年 12 月 1 日公布;1948 年 12 月 20 日修正
《战时房屋租赁条例》	国民政府(南京)1943 年 12 月 13 日公布
《战时建筑用地租赁条例》	国民政府(南京)1945 年 6 月 29 日公布
《著作权法》	国民政府(南京)1928 年 5 月 14 日公布 1944 年 4 月 27 日修正
《商标法》	国民政府(南京)1930 年 5 月 6 日公布;1935 年 11 月 23 日修正;1940 年 10 月 19 日修正

---

* 本表所列以薛祀光先生《民法债编各论》引用者为限,修正情形截至 1948 年 12 月。——编者注

名称	颁布、修正时间
《商人通例》	民国政府(北京)1914 年 3 月 2 日公布
《公司法》	国民政府(南京)1929 年 12 月 26 日公布;1946 年 4 月 12 日修正
《商业登记法》	国民政府(南京)1937 年 6 月 28 日公布
《票据法》	国民政府(南京)1929 年 10 月 30 日公布
《破产法》	国民政府(南京)1935 年 7 月 17 日公布;1937 年 5 月 1 日修正
《海商法》	国民政府(南京)1929 年 12 月 30 日公布
《民诉法》[《民事诉讼法》]	国民政府(南京)1930 年 12 月 26 日、1931 年 2 月 13 日次第公布;1995 年 2 月 1 日修正;1945 年 12 月 26 日修正
《复员后办理民事诉讼补充年例》	国民政府(南京)1945 年 12 月 18 日公布;1947 年 7 月 23 日修正;1948 年 4 月 10 日修正;1948 年 12 月 22 日修正
《强制执行法》	国民政府(南京)1930 年 1 月 19 日公布;1945 年 5 月 16 日修正
《工厂法》	国民政府(南京)1929 年 12 月 30 日公布;1932 年 12 月 30 日修正
《劳动契约法》	国民政府(南京)1936 年 12 月 25 日公布
《团体协约法》	国民政府(南京)1930 年 10 月 28 日公布
《出版法》	国民政府(南京)1930 年 12 月 16 日公布;1937 年 7 月 8 日修正
《利率管理条例》	国民政府(南京)1947 年 12 月 19 日公布
德民[德国民法典]	1896 年 8 月 18 日公布
德商[德国商法典]	1897 年 5 月 10 日公布
瑞债[瑞士债务法]	1911 年 3 月 30 日公布;1937 年 7 月 1 日、1942 年 7 月 1 日、1942 年 7 月 9 日、1945 年 3 月 1 日、1947 年 1 月 1 日先后修正

续表

名称	颁布、修正时间
日本民法、日民[日本民法典]	1896 年 4 月 27 日公布；1901 年第 36 号法律，1902 年第 37 号法律，1925 年第 42 号法律，1926 年第 69 号法律，1938 年第 18 号法律，1941 年第 21 号法律，1942 年第 7 号法律，1947 年第 61 号法律、第 222 号法律，1948 年第 260 号法律先后修正
日商[日本商法典]	1899 年 3 月 9 日公布；1911 年第 73 号法律，1922 年第 71 号法律，1932 年第 20 号法律，1933 年第 57 号法律，1937 年第 79 号法律，1938 年第 72 号法律，1947 年第 61 号法律、第 100 号法律、第 223 号法律，1948 年第 148 号法律先后修正

论 文

法的本质

一

康德说:"法律学者到现在还在摸索法的概念的定义之中。"康德这句话,虽是嘲笑当时的法律学者的,实则不但在康德的时候,法律学者还在摸索法的概念的定义之中,到现在,也还在摸索之中;不但现在还在摸索之中,这摸索将永久继续的。或许反而可以说,法的概念永久不会有确定的定义。

为什么法的概念将永久不会有确定的定义呢? 第一,因为法律解释学者、法律哲学者、法史学者、法律社会学者,对于法的概念所下的定义,必然是不同的。法律解释学是研究现行法的规定内容。法律哲学是研究法的价值、法的目的和理想的法。法史学是研究法的历史、法的史的发展。法律社会学是研究法的社会的原因和法的社会的机能。各人所从事的学问,局限了各人的视野。各人所从事的学问,决定了各人的偏见。法律解释学者只认定现行的实定法。反之,法律哲学者每每轻视现行法。法史学者比较的更熟悉的,当然是历史上的法、法的发展的痕迹。法律社会学者只注视法所受于和所及于其他社会事象的影响。于是法律解释学者就实定法下法的定义,法律哲学者就理想法下法的定义,法史学者就法的史的发展下法的定义,法律社会学者就法和其他社会事象间的因果关系下法的定义。各个法律学者对于法的概念所下的定义,都是从自己本门学问上出发的。我人为能强其相同呢? 虽说各有偏见,在学问上,偏见决不是一种罪恶。

第二,纵单就各个法律解释学者对于法的概念所下的定义而言,也是无法相同的。因为法律解释学之为学的性质,各人的意见已先有差异了。解释是否就是理解(Verstehen)呢?解释之学是否只是认识之学之一种呢?学者或以为法的解释,不应该只求对象捉握的完全,应更须求对象的完全。或以为法律学的价值的动摇,就是因为对于对象没有如实的捉握。换言之,学者或将法律的解释与文艺的解释严相区别,以为法律解释之学不应该只是理解之学,应该更具有补充的作用和修正的作用。或以为认识之学只有说明之学与理解之学之二种。法律解释学者唯能严格地保持理解的态度,美就是美,恶就是恶,赤裸裸地暴露了真相,绝不加以歪曲作用,法律解释学才有学的价值。当然,人的制作物到底不是神的制作物。实定法之中,必有一部分恶法掺杂的。唯采取前之态度,始可以使实定法接近于理想法。采取后之态度,那就所谓实定法者,必将是美恶参半的,甚或将是美者少而恶者多的。在前者,实定法是可以担负起规律生活的任务的。在后者,实定法是不配作为规律生活的规范的。于是这二种不同的解释态度,必然的,也会影响到对于法的概念所下的定义。至于自由法学者对于法的概念所下的定义,应与一般法律解释学者不同,更不待言。

且法律解释学者对于法律哲学、法史学、法律社会学等,也必有相当的造诣的。因对于法律哲学等造诣程度之各异,又必复影响及于他对于法的概念所下的定义。

第三,法律社会学者说,法的变动是受社会事象的影响的。法律学者对于法的概念所下的定义,又何尝不是受社会事象的影响而有变动呢?社会安定的时候,和社会动荡的时候,法律学者对于法的概念所下的定义,也当然是不相同的。因为在社会安定的时候,和在社会动荡的时候,法的目的和法的任务均并不相同,于是法的定义也必随之而异,此其一。乱世用重典,虽是充分地表示权力说的思想。但是重典有穷时,已预兆了正义说的抬头,此其二。在社会动荡的时候,法的优越性——法律对于政治、道德等的优越性,为支配者与被支配者所均不能忍耐,此其三。就社会安定的时候和社会动荡的时候而言,法的思想既有上述的差异。那末,在社会自安定而开始动荡,与自动荡而转入安定之时,也必同样的影响及于法的思想无疑。法的概念,到现在尚没有确定的定义,这决不是法律学者的低能,正是表示法律学的没有停滞。

开头先写了这一节,一以表示关于法的本质,历来学说分歧的原因,二以助成读者诸君对于下述各派学说的理解。因为理解如 Max Weber 所说,是"对于他人的心理过程的追体验",如 Dilthey 所说,是"对于他人之内的精神过程的追感"。没有对于对象的共鸣、共感,是无法理解的。

<h2 style="text-align:center">二</h2>

关于法的本质,从来的学说,依照一般的分类,有当为说与实在说之二派。先论当为说。当为说谓法是当为。

一般批评当为说者,以为当为是非现实的存在,实定法是现实的存在,所以法的本质,应非当为。当然,若对于价值与现实的关系,采取柏拉图的二元观的见解,认为价值与现实的存在是没关涉的二个世界,自不能更主张法——实定法的本质是当为。当为说乃以认价值是显现于现实之上为前提的。法不应该是立法者的恣意,应该是立法者对于显现价值的努力,此当是当为说者的第一点立说理由。唯认为法的内容是合于当为的,始可以使人民发生自律的心理,不至感觉到法只是外力的压迫。如此,法始可以收到积极的效果。"有耻且格"之"格"字,当是当为说者的第二点立说理由。

　　对于当为说之此二点立说理由,余完全赞同。问题之所在,乃事实上,一切法的内容是否均合于当为呢? 一切法的施行遵守,是否均是价值的显现呢? 除非对于价值与现实的关系,和前述二元观的立场绝对相反,采取一元观的见解,以为现实界的一切动的过程,均即是价值的显现的过程。否则,现实界的一切存在,当不能说概是价值的显现,或有反是反价值的显现。关于价值和现实的关系,我想,应既非现实界的一切变动,均与价值没关涉,也不是现实界的一切变动,均是价值的显现。现实界应该是价值与反价值的共同显现地盘吧。从来学者关于法律价值内容的见解,或以为社会正义的实现是法律价值的内容,或以为确保社会的安定是法律价值的内容,或以为促进社会文化的发达是法律价值的内容,试问是否只须忠实地实行了实定法的一切规定,就足以实现社会的正义,确保社会的安定,促进社会的文化吗? 更试问实定法的一切规定,忠实地实行的结果,是否都可以有裨于社会正义的实现,社会安定的确保,社会文化的发达吗? 事实上,实定法中乃有一部分规定,并不足以实现社会的正义,确保社会的安定,促进社会文化发达的,或许反有碍于社会正义的实现,社会安定的确保,社会文化的发达。法是人的制作物,人不是神;善恶参半,当是法的被注定的运命。

　　于是我人若依当为说,理论上必然的归结,将是对于恶法的法的否认。"恶法也是法"的法谚,虽或骇人听闻,然而恶法之出于国家权力机关的制定的,试问我人有何法拒绝它的适用呢? 虽恶法必须消灭的,且必将消灭的。但是在未消灭之前,我人有何法不仍认为一种实定法呢? 解释虽对于恶法尽其修正的作用,解释的修正作用仍是有它的限度的。当为说的第一点理由乃是关于法的价值论,当为说的第二点理由乃是关于法的效力论。在法的价值论、法的效力论上,恶法固不是法。在法的本质论上,那就虽恶法也仍不失为法。我人不能否认法的本质论之外,更有法的价值论、法的效力论,同样的,我人也不能即以法的价值论、法的效力论为法的本质论。

三

其次论实在说。实在说之中,与当为说正相反,而又与当为说同为有力的学说者,为权力说,权力说谓法是主权者的命令,法是国家主权的表现。

一般批评权力说者,第一点以为法是较之国家更先在的。"有社会,即有法",并不是"国家以前无法",也不是"国家以外即无法"。未有国家以前是否已有法,那虽或争辩不清。但是国家以外的社会,也各有其自己的法,那是确已无可否认。不过名义上或不称它是法而已,实质上当然仍不失为法的一种。谁能说校规、族规不是一校一族的法呢?校规和国法的关系,校规不过是受国法的制约而已,校规决不是国法的派生,决不是必渊源于国法的。此点,证之于族规更明。于是除非将所谓法,限于国家的法,否则,认为法和国家是同一观念,认为法必是国家主权的表现,那是必将受指摘的。

对于此说的第二点批评意见,以为实定法应分为制定法和习惯法。习惯法决不能也以主权者的命令为说明。此点确是历来主张权力说者的致命伤。维护者云,习惯法之所以成为法,仍有待于国家的承认。即须有法院判决的承认,始得成为法。然而此所谓承认者,并非承认其为法,乃承认事实上确有此种法的存在。申言之,承认事实上确有此种习惯的存在,更承认事实上此种习惯确系具有法的性质而已。理论上,习惯法是较之该承认习惯法的判决先在的。习惯法并非经法院判决的承认而始成立,不过有法院的承认后,此种习惯法的存在更臻明显而已。至于《民法》第一条的规定,不过表明在适用上,制定法优先于习惯法而已,也决不能基此遂谓习惯法的效力乃出于制定法的承认,因为习惯法几可以说在任何时代、任何国家,均有其支配力。与我国现代《民法》第一条相同的条文,那就并非任何时代、任何国家均有的。我国在未有民法之前,习惯法实更有强大的支配力。假若因为有《民法》第一条的规定之故,遂以为习惯法的效力,乃出于制定法的承认,试问对于未有《民法》以前的《民事习惯法》的效力,将何以说明呢? 所以除非将习惯法除外,否则,以权力说律之于习惯法,毕竟有嫌牵强的。

对于权力说的第三点批评意见,乃以为权力说完全忘却了法的目的,完全忘却了法对于人生的价值。从当为说出发,或相当地采纳当为说的主张,对于权力说,当然是应该有此种批评的。因为依权力说,理论上当然的归结,恶法也仍是法。更有第四点批评意见,以为权力说并不能终极的说明国家的意思何以得成为法的根据。权力说和所谓实力说不同,权力自身也是一种法律上的力。以权力为法的根据,乃是以法说明法。以法说明法,到了"圆锥顶点的法",必将有不能说明之苦。关于此点批评意见,余之所见为何,当于以后更述之。

四

为修正权力说的缺点,于是有提出社会心理力说者。社会心理力说谓法的本质仍是一种力,但既非实力,也非权力,乃是支配社会心理之力。社会心理是实在的,故此说也属于实在说之一种。

此说乃就制定法、习惯法、条理法,分论其与社会心理的关系。谓习惯法是以历史为基础,条理法是以正义为基础,制定法则以权威为基础。彼所谓权威的意义,又复与权力不同,谓制定法乃因人民的一般心理上承认制法的权威,而始有其存立的基础的。此说乃为修正权力说而倡,于是唯根据前节所述对于权力说的批评意见,始能了解其立说的苦心。

不以法为国家主权的表现，而以权威为制定法的基础，对于国家以外其他各种社会的法也可以说明了。就制定法、习惯法、条理法，分论其存立基础，无如权力说的牵强。制定法既以权威为基础，于是当国家的制法机关，在人民的一般心理上，已不能保持其制法的权威之时，制定法将失去其为法的性质，可以多少满足彼以为恶法应不是法者的心理。不以法律上的力说明法，而以心理上的力说明法，对于国家最高的法，也仍可为一贯的说明。且将制定法、习惯法、条理法的规范力，一元的归纳于社会心理，当更有寓法的效力论于法的本质论的用心。

　　然而此说究可取否？此说为日人美浓部氏所倡。美浓部氏确不失为宪法专家。对于一个国家各个时期最高的法的成立基础，舍此说外，确无从为圆满的说明。卢梭氏的民约论，显然的只是一种拟制。何况，一个国家某个时期最高的法的产生，更有对于此种拟制的方式，且亦弃而不用者乎？！但是我国此时亟欲建立法治，建立法治应以建立立法的法治为先。基于推行法治的立场，此说应仍不可取。因为法治是需要权力的分立的。权力的分立尚并未成为我国一般人民的共通意识。一般人民心理上，承认其有制法的权威者，或许并不是在法律上，正当地，有制法的权利的。具体的言之，在法治的理论上，命令本不应违反法律。在权威的观点上，那就命令的权威或许反更大于法律。于是如依美浓部氏说，岂非反是推行法治的障碍？！

五

　　实在说之中，与权力说正反对者，为历史学派的主张。此派的主张谓法与语言、艺术、道德等，同是民族精神的表现。法不是由立法者创作而成，而由于历史的惯行，无意识地自己作成，自己发展。立法者不过将习惯法加以成文化而已。习惯法乃是法的唯一渊源。

当然，若只就我国过去立法失败的原因而言，历史学派的主张却是对症的良药。完全抹杀了固有的习惯，只知努力于外国法的移植，虽曰别有苦心，乌能望其推行有效?! 又法是民族精神的表现一语，现在虽为纳粹的法律学者所极喜引用，我人乌能因此遂绝对否认其真理?!

然而依余所见，历史学派的主张，其积极的意义，只是法的效力论。进一步，也只是法的价值论，决不是法的本质论。因为事实上，许多国家的法律，并不是完全由于历史的惯行，无意识地，自己作成，自己发展。大部分都是由立法者自外国法中采择来的。不但我国的法律如此，其他许多国家的法律亦复如此。萨维尼之后，继之以奇克、梅敖等极大的努力，德国《民法》中又何尝不仍残留有极多罗马法的渣滓? 近年来纳粹的法律学者虽高呼自德国法律中，清除非日耳曼法的成分。绝对清除，此乌可能? 所以在法的本质论的立场上，历史学派的主张应不可取。否则，理论上必然的归结，将是一切现行法的否认。

且历史学派的主张，纵站在法的效力论与法的价值论的立场上，也只有其一面的真理。前者，因为空间的配合与时间的配合，法所需要者一也，若从历史学派的主张，每易失却了时间的配合。后者，因为法既具有民族性，又复具有世界性。于各民族间，不必要的，故树法的差异，决非人类之福。纳粹之主张，显失偏狭。

六

与历史学派的主张相近似者为社会意识说。此说谓法的本质是社会意识。社会意识与民族精神，或可视为异语而同义。然而社会意识说决不至受偏狭的批评，此其不同者一也。社会意识说者并不主张制定法只是习惯法的成文化，此其不同者二也。

斯泰摸拉曾经说过，法的本质并非知觉，而是意欲。于是此所谓社会意识云云,亦应作为意欲解。社会意识说的主张,明浅的说,就是说法所定的,即是社会成员所共通意欲的。

此说之重要的前提,乃认为人一方面是个人,一方面又是社会人。作为个人,有个人意识。作为社会人,有社会意识。个人意识是特殊的,社会意识是共通的。人的意识之中,与他人所共通的部分,乃系社会意识。个人意识应受社会意识的制约。当然,人是社会的存在,这是谁都也不能否认。人因环境的相同,特别因经济环境的相同、民族传统的相同,每能发生同一倾向的思想、感情、意志、信念。又因模仿和教育的关系,亦可促成各人间思想、感情、意志、信念的齐一。个人意识之外,更有社会意识的存在,这也是无可否认的。又社会意识之中,事实上亦确有一部分,是属于法的规范的意识。于是以社会意识之制约个人意识,固可以说明法的规范力。但是因此遂以为法的本质是社会意识,法所定的即是社会成员所共通意欲的,则并非法的现实。

事实上,在任何时代、任何国家的法律,其中必有一部分规定,并非社会意识,或则法的内容,自初即为社会意识之所绝不相容;或则在立法当时,法的内容对于社会意识尚是居于先行的关系;或则因时之经过,法的内容已落于社会意识之后。第一种情形,立法虽应受指摘,然而须知制定法到底只是人的制作物,人的判断每是被拘束的,人的立场每是被决定的。责其与社会意识绝对不相违反,此乌可能?纵就立法者为人民的代表的情形而言,也只可拟制的视为社会意识而已。事实上,仍不能说法所定的即是一般人民所共通意欲的。何况立法者或并非人民的代表乎?第二种情形,因为以法律促进社会的发展,是法律对于人生的价值之一。默察社会发展的趋势,在社会意识未充分成熟以前,即先有法律,这原是贤明的立法。否则,法律恐反将成为社会发展的障碍了。按之法的实际情形,也确有一部分,是对于社会意识居于先行的关系的。

至少,立法者是常以此为自己辩护的理由的。第三种情形,因为社会是不断地发展的,法律是具有相当的固定性的。在立法当时,法的内容恰与社会意识相符者,经过了相当年期,那就必然的将落于社会意识之后了。虽然,上述第二种情形,可以教化宣传之力,促成社会意识的产生。此第三种情形,可以解释的方法,使法的内容仍能追上了社会意识。然而在上述第二种情形,总难免有一个时期,社会意识仍与法的内容不相衔接。在此第三种情形,于法未修改之前,纵依解释之力,总难免仍有一部分规定,不能与社会意识完全相符。

并且所谓民众的"正义感情""法律感情",内容原是极粗泛的,无组织的。只顾具体的妥当的,不问一般的妥当的。只知有个别的妥当,不求综合的妥当的。制定法之中,那就每含有一部分属于"不可避免之恶"的规定。只能就其整个的体系的,了解其为正当的。于是纵谓法即社会意识,也只是限于法的大体上的原则。法的各个规定,则决非社会意识。基于此点说明,更显可知在法的本质论的范围内,社会意识亦并不可取。

七

以上已择要地介绍了各派的学说,且约略地予以批评了,读者们当已可大致的察知余个人的意见,请更详陈之。

已如前第二节之所述,余是并不赞成当为说的。关于此点,或将问,人类社会之所以贵乎有法者,原以之维持社会的正义,促进人类的文化的。假若法完全离开了此等目的,甚或与此等目的相背驰,法岂非只是一种桎梏,甚或反是一种罪恶了吗?纪开罗说:"认法律制度中的一切事项均为正当,是乃愚人。"此语虽可以为反对当为说的理由,同时也正可以为拥护当为说的理由。当然,假若今日也有与罗马皇帝同样的敕令,认为"以解释之名,基于衡平的要求,补充制定法的缺点,乃是皇帝自身的权利,不容他人干与",或许余也是赞成当为说的一人。然而余之法的本质论,乃与余之法的解释论相关联的。余以为法的解释,不应该只求对象捉握的完全,应该求对象的完全。只知探求立法的真意者,尚不能谓其已尽解释的职责。若夫仅从事于文字的注释者,更无论矣。法的解释应以法的价值为其指标。应于法的解释的阶段中,尽可能的为法的完美化。余之关于法的解释的态度既如此,于是关于法的本质,余自无须更采取当为说。申言之,余既认为得以解释的手段,为恶法的修正,自无须更仿当为说者,否认恶法之为法了。

　　或将又问,既认为法的解释之学并非单纯的认识之学,法的解释有时须为法的修正,法的解释有时须为法的价值的赋与。如此,岂已非以法的本质为当为前提吗?然余之法的解释论,仍并非以认法的本质为当为前提也。仅于法的价值论的立场上,认为法的内容须合于当为而已,盖余之所谓法的解释得为法的修正,法的解释得为法的价值的赋与者,乃仍有其不可逾越的界限。决非如自由法学者之所云,法的解释可以完全不受条文文字的拘束。更易言之,余虽不以法的解释之学为理解之学,法的解释亦仍不外乎依志向的联络。余之所谓法的解释得为法的修正,法的解释得为法的价值的赋与者,亦仍系自法的内部,抽出法的意义,决非自法的外部,赋与法的意义也。若如 Max Weber 之所云,理解亦须依志向的联络,则余之所谓法的解释之学,乃更须重视志向的联络,更须合价值的善用志向的联络,既仍系依志向的联络,不过须合价值的运用志向的联络而已,其显非但求合价值的,得为法的自由发见者明矣。此所以余之立场,乃仅于法的价值论上,认为法的内容须合于当为而已。对于法的本质,则并非认为当为。

　　或将更问,若然,解释仍不能充分的尽其修正的作用,终不知当为说根本否认恶法为法之为愈。对于此问,余亦更有说焉。盖法治思想的抬头,乃必然的,是当为说的被扬弃故也。外国学者有将法治的意义即作为权力的牵衡解者。此当为说之必然的被扬弃者一。从当为说,否认恶法为法之后,自必须另有"正法"以代替恶法。所谓正法者,虽应为一般人所公认的理想的法。实则瑞士《民法》早已看穿此点,行政者或司法者之作为正法适用者,将不过彼辈个人的正义观而已。采取当为说的结果,势将归于人治。法治虽非可以完全排除了人治的,然此则已超过了,以人治补充法治、调剂法治的程度,此当为说之必然的被扬弃者二。不采取当为说,虽终不能完全拒绝恶法。然此原为法治制度所"不可避免的恶"也。盖既曰法治,复乌容对于立法权为过度的干犯,而至于否认立法权的独立之程度耶? 我人须知举凡一切制度,莫不附随有其"不可避免的恶",恰如药之必有副作用,非徒法治为然。依余之法的解释论,对于此附随于法治的不可避免的恶,已可以求减少。若更进而欲完全消灭此恶,将须根本考虑法治制度本身之应否采取矣。此因今日法治思想的抬头,当为说之必然的被扬弃者三。基上所述,所以余终不赞成当为说。

八

对于当为说的余个人的意见,既已详述于上。其次请详述余个人对于社会意识的意见。已如前第六节之所述,对于社会意识说,余也是并不赞成的。该节列举法的内容常与社会意识不符之点,已从法的现实上,说明社会意[识]说之非矣。若与法的现实虽非当为,人们仍留恋于当为说一样,法的现实虽非社会意识,人们亦仍有留恋于社会意识说者,则请参照前第七节之说明。法的解释既应为法的价值而努力,自也应为法的效力而努力。当为说既因法治思想的抬头而被扬弃,社会意识说自也一样的因法治思想的抬头而被扬弃。盖既知法的现实并非社会意识之后,而仍固执社会意识说者,其目的自欲以法的内容与社会意识不符为理由,为一部分制定法的否认的。此显为法治思想之所不容。故曰社会意识说也一样的因法治思想的抬头而被扬弃。本节请更就法的效力论之对于立法政策学与法律解释学的影响及法的效力论与法的价值论间的关系申论之。

余既承认历史学派的主张,在法的效力论上,是有其一面的真理的。于是若只是站在法的效力论上的立场,余当然是赞成社会意识说的。权力权威,并不能使法发生社会的作用。所谓"理性的必然",也并非可以深恃者。因为我人不能否认人的行动是受社会的经济情形、民族的传统及知识的程度的制约的。社会意识的生成,是以社会的经济情形、民族的传统与人民的知识程度为其基础的。所以欲求法之发生社会的作用,必须法的内容能与社会意识相符始可。

然而因此,立法与解释对于社会意识究应采取何种态度呢?余以为仍只应采取孟子所谓"利"的态度。"利犹顺也",只须顺乎社会意识足矣,无须一定与现阶段的社会意识相符。盖社会意识是不断地前进的,若只顾目前的社会意识,则他日必将落于社会意识之后矣。顺其自然之势,稍稍居于先行的关系,此正所以谋法之与社会意识相符也。与其落后也,宁先行。唯不可先行太远,致失于"利"而已。此所以社会意识说虽是法的效力论上一种正确的见解,立法与解释对于社会意识仍只应采取"利"的态度。既只应采取"利"的态度,于是立法与解释者纵能了解立法与解释应受法的效力论的支配,法也未必即是社会意识。

且我人须知立法与解释非仅受法的效力论的支配,乃须受法的价值论与法的效力论的共同支配。当为或未必即是社会意识,社会意识或未必即是当为。此时,立法与解释究应从当为乎,抑从社会意识乎?余以为仍应从当为。虽所谓"理性的必然",未可深恃,可以教育宣传之力,促成社会意识的产生。唯须知教育宣传之力可以促成社会意识的产生者,乃有其一定的限度,决非可完全舍去当为,而只从社会意识。盖立法与解释,不可忘却了法对于人生的价值,只顾其社会意识,不求法的内容合于当为,显忘却了法对于人生的价值矣。欲求法之发生社会的作用,法的内容虽须与社会意识相符。但并非必须先有社会意识,后有法律。先有法律,后有社会意识也可。法律并非必须跟从社会意识,社会意识能赶上法律也可也。于是就法的效力论与法的价值论之在立法政策学与法律解释学上的关系而言,立法与解释若果贤明者,法更未必即是社会意识矣。

社会意识说不但忘却了法的现实,与法治的要求相抵触,与当为说陷于同一的缺点。且纵就法的理想而言,只顾法的效力,不顾法的价值,也非执中之论。故更为余所不取。

九

当为说与社会意识说均为余所不取,余是否赞成权力说呢?其次请更详述余个人对于权力说的意见。当然,余是偏向于权力说的,但也不完全赞成权力说。

前第三节所述对于权力说的第一点批评,余是无意为权力说辩护的。盖不但国家有法律,其他团体也各有其自己的法律。团体的法律,出于团体之所自定。若谓一切团体的法律均是国家主权的表现,岂非一切团体对于其成员的权力均是渊源于国家的统治权耶?一切团体之制定法律均是基于国家的委托耶?事实上显不然也。国家的目的虽极广泛,究不能说国家能包揽一切,不承认其他国家对于国家的分工。国家虽常有干涉其他团体与其成员间的关系,只是一切团体的权力须受国家的制约,一切团体的活动须受国家的监督,决非一切团体的权力均是国家之所与,一切团体之活动均是国家之所命也。何况团体之中,尚有较之国家更先在者。此种团体的法律,其不能说是国家主权的表现也更明甚。余以为国家所定的法律,固是国家主权的表现。其他团体所定的法律,则只是各该团体自身的权力的表现。权力说必须如此修正,始克对于其他团体的法律,也能为合理的说明。

不但对于该节所述第一点批评意见,余是无意为权力说辩护的。对于该节所述第二点批评意见亦然。余之谓法是权力的表现者,乃只指制定法而言也。实定法决非仅有制定法之一种,唯以制定法为主耳。关于习惯法之非权力的表现,已于该节述之,不赘。兹更就第三种实定法申论之。余以为实定法既非仅有一种制定法,亦非仅有制定法与习惯法之二种,实定法乃有三种,除制定法与习惯法外,条理法亦系实定法之一种。盖制定法已有规定,或已有习惯法之时,条理固只是法的理想。既无制定法,又无习惯法者,唯条理乃裁判之标准,此时,条理应亦系实定法之一种矣。《民法》第一条之所谓"法理",决非仅指自法典中所抽出的原理而言。若仅指此种原理而言,则多数情形,应反优先于习惯法也。"法理"实即是条理,条理是以正义为基础的,并非以权力为基础的。虽行政者或司法者所作为条理引用者,常只是彼辈个人的立法论,但仍须是彼辈个人的正义观。虽制定法也是作为当为而命令的,但是制定法的规范力并非基于正义而生,乃是基于权力而生。条理法制则否,条理法的规范力并非基于权力而生,乃是基于正义而生。且行政者或司法者所引用的条理常只是彼辈个人的正义观者,乃以客观须通过主观的认识耳,并非条理须经权力的承认。条理原是先乎权力而存在也。条理之为法,其非权利的表现也,实更无疑义。既习惯法与条理法均非权力的表现,所以谓法是权力的表现者,<u>应不能适用于一切种类的实定法</u>,只能仅指制定法而言。此点,权力说应亦须修正。

然纵仅就制定法而言,制定法究可谓之为权力的表现否?若以为实力即是权力,固不能说制定法是权力的表现。盖若然,则制定法将只是实力的命令。以实力的命令为法,法与非法将无从区别矣。若以为权力必是基于法律而生,固不能又说法律是基于权力而生。盖既所谓权力必是基于法律而生,若又谓法律是基于权力而生,则究先有权力乎,抑先有法律乎,将成为不能说明之谜。前第三节所述第四点之批评,也诚有相当理由。余之主张制定法是权力的表现者,乃既不以为实力是权力,亦不以为权力必是基于法律而生。关于权力与实力的关系,余以为权力与实力原是相对立的,就平时而言,当然不能说实力即是权力。发生疑问者,厥唯权力的起源是否为实力耳。然国家也不过必先有实力,后始由实力展变成为权力而已。其他团体则更并非必先有实力,而后始有权力。所以纵就权力的起源而言,也不能说实力即是权力。关于权力的发生与法律的关系,余以为基于法律而生者,只是权力的体系而已。权力的起源,则并非基于法律。国家的权力之最初的获得,乃是基于人民的承认。因正义的感召,获得人民承认其有制法的权力者,其一也。因人民慑于实力,承认其有制法的权力者,其二也。因事实重复之力,久假成真,人民的心理上遂以为其有制法的权力者,其三也。因其已具有与过去的或一般的制法权力相同的外形,遂亦承认其有制法的权力者,其四也。若夫未经人民的承认,而获得权力之前,根本尚只有实力的命令,并无法的存在,乌能说权力的起源是基于法律乎?虽站在欲推行法治的前提之下,必须主张权力是基于法律而生。然此也只须主张权力的体系是基于法律而生足矣,并无主张权力的起源亦基于法律之必要。当然,人民所承认者,只是抽象的权力,并非权力之一个整然的体系。所以权力的体系,仍是基于法律而生。然而法治原只求权力的体系之严整,与权力的起源问题无关也。关于国家的权力的起源,其非基于法律,既如上述。关于其他所谓"自愿团体""利益社会"的权力的起源,余则以为乃基于法律行为,亦非基于法律。

或将间以为权力的起源是基于人民的承认,此岂非已是社会心理力说,而非权力说矣。是又不然,余终是主张权力说者,盖余只主张权力的起源是基于人民的承认,并不主张权力的体系亦是基于人民的承认。余只主张人民的承认是权力的基础——且只是最初所以获得权力的基础,并不主张人民的承认是法律的基础——且是法律永久的基础。申言之,关于最初实力的命令之所以得成为法的说明,虽二说一也。然若既已获得权力之后,则依余说,权力的体系乃基于法律之所定。在法所定权力的体系上,有制法的权力者,该权力者的命令即为法,更无需乎人民的承认——不但其内容无需乎人民的承认,其权力亦已是法之所与,更无需乎人民的承认。反之,若在法所定权力的体系上,并无制法的权力者,则人民虽承认其有制法的权威,其命令也并不能成为法。更申言之,余只以为权力之最初的获得,是基于人民的承认。经人民的承认,既已获得权力,则嗣后纯系由权力而生法律,复由法律而生权力,已与人民的承认完全无关矣。此余说之仍与社会心理力并不相同。已如前第四节之所述,社会心理力说乃于法治的推行有碍,所以余终是主张权力说者。社会心理力说虽于说明革命前夕的情形有便,然革命实无须合法之说明也。我人为此时顾全法的秩序的不紊起见,当还以从权力说为是。

至于前第三节所述第三点之批评意见,并不能使余舍弃权力说者,其理由已于前第七、第八两节述之,应无须重赘。再申我说,余只以权力说为法的本质论而已,权力说并非余之立法论与法的解释论。余之立法论与法的解释论,乃主张法的本质论、法的价值论与法的效力论应三者兼顾。唯命令之不顾法律,似是我国目前一般命令立法之通病。解释只偏向于法的价值论与法的效力论,又易流于自由法学。故余主张法的本质论应与法的价值论、法的效力论严相区别。于法的本质论,强调权力说。

十

当然，基于前节之所述，也不过以为制定法是权力的表现而已。实定法不但除制定法外，尚有习惯法，余更以为条理法亦系实定法之一种。习惯法与条理法，二者显均非权力的命令，于是余以上之所述，实尚未对于法的本质为统一的说明也。请更进而对于法的概念，下一统一的定义。

对于法的概念，下一统一的定义，则一切法所共通的性质，唯法是具有强要性的规范而已。就法的发生与法的内容，乃均不能获得法的普遍的认识。

然谓法是一种规范，究能与余以上之所述无矛盾否？规范与自然法则不同。规范乃以之决定正不正，当不当的。在此点意义上，规范应非属于现象界的，而系属于价值界的。谓法是一种规范，对于恶法将何以说明乎？关于此点，虽一般人原鲜有持异说者。此或本于先验的认识，或不以恶法为法也。余则不同，余乃纯从法的现实上，为法的认识。余亦不以为法的内容均确可为判别正邪的标准。余乃以为称规范者，不过作为"当为"而要求人们遵从者而已。所以法的内容虽未必一定合于当为，我人仍可从经验上获得法是一种规范的普遍概念。申言之，盖无论制定法之为善恶，其作为当为而命令者一也。虽主观的当为未必与客观的当为相符，但无论如何极端的情形，也必仍假当为之名。又无论习惯法之为善恶，传统心理上也必以为须如此始合于当为的。将规范的意义作如上解，则称法是一种规范，显可谓之为法的普遍的概念矣。且与前节所述，谓制定法是权力的表现，二者亦并无矛盾。反正是同从法的发生上，为法的不同的两方面的认识。不过制定法之为法的规范，与其他法不同，乃基于权力之所定立而已。

法为一种规范,既是法的普遍的观念矣。然规范非仅有法之一种,法究何以别于其他规范耶? 此则余乃以为法是具有强要性之规范。何谓强要性? 法律非仅规定希望如此,乃规定必须如此也。一般法的规定,其系具有强要的性质,自无疑义。发生问题者,厥唯任意法规,"效力法规"与所谓"第二次的法规"。任意法规乃强行法规之对称,任意法规似无强要性。然须知强行法规本非无条件之强要也。以当事人间之另无订定为条件,则任意法规固亦系具有强要性。"效力法规"虽或以之为"命令法规"之对称。然效力法规或规定欲发生某种效力,必须具备某种要件,此即系对于要件之强要也。效力法规或只以权利之形式而为规定,权利的反面即系对于义务的强要也。所谓第二次的法规,如任意法规中之"解释法规"及关于定义之规定是。第二次的法规,本身虽无强要性,然第二次的法规原须与第一次的法规相关取,始有其规范的意义。与第一次的法相关联,则亦有强要性矣。基上所述,于是法之具有强要性,应亦是法的普遍概念。

然强要性是否可以之为法律规范与其他规范的区别耶? 李内克说法律是"最小限度的伦理",此语正可以为说明法律之所以具有强要性的理由。因为是最小限度,所以不但希望如此,乃必须如此也。人们或以为道德规范亦是要求必须如此的,强要性并非法律规范的特质。当然,凡属规范,均是要求人们的行动遵从的。要求人们行动的遵从,此固是一切规范的通性。然若非法律规范是更要求人们的行动遵从者,何为乎将道德规范的一部,且仅将其一部划出定为法律规范耶? 基此,法律规范是较之道德规范,更要求人们的行动遵从者明矣。又道德规范虽一方面也是社会的规范,然唯法律规范,始如耶林克所说,乃"确保社会之生存条件"也。于是余之谓唯法律规范是具有强要性之规范者,法律规范是较之道德规范,更要求人们的行动遵从的,此其含义一也。在社会生活之条件上,最低限度,法律规范是必须遵从的,此其含义二也。至于法律是最小限度的伦理一语,终为余所不取者,乃以此只能说明法律的一部分。其他部分,如时效之规定、左侧或右侧通行之规定等,则与伦理无关。然虽与伦理无关,也仍有其为确保社会之生存条件上之另一理由。所以其具有强要性者仍一也。

大多数学者皆以为法律是具有强制性,强制性即是基于强要性也。因为法律规范是强要人们遵从的,所以不遵从者,强制其遵从。然以因其他关系,法律规范中究尚有不宜强制之情形。所以不能谓法律是皆具有强制性,只以谓法律是具有强要性为妥。

学者又多以为法律是具有确定性,此亦系基于强要性之理由也。盖法律规范既是强要人们遵从的规范,法律规范既是为确保社会之生存条件上所必须遵从的规范,所以法律自必须有确定性。然余殊不愿强调确定性。太强调了确定性,将不许法律有具有融通性的规定。法律一方面固需要有确定性,一方面又需要有具有融通性的规定。完全无有融通性之规定,将无以济法律适用之穷。

至于学者谓法律是具有一般性,此则余以为乃一切规范之通性。非但自然法则具有一般性,规范亦然。法律规范之定立,当然系着眼于社会生活之常态。于是法律规范之具有一般性者应明矣。然余对于法律规范之具有一般性,亦不愿为强调之主张。盖太强调法律的一般性,其结果恐将致法律的适用者忘却了求具体的妥当。法律适用者的职责,应须于法所许可的范围内,更力求具体的妥当也。

又学者或以为法律是以意思与利益二者同为规律的对象。此则规范原以人之行动为对象,行动原必以意思为要素。利益若作为社会的福祉解,则规范的定立,原皆以谋社会的福祉也。

基上所述,所以法的普遍概念,应可称法是具有强要性的规范,且只须称法是具有强要性的规范足矣。假若仍欲就制定法、习惯法与条理法分言之,则制定法者,依权力所定立,具有强要性的规范;习惯法者,因同一事实多数次的重复,所形成具有强要性的规范;条理法者,基于理性的判断,所认为具有强要性规范也。

余说已尽于此。最后请更加一言。余说亦不过余之时代,余之立场,与余之所从事的学问部门,所以决定余之偏见而已。

(原载《广东政治》第 2 卷第 4 期[1942 年],第 17—26 页)

法的拘束力

一、关于法的拘束力问题的诸学说

本篇开头先介绍一些从来法律学家、社会学家、哲学家关于法的拘束力的各种学说。第一种关于法的拘束力的学说，就是要在法律的范畴以内，解决法的约束力的问题。甲法的拘束力是由乙法而来的，乙法的拘束力是由丙法而来的。一切法的拘束力，直接的，间接的，都是由宪法而来的。假定法的拘束力是法律学 Rechtswissenschaft 上的问题，我想这个答案，法律学家总算已经做了他们的 best 了。法的拘束力是否系法律学上的问题，我们姑且勿论，至小，法的拘束力的渊源，不能够替我们解决一切法的拘束问题。宪法自身也是法律的一种，其他法律的拘束力，由宪法而来，那末，宪法的拘束力究竟由何而来呢？主张以宪法为法的拘束力的渊源的人们，告诉我们宪法的拘束力是由国家的意思而来的。国家的意思的拘束力又是由宪法而来的。结局，宪法的拘束力还是由宪法自身而来的。这个在 Positive law 上，究竟可以寻到什么根据呢？是没有的。我们拿中国过去的情形来说明一下，更其明了。中国还没有宪法，中国的法律也是有拘束力的。

第二种学说是说：法律因为它的背后有国家的权力，所以有拘束人民的力量。Austin 说法律是主权者的命令。对于这个学说，有两种反驳是可能的。Merkel 说：用一张无价值的纸片，手里拿了手枪，强要人家兑现时，这张无价值的纸片，也决不至于有了纸币的效力。还有社会学家说：国家是决不是凭空可以武装得起来的。

第三种学说是说：法律的拘束力，因为服从法律的人们承认了法律，这是 Bierling 的很有名的主张。这个学说，在承认的解说上要发生问题。就是承认是指现实的承认而言，抑系指理想上的承认 Ideale Anerkennung 承认的当为 Anerkennensollen 而言？假定系指现实的承认而言，那末犯人只要不承认刑法，刑法对他就没有拘束力了。Bierling 所说的承认不是心理上的事实，是理想上的承认。

卢梭的社会契约说，在法的拘束力上，也是一种承认说。不过他以为大多数承认了，少数人即是不承认，法律也能够发生拘束力。

第四种学说是各法律哲学家的主张。他们拿法的目的，来说明法的拘束力。实证法学者即是不拿目的来说明法的拘束力，他们也是否认恶法——是法非法的法——的拘束力。

二、法的目的问题和法的拘束力问题的关系

研究法律哲学，是否应该采取目的论的立场，我人姑置勿论，但是许多法律哲学者，为打倒现代法学的烦闷起见，采取目的论的立场，是一种不可看过的事实。

罗马人似乎以法为实行正义之术（ars）。《学说汇纂》（Digesta）第一卷开头说：要研究法律学的人们，不可不先晓得法的名称的由来，法（ius）的名称是由正义（iustitia）而来的。然而，正义的意味，实在是漠然。纪元以前六世纪的时候，曾有人说过，正义是包含一切美德的。Plato 的正义观念，视为最高之德，与调和、完成、美同一的。Aristotle 把正义分为配分的正义和矫正的正义；配分的正义对于社会各员，依其价值，配分其荣誉和货财，矫正的正义开离社会各员的价值问题，平等的处理社会各员间相互关系。以后各国学者对于正义虽都有相当的解说，结

局我对人于这个正义观念,仍旧是不能摸索其真义——更其是就法律和道德的分化这一点着想的时候。

我人要是离开正义二字,概括的研究一切目的法学者所主张法的目的,那就只好像 Radbruch 所说法律哲学不外乎是法律的价值判断——法的目的的认定——之科学的准备,至于法律价值判断——法的目的的认定——自身的问题,须让给各人的确信,自行解决。实在,如 Radbruch 那样举出各种最高价值,尚不能网罗一切法律目的。我们现在把各自的观念的问题,暂时搁开,仅讨论关于一般目的论者共通的地方。

目的论者,究竟告诉了我们关于法律的什么事情? 他们究竟告诉了我们,法律应该有了某种目的,还是告诉了我们法律是有某种目的的。在哲学者、法学者只晓得研究法的本质,还没有意识到法的目的的时候,我们在他们的法的本质论中,所摸索到他们法的目的论,当然法是本质的具有某种目的的。然而,法即是本质的具有某种目的,我人也不能立刻说法是有拘束力。最古的人们,以为法是神意的一种表现——Hammurabi's Code Mosaic Law 的传说可以证明它们——我们在它的本质推想它的目的,当然是天国的接近,或神的眷宠的获得;但在这种法的目的之下,要解决法的拘束力的问题,也不能不假定一种外的力量或一种内的作用,即是神的威力——违反神的意思,是要受神的谴责的,或人类有受接引天国的意思。至于主张法应该有某种目的,那就理论上,法的拘束力的问题是先于法的目的的问题。以法有拘束力为前提,决定法的目的的。但是同时一部分的目的论者为对付不正的法律起见,又循环论法的,说合于目的的法律才有拘束力。合于目的的法律就有拘束力,他们虽或放置之认为是一种 A Priori,但是为证明他们的渊源起见,结局还须借用 Bierling 的理想上的承认说或 Bekker,所谓正义感情来说明,法律适合民众的正义感情,才有拘束民众的力量。

三、是法非法的法——恶法的拘束力

恶法——目的论者以为不合目的的法律，Duguit 以为不适合于规范法的技术法——究竟有没有拘束力？作者虽在前号引用 Duguit 自身所举出的例示，否认恶法的拘束力。[①] 本篇试就自己的意思说明一下。

恶法亦是一个法否？单就制定法而言，经过了规定的一切手续，所颁布的，我们当然只有叫它是法——离开了理想主义的立场。

我们有了关于恶法的许多经验。国家定了许多杂捐苛税的条例，强要人民拿钱——以直接、间接的方法，强要人民拿钱，结局人民把钱拿出了，这个法是否有拘束力呢？（至于如前号所举法国的例，国家不去强制施行，那是另外一个问题。强制施行以后，发生了一种组织的反动，那亦是一个另外的问题。在不至于发生组织的反动范围以内，或没有发生反动以前，它的拘束力问题仍旧是可以讨论的）结局，人民把钱拿出了，其余人民因为恐惧国家使用强要的方法，也把钱拿出，这不是国家已经因为法律的存在，得到它所欲得的一切了吗？学者或贬之以为是暴力的结果。也好，即是暴力的结果，法律也总算已经有拘束力了。横竖命题自身是没有力量的，总要它的背后有一种力量，才可发生拘束的力量的。它的背后的力量是一种暴力，亦未始不可——不过国家恶法的强要和强盗的掠夺不同。国家法的强要形式上是自己和其他分子所构成的团体（团体的构成当然不一定以意思为条件），向自己的强要，向自己的暴力作用。这样说起来，好像法失了威严的样子。这种威严，原是在否认法律为神意以后，学者给与法律一种形而上学的神秘。

---

① 指作者发表于《社会科学论丛》第 1 卷第 6 期（1929 年）的《Léon Duguit 的法律思想》一文。该文已收入本书。——编者注

虽然恶法时常经过立法手段的改订,更其司法官利用解释手段为事实上的改订,这是法律自身存在和不存在的问题,这是立法者或司法者以为某种法律不适合法的本质或法的目的,而改废之而已。法的拘束力是合于法的本质目的而存在的法,或虽不合于法的本质目的而尚继续存在的法,在其继续存在之瞬间发生问题。换一句话来说,就是恶法的拘束力,唯在司法官并没有利用他们的解释手段,为恶法之事实上的改订,或司法官并没有根据主观的认定或其他标准以为某种法律是一种恶法,用种种的方法,怠于适用的时候,发生问题。这种事例,在法官纯粹机械化的中国,此较可以多遇见。

四、关于法的拘束力问题的管见

Duguit 关于法的拘束力的思想,部分的,作者是赞成的,但是Duguit 总还彻底的离不开理想主义的立场。以下试就作者自己的意见,说明何谓法的拘束力。

关于法的拘束力问题,第一点我人所想到的,就是法的拘束力是否是一种 Sollen［应然］的问题? 若以为某种法应否有拘束力,那是某种法应否存在的问题,也与法的存在的事实是没有关系的,不过给与立法者的立法和司法官之事实上的法律改废,以一种参考的意见。至于法既经发生以后,未经立法手段的改订或司法官之事实上的改废以前,那是当然是有拘束力。因为有了拘束力,才称为法。没有拘束力,法律的各个条文不过是一个命题耳。

第二个问题,法发生如何的效力,才可以说是法有拘束力。法律存在或实施后所发生的效力,或系一时的,仅对于某一个事件的,或系比较长时间继续的。同时对于其他同一事件亦有效力的。学者或以为唯第二种效力才是法的拘束力。作者以为只要有了第一种效力,法就算有拘束力,盖法有了第一种效力,法已经实现它所命令的内容了。虽法律所期待的拘束力。当然是第二种效力,严刑也想以一惩百的,但是即不能以一惩百,该犯罪人总算已经受了刑罚了。利息制限法虽然不能消灭高利的消费贷借,但是某一个消息贷借,总称已经受了利息制限法的制限了。

第三个问题是关于法的拘束力的发生。Duguit 说社会在自己的存续上,发生个人行为某种可为、某种不可为的规范:人们违反这种规范时,社会就必然的要发生一种反动。Duguit 以这种社会的反动力说明法的拘束力。Duguit 这个主张比较 Bierling 的承认说和 Bekker 的正义感情说及权力说等,使我人满意得多。(一)法的拘束力是一种社会力,不是立脚于个人意思之上;(二)是实证的结果,不是一种形而上学的架空;(三)法律在国家未发生以前,业已存在的。但是 Duguit 又说技术法只是规范法的认定,假使国家制定法律,不适合于规范法时,那就没有拘束力。这点未免忘却了实证主义的立场。法律在国家未发生以前,固然业已存在;但是国家一经发生以后,那就法律的拘束力,时常以国家权力的形式表现出来。不但国家对于适合规范法的制定法,用自己的权力做它的后盾,即是对于不适合于规范法的制定法,也用自己的权力,做它的后盾。

国家对于不适合于规范法的制定法的拥护,这种拥护力虽然可以否认它和上述社会的反动力不是同一性质的,但是这种拥护力的存在,我们是不能否认它。这种制定法的拘束力,我们是不能否认它的,不过它的所依凭的力量不同而已。

读者或许说,国家对于这种恶法拥护的力量,也是一种社会力,因为国家的武装是要有社会的根据的。真的,国家不是凭空可以武装得起来的。并且国家在违反社会的生活样式,行使它的权力的时候,要造成革命的导因的。但是国家在已经武装起来以后,革命还在酝酿之中的时候——在这个过渡时代,国家那就常时有许多违背社会生活样式的对人民的强要。只有这种恶法的存在,恶法也有拘束力,恶法的拘束力不是社会力,才能够说明革命的发生。假使恶法是没有拘束力的,那末恶法的存在和不存在同,何以有革命发生? 假使恶法的拘束力也是一种社会力,何以说明打倒恶法的力量也是一种社会力?

至于这个国家的意味,当然是指国家的机关而言。社会主义者说:法律不过是支配阶级的工具,这句话是真的;但是断片的观察。法律是在国家未发生以前的社会业已存在的,法律除非我人能够想象一个全人格者的集团,是永久存在的。法的拘束力是问题,以革命——当然不是指野心家的互相肉搏而言——为中心,我人可以下一个正确的答案:就是法的拘束力是社会力,在革命初完成的时候,法的拘束力虽是国家权力的形式,但是和社会力的方向是合致的,经过多少期间以后,法的约束力,虽然仍是国家力的形式,但是渐渐的变做国家机关的权力,和社会力是处反对方向的。这种国家机关的权力,必然的又惹起自己的破灭,法的拘束力必然的复归于社会力。

五、结 论

以上已经把关于法的拘束力问题的私见,大胆的叙述一些。但是同一时代的思想,我人须要拿该时代的要求去理解它的。他们主张恶法的无拘束力,也无非是为人类求恶法的解放,唤起人类对于恶法的奋斗而已。

末后,对于本篇以前部分所搁置的几个问题,略说几句。第一,法的拘束力是系法律学上的问题,抑系法律哲学上的问题? 法的拘束力问题是法律以前的问题,当然不是法律学上的问题,是法律哲学上的问题。

不过我人要是看各个法律哲学的著书,那就分有法的拘束力一篇的是很少;这个因为法律哲学在学问上的独立,还是一个很新的事情。第二,研究法律哲学是否应该采取目的论的立场? 那就只能告诉读者,作者自身很希望能够摆脱了形而上学的臭味。本篇就是一个努力,因为我人要推翻恶法,不可不先认识恶法,不可不先舍去学问上的虚伪、架空。

（原载《社会科学论丛》第 1 卷第 7 期［1929 年］,第 1—11 页）

如何实现法治?

一

民国肇兴,到今年[1941年]已经第三十年了,还没有上法治的轨道。它的原因究何在? 历来论者差不多是众口一词,都说是"法之不行,自上犯之"。认为完全因为官吏没有守法的精神,所以中国的法治到现在还没有实现。当然,这是一个很重要的原因,自无疑问。但是,这并不是唯一的原因。

官吏的没有守法精神,这只是关于官吏的德性方面。实则,官吏的学问方面,也和法治的实现有关。我们不要只指摘官吏的不守法,我们应该知道,不懂法的官吏比不守法的官吏更多呢。官吏的处分或判决违法,的确其中有许多情形,并不是官吏不守法律,乃因为官吏不懂法律——不明白法规的内容,甚或不知道有某个法律。如不信,请一翻阅从前各级法院的声请解释事项,有许多极浅显的问题,也向司法院声请解释,便可以知道一般法官的法律知识,如何贫乏得可怜了。法官差不多全部都是法律学校或法律系毕业的,尚且如此,行政官一般的并非学法律出身,他们的法律知识自更可想而知。何况行政法规更加繁多而琐碎呢。依法先知法。不知法,何从依法? 官吏知法而不依法,和不知法而不依法,同样的不能实现法治。

又官吏不守法,不懂法,固然无从实现法治。人民完全没有法律的知识,也是实现法治的一种阻碍。中国民族历来是和欧美不同,无论事情的是非曲直,总以纷争为耻。历来名人家训,差不多都是有告诫子孙莫打官司的一条。礼让之风,人民既不愿意讼争,又加之人民完全没有法律的知识,对于自己的主张,没有法律上的自信,不敢讼争。这使不守法的官吏们,更觉得"下民易虐"了。并且人民完全没有法律的知识,使循良的官吏们,虽欲进行法律,亦将倍觉困难。

更复法治的不能实现,原因并不是完全在于人的方面,法令本身也有原因。怎么说呢? 因为行政的法治和司法的法治,行政官的行政处分和司法官的司法裁判,虽然在任何情形,均须根据法律和有效的命令。站在纯粹法的秩序论的立场,法令的不良,并不能以之为官吏不守法令的诿责理由,但是我们要知道,人民所企望的法治,是良法的法治,决不是不良法的法治。不良法的法治是和不法治一样的为人民所不满意的。中国人民尚不明执法和立法的分权关系。从前中国官吏又素来得以经义为判案最高准则的。法令本身的不良,并不能使人民对于执法官吏加以宽恕。司法裁判,所关尚小。有时若法律太出于人情之外,顺情则违法,依法则舆论不以为然。依法抑或顺情,已足使司法官们踌躇。行政处分,它的范围每多涉及于某种职业,或某个地方的全体人民。倘若法令不良,人民的反对往往引起社会上重大的不安。那就更会使行政官们丧失了依法执行的勇气呢。中国的法律怎样? 中国的法律大都是从外国移植而来,或因立法当时政治上的要求,或因长官本人的求功心急,对于中国和外国民族习惯的不同,经济基础的差异,和中国政治上许多前提条件未具备等等诸点,往往未暇周详考虑。法令内容有不适合于国情之处,自所难免,所以我们一方面虽希望官吏绝对的守法,一方面仍不能不承认中国法治的不能实现,法令本身也有相当的原因。

二

中国法治不能实现的原因,既如上述。那末,对症下药,如何始可以实现法治? 一般论者似多偏重于消极的防范方面。年来,讨论宪法草案,或主张加强政权对于治权的牵制作用,或主张限制行政权的活动,或主张除去宪法草案上空泛的条文。其他如某氏所说,实行法治的最低条件,必须统一立法机关等,都是此种用意。

以上各种主张,我均不能赞同。第一,总理创政权和治权之分,政权虽原以之牵制治权的。加强政权牵制治权的机构,虽可以收防范官吏——特别是高级官吏不守法的效果。但是政权太牵制了治权,结果将和外国议会掣阻内阁一样。或将较之三权宪法的国家,掣阻更甚,显非总理的意思。政府太无能,亦决非国家前途之福。此点论者已多,本篇不赘述。

第二,形式的依照分权的理论,虽似应将立法的责任,统制归立法机关。又若能严格的限制行政机关的命令立法权,认为行政机关的主要职责,只是行政处分。虽大可减轻行政不法治的弊害,但是现在三权宪法的国家,也并不否认行政机关的委任立法,立法机关亦时有对于行政首领的包括授权。何况五权宪法和三权宪法不同,五权间并不是制衡关系,而是分工合作关系呢。更复世界宪政潮流,行政权不是日加膨大吗?自法国惨败之后,抗战时期,需要行政权的膨大,想国人谁都已有痛切的感觉。纵就平时而论,立法院事实上也无法容纳太多方面的专门人才。欲求法之适于用,我亦以为宁相当的委任行政机关立法为宜。使懂得这方面情形的人,去订立这方面的法律。这正是合于分工合作的原则呢。我不但不赞成人们所主张的立法权集中,我以为实行法治,立法院更应该横的、纵的让权,此点当于第六节中再详述之。

第三,至于主张删去宪法草案上空泛的条文,它的目的虽欲以之防止立法的不法治,但是我亦并不赞成。反对理由已见拙作论《宪法上关于人民基本权利之规定》一文,①不赘。社会上或许还有人因为厌恶官

---

① 原载《中山公论》第2卷1—2期。已收入本书。——编者注

吏的舞文弄墨,反主张一切条文皆硬化的。兹更就条文硬化的有害无利,略申述之:为什么说无利呢? 因为条文绝对的硬化是不可能的。《康熙字典》上哪一个字没有数种解释? 何况条文的解释,并不是仅凭条文的字义决定的呢? 解释分歧的,决不是仅限于字面上看去空泛的条文。为什么说有害呢? 法律的条文有限,社会的现象无穷。没有空泛的条文,将不能济法律适用之穷。所以条文硬化,应不可行。

三

我的意思,我人应谋如何积极的养成官吏守法的精神,不宜废食以止噎,只图消极的防范。如何始可以积极的养成官吏守法的精神呢? 我以为第一,老生常谈,还是希望在高位者能以身作则。《论语》上说:"君子之德,风也;小人之德,草也。草上之风,必偃。"在高位者若能以身作则,上行下效,风吹草偃必矣,不过一般人所希望于在高位者以身作则的,不外:(一)希望在高位者能廉正自持;(二)希望在高位者能做到如韩非子所说:"刑过不避大臣。"这二点,论者已多,无须赘述。并且近来政府严正执行的决心,已有许多事实表现出来,大可使我人放怀。我的意思,想更希望在高位者一点:善政亦必求法律上的根据。因为这正是法治和人治的界限所在呢。法治和人治不同,法治是要一般法律依据宪法,命令依据法律,行政处分和司法裁判依据法律命令。法律的内容纵有不妥之处,一般命令也决不能变更法律。命令违反法律者无效,这是宪法学上当然的原则。法治并不是只问政令的内容善否的,更有权限和程序的问题。纵属善政,倘若逾越权限,不合程序,仍难逃违法之讥。我国人习于人治思想已久,爱民心切的贤良当局反易犯此弊,应请特别注意。有则改之,无则加勉。反对论者或将以为既系善政,复何必苛求。但是"春秋责备贤者",我国不是有此古语吗? 莫说从人治到法治,命令之须依据法律,是实行法治最重要的一环,决不容忽视。并且善政而违法,事实上只差程序一着,我人更不能不为善政可惜。在高位者必须做到无微疵之可议,始可以表率群僚呢!

第二,管子说:"衣食足则知荣辱。"欲养成官吏守法的精神,应须提高官吏的待遇,更须保障官吏的地位。关于提高官吏的待遇,政府已早有见及此,无须晓陈。关于保障官吏的地位,国家虽亦早定有《公务员惩戒法》,何如施行已久,事实上仍等于具文。我想,这主要的关键是在于各地方的行政长官。中国官吏的习惯,对于上级机关的命令,素来是较法律更为重视的。上官当面的嘱咐,那它的效力就更远大于纸上的命令。补救之方,应请中央各院部会长官,此后能特别注意此点,对于各地方行政长官们,务须将《公务员惩戒法》的规定,谆谆加以告诫,严令切实遵守。违则一方面予以法律上应受的处分,一方面不问该公务员曾经铨叙合格与否,概责令移送公务员惩戒委员会审查。审查的结果,不应受免职处分者,必须仍使复职。这样,不但可以保障官吏的地位,促进法治,并且使一般官吏们得各安于位,有裨于抗战者当亦不鲜。

四

关于如何养成官吏守法的精神,已如上述。其次,如何使官吏知法呢? 这第一,是大学法律教育的问题;第二,是现在官吏的法律知识如何可使充实的问题。关于大学法律教育的问题,因为我自身也是大学法律教授之一,只说说教授方面的原因吧,我们身为中国的大学法律教授,为什么教出来的学生,会不懂得中国的法律呢? 或许是和教授自身对于中国法律的态度,以及教授的方法有关。中国大学法律教授们的一般倾向,是看不起中国的现行法。的确,中国的法律大部分是从国外抄来的。并且甲国抄几条,乙国抄几条,其中难免有不相衔合之处。若就三民主义的精神，和是否合于中国国情来说，那就值得批评的地方更多了。于是过去一部分教授遂以为讲解中国的法律，非采取比较法学的方法不可。又一部分教授以为研究法律，应着重于法理学。甚者更愤慨之余，竟流入于自由法学。这三种情形，虽较之仅在课堂上按照字义，逐句讲解条文的，已远胜得多了。并且比较法学、自由法学和关于法理学的研究，将来有裨于我国法学之发展者的确不小。但是法律比较的结果，老实说，结论总是中国法律不如外国法律的，未免使学生们发生了轻视中国法律之心。自由法学更不但轻视现行法，进而抹杀现行法了。法理学也不是研究现行法，而是研究法律的目的、法律的价值和理想的法律的。现行法当然还离理想的法律很远，学生们才初进法律之门，就发生轻视法律之心，对于法律当然不会有学习的兴趣。既没有学习的兴趣，所以学习就当然不会有成绩了。鄙见如此，不知当否？我想，狭义的法律学，应是指法律解释学而言。大学法律系的民、刑、诉讼法等课程，亦应是属于法律解释学的性质。原来解释之名，本也可以收立法之实效的。此后大学法律教育，为应法治之迫切的需要，应先求充分的养成学生对于法律的解释和适用能力。尽可能的，以解释的武器，使法律的内容妥当化吧。当然，这决不是说解释法律无须有法理学上一贯的立场，也决不是说解释中国法律无须有外国法律的知识。但是外国法律只可以之为解释中国法律的参考。各人在法理学上的立场，只以之决定各人解释法律所应努力的方向而已。主要工作必须为解释中国的法律。这样，那就既仍可促进法律的进化，而大学的法律学生对于中国现行法的兴趣，必一定浓厚得多了。毕业出来，对于中国现行法的知识，也一定会丰富深刻得多了。庶国家不致有缺乏法治人才之虞。

　　第二，如何充实现任官吏的法律知识呢？比较清闲的机关，不妨仿照从前考试院的办法。事务繁多的，那就责令官吏们公余自习。各机关应各备一小规模的图书室,搜集有关的法律书籍。法规和公报,更所必备。长官应将属员的勤学与否,作为考绩的一点。属员对于其自己所管事务有关的法令,是否一一记得,并有相当的了解,长官应时加查问。如研究会、讲演会等,亦应时时举行。这样,应就可以激发官吏向学之心。官吏的法律知识,应就可以逐渐充实了。

五

至关于人民的法律知识问题,论者或许以为现在的法律,根本就没有办法,可以使一般人民彻底了解。不然,国家又何必承认律师制度?当然,我的意思,也只想一般人民能粗知法律的要点而已。一般人民能粗知法律的要点,法治的推行,就受益不鲜。

何者系法律的要点? 可将法律分为三类述之:第一类,如民、刑法等。第二类,诉讼法规。第三类,关于人民义务的规定。第一类,所必须使人民知道的,应须特别注意于和人民固有的习惯,人民所已有的法律观念不同之点。第二类须使人民知道诉讼的种类,受理诉讼的机关,诉讼的条件,诉讼的审级和诉讼费用,等等。第三类,必须使人民知道义务的范围,义务的有无报偿,何种情形可免义务和违反义务的处罚等几点。

我国过去情形,关于一切法令,可以说概只履行了公布的手续了事。这决不能使一般人民知道法律的。此后应请政府就上述各要点,以通俗的文字,编成小册子,分发全国各保。并责成民众教育机关,随时宣讲。关于第三类法令,每次实行之时,更必须特别注意此点。

六

最后,说到法令本身的问题。拟就过去的整理和将来的方针分述之。过去的整理,第一步工夫,须先搜集中国的一切法和令　　立法院所制定的法律,和中央各院部会,各省政府,各厅所颁布的命令(当然是指 Legal Ordinance 而言),特别是它们自己所定的条例、细则、办法等等。第二步工夫,研究法令的内容是否有不合国情,窒碍难行之处。并比对各法令的内容、命令是否有违反法律,下级机关的命令是否有和上级机关的命令相违反。有违反者,研究其内容孰优孰劣。第三步工夫,法令内容不合国情,窒障难行者,请求修改,或以命令废止之。法令内容冲突者,令不如法,废令。法不如令,请求立法机关修改法律(当然,立法机关终不肯修改者,仍废令)。关于上级命令和下级命令间的整理亦然。这三步工夫,虽万分困难,我想要实行法治,迟早终须做的。因为罗马法支配了德国如此之久,结果,查德国《民法》终不能容纳了许多日耳曼法的思想。法令冲突者,与其他日适用命令违反法律者无效的原则,孰若先自比较它们的内容,分则废改。但是废改法令,必须注意下列各点:(一)须有充分的研究,切不可草率从事。譬如说,《民法》全部的改正,那就至少须要打算五年十年光阴。(二)必须此路的确不通,才改由他路。切不可由甲改乙,由乙改丙,结果仍由丙改回甲。(三)稍为增删即可者,切不可太吹毛求疵,牵动全部。

关于将来立法的方针,我想,第一,立法不可太快。第二,不要想把外国的法律制度,统统搬到中国来。第三,某种法律,立法机关应仅定原则,让行政机关以命令补充,或竟委任行政机关以命令立法。第四,某种法律,其中一部分,应容许各地方的单行条例,得另为不同的规定,或竟任由各地方得自以单行条例定之。上级机关的命令立法亦然。第一、第二两点,其理甚明。第三、第四两点,因与立法权集中的主张相反,更申述之。先就外国的先例而言。关于行政机关的补充命令权,从前法国政府原有极广泛的范围。美国各行政部门所颁布的规则命令,亦很多属于补充命令的性质。关于行政机关的委任立法,若以英国为例,那就委任立法,其数或许更远多于立法机关所定的法律。至对于各地方单行条例的容许,一翻瑞士民、债法,这类规定更多。次就理论上的关系而言。有了行政机关的命令立法,事实上虽系立法机关立法权的缩小,但是命令立法仍或需立法机关的授权,或需立法机关的追认。理论上并无碍于权力的划分。容许各地方得自定单行条例与否,这原来是立法权本身的中央集权,抑或中央和地方均权的问题,并无牵涉及立法权和行政权间的关系。不过目前地方尚无立法机关,只得暂以地方行政机关的命令代之而已。当然,理论上,立法权并非一定要中央集权的。又次就我国的情形而言。近年来我国立法法院订立法律,亦有由有关的行政机关先提出法律草案的,这就显是认关于特种法律,行政机关比较的有立法胜任的能力了。何以不可将该特种法律,径委任行政机关立法呢? 由执行机关自定法律,当可较少执行困难之弊。并且我国过去行政机关,事实上自以命令立法,其风已甚盛,一时遏止决不易。孰若径由立法机关委任行政机关立法为宜。或先由立法机关自定数条关于该种法律基本原则上的规定,或先令行政机关提出草案,然后委任立法。如此,还可稍收控制之效。至于一切已定的法律,只须在中国幅员之内,无论如何边远的区域,均概欲一律施行,想政府亦必如此意思。那末,虽说极边远的区域,各地方的情形亦未必完全相同,何必不于一般法律上,目前均宽留地方单行条例之余地呢? 我国将来立法的方针,若能记取以上四点。裨法无不适于治之弊,有裨于法治之推行者当不鲜。

(原分载《读书通讯》第 22 期[1941 年]第 13—14 页;第 23 期[1941年]第 13—14 页)

宪政与法治

一

依照《中华民国训政时期约法》的规定，原来宪政开始，并不以宪法为前提。宪法的颁布，反在宪政开始之后。任何一省，在全省各县的自治工作已告完成的时候，就全国而言，虽尚在训政时期，就该省而言，就已算达到宪政开始时期。全国有过半数省份，达到宪政开始时期，才开国民大会，决定宪法。

这回国民参政会向政府建议召集国民代表大会，制定宪法，实施宪政，并不依照《约法》上所定的步骤。它的目的，当然是只求结束训政时期国民党的统治权。由国民代表选举中央政府人员，还政于民。借此可以集中各党各派的人才，增进国家抗战的力量。

因此，这回国民参政会关于制定宪法、实施宪政的建议，显然是着重于政治上的意义，主要的目的，并不是为确立法治的基础。不过笔者觉得若不遵守法治的信条，那就连实施宪政之政治上的目的，也无法达到。宪政实施之后，维持宪政，也还需要法治精神。至于现在多数人民所最热切的要求，显然是法治，更应该于实施宪政之后，使国家能上法治的轨道。

二

怎么说不遵守法治的信条，就连实施宪政的政治上的目的也无法达到呢？在许多人说，实施宪政的先决条件，首先要人民有结社和言论的自由。这就可以拿来做这点的理由说明。

当然，既要实施宪政，就要重新或继续选举国民代表。选举的竞争，原来是党和党间的竞争，当然需要党的地位受法律上的保障合法的竞争方法，原来总是批评人家的政策，宣传自己的主张，当然更需要有言论自由。假定人民没有结社和言论的自由，的确根本就没有办法实施宪政。

但是我们要知道，法律并不是没有保障人民结社和言论的自由的规定。关于保障人民结社、集会、发表言论和刊行著作的自由，《中华民国训政时期约法》上都已经有明文的规定。人民有没有结社和言论的自由，这不是法的问题，完全是国家行政权行使的问题。

假定国家已经上了法治的轨道，行政处分当然不会不依照法律。《约法》就是宪法，宪法是最上层的法律，是一切法和国家的作用的妥当性的根源，当然更不会有行政处分违反《约法》的情事发生。所以他们主张实施宪政的要件，首先要人民有结社和言论的自由，它的关键还是在乎能否遵守法治的信条。

当然，过去的事实如何，仁者见仁，智者见智，本文无法加以论证。但是就理论上而言，要实施宪政，的确非先遵守法治的信条不可。实施宪政的目的原来是为给予各党各派以参政的机会。假定不遵守法治的信条，依法的保障人民结社和言论的自由，根本就没有办法做选举活动，哪里还够得上说参与政权呢？

三

不但在宪政的产生过程中，需要法治。宪政已经成立之后，维持宪政，也非有法治的精神不可。关于这点，我们不妨举出历史上的一个例。

民国初年时，袁世凯不是取消过国民党议员和解散过国会吗？当时的宪法就是《中华民国临时约法》。国会是依据《临时约法》所产生。《临时约法》和当时其他法律上，并没有规定大总统有权可以解散国会。《临时约法》上更明白规定人民有结社的自由。这显然是袁世凯关于大总统职权的行使，没有依照法律，因此遂破坏了诞生未久的宪政。

当然，我们对于这回宪政成立后的新政府，有绝对的信赖，决不怀疑它将来会有破坏宪政的行为。但是宪政实施了若干年之后，就难免不有政党间的更替，和新政党产生了。那时或许宪法的内容，政府的组织，已经不适合于国情，进而国情上已不许可某特种政党的存在，也未可定。依照宪政常轨，也只有依法修改宪法，和由人民创制权的作用，禁止某特种政党的存续。假定不是如此，那也就破坏了宪政了。

所以法治的精神，不但是产生宪政的要件，同时又是维持宪政的要件。假定没有法治的精神，纵使实施宪政，宪政也不能维持它永久的生命。

四

以上完全就实施宪政之政治方面的意义而言。但是这回实施宪政，既没有依照应该遵循的步骤。不但如某报社论所说，政治教育尚未普及，人民没有行使政权的训练。老实说一句，多数人民对于政权的参与，他们根本就没有感到趣味。他们所要求的，除抗战胜利外，只是自己的生命财产如何能受法律的保障。因此我们对于制定宪法之纯法律方面的效果，换一句话说，就是宪法如何能够保持它在整个法的秩序中最上层的地位，也不能不加以考虑。

原来所谓法治国家，无论它有没有成文的宪法，概以宪法为最上层的法律。其他法律均须根据宪法，命令均需根据法律。司法裁判和行政处分均须根据法律命令。下层法的规范逐层的求其创设的根据于上层法的现范。上层法的规范逐层的委任下层法的规范，以求其自己的具体实现，绝对基于法的委任关系，树立法的整个秩序。宪法在整个法的秩序中，居于最上层的地位。

就纯法律上的意义而言，中国现在并不是没有宪法，并且已经有了成文宪法。《中华民国训政时期约法》就是一种成文宪法。就宪法以外的法律而言，中国也并不是没有良好的法律。但是一切命令能否完全根据法律，一切司法裁判和行政处分能否完全根据法律命令，一切国家机关的直接执行行为能否完全依照司法裁判和行政处分的内容，执行的时候，是否完全没有因人而有出入的毛病，那就不无疑问了。譬如说，国家公共事业的需要，征收人民的土地的时候，须偿地价，从前的《土地征收法》和现在的《土地法》不是均有明文规定吗？但是事实上各省征收土地，是否均有补偿呢？又如"人民因犯罪嫌疑，被逮捕拘禁者，其执行逮捕拘禁之机关至迟应于二十四小时内，移送审判机关审问"，这是《训政时期约法》上明文的规定。但是事实上各地下级非审判机关能够绝对没有拘禁人民满一日以上的事情吗？更复就现在最重要的征兵问题而言，地方政府和征兵人员果能一一依照《兵役法》和其他有关系法律的规定吗？假定基于读者诸君的见闻，关于以上各点的答案，均是否字，那就中国过去显然还有上法治的轨道了。

法治是人民最热切的要求。这回实施宪政，既为增加抗战的力量，也应该趁此确立法治，使更进一步的可以坚固人民对于政府的信仰。并且宪法原来全靠下层法的规范和国家机关的直接执行行为，以求具体的实现。否则，宪法空居法的上位，并不能发挥它实际的作用。制定宪法，有何用处？所以既要制定宪法，我们极希望国家能上法治的轨道。

五

如何才可以使国家上法治的轨道呢？法治并不是一定需要成文宪

法。有成文宪法也并不是一定就可以致法治。致法治,第一,须政府人员有守法的精神。记得腹䵍的儿子杀人,秦惠王因为腹䵍只有一个儿子,打算赦免他,腹䵍说:"墨者之法,杀人者死,伤人者刑,此所以禁杀人也。王虽为之赐,而令吏勿诛,腹䵍不能不行墨者之法。"政府人员应该有腹䵍的这种精神,切不可因私枉法。

但是只有腹䵍的这种精神还不够。不但不可因私枉法,行政机关纵对于某上层法的规范,基于公的理由,认为有不妥当的地方,他所发布的命令或其行政处分,也不可脱出于法的圆锥体之外。自由法学派的理论,对于确立法治的基础,反是有碍的。我们既要从速的确立法治,此时所要求与行政机关和司法机关的,应该只有绝对的忠实于法律。

第二,要在宪法上树立法治的较周详的规定。当然,监察制度就是监察公务员的违法。将监察权从立法权中分化出来,独立成为一权,就已具有此种用意,但是我们现在需要法治太急迫了,似乎还应该在宪法的规定上,关于监察公务员的违法,作进一层的周详的考虑。

立法院有立法权,国民大会也有立法权。监察院有弹劾权,国民大会就只有罢免权。原来行使抗免权,事实上也必先有弹劾的表示。为监察一般官吏的违法起见,认为国民大会对于一般官吏也有弹劾权如何呢? 当然,若规定国民大会三年开会一次,纵认为有弹劾权,亦于事实无补。政权对于治权的作用,原来一方面是以政权推动治权的机器,若不认为国民大会对于一般官吏有弹劾权,认为国民代表对于监察院有弹劾的建议权又如何呢? 弹劾的建议,理论上是政权对于治权的推动。且国民代表若每县各规定有一人,国民代表对于自己所选出的县份和省份的行政司法情形特别清楚。认为国民代表有弹劾的建议权,可以使国家监察权的作用,普遍及于全国各级官吏。当然,既称建议,监察院自并非必须提出弹劾,但是检察官所起诉的案件不是十九基于告发吗? 应亦可以收极大的效果。更不妨就有弹劾建议权者的范围，推而广之。不但认为国民代表有建议权，省参议会和县议会亦不妨认为有弹劾建议权。除国民大会的弹劾权，和国民代表、省参议会和县议会的弹劾建议权外，认国民代表对于政府人员有质询权，也可以相当的防止政府人员的违法的。

　　第三，实施宪政后，仍须努力训政。由宪政继续司训政之责。因为四种民权，二种是监官权，二种是监法权。更其监官权中的罢免权，它的重要作用是制裁违法的。此后能努力谋政治教育的普及，训练人民对于四权的行使，发挥政权和治权划分的意义，显然于法治的完成，应有极大的裨益。

　　　　　　（原载《中山公论》第 1 卷第 4 期［1939 年］，第 85—87 页）

宪法上关于人民基本权利之规定

一

宪法上列入关于人民基本权利之规定，当系发轫于美国各州的《权利宣言》，与法国的《人权宣言》。美国独立后，维基尼亚州与其他各州即先后曾以《权利宣言》冠诸宪法。法国革命后，最初，亦曾将《人权宣言》列入宪法。我国自光绪三十四年，清廷所颁布之《宪法大纲》起，民国元年之《临时约法》及现在之《训政时期约法》，亦莫不规定有人民之基本权利。人民之基本权利，应列入宪法，自无问题。唯宪法上关于人民之基本权利，须如何规定，始可以为有效之保障，此则除政制外，当系宪法上一个最重要之论题。

当然，人民之基本权利，如身体之自由，居住之自由，言论、著作及出版之自由，秘密通讯之自由，与乎集会结社之自由等，均并非绝对不可侵犯。国家于必要时，乃得予以限制。《人权宣言》中即已说：个人之自由权利，乃有其一定之范围。何况国家之主要任务，对外的，须保护国民之安全。对内的，须维持社会之秩序。为使国家得完成此二种任务起见，自不能不容许国家得限制人民之自由乎？无论就人民相互间之关系而言，抑或就人民与国家间之关系而言，个人之自由均应受相当之限制。彼身体之自由，本系人民诸基本权利中最基本之权利。犯罪时，或患疯癫者，亦仍得加以逮捕或拘禁。言论虽有自由，诽谤他人应无自由。际此抗战时期，汉奸言论，摇惑人心，应在禁止之列，更不待言。所以人民之自由,乃系有限度之自由。所以宪法保障人民之基本权利者,决非谓宪法须规定人民有绝对不可侵犯之自由,乃仅如何防范国家之立法,与其他国家机关之行为,使其不至对于人民之基本权利,超出必要之范围,滥加限制而已。

二

例如袁世凯时代所颁布之《治安警察法》,此即法律超出必要之范围,对于人民之基本权利,滥加限制也。又司法以外之机关,依法并无协助侦查之职权,而逮捕拘禁人民,此即国家行政机关之行为,非法的剥夺人民之基本权利也。当然,行政处分须基于法律。国家某一机关之权限,须基于法律之所定。逾越权限即系违法。违法乃因国家未上法治轨道之故,似与宪法之内容无关。然事关人民基本权利之保障,其最重要者,人民之要求,自希望将其补救之方或制裁之法,一并规定于宪法之内。又对于人民某种基本权利之限制,其权限究属于司法机关,抑或行政机关,各国之法律每不一致。行政机关基于法律所授与之权限,限制人民之自由权利者,原不发生违法问题。然因权限所属机关不同,影响于人民权利之保障者颇大。此权限归属问题,人民之意思,自亦不愿任由法律规定,应于宪法内定之。至于国家订立限制人民自由权利之法律,唯宪法上定有准则者,始发生违宪问题可认为无效。对于立法之限制,宪法上更应定有明文。

我人试审阅我国历次约法及《五五宪法草案》,与《太原约法草案》。《训政时期约法》仅系人民之自由权利,非依法律不得限制或停止。对于何种情形,国家始得订立限制人民自由之法律及此限制人民自由之权限,应属于何种机关,均未设有明文规定。《临时约法》及《五五宪草》,仅知防范国家立法权之滥用。《太原约草》,依余所见,则唯着重于行政权滥用之防范。乃其特色。数者均不免美中不足。将来召集国民大会,制定宪法,想必就《五五宪草》讨论。本文亦就《五五宪草》论之。

三

《五五宪草》对于国家立法之得限制人民之各种自由权利,乃于第二十五条设一概括之规定。该条称:"凡限制人民自由或权利之法律,以保障国家安全,避免紧急危难,维持社会秩序及增进公共利益所必要者为限。"批评《宪草》者,咸谓《宪草》该条之规定,太嫌空泛无边际,恐事实上仍无从防范国家立法权之滥用。此点,余独与众见不同。当然,《宪草》对于立法之限制,仅设此一条规定,诚嫌未足。若谓其太空泛,欲设一比较具体之规定,仍可以包含一切,鄙见窃以为乃不可能。盖内容空泛之规定,如善良风俗、公共秩序一类之用语,《民法》尚有之,何况较之《民法》,更居于上位之宪法乎?《宪草》第二十五条乃仅予出版法、集会法等以立法之原则而已。既云原则,用语自必难免空泛。若必欲求具体,势须将刑法、刑事诉讼法、出版法、集会法等一切之规定,概列入于宪法之内,宪法非有数千条不可矣。且宪法乃垂之久远。为人民者,谁都不愿宪法时时修改。宪法上关于领土主权及大部分政制之规定,固须有硬性之条文。若如该《宪草》之第二十五条者,内容非具有活动性,将何以应情势之变迁耶?美国宪法明文禁止国会不得制定剥夺人民言论、出版自由之法律,而一九一七年、一九一八年之 Espionage Act 间谍及 Sedition Act 皆以取缔妨害作战之言论及出版物为目的。此显系宪法之规定太过于硬性之弊也。我国际此抗战时期,人民之自由自应受比较严格之限制,平时则无此必要。于平时既无过分限制之虞,于战时又可适应抗战之需要,此宪法上关于限制立法之条文,必须如《宪草》第二十五条之规定始可也。

　　论者或将以为宪法能如《太原约草》之规定，即可避免空泛矣。殊不知《约草》之规定，仅能防止国家机关之行为，非法的剥夺人民之自由，对于国家立法之侵犯人民之自由权利，则《约草》并无防范之用意。盖《约草》仅称"非有犯罪嫌疑或证据不得"云云，对于何种行为，法律得认为犯罪，约草并未定有准则故也。且人民虽无犯罪嫌疑或证据，而国家机关人员仍得拘禁人民或侵入人民住宅者，亦尚有之。如警察机关拘禁疯癫者及消防人员侵入发生火灾之住宅是。《约草》第二十九条、第三十条之规定，显不能包含一切情形。

　　《宪草》第二十五条，主要的，仍依国家之目的，定其得限制人民自由权利之范围，理论上应无可指摘。至于嫌其空泛，恐生曲解，此则宪法之解释权决非属于立法院也。故对于该条，余仍主保留。

四

　　就对于防范行政机关之处分行为，逾分的限制人民之自由权利而言，此则《五五宪草》除设有提审之规定外，可谓完全未注意及此点。我国过去未上法治轨道，各地下级机关颇有逾分的限制人民自由之情事，尤以警察机关为多。即就宪草设提审之规定而言，当亦非无病呻吟，足可证明司法以外之机关过去必多少曾有逾分的限制人民身体自由之事实。又关于言论、出版、集会、结社等自由之逾分的限制，若假定过去曾有此情事，当亦以出于行政之行为者为多。《五五宪草》，未对症下药，对于出版、集会、结社等之处分权，未明定须归属于法院。此显系《五五宪草》之一大缺点。

　　世界各国关于出版违法之处分，除德、意予警察及其他行政机关，以极大之权限外，其他各国或完全否认警察有直接处分权，或仅认警察有极小之处分权。关于集会、结社违法之处分亦然。英、美警察平时本无解散集会之权。法国承认警察有解散权者,亦仅限于会场发生暴动及召集人自请解散之二种情形。结社之解散,则英、比等国,其权概属于法院。一时虽尚不能与欧美各国期待同等之效果,然我人须知此类案件,大抵皆带有政治关系。司法官究少政治色彩,审断尚较公平。且理论上,此等权限亦应属于法院。我人试一翻阅《刑法》,其第七章大部分均系关于违法集会、违法结社及为违法之言论之规定。处刑权既属于法院,则命令停刊权与结社解散权自亦应属于法院,以资统一。否则,法院之审判与行政机关之处分发生矛盾之时,岂非有失国家威信?

总之,制定宪法,并非治权机关之事。立法院之起草宪法,不过为讨论上之便利计,先为国民大会代劳而已。起草宪法,应以国民之意思为意思。现在人民对于法院之批评,虽非完全满意,较之警察机关,当还聊胜一筹。宪草未将此等处分权明定归属于法院,余敢断言将来国民大会对于《宪草》,不认真讨论则已,认真讨论,此点必将有所增改。

五

关于《五五宪草》此部分大体之批评,已如上述。兹更择其重要者,逐条提出笔者之增改意见。

(一)关于第九条　该条第二项、第三项设有提审之规定,用意诚佳。殊不知我国有我国之特别情形,仅抄袭外国之法律,尚嫌不足。试问如《宪草》第九条之规定,即可以防止人民之被非法逮捕否乎?我国人民之被逮捕者,常有经数月数年,尚不知逮捕之机关者。虽得声请法院提审,不知逮捕之机关,于事何济?为充分保护人民身体之自由起见,于某种情形,应更须认人民有拒捕之自卫权。又通缉令之多,世界各国恐甚少可与中国比伦者。纵不为人民之自由计,为国家体面亦应加以限制。关于第九条以下,鄙见以为应增加二条规定:

1. 逮捕人民，必须交给逮捕命令于被逮捕者之亲属或其同居人。于公众场所或道路上逮捕者，须先交给逮捕命令于其所在地之乡镇公所或警察机关。

逮捕人民须会同所在地之乡镇长或警察官为之。

违反前二项之规定者，人民之拒捕视为正常防卫。

2. 通缉书必须由检察长、首席检察官，或法院院长签名。

违反前项之规定者，通缉书无效。

（二）关于第十三条　世界各国关于出版之手续，原有预防制与追惩制之分。预防制又可分为检查制、特许制、保证金制与报告制。我国现行之《出版法》，关于新闻杂志，只须于发行时，以二份寄送内政部，一份寄送省政府或市政府，一份寄送检察机关；关于书籍或其他出版品，更只须以二份寄送内政部。但事实上则因训政时期，党有最高权力故，新闻杂志之出版，皆须先往核查。攻击预防制者以为一切预防制均足以妨碍文化之发展。当然出版之自由不但系人民之基本权利，促进文化之发展，亦系国家重要任务之一。我国将来关于出版手续，究采何制，自应于宪法上有所规定。依笔者之见，检查制、特许制及保证金制，诚如一般所论，确有妨碍文化之发展，应不可取。唯报告制不过使有处分权者得早睹出版物之内容，使其得迅速依法行使处分权而已。对于新闻杂志，因其传播较速，应仍以采取报告制为宜。其他，则概应定为追惩制。又利用邮政之管理，亦可妨碍出版之自由，此点亦应于宪法上订立明文。至于命令停刊之权，应属于法院，已于前节述之。唯如《太原约草》所规定，"非经法院审判确定，不得禁止发刊"，则未免太不明审判之实情。一审而二审，二审又复三审，判决确定至少非有一二年不可，假定其言论危害国家之刊物，乌可任其存在数年之久耶？关于第十三条，鄙见以为应该增加以下三点之规定：

1. 一切出版均无须先经政府之检查及许可,亦无须缴纳保证金。

2. 一切出版未经依法禁止者,得在国内自由邮递。

3. 对于出版物之禁止发行,须有法院之命令。

（三）关于第十六条各国法律　对于集会结社之手续,亦有采预防制与采追惩制之二种。我国关于集会,中央尚无特别之法律,唯地方法规现多有为预防制之规定者。关于结社,则《人民团体组织方案》乃采取预防制。当然,人民之意思,自不愿嗣后对于集会结社,更有采取预防制之法规。就理论上而言,采取预防制,亦将有妨碍于人民相互间知识思想之交换。多予人民以集会结社之自由,反可为政治教育之一助。至于违法集会结社之处分权,已如上述,原则的自应属于法院。关于第十六条,鄙见以为应就集会之自由,与结社之自由,分别改为规定如下:

1. 人民有集会之自由,非依法律不得限制之。

集会无须先得政府之许可。

警察对于集会无解散权,但下列情形,不在此限。

① 携带物器;

② 发生骚动;

③ 阻塞交通。

2. 人民有结社之自由,非依法律不得限制之。

结社无须先得政府之许可。但设立法人者,仍须依照《民法》之规定。

结社之解散,须有法院之命令。

（四）关于第十七条　征收人民之财产,须预交偿金,外国宪法中并非无此例。我国人民,因筑公路、筑马路,土地被征收,不但不能取得偿金,更须派工、派钱者,不知凡几。立法院历次所拟之宪法草案及诸私人草案乃均无此规定。甚之立法院草案将吴氏私稿[吴经熊《中华民国宪法第一草案》]"但应予以相当之补偿"一句亦并删去,殊深不解。当然,所有权具有社会职务之说,余并不反对,然若不给与偿金,此直没收耳,何必美其名曰征收?为充分保护人民之财产起见,宪法不但须规定征收须给偿金,更须规定征收须预交偿金。鄙见以为第十七条应增加以下一项:

征用征收必须预交偿金。

当然,若使笔者作一宪法私草,关于此部分,与《五五宪草》当更有许多不同处,本文则不便太涉琐碎。关于其他各条之意见,概从略。读者——特别读者是学习法律者,对于余之上述增改意见,恐必将发生以下疑问。并解答之,以作本文之结束。

读者或将以为通缉书之须检察官或法院院长签名,《刑事诉讼法》上已有明文规定。某种情形时,人民之拒捕,认为正当防卫,在现行《刑法》上亦可作此解释。何必于《宪法》上更定明文?然《宪法》之性质,并非以之补充《刑法》及《刑事诉讼法》之规定,《宪法》乃授与《刑法》及《刑事诉讼法》以立法之根据。理论上,乃系先有宪法,复有刑法及刑事诉讼法,明乎此旨,当知宪法设此等规定,并非不当。且唯宪法乃人民所自定之法律,其他法律乃系政府所定。人民对于保障自己所最感切要者,自愿其定在宪法之内也。

读者或将又以为以停刊权、解散权等属于法院,法院将如何行使。此点更系有司法实际之经验者所必发生之疑问。当然,依照现行法律,并无关于法院命令停刊或命令解散之规定。然法院之职权,原系直接或间接基于宪法。宪法颁布后,一切法律概须经宪法之审定,或删,或改,或废除,或增加。此后,只于诉讼法或其他法律上,增加数条即可矣。

总之,宪法乃居于一切法律之最上位。虽事实上已先有其他法律,研究宪法所应有之内容,应不能受现行各法律之限制也。

剌德布鲁夫(G. Radbruch)的相对主义法律哲学

一

Die Rechtsphilosophie insbesondere haldelt nicht von dem Rechte，das gilt，sondern von demjenigen welches gelten sollte，nicht vom positiven，sondern vom Wert，vom Sinn，vom Zweck des Rechts-von der Gerechtigkeit（G. Radbruch：Grundzüge der Rechtsphilosophie，S. 2）[①]

剌氏以法律的价值、意味、目的、正义，为法律哲学的对象，法律学以法律的实在（制定法十……）为研究的对象，是以法律哲学于法律学之外，另有其领分——学问存在的根据。盖无论何种事物，仅以现在的存在，或过去的已存在，或将来存在的预见，不能即以为正当。（G. R.，S. 3.）

剌氏更以法律的价值，为法律哲学对象的全部。我们读士塔谟拉 R. Stammler 的法律哲学著作，觉得士氏的法律哲学，与剌氏的法律哲学，别具天地。士氏著 Theorie der Rechtswissenschaft 第一章法律的概念分析意识内容 Bewusstseinsinhalt 为意欲和知觉，意欲分为拘束的意

[①] 下文 G. R.，为拉德布鲁赫《法律哲学概论》（Grundzüge der Rechtsphilosophie）。中译本参见［德］拿特布尔格斯它：《法律哲学概论》，徐苏中译，上海会文堂新记书局 1931 年版。

欲和分立的意欲,拘束的意欲分为自律的拘束意欲和诱导的拘束意欲,自律的拘束意欲分为不可侵的、自律的、拘束意欲和专擅的、自律的拘束意欲,法律系不可侵的、自律的、拘束意欲(das Unverletzbar selbstherrlich verbindende Wollen)。这样士氏以此种纯粹形式,使我们不受任何条件,unbedingt 而能普遍妥当地认识法律。剌氏以此为法律的认识论(Die juristische Erkenntnistheorie),应属于理论哲学,而非实践哲学的法律哲学之一部。剌氏更批评士氏的 Die Leher von dem richtigen Rechte,以为法律价值判断的论理学(Eine Logik der Rechtsbewertung),系法律哲学的认识论(Eine Erkenntnistheorie der Rechtsphilosophie),亦非法律哲学的一部。"经验科学的认识论,不能产出经验的认识,法律哲学的认识论,亦不能给我们以法律哲学的价值判断。"(G. R. , S. 22)剌氏虽承认唯有形式——法律的正当性的范畴(Kategorie der Rechtsrichtigkeit)—是普遍妥当的,然以为:正义判断常受国民性、时代、人格等的制约,具有多种多样的内容;此种多种多样的、相对的内容,可以作学问的考察,彼之法律哲学,就以考察此等多种多样、相对的正义判断之内容——法律目的之体系的研究——为职务。

　　一般相对论者以为:一切的当为,是被制约的当然(Alles Sollenist ein bedingts Müssen)(Jellinek: Die Socialethische Bedeutung von Recht, Unrecht Und Strafe, S. 22.)。剌氏亦区别价值判断与认识,以为价值判断不可以认识,只可以告白自己的信仰(Bekenntnis)。科学的价值观察,只能示我人以何者为所能或所欲,而不能示我人以何者为所当为。法律哲学是理论理性 theoretische Vernnnft 的作用,不能示我人以何者有实践的价值,只能给实践理性——良心——以一切可能的评价对象,使其选择。法律哲学虽以法律的价值为对象,但决非法律的价值判断,仅系法律的价值判断之科学的准备。是故剌氏的法律哲学,只指示我人,以可能的法律价值判断,与现存的法律价值判断,而以我人应取何种法律价值判断之问题,让给于各人的确信(Überzeugung)自行解决。

刺氏对于可能的法律价值判断,取先验的方法,分类价值,并顺列其等次,即以先验的方法,决定各种最高价值,因各种最高价值之决定,而有各种可能的法律价值判断。刺氏对于现存的法律价值判断,则考察德国各政党纲领,发现各种政治理想之出发点;因其政治的理想,理解各政党对于法律所与之目的,即对于法律所下之价值判断。

价值之体系问题,可分为种类的差别与等次的关系,即绝对价值之分类方法与最高价值问题。从来绝对价值之分类,系依据精神能力——意欲、思维、感情三种能力,而区别为道德的价值、论理的价值、美的价值,即善、真、美三种价值,而列法律的价值于道德的价值之下,认法律的价值为道德价值所派生的(unmittelbar oder mittelbar abgeleiteter),使役于道德价值之下的(in verschiedenen Graden dienender)非原始的价值。刺氏以为:精神能力非单纯的存在象态(Seinsgebilde),是文化象态(Kulturgebilde);绝对价值在论理上是先精神能力的,心理学将非意欲、非思维之一切其他精神作用,统括的认为感情。新精神能力之发见,须有适应该新精神能力的新绝对价值之发见,新精神能力之承认,是以新绝对价值之承认为根据。刺氏既批评从来之分类方法,系以绝对价值分类精神能力,而非以精神能力分类绝对价值,然刺氏将何以分类绝对价值?

刺氏一方面引用泰尔斯顿的"对待他人的诚意是人类善的全部,待遇方法是否正义,不成问题",有福音书的"有欲告官,而取汝之上衣者,并给以外套",以为社会伦理对于何人间之关系,且否认其派生的价值;一方面又引用基尔揆 Gierke 的"正义理想,是与善、真、美一样,不可与其他比拟的:正义理想自身有固有的价值",谓道德辅育法律,扶助法律,而服务于法律,于善、真、美之外,要求正义之独立的位置。

　　剌氏按价值实现之地盘(Substrat)而分类价值;伦理之目的,是求人格之善化;论理、艺术之目的,是求创作物 Werk 之真、美化;法律之目的,是求社会生活之正义化。即善乃实现于人格,真美乃实现于创作物,正义乃实现于社会生活,各有其独自之实现地盘。所以剌氏分绝对价值为三种:(一) 道德之人格的价值(Die Personlichkcitswerte der Sittlichkeit);(二) 真理及美之创作物价值。(Die Werkwerte der Wahrheit und Schönheit);(三) 正义之社会的价值(Die Gemeinschaftswerte der Gerechtigkeit)。

　　价值之分类,已如上述,然各价值间之关系,究系(一) 多元的并列关系,抑(二) 一元的支配关系,或(三) 相互的支配的关系? 剌氏以为各价值间之关系,应系一元的。剌氏批评第一说谓:哲学是价值的统一,一元论乃一切哲学思维之先天必然性(Eine apriorische Notwendigkeit);哲学的考察,决不能停止于绝对价值之多数的并列关系。且心理学者虽分精神能力为意欲、思维、感情,然三者决非无关联的集合(Ein berührungs loses Zusammen)乃精神、能力之三位一体(Dreieinigkeit)。人格的价值、社会的价值、创作物的价值,虽各有其独自之领土,然真、美不仅是思维、感情之目标,同时亦可为意欲之对象。一小孩和德勒斯登[德累斯顿]博物馆之拉斐尔所画的圣母像,同遭猛火之时,乔治裨武德谓自己将先救圣母像,较之一般人之先救小孩,可知各绝对价值间之相互关系,是排他的,剌氏所谓非和平的相互容许(Friedliche gegenseitige Toleranz),乃系优越权之激烈的竞争(erbitterte Werbewerb um den Primat, G. R. , S. 87.)。剌氏批评第三说,谓:诸绝对价值间之相互优越权竞争,体验上虽如第三说所云之相互的支配关系。必交为目的手段,不能言明孰为支配的价值目的,孰为被支配的价值手段,然人生观的立脚点之学问的再构成,不能如人生观的体验自身之丰饶;法律哲学虽不可忘却人格的法律体验之信仰告白,而学问的认识,终不得不切断体验之圆环(交为目的手段之圆环),引为一元的直线。即相互的支配关系之体验,亦只能作一元的支配关系之学问的认识。

刺氏既主张各价值间之一元的支配关系,以为三种地盘不同之绝对价值,皆可以为最高价值,支配其他价值,使其服务于自己,而有以下三种可能的价值体系。

一、创作物的价值及社会的价值,服务于人格的价值——艺术、科学及国家、法律、服务于个人道德。

二、人格的价值、创作物的价值、服务于社会的价值——道德及科学、艺术,服务于法律、国家。

三、人格的价值及社会的价值,服务于创作物的价值——道德及法律、国家,服务于科学、艺术,服务于客观的意味之文化。(G. R.,S. 95.)

依以上三种可能的人生观,决定国家法律之目的。第一种为个人主义(Individualismus),其标语为自由(Freiheit);第二种为超个人的主义(überindividualismus),其标语为权力(Macht);第三种为题人格主义(Transpersonlismus),其标语为文化(Kultur)。《法律哲学概论》中,仅分为人格主义、超人格主义,与第三立脚点,以上系照同著《社会主义的文化论》的分类,以清眉目。

刺氏以为:法律与国家,是同一实体之两种样式,同一所与Gegebenheiten,一种考察方法;国家是规律的活动——动的法律,法律是被规律的状态——静的国家,两者可以区别,而不可以分离。是以刺氏的价值体系论中,法律与国家并称。

刺氏考察德国各政党之主义纲领,以为:自由主义与民主主义系个人主义,保守主义系超个人主义。不过刺氏法律哲学的政党论,不以政党之一切单纯的事实为对象,而以探求其人生观的前提为问题;以自区别于经验论者。刺氏论理想的本质,以为:我人一旦主张一种理想,就不能与此理想离开。盖理想虽常为求经济的利益之一种假面;然此假面之理想,无裨益于该利益获得之时,即利益反随理想之所欲,供理想之用。(G. R. , S. 97.)

　　(一)个人主义

　　个人主义置法律价值于道德价值之下,唯个人的自由有最高之价值。道德系个人自由的活动,法律仅维持社会之安全,即保障外部之自由,使个人道德得以容易实现。康德所谓:自己的完成——他人的幸福(Eigene vollkommenheit——fremde Glückseligkeit),正道破个人主义的道德与法律之关系;法律虽以幸福为直接之目的,然共同生活个人生活之最后目的并非幸福。

　　个人主义仅以国家为个人之手段;死刑对于受刑者本无丝毫固有的利益,理性自然不能同意。兵士赴战,尚可望生还后享受一切利益;若系确实的牺牲,则虽临战争,国家亦不能强制个人之死——为祖国故,冒死尽战,虽为道德上无上之光辉,然以自由意志牺牲生命系道德上之问题,而不能为法律上之问题,是以个人主义的法律一方面使道德容易实现,一方面又阻碍道德的实现;一方面能使个人发生义务感情(Pflichtgefühl),一方面又必然的缩小义务感情之范围。“一生未实行道德义务而死者不知几多其人。”

　　然所谓个人主义的个人,究竟含有若何意味? 法律仅能促进道德的实现,一切法律上所许可的行为,并不是一定有道德上肯定之意味,是个人主义的个人当然并不是完全的道德人格;个人主义的个人,更不是经验的个人(无政府主义的法律观,是以经验的个人为出发点)。卢梭区别专制政治的人们与宪政政治的人民,总意 volonté de tous 与普遍的意思。volonté général;康德区别现象的个人与理性的个人。个人主义的个人是位于道德的人格与经验的个人之间,得成为道德的人格之经验的个人（Sie ist das natürliche Individum insofern es zu sittlich Personlichkeit werden kann, G. R., S. 116）,所以在个人主义的国家,一切个人皆系平等,一切经验个人之自然的、历史的、国民的差别,皆可置之不问,妇人亦系法律上完全之主体;所谓夫妇制度、家族制度等,皆不外乎人格完成之一种手段,并无特别固有的意味。国家之形态,亦以世界国家为终结,民族国家仅一发展之过程。国家之构成,个人主义者以为是平等的个人,因各自之自由意思,与熟虑之利益,而相结合,康德谓:唯契约国家之理想,乃可以证明国家之正当性。私法上契约之解释以利益为同意之标准;国家合致于各构成员之利益,构成员依自己之理性,不能不意欲国家之成立,故国家应为各个人之契约的构成。

刺氏又分述自由主义与民主主义不同处。自由主义以为:道德的价值只有唯一妥当的内容,人人皆可以实现此最高的完全的道德。民主主义则以为:道德价值,不外是一种形式;适用于各人时,因其心理之状态,各有特别之内容。所以自由主义以为个人之价值是无限的;多数人的价值,并不能优越于少数人之价值。民主主义则以为个人的价值是可以倍加的（mutiplizierebar）,视多数人的个人价值,较少数人的个人价值为丰富,主张多数意志的绝对支配,与自由主义之国家哲学以人权、基本权、自由权等观念为出发点者不同。自由主义以为:论理上自由是在国家之先;民主主义以为:自由是国家所授与的。自由主义以为:自由权为国家活动之界限;民主主义以为:多数意志证明一切国家活动之正当性。自由主义赞成地方之自治,盖自由主义者,以承认个人自由之理由,同时承认国家外其他团体之自由;民主主义拒绝三权分立,以为适足以阻碍多数之绝对性。

（二）超个人主义

超个人主义的政治理想乃发现于保守主义的政党。超个人主义以为国家有独立固有之价值；国家非个人完成之手段，个人唯在国家中，乃能发见其生存之价值。赫格尔以为：国家乃伦理理念之现实态（Wirklichkeit der sittlichen Idee）。个人之道德，因国家始有其内容，一切文化的活动，俱系贡献于国家之隆盛。

超个人主义的国家观系有机体说。国家如人之身体，各部分为全体而存在，才是善良之国家。实体学的（ontologisch）有机体说则更以为：全体是存在于部分之前，部分为全体之产物，全体之生活力之产物，内在于全体之目的观（Immanente Teleologie）或自然目的（Naturzweck）之产物。保守主义因证明其国家支配权之绝对的固有的根据，赋与神以重要之意味，赋与历史以特别之尊崇，更必然的发展至于君主主义，盖君臣最足以表明国家个人间之从属关系。

保守主义之刑法思想，当然是报复主义；因国家自身之权威，受犯罪者之毁损，国家为维持自己的权威起见，科以刑罚，无第一义地顾虑个人之利益，故自必维持死刑。

保守主义务必个人保有其固有之个性，以隶属于国家；盖利用一切地理的、地位的、财产的、性的、智能的不同，使个人尽量作各种之团结，对于各种团结，各与以超个人的价值，以间接的说明并维持国家与个人间之从属关系。认夫妇制度为自然之法则，不能离婚，家族之目的为维持家系、家名，组合法人亦非为组合社员之利益；更承认各地方团体之存在，主张地方自治。保守主义既承认全体之部分，各具有个性之不平等，而保守主义又以国家为最高之价值，超个人的观念，再不能发展于国家之上，所以国家间不能不承认有战争之存在，且以战争为神意的解决。

（三）超人格主义

"菲狄亚斯铜像，①是古代几百万奴隶的牺牲之结果。"客观的文化主义，利用个人知能的个性，以求文化之向上。剌氏以为：天才与愚蠢，较之贵族与平民、富者与贫者，其间更不知有几多之阶级——不平等更甚，所以现代，以客观的文化为目的理想之政党，仅一受过宗教洗礼之中央党。盖（一）科学的、艺术的价值，同时以之为宗教的价值，则更增一种尊严；（二）宗教的世界，否认俗界一切之价值区别，足以弥缝文化主义之不平等故也。然（一）因现代人格之动摇，热望一能抑制个人放纵之确固的思想；（二）无产者运动之社会感情，势必建立超个人的文化理想；（三）现代之人为的经济发达中，尤其劳动运动中，有宗教的感情之潜在。剌氏著《社会主义之文化论》中，以社会主义为超人格主义（《法律哲学概论》中则以社会主义为个人主义，或以为在法律哲学之对象范围之外），而设国家之理想，自超个人主义而个人主义，自个人主义而超人格主义。

（四）总　结

以上已经介绍剌氏相对主义法律哲学的概略，以下试略述介绍的动机与个人对于剌氏法律哲学的管见。

介绍的动机因为：（一）我国除实证学派的法律哲学与实用主义的法律哲学，曾有课本外（方孝岳君编：《大陆近代法律思想小史》下册，陆鼎揆君译：《社会法理学论略》），则无关于法律哲学的译著；（二）剌氏的法律哲学，能指示我人，以法律价值与其他价值的关系；（三）相对主义的法律哲学，不能直接给我人以一种解答，而唤起我人各种疑问。

但是余对于剌氏的议论，不能不有许多疑问：（一）剌氏依价值实现

---

① 雅典卫城广场上的雅典娜铜像，为雕刻家菲狄亚斯（Phidias）所作。——编者注

的地盘,分类价值,姑无论此种分类方法,是否正确;剌氏又考察德国各政党纲领,以为各价值间之可能的位阶关系,可以发见于现代的政党理想;然此种合致,是否系一种偶然的事实,抑系必然的?若系偶然的合致,自无若何学问上的意味;若系以为必然的,剌氏并未给我们以若何的说明。以先验的方法,所得的结果,与以实证的方法,所得的结果,若二者不相符合时,我人将何以定其取舍?纯粹以先验的方法,解决法律哲学上的问题,我人固不免有别世界之感;然先验方法所得之结果,若仍以实证的方法,以为论证,我人果何取乎先验的方法?(二)剌氏以为:法律价值判断是一种信仰告白,信仰是因国民性、时代、人格等而异;然国民性、时代、人格及其他支配信仰的要索中,是否其中仅有一种是决定的要素?(三)剌氏以为各价值间是一元的关系,不是并列的关系;姑无论各价值间是否系一元的关系,然价值体系的决定,自身已是一种论理的价值判断之作用,是相对主义自身亦是相对的。(四)剌氏以个人主义、超个人主义、超人格主义三种立脚点,观察政党理想,能否将一切的政党理想,合理的、无遗漏的包含在内?(五)剌氏对于社会与国家,不免有混同之嫌。

本篇一、二、三部分,系二年前之旧稿,附此介绍之动机与个人之私见,以公诸读者,若能多少唤起我国人对于法律哲学之研究,本篇之目的达矣。

(原载《社会科学论丛》第 1 卷第 1 期[1928 年],第 74—87 页)

Léon Duguit 的法律思想

Léon Duguit(杜毅[狄骥])是世界有名的法律学者,他对于法律的个人主义和国家万能主义的攻击——不问他自己的确是一个实证主义者或理想主义者——殊使法律学别开一生面。不胜惋惜,他竟然于二月前[①]弃法学界而长逝了!他的著作在我国还很少介绍,只有方孝岳君在《大陆近代法律思想小史》上翻译了他的 Les transformations générales du droit privé depuis Le Code Napoléon《拿破仑法典以来私法的普通变迁》。[②] 作者为表示哀悼起见,谨将他的根本思想——关于法与权利的思想介绍一些。

一

杜毅说:"法不是国家所创造的,法是存在于国家之外。法的观念和国家的观念,其间并无若何关系。法拘束个人,同时一样的亦拘束国家。"

这样,杜毅主张法拘束国家,法优越于国家,那末他对于法的发生的问题、法的拘束力的问题和国家制定法律的问题,当然要给我们以一种别开生面的说明;因为一般法学者是要拿国家的主权来说明法的发生和法的拘束力的。

[①] 狄骥于 1928 年 12 月 18 日逝世于法国波尔多。——编者注
[②] 方孝岳编《大陆近代法律思想小史》下编(商务印书馆 1923 年版)第一章"自由契约的责任及财产之原则的变迁"即由狄骥《拿破仑法典以来私法的普通变迁》一书编译而成。另,徐砥平所译狄骥是书于 1935 年由会文堂新记书局出版。——编者注

　　事实上，现在，国家是制定法律的，深刻地说一句，皇帝、议员们或是委员们天天是在实行他的立法工作。但是，法是有二种的，一种是规范法（règles de droit normative），一种是建设法或是叫做技术法（règles de droit Constru ctive ou technique）。国家所制定的法律只是法的一种——技术法，规范法不是国家所制定的。国家所制定的法律不过是规范法的确认——不但国家所制定的法律，即是习惯法亦如此。一切技术法统是规范法的实行法，仅规定使一般人如何遵守规范法，若有人违反规范法时，规定如何处罚他的手段、手续而已。就拘束力方面而言，国家不能因成文法的制定，而创造法。成文法唯因其适合于规范法，才有拘束个人及包含国家在内的一切集团的力量；所谓是法非法，法于国民没有拘束力的成文法，各国成文法中，颇不少其例。譬如法兰西一九一〇年四月五日的法律，规定人民在一定年龄时，强制退职，并为准备退职起见，须每年强制的贮金若干，到现在十几年，还是等于具文。成文法唯因其适合于规范法，才有法的性质。杜毅对于反对他是无政府主义的议论，曾作以下一个反驳。他说把对于法律适用的抵抗——攻击的抵抗组织起来——就是由各社会阶级的代表者，平等的组织一个高级审判厅，审判法律的适法性——当然和美国的违宪审判不同，美国的违宪审判是根据宪法的，杜毅所主张的立法审查是根据规范法的。然而所谓规范法者为何？

　　无论何种未开人，也一定和他人结成一种社会——例如家族、部落或国——而生存，因为需用的共同和分业——杜毅所谓相互依存的关系。谁都不能证明人而可以孤独生存的。那末，个人的生存是以一个社会的生存为前提——虽然不一定意识到这个前提关系，但是这个前提关系的确是一种事实。社会在某种自然界的条件之下，当然不能存续。但是在社会的构成员任意作各种行为的时候，社会的结合也是有时候不能继续下去的，所以在社会的存续上，就发生个人行为某种不可为、某种不可不为的规范。这种规范不是主观的意思作用,也是一种客观的事实。这种规范不是以集团意思的形式,命令、强制集团各构成员的意思。乃是因为这种规范存在,人们违反这种规范时,社会上就必然的要发生一种反动,譬如愤慨,摈弃于该社会之外是——虽然这种反动形式,因时代地方之不同而异。唯适合这种社会规范的行为,才能够受社会的认定,譬如婚姻是要一定仪式是。因为引起反动,不受认定的缘故,所以个人对于这种社会规范有遵守的义务(这种义务的观念自然和个人主义法学的义务观不同)。

然而,一切的社会规范,并不是一定都是法。杜毅说,一个社会的大多数构成分子,对于某种规范的违反,感到有防止的必要,他们要把防止的手段,社会的组织起来,有了这种组织的希望时,社会规范才是法,才是规范法,或谓之法的原则。

规范法常以之为自明之理,没有规定;法典上仅规定它的实现手段。譬如,不可杀人,当然是一种社会规范,但是"不可杀人"法典上并没有规定,只规定杀人者处死刑、无期徒刑或几等、几年以上的有期徒刑而已。

杜毅所谓规范法、法的原则,虽很和自然法的概念相似,但是这是二者的不同,杜毅曾明白说过。自然法的概念是含有几何学的真理的,理想的、绝对的、真的法律,是要人们永久努力去接近的目标。法的原则没有绝对的性质,不是理想的,不过是一种事实,这种事实随人类社会的生活形式而变化。

依上所述,可以晓得杜毅关于法的发生和法的拘束力的思想了。以下再把杜毅对于民权学说的批评介绍一下,更得明了。杜毅说:法律由人民直接票决的时候,必然的就有多数党和少数党的成立。票决法律的是多数党,所以实际上,法律不是一般意思的发现,单是构成人民集会的个人的多数党所作。杜毅更引用卢梭在《民约论》上所说的一段:"和自己意思反对的意思占优势的时候，这种反对意思占优势的事实，只是证明自己的错误，自己所承认的一般意思，事实上不是一般意思而已"，谁说不能发见卢梭的主张是一个纯粹的诡辩呢？多数党的意思若以为是集团的意思，这显然是一个架空的拟制，谁能证明这意思的存在呢？若仅以数的原则为基础，这是多少危险。虽然，数的力的确是一种事实。杜毅又举出一九〇五年十二月九日教会和国家分离的法律，说票决这个重要法律的议员只有三百四十一人，三百四十一人的议员所代表的选举权者只有二百六十四万七千三百五十人，还不够法国全体选举权的四分之一。

二

　　个人主义的法学——形而上学的法学是以权利的观念说明一切法律现象。杜毅主张权利的观念是一种架空，不能实证，否认形而上学的权利思想。杜毅在他的演讲，引用 August Comte 所著《实证的政治学体系》的一节："……人有诸种义务，并且对于一切的人都有义务，但是无论何人都没有权利；换言之，无论何人，除了履行自己义务的权利以外，决没有何种权利。"他说应该把他所说的这一节，揭示于议会。

　　从来主张权利的学说，一种是权利意思说，一种是权利利益说。权利意思说是 Windscheid 所主张。他说：权利是意思的力。甲对于乙有权利，就是甲有比较乙强的意思，甲可以对于乙强制自己的意思的意味。债权人的债权，是债权人可以对于债务人强制自己的意思，使其清偿债务。如是主张，不但法人有权利时，它的意思——构成员意思综合以外的一个新的意思——不能实证其存在；即是在权利的两个主体都是个人时，那末，也非一个意思优越于他个意思不可。数个意思之间，有了强弱优劣的阶级，譬如甲乙互相负担债务，有时候甲的意思强于乙，有时候乙的意思强于甲，这种强弱的事实，谁能实证？

权利利益说原是为不满意于意思学说而发生的,是 Jhering 的主张,他在他的大著《罗马法的精神》上说,"权利是法律所保护的利益"。但是亲族法上许多权利,一面是个人的利益,同时又是家族的利益。为什么只有个人是权利的主体,家族不是权利的主体呢? 嗣后 Jhering 自己也变更他的主张,说:权利不单是法律所保护的利益,须该利益主体受他人的妨害,为除去妨害起见,表示请求法律保护的意思,该利益才是权利。杜毅批评权利利益说,说:唯"利益被意欲的时候,且该利益仅系意欲者的利益,利益才可构成一个权利"。那末,权利利益说仍不能不以权利为意思的能力——因为它承认权利的存在。所以反对权利意思说的理由,同时亦可以拿来反对权利利益说,亦可以反对折衷说——折衷说无非以权利为意思和利益的结果。

然而,杜毅虽然反对权利的观念,债权人虽然没有债权,债权人得以请求债务清偿的一种事实,仍旧是存在的。对于这种事实,杜毅将加以何种说明? 杜毅说:"法不能创造权利;因法的存在,发生个人的地位。"唯这种个人的地位,社会的受保护。杜毅说:"自然,所有的事实是承认它,并且保护它;但是不能够就说所有人在所有物上有所有权,有得强制第三人的特别强的意思之力。所有人的地位,社会的受保护,但是所有人地位的背后,并不能主张有所有权的存在。"

现在的一般个人主义法学者都以为:先有社会国家,后有法,有了法,才有权利。然而,法不能赋与某人,以较他人强的意思之力。意思的强弱是一种事实;某人的意思力强,某人的意思力弱,不能由法赋与,并且这种意思强弱的标准,不能发生法学上的问题。所以杜毅主张个人没有权利,只有地位,这种地位是义务的结果。

一般法学者虽常分法律为四种:一种是命令法,一种是禁止法,一种是许可法,一种是赋与法;然而,一切的法都是命令,不过有命令其可为或不可为之别而已。所以法的存在只能使人们发生消极或积极的义务。

　　杜毅又分法的地位为客观的地位和主观的地位二种。直接由法律规定的结果，所发生的地位是适用于万人的，是普遍的；到新法律制定时止有效的，是永续的，这种普遍的、永续的地位，谓之曰客观的地位。一般由契约所发生的地位是特殊的、一时的，谓之曰主观的。不问其为客观的地位，主观的地位俱系法的命令的结果。

　　读者或以为杜毅不过把权利二字作做地位二字耳。一方有了义务，对方当然还是有权利的。法律只要规定债务人有清偿债务的义务，那就债权人有债权，是自明之理了。但是杜毅所谓义务和个人主义法学的义务观念不同。义务人所负担的义务，不是向权利人所负担的义务，是向社会所负担的义务。也不是社会各构成分子的意思，纯由主观作用，无条件的所决定的义务，是一种社会相互依存的事实所发生的义务。也不是因为有了社会相互依存的事实，社会各构成分子的意思所决定的义务，是个人违反法的原则时，必然的所发生的反动力的结果。国家虽有因制定法律而规定个人的义务，这不过是义务的认定。很精确的说一句，义务还不是一种命令的结果，是一种社会的反动的强制的结果。个人依照自己地位，所做的行为，不过是受社会的认定耳。债权人得向债务人请求清偿债务，当然债权人对于社会是无权利之可言。何况所谓意思力的权利，是不能实证的呢。

　　杜毅的法律思想，当然是一种革命的思想，很值得我们钦佩的。作者自己，在本篇中，不欲对于他的思想，作若何的批评，仅借法国gosephehmmonl 的一句话"杜毅可以说是一个无意识的理想主义者"，作本篇的结束。

（原载《社会科学论丛》第 1 卷第 6 期［1929 年］，第 58—66 页）

中国法系的特征及其将来

一

世界上法系很多,列举之有十五种:埃及法系、巴比伦法系、中国法系、犹太法系、印度法系、希腊法系、罗马法系、日耳曼法系、克尔特(Celtic)法系、斯拉夫法系、穆罕默德法系、寺院法系、海法系、欧大陆法系和英米法系。[①] 其中,埃及法系、巴比伦法系、犹太法系、希腊法系、克尔特法系和寺院法系已经消灭了,学者称为死法系;罗马法系、日耳曼法系和海法系,现在已经失去它纯粹的形态,做一种混血儿,存在欧大陆法系和英米法系中。斯拉夫法系呢,从前俄国、波兰、波希米(Bohemia)、塞尔维亚(Servia)门的内哥罗(Montenegro)是它的支配领域,现在和欧大陆法系融合的结果,差不多已经失去法系的个性。现在世界上最有力的法系,谁都晓得是欧大陆法系和英米法系。欧大陆法系或直称做罗马法系,然而欧大陆法系是罗马法系的法律概念,非个人主义的日耳曼诸制度和近代社会状态的共同产物。英米法系,是日耳曼法系和衡平法的合成物,经过罗马法系多少的同化。除了欧大陆法系和英美法系外,世界上还有三个奄奄一息的法系,就是中国法系、印度法系和穆罕默德法系。印度法系和穆罕默德法系是含有很浓厚的宗教色彩,和寺院法系一样,虽然印度法系还能够在英法之下,苟延残喘,穆罕默德法系在亚洲西南

---

① 穆罕默德法系现通称为"伊斯兰法系";寺院法系通称为"教会法系"。——编者注

角和非洲的北部，还有相当的支配领域，大概这二个法系也免不了和寺院法系同一运命。那末，奄奄一息的中国法系呢，也和埃及、巴比伦、希腊等古文明国的法系同一运命吗？埃及法系、巴比伦法系和希腊法系都已经消灭很早了。中国法系到现在总还算没有绝命，前清"《现行律》关于民事有效部分"，经国民政府十六年八月十二日通令，到现在还有效力的。中国法系的寿命，若自唐虞以前算起，到现在已经有了四千年光景，即自李悝集各国刑典，著《法经》六篇时算起，李悝著《法经》是在纪元前四一七年，到现在也已经二千四百余年了。这有两千余年历史的中国法系，若和中国国家同时消灭，那是没有法子的——至于罗马法系，在罗马消灭之后，也还能维持十数世纪的生命，到现在，它的血还在欧大陆法系中，占有重大的作用。中国国家能维持的一天，这中国数千年文化的产物，大概总不忍抛弃吧！与其说不忍抛弃，不若说是不能抛弃。我国司法官的头脑，西洋化了已经十几年，我国一部分已经编出的法典，也都是欧大陆法系式的；但是在人民方面，除了大都会的人民和智识阶级能够了解这等西洋式的法律外，一般乡间"百姓"，他们所抱的法律观念，还不是数千年来中国法系的法律吗？法律是社会生活的产物，社会生活的样式，没有受同化以前，纵使输入西洋式的法律，人民也不能完全接受的。

我们现在对于不忍抛弃，或不能抛弃的问题，暂置勿论。本篇所欲研究的，是中国法系自身有没有可以维持自己生命的要素存在。我们试把中国法系，用科学的方法，来研究一下，它和别的法系比较，有什么特别的性质？假使它有了什么特别的性质，那种特别的性质，是适合于法律体系自身的要求的，那末，中国法系就要和罗马法系一样，纵使许多年以后，中国国家消灭了，中国法系也一定做一种混血儿，寄存于其他法系中的。罗马三次征服欧洲，第一次以武力征服欧洲，第二次以宗教征服欧洲，第三次以法律征服欧洲，法律的征服最长久。罗马法系的法律，它的概念,它的技巧,虽在大家提倡打倒概念法学的今日,我们仍旧是不能不感谢它的,佩服它的,现在世界最新的法典,如瑞士民法、土耳其民法、俄罗斯民法仍旧不能不借用它的概念的,它就用法律概念的精巧,来征服世界。中国法系的法律概念,是不能和罗马法系斗巧的,我们也不能替它强为辩护。然而,我们若细心去研究中国法系,中国法系至少要有两种特征,和别的法系不同,尤其是和罗马法系不同。中国法系的法律,和道德非常接近,这是它的第一种特征,中国法系的刑罚非常繁重,这是它的第二种特征。这两种特征中,或许有一种特征可以维持中国法系尔后的生命,以下试略述中国法系的这两种特征,并讨论其时代适合性。

二

先述中国法系的刑罚非常严重的这一点特征。《尚书·吕刑》载"苗民弗用灵,制以刑,唯作五虐之刑曰法",我们若以为《尚书》是一种可信的记载,那末,在尧舜以前,中国就已经有了五刑了:墨、劓、刖、宫、辟。舜的时候,似乎以流刑代五刑,自夏的时候起,仍旧用五刑,墨刑又称做黥刑,就是在面部刺字,劓刑割鼻,刖刑割耳,宫刑是毁去男子的睾丸,辟刑是死刑,就是杀头。周时改刖为刖,刖刑断足,除了五刑之外,还有鞭刑、禁锢等。周穆王的时候,墨刑、劓刑各一千,刖刑五百,宫刑三百。汉的刑罚有夷三族,腰斩,磔(杀后,张尸于市),弃市(杀于市),宫刑,刖右趾(刖右足),刖左趾(刖左足),劓,黥,断舌,髡钳(去其发,以铁束颈),完(去发),鬼薪(替宗庙采薪),白粲(替宗庙舂米),禁锢(终身不得做官),笞,杖,徒边和罚金等。隋唐的刑罚分做五种:笞刑,杖刑,徒刑,流刑和死刑。笞刑自十下至五十下分做五等,杖刑自六十下至一百下分做五等,徒刑自一年至三年分做五等,流刑自千里至三千里分做三等,死刑有绞和斩二种。隋唐以前,后周的死刑有磬(或作磔),绞,斩,枭(斩首而悬于木上)和裂五种。宋律的刑罚也是笞、杖、徒、流、死五种,大概和唐律相差不远,不过笞刑和杖刑兼用臀杖,徒刑和流刑兼用背杖,流刑还有配役,死刑加乎一种凌迟(凌迟是先切断了犯人的肢体,再扼绝他的咽喉)。除了五刑之外,还有对于窃盗的黥刑。明清的刑律,除对于徒刑和流刑,有了杖的附加刑以外,其余和唐律完全一样。

　　现在,我们就把炮烙、夷十族等特别的刑罚除外而论,根据以上所写的刑罚制度,也不能不觉得隋唐以前的刑罚,非常繁重,尤其是汉代的刑名非常繁多,详细的分类起来,不下几十种。周代的刑罚非常严重,单就处宫刑的罪名,也有三百种,真是我人所不能想象的。隋唐以后至清律为止,也还比现行各国刑律,多了笞、杖二种体刑。并且一切的诉讼事件的败诉人,都可以施以刑罚的。怪不得外国的法律学者,说中国法系的刑罚是非常繁重的。但是我们对于汉周时代繁重的刑罚,是可以有正当的辩解的。刑罚的繁重是古代法律的共通的现象,不独中国法系为然。夫鲁克(Frank)[法兰克]时代,日耳曼的体刑也有刵、劓、宫、刖、去发、鞭笞、以火印烧字等刑罚,还有切断两手、抉目、断舌和断唇等刑罚,较之中国法系更甚。在纪元前后,中国法系的刑罚繁重是刑罚史上一种当然的现象。

　　至于中国法系经过几千年的历史,到鼎革以前还保存有笞、杖二种类刑的这一点事实,我们亦应该在中国刑罚的变迁上,认明白这个问题的所在。就是体刑究竟是不是中国法系中永久存在的一种要素,这一个问题是要研究中国法系的人们,明白认识的。中国法系的刑罚是很重的,中国法系的法律是和道德很接近的,这两种性质究竟是立于怎么样的一种地位? 杀人,毁损人的五官、肢体,当然是道德所反对的,刑罚很重和接近道德的这两种性质,是立在互相否定的地位的。接近道德才是中国法系生命的所在(关于这点,当在第三段中说明)。历史告诉我们,中国法系的刑罚是由繁而简，由重而轻的。三代的时候有割耳，割鼻，断足等刑罚；汉初，肉刑有三：黥刑，劓刑，刖左右足。汉文帝时即废除肉刑，当黥者城旦舂（城旦是旦里守城，夜里做城，舂是舂米），当劓者笞三百，当刖左右趾者笞五百。唐律以后的笞杖，更限制自十下至百下为止。汉代的刑罚，虽甚繁多，但是自唐以后，就只有笞杖徒流和死，另外还有刺字一种。除了徒、死两种刑罚以外，笞、杖、流、黥这四种刑罚是欧大陆法系和英米法系所没有的（现在各国中，亦有倡用流刑，和对于丧廉耻的罪名，用笞刑）；但是流刑在交通便利的今日，离开乡里二千里或三千里，当然是已经没有刑罚的意味了，至于笞、杖、黥三种刑罚，纵使没有他法系所输入的外来思想，我们看中国刑罚变迁的历史，就可以晓得中国法系的法律思想——法律应和道德接近的这一点法律思想，也能够把体刑驱逐于中国法系之外的。

我们现在单就刑罚的目的一点，研究中国刑罚的变迁。古代刑罚的思想，当然是复仇主义，那是无可讳言的。我们即就《史记》所载的"汉高祖入关，约法三章：杀人者死，伤人者及盗抵罪"，这一段文字研究——杀字和死的对照，和抵众的抵字——我们可以晓得在汉初的刑罚思想，也还不能完全脱离了复仇主义的色彩。但是笔者以为：在中国的刑罚史上我们可以发见刑罚思想变迁的各个阶段。墨、劓、刖、宫辟，我们只能够认他们是一种报仇目的的思想，但是我们看汉代的完刑、磔刑、弃市、城旦、鬼薪和白粲等再不能单解释他们是一种报复作用了。我们不是汉初的人，虽不能正确地了解汉初人的心理，或许去发的完刑，能够满足被害人的复仇心，杀后张尸于市的磔刑和杀于市的弃市，或许是表示被害人复仇的胜利；但是，这三种刑罚，在满足被害人的复仇心以外，至少应该还有儆戒一般人的作用。城旦、鬼薪和白粲一定要犯人在众目共睹的地方做苦工，尤其是"完为城旦舂"，确有儆戒一般人的作用。至于笞、杖，在几分钟之内,把犯人打了几十下,那就公示的效力比较薄弱得多了,他们的主要目的应是惩戒犯人本人的。中国刑罚自复仇的刑罚变为一般儆戒的刑罚,自一般儆戒的刑罚变为犯人惩戒的刑罚,但是中国的刑罚思想,有没有社会防卫主义的思想呢? 这种排斥法律万能主义的思想,中国原是有的。"道之以政,齐之以刑,民免而无耻,道之以德,齐之以礼,有耻且格。"这几句话是孔子对于法律所下很正当的评价,并且是中国法系的一个根本原则。照这个根本原则,必然的是要走到社会防卫主义这一条路的,监狱是非变做一种感化院不可的。至于以一切的诉讼事件,认做施用刑罚的对象,根据这个原则,更自然而然的亦要消灭的。作者以为:我们不能离开中国法律接近道德这一点特色,孤立地观察中国法系的刑罚。关于中国的法系的法律和道德接近的这一个问题,在下段中详述。

三

研究中国法系的法律和道德接近这一个问题,我们一定又要发现以下二种事实。一种是中国法系的法律的支配范围和道德的支配范围一样。在中国法系的法律中,没有道德价值的规定很少。譬如现在世界各国所定的左侧通行或右侧通行的法律,原是没有什么道德的价值的,中国所谓行于道的左边和行于道的右边,那就含有分的问题、敬的问题,结局还是一种道德上的问题。中国法系的法律,对于道德所希望的,一切事情,都想以刑的力量,去强制人民遵守,"出于礼则入于刑";中国法系的法律和道德是具有同一范围的对象的。一切的社会现象都可以作道德评价的对象,同时并可以作法律评价的对象的;并不是社会现象中,一部分是道德评价的对象,另一部分是法律评价的对象的。《清刑律·杂犯》载:"凡违令者笞五十;凡不应得为而为之者笞四十,事理重者杖八十。"然而，法律究有如许的力量吗？譬如唐律以来，十恶中的不孝条列举：祖父母父母在，别籍异财或奉养有缺；居父母丧，身自嫁娶或作乐释服从吉；清律载："若居父母丧而兄弟别立户籍、分异财产者，处八等罚"；民国十七年间所用的民法法典——"《现行律》关于民事有效部分"——全量虽只数页，劈头就写了一大篇的服制——什么大功几月、缌麻几月，这等规定，实际上，并没有什么效力。法律对于人的感情作用，是无力左右的。法律是一定限度的道德，这一句话对于一部分的法律而说，是有相当的真理的。法律若期望一切善的实现，以一切善的实现做自己的责任，那就"力与心违"，结果法律只有失去它自己的威信。

但是我们研究中国法系的法律和道德接近这一个问题时，除发见支配范围未分化这一点事实以外，还有一种事实，我们同时亦能够发见的，就是中国法系的法律和中国的道德是具有同一本质的，是具有同一目的的。中国法系的法律和中国的道德，我们研究他们的本质，都逃不出"天意"二字。《书经·尧典》载"咨汝二十有二人，钦哉，唯时亮天功"，《管子·版法篇》载"版法者，法天地之位，象四时之行，以治天下"，《书经·皋陶谟》载"天讨有罪，五刑五用哉"，《汉书》载"因天讨而作五刑，大刑用甲兵，其次用斧钺，中刑用刀锯，其次用钻凿；薄刑用鞭扑"。又譬如孟秋之月，戮有罪，严断刑，因为秋是肃杀之气的缘故。日月蚀或地震时，帝王常下大赦之令，亦无非以为日月蚀或地震等是天对于刑罚不当的一种震怒。那末，中国法系的法律可以证明是以天意做它的本质的。至于中国道德的本质呢，孔子说"君子有三畏，畏天命，畏大人，畏圣人之言；小人不知天命而不畏也，狎大人，侮圣人之言"。孔子又说"获罪于天无所祷也"。《诗经》载"天生烝民，有物有则，民之秉彝，好是懿德"；《中庸》劈头载"天命之谓性，率性之谓道"。那末，人就是应该以天道做道，善就是不背天道。所以，中国法系的法律和中国的道德是具有同一本质的。

认天意做法律本质的法律思想,原不是中国法系的一种特征,各个原始法律都是如此的。但是中国法系,认天意做法律本质的法律思想,不是一种无批判的,这点是和其他法律的思想不同。其他原始法律的思想,只有认定天意(此处所谓天当然是神的意味,不是自然的意味)是法律的本质,没有法律目的的问题发生。在西洋法律思想史上,发生法律目的的问题还是最近的事实。中国法系,是早具有目的思想的,法字古作"灋"字;《说文》载"平之如水,从水;廌所以触不直者去之",从"廌去",从"廌"那无非是古代没有科学的调查证据方法,用神兽折狱的一种表示;从水,那就是告诉我们以法律目的的所在了。法律的目的是平之如水。《书经·君陈》载:"殷民在辟,予曰辟,尔唯勿辟,予曰宥,尔唯勿宥,唯厥中。"《书经·吕刑》载:"哀敬折狱,明启刑书胥占,咸庶中正。"法律的目的是中正(mean),是衡平(equity)。至于中国道德,亦以中庸做目的,孔子说"中庸之为德也其至矣乎,民鲜久矣",又说"礼乎礼、夫礼所以制中也",《周礼》载"五礼防万民之伪,而教之中",孟子说"汤执中"。所以中国法系的法律和中国的道德,是具有同一的目的。结果,圣人的思想同时就是一种法律。汉魏时,常有以《春秋》或其他经义决狱的事,至少法官解释和适用法典时,的确是以圣人的思想做标准的。

汉魏有孕妇缓刑的规定,妇人当刑而孕,产后百日乃决。汉有亲亲得相首匿的规定,子得匿父母,妻得匿夫,孙得匿祖父母。汉律又规定年七十以上,或十岁以下,有罪当刑者,皆免之。唐汉律有录囚的规定:视察已入狱的——已判或未判的——囚人,有无冤枉的情事,加减其刑。又如热审的规定:因为中国的刑是以秋天执行做原则,不忍把轻罪的人在热夏的天气,拘系于牢狱中。举行热审,流、徒、杖等罪,减等发落,笞罪豁免。又如照限补枷的规定:热夏时,一应枷号人犯,限期未满者,暂行释放,俟出暑时,仍照限补枷。以上所述,都可以证明中国法系的规定,没有离开道德的要求。

四

　　我们现在来说明法律自身的性质。法律原来是具有两种必要的性质的:一种是公平,一种是确定。这两种性质是立在互相否定的地位。因为法律既然要人民遵守,不能不有相当程度的永久性。朝令暮更,不但使法律失去自己的威信,同时人民亦无从遵守。承认法律的存在,谁都不能不承认法律确定这一点性质的。但是社会是前进的——或许可以说是后退,总不是立而不动的,法律公布了太长久,为维持它的确定性起见,就完全,或是大部分失去它的公平性。确定性可以说是公平性的确定性,若是法律失去它的公平性,那就确定性也就完全没有价值了。在这种状态之下,法律是只能够对于某被适用的一案件,发生效力,不能够对于一般同样的案件,发生效力。在法官方面,大有应接不暇的状态;在人民方面,对于法律,是完全没有信用和敬意。法典为打开公平性这一条路起见,必然的要变更。所以,法律思想史和法制史自身是一种法律和道德离合的历史。我们引西洋的法律思想和法制史来说,滂特分法律进化为原始法律时代、严格法时代、自然法或衡平法时代、法律成熟时代和十九世纪末叶以来法律哲学思想的勃兴。原始时代的法律,当时人民或为政者还不晓得立法的技术,并且法律和道德还在未分离的状态,当然是只有公平的要求。严格法时代是只求法律的严密,绝对没有通融性,罗马古代的法律偷砍葡萄树是有罪的,但是偷砍天竹,就不能适用这个公式。自然法和衡平法时代是对于严格法思想的反叛。自然法学者提出许多自然权的形式,衡平裁判所是根据正义良心去下判断。这个时期是法律和道德的接合。经过了十八世纪,十九世纪初法国编了《拿破仑法典》以来,各国都起来编制法典。一般法学者都以为法律是已经完成了,法律在自己的范围以内,可以维持它自己永久的生命,再不要人家来扶助它,法律离开道德独立。但是这个自以为可以做万世不易的典型的法律,不到一个世纪,适用上就发生许多冲突,就发生正义良心所不许可的结果。于是乎,十九世纪末以来就发生了许多法律哲学的思想,如新康德派、新赫呆尔派、社会法学派、自由法论、社会连带主义等。滂特说法律哲学思想的勃兴也是一种法律和道德的接合。这一句话,至少在结果上是含有相当真理的。因为道德是比较法律走得快的,能够先追随社会生活的状态而变化。虽然法律和道德这两种东西都以社会生活为中心,看起来好像道德随民生而变,法律随道德而变。

中国道德思想虽以封建的社会生活做背景的,我们是不能够接受的,什么礼不下庶人、刑不上大夫的法律思想和旧律上八议制度,我们是要推翻的。但是古圣人留给我们几个道德的概念,什么义、什么诚、什么仁,这等范畴,总可以说是永久不变的。中国法系的法律和中国道德处在这等同一范畴之下,道德范畴的内容随民生而变了的时候,法律思想就可以随道德思想而变。这一点应该是中国法系的生命所在,至少应是中国法系的时代适合性。中国现在所输入的,是欧大陆的成熟法。这种欧大陆成熟法,莫说和中国的习惯有许多不适合的地方,即是在欧大陆亦处于苦闷的状态。我们对于欧大陆法的技巧,我们是要输入的,至于维持法律公平性的一点思想,中国法系是原来有的,不要抛弃,或许还可以贡献于世界,希望法学者起来研究一下。输入西洋的法律哲学思想,很不易得中国一般人的理解。我记得,陪审制度,在德国,起初很不容易受一般人的赞同,后来学者研究陪审制度原是夫鲁克时代的一种制度,才受德国一般人的欢迎。现在我国大多数人,很奇怪的,都以为法律是一种独立的东西,法律以前——法律成立的社会原因——都不去管它,法律以后——法律施行的结果——也都置之于考虑之外。告诉他们,中国原来的法律也和道德很接近的，或许他们能够抛弃这一种思想。

本篇文章，写到此处，原来是已经完了的，偶然想起梁启超先生在他的《先秦政治思想史》上，曾说过"以《大清通礼》比《大清律例》，《大清会典》，我未见通礼之弹力性，能强于彼两书也"，不能不再写几句。就是何谓道德的规律，何谓法律的规律的问题。道德是社会生活上人格者的共同意欲之内面统一关系的规律，法律是社会生活上人的或集团的意欲之外部支配关系的规律，道德是意欲之内面的统一，法律是意欲之外面的统一。中国的礼几千年来没有变更的原因，应该是中国数千年来封建社会没有崩坏的关系，不能说是道德没有活动性，道德是比较法律富有适应性的。

（原载《社会科学论丛》第 1 卷第 4 期［1929 年］，第 32—46 页）

对于我国《民法》之批评

为哀悼蔡岳贤教授而作

我国《民法》,于极短之时间而编成,我人不能不感佩立法院诸委员莫大之努力!唯以其成于极短之时间,自不免有多数之缺点。就浅见所及,作成此文,或亦可以作将来修正《民法》与现在解释《民法》之参考。

我国《民法》之缺点,余约分之为五:(一)单纯之错误;(二)仅抄袭他国民法条文之一部分,或某部分以甲国民法为母法,他部分又以乙国民法为母法,以致发生矛盾;(三)不顾虑我国古来法律与外国法律之基本观念不同之处;(四)不顾虑我国现存法律之现象;(五)其他。

以下,余将分论我国《民法》各种之缺点。然任何国家之民法,以任何长时间而编成之民法,均不免有其缺点,唯赖学者之解释,以为补救而已。今就各缺点之处,附述余之解释意见而论究之。

一

(A)单纯错误之最显著者,余以为莫如称经理人有为商号管理事务及签名之权利(五五三条)。①

假定经理人管理商号事务为一种权利,即不啻认经理人得不管理商号之事务;商号添聘一个经理人时,原经理人亦得认为侵害自己之权利

---

① 本篇未指明具体法律××条者,均指《中华民国民法》××条。——编者注

而提起诉讼。陈瑾昆氏谓经理权属于形成权之性质,又谓经理权为代表权(陈氏《债篇各论》二二四页);实则代表权亦并非形成权,而系权限(陈氏《民法总则篇》九五页)。[①] 此盖系权利与权限均简称为权,立法者仅因一时之不注意,而称经理权为一种权利而已。解释者若不直认该五五三条条文为错误,实无任何说明之可能。

或将以为经理人得请求报酬,得为经理人权利之说明。姑无论请求报酬是否系一般所称经理权之内容,然而条文仅称为商号管理事务及为其签名之权利。

或又将以为我国《民法》称经理权是一种权利,并非单纯之错误,而系关于权限见解之错误;立法者殆以为权限是权利之一种,系属于形成权之性质。然而在我国《民法》其他各处,并无关于此种思想之痕迹。我国《民法》法人、代理、委任、合伙、各节条文,并不称董事之权利、代理人之权利、受任人之权利、事务执行人之权利。

(B) 五三五条称无偿之受任人须有与处理自己之事务为同一之注意,五四四条称无偿之受任人仅就重大过失负过失责任。假定无偿受任人并无重大过失,而又不与处理自己事务为同一之注意时,是否有损害赔偿责任? 陈瑾昆氏关于此点之说明,虽属不甚明显,而寻释文义,一似在此情形时,仍不得成立损害赔偿责任。其对于五四四条,或系一个忠实之解释;然而义务虽不履行,亦无责任,则五三五条规定此种义务,抑将有何意义。我人参照二二三条而为五四四条之研究,五四四条显系错误,应为二二三条为同一之用语。唯我人既知五四四条用语之不完全,是故考虑五四四条与五三五条之关系,对于五四四条之解释,应以为若

---

① 分别为陈瑾昆:《民法通义债编各论》,北平朝阳学院 1931 年版;陈瑾昆:《民法通义总则》,商务印书馆 1930 年版。——编者注

曾与处理自己事务为同一注意者,仅就重大过失,负过失责任。

(C) 一八条一项称人格权受侵害时,得请求法院除去其侵害;又一九条称姓名权受侵害时,得请求法院除去其侵害。依该二条之文字而为解释,除去其侵害之行为显系法院之行为。我人试思法院是否系为此种行为之机关,此种行为之费用是否应由国家支出? 当然,在此种情形之下,应以由法院命令侵害者为除去侵害之行为为是。若是,则该二条条文之用语,应系错误。依余之推测,该二条条文,殆为瑞士民法二八条、二九条之误译。瑞民二八条、二九条称 Klagen[起诉],乃系得提起侵害之诉之义。故余对于我国《民法》一八条、一九条之"请求"二字,作"请求判决"之解释。

(D) 六三六条所称运送人之雇用人,应系受雇人之错误。虽雇用人亦可解释为供给劳务之人;然考雇佣与侵权行为之条文,均称供给劳务之人为受雇人。若径以六三六条之雇用人作为雇佣、侵权行为条文所称之雇用人解释,则运送人系直接与托运人订立运送契约,除托运人外,更有何运送人之雇用人之可言。

又九四二条之雇用人,亦显系受雇人之错误。

以上所举(A)(B)(C)(D)四项,仅系错误之显著者,且为解释者应特别注意之错误。当然,除此四者之外,我国《民法》并非关于第一种之缺点,已无其他可为指摘之处。例如将代理权之授与,列入于债之发生,显亦系一个单纯之错误。瑞士债务法于债之发生中,虽亦有关于代理权之规定,殊不知瑞士债务法之代理,系规定于契约之中,且瑞士债务法系颁布于瑞士民法之先。

二

(1) 关于第二种缺点,其中如悬赏广告之性质,已因而成为我国《民法》研究者争执之问题。盖我国《民法》一方面仿法于日民、瑞债,将悬赏广告之条文列入于契约之中,他方面又以为德民法六五七条末段之条文,颇系适应于事实之规定,乃于一六四条一项末段,又与德民为同一之规定。殊不知日民、瑞债因无德民六五七条末段同样条文,是故得将悬赏广告规定于契约之中;德民因系将广告之条文,另为一节,是故得为六五七条末段之规定。我国《民法》一部分仿法日民、瑞债,他部分又仿法于德民,忘却三国民法对于悬赏广告所承认之性质系根本不同,自不免解释上发生极度之困难。

余对于一六四条一项之解释,以为完成一定行为人之报酬请求权,原则的系因契约所发生之债权,唯有时则例外的,法律直接的规定其发生此种效果。

(B) 我国《民法》关于女子结婚年龄之规定,亦系具有此第二种之缺点。当然,以十六岁为女子结婚年龄,不但与二三他国之法例相同,且或许亦系适应于现在我国社会之实情。然而我国《民法》同时原则的又采取结婚成年之立法,与规定妻有完全之行为能力。仅十六岁之女子,唯因其业已结婚,法律果应视为有完全之行为能力乎?瑞士民法虽认结婚者为成年,而其结婚年龄,男女均系十八岁;法国虽亦有结婚成年之规定,女子以十五岁为结婚年龄,而其妻之行为,每须经夫之同意。我国《民法》关于结婚者有行为能力之规定,显系以瑞民法为母法,而女子之结婚年龄则定为十六岁。深恐将来此二条条文适用之结果,因妻无充分之识别能力,将引起家庭间之不和。改正《民法》时希特加注意焉。

余之意见,以为我国《民法》理论上自应采取结婚成年主义,为适应我国现在之实情起见,亦自应定女子结婚年龄为十六岁;唯在女子仅十六七岁之时,似以仍认为限制行为能力人为是(《民法》原亦有关于未成年夫妇之法定代理人之规定)。

(C) 我国《民法》九七条显系以德民一三二条二项为母法；然而仅有德民一三二条二项条文之一部分。适用我国《民法》九七条之规定，公示送达时，究应由何个法院为之？《民诉法》一五二条虽仅称受诉之法院，准用该条之规定，岂表意人得任意向一个法院为公示送达之声请乎？公示送达并非仅系一个形式，观其关于时期及方法之规定，当然尚有对方得了知送达之假定。是则为公示送达之何个法院，与对方能否了知送达（虽仅系一个假定），自有密切之关系；且我国《民诉法》所规定之公示送达，并非一定须登载于销行全国之政府公报，仅登载销行于一定区域之公报，亦为法律所许。

我国《民法》九七条对于公示送达之(Zuständig)之规定，付之缺如，是对方因公示送达，将甚少了知意思表示之可能。九七条虽系保护表意人之规定，未免使对方有受损害之危险过甚。且九七条并非仅适用于对方故晦其姓名居所之时。德民一三二条二项立法之用意，有以下二点：（一）保护表意人；（二）对方亦可以假定其得了知意思表示。我国《民法》九七条则虽以德民一三二条二项为母法，而完全忘却其第二点之用意。

(D) 我国《民法》关于买回之规定，几全部以日民为母法，而独三七九条二项则系脱胎于德民之四九七条二项。是故关于买回之性贵，戴修瓒氏与陈瑾昆氏之说明不同。戴氏以为我国《民法》有三七九条三项之规定，殊难索解。实则采取日民通说，对于三七九条二项之说明，难免不感矛盾（返还较多或较少于原价金之金钱，自非回复原状）。采取德民之各种学说，对于三七九条三项及其他二三条文，亦只能如戴氏之称为殊难索解。当然，三七九条二项自亦有其立法上之价值。然而不能忘却其他买回全部之规定，系以返还原价为前提。三七九条二项，只可变其形式，规定于三八〇条二项，或规定于买回之末条。就现在条文之排列而言,显系矛盾。

以数国之条文为母法,而各采取其所长,自系立法者应有之态度。然而不能不顾虑他国民法之某一条条文与其国民法全体或某一群条文之关系。

以上(A)(B)(C)(D)四项,当然并非我国《民法》第二种缺点之全部。例如《民法》一八条二项显系以瑞民二八条为母法。而瑞债四九条极明了之规定其得请求损害赔偿及慰藉金之条件;我国《民法》人格权侵权行为之条文,对于《民法》一八条二项之关系则殊欠明了。因是陈瑾昆氏以为人格权之中,唯某数种人格权受侵害时,得请求损害赔偿(陈氏《债篇总论》九三页)。须就我国《民法》与瑞债为比较之研究,始知人格权侵权行为之成立,以过失故意为要件,我国《民法》一八条所谓之特别规定亦与瑞民二八条所谓法律有规定者相同。此点亦未免非立法之欠连络处。

三

我国《民法》遗留有中国法系之残物者,仅典权一章。典权之标的物,以房屋为多。外国法系之思想,房屋与地基系二个之独立物;我国法系之思想,所谓房屋者,系包含地基而言。我国房屋之出典,当然系房屋连同地基之出典。我国《民法总则》之规定,既袭取外国法系之思想,认房屋与地基为二物,乃于典权章并不明文规定房屋之出典视为房屋连同地基之出典,似系忘却中国法系与外国法系对于房屋意义之根本观念之不同。且对于房屋抵押时,有法定地上权之规定(八七六条),对于房屋之出典时,法定地上权之规定反付之缺如,显系以房屋连同地基出典之思想为前提,无上述之明文规定,更不免有遗漏之嫌。

又典期届满后,《民法》规定其即取得典物之所有权;取得典物之所有权后,即得有效处分,此自系以清律为渊源。然而物权通则章规定因法律行为而取得不动产所有权者,须有登记,始发生效力;其余因继承、强制执行、公用征收、判决而取得者,亦非登记,不得处分。《民法》规定因继承、强制执行、公用征收、判决而取得不动产所有权者,须经登记,始得处分,典权人取得典物所有权者,虽未登记,亦得处分,其所以不同之理由安在哉? 显系立法者对于典权部分系以清律、清《户部则例》、《清理不动产典当办法》、《台湾民事令草案》为主要参考资料;物权通则部分则以德民为母法,因而忘却中国法系法律与德国民法关于不动产物权移转之根本思想之不同。不然,则典权人取得典物所有权后,为求交易之安全起见,自亦应以同样的规定其须经登记后始得处分为是。

四

(A)我国《民法》关于童养媳之规定,完全付之缺如。虽童养媳之制度并非一个合理之制度,然而我国现在社会确有许多童养媳之存在,且自有其存在之理由。我国《民法》立法之此种态度,余窃以为未免不当。盖不承认童养媳关系之有效,并不能保护已为童养媳之女子之利益。或以为因有一一二三条三项规定之故,被认为养家之家属,童养媳已有受监护、受扶养及一一二六条之权利,然而(一)一一二三条三项系以永久共同生活之目的为前提,童养媳初入养家之时,果有意思能力乎?(二)假定得认为养家之家属,则在未成年以前,因一一二七条之规定,不得由养家分离,童养媳只须事实上有结婚之行为,虽法律上认其结婚无效,在现在社会情形之下,已受莫大之损害,《民法》不宜仅不承认童养媳关系之有效,更应积极的助长事实上业已成立之童养媳关系之解除。

又就及面而言,事实上之童养媳关系,维持至双方子女之婚约年龄以后者,是否得认为双方子女间婚约关系之存在,使童养媳得受九七八条之保护? 在现在我国社会情形之下,自系男子否认童养媳关系者为多。童养媳关系之成立,在童养媳自身方面,并无若何可归责之事由。是故关于九七八条之适用,应亦有予以明文规定之必要。不然,亦应以明文规定童养媳关系为双方父母之契约,使其因此而得发生损害赔偿之关系。

(B) 我国《民法》虽亦有关于永佃权之规定,唯永佃发生原因为《民法》所规定者,仅有永佃权之设定。实则我国之习惯,以法律行为设定永佃关系者甚少。一般的常系因对于该土地有长期间之佃种关系,或对于该土地有特别之努力而发生。所设田皮与田骨之关系,大抵如是。我国《民法》对于永佃权之此种发生原因,并不予以明文规定,余以为未免有过于保护土地所有权之嫌,忘却我国从来及现存之法律现象。

(C)就比较的具有世界性之债法而言,我国极普通之做会制度,何以不予以明文规定? 学者之中,或以为做会是一种合伙关系。姑不问其是否系一种合伙关系,只须其与一般合伙有一二点之不同,则此种极普遍之法律关系,亦应于债法之中,另节规定。何况做会亦尚有数种,因其种类,而其性质各有不同。

当然,极率直的言之,除台湾私法外,从来别无关于中国各种私法制度之研究,何怪乎我国《民法》之立法并不考虑及我国现存之法律现象。我人以后若能从事于我国现存法律现象之研究,则将来《民法》改正时,将不知有几许私法制度须加入于《民法》之中也。

五

关于我国《民法》其他缺点,为我国一部分学者所已指摘者,则为条文之排列问题。例如仅系关于意思表示之方法,而规定于法例之中;典权规定于质权之后、留置权之前。然此仅系体裁上之问题而已。余在本节,将就一比较重要之问题,略述己见。

我国《民法》关于夫妻财产制,计规定有四种;条文之总数,计有四十余条之多。余以为此等条文,将仅有二个可能之结果:(一) 此等条文仅有形式上之存在;(二) 此等条文将被滥用。第一种之结果,日本民法已有其先例。唯我国现在离婚如是之多,深恐离婚之时,将各提起不完全之证据,或伪造证据,为夫妻间财产之争执,殊非夫妻财产制之本意。关于夫妇之财产制,仅有法定财产制之规定与一〇〇五条足矣。夫妇以感情为结合,法律过于预防夫妻间争执之发生,为许多解决夫妇间争执之规定,结果或反教示夫或妻以争执之知识。

当然不仅夫妻财产制如是。法律虽以之解决诉讼,有时诉讼每因法律而发生。立法者,尤其身份法之立法者,须了解法律使命之限界。我国《民法》之立法,似对于此点,稍欠注意。

二月之前,蔡教授劝余发表一文为《民法》之批评,余当时尚无作此文之决心,月来亦无作此文之准备。不料蔡教授来校仅两月,遽尔一病不起。谨就年来所想到之各点,拉杂成文,聊志哀悼云尔。

(原载《社会科学论丛》第 4 卷第 1 期[1932 年],第 9—21 页)

债权之内容

——债权与请求权

一、关于债权内容之诸学说

债权之内容，或以为纯系请求权，或以为请求权之外，尚含有其他权利，或以为请求权仅系一种积极之力，债权尚有其他消极之力，或以为请求权仅系得现在实行请求给付之权能。学者之主张颇不一致。

（甲）主张请求权系债权唯一之内容者，我国之学者有陈瑾昆氏。陈氏谓债权之内容，专在请求特定人为一定行为或不为一定行为。至于撤销权、抵销权等，乃法律于其固有之内容外，特别赋与之效力（陈氏《民法通义·总则》三九页参照）。德国民法学者 Endemann 亦以为请求权与债权概念的系同一意义。Endemann 氏之主张，足资参考者，有以下三点：

（一）E 氏所谓请求权与债权同意义者，系指各个之债权而言，并非指权利状态之债关系而言（Endemann, Lehrbuch des büragerlichen Rechts I. 1. § 86. Anm. 9. s. 452）。

（二）债权的请求权与物权的请求权有区别。债权的请求权之内容自初即已决定；物权的请求权则因物权之侵害而来，其内容因侵害之方法而不同。债权的请求权之义务人，为债关系所直接决定，且为债关系之必须决定者；物权的请求权之义务人则因外部之侵害而决定。是故唯债权的请求权（Obligatorischer　Anspruch），法律称之为债权（Forderung）(§86. Anm. 12. s. 452，453)。

（三）请求权之意味，并非现在得实行权利之权能，仅因支付犹豫或延期抗辩，致一时不能请求给付者，并不妨其请求权之成立(§86，3. e. 453)。

（乙）主张债权之内容，于请求权之外，尚含有其他之权利者，系民法学者间之通说，此种主张，认债权与请求权并不相同。以下略述德国民法学者 Tuhr 与日本民法学者石坂二人之所说。

（一）T 氏以为债权之第一权能系请求权，但是同时尚含有领受担保给付(原文为 Zugriff auf des haftende Vermögen，直译之为取得保证之财产)之权能，与其他从属于请求权之抵销权、抗辩权等权能。请求权系债权之核心，系债权人得到满足之原则的方法；然而并非债权内容之全部(Tuhr, Der allgemeine Teil des deutschen bürgerlichen Rechts, I. § 15. 11. s. 242)。

T 氏又以为绝对权虽亦可以有请求权，但其请求权就其权利之支配而言，并非本质的内容。

（二）石坂氏以为自绝对权所生之请求权，显非权利。至于自债权所生之请求权，虽系属债权之本质，无请求权之债权不能承认其存在。但是请求权并非即系债权，请求权仅系债权之效力。其理由有二：(1) 一个债权关系常包含有数个请求权；合数个请求权而称为债权，债权显与请求权不同。(2)债权之效力，除请求权外，尚有代位权、撤销权、抵销权等权利；债权之效力并非仅限于请求权(石坂《日本民法》三一页)。

石坂氏又以为请求权可分为履行期未届到之请求权与履行期已届到之请求权；履行期前，请求权业已发生(石坂同书三二页)。

（丙）以请求权为债权积极之力者，系日本中岛[玉吉]氏之主张。

中岛氏谓债权对于债务人之力,分为积极之力与消极之力。积极之力者,债权人得向债务人请求一定给付之力是也。消极之力,则系债权人保持给付之力。虽有积极之力者,必同时有消极之力。然而有消极之力者,未必有积极之力。所谓不完全债权者,即系仅有消极之力之债权。至于非债清偿之不当得利之返还义务,尤其以债权之消极之力,始能说明(中岛《债权总论》八页)。

中岛氏又以为物权亦有二种内容:一系直接支配标的物之力;一系禁止他人妨碍支配之力。此第二种力即系物权的请求权;物权的请求权,在物权被侵害以前,业已存在(中岛《民法论文集》一一六页)。不问其为债权的请求权或物权的请求权,其应具之要素,只有权利人、义务人、请求之内容与请求权之发生原因四者。唯期限或条件亦得为请求权之偶素;停止请求权实行之事实之不存在,并非请求权之要素(中岛同书一一九页至一二一页)。

(丁)以请求权为得现在实行请求给付之权能者,为德国 Kohler 之主张。除 Kohler 外,仅 Dernburg 等数人。本篇略述 Kohler 之所说;关于 Dernburg 之所说,请参照 Dernburg, Bürgerliche hes Recht I. § 175. s. 577。

K 氏谓请求权有实现请求权(Verwirklichungsansprüche)、担保请求权(Sicherungsansprüche)、辅助请求权(Beihilfeansprüche)三种。请求权并非一个独立之权利,而系由权利所生之权能——请求实现、请求辅助实现、请求担保之权能(Kohler, Lehrbuch des Bürgerlichen Rechts I. § 56. s. 171.)。

K 氏就债权与请求权之关系,谓请求权系请求某种行为之权能;唯在债关系已成熟,达于得为此种请求之时,请求权始能自行发生。一个债关系得发生许多请求权;唯如使用租赁关系、用益租赁关系,各个之义务与各个之请求权常仅在将来发生。附有条件之债权,唯在该条件成就时,请求权始能成立;附有日期或期间之债关系亦然。请求权之本质,并非将来之伸张,乃系现实之需要满足。是故无所谓附有日期或条件之请求权,无所谓将来之请求权;称履行期已届到之请求者,乃系二重之用语(Kohler, Lehrbuch des Bürgerlichen Rechts I. § 57. s. 177.)。

二、对于诸学说之考察——债权内容问题与其他问题之关系

外国学者关于债权内容之主张,原不能以我国《民法》为根据,批评其当否;我人只能了解其着眼点而已。本节就是对于各学说之着眼点的考察。

研究债权与请求权的关系,须同时考虑者,有二个重要问题:(一)债权的请求权与物权的请求权的关系;(二)债务与自然债务的关系。

(一)Kohler 氏对于债权的请求权与物权的请求权的关系,就其目的,为统一的解释:请求权是借以实现权利,或在必要时,担保其权利之实现(Kohler, Lehrbuch des Bürgerlichen Rechts I. § 55. s. 173)。是故就其成立时期,亦为统一的说明。K 氏谓物权的请求权唯在物权被侵害时,始告成立。当然,K 氏关于物权的请求权成立时期之主张,较之 Windscheid 谓物权的请求权在物权被侵害以前业已存在之主张为合理。然而一般学者,不但就二种请求权之目的与成立时期,不为统一的说明,即就其是否系权能或权利,亦不为统一的解释;仅认对于作为或不作为之请求,为二者之一致点。

(二)中岛氏主张请求权仅系债权积极之力者,盖该氏以为自然债务亦系债务之一种。一般债务关系,债权有积极之力与消极之力,自然债务

关系则于债权仅有消极之力故也。Endemann 谓自然债务,对于债务人给付之履行,并无权利保护请求权(Endemann, Lehrbuch des bürgerlichen Rechts I. § 99. s. 585)。Endemann 以手续法上的观念,区别债务与自然债务;中岛氏以实体法上的观念,区别债务与自然债务。

石坂氏谓若承认自然债务之存在,则自然债务,理论上应系无责任之债务,债务关系成立,唯无责任关系而已(石坂《日本民法》四七页、石坂《民法研究》下卷四二页)。申言之,石坂氏之主张,自然债务关系,债权存在,债权并非失去其一部之内容。

Tuhr 谓德国民法六五六条、七六二条所规定之情形,因无请求给付之权能故,应无德国民法二四一条之意义之债务关系存在。德国民法所称之债务关系,系一方有债权,同时他方有债务。自然债务关系,虽取得给付者不但不能强制给付,且不能请求给付,然而有给付之义务存在(Tuhr, Der allgemeine Teil des deutschen bürgerlichen Rechts, I. § 4. s. 95, 96.)。Tuhr 系摒斥自然债务观念于债务观念之外;决定债权之内容时,自无对于自然债务加以考虑之必要。

以上已就(丙)(丁)二说之着眼点,与(甲)(乙)二说特别不同之处,略加以考察。至于(甲)(乙)二说相互间,并无多大之差异。一则以为唯一之内容,一则以为本质的内容而已;且从属的内容,并不能单独存在。

三、关于债权内容之私见

所谓关于债权内容之私见,当然是在我国《民法》之下,余关于债权内容之见解:

我国《民法》上有无承认自然债务?德国民法上自然债务之范围,学者之主张虽各不相同;一般以为德民二二二条二项罹于时效之债务系自然债务。我国《民法》一四四条二项之条文系与德民二二二条二项之条文大致相同,是我国《民法》上应亦有自然债务——至少有一种自然债务。我人若以为自然债务亦系债务,则自然债务关系仍有债权之内容存在。考虑债务与自然债务之关系,关于债务之内容,应以采取中岛氏之主张为是。盖我国《民法》上之时效系请求权消灭之原因,罹于时效之债务,显系无请求权存在,不能仅以之为无责任之债务。

采取中岛氏之主张,不仅对于一二五条至一二七条之规定与一四四条二项、一四五条一项之规定之关系,得为妥当之说明,即对于一二五条至一二七条之规定与一四四条一项之规定之关系,亦得为合理之解释。盖请求权消灭之后,债务仍旧存在,因而债务仍旧存在,是故对于得拒绝债务之履行,非有明示规定不可(与同一内容之德民二二二条一项之条文,完全采受不同之解释)。然而采取中岛氏之主张,对于一四六条之规定,则完全不能说明。盖一四六条之从权利系指担保物权或保证债权而言,观其但书之规定及其与德民二二四条用语之不同,毫无疑义。担保物权及保证债权者,系债权之从权利,并非债权之请求权之从权利;一四六条之主权利应系指债权而言;债权须因时效而消灭。中岛氏之主张,请求权因时效而消灭后,债权仍有其消极之力,债权并非因时效而消灭。是故中岛氏之主张实不能说明一四六条之规定。我国《民法》上关于债权之内容,应不能采取中岛说。

一四六条之从权利系指担保物权、保证债权而言,主权利系指债权而言者,盖以该条但书之特别规定,除一四五条一项、八八〇条以外,别无所指。德民二二四条之特别时效虽系指德民一九七条(即我国《民法》一二六条)而言(Planck, Kommentar Zum Bürgerlichen Gesetzbuch, I. s. 55)。然德民二二四条系称主请求权与从属于主请求权之从给付之请求权,用语系与我国《民法》一四六条不同。且德民二二四条系排斥其特别时效之规定,我国《民法》一四六条则系从其特别规定;从权利若系给付之请求权,我国《民法》殊无与德民为反对规定之理由。

中岛说既不可取,关于我国《民法》上债权之内容,其将采取何说乎?陈瑾昆氏以为请求权系债权唯一之内容。余亦与陈瑾昆氏采取同一之主张。唯陈瑾昆氏关于时效、效力之说明似乎过于牵强,且依陈瑾昆氏关于时效、效力之主张,将同样的不能说明一四六条之规定。更进而论及一二五条至一二七条与一四一条一项间之关系,非就时效完成后债权的请求权之变动,为妥当之说明,则关于以请求权为债权唯一内容之主张亦将不能自圆其说。

陈瑾昆氏谓,关于时效之效力,一四四条、一四五条就债权的请求权设有相反之规定,一二五条至一二七条关于时效、效力之规定,应不适用于债权的请求权(陈氏《民法通义总则》三四七页、三四八页)。然而一二五条至一二七条之规定不适用于债权的请求权,则其结果须适用于物权的请求权或其他亲属法、继承法上之请求权。一二六条、一二七条显系关于债权的请求权之规定,应不能适用于物权的请求权或其他请求权。一二五条亦以物权的请求权之消灭时效另有九六三条之规定故,应不适用于物权的请求权。亲属法上或继承法上之请求权,因性质之不同故,其因时效而消灭者,非有特别之明文不可,一二五条亦不适用于亲属法上或继承法上之请求权。是一二五条至一二七条均系关于债权的请求权之规定,应不得单就一四四条一项之条文,解释债权的请求权在时效完成后之变动。且依陈瑾昆氏关于时效、效力之主张,则理论上当然之结果,一四六条之主权利,只能指债权的请求权以外之请求权而言(盖依陈氏在同书三四八页之说明,唯债权的请求权以外之请求权始得因时效而消灭故也;虽陈氏在同书三八一页之说明,仍系指债权为主权利),一四六条之从权利将系何种权利,一四六条但书之特别规定将系何条条文,亦必发生疑问。

　　虽然时效完成后所发生之抗辩,并非延期抗辩,而系永久抗辩、排除抗辩、永久排除请求权之实现(Enneccerus, Lehrbuch des Bürgerlichen Rechts, I. p. 208. s. 588, 589);因抗辩权之实行,得使请求权消灭。然而虽有拒绝给付之权,在未为必要之表示以前,义务仍旧存在(Tuhr, Der allgemeine Teil des deutschen bürgerlichen Rechts, I. p. 17. s. 294),仅一抗辩权之存在,不能即使请求权消灭。消灭抗辩(Zerstörliche Einrede)之发生究与请求权之消灭不同。

　　原来,沿革上,一二五条至一二七条之规定与一四一条一项之规定系互相矛盾,日本学者根据日本民法一六七条之消灭二字,以为时效系权利消灭之原因(富井《民法原论》第一卷六三〇页);德国民法学者以为德国民法二二二条一项(与我国民法一四四条一项相同)系法律关于时效效力之规定,主张时效完成后,请求权并非消灭,而系发生抗辩权(Planck, Kommentar Zum Bürgerlichen Gesetzbuch, I. s. 558)。陈瑾昆氏关于时效完成后债权的请求权之变动之说明,不过从诸德国民法学者之通说而已。且一四四条一项之条文,若以之为对于时效在法律上之效力之规定,虽不采取德国民法学者之通说,理论上亦不能不以债权之不消灭为前提。不然,债权业已消灭,则债务人当然得拒绝给付,更无规定此种效力之必要。于是乎,一二五条至一二七条规定请求[权]之消灭,一四一条一项规定债权之存在。关于债权之内容,若采取以请求权为债权唯一之内容或本质的内容之主张,似乎终不能免去二者间之矛盾冲突。

　　余在我国《民法》上之解释意见,债权的请求权在时效完成后,因一二五条至一二七条之规定及其他散见于债编各处之规定(一九七条、四五六条一项等条文),并非仅债务人方面发生拒绝给付之抗辩权,而系债权的请求权自身归于消灭。物权的请求权在时效完成后,因九六三条之规定而消灭。一四四条一项之条文,沿革上虽系关于时效在法律上之效力之规定,我国《民法》上之解释,余以为仅系说明一二五条至一二七条之条文与一四四条二项之条文之关系。盖一二五条至一二七条虽规定请求权消灭,债权业已消灭,一四四条二项又规定债权人得领受给付;时效完成之事实上之效力,仅得不为给付,一四四条一项之得拒绝给付,即系得不为给付之意味,并非得积极的为拒绝表示之意味;此点系与德国民法二二二条一项之解释不同(参照前所引用 Tuhr 之说明)。原来法律对于此种事实上之效力,无另设明文之必要,一四四条一项之条文,在我国《民法》上,仅系一个注意的规定。若必以为一四四条一项系对于时效效力之规定,则一二五条至一二七条系对于时效在法律上之效力之规定,一四四条一项仅对于时效在事实上之效力之规定。时效完成后,法律上,请求权乃至债权系归于消灭;事实上则仅债务人得不为给付而已。

依余以上所述之解释,则既不至于舍弃一部分之条文,而为时效、效力之说明,同时亦可以解决条文相互间在沿革上之冲突,且对于一四六条之规定,亦可以说明。请求权系因时效而消灭,债权系以请求权为唯一之内容,是故债权因时效而消灭;一四六条之主权利得解释为债权。主权利既系债权,其从权利自系担保物权或保证债权。于是乎一四六条但书之特别规定,得说明其系一四五条一项与八八〇条之条文。

至于时效完成后一般学者所称之自然债务,余则摒斥之于债务观念之外,一四四条二项、一四五条一项仅系对于一二五条至一二七条及一四六条之例外规定而已。法律之所以有一四四条二项之例外规定者,盖以消灭时效制度并无禁止债务人自为给付或其他以给付为前提之行为之理由故也。承认行为系溯及的消灭其时效之效力;提出担保行为,在其担保之范围以内亦然,唯仅得就其担保物取偿。法律之所以有一四五条一项之例外规定者,以债权既系附有担保物权,在其担保范围以内,延长其时效期间而已;该项条文虽仅规定就担保物之取偿,当然债务人提出与担保物价额相当之金钱时,债权人亦不得为担保物之拍卖。

以上已略述关于债权内容,采取以请求权为债权唯一之内容之主张,对于消灭时效之各条文,均得为圆满之说明。然而仅以以上所述之范围,则以请求权为债权本质的内容之主张,同时亦可以成立。余之所以采取以请求权为债权唯一内容之主张者,盖依据德民二四一条之规定,债权是 fordern 一定作为或不作为之权利,依据德民一九四条之规定,请求权是 Verlangen[要求]一定作为或不作为之权利,Dernburg 以为 fordern 与 Verlangen 不同,债权应并非请求权(Dernburg, Bürgerliche Recht, I. p. 42. III. Anm. 5. s. 105)。德国一般民法学者亦对于债权则用 fordern 字样,对于请求权则用 Verlangen 字样。原来 fordern、Verlangen 二字,在法律上之意义,并不能发现若何差别;何况与德国民法二四一条相当之我国《民法》一九九条,亦用请求字样。是故独立之请求权即系各个之债权,债权当然于请求权之外更无其他内容。撤销权、抵销权等系法律对于债权即独立之请求权,所赋与之效力。

至于就 Fälligkeit 之观念,区别请求权与债权,在德国民法上或稍有根据(德民一九八条参照),在我国《民法》之下,诚毫无意义,故 Kohler 之说亦为余之所不取。

(原载《社会科学论丛》第 3 卷第 1 期[1931 年],第 31—45 页)

附：读薛著《债权之内容》后的疑问

（质疑）　　　　　　　　　　　　　质疑者　刘应元

（前略）本来关于债权之内容，学说纷纷。莫衷一是。先生在论文里，已将各派的学说，通通介绍出来，这一点应是读者非常的感激！先生并且对于各派的学说，下以极确当的考察，末后又叙述赞成陈瑾昆氏的主张——请求权是债权之唯一内容。但陈氏虽作这种主张，却不能于《民法》第一二五条至第一二七条及第一四四条一项间之关系，为统一的解释，经先生予以辩驳，言之甚详。可见陈氏关于以请求权为债权唯一内容之主张，实不能自圆其说已无足论。现在且将先生关于《民法》第一二五条至第一二七条及一四四条间的解释，叙述一下。

先生说："盖一二五条至一二七条，虽规定请求权消灭，债权业已消灭，一四四条二项又规定债权人得领受给付，时效完成之事实上之效力，仅得不为给付，一四四条一项之得拒绝给付，即系得不为给付之意味，并非得积极的为拒绝表示之意味；……原来法律对于此种事实上之效力，无另设明文之必要，一四四条一项之条文，在吾国《民法》上，仅系一个注意的规定。若必以为一四四条一项系对于时效、效力之规定，则一二五条至一二七条系对于时效在法律上之效力之规定，一四四条一项仅对于时效在事实上之效力之规定。时效完成后，法律上，请求权乃至债权系归于消灭，事实上则仅债务人得不为给付而已。"诚如先生所言，则于一四五条一项，是毫无疑义；但于一四五条二项，就要因此发生一个疑问。先生上面所说，虽未引及一四五条条文，然该条条文，依理亦应在先生解释范围之内。细察一四五条二项条文，可知请求权消灭后，债务人应不仅得不为给付而已，因为利息及其他定期给付之各期给付之请求权，如有以担保物权或留置权为之担保者，则请求权虽因时效而消灭，但债权人不得于担保物或留置物取偿;反言之,即债务人不仅得不为给付,且得为积极的拒绝给付之表示;不用提出物价的相当金额,而可将担保物退保,或留置物返还,以免受债权人之拍卖。

先生又说:"消灭时效制度并无禁止债务人自为给付或其他以给付为前提之行为之理由",的确,在个人主义法律之下,对于债务人在请求权消灭后自愿为给付,断不禁止。所以一四五条一项,可以解释为债务人现在虽不为给付,但已经有担保物为给付之担保,于此可以推知债务人在请求权未因时效消灭以前,已经具有请求权消灭后亦自愿为给付之决心,债权人从而取偿,自属无可非议。独是该条二项既有担保物权或留置权为请求权之担保,而于请求权消灭后不适用前项之规定,在立法上或有其立法之理由;但对于先生一贯的解释,实发生冲突,私心窃为不安,焯录之与先生质疑,幸垂教焉。

二十[1931 年],二,九,于南京

（解答）　　　　　　　　　　　　　　　　解答者　薛祀光

拙稿发表后,自贤契处寄来一个极细密的质问,知贤契尚能在公余热心研究法学,衷心不胜欣慰。兹将来函关于拙稿之疑问,逐层解答如下。

（一）来函称《民法》所以有一四五条一项之例外规定者,因"债务人在请求权未因时效消灭以前,已经具有请求权消灭后,亦自愿为给付之决心"。虽《民法》之立法理由尚未发表,无从揣测;余以解释者之立场,则以为债权有物的担保时,债权人不行使债权,乃系对于物之信赖,并非所谓睡眠于权利之上,忘却权利之行使,是故有一四五条一项之例外规定。至于利息及定期给付之各期给付,为数常属细微,为免经过长久之时日,容易发生事实上之纷纠起见,故仍不适用一四五条二项之规定。

（二）一四五条二项之情形,债务人得"将担保物退保,或留置物返还",乃系因关于利息等请求权,不适用一四五条一项之规定。若原债务业已清偿,则担保物权以从权利之关系,随债权而消灭;质权、留置权等消灭后,依照一般质权、留置权之规定,所有人得请求质物、留置物之返还。一四五条二项之条文,仅系规定利息等请求权只适用一二六条,而不适用一四五条一项而已。来函对于一四五条二项发生疑问,应同时即系对于一二六条之疑问。

（三）对于一二六条之疑问,同时又即系对于一四四条一项解释之疑问。余关于一四四条一项之解释,前稿或欠明了,余之所以称一四四条一项之得拒绝给付,即系得不为给付之意味,并非得积极的为拒绝表示之意味,又称得不为给付者,乃系事实上之效力者,盖以称法律上得积极的为给付之拒绝者,乃以法律上有给付之义务为前提故也。就一四四条一项之条文,仅为字面上之解释,未免有时效完成后给付义务仍旧存在之疑。且德国民法学者以德国民法二二二条一项之条文（德民二二二条一项之条文与我国《民法》一四四条一项之条文相同）,为时效完成后仅发生抗辩权之根据,关于我国一四四条一项,更须有特别之说明。若不求论理上极度之致密,与为德民之比较研究,则以为一四四条一项之规定,乃因给付之义务业经消灭,是故债务人得拒绝给付,亦未始不可。

（原载《社会科学论丛》第 3 卷第 4 期［1931 年］,第 115—119 页）

混合契约之分类

一、混合契约之观念

混合契约系非典型契约,虽为学者一致之主张,然而一切之非典型契约,是否均得称之为混合契约,则学者之主张并不一致。多数学者谓混合契约仅系非典型契约之一部分。少数学者,如日本之三潴博士,则谓一切之非典型契约均系混合契约,使用他人之姓名于广告之契约,亦系混合契约之一种。以混合契约为非典型契约之一部分者,学说又复不同。Schreiber 谓反典型契约以外之非典型契约,均系混合契约。Hoeniger 则谓反典型契约之外,尚有一种半反典型契约并非混合契约。所谓反典型契约者,由不属于任何典型契约之构成分子所结合而成之契约是也。所谓半反典型契约者,由典型契约之构成分子与不属于任何典型契约之构成分子所结合而成之契约是也。Schreiber 所称之混合契约,系指一切含有典型契约构成分子之非典型契约而言;Hoeniger 所称之混合契约,系指纯粹由典型契约构成分子所结合而成之非典型契约而言。余在混合契约之条文适用上,采取 Schreiber 之类推主义,是故对于混合契约之范围,亦采取 Schreiber 之主张。当然,纯粹由典型契约构成分子所结合而成之非典型契约,乃系分类问题之中心。

二、混合契约分类问题研究之意义

关于混合契约之法律适用问题,除罗马法上之吸收主义外,原有结合主义与类推主义之二说。结合主义者之 Hoeniger,以混合契约之分类,为混合契约问题研究之出发点;以为千态万别之混合契约,非先为综合统一,不能以之为学理的研究之对象。申言之,Hoeniger 以混合契约分类问题,为解决混合契约法律适用问题之前提问题。类推主义者之 Schreiber,则以为混合契约法律适用之一般的原则决定后,为解决原则运用上所发生特种之问题起见,须为混合契约之分类。Schreiber 以混合契约之分类问题,为解决混合契约法律适用问题之补充问题。

结合主义者承认混合契约分类问题之研究,有重大之意义,自不待言。类推主义者,亦承认混合契约问题之研究,有若干程度意义。然而学者之中,亦有反对混合契约之分类者。Kohlrausch 谓混合契约之完全的分类,事实上既不可能,同时混合契约之分类,无补于混合契约法律适用问题之解决,殊无研究之必要。

余关于混合契约之法律适用,系采取类推主义。大体上,承认混合契约之分类,为解决混合契约法律适用问题起见,并无论究之必要。盖混合契约之分类,只能就各典型契约构成分子之非典型的结合之方式,而为分类。例如混合契约之最简单的分类,学者以为有并行的结合与对向的结合之二种。此二种不同之结合方法,并无影响于类推适用之程度。一般定作西装契约,系买卖契约构成分子与承揽契约构成分子并行的结合之混合契约(西装店既须负承揽之义务,西装衣料又系西装店之所有),买主不付买价,而为卖主定作一物之契约,系买卖契约构成分子与承揽契约构成分子对向的结合之混合契约,二者均同样的类推买卖契约与承揽契约之条文,并非一以买卖契约之条文为主,一以承揽契约条文为主。

然而余在混合契约法律适用问题之解决上,并非绝对否认混合契约分类问题研究之价值。某个契约是否系一个混合契约,某个混合契约有无发生典型之混同,类推主义者应亦有注意之必要。某个契约仅包含有其给付之准备行为、实行行为或扩张行为者,不能以其准备行为、实行行为或扩张行为为另一契约之内容。例如买帽常得一帽匣,不能遽以帽店与顾客间之契约,为帽买卖与帽匣赠与之混合契约。某个典型契约,附加以他个典型契约之非典型的构成分子者,并不发生典型之混同。例如附有负担之使用借贷,附有负担虽系赠与契约之构成分子,仍系属于使用借贷之典型。非混合契约自不受混合契约法律适用原则之支配。典型不混同之混合契约,其类推适用自必居于从的地位,且限于一部分。典型不混同之混合契约,原系混合契约之一种;非混合契约虽非混合契约之一种,然而某个契约是否系一个混合契约,乃系混合契约分类问题之先决问题。是故为解决混合契约之法律适用问题起见,研究混合契约之分类,并非毫无意义。

更就间接之关系而言。研究混合契约之分类,须先为典型契约之系统的分解。即某种典型契约,究以何种构成分子为中枢,分典型契约之构成分子为典型的分子与非典型的分子。例如赠与契约之典型的分子,为无偿之原因及物体之移转。半卖半送契约,我人所以能视为买卖契约与赠与契约之混合契约者,无非因其有无偿之原因与物体之移转故也。然而复杂之混合契约,究系包含有何种典型契约之构成分子,非对于典型契约之系统的分解,有相当之知识,有时颇不易明了。民法教科书上所想象之混合契约,仅系极简单之混合契约,实际上所发生之混合契约,则时多复杂之混合契约。构成分子之所属既不明了,则虽欲采取类推之主义,亦无从决定类推之条文。是混合契约分类问题之研究,间接的,对于混合契约法律适用原则之运用,亦有相当之贡献。

以上仅就混合契约分类问题与混合契约法律适用问题之关系而言。然而余颇怀疑混合契约分类问题之研究,于辅助法律适用问题之解决外,是否另有其本质之意义。罗马法时代以谋诉讼上之救济,为混合契约问题研究之唯一目的;近代法学则以谋法律适用问题之解决,为混合契约问题研究之唯一着眼点。余颇怀疑使一般人明了现行法所规定事实之范围及顾虑将来混合契约之典型契约化,是否亦可赋与混合契约问题,以研究之价值。混合契约,事实上确有多数之存在。混合契约,不能一一附以名称,在各个名称之下,就一切之混合契约而为研究。舍为混合契约之分类外,更有何种可能之方法。

三、Hoeniger 之分类

甲、典型契约构成分子之分解

契约之构成分子,原有二义。要约与承诺亦得称契约之构成分子。本篇所称之构成分子,则系指赠与契约之物体移转之意思、无偿之意思、附有负担之意思等而言。

典型契约之构成分子,分为典型的构成分子及非典型的构成分子二种。所谓典型的构成分子者,构成契约典型之分子;换言之,为契约之中枢,观念上不可缺之部分也。就赠与契约而言物体移转之意思、无偿之意思,系其典型的构成分子。非典型的构成分子,则与契约之典型无关:例如赠与契约有负担之意思是也。虽无负担,仍不失其为赠与契约。典型的构成分子常系意思表示之内容;非典型的构成分子,则有时系意思表示之内容,有时系意思表示以外之事实。从来消费借贷标的物及其他标的物之瑕疵,多数学者曾以之为混合契约上之问题,Hoeniger 则更进一步,以物之瑕疵,为买卖契约之非典型的构成分子。物之瑕疵,系意思表示以外之事实。

典型的构成分子,Hoeniger 又分为创设一定内容之给付义务之分子及无关于给付内容之分子二种。创设一定内容之给付义务之分子,因其内容之不同,分为以下各种。典型的给付,大别之,分为物体给付及劳务给付。物体给付分为物体移转之给付及物之利用之容许。物体之移转分为物之移转及权利之移转。物之移转分为动产之移转及不动产之移转。动产之移转分为特定物之移转及代替物之移转。

　　无关于给付内容之分子,有为契约原因之分子及其他之分子二种。为契约原因之分子,分为无偿之意思及与给付结合之意思。与给付结合之意思,分为经营共同事业之意思、有偿之意思及使数个之给付有牵联关系之意思。Hoeniger 以牵联关系为给付结合之构成分子之一者,系根据德国民法四六九条之明文;牵联关系之有无,为决定单一契约或复数契约之一个标准。至于既非创设给付之义务,又非契约之原因者,则例如终身定期金契约付给之定期、和解契约争执之终止、保证契约之从的性质等典型的构成分子是也。

　　Hoeniger 就典型的构成分子,除为以上之分类外,又复因其能否独立构成典型,而为分类。一切创设给付义务之构成分子,均不能独立构成契约之典型;有偿、无偿之意思亦然。创设给付义务之意思,须与有偿或无偿之意思互相结合,始能构成契约之典型。买卖契约之典型,系物体之有偿的移转;赠与契约之典型,系物体之无偿的移转。无关于给付内容之构成分子,则除有偿与无偿外,均能独立为契约之典型。例如合伙契约经营共同事业之构成分子、保证契约从的性质之构成分子等是也。

　　以上已略述 Hoeniger 关于典型契约分解之意见。混合契约之分类,系以典型契约构成分子之分解,为基础之观念。Hoeniger 之典型契约分解论,实占其混合契约分类论之重要部分。同时典型契约分解论,有益于各个典型契约性质论之整理者不少。

　　乙、混合契约之分类

　　Hoeniger 所称之混合契约,系指纯粹由典型契约构成分了所结合而成之非典型契约而言,已如上述。Hoeniger 分混合契约为典型不混同之契约与典型混同之契约。典型混同之契约,分为由典型的给付结合而成之契约与混成原因之契约。由典型的给付结合而成之契约,分为混合合伙契约、二重典型契约、一方当事人有多数之给付义务之契约。以下分述之。

(甲)典型不混同之契约

典型不混同之契约者,一典型契约之典型的构成分子,与他典型契约之非典型的构成分子,结合而成之混合契约是也。例示之:(一)使用借贷契约,同时约定借用人对于贷与人负担一个不相对价之义务;负担系赠与契约之非典型的构成分子。(二)消费借贷契约,其标的物有瑕疵;物之瑕疵,系买卖契约之非典型的构成分子(当然,第二例只能成立于德国《民法》之下。我国《民法》,则关于消费借贷,亦有瑕疵担保之规定)。此种混合契约之特征,为典型之不混同。且当事人之意思虽系一个典型契约,亦得由意思表示以外之事实,而成立此种混合契约。

(乙)混合合伙契约

混合合伙契约者,即一个合伙契约,A 合伙人为物体移转之出资,B 合伙人为物之使用容许之出资,C 合伙人为劳务给付之出资是也。经营共同之事业,系合伙契约之典型的构成分子。物体之移转、物之使用之容许、劳务之给付,则各系其他典型契约之典型的构成分子。数个典型契约之典型的构成分子互相结合,是故此种契约系典型混合契约之一种。然而此种典型混同之混合契约,与其他典型混同之混合契约不相同者,则以此种典型混同之混合契约,仍得仅视为合伙契约故也。唯其关于各个之给付,得适用买卖、租赁、雇佣之规定。

(丙)二重典型契约

二重典型契约者,以二个不同之典型契约之典型的给付,为对价的给付,互相结合而成之混合契约是也,或可称为对向的结合之混合契约。例如一方当事人容许他方当事人为住宅之使用,他方当事人为劳务之给付。有偿的容许他人为物之使用,系租赁契约之典型;有偿的为劳务之给付,系雇佣契约之典型。二者互相对向结合,称之为二重典型契约。当然,二重租赁契约,双方当事人互相容许物之使用,二重承揽契约,双方当事人互相负担承揽之义务,亦得称为二重典型契约。此种混合契约之特征,系有偿、双务之混合契约,而无金钱之给付;同时各方当事人均有二重之法律上之地位。

(丁)一方当事人有多数之给付义务之契约

住客与客栈间之契约,客栈之栈主既须容许房间之使用,又须为食物之供给。住客与客栈间之契约,应系一个混合契约。一方当事人有多数之给付义务之混合契约,须具有以下三种条件:

(一)一方当事人须有多数典型之给付。容许房间之使用,系属于租赁契约之典型;食物之供给,系属于买卖契约之典型。(二)数个典型之给付间,无主从之关系。食物之供给与房间之使用之容许,在经济上有同等之意义;同时旅馆得仅为房间使用之容许,而不为食物之供给。(三)数个典型之给付间,须有牵联之关系。无牵联之关系者,则系复数之典型契约,而非单一之混合契约。此种混合契约,或称为并行的结合之契约。前述定作西装之契约,亦系属于此类之混合契约。

(戊)混成原因之契约

所谓混成原因之契约者,即有偿与无偿结合而成之混合契约及经营共同事业与有偿、无偿等结合而成之混合契约是也。半卖半送契约,乃其适例。经营共同事业与有偿之结合,则如一合伙人为物之使用容许之出资,同时又复收取租金之一部。经营共同事业与无偿之结合,则如一合伙人虽为出资,而不参加于利益之分配。此种混合契约之特征:

（一）并无另一个构成分子,结合各个典型契约之构成分子之必要;此点系与混合合伙契约及二重典型契约不同。（二）仅有一种给付,而有数种原因,并非给付之多数,而系原因之多数;此点系与一方当事人有多数给付义务之混合契约不同。（三）结合之构成分子,虽仅有经营共同事业、有偿、无偿等各种,而其同一结合之间得有种种分量比例之阶级;即如偏于有偿或偏于无偿是也。

以上所述,仅系 Hoeniger 所称混合契约之原形。Hoeniger 更就原形之互相结合,而为复杂的混合契约之说明。

四、结　论

关于典型契约之分解部分,Hoeniger 之著作,为 Vorstudien Zum Problem der germischten Verträge:关于混合契约原形之分类部分,Hoeniger 之著作,为 Die gemischten Verträge in ihren Grundformen。Hoeniger 之主张,虽非余之全部赞成者;更其在我国《民法》之下,须有斟酌之余地。然而本篇之目的,则仅限于 Hoeniger 混合契约论之介绍。至于私见之发表,则当俟之异日。

（原载《社会科学论丛》第 3 卷第 3 期[1931 年],第 75—86 页）

论公同共有之性质

一

以公同共有与分别共有（狭义之共有，《民法》上单称之为共有）相较，公同共有果具有何种特质？依照《民法》八二七条之规定，公同共有以公同关系之存在为前提，此其特质一也。又依照《民法》八二九条之规定，公同关系存续中，各公同共有人不得请求分割公同共有物，此其特质二也。除此二者之外，公同共有是否尚有其他特质？

《民法》所规定之公同共有财产，计有三种：一为合伙财产（《民法》六六八条）；二为共同财产制之夫妻财产（《民法》一〇三一条）；三为未分割前之遗产（《民法》一一五一条）。试就遗产而言，遗产之公同共有，究以何种公同关系之存在为前提耶？或将以为遗产之公同共有，乃以继承人之共同生活为前提。然继承人虽非共同生活者，在遗产未分割以前，亦系公同共有。彼继承人之为一子一女，女已出嫁者，固并非共同生活也；在遗产未分割以前，仍须公同共有。或将以为遗产之公同共有，乃以有继承人之身分为前提。此固无可否认；非该遗产之继承人，对于该遗产自无继承权，对于该遗产既无继承权，自无对于该遗产公同共有之可言。然日本民法之规定（日民一〇〇二条参照），遗产乃认为分别共有也，其分别共有关系之成立，亦须以有继承人之身分为前提。则以有继承人之身分，认为遗产公同共有之公同关系，殊不足以说明遗产公同共有之特质。

又共有人之得随时请求分割共有物者,虽为分别共有之性质(《民法》八二三条),然遗产岂亦非得随时请求分割耶? 继承人之得随时请求分割遗产者,乃《民法》一一六四条之所明定也。于是遗产之公同共有,实并无具有上举之第二点特质。

法定公同共有之不具备上举之第二点特质者,不仅遗产之公同共有而已也,夫妻财产之公同共有亦然。外国法律之中,虽有规定夫妻财产关系一经发生效力之后,即不得任意变更者(日民七九六条一项参照);然我国《民法》之规定则与德、瑞民法之规定相同(德民一四三二条、瑞士民法一七九条以下参照)。《民法》一〇一二条明称:"夫妻于婚姻关系存续中,得以契约废止其财产契约,或改用他种约定财产制";唯须依照一〇〇七条、一〇〇八条之规定,以书面为之,并为登记而已。于是原系共同财产制者,改用分别财产制,岂非夫妻财产亦得随时请求分割耶? 夫妻财产之分割,并不以婚姻关系之消灭为前提,只须废止共同财产制足矣。

或将以为夫妻财产之分割,与八二九条所规定公同共有之性质,并无冲突;共同财产制既已废止,公同关系即已非存续矣。然此仅足为概念上之说明而已。若以为公同共有仅具有上举二点特质,则认共同财产制之夫妻财产为夫妻之公同共有,与认为夫妻之分别共有,其结果并无别致。认为分别共有,得随时请求分割,认为公同共有,亦得随时请求分割。如日民之所规定者,则约定夫妻财产分别共有者,反不得自由请求分割矣。

公同共有之观念,原为罗马法上之所无。德、瑞民法之所以有公同共有之规定者,此乃经数世纪间法学界强烈之论争,受自然法学之洗礼及 Gierke 等大法学家之提倡,始汲取日耳曼固有之法律思想也。我国虽素有关于公同共有之习惯(如祭田是也),然《民法》之所以有公同共有之规定者，实亦以德、瑞民法为母法。于是遗产与夫妻财产，认为公同共有与认为分别共有，若结果并无别致者，果有何特创设公同共有之观念之必要耶？其过去强烈之论争，岂非事实上毫无若何意义？合伙财产虽不得随时请求分割，分别共有物固亦得为不分割之约定也。

当然，既经强烈之论争，始于分别共有之外，创设公同共有之观念，则公同共有与分别共有自必有其充分之区别。公同共有，学者或称为团体所有（当然，团体所有并非团体另取得法律上之人格，而为所有权之主体；若系另取得法律上之人格者，则为法人所有矣）。唯合伙财产之公同共有、夫妻财产之公同共有与遗产之公同共有，三者之间，其团体的统一性有强弱之分而已。公同共有自以合伙财产为其典型。然夫妻财产之公同共有与遗产之公同共有亦并非无分别共有所不具备之特质也。

依照《民法》八二七条至八三〇条之规定，公同共有之特质，虽似仅有上举二点；然除此二点之外，实尚有第三点之特质存焉。分别共有关系，分别共有人得自由处分有其应有部分，公同共有关系则否；此乃其第三点之特质也。唯此第三点特质，合伙财产、共同财产制之夫妻财产及遗产均具有之。

余棨昌氏称："公同共有与纯然共有（即余所称之分别共有）异。即在纯然共有，各共有人有其各自自由处分其应有部分之权；而在公同共有，乃所有权全体属于数人，非公同共有人全体一致，不能行使其所权者也。"（余氏著《民法要论·物权》六五页参照）王去非氏称："分别共有，人人就所有权全体，皆得自由行使，法律欲调和其行使之冲突，不得不为之定其应有部分；而公同共有人则非公同一致，不能行使其所有权，此二者根本上之差异也。"（王氏著《民法物权论》一四八页参照）于是一部分研究法律者，每多怀疑公同共有关系，各公同共有人并无应有部分。余年来受此质问多矣，兹特先就公同共有有无应有部分而为说明。

　　原来日本民法学者三潴信三氏亦称："总有联有(即我国《民法》上所称之公同共有)与纯然之共有异,数人并无各自得自由处分之持分(即我国《民法》上所称之应有部分),所有权全体属于数人"(三潴氏《物权法提要》第一册一二五页、一二六页参照)。然公同共有关系,公同共有人果系并无应有部分乎,抑仍有应有部分,仅系其应有部分不得自由处分乎? 余以为公同共有关系,公同共有人仍有应有部分,唯其应有部分不得自由处分而已。

　　夫遗产自必有分割之一日,若无应有部分,将如何而为分割耶? 合伙解散时,除清偿债务、返还出资外,合伙财产尚有剩余者,若无应有部分,亦将不能分割矣。且《民法》八三〇条二项称公同共有物之分割,应依分别共有物分割之规定。而依照《民法》八二四条三项之反面解释,分别共有物之分割,原以按其应有部分而分配为原则。于是公同共有物之分割,原则的亦应系按其应有部分而为分配矣。更乌得谓公同共有关系并无应有部分耶? 此余之理由一也。《民法》一〇三一条明称:夫妻之公同共有财产,"夫妻之一方不得处分其应有部分"。《民法》六八三条称:合伙人"不得将自己之股份转让于第三人",与该条相当之德民七一九条则称:Ein Gesellschafter kann nicht über seinen Antheil an dem Gesellschaftsvermögen und an den einzelnen dazu gehörenden Gegenständen verfügen;所谓合伙人之股份云者,显即系应有部分之意义。又《民法》所称之应继分,德民称为 Antheil an Nachlasse 。是依照《民法》之用语,亦系明认公同共有关系有应有部分矣,此余之理由二也。更复公同共有物之处分权虽属于公同共有人全体,各公同共有人固非完全不能直接享受公同共有物所生之利益也,或虽由另一机关(organ)收益,而其所收取之孳息,亦常定期的分配于各公同共有人。祭田虽为族人之公同共有物,而由族人轮流收租者有之。某家五年轮值一次,某家十年轮值一次,此乃按其应有部分而定之。又合伙营业之年有余利者,其红利之分配，自亦必按照其一定之比例。是就其收益之分配而言，公同共有关系亦显有应有部分矣，此余之理由三也。

　　基于上举之各点理由，公同共有关系既亦有应得部分，兹乃就公同共有之第三点特质（公同共有人不得自由处分其应有部分）述之。《民法》六八三条称"合伙人非经他合伙人全体之同意，不得将自己之股份转让于第三人"，此合伙财产应有部分之不得自由处分也。《民法》一〇三一条二项称"共同财产，夫妻之一方不得处分其应有部分"，此夫妻财产应有部分之不得自由处分也。关于遗产应有部分之不得自由处分，我国《民法》虽无明文之规定，学者固亦谓各继承人不得自由处分其应继分也（刘钟英氏编法官训练所《继承法讲义》二四页参照）。是《民法》所规定之各种公同共有财产，均具有此点特质。

　　更就概念上而为立论。公同共有既以各公同共有人相互间有身分上之联系为前提，则公同共有人自不容随意变更。应有部分若得自由处分，则处分之结果，公同共有人自必随之而变更矣。合伙人之公同共有合伙财产者，乃以之共同经营合伙事业也；甲、乙愿意与丙共同经营事业，未必一定与其他人亦愿意共同营业。此则公同共有之应有部分不得自由处分者更明矣。

　　或将以为德民二〇三三条之规定，总遗产之应继分固仍得自由处分也，而德民亦称未分割前之遗产为公同共有，应有部分之不得自由处分，应非各种公同共有财产共通之特质。然德民二〇三三条一项虽称"各共同继承人得处分其对于总遗产之应继分"（Jeder Miterbe kann über seinen Antheil an dem Nachlasse verfügen），同条二项称"共同继承人不得处分其对于各个遗产之应继分"（Über seinen Antheil an den einzelnen Nachlassgegenständen kann ein Miterbe nicht verfügen）。德国民法学者 Enneccerus 氏于其所著 Lehrbuch des bürgerlichen Rechts

中，称：Das BG hat in Anschluss an das hrenssische Recht die Erbengemeinschaft als Gesamthändergemeinschaft in dem Sinne gestattet, dass kein Erbe über seine Anteile an den einzelnen Gegenständen verfügen kann Eine, Verfügung über den Erbanteil in ganzen ist dagegen in Abweichung von den sonstigen Grundsätzen der Gesamthänderverhältnis in Recht des BG gestattet(II. 3. S. 255)。依德民学者之说明，德民上遗产之公同共有，仍系具有此第三点之特质（不得处分其对于各个遗产之应继分）；共同继承人之得处分其对于总遗产之应继分者，乃其对于公同共有之例外也，应不能以德民一〇三三条一项之规定为反对之理由。何况我国《民法》原无与德民同样之明文，关于总遗产之应继分之处分，亦应作消极之解释乎？

<h2 style="text-align:center">二</h2>

　　除前节所说明公同共有之特质外，关于公同共有之性质，尚有两个问题，应予研究。（一）Gierke 氏等称共有分为三种：（甲）Miteigentum，（乙）Eigentumsgemeinschaft zur gesamten Hand，（丙）Gesamteigentum o Miteigentum 即我国学者所称之分别共有是也。Eigentumsgemeinschaft zur gesamten Hand，日本学者译称联有。Gesamt eigentum，日本学者译称总有或合有。我国《民法》上所称之公同共有，究系联有乎，抑系总有乎，抑系包含二者而言乎？（二）我国各地，颇多下列二种习惯：（甲）某村居民均得赴某山樵采，他村居民及该村居民之迁出该村者则否。虽原属他村之居民，而迁入该村者，自迁入之时起，即取得赴该山樵采之权。关于该村居民相互间樵采之分量，则并无若何限制，不赴樵采者听。并无规定每人所应得之份，而予以保留。（乙）凡属某村居民，均得赴某处沿海泥涂掘取或捕取海产物。其村民相互间所捕取之分量，亦并无若何

限制，纯视其能力及勤惰而定。纵以一之力，尽其所有而捕取之，亦并非侵害同村其他村民之权利，唯不得赴属于他村范围之泥涂捕取而已。此二种习惯，究亦系《民法》上之公同共有否乎？

我国《民法》上所规定之三种公同共有财产，均系 Gierke 氏等所认为 Eigentumsgemeinschaft zur gesamten Hand 关系。而与我国《民法》八二七条、八二八条、八二九条相当之瑞士民法六五二条、六五三条则称公同共有人为 Gesamteigentümer，与我国《民法》一〇三一条相当之瑞士民法二一五条则称夫妻间公同共有之财产为 Gesamtgute。是以公同共有为联有，与以公同共有为总有，二者均似有相当之根据。

联有与总有之概念上之区别，乃其团体的统一性有强弱之分也。依 Gierke 氏等用语，谓前者仅基于共有人相互间之联系，后者则纯基于团体之原理。然合伙财产、共同财产制之夫妻财产与遗产，三者固均系 Gierke 氏所认为 Eigentumsgemeinschaft zur gesamten Hand 者也。如前节所述，三者之间，其团体的统一性亦有强弱之分。则公同共有财产之中，其团体的统一性有更强于合伙财产者，自为理论上所得承认。原来在 Beseler 氏之前，学者并无为二者之区别，统称之为 Gesamteigentum。余以为我国《民法》上之公同共有，乃系从前学者所称 Gesamteigentum 之意义，包含联有与总有二者而言也。

联有与总有之具体上之区别，学者谓在于共有物管理之不同。Sohm 氏称联有为管理共同之财产权共有（Vermögensgemeinschaft mit verwaltungsgemeinschaft），称总有为组织的管理之财产权共有（Vermögensgewaltungsge-meinschaft mit körperschaftlicher Verwaltungsorganisation）。前者以合伙为例，后者以 Genossenschaft 为例。谓 Markgenossenschaft 常设有 Märkerding 或 Obermärker 等机关，不但团体成员之任何人均不得以个人之资格，为财产之处分，财产

之管理亦由上述等机关为之。合伙则合伙人虽不得单独为合伙财产之处分；合伙事务之执行，则各合伙人均有参与之权，合伙财产之管理乃由各合伙人共同为之。然此实亦不能为合伙与 Genossenschaft 之截然之区别也。Märkerding，Obermärker 等机关之为财产管理行为，岂真有其团体固有之意思耶？事实上亦无非团体成员之意思而已。名虽称为由另一组织管理，事实上仍等于团体成员之共同管理也。合伙事务原则的虽由各合伙人共同执行之；合伙人数之众多者，全体之参与事务之执行，为事实所不许，自亦必有管理机关之设立，岂亦非得视为组织的管理之财产权共有耶？且我国《民法》八二八条一项原称："公同共有人之权利义务，依其公同关系所由规定之法律或契约定之"，纵如 Sohm 氏之主张，以总有为组织的管理之财产权共有，而与联有有异，亦不妨与联有同认为我国《民法》上之公同共有也。盖只须组织的管理系出于法律或契约所定者足矣。而管理机关之产生，自必有法律或契约为其原因无疑。至于学者之所称为联有财产者，《民法》原均认为公同共有财产，联有之得认为公同共有，更无疑义。于是余以为联有与总有，具体上原不能为截然之区别。纵得区别，在我国《民法》之条文之下，二者均系公同共有也。

关于第一个问题之说明，已如上述，兹乃就第二个问题，而陈余之所见。上举共同渔樵之二例，颇与日本民法所称之"入会"相似。入会关系，日本民法学者认为总有。上举共同渔樵之二例，若亦系外国学者所称之总有关系，则应系我国《民法》之公同共有矣。余以为上举二例，乃我国《民法》上所称共有与公同共有外之另一种共有状态（准共有状态）。

日本民法学者末弘严太郎氏谓入会之情形，"各村民之收益，乃具有一定之比例"（末弘氏《物权法》六九五页参照）；若然，则固系我国《民法》上之公同共有也。日本"入会"之习惯，其实情究系如何，姑置勿论，我国之情形，则仅有收益方法之限制、收益时间之限制，或每家收益人数之限制及不得雇佣工人而为收益等限制而已。各村民间之收益,实并无一定之比例。村民二人同赴砍柴,一力大、一力小,力大者固可肩挑数百斤而归,力小者则只能挑回百斤或数十斤矣,村民间有何各自之应有部分之可言？村民之患病者、赴他处营生者、改图他业者,事实上自不能再赴该处沿海泥涂捕取海产物,然其他村民仍得尽其所有而捕取之也,并无余留其一部分或分与一部分之必要,此又为并无应有部分之明证。

应有部分有二种意义:一系指比例而言,一系指按其比例所享受之权利而言。既如上述,其收益并无一定之比例,则自无第二种意义之应有部分矣。

既无应有部分,应非我国《民法》上所称之公同共有,亦非外国学者所称之总有。公同共有关系,或总有关系,已如前述,各共有人并非无应有部分也,唯其应有部分与分别共有之应有部分不同,不得自由处分,无独立之性质而已。

当然,我人亦得为总有定义之变更也。外国学者所称之总有与联有,我国《民法》上既统称之为公同共有,于是将上举共同渔樵之二例,称之为总有关系,应亦无不可。余因无其他适当之用语故,固亦常称上举共同渔樵之例为总有关系也,然并非外国学者所称之总有关系。

或谓依照《民法》七五七条之规定,共有关系除分别共有与公同共有外,应不容许我人认为再有第三种之存在。孰若将上举共同渔樵之关系,并入于公同共有之观念之内乎？然上举共同渔樵之二例,既非基于法律之规定,亦非基于契约之订定,仍不能使其适用《民法》八二七条以下各条之规定也。且上举二例,并非共有关系,乃准共有关系也。而其所共有之物权,又出于法定种类之外。欲求认其物权关系之有效,终有待于明文之订定。犹幸因此类事件,发生刑事问题者有之,发生民事问题者则甚少焉。

(原载《社会科学论丛》第 2 卷第 2 号[1935]年,第 1—9 页)

读《民法物编立法原则》关于典权部分后所感

余本拟在本杂志[《社会科学论丛》]上发表一篇典权和典权立法问题的研究,稿未成而中央政治会议业已通过了《民法物编立法原则》,承认典权为物权的一种,因作罢。现在仅将自己读过《民法物编立法原则》关于典权部分后的感想,断片的写出来。

一

《民法物编立法原则》第十条的说明载:"我国习惯无不动产质而有典,二者性质不同。"前北京大理院编辑处所编《大理院判例要旨汇览》列有典权一章,且于担保物权章列有不动产质权一节;同书例言载:"不动产典权经判例认为系我国固有之特种独立物权,与所谓不动产质权之性质迥异。"最高法院十七年解字七七号解释载:"查佃权有因租种田地而生者,有因活卖或典田地而生者……其因活卖或典地而生之佃权,则属于不动产质权。"是典权和不动产质权的不同,从前的判例已经承认它,去年的解释变更从前的判例,说典关系所发生的权利就是外国民法和我国从前《民律草案》上的不动产质权,现在中央政治会议所议的《民法物编立法原则》又主张典权和不动产质权是不同的。《民律草案》和最高法院的解释,前大理院判例和中央政治会议所议决的立法原则,典型的代表两种倾向。一种是外国法无条件的输入,一种是习惯法的确认——成文法化。

典关系和不动产质关系,至少有下列一点不同。不动产质权人在清偿期时,不动产拍卖价额不够债权额,还可以向债务人即土地所有人请求不足额的支付;承典人那就在典期届满的时候,纵使该不动产的市价比典价为少,形式上出典人也还倒有请求找贴的权利,事实上出典人过了典期不取赎,承典人以典价的全部取得该不动产的所有权。若一定说典权是一种担保物权,用外国民法上的物权种类来说明,或许土地的典关系还和德国民法的土地债务关系(Grundschuld)相类似一点;因为两者都是没有债权做主权利的! 当然一须移转占有,一则没有移转占有。

二

《立法原则》第十三条载:"出典人于典期届满后,经过二年不以原典价回赎者,典权人即取得典物所有权。"《立法原则》承认典期是行使回赎权的始期,典期届满后经过二年,才是行使回赎权的终期。《清理不动产典当办法》第八条规定:"……设定典当期间以不过十年为限;违者一届十年限满,应准业主即时取赎,业主届期不赎,听作凭典主过户投税……。"该条虽系对于设定典期十年以上的规定;法定典期届满时系回赎的始期,同时亦系回赎的终期。当然该条扩充的解释,设定典期十年的典关系,也是以十年的届满为回赎的始期和终期。《立法原则》对于回赎的行使,予以二年间的犹豫,较之《清理不动产典当办法》的规定,的确平允的多。清《户部则例》置产投税载"旗人典卖房地……凡典当田房,契载年份,统以十年为率,十年限满,原业力不能赎,再予余限一年",也是有一年犹豫的。

回赎权系契约的法定解除权,解除权系创成权(Gestaltungsrecht)的一种。意思表示有瑕疵时的撤销权和债权人撤销权等创成权,行使上亦都有一年的犹豫期间(新《民法》九三条、二四五条参照),回赎权自无强制出典人即时行使的理由。新《民法》二五七条规定:"解除权之行使未定有期间者,他方得定相当期限催告解除权人于期限内确答是否解除,如逾期未受解除之通知,解除权即消灭。"回赎权的行使系一种践物行为,回赎权人须提出典价才可以解除典契约。为使"经济的弱者"的出典人准备典价的提出起见,二年应亦系相当期间。

三

《立法原则》第十三条还遗留一个比较重要的问题,给立法院自己解决的。典期届满后二年,出典人不以原典价声明回赎,《立法原则》只主张承典人法定的取得典物的所有权;但是在这种情形时,典物市价和典价的差额,是否出典人可以向承典人请求支付呢? 就是法定的发生所有权移转的效力,是否同时成立一个差额的请求权? 否认差额请求权的成立,或可以主张:(一)承典人取得典物所有权系一种原始取得;(二)出典人所谓睡眠于权利之上,出典人不于典期届满后二年间请求找贴,法律自无承认差额请求权的理由和必要。私见则以为,承典人法定的取得典物所有权后,出典人应仍得请求典物市价和典价的差额。其理由:

(一)余虽没有关于我国全部的典价统计材料,但是日本南满州铁道株式会社在它的《满州旧惯调查报告书》里头供给我们典价和卖价的比较表,或许也相当的可以做参考——虽然系陈旧的,一部分的。该报告书上所记载的有三十一个地方,除庄河鸡冠铺和凤凰城以外,统是典价比卖价低的;大部分尾价只有卖价的六七成(参照该报告书后篇第一卷典之习惯第二十、二十一页)。临时台湾旧惯调查会的《台湾私法》也说典价通常是典物价格的七八成(参照同书第一卷上册第七〇〇页);台湾的习惯和福建相同,典价的利息是和典物的使用收益可以相抵的。回赎权消灭后,典主以典价取得典物所有权,事实上岂非和典主以买卖市价的六七成或七八成卖得典物一样?

（二）回赎权因特种时效的消灭和典价差额请求权的承认，是可以用两个不同的立法理由来说明的；并两个不同的立法理由并没有互相冲突。回赎权因时效的消灭，是为确实物权的归属起见。诚如《立法原则》十三条的说明所言，"如逾期不赎，则权利状态不能确定，于经济上之发展甚有妨碍"。典价差额请求权的承认，是根据不当得利的理由。使承典人取得典物所有权后，出典人再不能回赎，仅对于承典人享有一种请求差额的债权，那就权利状态并没有不确定。

（三）我国现存习惯，典期届满后，虽然经过了较长久的期间，出典人一般总还请求找贴，承典人一般也总还允许找贴——虽然从前的法律上也并没有找贴的义务。在社会上一般人所认的正义——或所谓 Gerechtigkeitsgefühl[正义感]，他们以为请求找贴是符合于正义的，允许找贴是正义所要求的。

四

我国《民法》应否创设典权，一个物权的新种类？这个问题，在债篇条文已经通过的今日，提出讨论，殊少意味。本篇原系一个民法研究者读过《立法原则》后的感想，故亦不妨写出。现在债篇条文并没有买回权登记的规定，《物篇立法原则》当然是要创设典权一个物权新种类。不过私见以为假定《民法债编》规定买卖的那一节有一条和《民律草案》六一三条一项、日本民法五八一条一项一样的规定，买回特约已经登记的，可以对抗第三人，那就典权一个物权新种类可以不必创设了。

典关系和活卖关系，概念上当然是不同。典关系发生的时候，出典人对于典物还有所有权，承典人对于典物只有他物权 Recht an fremder Sachen；活卖的时候，卖主只有买回权，所有权已经移转于买主。然而出典人可以向承典人和转典人取赎；活卖若已登记，活卖的卖主也可以向活卖的买主和活卖后活卖物所有权的转得人取赎。活卖的买主对于活卖物有以一切的方法为使用收益的权利,承典人的典物使用收益权也不是如佃权人、地上权人、地役权人的使用收益权只限于一定目的。至于承典人所取得的权利,系一种所有权或他物权,原是在《民法》施行时,在不害公平的范围以内,法律有决定的可能的。例如德国民法施行时,或使下级所有权人取得用益权的他物权,或使下级所有权人取得所有权,使上级所有权人仅取得土地负担的权利是。

出典人的权利,活卖主所没有的,只有物上请求权 dinglicher Anspruch 和自力保护 Selbstschutz 的权利。出典人系物权人,有物上请求权;出典人系典物的间接占有人,有自力保护的权利。但是出典人在典存续期间中,对于典物,实际上利益只有取赎的能权 Kannrecht;承典人对于典物为事实的处分行为,妨害典物回赎的时候,出典人仅以买回权人的资格,也可以得到法律上充分的保护。出典人可以根据《民事诉讼律》六六五条、六六七条的规定,声请假处分,禁止承典人的处分行为。又出典人承认他有物权的时候,虽然有自力保护的权利,但是出典人并没有直接占有典物,在典物占有有[自]力防御的必要时,出典人往往不知道。例如承典人拆毁典屋,法律上出典人虽然可以以私力阻止,但是事实上除非出典人住在典屋的近傍,一般的不知道典屋的拆毁,无从行使私力的保护。法律纵使剥夺出典人的自力保护权,实际上也不至给出典人以多大的损害。

以上所说的,不过是消极的理由。积极的理由,典关系应没有怎么多长久的生命了;《民法》不必替它另创设一种新物权,尽可以以很少数的条文,附设于其他规定中。台湾原来是有典习惯的,台湾高等法院院长告诉我,"台湾现在差不多没有关于典的诉讼"。余当初还以为是日本统治台湾后,台湾的土地渐移于日本人所有,日本人不缔结台湾旧惯上的典契约。但是询之台湾人,台湾人原有的土地,除了最近日本制糖会社收买一部分外,现在也还统在台湾人的手里。台湾现在差不多没有关于典的诉讼,当然别有原因存在。典关系的发生,土地买卖的禁止,当然也是一个特种的原因。例如旗产原来是不准典卖的,雍正七年的上谕载:"八旗地亩原系旗人产业,不准典卖于民人。"后来旗产虽然没有出卖,出典那就很多,法律也承认旗产出典;旗民以典之名,行卖之实。台湾的蕃产,从前也是因为禁止出卖的关系,有了许多的出典。但是典关系发生的一般原因,当然以封建时代土地是唯一的财产,祖遗的土地,子孙出卖于他人,以为是对不住祖先的,以为是一种耻辱的事实,所以有土地的典和土地的活卖等法律现象发生。现在非都会地方还有许多中年以上的人们抱有这种思想。这种思想不久就要消灭,这是很明了的事情。这种思想消灭的结果,因此而生的土地典关系、土地活卖关系当然随之而减少,逐渐的灭迹。把这种快要逐渐灭迹的土地典关系、土地活卖关系,统视为活卖关系,附带的规定于买卖那一节中,立法整理由上应该有相当理由。

实则土地的典关系,因一般原因而发生的很少。可以回赎的土地,以活卖的土地居多。典的标的物多系房屋。房屋的典所以发生,原亦有它的经济的原因存在,没有专门以租赁房屋为业者,信用制度又不发达,在房屋租赁业发[达]的今日或最近的将来,法律对于房屋租客的保护方法相当实现的将来,谁愿意拿出许多金钱取得房屋的使用。若以为出典人得到比较多额金钱的融通,承典人又可以以自己所占有的房屋做担保;这个看德国民法上删除了关于不动产质权的规定,日本民法上虽然有了不动产质权的规定,近来事实上差不多没有关于不动产质权的诉讼发生,就可以明白了。所以房屋的典也是快要逐渐灭迹的。一切的典不必在《民法物编》上替它另创设一新物权种类,假定《民法债编》有了买回权登记的规定。

五

最后是关于典权性质的问题。典权问题的研究,余可以向读者介绍两种相当有价值的书籍:一部是日本冈松参太郎博士主编台湾总督府临时台湾旧惯调查会的《台湾私法》,一本是南满州铁道株式会社调查课的《满州旧惯调查报告书》后篇第一卷"典之习惯"。除以上两种书籍外,日耳曼古法的不动产质,从法律解释学以外的立场研究典权时,也有相当比较研究的价值。

《台湾私法》第一卷上册六九页载:典权的性质屡经变迁。最初是一种纯粹的权利移转行为,和物权的买回约款附卖买并无区别。后来性质渐变,带有担保物权的性质。但是现在一方面虽系担保权,担保权的性质尚未完全发达,典权不是有债权担保性质的物权,仅系一成立物上负担关系的物权。换言之,仅得就典物的价格行使权利,并没有对人的债权关系存在。他方面典权并没有失去它的权利移转行为的性质。典权系担保权,同时亦系对于他人的物的用益物权,出典人回赎以前,得占有使用收益他人的土地或权利。即现在的典权系受物权的回赎权所限制的用益物权,同时对于典物上成立一定金额的物上负担。典权带有担保权性质,《台湾私法》上所举出重要的理由:(一)《户部则例》置产投税载"如系活契典当田房,契载在十年以内者,概不纳税";雍正十三年上谕中载"至于活契典业,乃民间一时借贷银钱,原不在买卖纳税之例"。(二)清律典买田宅条例载"如契未载绝卖字样,或注明年限回赎者……若卖主无力回赎,听凭中公估找贴一次……若买主不愿找贴,听其别卖归还原价"。《台湾私法》第一卷上册六七四页载,所谓"听其别卖归还原价",系"承典人得对于出典人,请求出典人自行出卖,归还典价"。第一种理由原系关于税政的法律或上谕,不能做说明私法上某种权利性质的根据。第二种理由显系文字解释的错误,清律只承认出典人的别卖权,没有规定承典人的别卖请求权。并且台湾习惯并没有别卖的义务(参照同书六六三页)。《台湾私法》上关于典权有物上负担性质的说明,当然不能成立。《满州旧惯调查报告书》说明典权系一种用益物权。说明典权是一个用益物权,所发生的问题,就是佃权人、地上权人、地役权人等用益物权人只以一定的目的为使用收益,典权人的使用收益方法并无限制。

我国新《民法物编》订定后,关于典权的性质或亦可以预想是有两种学说的可能。《立法原则》第十条说明中,关于典权和不动产质权的比较,说"出典人多经济的弱者,使其于典物价格低减时,抛弃其赎回权,即免负担"。该说明似乎以不动产质权是担保债权的,典权仅系一个物上负担为前提。当然《民法》上某种权利性质的说明,是以该国家民法上及其他法律上关于某种权利的条文,该国家人民关于某种权利的习惯、判例、条理为根据,且以此四者为全部的根据。在新民法之下,余关于典权性质的说明,将来新《民法物编》颁布后,当另有发表的机会。

(原载《社会科学论丛》第 2 卷第 1 号[1930 年],第 137—147 页)

典权之性质

一、关于典权性质之诸学说

典权系中国法系特有之一种制度。然而关于典关系法律的构成，最初研究者是日本学者，研究最值得我人钦佩者亦是日本学者。明治三十二年（光绪二十五年）台湾儿玉［源太郎］总督即嘱托冈松参太郎博士调查台湾旧惯。翌年，《台湾旧惯调查一斑》出版。明治三十四年［1901年］组织临时台湾旧惯调查会，分为二部，第一部自明治三十六年至四十三年［1910年］计共编成三回报告书；第三回报告书，一名《台湾私法》。旧惯调查会之外，又有一个台湾惯旧研究会，出版七卷《台湾惯习记事》。《台湾私法》和《台湾惯习记事》可以说是研究典制度最有价值之参考书。其他日文参考书籍，为《满洲旧惯调查报告书》后篇第一卷《典之惯习》与《满蒙全书》第六卷（一名《支那之法制》）。

在以上所举各种书籍中，我人可以发见下列关于典权性质之数种学说：（一）附有买回特约的买卖说；（二）物上负担说；（三）买卖契约与消费借贷契约的混合契约说；（四）不动产质权说；（五）用益物权说。最早的学说，当然是不动产质权说；唯为说明的便利起见，先述附有买回特约的买卖说。

（甲）附有买回特约的买卖说

附有买回特约的买卖说，是旧惯调查会的一部分会员与惯习研究会的一部分会员所主张。附有买回特约的买卖说，它的理由，可以分为四点：

（A）一般契据上和前清律例上的用语

清律①典买田宅门条例第二、第三所用"卖产""置买产业"各语，系包含典在内；清律应系承认出典系卖产之一种，承典系置买产业之一种。一般典契上称承典人所支付于出典人之金钱为典价，或称为价银；所谓价者，显系代价的意味。《福建省例》田宅例典卖契式，对于出典行为，用"出售"或"交易"等字样，售和交易显系买卖的意味。

（B）关于典卖规定的比较

清律关于典卖规定的不同处，只有可否回赎之一点。以典关系为附有买回特约的买卖关系，在清律之下，应系适当之解释。

（C）典物的危险负担

乾隆十二年例案载："凡典产延烧，其年限未满者，业主、典主各出一半，合起房屋，加典三年，年限满足，业主仍将原价回赎。如年限未满，业主无力合起者，典主自为起造，加典三年；年限满足，业主依照原价，加四取赎。如年限未满，而典主无力合起者，业主照依原价，减四取赎。如年限已满者，听业主依照原价，减半取赎。如年限已满，而业主不能取赎，典主自为起造，加典三年；年限满足，业主仍依原价，加四取赎。"依照上述例案，典屋非因承典人之过失而被烧毁时，承典人亦不得受典价全部之返还。典价自不能视为金钱债权关系，典关系自不能视为债权担保关系。并且上述例案，仅适用于典物系房屋之时，典物若系土地，则因土地之灭失，出典人无须返还典价之一部。所以典关系应只能作为买卖关系说明。

（D）典价不足额的请求

还有一个消极的理由，就是典物出卖于第三人时，其卖价，或典物绝

---

① 本篇所指"清律"，据下文所引用判断，应指《钦定大清现行刑律》。——编者注

卖于承典人时,凭中所估定的价额,少于典价,承典人也不能向出典人请求不足额之填补。因此,典关系应亦不能视为债权担保关系。若系担保关系,担保物换价所得之金钱,不足以清偿债务时,该不足额部分之债权应仍旧存在。在台湾旧惯调查的初期,关于典权之性质,只有债权担保说和买卖说二说,证明债权担保说之不能成立,同时即系买卖说的维持理由。

以上系附有买回特约的买卖说之大概。附有买回特约的买卖说,以之与债权担保说相对抗,原无研究其买卖标的之必要。然典权之性质,有认为用益物权者。设定用益物权之法律行为,虽系物权契约;物权契约之订立,一般系债务之履行。用益物权设定行为所履行之债务,一般的常系买卖契约所发生之债务——更其承认典权系用益物权时。典权设定行为所履行之债务,当然系买卖契约所发生之债务。仅在(A)(B)(C)(D)所述的范围以内,主张典权设定行为系附有买回特约的买卖契约,尚不足以确定典权之性质。主张附有买回特约的买卖说者,以为典权设定行为系典物业主权之转移行为,典权系受回赎权所限制的典物业主权。作一精确的法律学上说明,附有买回特约的买卖说者,只承认典行为,而不承认典权。

当然,附有买回特约的买卖说之主张,与余在本杂志第二卷第一号所发表《读〈民法物编立法原则〉关于典权部分后所感》一文的主张不同。附有买回特约的买卖说,系解释论的立场,说明典权设定行为之性质系业主权移转行为。余在前文所发表之主张,系立法论的立场;以为典权虽非所有权,立法整理上,典行为不妨与活卖行为,一并规定,而规定于债篇买卖节。详细之说明,请参照前文。

(乙) 物上负担说

物上负担说系《台湾私法》之主张。物上负担说并非绝对否认附有买回特约的买卖说,《台湾私法》第一卷上册六九〇页载:"典权的性质屡经变迁。最初是一种纯粹的权利移转行为,与附有物权的买回特约之买卖并无区别。后来性质渐变,带有担保物权的性质。"临时台湾旧惯调查会员山本留藏氏与台湾惯习研究会员松滨逸史氏,关于典权性质的变迁,更有较具体的说明。山本氏论文(《台湾惯习记事》第二卷五九七页)引用《渊鉴类函》杂税部的一节:"税契始于东晋,历代因之。北宋开宝二年,始收民印契钱,令民典卖田宅,输钱印契。徽宗崇宁三年,敕诸县典卖牛畜契书,并税租钞旁等印卖,田宅契书,并从官司卖。除纸墨等工费外,酌收息钱,助赡学用,其收息不得过一倍。孝宗时,敕令所进呈重修淳熙法,上亲笔圈记,人户内驴驰马船书契收税,谕辅臣曰:凡有此条并令删去,恐后世有算及舟车之言。又臣僚言:民间典卖田宅,必使之请官契,输税钱,其意不徒利也,虑高赀之家,兼并日增,下户日益朘削,是亦抑之之微意,今州县以人户物力科配,空给印纸,名为预借契钱,殊失注意。诏禁止之。"山本氏根据此一段文字,谓自宋开宝二年以至崇宁三年(自西历纪元九六九年至一一〇四年),其间一百余年,确有典卖输钱印契之事实。典卖系同样的输钱印契,当时法律对于典、卖,几视为同一行为。清雍正年间,规定田地房屋之典当,无须税契过割。乾隆二十四年,福建有活契典业不必税契之告示。典权之担保性质,至迟在雍正乾隆以后,已渐次发达。松滨氏谓清律订定当时,对于典、卖行为,除可否回赎外,虽并无区别,然证之雍正年间"至于活契典业,乃民间一时借贷银钱,原不在买卖纳税之例"之上谕,雍正年间,典权应已带有担保性。《台湾私法》亦似认典权性质之变迁,系在清雍正时(《台湾私法》同册六六九页、六七〇页)。

物上负担说不但在沿革上并不否认附有买回特约的买卖说,同时并主张在台湾旧惯调查当时,典行为之权利移转行为性尚未完全消灭。

《台湾私法》同册六九一页载："典权并没有失去权利移转行为之性质。典权系担保权，同时亦系对于他人所有物之用益物权；出典人回赎以前，得占有使用收益他人之土地或权利。即现在之典权系受物权的回赎权所限制之用益物权，同时对于典物上成立一定金额之物上负担。"不过附有买回特约的买卖说所主张之权利移转，是业主权之移转；物上负担说所主张之权利移转，是用益物权之设定。物上负担说主张典权是兼有用益物权性与担保权性之他物权。

《台湾私法》上主张典权有担保性之理由，请参照本杂志第二卷第一号前拙作，本篇恕不重述。以下试略述山本氏之主张。山本氏主张典权有担保性，其出发点系当铺之动产典，由动产典而类推至于不动产典（《台湾惯习记事》第二卷六六页以下参照）。

（A）典物的危险负担

山本氏主张：承典人负担典物之危险，不足以为买卖说之维持理由。承典人之典物危险负担，完全是贫民救助之一个方法。《福建省例》当税例中，有以下一段文字："如此酌量分别，在贫民缓急可通，无大典不收之病，在当户本资已裕，无少典改报之烦；立法仍有等差，奸徒无从索诈。"山本氏引用此段文字，以为关于不动产典物危险负担责任之乾隆例案，亦系出于同一用意。

（B）典价不足额的请求

典物之卖价少于典价时，承典人不得为典价不足额之请求，与危险负担责任纯粹系出于同一理由。出典人系经济的弱者，法律须保护经济的弱者。

（C）动产典之债权担保性质

当铺之受当衣服首饰，显系发生债权关系与债权担保关系。证之法律上典当利息之规定与当票上之文字，更无疑义。中国从前法律对于动产典与不动产典均用"典当"二字,其间自应无若何极大差别,典权(不动产典权)应亦具有担保性。

物上负担说者,虽主张典权之担保性,业已逐渐发达,同时又主张其发达,尚甚幼稚。"典权不是有债权担保性质的物权,仅系一成立物上负担关系的物权。"承典人无请求返还典价的权利。典权关系,于担保性一点,系与土地债务关系相似。因此,不但立法理由上,即概念演绎上亦得以说明,危险应由承典人负担,典价不足额,应不得问出典人请求。

(丙)买卖契约与消费借贷契约的混合契约说

买卖契约与消费借贷契约的混合契约说,系台湾惯习研究会员早川弥三郎氏所主张(《台湾惯习记事》第四卷八六一页以下参照)。混合契约说,所主张典权的性质,系与买卖契约说的主张一样,典权系受回赎权所限制的典物业主权。混合契约说与买卖契约说所不同者,混合契约说以为最初的典关系,虽纯粹系附有买回特约的典物买卖关系,然其后因经济上的变迁,典制度被利用于消费借贷关系。雍正十三年的上谕,即系典制度被利用于消费借贷关系之证明。混合契约说与物上负担说所不同者,混合契约说以为典制度虽被利用于消费借贷关系,典权之性质,并未自业主权而变为有担保权性之他物权。物上负担说,谓典权之担保权性,尚未完全发达,典权并非担保债权之他物权,而仅系一成立物上负担关系之他物权;混合契约说,则仿佛主张典权性质变迁之过程中,现在之典权性质,不但未达到债权担保之阶段,且未达到物上负担之阶段。

然混合契约说既主张典行为,系买卖契约与消费借贷契约的混合契约,当然承典人除取得典权外,对于出典人更有金钱债权——典价之债权。承典人以债权之形式,请求典价之返还;典价返还后,同时发生买卖契约解除之效果,典物当然须返还于出典人。出典人向承典人为金钱之提出,一方面系债务之清偿行为,同时即系买卖契约之解除行为。

混合契约说,关于典权之性质,原与买卖说并无区别;唯其对于典权性质变迁之阶段,则独具见解,故特另项述之。

(丁)不动产质权说

不动产质权说,是典权研究初期之通说。其后仍坚持此说者,厥为杉本吉五郎氏。以下试略述杉本氏之主张(《满蒙全书》第六卷,一名《支那之法制》四八八页以下参照)。杉本氏主张承典人有回赎请求权,典权有担保物权的效力,承典人有典价返还请求权;因此,不动产典权与日本民法之不动产质权相同。

(A)承典人有回赎请求权

杉本吉五郎氏谓清律虽无承典人请求出典人为回赎之明文,但是清律规定:"若卖主无力回赎……买主不愿找贴,听其别卖,归还原价。"承典人有请求别卖之权利(关于"听其别卖"四字,杉本氏系与《台湾私法》采取同一之解释)。别卖请求,系典价返还权另一个形式的行使方法。典价之返还,系以回赎为前提。别卖请求权,原系出典人不能履行回赎之义务时,保护承典人之规定。清律若非间接的承认承典人有回赎请求权,自不能承认承典人有别卖请求权。清律既承认承典人有别卖请求权,应即系间接的承认承典人有回赎请求权。

(B)典权有担保物权之效力

杉本氏谓一般学者主张典物之使用收益,系典之要素,不动产质权人之不动产使用收益之权能,并非不动产质权之本质,因而反对典权并非不动产质权,系将担保与担保物利用二者混淆之结果。并且一般情形承典人虽以取得典地之利用为目的;但是对于吃租之典,典地仍由出典人耕种,可见典物之使用收益,亦非典之要素。反对典权并非不动产质权之理由,应不能成立。

（C）承典人之典价返还请求权

杉本氏谓反对承典人有典价返还请求权者，系误认一般情形时出典人无返还典价能力之事实，为出典人无返还典价之义务。清律规定"若卖主无力回赎，许凭中估价找贴一次，另立绝卖契纸"，使承典人得以取得典物之所有权。承典人得以取得典物之所有权，显系以出典人有返还典价之义务为前提。不过出典人得选择典价返还债务或典物所有权移转债务，而为履行。

杉本氏又引用前大理院四年统字第二二六号解释"别卖所得，如不及原价，自应责令业主补足"，以为承典人对于典价之不足额，得请求出典人支付。承典人既得于别卖后，请求典价不足额之支付，出典人自有返还全部典价之义务。

（D）典与附有买回特约的出卖之异同

杉本氏在《满蒙全书》上，既分上述三点，说明典权系不动产质权外，又复说典与附有买回特约的出卖之不同。杉本氏谓典并非约定所有权之移转。出典后，经过若干期间，出典人虽不得再为典物之回赎，承典人仍须经过一定之手续。例案所谓"活卖房屋与典产原无区别"，并非指典系附有买回特约出卖而言，乃系指活卖即系典，活卖行为即系不动产质权设定行为而言。

与杉本氏之主张相类似者，为台湾惯习研究会员松滨逸史氏之主张（《台湾惯习记事》第四卷八六〇页参照）。松滨氏谓承典人之权利，系与日本《质屋取缔规则》上所规定质屋（当铺）主人之权利相类似。当铺主人与质物所有人间，发生有债权关系。然当铺主人在继续占有质物之时，不得请求债务之清偿。质物灭失之后，当铺主人，亦不得请求清偿债务。质物灭失毁损之危险责任，系由当铺主人负担。所谓当铺主人有债权者，当铺主人在质物所有人取回质物占有之瞬间，得向质物所有人为债务之清偿;同此说明,承典人对于出典人应亦有典价之债权。松滨氏并非主张典权系日本民法上之不动产质权,而系主张典权与当铺主人之权利相类似之不动产质权。

(戊)用益物权说

用益物权说,系《满洲旧惯调查报告书》后篇第一卷《典之惯习》所主张(同书八六页以下参照)。《满州旧惯调查报告书》所主张用益物权说的内容,约可分为以下各点:

(A) 典与不动产质及土地债务之不同

典主无直接对于原主,或就典物,受典价返还之权利,此点典权关系应与不动产质关系、土地债务关系,根本不同。盖债权人若无请求债务履行之权利,债务人若无履行债务之义务,是则显无债权与债务,债权关系根本的不能成立。既无债权关系,自无担保物权关系存在之理由。土地债务制度系信用土地而借出金钱;金钱借出者,对于金钱之返还,虽无对人的请求权,仍有对物的请求权。典则原主不欲回赎时,典主对人的、对物的均无请求典价返还之权利;唯原主欲为回赎时,须返还典价而已。是故典关系应系不动产质关系,土地债务关系以外之另一种权利关系。并且动产质关系、抵押关系、土地债务关系,权利者不得为标的物之使用收益。不动产质权人,虽得为不动产之使用收益,其使用收益之权能,亦非不动产质权之本质,与典物之使用收益,系典之要素,当事人不特为反对之约定者不同。

(B) 典与附有买回特约的出卖不同

法律称附有买回特约的出卖为活卖。活卖与典实际上所发生之效果,虽无多大区别;然活卖关系之出卖者,仅保持有买回权,所有权则移转于买主。典关系并无发生所有权移转之效果;出典人之回赎,并非所有权之回复,而系使典主使用收益之权能,归于消灭之行为。典关系应与附有买回特约之出卖关系不同。《满州旧惯调查报告书》又引用清律"凡民间活契典当田房,一概免其纳税。其一切卖契,无论是否杜绝,俱令纳税"之明文,以为未杜绝之卖契,即系活卖之契,清律对于典与活卖之规定,亦非完全相同。

（C）典行为之心理的前程与典行为之效果

出典人之意思,是欲得金钱之融通;承典人之意思,是欲得田宅之利用。典行为之效果,使承典人取得田宅之利用权,使出典人取得金钱之利用权。二者恰系处于交换之关系。法律若欲对于出典人与承典人加以对等的保护,则出典人有终止田宅利用权之权利（回赎权）,承典人亦应有终止金钱利用权之权利（典价返还请求权）。但是仁义主义之中国法律,以为对于经济的弱者之出典人,应加以特别之保护,所以唯出典人有回赎权,而承典人无典价返还请求权。又因金钱之利用,系金钱之消费;典行为对于典价之效果,系所有权之移转,而非利用权之产生,是故典行为所发生之权利,仅为典物利用权与回赎权二种。

（D）典权之本质与典行为之本质

典权即系上述之典物利用权。典物利用权,系主权利;回赎权系从权利。典物利用权,系以典物之使用收益为内容,自系用益物权之一种。典行为从经济方面观察,虽系一融通行为,从法律方面观察,则仅系一用益物权设定行为。不过典权虽系一种用益物权,而具有特别消灭原因,受回赎权之限制。

（E）典权性质之变迁

《台湾私法》主张典行为最初系一种业主权之行为,至雍正乾隆年代,渐带有信用行为的性质。在台湾旧惯调查当时,关于典行为乃至典权性质变迁之方向,学者之主张,均大致相同。《满州旧惯调查报告书》则谓最初之典行为,系业主权之移转行为,并无确切之根据。以后之典行为,渐带有信用行为之性质,乃系上谕本意之误会,与律例文字之误解(参照拙作本杂志第二卷第一号一四六页①)。物上负担制度,系欧洲最近代之法的现象,以之解释信用制度幼稚之中国法律,显系与事实不符。

以上系《满洲旧惯调查报告书》所主张用益物权说之大概。据黄镎氏言,迩来中国学者,认典权应属用益物权者渐多,惜黄镎氏所举黄右昌氏、朱学曾氏、李复昌氏之著作,②余遍觅尚未得见,无从介绍。黄镎氏对于担保物权之批评,亦请参照《法律评论》第七卷第一号至第三号,③恕不详。

二、对于诸学说之批评

(甲)对于业主权说之批评

业主权是由王土观念而来。"普天之下,莫非王土。"封建时代之法律,将公法上之领土主权与私法上之所有权,视为一体。一切之土地,属于君主之所有;臣民只能为土地之掌管耕作,而无所有权。不过中国从前之法律,同时又以一业不能两主为原则,对于不动产(土地)有最强大的私权者,始称为业主;业主权是对于不动产(土地)之最强大的私权(《台湾私法》第一三,上册二九页以下参照)。以业主权与现在各国法律上之物权相比较,实质上应与不动产所有权(土地所有权)相当。以典权为不动产所有权,在《民法》未颁布以前,尚具有相当理由;新《民法》于所有权之外,另承典权为一种物权,业主权说,乃至所有权说,当

---

① 薛祀光:《读〈民法物编立法原则〉关于典权部分所感》,载《社会科学论丛》第 2 卷第 1 期,已收入本书。——编者注
② 黄右昌:《民律要义·总则》,京华印书局 1927 年版;朱学曾:《担保物权之效力》,载《法律评论》1923 年第 6 期;李复昌:《民法修正论》,北京琉璃厂公慎书局 1923 年版。——编者注
③ 黄镎:《论典权之性质》,《法律评论》第 7 卷(1929 年)第 1—3 期连载。——编者注

然无存在之余地。

（乙）对于担保物权说之批评

对于担保物权说在法例上之根据之批评，请参照《满洲旧惯调查报告书》，《法律评论》所载黄镩氏之论文及本杂志第二卷第一号之拙作。担保物权说，最使我人首肯者，厥唯典行为之动机。现在之典行为，在出典人方面，其动机确系金钱之一时的融通，毫无疑义。然而以金钱之一时的融通为动机，而为他人设定之物权，不能遽谓之为担保物权。试举一明显之例。订立附有买回特约之买卖契约，因而移转物之所有权于他人者，其动机固亦系金钱之一时的融通；但其所移转之物权，则系所有权。我人若对于法律之文意，不加以错误之解释，我人若知大理院四年之解释例，业已经以后判例之改正，我人若不为拟制之解释（参照上开各论文），则典权人固并无债权，并无为换价行为之权利。是合典权、质权、抵押权、留置权为一类之物权，果有何种共通之性质？ 同时，统一的了解上——条文适用上，果有何种实益？

（丙）对于用益物权说与担保物权说之论争之批评

用益物权说与担保物权说之论争之价值，我人对之不能无疑问。用益物权说与担保物权说之论争，先认定他物权，只可分为用益物权与担保物权二类。某一种物权之性质，尚未明了以前，全体物权之正确的分类，果系可能乎？ 诚然，一般说明地上权之性质，常称地上权是一种用益物权；说明质权之性质，常称质权是一种担保物权。又一般法学著书，常先述物权之分类，后述各个物权之性质。似乎物权之分类，决定在先，各个物权之性质，决定在后。然此不过讲述上一种便宜而已。一般法学著书，常先述某种权利之性质，后述某种权利之效力。实则效力并非由性质演绎而得，性质系效力及其他等项归纳之结果。物权之分类与各个物权之性质之关系亦然。物权之分类，应以各个物权之效力、性质为标准；

性质未确定之前,自不能为物权之正确的分类。须各个下级概念之内容明了后,始得创设数个上级概念,使全体下级概念,分属于数个上级概念。至于研究之便利上,虽不妨先就用益物权与担保物权之物权的既成分类,决定典权之归属,然典权并非一定属于用益物权或担保物权;用益物权与担保物权原不过是一个假设的分类而已。

　　或将以为用益物权与担保物权系物权分类之唯一真理。关于此点,莫说罗马法系之物权分类,不能适用于带有中国法系的色彩之我国新《民法》;即同系罗马法系之德国民法,学者亦并不采取用益物权与担保物权之分类,德国民法学者分物权为用益权 Nutzungsrecht、换价权 Verwertungsrecht 与取得权 Erwerbsrecht 三类。以下试略述德国民法学者关于取得权之主张,一可以证明以用益物权与担保物权为物权之分类,并非唯一不易之真理,二可以证明典权确具有第三类物权之性质。

　　据德国民法学者 Enneccerus 氏之主张,取得权分为三种:第一是渔业权、矿业权等。因权利者一定之行为,即可取得某物之所有权。第二是先买权、征收权。因让与请求权行使之结果,而取得某物之所有权。第三是拾得遗失物者之权利——取得遗失物所有权之期待状态。拾得遗失物者并不须若何法律行为,仅因一定时期之经过,拾得遗失物者取得遗失物所有权之期待状态即可以变为遗失物之所有权。(Enneccerus, Lehrbuch des Bürgerlichen Rechts Bd. Ⅱ.Ⅰ, §5)。我国从前法律关于典权之规定,《户部则例》置产投税载:"民人典当田房,统以十年为率;限满听赎。如原业主力不能赎,听典主投税过割执业。"《清理不动产典当办法》第八条载:"设定典当期间,以不过十年为限……届满不赎,听主过户投税。"典权人在典权设定后,经过一定之时期,得因过户之行为,而取得典物之所有权,是典权岂非具有取得权之性质乎?

　　典权人取得典物之所有权,在旧律时代虽民间并无实行,其为典关

系整理上重要之法规，自无疑义。典权之重要效力，计有三点：(一) 典
权人得为典物之使用收益；(二) 典权因回赎而消灭，回赎须为典价之返
还；(三) 出典人届期不赎，典权人取得典物之所有权。欲确定典权之性
质，须为上述三点效力之归纳。因效力之归纳，典权性质确定后（当然其
他物权之性质亦已确定后），始可以分物权为几类，典权系属于何类物
权。乃从前多数学者，在研究典权之性质以前，先认定他物权只分为担
保物权与用益物权二类。结果，无论采取何说，取得所有权之期待性质，
均不能说明。用益物权说与担保物权说之论争，实不足以解决典权性质
问题。

三、关于典权性质之私见

(A) 典权常以他人之所有物为标的

典权并非所有权；典物之上，所有权得与典权同时存在，典权常系存
在于他人所有物之上；典物所有人与典权人常系二人。某物所有人不能
为自己设定典权。典物所有人取得典权时，除典权之存续，于典物所有
人或第三人有法律上之利益者外，典权应归于消灭（七六三条）。

(B) 典权是以不动产为标的

动产不得单独为典权之标的。唯动产系不动产之从物者，则主物之
处分及于从物（[《中华民国民法》]六八条），从物之动产亦得为典权之标
的。在新《民法》下之解释，此种情形时，并非成立二个典权——一个不
动产典权，一个动产典权，仅系成立一个不动产典权，而其效力及于动产
而已。

以房屋为典权单独之标的虽为法律之所许；然以房屋为典权之标的
者，当事人间之意思一般的系房屋与地基之共同出典。为当事人意思表
示之解释时，不可拘泥于典契之文字。且新《民法》关于典权并无类似于

［《民法》］八七六条之规定，为典权标的之意思表示解释时，犹有注意之必要。

（C）典权有用益性

典权人对于典物有使用收益之权利，自无疑义。唯典物之使用收益，是否系典权之目的，则从前多学说间略有争执。反对说者以为典权人之使用收益之权能，系与日本民法上不动产质权人之使用收益之权能相同，并非典权之目的。且典权人之使用收益权能，得以特约排除之，并非典权必要不可缺之内容。新《民法》九一一条载："称典权者，谓支付典价，占有他人之不动产，而为使用收益之权"；在新《民法》之下，解释典权是否以典物之使用收益为目的，该条条文应系最重要之根据。盖该条条文系新《民法》对于典权所承认之意义也，该条条文虽用有"支付典价"四字，然支付典价系典权人之出捐，并非典权人之利益，应非权利之内容。依照九一一条之规定，典权之内容仅系典物之占有与典物之使用及收益。假定典物使用收益之权能，并非典权主要之内容，典权系另有其目的存在，则新《民法》于九一一条之外，应另有明文规定。然而新《民法》典权章之其他条文，并无关于该种目的之直接或间接之规定。假定学者以为新《民法》典权章列于质权章之后、留置权章之前，立法者之意思应系承认典权为担保物权，典价返还之担保系典权之目的；则莫说立法者之意思，不能作法律之有权解释，章节之排列，应亦不能为决定权利性质之唯一根据，不能据认典价返还之担保系典权之目的。典权既不能解释其另有目的，换言之，典物使用收益之作用，既非他种作用之附从的作用，典权之使用收益，应系典权之目的。

至于《民法》九一一条称"使用及收益"，原非单指兼为使用及收益者而言。使用及收益系包含以下三种情形：（一）仅为使用；（二）仅为收益；（三）兼为使用及收益。对典吃租当然仍得成立典关系。唯权利人不得为不动产之使用,亦不得为不动产之收益者,则不得称为典权。

典权之使用收益与地上权、永佃权等之使用收益不同者,地上权、永佃权等之使用收益,系限于一定之范围。地上权之使用系限于工作物或竹木之所有,永佃权之使用收益系限于耕种或牧畜。典权之使用收益,虽一般典契上常注明以居住或耕种为目的,但亦得不注明使用收益之方法,任典权人为一切方法之使用收益,法律并无加以限制。

(D) 典权系以占有为必要之内容

关于此点,无特别说明之必要。

(E) 典权之设定以典价之支付为原因

新《民法》八四二条虽亦称"支付佃租"云云,但九一一条所称"支付典价",其与典权之关系,比之支付佃租与永佃权之关系,完全不同。支付佃租系永佃权之附从的义务;支付佃租常在永佃权成立之后,且佃权之支付不以一次为限。支付典价则在典权成立之前,典价之支付系典权成立之必要条件。

物权设定行为,一般学者皆以为是无因行为;私见以为在新《民法》之下,地上权、永佃权等物权之设定行为以及物权设定行为以外之物权行为,虽亦宜解释为无因行为,唯典权之设定行为,依照九一一条之规定,应系有因行为,而以典价之支付为其原因。试就地上权设定行为与典权设定行为,为一对照的说明。设定地上权之债权契约,假定为买卖契约者,当然系约定甲方为乙方设定地上权,乙方向甲方支付地上权之卖价;设定地上权之物权契约,虽在乙方未支付地上权之卖价以前,亦可有效成立。设定典权之债权契约,系约定甲方为乙方设定典权,乙方向甲方支付典价;设定典权之物权契约,则须乙方业已支付典价,始能有效成立。典权设定行为系以典价之业已领受为其理由,恰如寄托契约系以寄托物之业已领受其为理由。

以典权设定行为为有因行为,条文上之根据,计有二点。第一,依据[《民法》]九二三条、九二四条之规定,一切典权均得回赎。有典权必有回赎权;一切典权经过一定时期,不为回赎,即变为典物所有权。然而典权之回赎,须返还典价(九二三条、九二四条称"以原典价回赎典物"),无典价提出之回赎意思表示,不发生若何效力。假定未为典价之支付,亦得取得典权,则典物所有人须返还未领受之典价;否则,因无有效之回赎行为故,必将丧失典物之所有权。以典权认定行为为无因行为,显失公平之保护。第二,以一般物权行为为无因行为,为求交易上之安全起见,虽亦失公平之保护;确定与公平,二者原不得兼,公平并非在任何情形时均系法律之第一位目的。然而新《民法》九一一条称"支付典价"云云,对于典权设定行为之有因性,已有积极之规定,典权设定行为应不能作为无因行为解释。以下试略述九一一条所称"支付典价"云云,在法律上之意义。支付典价,并非典权人之利益,当然非典权之内容;九一一条所称"支付典价"云云,并非对于典权内容之规定,显无疑义。支付典价亦非附从于典权之义务。新《民法》关于典权,并无与《民法》八四六条之撤佃相类似之规定,对于典权成立后典价之不支付并无若何制裁。所称支付典价,应系关于典权取得之规定。取得典权,一般先有债权契约,后有物权契约。典价支付之约定,虽当然系债权契约内容之一部,然而典价之实行支付,则系债权契约之履行,而系一个物权行为。所以九一一条所称"支付典价"云云,应系关于债权契约履行之规定,而系关于物权契约之规定。一般双务契约之履行,仅有同时履行之抗辩而已,一方先为履行,其履行仍系有效;以设定典权之约定为内容之债权契约,则典物所有人在未领受对待给付以前,先履行其设定典权之债务者,其履行行为不生效力。就其债务之履行而言,则以设定典权之约定为内容之债权契约,九一一条所称"支付典价"云云,系规定其双方债务非同时履行不可。

就设定典权之物权契约而言,则系规定设定典权之物权契约,以典价之领受为其原因。未领受典价者,设定典权之物权契约不能有效成立。典权虽已登记之后,典权人未支付典价者,出典人仍得声请涂销登记。

以典价之支付为典权设定行为之原因,未免与德国一般原因论者之主张不相符。德国一般原因论者以为物权契约之原因系债权契约。移转所有权之物权契约之原因系约定移转所有权之买卖契约或赠与契约或其他债权契约。设定地上权之物权契约之原因系以设定地上权之约定为内容之债权契约;同样的说明,设定典权之物权契约之原因系约定一方为他方设定典权,他方支付典价之债权契约。德国一般原因论者之主张是否正当,应视现实买卖 Realkauf、现实赠与 Realschenkung 是否亦先有债权契约为定。德国一般民法学者以为现实买卖与现实赠与亦系先有债权契约。私见以为事实上现实买卖与现实赠与,当事人决无履行债务之意思。证之我人日常之经验,即可明了。我人赴书店以现金买书一本,或以现金买香烟一匣,事实上书店与卖香烟者之交付书与香烟并非履行债务。现实买卖与现实赠与既非先有债关系,是则在德国民法之下,物权契约亦并非一定以债权契约为原因。书店与卖香烟者之移转书与香烟之所有权之行为,我人若研究其原因之所在,则舍现金之交付外,自无其他原因之可言。设定典权之物权契约虽一般的先有债权契约,但是债权契约仅系支付典价行为之原因,设定典权行为之原因则系典价之支付(领受)。恰如消费借贷契约为要物契约者,消费借贷契约之原因系金钱或其他代替物之领受(交付),金钱或其他代替物之交付行为则有时得以消费借贷之预约为原因。以债权契约为物权契约原因之主张,既不能包含典权契约以外之一切物权契约而为说明,是则以典价之支付为典权契约之原因,亦并无破坏物权契约原因之统一,且以对价之支付为原因,典权契约恰与现实买卖相同;以债权契约之原容,典权契约恰与现实赠与相同。

以典价之支付，为典权设定行为之原因，尚有一点，与少数著名学者之主张相冲突。法国学者 Laurent、Dlaniol Planio、日本学者富井氏、石坂氏等以为：（一）双务契约之双方债务，系同时成立，时间上并无先后关系，应不能谓其互为因果。约定双方债务之负担，乃系双务契约之内容。例如买卖契约订立当时，标的物业已灭失者，并非因缺乏原因故，契约不能有效成立。且无须作缺乏原因说明；契约之内容不可能者，契约应不能发生效力。（二）要物契约并非以物之领受为原因；须为物之交付者，乃系要物契约之性质。（三）无偿契约之原因乃系契约内容之一部。赠与契约，当事人间原须有无偿给与财产之合意，并无另认无偿给与财产之意思为原因之必要。法律行为之成立，无关于原因之有无。唯从经济上观察现实的出捐行为时，始发生原因问题。否认原因论者又谓以主观的意思为原因，则未表示于外部之意思，应不能为法律行为之要件；若以意思之实现为原因，则所谓意思之实现者，或系契约，或系债务，或系物之受领。对方之债务，应不能谓之为自己意思实现之结果。在法律行为之沿革上，否认原因论者亦主张并非先有有因行为，后有无因行为。否认原因论者以为就沿革上观察，亦不能以有因行为为原则，无因行为为例外，罗马法上之 Stipulatio 虽非最初之契约，较之要物契约、诺成契约则早。

当然，典权设定行为是否系有因行为之争执，实际上并无若何意义。依照否认原因论者之主张，原因事实系合意之一个事项，或系该个契约性质上不可缺之事项，此等事项缺乏时，仍不能发生效力。否认典权设定行为系一个有因行为，而谓典价之领受系典权设定行为之性质，结局，法律效果上，典价支付与典权取得所发生之关系一样。然而对于法律行为概念上有因无因之分类，私见以为在我国新《民法》之下，无加以否认之必要与理由。盖法国民法一〇〇八条、一〇三一条与一〇三二条关于原因之规定,解释上常发生疑问,且一〇〇八条、一〇三一条绝对否认无因契约;是故法国著名民法学者多赞成比利时 Ernst 氏之原因不要论,以为民法一〇〇八条、一〇三一条系不合条理之规定。否认原因论者以为无因契约并不是例外。关于原则例外之争执,原不能得一个决定的结果。更其在我国法律行为之沿革上,有因契约、无因契约孰先孰后,我人无充分之资料。然试就法律目的观念之发达顺序上着想,则公平之目的观念发达在先,确定(交易之安全)之目的观念发达在后,应无疑义。我国之法律思想,常偏重于公平之观念。我国之情形,有因行为应系原则,无因行为应系例外。否认原因论者分原因之意义为主观的、客观的二种,而加以批评。为出捐行为,必有一种目的:欲达到此目的起见,因生出捐行为之决心,称此种目的为原因者,乃系原因之主观的意义。然而目的虽系主观的意思,对价目的(原因)之具备与否,则以外界之事实为标准,无偿目的(原因)之具备与否,则以无偿给与之意思业已表示者为限。对方债务之负担,并非自己意思实现之结果;对方债务之负担,乃系自己意思实现之事实。是故否认原因论者对于原因意义之批评应亦系不当。将法律行为分为无因行为与有因行为,一则仅为求交易之安全起见,以形式条件之具备为充分之有效要件,一则为求公平起见,于形式条件之外,并考虑其出捐之目的。以对方债务之负担、物之领受等为目的之实现,加以统一的说明,私见窃以为并非不合理。是故称典权设定行为有因行为。当然英法约因 Consideration 之观念,较之罗马法之原因 Causa 之观念为明了,自不待言;以典权设定行为为须有约因之行为,或较易使否认原因论者之首肯。然而典权设定行为既须具有约因,又须具有形式。

原因之要否,虽系典行为之性质,而非典权之性质。然而典行为须有原因与否，与典权之其他性质有重大之关系。且对于[《民法》]九一一条之"支付典价"四字，若不加以适当之说明，总不免使典权之性质留一疑问，故特于本篇述之。

（F）典权有回赎性

新《民法》九二三条一项规定"典权定有期限者，于期限届满后，出典人得以原典价回赎典物"，九二四条规定"典权未定期限者，出典人得随时以原典价回赎典物"，是一切典权（定有期限之典权与未定有期限之典权）均得回赎。九二三条一项与九二四条之条文若系强行法规，则不问典权设定行为有无禁止回赎之约定，一切典权均得回赎；九二三条一项与九二四条之条文若系任意法规，典权设定行为未为禁止之约定者，其典权应得回赎。然而典权之设定原系经济的弱者为求金钱之一时融通，若典物得禁止回赎，本免有得使典权人利用他人之贫困而缔结有利益于自己之契约之虞。且典物若约定不得回赎，则典权人将来取得典物之所有权，在典权设定当时，业已确定，是不啻以典之名，行卖之实。是故九二三条一项与九二四条之条文应系强行法规，一切之典权，不问其设定行为有无禁止回赎之订定，均得回赎。有典权，必有回赎权。清律《典买宅门条例》载："民间置买产业，如系典契，务于契内注明回赎字样。"又"典买田宅门律文"载："年限已满，业主备价取赎，若典主托故不肯放赎者，处四等罚。"是典权在新《民法》之下，在清律之下，均系有回赎性。

所有权之买回，一般亦称为回赎，显与典权之回赎不同。所有权之买回系所有权移转行为溯及的消灭其效力，一方丧失其所有权，他方回复其所有权，典权之回赎则系典权之消灭，一方丧失其典权，他方回复其所有权之完全内容。他物权之消灭，除典权之回赎外，尚有地上权之撤销与撤佃。以下试就地上权之撤销、撤佃与典权回赎之异同，而研究回赎之性质。

地上权之撤销、撤佃，学者或谓之为地上权设定契约、永佃权设定契约之法定解除。买回行为一般谓之为契约之约定解除。典权之回赎是否亦系典权设定契约之法定解除？余在本杂志第二卷第一号拙作[《读〈民法物编立法原则〉关于典权部分所感》]曾言明回赎权系契约之法定解除权。今则舍弃旧说，主张典权之回赎系消灭典权之行为，回赎权系消灭典权之权利。其理由：

（一）以典权之回赎为解除行为，则契约之解除常溯的消灭其效力。然典权经回赎后，并无一方返还典物用益之代价，一方支付典价之利息。是故就溯及力而言，以回赎为契约解除行为，不若以回赎为契约终止行为之为宜。关于此点，学者以地上权之撤销为解除行为，私见窃亦以为不当。

（二）仅就定有期限之典权而言，典限届满后始得为回赎。期限届满后典权之存在是否尚系契约之效力？例如民国十九年[1930年]一月一日设定一期限二十年之典权，1951年一月一日典权是否尚系因契约之效力而存在，抑因法律之效力而存在？若系因契约之效力而存在，自可以解除；若系因法律之效力而存在，则应无解除之可言。期限届满后之典权，究系仍因契约之效力而存在，抑系因法律之效力而存在，就期限二字而为解释，应系因法律之效力而存在。盖如上例之期限，十九年一月一日系始期，卅1949年十二月三一日系终期；期限显系存续期间之意味。上例，契约系设定一个自十九年一月一日存续至1949年十二月卅一日之典权。1951年一月一日典权若仍存在，并非契约之内容，应系法律之效力。法律所承认存在之典权，不能因解除而消灭。是故回赎权应系法定的消灭典权之权利，而不能谓之为解除权。

（三）上例，1951年一月一日之典权，是否系因契约之效力而存在，抑因法律之效力而存在，虽或可依照当事人间意思表示之内容，而为反对之解释。当事人间约定自十九年一月一日起始得回赎，亦系法律之所许;其期限仍为二十年。为此种约定者,则1951年一月一日之典权不妨解释为因契约之效力而存在。然而以回赎确为一种解除权,已如上述,亦不能准用回复原状之规定,不过是一种概念上无谓之争执而已。是故对于余之旧说,虽尚未闻有反驳之意见;基上各种理由,改为今说。

回赎权虽非解除权,私见以为应系创成权(Gestaltungsrecht)之一种。关于此点,就清律之用语而为研究,则应得反对之结果。清律载"若典主托故不肯放赎者,处四等罚",规定典权人有放赎之义务。清律又载"限外递年所得花利,追征给主,依原价取赎",是业主虽已为一次之备价取赎,若典主不肯放赎者,典权仍旧存在。不然,则无再为取赎之可言。典权之消灭,须有典主放赎之行为。所谓放赎者,果系何种内容之行为,清律并无明文规定。可能之解释,应有两种:一则以放赎为消灭典权之同意,一则以放赎为典物占有之返还,典权原以一定时期后消灭为必要之性质,典权之消灭须经典主之同意,既无保护典主之必要,对于业主反增无谓之手续;放赎应非对于典权之消灭为同意之意思表示。以放赎为典物占有之返还,在昔日之法律思想,占有与权利之所在有莫大之关系,应系合理之解释。在典主未返还典物以前,典主仍有典权,是故业主欲求典权之消灭,仍须为取赎行为。取赎行为须有放赎行为,始能使典权消灭。取赎权系请求放赎之权利,系一种请求权。

然而自西洋法律思想输入中国之后,地上权、永佃权之消灭,并不以土地占有之返还为条件。地上权、永佃权消灭后,土地所有人根据其物上请求权,而请求土地占有之返还。同样典物之返还并非一定在典权消灭之前,而得在典权消灭之后;请求典物占有之返还,以之为物上请求权之内容,不以之为回赎权之内容,物上请求权之观念,早为我国从前判例之所承认。新《民法》对于典权之回赎,亦并无放赎之规定;典物占有之返还,应适用[《民法》]七六七条文之文。唯新《民法》对于回赎尚称典物之回赎,稍留旧律思想之痕迹而已。

至于回赎效力之发生,虽在典权人领受典权之后;然此并非回赎行为系请求典价之领受。回赎系一种要物行为,为回赎之意思表示,须同时为典价之提出而已。以典价之领受或提存为回赎效力发生之条件,并无妨碍于回赎权之创成权性。买回行为须为卖价之提出,一般学者固亦以之为解除;解除权为创成权之一种。

九二三条一项、九二四条仅规定"以原典价回赎典物",回赎效力之发生,是否仅须典价之提出,抑须典价之领受?《满洲旧惯调查报告书》(六〇页)及《满蒙全书》(三一八页)均以为典权之消灭,仅须有典价之提出。关于《民法》三七九条买回之规定,原以解释为卖价之提出为宜,盖买回所发生之效果,一般的情形卖主不过取得所有权回复请求权而已。回赎所发生之效果,则系典权之消灭;若仅以典价之提出为充分条件,似嫌保护典权人太薄。若以典价之领受为必要之条件,则典权人未免得以恶意阻止回赎。回赎效力之发生应以典价之领受或提存为必要而充分之条件。

(G)典权有取得性

九二三条二项载"出典人于典期届满后,经过二年不以原典价回赎,典权人即取得典物所有权",九二四条但书载"自出典后经过三十年不回赎者,典权人即取得典物所有权";该二条条文是关于出典人回赎权之消灭,典权人典物所有权之取得之规定。清《户部则例》及《清理不动产典当办法》亦有"届限不赎,听凭典主投税执业"或"过户投税"等之明文。学者常以为因回赎权之消灭,而典主取得典物所有权(《台湾私法》六八二页《满洲旧惯调查报告书》六六页参照)。此点应分立法理由及法律的形式理论二方面而言。就立法理由而言,显系因出典人既不能回赎,故使典权人取得典物所有权。盖出典人不能为典物之回赎,则出典人之典物所有权,对于典物并不能享受若何利益,纯系一个虚有权,为名实相符起见,不若以典权人为典物所有人之为宜。然就法律的形式理论而言,则回赎权虽已消灭,典权不过无回赎权之限制而已。无回赎权之典权,名义上仍非典物所有权。出典人回赎权之消灭与典权人典物所有权之取得,系二个不同之法律关系。回赎权之消灭,当然得以消灭时效之学理而为说明。至于典物所有权之取得,私见以为是典权之一种特有性质。

典权不得永久存在,须于一定时期后消灭。而典权设定行为系以典价之支付为原因,是故典权有回赎性与取得性,回赎性与取得性即系消灭性之两面。典权消灭后,出典人取得典物之完全所有权者,系典权之回赎性关系;典权消灭后,典权人取得典物之完全所有权者,系典权之取得性关系。若典权仅有回赎性,则出典人不能返还典价时,除另有合意外,典权将永久存在。是故为贯彻典权之消灭性起见,于回赎性之外,法律又认典权有取得性。

典权之取得性,在清《户部则例》,已有明确之规定。《户部则例》置产投税载"十年限满,原业主力不能赎,再予余限一年,令典主呈明该翼,由翼将典纸交旗,钤用佐领图记,送翼补税,发给本人收执'又载'限满听赎,如原业主力不能赎,听典主投税过割执业";旗民交产载"如立契已逾例限,即许呈契升科"。盖以典权经长期间之存在后,真正之业主果系何人,反多不明,容易发生许多之纠纷。证之于《清理不动产典当办法》,应知《户部则例》关于取得性之规定,确以权利关系之整理为理由。新《民法》有不动产权登记之规定,虽不至于权利之所在不明;然而典权长期间之存在,容易有妨碍于典物经济上之发展,是故新《民法》亦规定典权人得取得典物所有权。

或将以为典权人有先买权,亦系典权有取得性之一个根据。佃户有先买权,永佃权应亦有取得性。然而私见以为,从前判例承认典权人、佃户、垦户有先买权,新《民法》规定典权人有先买权,其理由系因典权人、佃户、垦户系土地或房屋之使用收益人。为使典权人等得继续其用益起见,故承认典权人等有先买权。典权人等之先买关系,只可以作用益性说明。九二三条二项、九二四条但书之规定,则以典权人业已支付回价,典价与卖价相差不远为理由;与用益之权能并无关系。是故唯典权有取得性,永佃权无取得性。

四、结　论

前节所述关于典权性质之私见,系以新《民法》之条文为基础第一节所介绍之诸学说则均系发表于新《民法》未须布之前。然而新《民法》关于典权之条文,纯以清律、清《户部则例》及清朝其他例案为母法,若在清律及清《户部则例》之下,研究典权之性质,余亦主张典权有用益性、回赎性及取得性。第一节所介绍之诸学说或称典权系用益物权,或称典权系担保物权;以余之私见,为新《民法》物权之分类,则应如下表:

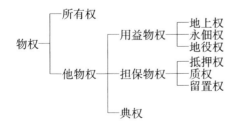

本篇颇多独断之见解,希国内民法学研究者有所指教焉。

(原载《社会科学论丛》第 2 卷第 8、9 号合刊[1930 年],第 1—39 页)

对于司法院院字第四九三号及
第四三八号解释之批评

一、对于四九三号解释之批评

该号解释称："乙对于甲之田亩，欲实行其抵押权，非先诉请法院判决确定，不得执行拍卖。"余殊不以为然。唯该号解释既称"诉请法院判决确定"云云，依该解释，究应以何人为被告而起诉？究应有如何之判决，始得声请拍卖？余请先就此点略述之。①

查该呈请解释之原呈称："拍卖系强制执行之方法，而强制执行必须根据债务名义，如确定判决或和解笔录之类，抵押字据非债务名义，似不能为强制执行之根据。"就该原呈文字而推测司法院为该号解释之理由，一部分法官或将以为抵押权之实行必须先向债务人提起请求履行债务之诉矣；唯经责令债务人履行债务之判决确定后，始得声请拍卖。若然，则其错误更甚矣。盖（一）若债权之消灭时效业已完成，而抵押权之消灭时效尚未完成者，抵押权人以债权人之资格，向债务人提起请求履行债务之诉，债务人以时效业已完成为抗辩，则法院自应驳回原告之请求，然因抵押权之时效尚未完成故，虽无责令债务人履行债务之确定判决，

---

① 在司法院未变更该号解释之前，法官遇有声请拍卖抵押物事件，自必依照该号解释而为裁判。于是余虽不赞成该号解释，然依该解释应告何人应提何诉之问题，应仍有略予说明之必要，免致发生更甚之错误。

依照《民法》一四五条一项之规定,应仍得声请拍卖抵押物。(二)责令债务人履行债务之判决纵经确定,亦只能就债务人之财产为强制执行而已。若不动产并非债务人之所有者(抵押物并不限于债务人之所有物;抵押权由第三人设定之情形),则因该不动产并非此判决书上之当事人之财产故,应不能径基此判决而为该不动产之拍卖,又关于该不动产虽尚有抵押字据或抵押之登记,亦不能因此仅关于债权之确定判决,遂使该抵押字据或抵押之登记得为就抵押物强制执行之根据。基上二点所述,责令债务人履行债务之确定判决,既非声请拍卖抵押物之必要条件,亦非声请拍卖抵押物之充分条件,四九三号解释所称"诉请法院判决确定",应非指责令债务人履行债务之确定判决而言。

原来抵押权之实行,须先诉请法院判决确定,德民学者亦作同一之解释。德民一一四七条称:"债权人得依强制执行之手续,就土地及抵押权效力所及之物受清偿。"①因其明文规定抵押权之实行依强制执行之手续为之,一般情形自须先行诉请法院判决确定。然德民学者之主张,抵押权人所提起之诉,并非向债务人为之,乃系以抵押物所有人为其诉之对方。其所声明应受判决之事项,并非请求判令对方为债务之履行,乃系请求判令其不得阻止抵押权之实行(换言之,判令抵押物所有人应忍容 dulden 抵押权人为抵押物之拍卖)。② 依余之见,不认抵押权之实行须先诉请法院判决确定则已,若认为须先诉请法院判决确定,似以德

① Die Befriedigung des Gläubigers aus dem Grundstück und den Gegenstände auf die sich die Hypothek erstreckt, erfolgt im wege der Zwangsvollstreckung.

② Enneccerus 更直以为系求判认得就该土地而受清偿,Dernburg 以为系求判认得就该土地而为执行(Enneccerus, Lehrbuch des Bürgerlichen Rechts, Bd. II. 1. §189, Dernburg, Bürgerliches Recht, Bd. III. 4. §236)。

民学者之主张为是。盖既认抵押权之实行,系以求抵押权之满足[①]为目的之强制执行,则抵押权之实行自须先有关于抵押权之确定判决。彼仅关于债权之确定判决者,仅能基之而为求一般债权之满足之强制执行而已。而抵押权人为求此判决而提起诉讼,既应以抵押物所有人为其诉之对方,则关于抵押权之存在与否及其担保之范围等,抵押物所有人已得在诉讼上充分的尽其防御之能事。俟抵押物所有人之败诉确定,即抵押权之存在及其范围业已在裁判上确定之后,而始为抵押物之拍卖,于是在事实上遂亦无不公允之可言矣。唯责令不得阻止或忍容拍卖之确定判决,虽亦得为执行名义,严格的言之似仍不能为拍卖抵押物之基础而已。[②] 总之,两说相较,后说远胜前说,司法院解释所称"诉请法院判决确定"殆亦系后说之意义欤。

然余并非主张我国《民法》上抵押权之实行,必须诉请法院判决确定也。唯若须诉请法院判决确定,应由抵押权人向抵押物所有人提起关于抵押权之诉讼而已。德国民法一一四七条有"依强制执行之手续为之"之明文,我国《民法》八七三条一项则仅称"声请法院拍卖抵押物"。两者条文并不相同,解释应不妨互异。彼德民规定依强制执行之手续为之,一般情形固必须有确定之判决。我国八七三条仅称声请法院拍卖抵押物而已,尽可解释为仅以法院为拍卖人,唯关于估价公告等则准用《民事诉讼执行规则》之规定。夫拍卖之以确定判决为其要件者,以其性质系属于强制执行之方法者为限。我国《民法》八七三条所规定之拍卖,并无若何积极之明文根据,须认为强制执行方法之拍卖,应无与德民强为同一解释之必要。

---

① 称"求抵押之满足",或嫌稍有语病,精密的言之,乃系求抵押权所担保之债权就抵押物而受满足之义。
②《民事诉讼执行规则》第八九条参照。

且德国民法上抵押权之实行,因有德国民事诉讼法第七九四条第五款之规定故,①有时仅由公证人作成证书,即得声请拍卖。我国《民事诉讼执行规则》则并无与德国民事诉讼法七九四条五款同样之条文,依照四九三号之解释,虽在抵押物所有人对于抵押物之拍卖并无争执之时,亦将非提起诉讼不可。此在诉讼费用之负担上,余深信其必难为妥当合理之说明矣。若以为应归抵押物所有人负担,则抵押权人之目的原仅欲拍卖抵押物以取偿而已,且抵押物所有人之非债务人者,抵押物所有人原无为第三人清偿之义务,抵押权人并仅得拍卖抵押物以取偿而已,抵押物所有人既无阻止其拍卖之行为,又无阻止其拍卖之意思,就情理而言,应无须对于抵押权人所支出之诉讼费用负偿还之责。若以为应归抵押权人负担,则既有四九三号之解释,虽在抵押物所有人对于拍卖并无反对之行为或意思之时,抵押权人亦非"无庸起诉",不合于《民事诉讼法》第八三条之规定,依法应不能使胜诉之抵押权人负担诉讼费用。②当然,关于诉讼费用之裁判,自不容许法官舍弃《民事诉讼法》第八一条以下之条文而不为适用。于是虽在抵押物所有人对于拍卖并无反对之

---

① 德国民事诉讼法第七百九十四条条文:

下列各种情形,亦得为强制执行:

（一）略;

（二）略;

（三）略;

（四）略;

（五）基于德国法院或德国公证人依其职权所作成规定方式之证书者。但以关于请求给付一定金额,或其他一定数额之代替物或有价证券之证书,而曾经债务人在该证书上承诺即时之强制执行者为限。因抵押权、土地债务 Grundschuld、定期土地债务 Rentenschuld 所生之请求,亦视为金额之请求。

② 我国《民事诉讼法》在第八一条本文,原则的规定诉讼费用由败诉之当事人负担。其应由胜诉人负担者,则以列举式的为例外之规定。本案既与《民事诉讼法》所规定各个之例外情形并不相符,自应仍适用八一条本文原则之规定。

行为或意思之时,亦必依照《民事诉讼法》第八一条本文之规定,判令抵押物所有人负担诉讼费用无疑矣。法虽有据,其奈于情理上有失公允乎?夫诉讼费用负担之基本原则原极简单:有争始有讼,争而无理及无争而讼者,须负担诉讼费用。今四九三号解释乃认抵押权人虽无争而仍须起诉,遂使关于诉讼费用不能为合于情理之裁判,此非诉讼费用规定之不备也,实系四九三号解释之欠于斟酌。此余之不赞成该号解释之理由一也。

且不但关于诉讼费用不能为合于情理之裁判而已也。当事人间并无争执,而四九三号解释认为仍须起诉,实已与国家设立民事诉讼制度之本旨相违。夫讼所以止争也,无端而兴讼,于国家人民两无利益。彼人民之无端而兴讼者,原非国家善良之人民。今司法院之解释使人民无争而起诉,自亦非妥当之解释无疑。又国家之民事立法,不仅以之解决人民之讼争而已也,间接的犹须收减少讼争之效果。立法之目的既如斯,解释自亦应不离此旨。司法院之所以为四九三号之解释者,殆未思及当事人间对于拍卖并无争执之情形焉。此余之不赞成该号解释之理由二也。

依余之见,我国《民法》八七三条一项之用语,既与德国民法一一四七条之用语并不相同,应无须确定之判决,抵押权人径得声请拍卖。唯八七三条一项既称"声请法院拍卖抵押物,就其卖得价金而受清偿",则关于该物是否系抵押物及就其卖得价金究得受若干金额之清偿,抵押权人自应负释明之责。盖该物若非抵押物,抵押权人应无声请拍卖该物之权。而拍卖所得之价金,仅交付抵押物所担保之金额而已;超出担保额之数,抵押权人应无领受之权。抵押权人虽已为相当之释明,法院仍不应仅凭一面之词,不加调查,遽行拍卖,并为价金之交付。盖判决之执行,虽仅须,并仅得依照判决之内容为之,声请状则与判决不同,在八七三条所规定之情形,法院对于该物之应否拍卖及拍卖后应交付若干之金额,自应负调查之责。唯因其使法院负调查之责,故八七三条之用语不与八九三条之用语相同,不称"得拍卖"抵押物,而称"得声请法院拍卖"抵押物也。法院为尽调查之责起见,应于抵押权人释明原因,声请拍卖之后,传唤抵押物所有人到院,讯明其对于该物之拍卖及担保范围有无争执,作成笔录。若抵押物所有人并无争执者,准用《民事诉讼执行规则》第六二条以下之规定,估价公告,径行拍卖,并为价金之交付。抵押物所有人有所争执者,则命抵押权人提起确认抵押权或其担保范围之诉;俟判决确定后,基其再度之声请,始行拍卖。① 如是,则既不至于因无争之讼,徒使国家人民两受其害,而对于抵押物所有人之利益,仍可尽充分之保护。鄙见窃以为似较四九三号解释为胜焉。②

二、对于四三八号解释之批评

该号解释称:"从前典屋之屋价与现时告找时之屋价不同者,则其应找屋价自应依现时价值计算。唯其从前已付之典价,究能值从前之买价几分之几,应与审定后,并先就现时应值之买价内,以比例照减去几分之几,而以其余之数为应找之额。"解释之意旨计分二点:(一)出典时典物

---

① 余之认为此种情形须有确定之判决者,并非以之为执行名义也。故只须提起确认之诉,有确认之判决即可。并无提起给付之诉,取得给付判决之必要。而确认之判决经已确定之后,抵押权人仍须为八七三条之声请,法院始得拍卖抵押物,并以之为抵押物而拍卖。

② 余不仅在新《强制执行法》未订正施行之前,反对四九三号之解释,将来新《强制执行法》纵有与德国民诉七九四条五款同样之条文,余仍不赞成声请拍卖抵押物须有执行名义之主张。盖认为须有执行名义,则在双方不同意作成公认证书之时,仍只有起诉之一法。而确认抵押权之判决,因非给付判决故,既不能为执行名义,而判令不得阻止拍卖或忍容拍卖之判决虽系给付判决,已如前述亦不能为拍卖之基础。至于命令履行债务之判决,其不能适用于抵押物所有人非债务人之情形,更不待言。实则无一判决可为拍卖非属于债务人所有之抵押物之执行名义。

之时价与告找时典物之时价不同者,应依告找时典物之时价计算找价。(二)应审定典价与典物出典时之时价相比之百分率,于告找时典物之时价内比例扣除之,以其依比例扣除之余额定为应找之价。关于第一点之解释意旨,自无可指摘之余地。第二点之解释意旨,余则以为颇欠妥当焉。

　　试举一例以言之。例如出典时典物之时价为一千元,典价为八百元,告找时典物之时价为一千五百元者,依该解释,典权人之找贴仅须交付三百元足矣。然典权之期限业已届满,或典权之未定有期限者,出典人若以之出卖于第三人,以时价计算其价格,出典人应取得七百元之多。① 何为乎典权人得仅交三百元而取得典物之所有权耶?[《民法》]九二六条仅称"典权存续中"云云,典权虽已得回赎,而尚未回赎者,典权应仍系存续。此种情形,该号解释特认为典权人得以贱价买受,显无理由。且清律典买田宅门条例称:"若卖主无力回赎,许凭中公估找贴一次,另立绝卖契纸。"《清理不动产典当办法》第四条称:"依照本办法得以回赎之典业,或向典主告找作绝,或别卖与他人,或赎回自行管业,均听原业主自行选择,概不许典主借端勒掯。"旧法概认告找为出典人之权利,唯《民法》九二六条一项则不然,依其用语,反认为典权人之权利之一种。是如上举之例,认典权人有得以贱价买受之权利,岂非与《民法》九一九条之规定完全相反?②

---

① 典物之时价既值一千五百元之多,而买得之后即可回赎,回赎又仅须交付八百元之典价,于是第三人买受之时,一般情形自必愿出价七百元矣。因以七百元买受,八百元回赎,合其数恰与时价相等故也。

② 九一九条乃规定典权人有得以同一价额留买之权利,是第三人之出价高于时价者,则典权人唯以高于时价之价额,始得有买受之权。虽九一九条与九二六条一项乃分别适用于不同之情形,究不宜一则须以最高之价买受,一则得以低于时价之价额买受,致条文相互间失去平衡。

又如出典时典物之时价为一千元,典价为八百元,告找时典物之时价为九百元者,依该解释,典权人之找贴须交付一百八十元。夫出典人以之出卖于第三人,虽在典物已得回赎之时,一般情形亦仅得一百元之价金;若典期并未届满者,则其价金更将不满百元。何为乎典权人之找贴须为一百八十元之交付耶?前之情形,得以贱价买受,虽欠公允,尚可称为权利;此之情形,须以贵价买受,更有何权利之可言?且若第三人之出价亦不满一百八十元者,依照九一九条之规定,典权人即得以不满一百八十元之价金主张留买。依照九二六条一项之规定,则典权人非提出一百八十元之价金不可。条文之适用上岂非发生矛盾?

依上所述,四三八号解释既不宜于典物价格腾贵之情形,又不宜于典物价格低落之情形,其欠于妥当也应无疑义。再就条文之文字而言。九二六条一项亦并无按照比例找贴之明文,四三八号解释不但在其适用之结果上有欠妥当,于条文之文字上亦并无若何根据。夫不动产之出典,并非不动产所有权之分量的出卖也,四三八号解释殆对于此点有所误会焉。余以为找贴之额,应为告找时时价扣除典价之余数;前例为七百元,后例为一百元。

关于典权部分之其他解释,余虽亦有相当之意见,或则已于从前之拙作简单论及之,或则其重要原因于立法之疏漏,本篇恕不详。

关于典业之回赎问题

一

今日我国社会上,关于典业回赎之诉讼,所以如此之多,我思其重要之原因,乃以回赎权消灭之后,找贴请求权亦随之而消灭。若能认为出典人虽已不得请求回赎,仍得依价请求找贴,则关于典业回赎之诉讼,必大可减少矣。盖在抗战之前,典价与典物之价值,相差已有二三成之多。今则二者之差,更动在十倍之上。所值万元左右之田产,仅以千元左右而断业,不平孰甚! 不平则鸣,何怪人民讼争不休?!

记得十九年春,《民法物权编立法原则》初定时,余即曾在本校《社会科学论丛》上发表一文,[①]希望立法者注意典期届满后,典权人取得典物所有权时,出典人是否仍得依不当得利之原理,请求找贴问题,予以积极之明文规定,以免发生争执。乃《民法》第九百二十三条、第九百二十四条,仍与立法原则第十三条相同,并未采纳余见。当时犹幸其未设消极之明文,以为余见终必有为判解所采取之一日。不料其后司法院二十二年院字第八六八号之解释,竟认为出典人并不得请求找贴(三十年院字第二一七五号解释亦同),适与余见相反。余欲为文与法规统一解释委员会诸公商榷者久矣。诸公从前虽或不以余说为然,今日关于典业回赎

---

① 薛祀光:《读〈民法物编立法原则〉关于典权部分后所感》,载《社会科学论丛》第2卷第1号[1930年]。已收入本书。——编者注

之诉讼既如此之多,而回赎权消灭后之不得请求找贴又确系增加回赎诉讼之一个重要原因,事实已暴露解释之不当。基于事实上之要求,不知统一解释委员会诸公,对于八六八号解释,有重加考虑之意否? 虽曰"有权解释"等于立法,应有相当固定性。但素知我国法规统一解释委员会诸公虚怀若谷,修改解释,不少前例。敢再陈我说,若亦能如关于拍卖抵押物之解释,余见终蒙诸公采纳,则私衷不胜万幸焉。

何以余主张典权人因典期之届满,而取得典物之所有权者,仍应发生不当得利之问题? 盖以抗战时之情形纵应别论,就平时而言,典价亦不过典物价值之七八成。若认为典权人取得典物所有权后,无须负不当得利之责任,则典权人对于其余二三成之利益,取得乃无须代价,殊无若何理由故也。余思欲维持八六八号解释,可能之辩解,当不外以下数点:

(一) **根本不认为有不当得利之事实**　以为至回赎权消灭时,典物因在典期中使用之自然消耗,其价值应已仅与典价相等,将自然增值部分除开,事实上应并无不当得利。就房产而言,此说或亦有理。然田产则应无自然消耗。何况房产亦因典期之长短,其自然消耗之程度有所不同乎? 至于典价之仅值、典物价值之七八成,此则稍明我国社会上典之实际情形者,当无异言。

(二) **以为此二三成之利益在典权人方面自有其应得之理由**　主此说者,殆以质物于当铺之关系推论乎? 诚然,当铺因满当而取得当物所有权之时,并不发生不当得利。然典权人之权利乃与当铺不同。典权人有使用收益之权,而不得请求利息。当铺得请求利息,而无使用收益之权。满当之时,所以不发生不当得利关系者,以之抵填质物者回赎时,当铺所本得请求之利息也。典权人则已另有使用收益之权,原不得请求利息。二者显不能同论。

至或将以典权人曾就典物支出费用为理由。此则若指通常之保存费用而言,回赎之时,典权人原亦不得请求偿还。今所有权既已丧失,当无反须以出典人依理本得请求找贴之额,抵填此种费用之理。若指《民法》九二七条所举之费用而言,更与此找贴之问题无关矣。盖原值千元,典八百元,典权人改良典物,所值增至千五百元之情形,所谓找贴者,找贴二百元,并非找贴七百元也,典权人虽曾为改良费用之支出,关于典价与原值相差之二百元,典权人仍无应得之理由。

（三）以为典权人丧失此二三成之利益乃咎由自取　假若有人欲以此种理由,维持八六八号之解释,则余敢谓其未免太不知体恤穷人矣。盖须知回赎乃要物行为。为回赎之意思表示,必须同时为典价之提出,空言之回赎无效。彼出典人届期不为回赎者,一般情形,盖非怠于为回赎权之行使,乃无力为回赎权之行使。申言之,出典人并非故意不为回赎,亦非因过失而忘却回赎,乃因穷而无力回赎。若以为此后出典人即不得再请求找贴,千元之产,以七八百元而断业,出典人岂非因穷之故,而须忍受二三百元之损失耶?际此抗战之时,产价飞涨,损失更大。法律上只有"富生义务"之原则,决无穷负损失之原则。虽事实上,损失常系由穷人负担,法律则决不能承认穷负损失之原则。法律之任务,乃须对于穷人特别加意保护。所谓资本主义国家之法律尚且如此,何况三民主义之法律乎?我国法律上,保护穷人之规定,不知几许之多。决无于出典人因穷而无力回赎之情形,独认为须由穷人负担损失之理。八六八号解释之理由若系如此,显与法律之根本精神相背驰。

或将以为典期届满后,尚有二年犹豫期间。出典人不于此二年内为典价之筹措,应系有过失。此则显不知穷人之艰难。穷人一日所入,供一日之用。一月所入,供一月之用。筹措典价,谈何容易?或将以为他日回赎之能力既无把握,当初何不径将产业出卖?无回赎之把握而出典,即系有过失。此则须知向来我国一般人民心理,皆不愿为田地房屋之出卖。以为出卖田地房屋，有玷祖先。不然，何至于产业活卖之习惯如此普遍？更何至于独于我国社会上产生典之制度？迫不得已而始出典或活卖，虽无把握，总希望将来有赎回之一日。人们此种心理，应无可厚非。又或将以为出典后既无力回赎，何不及时将典物所有权出卖于他人，或径与典权人接洽断卖？此自误时机，当不能更谓其无过失。诚然，若有他人愿买，而出典人不卖，固可谓出典人有过失。奈已典之业，一般情形，他人皆不愿买受乎！盖典业回赎之时，关于《民法》九二七条费用偿还等问题，总不免有多少纠纷。按之情理，谁愿出钱买纠纷？产业之出典，以乡间为多。我国乡间之习惯，已典之业，甚少有人愿买。纵愿买，亦必与典权人预先三方言定，即此可为明证矣。至谓尽可与典权人接洽断卖，此则《民法》九百二十六条之规定，典权人只有按时价买受之权利，并无按时价买受之义务。换言之，买不买，权在典权人。愿买而不与其接洽断卖，纵或可谓其有过失。已与其接洽断卖而不买之情形，试问将何以为说明？又典权人虽愿买，而出价甚低之时，岂出典人虽贱价亦须断卖于典权人耶？于是纵以此为理由，亦仍不能使八六八号之解释，可免虐待穷人之讥。

（四）**以为此乃立法上之缺憾**　维持八六八号解释，各说相较，当以此说为最能博得同情。当然，《民法》九二三条、九二四条未采纳余见，对于出典人之找贴请求权未予明文规定，致解释发生误会，立法之注意固有欠周到。然若以为此解释之不当，遂完全可诿责于立法上之缺憾，余则仍不以为然。盖《民法》九二三条、九二四条，不过对于出典人之找贴请求权，无积极之明文而已，但亦无消极之明文。解为出典人仍得请求找贴，只须别有法条可据，决非《民法》九二三条、九二四条之所不许也。应不能谓《民法》九二三条、九二四条无积极之明文，遂绝不得为积极之解释。请问统一解释委员会诸公，尚记得二十年院字第四三四号解释否?《清理不动产典当办法》第八条亦仅称"业主届限不赎,听凭典主过户投税",何尝如同办法第三条之有"准原业主向典主告找作绝"字样?若谓无积极之明文,即不得为积极之解释,何以四三四号解释称"业主于过户投税后,仍得告找作绝"?关于《清理不动产典当办法》上之出典,既可如此解释。何以关于《民法》上之出典,又不可如此解释耶?二者之无积极之明文一也,一可,一不可,应无理由。何况关于此时出典人之找贴请求权,《民法》九二三条、九二四条虽无积极之明文,采取积极之解释,在《民法》上尚别有法条可据乎?只须有法条可据,不必限于《民法·物权编》典权章之法条也。以下请更就余说之积极的根据申述之。

余说之积极的根据,乃以当事人虽系直接基于法律之规定而取得某种权利者,受益仍未必概有"法律上之原因"。彼因时效之规定而取得权利及因《民法》七九七条、七九八条之规定而取得枝根果实者,受益固系有"法律上之原因"。典权人因《民法》九二三条、九二四条之规定,而取得典物之所有权者,则与因添附之规定而取得权利同,受益并无"法律上之原因"。所谓"法律上之原因"云者,决非作取得权利之原因事实解也。典权人此时之取得典物之所有权,既无"法律上之原因",于是依《民法》一七九条之规定,典权人自应负不当得利之责任矣。

何以谓典权人因《民法》九二三条、九二四条之规定,而取得典物之所有权者,其受益尚并无"法律上之原因"?此则以法律直接规定由一方当事人取得某种权利者,或仅有使一方当事人取得权利之理由,或更有使他方当事人忍受损失之理由。必须更有使他方当事人忍受损失之理由者,取得权利之受益始系有"法律上之原因"。彼依时效之规定而取得权利者,乃因他方自己怠于权利之行使。权利之丧失,可谓其咎由自取。邻人依《民法》七九七条、七九八条之规定而取得枝根果实者,乃因越界之树木,多少必曾有妨害邻人。故二者均有使他方忍受损失之理由。依添附之规定而取得权利者,则不过以共有关系,诸多不便,法律因而认为一人之所有。此显仅有使一方取得权利之理由也。典权人依《民法》九二三条、九二四条之规定而取得典物之所有权者亦然。典权制度有碍于物之经济上之发展,不宜任典权与所有权并存太久。基于此点,法律固有使典权人取得典物所有权之理由。然千元之产,因此遂以七八百元而断业。出典人并非怠于权利之行使,乃因穷而无力为权利之行使。此二三百元不足之价,法律殊无使出典人牺牲之理由也。不但就出典人方面而言,法律无此理由。就典权人方面而言,法律应亦无使典权人仅以七八百元之典价,即断受千元之产业,无须补回二三百元于出典人之理由。一方便宜二三百元,一方牺牲二三百元。一得一失,二者显均无法律原理上正当之根据。故余谓此时典权人之典物所有权之取得,其受益并无"法律上之原因"。

更申言之,《民法》九二三条、九二四条之立法,乃基于物尽其用之原则。盖以典物随时有被赎回之虞,典权人不能充分利用、充分改良故也。于是该二条表面上虽规定由典权人取得典物之所有权,实则唯使典权人取得典物之所有权,嗣后无被赎回之危险,自己之物可以充分利用、充分改良,乃其目的。换言之,使典权人取得典物之所有权者,并非为典权人之利益也,乃为使物得尽其用之公的利益。明乎此点,当可知法律仅有使典权人取得典物所有权之意思——仅有使典权人取得权利之意思,并无使典权人取得利益之意思矣。又该二条之立法虽系基于物尽其用之原则,公平正义更系法律上一个重要之原则。千元之产,以七八百元而断业,显失公平也。为使物尽其用起见,原只须使典权人取得典物之所有权足矣,并无更使典权人得以七八百元断受之必要。物尽其用之原则并不排除公平正义之原则,乌可不顾及公平正义耶? 明乎此第二点,当更可知法律仅有使典权人取得典物所有权之理由,并无使出典人牺牲此二三百元不足之价之理由矣。

　　既无"法律上之原因"，于是依照《民法》一七九条之规定，典权人当然即应负不当得利之责任。应不能因《民法》关于此点，并无如添附之情形，更特别设有明文，遂谓只许作消极之解释。民法八一六条，性质上仅系一种注意之规定而已。注意之规定，有固更好，缺亦无妨。《民法》关于典权人取得典物所有权之情形，虽无与此同样之规定，解释仍无须踌躇也。何况近代法律之所以就不当得利设一般的规定者，其目的即欲以之普遍的调剂法律上一切之不公平乎？

　　既应认为成立不当得利关系，则以典权已因混同而消灭之故，此后之所有权已非从前之所有权，利益之返还，当然只有依价找贴之一途。故余谓应得依不当得利之原理，依价请求找贴。彼二一七五号解释称法律关于不许回赎之典产，并无仍得告找之规定者，殆其视野仅局限于《民法物权编》典权章之条文乎？

　　依上所述，已可知一切理由，均不足以维持八六八号之解释矣。或尚有怀疑者，请更补陈数言。我国一般学者，关于典权之性质，所见虽均与余不同。仅谓出典人出典之动机，与抵押并无二致。及谓一方付出金钱于他方之时，以设定典权之方法，典权人亦可与抵押权人同获得收回金钱之安全。学者想必均无异词。于是若认为典权人因满期而取得典物所有权之时，无须负找贴之责任。余思贷钱者为避免《民法》关于抵押权所设八七三条二项之禁止规定，必将不设定抵押关系，而设定典与租赁之二重关系矣——借钱者出典于贷钱者，贷钱者又复出租于借钱者。因此，八七三条二项之规定，事实上将完全失去其效用，此岂立法之意思耶？虽关于八七三条二项尚有其他说法之方，"有权解释"当不宜自替脱法行为开方便之门。

　　或曰今日关于典业回赎之诉讼，所以如此之多，完全因为抗战时产价飞涨,双方所争者,实乃土地自然增价之利益。土地自然增价之利益,归之于典权人固不可,归之于出典人亦不可。合理之解决,唯有从速施行土地增值税,将土地自然增价之利益,归于国家。土地增值税施行之后,关于典业回赎之诉讼自然减少矣。当然,希望土地增值税之能早日施行,俾得合理的解决土地自然增值之利益归属问题,余亦同见。此所以典价七八百元之产业,典价与该产业现值之差已有八九千元之巨,余在本文上仍仅就二三百元之不当得利而为立论也。此二三百元,乃原价之不足,并非增价,不能与自然增价部分同论。然纵就自然增价部分而言,土地增值税之施行,亦不过可以缓和减少因此所生关于典业回赎之诉讼而已。基于此种原因之典业回赎之诉讼并非即可绝迹。盖以土地自然增价之利益,依照《土地法》第三百零九条之规定,并非按其全额征收,而土地增值税施行之前已断业者,不能溯及的征收故也。东复欲以土地增值税之施行,缓和减少关于典业回赎之诉讼,则必须就典权人因典期之届满,而取得典物所有权之情形,如何征收增值税,增值税向何人征收,另为明文规定。否则,如《土地法》者,因关于此种情形无特别之明文,势须准用同法二八八条、三○五条关于绝卖之规定,将反更暴露不得依现值请求找贴之不当矣。

二

前节所论,乃假定已不能回赎时如何调剂不公平,俾得可以减少关于典业回赎之诉讼而已。兹更进而研究回赎权之存灭问题。即何种情形,始应认为出典人已不得回赎;何种情形,应认为出典人仍得回赎? 无论出典人事实上所争者,是否系找贴问题,表面上所提出者,则多系关于回赎权之诉讼。关于回赎权之存灭问题,应更有研究之必要。不幸,关于此问题,余见又复与司法院之解释不同。以下择其要者,披陈我见,私衷亦望法规统一解释委员会诸公能予虚怀采纳也。

（一）典权设定于《民法物权编》施行以前者　此原可又分为设定于《清理不动产典当办法》施行以前及施行以后之二种。关于前者，司法院院字第一四一三号、第一九七六号之解释，虽与前大理院统字第一六四一号之解释稍有出入，理论上究以何者为合，不无疑问。然所差者，不过三年之犹豫期间问题，拟置不论。关于后者，则司法院三十年院字第二一三五号之解释，余以为应尚有斟酌之余地。

该号解释称："……回赎权在《民法物权编》施行前，已依旧法规消灭者，不能因《民法物权编》之施行而回复。《清理不动产典当办法》施行后，《民法物权编》施行前，设定典权者，依该办法第八条规定，务须约定不逾十年之期限。未约定期限者，按诸同条之本旨，仅得于出典后十年内随时回赎……原呈所称未定期限之典权，既为民国六年所设定，则至民国十六年，出典人之回赎权已因十年届满而消灭，自无援用嗣后施行之《民法物权编》回赎典物之余地。"当然，其谓《清理不动产典当办法》第八条之本旨，对于未定有期限之典权，亦限其于出典后十年内回赎及谓《民法物权编》施行前回赎权已消灭之典业，不能于《民法物权编》施行后，又依《民法》之规定主张回赎，余亦完全同见。以为有须斟酌者，乃民国六年所设未定有期限之典权，至民国十六年，是否可概认为出典人之回赎权已因十年届满而消灭？换言之，《民法物权编》施行前，《清理不动产典当办法》施行后所设定之典权，是否可概认为必须于出典后十年内回赎；一届十年不赎，是否即概应作绝？盖《清理不动产典当办法》除第八条之外，更设有第九条之规定，第九条乃称"本办法所定各节，各省已另有单行章程或习惯者，仍依其章程或习惯办理"。依习惯办理，则我国各省之习惯，典业或并非十年不赎即作绝也。该号解释，仅依第八条之本旨而为说明，对于第九条并无片言提及，想必非忘却除第八条之外，更有第九条之规定。依余推测,解释之意思殆以为彼典业六十年方作绝或永不绝之习惯,有害于国家社会之利益,欠缺习惯法所必须具备之要件,根本不成立习惯法乎? 解释之意思若固如此,确有相当见地。权衡公私之利益,与其认为六十年方绝,或永不绝,确不若认为十年即作绝也。法律之任务,对于公益之保护,较之私益之保护,更为重要。然余思若有折中之方法,能兼顾到公私双方之利益,岂非更胜乎? 夫典产六十年方绝,或永不绝,固有害于公的利益。典产不限于十年即作绝,尚并无害于公的利益也。此证之于《民法》第九百十二条、第九百二十四条及《清理不动产典当办法》第三条之规定明甚。《清理不动产典当办法》若固以为典权之存续超过十年,即有害公的利益,何以该办法第三条又仅规定惟于该办法施行时,出典已满三十年者,始须于该办法施行后三年内回赎耶? 于是就该习惯之积极的内容而言,固系违反习惯法所必须具有之性质。若仅就其否认典产限于十年作绝之消极的内容而言,则与习惯法之性质并无相背。关于其积极的内容,我人固不能认其有习惯法之效力。关于其消极的内容,则我人应仍可承认其得成立习惯法也。只须对于消极的内容方面,承认其有习惯法之效力,遂即可排除《清理不动产典当办法》第八条之适用矣。排除之后,依《民法》第九百二十四条之规定,定其回赎权之消灭时期。如此,岂非既可不害于公的利益,又可顾及私的利益耶? 能顾及公益而不顾私益,虽胜于仅顾私益而不顾公益。今既能公私兼顾,当然更胜于仅顾公益而不顾私益。法律虽有于公益所要求之范围内,牺牲私益之理由,但仍不宜超出公益所要求之程度,过分的牺牲个人之私益。此余之所以关于此问题,对于司法院之解释仍持异见也。且民国四年时之所以颁布《清理不动产典当办法》者,征之于从前大理院解释之说明及顾名思义,原以《户部则例》上典产十年不赎即作绝之规定(例外的,民典旗产二十年),与习惯不符,引起民间之纠纷极多,不得不另定清理之办法,对于依《户部则例》原已断业者,仍许其回赎。若谓《清理不动产典当办法》关于该办法施行后所设定之典权,仍欲绝对的维持十年不赎即作绝之原则,对于习惯绝对不让步,莫说对于该办法第九条未就第八条之情形为除外之规定,无以为说明。该办法一方面既承认旧法之不当,一方面若又复自蹈旧法之覆辙,立法当亦无如此自相矛盾之理。何况证之于该办法第三条并不以已满十年者为标准,而以已满三十年者为标准,该办法尊重习惯之结果,将十年之期延长至三十年,并非欲绝对的维持十年不赎即作绝之原则者,更明若观火乎?于是余说不但可兼顾公私之利益,且必须依余说,始克与该办法之立法意旨相符。更复典权之设定于《清理不动产典当办法》施行以前及设定于《民法物权编》施行以后者,既均得于出典后三十年内回赎。若对于典权之设定于《清理不动产典当办法》施行以后,《民法物权编》施行以前者,不依余说认为得于出典后三十年内回赎,独对于此中间一段时期之出典,严格的限其十年不赎即作绝,与前后之出典相较,未免太不公允矣。

　　或谓民国六年之出典,若认为至民国十六年并不绝,必须依《清理不动产典当办法》,仍有绝业之期,且其绝业之期合于公益之目的始可。否则,不俟《民法》之施行,于民国十六年之时,为顾公益起见,即已不得不适用该办法第八条之规定,而认为绝产矣。乌得于《民法》施行之后,重回复其回赎权耶?然依余所见,民国六年之出典,认为至民国十六年尚不绝之结果,并非依该办法,即无法更定绝业之期,或其绝业之期即不合于公益之目的。乃依该办法,亦应解为须于三十年内回赎也。盖该办法第二条原依六十年方成绝产之习惯,称未满六十年者概准回赎。而第三条复称已满三十年者,概予于办法施行后三年内回赎,不任其存续六十年,仅予以三年之犹豫期间。是该办法之清理旧典业,显非对于习惯完全让步,仍以三十年为一种限制之标准矣。该办法之清理旧典业,原以习惯为其出发点。乃其清理之方,仍不完全依照习惯。对于已满三十年者,仍仅予以三年之犹豫期间,概限令回赎。于是对于该办法施行后所新设之典权,该办法之态度,虽以不应再蹈旧法之覆辙之故,于有习惯之情形,不仍限其十年不赎即作绝。但其对于习惯之让步,亦必同以三十年为限度,应不待言。此余之所以既谓依该办法,典产并非一届十年不赎,即概作绝,又谓依该办法,十年未绝之典产仍必须于三十年内回赎也。既在该办法上,典产十年不绝者,仍必须于三十年内回赎,是适用该办法第九条之后,关于典产何时方绝之问题,依该办法,亦并不至发生不合于公益之结果。在《民法物权编》未施行之前,即已应如余之解释。余说应无对于《民法》施行前已绝之产,于《民法》施行后,重以《民法》之规定,回复其回赎权之嫌矣。余之主张应依《民法》九二四条之规定,定其回赎权之消灭时期者,乃以未定有期限之典权,在《民法物权编》施行时,尚未成为绝产者,依《民法物权编》施行法,嗣后概须依《民法物权编》之规定,定其效力故也。

关于在《民法物权编》施行前,《清理不动产典当办法》施行后所设定未定有期限之典权,余之意见,已如上述。请更就于此时期内所设定定有期限之典权,附加一言。依余上述之意见而为推论,则于此时期内,设定十年以上、三十年以下之典权,应亦非无效矣。

(二)典权设定于《民法物权编》施行以后者　关于典权之设定于《民法物权编》施行以后者,其应研究之点,乃在于何者始系定有期限之典权,何者仍系未定有期限之典权。盖认为系定有期限之典权与否,回赎权之消灭时期,远有差异故也。典契上绝无提及年限之字样者,其系未定有期限之典权,自无疑问。发生问题者,厥惟契载几年后准原主备价取赎及契上经写明典期几年之情形。

司法院院字第一八二○号之解释,乃以为后者即系定有期限之典权。下级法院之判例,更有认为前者亦系定有期限之典权者。余则以为纵就后者而言,一般情形,亦仍应认为系未定有期限之典权。此点,司法院之解释,表面上,似绝无可以指摘之余地,何以余又持异见耶? 盖以"解释意思表示,应探求当事人之真意,不得拘泥于所用之辞句",《民法》经有明文规定。如何探求当事人之真意,应以习惯为其最重要之依据。习惯乃多数人之同样行为长时间的累积而成。人类具有模仿性,解为当事人之意思与习惯同者,当最能合于当事人之真意故也。我国向来之习惯,约定典几年者,不过于年份未到之前,原业主不得回赎而已。年份已到之后,原业主何时为回赎,则并无限制。《民法》上所称典权之期限或典期之性质乃不同。既以之限制回赎之始期,又以之限制回赎之终期。申言之,既以之限制出典人须至何时始得回赎,又复以之限制出典人一至何时之后,即不得为回赎。例如定为五年之典期者,出典人不但不得于未满五年之前为回赎,且五年更加二年之犹豫期间,一届七年之后,所有权即归消灭,出典人又复不得回赎。习惯上所称之典期,仅具有《民法》上所称之典期之第一点意义而已。一般契上所写之典期,并非《民法》上所称之典期,乃系习惯上所称之典期。若以为契上既写典期几年,遂解为即系《民法》上所称之典期,此乃拘泥于辞句之解释也,不合于当事人之真意,应为《民法》九八条之所不许。故余谓契上纵经写明典期几年者,尚且系未定有期限之典权,契上仅写几年后准原业主备价取赎者,自更不待言矣。既认为系未定有期限之典权,除关于回赎之开始时期,当事人间另有订定,不适用《民法》九二四条本文外,关于回赎权之消灭时期,自应适用同条但书之规定。典权设定于《民法·物权编》施行之后者,迄今尚未满三十年,于是应概得回赎。

当然,以上余说,乃以习惯上典期之意义,确系仅指回赎之始期而言,当事人间仅约定有回赎之始期者,不能即认为系《民法》上所称定有期限之典权及《民法》九二四条本文,性质上并非强行法规为前提。若习惯上所称之典期,亦并非仅有限制回赎始期之意义,习惯上所称典期之意义,与《民法》上所称典期之意义并非不同者,则契上既写典期几年,自无法更解为在《民法》上仍系未定有期限之典权。又若只须当事人间关于回赎之始期经有约定,即系《民法》上所称定有期限之典权者,则契上写典期几年,纵仅有习惯上之意义,亦系《民法》上定有期限之典权矣。余说将均不能成立。至于《民法》九二四条本文若非任意法规,则解为未定有期限之典权,关于回赎之始期,违反当事人之意思,余说亦将仍不可取。关于此数点前提问题,应犹有申论之必要。

关于习惯上典期之意义是否仅系回赎始期之问题,若查阅《司法习惯调查报告录》《民事习惯大全》《台湾私法》与其附录之《台湾习惯调查报告书》及南满洲铁道会社所出版之《满洲典习惯调查报告》等书,想必有相当资料,可资佐证。惜以上诸书,抗战后,余已完全丧失。兹唯有就从前大理院统字第一六二五号解释所称"我国向来有六十年方成绝产之习惯"一语推论之。习惯上,典产作绝之时期既须六十年,于是典期在习惯上若亦具有限制回赎终期之作用——换言之,在习惯上,若亦以典期为标准,定典产作绝之时期者,则典期应须写为六十年始可,决不能仅写数年或一二十年。但事实上我国一般典契,其所写之典期,均以数年或一二十年为多。此显可证明在习惯上,乃认为典期与典产作绝之时期无关矣。所谓六十年方成绝产之习惯,诚如从前大理院解释之所云,乃《清理不动产典当办法》第二条、第三条立法根据之所在,决不容我人否认。既认为有六十年方成绝产之习惯,当然不能相矛盾的,又认为典产之作绝时期在习惯上亦系依典期而定。故余谓习惯上典期之意义乃仅系回赎之始期。

关于当事人仅约定回赎之始期者,是否即应认为《民法》上所谓定有期限之典权问题,此则因《民法》上所称典期,具有限制回赎终期之作用,九二三条已有明文规定,《民法》上所称之典期并非仅系回赎之始期,乃无疑问。有待研讨者,厥唯回赎终期与当事人所定之回赎始期间之距离,法律是否有必须一律的限制于一定年限之理由。若果有此理由,则当事人只须约定回赎之始期,法律即应就其始期,加以一定之年限,定其终期,固只须当事人间约定有回赎之始期者,即系《民法》上所称定有期限之典权矣。然余以为法律殊无将回赎终期与当事人所定之回赎始期间之距离,必须一律的出于二年之理由。盖回赎终期与回赎始期间之距离,果若必须限于二年,何以《民法》九二四条之情形,法律又许其距离有三十年之长耶? 纵谓当事人自定有回赎之始期者不能同论,亦须知回赎始期未必由出典人估计其自己之回赎能力而定,莫说穷人事实上常无契约之自由。如果回赎始期得纯由出典人基于自己之便利而定,则不约定回赎始期,对于出典人岂非更为便利耶? 事实上,回赎之始期乃常系基于典权人之需要而定。典权人对于典物需要五年之用益者,则定期回赎始期于满五年之时;需要十年之用益者,则定为满十年之时。典权人不需要用益典物之时,未必即系出典人有回赎能力之时也。回赎始期既非由出典人估计其自己之回赎能力而定,于是虽曰典期之长期存续有碍于物之经济上之发展,法律希望其早日消灭,应亦不能与九二四条之情形,悬殊如此之甚,对于当事人自定有回赎始期者,概限令其必须于始期届到后二年内回赎。实则法律基于典权之长期存续有碍于物之经济上发展之理由,只应以典权发生之时为起点,定其回赎权之消灭时期,不应以当事人所定回赎之始期为标准,定其回赎权之消灭时期。将回赎终期与回赎始期间之距离,一律限于二年之结果,则五年之典,七年即绝;三年之典,五年即绝;一年之典,三年即绝,公益上,决无牺牲出典人之利益至于斯极之必要也。至若就典权人方面而言,则限制回赎之始期与限制回

赎之终期,显系基于二个不同之目的,前者基于典物用益之目的,后者基
于典物所有权取得之目的,二者间毫无牵连关系。法律随回赎之始期,
定回赎之终期,一律的仅予以极短期间之距离,当更无理由可言矣。依
上所述,可知当事人所约定者若仅系回赎之始期,并非只须一律的加以
二年之期限,即可以之为回赎之终期。当事人所定之回赎始期,并无即
得依之为限制回赎终期之标准之理由。于是当事人间仅约定回赎之始
期者,显不能即认为《民法》上所称定有期限之典权矣。

　　关于《民法》九二四条本文是否系强行法规之问题,余乃以为凡属强
行法规,均有其必须强行之理由。某个法规是否系强行法规,即系视其
有无强行之理由而为认定。民法九二四条本文并无必须强行之理由,应
非强行法规。盖约定出典人必须于出典满五年或满十年之后,始得为回
赎,法律并无何种必须加以禁止之公的理由也。或可谓约定有回赎之始
期者,使典权人就典物之用益,得考虑一定之计划,安心为典物之改良,
反与发展物之效用之目的相等。何况法律原并非绝对不许当事人为回
赎始期之约定,乌得独于当事人无限制回赎终期之意思之时,不许当事
人仅为回赎始期之约定耶? 已如上述,限制回赎之始期与限制回赎之终
期,乃基于二个不同之目的,二者间性质上并无牵连关系也。但典权对
于典权人,在经济上,兼具有三点意义:(一)用益;(二)担保——但非如
抵押权、质权等有换价作用之担保,唯出典人若欲收回典物,必须备价取
赎,其担保之意义乃仅与日本民法上所规定之留置权同,且又如德国民
法上及我国从前《民律草案》上所规定之"土地债务",并非另有债权;
(三)典物所有权之取得。此三点意义,法律原许当事人有所偏重。民法
九二四条之情形,当事人之意思,显仅以担保为主、用益与取得均次之。
九二三条之情形,虽有谓其三者并重,然典期长者,当事人之意思,究仍
系偏重于用益之作用;典期短者,仍系偏重于取得之作用。今当事人间

关于回赎之终期,并无限制之意思,惟对于回赎权之始期经有约定者,乃于担保之目的之外,兼着重于用益之目的,不过又系另一种情形之意义偏重而已。其他情形之意义偏重,既为法律之所许,法律应无独对于此种情形之意义偏重,加以禁止之理由。依上所述,法律既无禁止当事人就九二四条本文另为不同约定之理由,于是九二四条本文应非强行法规矣。

基于上述第一个前提问题之结论,习惯上典期之意义既仅系回赎之始期,于是依习惯,解释当事人之意思表示,契上写典期几年者,应亦仅系约定回赎之始期者。又基于上述第二个前提问题之结论,当事人间仅约定回赎之始期者,既尚不能即认为民法上所称定有期限之典权,于是契上写典期几年者,应尚非民法上所称定有期限之典权矣。更复基于上述第三个前提问题之结论,九二四条本文既非强行法规,民法上所称未定有期限之典权,关于回赎之始期,既仍许当事人另为与九二四条本文所定不同之约定,因此,民法上所称未定有期限之典权,并非限于关于任何种期限均无约定者。仅约定有回赎之始期者,亦仍系民法上所称未定有期限之典权之一种。于是契上写典期几年者,应可视为民法上所称未定有期限之典权矣。既非民法上所称定有期限之典权,而系民法上所称未定有期限之典权,于是关其回赎权之消灭时期,自并非适用九二三条二项,而系适用九二四条但书之规定矣。五年之典并非七年即绝,三年之典并非五年即绝,一年之典更决非三年即绝,乃概得于出典后三十年内回赎。

余思五年之典,七年即绝,三年之典,五年即绝,一年之典,三年即绝,若非出于出典人之自愿者,对于出典人有失过酷,谁亦同感。初或惑于法律上无法排除九二三条二项之适用耳。今余既提出依习惯解释意思表示之方法,以为挽救。依习惯解释意思表示原为民法之所命,于是余说想可博得法规统一解释委员会诸公之赞同也。至若所谓关于典期,民法上已有一定之意义,是否仍得依习惯定典期之意义及谓既已有一种期限之约定,条文文字上,是否仍许我人解为系未定有期限之典权,关于此二点则并无踌躇之必要。关于前者,契上之用语,为法律上所有者,并非概宜予该用语以法律上所定之意义。我国民间之契据,往往典押不分。称典为押者有之,称押为典者亦有之。称典,不能遽解为民法上之典;称押,不能遽解为民法上之抵押。同一道理,称典期,亦不能遽解为即系民法上所称之典期。依习惯解释当事人之意思表示者,只须该习惯之内容不违反强行法规及公序良俗足矣。仅以回赎始期之意义,约定典期,并无违反强行法规及公序良俗也。何况最高法院某次民庭庭长决议录中亦称关于《清理不动产典当办法》第八条所规定不满十年之典当,当事人所约定该不满十年之期限,乃仅系回赎之始期。事实上,该不满十年之期限,当事人之契上亦以写为典期者为多。于是将典期之意义,解为或仅系回赎之始期,应可谓法规统一解释委员会诸公中原亦有回具此见者,决非余所独树之异说也。关于后者,法律上一个观念,前后异其涵义之范围者,其例甚多,解释决无强同之必要也。甲处如此解释为妥当,则如此解释,乙处如彼解释妥当,仍不妨另为如彼解释。法律学者固应努力于同一观念之意义之统一,但不能统一之时,个别的分为妥当之解释,亦系法律学者正当之态度。当事人间仅以回赎之始期,约定典期者,若即解为系定有期限之典期,已如前述,其适用之结果,乃超出公的目的所要求之范围,过分的牺牲当事人之利益,显不妥当。故在民法总则上,始期虽即为期限之一种,但关于九二三条、九二四条之解释,当事人仅约定回赎之始期者,仍应解为系未定有期限之典权。

唯余说既以依习惯解释意思表示之方法,认为典契上写明典期几年者,仍系未定有期限之典权。于是余说之适用,自应有其一定之限度。例如契上写"典期五年,期满限于二年内回赎"者,其非仅以该五年为回赎之始期,当事人之意思已无可置疑,当然更不能依习惯仍解为系未定有期限之典权。又契上写"典期五年,期满不赎即作绝"者,五年之典附此条款,虽非法之所许,但仍应认为有以该期限限制回赎终期之意思,应只能于七年内回赎,并非于三十年内得回赎也。至于契上写"典期五年,期满后限于三年内回赎"者,此则既非适用九二三条二项之规定,七年即作绝,亦非适用九二四条但书之规定,于三十年内得为回赎,乃须依契之所定。希读者勿误会焉。

三

以上二节所述,虽一系关于回赎权消灭后之找贴问题,一系关于回赎权之存灭问题。实则二者均系关于典权之取得性上之问题。我国一般学者,于说明典权之性质之时,均仅认典权为用益物权之一种,不认为典权更有取得性。于说明典权之效力之时,又复有太强调典权之取得性之嫌。恰与余见相反。前者,余已于十九年[1930年]夏本校《社会科学论丛》法律专号上专文论之。[①] 本篇特更提出后者。本篇之目的,非仅希望司法院之修改解释而已。因典权乃我国固有之法律制度,无外国之学说可以介绍了事,端赖我人自力垦荒。当然,垦荒立即成为沃壤,势所难能。抛砖引玉,俾得关于典权之研究,更有所阐发,实余之尤所深望焉。

夫若如前大理院解释之所云,我国向来之习惯,典产乃六十年方绝,是成文法显加强典权之取得性矣。若以为我国向来之习惯,典产乃永不绝,则习惯上之典权更原无取得性。典权之取得性为成文法之所特别规定者矣。当然,成文法之所以特别规定或加强典权之取得性者,乃基于

---

① 薛祀光:《典权之性质》,载《社会科学论丛》第2卷第8—9号合刊[1930年],第1—39页。已收入本书。——编者注

公益上之理由,自不许我人于成文法上之典权外,更仍承认上述习惯法上之典权。凡属典权,必须有成文法上所规定之取得性。然习惯乃历史之产物,欲完全消灭习惯所遗留于人民之法律观念上之影响,决非一朝一夕之功。一个新的法律制度,使人民依法律之规定而为学习,虽非绝不可能。已有习惯,成文法之规定与习惯不符者,人民所知者为习惯,人民以为所应遵从者亦为习惯,于短时期内,欲人民完全舍弃习惯而依成文法,则大难矣。一方面既欲贯彻法律之目的,他方面又须保持法律之尊严,发挥法律之作用,此必须有赖于法律学者之努力。法律学者于此时必须力谋以解释之方法,使成文法之内容,俾得与习惯稍减距离。不然,其结果恐将立者自立,行者自行,成文法完全失去支配人民法律生活之效用。且因成文法之规定,反将引起人民之纠纷,不但无效用,且反有弊害。其非国家立法之意思也明甚。

然何谓以解释之方法,使成文法之内容,俾得与习惯稍减距离? 第一,解释之时,应须先研求该成文法之规定所以与习惯不同之理由。成文法若系基于公的必要,因而其规定与习惯不同者,则在该公的必要之范围内,固应将习惯完全弃置不顾,免失法律推进社会之效。但必须注意该公的理由所要求之程度,超出公的必要之范围,过分的完全抹杀人民固有之法律观念,使成文法之内容,为人民所难能接受,则仍嫌未当。所谓使成文法之内容与习惯稍减距离者,即于国家社会之利益所许可之范围内,尊重人民固有之法律观念之意也。然此点实乃立法与解释所均应努力之共同目标。解释对于此目标之努力,则更有其性质上之限制。故第二,仍必须觅求法律上之根据。以上二节所述,即系基于此种立场也。

(原载《中山学报》第 1 卷第 4 期[1942 年],第 1—9 页)

祀产的立法问题

本篇作者并不是对于祀产制度，有若大的期待。祀产关系，比较的容易产生诉讼，为谋整理祀产的法律关系起见，把祀产的立法问题提出讨论一下。

清律盗卖田宅条例载："凡子孙盗卖祖遗祀产，并义田及历久宗祠者，俱照盗卖官田宅律定拟，罪止徒三年。"我人可以知道：清律是禁止子孙盗卖祀产的。这条法律，依据中华民国元年三月十日临时大总统的命令和十六年八月十二日国民政府的通令，是现在继续有效的；并且是现在关于祀产的唯一法规。

前北京大理院对于祀产诉讼，很有几个重大的判例；列举于下：

（一）祭田系属其子孙共同享有，其权利性质法律上本为一种之共有关系。故非经共同享有人之同意，无论何人，不得就该祭田对他人擅为永佃关系之设定（二年上字一一九号）。

（二）同族之中，设置公产，以供一定用途者，其产业应为有一定目的之公同共有财产，非经设置公产之各房全体同意，并有正当理由，不得变更其目的或处分其财产，至于该财产之收益，即应依设置目的以经营各房共同之事业。唯各房因有正当理由，不能共同经营者，于同一目的之内，得请求分析其收益额独立计划。至其额数，自应以共同设置之房分为标准平均分析。（三年上字一一四四号）

（三）祀产系共有性质，其所有权属于同派之各房。自其维持祖先祭祀之宗旨言之，原期永远保全，不容擅废，故凡设定祀产字据内例有

"永远不得典卖"等字样。然查我国惯例,此等祀产遇有必要情形(例如子孙生计艰难或因管理而生重大之纠葛),得全体同意时,仍得分析典卖或为其他之处分行为,此种惯例,并无害于公益,亦不背于强行法规。即现行律关于盗卖祀产之规定,意亦仅在禁止盗卖。所谓盗卖者,系无出卖权之人而私擅出卖之谓。如未经各房同意,仅由一房或数房主持出卖,固在盗卖之例;若已经各房全体同意,自不得以盗卖论。(四年[1915年]上字七七一号)

(四)族人处分祖遗祭田,以共有物之常规言之,自当以得族人全体之同意为有效要件。唯依地方旧有之习惯或族中特定之规约,各房房长可以共同代理全体族人以为处分抑或各房房长集众会议可依族人多数议决以为处分者,则依该习惯或规约之处分行为,虽未得族人全体同意,亦应认为有效。(四年上字九七七号)

(五)祀产在现行法上虽以不可分为原则,然遇有必要情形(例如子孙生计艰难或因管理而生重大之纠葛),并得各房全体之同意时,仍准分析。此项必要情形,如已显然存在,各房中仍有意图自利故不表示同意者,审判衙门据其他房分之请求,亦得准其分析。(四年上字一八四九号)

最高法院亦有一个关于祀产处分的判例:

族人处分祀田,就公同共有物性质而言,自以有必要情形并得族人同意为有效条件。但依地方习惯,各房房长得共同代理全体族人以为处分,或各房房长集族众会议依多数议决以为处分,或于处分后经族众追认其事者,亦应认为有效。(十七年上字一六九号)

依据以上所举各判例,我们可以知道到最近的过去为止,我国法官们在裁判上如何认定(法规的解释和大部分司法官的立法 Judicial Lawmaking)祀产的性质和效力了。

（一）祀产系具有一定目的之公同共有财产。

（二）各族人不得处分祀产。

（三）族人生计艰难或因管理而生重大之纠葛时,得以族人全体之同意,或依地方习惯,以各房房长之同意,或族人多数之议决,分割祀产,或由族中之一人或数人,请求法院为分割祀产之判决。

判例认祀产是一种公同共有财产。但是财产使用于一定目的,在现代民法理论上,有两种可能的形式:一种是法人制度,一种是公同共有制度。台湾自大正十二年(即民国十二年)施行日本民法以来,祀产系法人的财产;[①]设立祀产,须先设立以祭祀为目的的公益法人。中国判例和日本立法上,关于祀产制度,不同的发展,原各有根本的原因存在。我国到现在还没有关于一般法人设立的成文法规;我国《民律草案》分共有做分别共有和公同共有二种。日本现行民法,共有只有分别共有一种。[②]离开这等特别原因说话,立法上,究以承认祀产是系公同共有财产为佳,抑须承认祀产为法人的财产? 我国对于这个问题,从来没有民法学者讨论过。台湾一部分实际家主张:对外诉讼上,非采取法人制度不可。[③]这是他们法人说着唯一的理由。诚然之,构成祀产之某一不动产,发生权利归属问题时,族人以外之第三人为原告人提起诉讼,势非以族人全体为被告人不可;不然,那就该诉讼的判决,不能对于族人全体发生效力。但是,现在的祀产团体没有作制族人名簿,族人在数十人以上者,知悉族人全体的人名和住所,事实上常系不可能。向族人中的一人,先提起诉讼,嗣后要求该一族人指出全体族人的人名和住所,声请被告人增

---

① 参照大正十一年［1722 年］《关于台湾施行法律的敕令》第十五条。

② 日本一部分学者主张日本民法上的入会权系公同共有权。

③ 系台湾某法官对作者的谈话,恕作者现忘记了该法官的姓名。读者查阅旧台法日报,当可发见此类主张的论文。

加的诉之变更,在一定条件之下,虽为法之所许;但是该一族人坚不肯指出其余族人的人名和住所时,原告人并无若何合法的强制方法。是故,第三人要得一个对于族人全体发生效力的判决,在我国现行《民事诉讼法》理论上,更其在日本现行民事诉讼法上,[①]实在非常困难。但是,这是关于无法人资格的协会的被诉能力的《民事诉讼法》上一个根本问题。德国《民事诉讼法》第五条二项规定:"无权利能力的协会亦得被诉;诉讼中,该协会的地位系一有权利能力的协会。"我国将来《民事诉讼法》改正的时候,亦应该加一条和德国民诉五条二项同一意味的条文。侥幸,我国历来诉讼的实际情形,对于当事人能力,对方不知加以攻击,法院也都没有予以职权调查。例如对于合伙的商店,时常提起诉讼;合伙商店多尚没有取得法人人格的。在《民事诉讼法》没有改正以前,只要判例对于公同共有财产团体的诉讼能力,维持旧来的态度,祀产公同共有说的缺点就可以补救了。

并且公益法人的设立,须得主管官署的许可(《民法》第四十六条);呈请官厅常系人民所不乐为者。台湾自日本民法施行以来,人民虽事实上尚有设立祀产,并无为公益法人设立之声请者。[②] 作一个营利公司,声请设立者倒有之。[③] 因为日本民法上,公益法人的成立,是要具有设立行为和官厅许可的二种条件;股份有限责任公司,发起人担认全部股份,公司即因而成立,手续比较公益法人简单得多。规定祀产为公益法人的财产后,若很少人民为祭祀法人的设立时,反发生法律的威信问题和裁判上条文适用的困难。根据以上两种理由,私见以为立法时,对于

---

① 日本改正民事讼诉法第四十六条规定:非法人的社团或财团之代表者或管理人得以自己的名义起诉或被诉。
② 系根据台湾高等法院后藤院长的谈话。
③ 系根据台湾郑辩护士的事务员沈君的谈话。

祀产的性质,应维持从来判例上的主张。

祀产即系族人的公同共有财产,各族人当然不得处分祀产。对于祀产的分割,判例以为:须具有族人生计艰难或因管理而生重大纠葛的必要情形和族人全体的同意或各房房长的同意或族人多数的议决;族人若不同意时,并且只须具有族人生计艰难或因管理而生重大纠葛的必要情形,亦得请求为祀产分割的判决。这的确是三个很重大的判例。根据公同共有的一般法理,若非目的终了或实现不可能或合意的抛弃,公同共有人不请求分割公同共有物;并只须具有以上三种原因中之一种原因,即得请求分割。我国判例不以族人合意做祀产分割之充分的条件(Sufficient condition)。这个理由我人虽然可以了解,大概因为设立祀产者一般的系祖先,主张分割者一般的系子孙(例如被祭祀者为第一代,则设立祀产者一般的系第一代或第二代,而主张分割者一般的在第三代以下;鲜有自亡设立祀产,自亡主张分割者),为尊重祖先的遗意起见,子孙不得无条件的为祀产目的之合意的抛弃。但是,事实上族人没有分割祀产的必要情形而族人全体合意的分割祀产的时候,检察官应该提起诉讼,请求宣告分割无效的判决吗?或族人应该以检察官为被告,向法院提起祀产登记抹消的诉讼吗?族人系全体同意,除检察官以外,再没有诉讼的相对人。法院创设此种判例时,想没有考虑到诉讼当事人一层。检察官在民事诉讼上,系代表公共秩序的,对于制止祀产分割的诉讼,殊无为当事人的理由。且祀产既经族人合意分割,国家原无干涉制止的必要——祭祀的废止,或许国家有干涉制止的必要,但系不可能的;至于祀产的废止,其自身并非即系祭祀的废止,国家殊无干涉制止的理由。我国判例不以族人合意为祀产分割之充分的条件,私见殊不以为然,立法上应有改正的必要。

判例主张:族人生计艰难或因管理而生重大纠葛的时候,得请求祀产分割的判决。因管理而生重大纠葛,可以作祀产目的的实现不可能说明。以族人生计艰难为祀产分割的原因,虽和《民律草案》八一六条、八一九条的立法态度不同。民律草案八一九条系使债权人得对于合伙人的合伙财产应有部分,声请扣押,主张合伙契约的解除,这是保护债权人的规定。对于一族人之债权人,就祀产的应有部分上,法律固亦应赋与以和八一九条类似的权利。但是判例同时并赋与债务人的族人自身,以分割祀产的请求权——且以生计艰难时为限——自无若何反对的理由。族人生计艰难,判例用语上所谓"终难维持共同关系",应亦可以作为目的实现不可能说明。

对于判例批评,已如上述,以下略述作者关于其他各点的立法意见:

(一)祀产应否以其每年的收益足充祭祀费用为限度　临时台湾旧惯调查会①所编《台湾祭祀公业令》②第二条载:"不动产及其收益及祭具为公业财产;公业不动产的价格,以其收益足充祭祀费用为限度。"但是祀产的实际额究竟多少,台湾某林家的祀产为八十万。我国的祀产额,作者虽不举出一个实例,至少大部分的祀产是超过祭祀费用。祀产在其名称上,虽然以祭祀为唯一的目的,然实际上,祀产常同时带有奖学的性质。前清时,入庠子孙得临时收益一年,现在考入学校或学校卒业,亦常得收益一年或二年。③　又间或带有敬老的性质者。族人新就族长位时,得临时收益一年。祀产形式上虽系以祭祀为第一目的,但是,实质上,祖

---

① 临时台湾旧惯调查会系台湾后藤民政长官时代所设置的。所出调查报告和法律草案颇丰富。台湾的旧惯即系我国福建和广东——大部分系福建南部的习惯。在我国未有旧惯调查以前,确系我国立法上和法律学研究上重要的参考书类,希我国立法者和法律研究者注意焉。

② 所谓祭祀公业令即系关于祀产的法律。虽系多年苦心调查的结晶,因统治台湾的方针关系,卒未采用。

③ 纯粹的学田,当然系一个公益法人。

先常为比较能够长久的保留自己所购置的田地起见,设立多额的祀产。是故,祀产具有以上各种复杂的作用,应不能以其收益足供祭祀之用为限。

(二)设置管理人问题　现在一般的祀产,只有值年收益人,没有常任管理人。值年人仅在其维持自己值年的利益时,间接的保全或增进祀产的利益;没有负责的族人,为祀产土地作比较长期的利用或改良计划,国家和族人两方面都蒙不少的损害。再就对外代表而言,非如二三人合伙时,各合伙人各有代表全体之权,尚不至发生交涉上极大的困难。且推定各族人均有代表族人全体之权,亦和实际的情形不相符合。是故对外的亦应有代表族人全体之祀产管理人。我国从来习惯上族长虽亦有和管理人类似的权限,立法上应有明定的必要。管理人自不以族长为限,系该祀产的共有人皆得充该祀产的管理人。管理人的产生,须在族人总会中,用选举的方法或以多数决推举。管理人除得族人全体之同意时外,得为祀产的保存行为和以利用或改良为目的的行为。管理人对于祀产须有"善良管理人的注意"。

(三)族人名簿的作制问题　管理人须于每年之初,作制族人名簿。族谱虽和族人名簿有类似的内容,记载颇不完全。族人名簿的记载内容:(一)各族人的人名;(二)各族人的住所;(三)各族人所属的房分;(四)各族人对于祀产的应有部分;(五)各族人曾否继承父或祖的财产或继承后是否和兄弟叔侄共有继承财产。

族人名簿,在女子有继承权的今日,更其有作制的必要。女子、孙女、外孙、外孙女等对于祀产,有无"应有部分"?虽然祖先分配自己被继承的财产,得在特留分限制以内,仅为男系的子孙设立共有的祀产,虽然法官或许为整理法律关系起见,推定祀产为男系子孙的共有物,但是祖先明白表示祀产为男女两系子孙的共有物时,那就决非男系的族谱所可了事。

（四）财产目录的作制问题　管理人于每年之初，作制祀产的财产目录，记明祀产的数额、权利的种类、所在地和其变动。

（五）祀产的登记问题　祀产虽非法人的财产，但祀产举行登记，并无若何理论上的矛盾，且于证明权利的归属有许多好处。除登记被祀者人名外，并将以上第二、第三、第四三项及祀产的附属目的和其他一切族中规约列入祀产登记簿内，使族人及一般人得以随时阅览。登记簿系有公证书的效力。

（六）祀产的存续期间问题　检察官于每年之初，检阅祀产登记簿，发见存续已入久、有发生纠葛的危险性之祀产时，应该检察官自为原告人，以族人团体为被告人，提起诉讼，求法院为祀产分割的判决。请求分割和制止分割不同。请求分割系根据公共秩序上的理由，法律自可作此种以检察官为原告人的规定。至于存续已久之年数的或其他数量的表示，例如祀产不得超过百五十年或五代或祀产共有人不得超过二百人，应该立法院有相当统计的调查后，与以决定。检察官提起分割诉讼后，族人愿以他种方法消灭祀产，例如以祀产建设宗祠或其他祖先纪念物，或以之作一奖学财团，或以之寄附于某一种慈善事业，或以之赠与于族中之一人或数人，只须能够消灭各族人对于祀产的收益权，法律自可允许其自由选择。

祀产应否制限其存续期间，和祀产的性质问题无关。族人若有祀产的收益权——收益权系渐分的——那就收益权者逐年增加，且其收益的权限，不能以一定的单位——股份计算，法律既以祀产为法人的财产，亦非与以存续期间的限制不可。

关于祀产的立法，虽常有许多微细的问题，本篇仅就比较重要的问题为讨论而已。

（原载《社会科学论丛》第 1 卷第 11 号[1929 年]，第 1—12 页）

妇女结婚后的姓及姓在法律学上之我见

　　我国现在结婚后的妇女，或沿用她自己未结婚前的姓，或改用夫的姓，或冠夫的姓于她自己未结婚前的姓之上，不一而足。现在中央正想制定亲属法的时候，我觉得关于这个问题也未尝没有讨论之余地。

　　在发展本篇的议论以前，先把我过去关于这个问题的主张告白一下，或许不至于毫无意味。最初，我是主张妇女结婚后，应该改用夫姓。其理由是很简单的，就是：因为日本的改姓是加入家族团体的一种形式上的条件（日本民法七四六条），德国民法一三五五条规定"Die Frau erhält den Familiennamen des Mannes"。瑞士民法一六一条规定"Die Ehefrau erhält den Familiennamen und das Bürgerrecht des Ehemannes"。这等无条件的输入主义，我现在虽以为很笑话的，但是并不稀奇。我国都会地方许多的生活形式，除了"西洋人是这个样子的"一个理由外，恐怕再寻不出什么适当的理由来。即是我国从前国家所颁布的许多制度，恐怕也只有这个理由可以说明得了——虽然有时并不是有意识的。

　　后来，我觉得学问上一种主张，是不能够抹杀社会上现存的事实，尤其研究法律的人们，不能不对于社会上现存的习惯，与以相当的尊敬。法律不是从天上降下来的。我国一般妇人的称呼——尤其是中流以下妇人的称呼，习惯上，是用两个姓的，譬如林蔡氏，林是夫的姓，蔡是妇人未结婚前的姓。这种形式——不称名，只称两姓——的称呼方法，究竟始于何时？是否由周代息妫、赵姬、共姜等称呼方法而来的，我愧不能向读者作一个明确的答复——但是周代同时也是骊姬一类的称呼的。最近几年来的新闻纸上，更时常看见林蔡慕兰式——假定慕兰是她的名字——的称呼，这个当然是林蔡氏式的改良品了。于是乎，我就主张妇女结婚后，应该用林蔡慕兰式的称呼方法，法律也应该这样子规定。这种称呼方法，并且同时也可以在舶来品上寻出一个根据：罗马的二大法学者 Marcus Antistius Labeo、Gaius Ateius Capito，Marcus 和 Gaius 是他们自己的名字，Antistius 和 Ateius 是他们 Gens 的名字，Labeo 和 Capito 是他们家的名字。

　　但是，feminist 告诉我：男女是平等的，女子结婚后，应该仍旧用她自己未结婚前的姓，不能够改用夫的姓或冠夫的姓于她自己未结婚前的姓之上。蔡慕兰在结婚后，也应该称蔡慕兰，不能够改称林慕兰，或称林蔡慕兰。反 feminist 这一个头衔，除了冬烘以外，恐怕谁都不愿意领受吧！feminist 们既拿出平等的大题目来，以前的主张当然也只能让贤一点了。以上是我关于这个问题，过去各种主张的发生顺序。读者若能够容许我说一句放肆的话，以上很可以代表一般学法律的人在一般法律学上的各种态度和其变迁。

　　言归正传，我现在究竟主张采用何姓呢？我为准备答复这个问题起见，先说我对于 feminist 的主张的怀疑。

　　姓的意义，至少有以下几种是可以想象的，或且是已经实现过的。第一种，姓是德的表征。黄帝的儿子有二十五人，其中有十三人得姓，"余皆德薄不足录"。《晋语》说："异姓则异德""同姓则同德"。第二种，姓是血统的区别。"姓统其祖考之所自出，虽百世而不变。"现在我国人所了解的关于姓的意义，大概就是这种意义吧。第三种，姓是家的——抽象的家的名字。姓是家系的名字。姓是关于家的传统、家的名誉的表征。这种意义是第一种意义和第二种意义的混合物，日本的姓颇具有这种意义。第四种，姓是家的——家的法人的名字。feminist 所说的姓，大概也是第二种意义的姓吧。第一种意义的姓,想不至为现代的feminist 所取,第二种和第三种意义的姓,是明白地要求一家一姓的;feminist 主张夫妇异姓,当然只有采取第二种意义。

第二种意义的姓,虽然是血统的表示,实则仅表示男系的血统。生理学告诉我们,儿女并不是仅借母亲的腹而出生的,儿女是秉承父母双方的性质的。姓若是以之表示血统,那末,姓非用等比级数的办法增加不可,我们现在的姓应该有数千数万以上的字。但是我们的祖上和我们统只有一个姓的;这个姓只代表男系的血统——只可以在怀孕是借腹的前提之下说明的。虽然在男系中心的社会组织,不幸只有代表男系血统的姓;但是 feminist 们的抗议未免也太不彻底。他们以为妇女结婚后,仍旧用她们自己未结婚前的姓是平等的;试问她们在未结婚前的姓究竟从何而来的呢? 她们未结婚前的姓不是她们父亲一方的姓吗? 她们以为结婚后,仍旧用自己未结婚前的姓是平等的,但是她们未结婚前的姓,是平等的产物吗? 同时还有一个问题,她们若仍旧用未结婚前的姓——和男子各自一姓,那末出生的儿女将采取何姓呢? 假定是采取男子的姓,那末妇人的姓当然要消灭,这也是不平等的。假定是采取双方的姓,在道理上,总算可差胜一点,但是以后姓的字数等比级数的增加起来,自二而四,自四而八,自八而十六,十六而三十二,三十二而六十四……这样增加起来,恐怕谁都不赞成这种姓的制度吧。某君曾告诉我,儿女的姓用父母两姓的反切,颇是一种理想的方法,但是以后非做一本姓的化学教科书不可,不然,也寻不出他们累代的血统的由来。虽然现在我国人所了解的姓的意义是血统的名字,出生来的儿女采取父方的姓,我们能够当做一种习惯理会,能够当做习惯的说明。但是 feminist 因为妇女结婚后,应该仍旧用她们自己未结婚前的姓,是以平等的理想做出发点的,是一种价值判断的结果;那就我们也不妨对于她们的价值判断怀疑一下——怀疑他们的价值判断是否正确。

现在再说姓究竟能否正确地表示男系的血统。黄帝的二十五个儿子有十二姓,如姬、酉、祁、己、滕……等。假定姓是表示男系的血统,黄帝姓姬,他的二十五个儿子也非统姓姬不可,何至于有十二个姓呢?汉以前,原有姓和氏两种称呼。据顾炎武说:"姓氏之称,自太史公始混而为一,本纪于秦始皇则曰姓赵氏,于汉高祖则曰姓刘氏。"又说:"姓见于春秋者二十有二。"现在许多的姓,他们的前身应该都是氏。我们要研究姓,不能不研究氏。郑樵《通志》载,以国、郡、邑、乡、亭等地名为氏的有五五。种,以父、祖的名或字为氏的有五六三种,以父、祖的官、爵或谥为氏的有一六六种,以职业、技能为氏的有三五种。别的书也有很详细的分类和引例。这种书籍,姑且不去管他;但是我们日常交际上所接触的姓,和比较可信的史籍上所发现的姓氏,对于《通志》上所举各种姓氏的起源,也能够得到许多的暗示。譬如宋、鲁、晋、魏、齐、梁等氏,我们即不去翻《玉海》的姓氏急就篇,也可以想象他们是由国名而来的。《通志》载,鲁庄公子,公子遂,字襄仲,居东门,号东门襄仲,因氏焉;我们即不去翻《通志》,看见东门、西门等氏也当然可以想象他们是从地名而来的。又如司徒、司马等氏是由官名而来的,王孙、公孙等氏是由爵名而来的。老子生于李树之下,遂指李树为氏;马援系赵奢的后裔;赵奢为赵将,善御马,号马服君,子孙即以为氏。那末,现在这多姓的前身,统不是血统的表示。我们再研究姓氏统一以后的赐姓、改姓、冒姓等事实,更可以晓得姓不能正确地表示血统的由来。项伯因为在鸿门会庇护了汉高祖,汉高祖即位后,赐项伯姓刘;娄敬因为劝汉高祖都关中,汉高祖也赐他姓刘;唐李勋本姓徐,后赐姓李。以上都是关于赐姓的很彰著的史实。读者若向中国史学家请教一下,我想一定还可以告诉诸君许多的事例。关于改姓的,有马矢改为马,淳于改为于,公孙、叔孙、长孙、士孙、王孙等改

为孙,公羊、公沙、公乘等改为公,籍改为席,危改为元。关于冒姓的,有
灌夫冒姓灌,卫青冒姓卫,石敬瑭冒姓石;吕平因吕后封外戚的关系,冒
姓吕;夏侯婴随母养外家,因冒姓孙。

　　以上是关于姓不能正确地表示血统的说明。但是,并不是要否认社
会上关于姓的一般观念的存在。一种存在的容认和一种理想的实现形
式之批评是两个问题。社会上有些存在,有时并不能容许我们视之为真
或正当,我们只可以忠忠实实地去理解它,不加一点价值判断。即使我
们分析的结果,以为它不真,但是存在仍旧还是一种存在,不因我们的断
定,而这个存在就忽然消灭。假定妇女结婚后,应该用她自己未结婚前
的姓,是一种习惯,我以为我们去批评它也是徒然的;我们分析的结果,
只能够理解它的本质,把捉它必然进展之路。不幸,它是一种理想-平
等-实现的方法,那末,这个主张究竟彻底不彻底,可能不可能,我们总可
以有问一问以及批评一下的余地,姓原不能正确地表示血统的由来——
从前《民律草案》一三三三条把我国原来同姓不婚的原则改做"同宗者不
得结婚",理由内载"虽系异姓,而系出同源者,亦在禁例"——姓原不过
表示了男系的血统,所以我以为这个主张不彻底。假定不管姓过去的历
史是否平等,只要以后的平等,那末以后非等比级类去增加姓的字类不
可,我也觉得是不能的。

　　归结以上所述,我的论旨,对于 feminist 所提倡的男女结婚后为表
示平等起见,各称自己未结婚前的姓,似乎有些不赞成的地方。这样说
来,我对于中国历来习惯上男子结婚后称自己的原姓,妇女结婚后以男
姓为主而称两姓的方法,就似乎有婉转容认的样子吗? 关于这一点,因
为我是一个法律研究者,只好在立法者对于制定法(Gesetz)和一般习惯
的关系,应取何种态度的问题上解答。关于制定法和习惯的关系,原是
法律学上一个根本问题,自不能在本篇中详述,现在仅撮要地、简单地论

述几点。立法者不能够把一切的习惯改作条文,因于习惯中,除关于法律的习惯外,还有关于道德的、宗教的及其他的习惯。自然,中国法系的法律,或许可以说是和道德尚在未分离的状态,关于法律的习惯和关于道德的习惯亦不能明显地分开。但是立法者把习惯编成制定法时,至少有两个问题要考虑的:必要的问题和可能的问题。关于称表示血统——正确地或不正确地——的姓,法律有没有强制人民遵守的必要呢? 假定男女双方在结婚后,以别的理由,合意的沿用夫的原姓,而妇人再于新姓之下,加了她自己未结婚前的原姓——表示血统的姓,法律虽然没有禁止的必要,我以为同时也没有强制它的必要。因为妇女结婚后,于新姓之下,加以自己的原姓——表示血统的姓,虽或许是祖先崇拜思想的一种表现形式,但是妇女结婚后,即不保存她自己的原姓,法律也不见得就不能保护她的各种权利,同时也没有什么人的权利,因为她不加原姓的缘故,就被她侵害,国家社会的秩序,也没有因此而陷于不安宁状态的危险。现在的社会已经不是“庶人无氏”的社会了。不但是妇人不保存原姓,即是男子结婚后,另换新姓,国家也没有禁止的必要,国家也没有强制男子结婚后维持原姓的必要。关于这一点,在中国旧律上(《民律草案》上也是如此)所发生的问题,就是同姓不婚和异族乱宗。但是关于一般的同姓为婚,生理学上既没有防范的理由,同姓的人除了不纯粹的动机以外,也很少有人起诉的。关于异族乱宗,实质上不外乎是一个继承权的问题。同族人的法定继承权,究竟它的合理的根据何在呢? 即让一步说,假定少数的人们,一定还说血是男系的血,血和财产是有不可分离的关系,他们也可以用赠与的方法,把财产给什么同族的昭穆相当者的;法律也不必忘却了自己的目的——民生。至于是否可能的问题,我们要研究姓和宗的关系。《民律草案》一三三三条载“同宗者不得结婚”,同条理由载“虽系异姓,而系出同源者,亦在禁例”。以姓为血统表示的法律,对于同宗关系,作此种规定,那是当然的,或许还可以佩服它的彻底。但是,假定《民律草案》已经施行了,那就不能不发生两种滑稽的现象:第一种,谁都不能够断定自己们的结婚是有效,因为谁都不能够断定自己和自己的夫人或丈夫不是系出同源的——溯至几千年以上;第二种,谁都不能够证明人家们的婚姻是因为系出同源而无效的。结果,只有失掉了法律的威信,一无好处。关于异族乱宗,亦复如此。对于是否乱宗,谁能举出一个肯定的或否定的,可以认为充分的证据方法呢?

　　然而,表示血统的姓,既不能成为法律上的问题,那末,法律上所规定的姓,应该具有何种意味呢? 我以为假定姓是法律上一个问题——对于这一点,我现在是没有去怀疑它的意思——法律上所要求的姓,应该是家的法人的名称。男女结婚后,无论以男子的原姓做家的名称也可,以女[子]的原姓做家的名称也可,最好是另外定一个名称——为避免各家间名称的混同起见。夫妻是同一家的构成员,可以用同一的姓;儿女在未离开父母的家以前,也是父母所创设的那个家的一个份子,当然也可以用父母家的姓。同时家的构成员对于家享有一定的权利义务,用家的名称,有一定程度的必要,所以法律对于称姓应该与以相当的保护。何谓家的构成员对于家享有一定的权利义务呢? 从前家属和家长间虽有一种权利义务关系,但是家属和家并没有什么权利义务;家在法律上是没有人格——拟制的人格。家属的生活不安定,至少是有一部分的原因在此——虽或许不是本质的原因。我以为,为救济家属的生活不安全起见,应该使家化为法人,使家为现在构成员的生活和将来儿女的教育起见,保持有一定程度的财产(自然,各构成员也有他或她自己的财产);这一定程度的财产为家法人所有,家长既不能耗费于别的用途,家长的债权人也不能对于这一定程度的财产,声请扣押。中流以上的家庭,往往因家长一人的浪费,或家长一人营业的失败,影响于家属的生活费和教育费;有了家产制度,应该没有这种危险了。不然,即使未婚女子有继承权,也不见得就可以解决全部被抚养者的问题。并且即是中流以下的家庭,也可以借此保持它半亩一亩的土地或一间两间的房屋——自然,我没有以家产制度解决劳动问题的梦想。但是,在家产制度上所发生的问题,是扶养者和被扶养者间的问题,生存者和债权者间的问题——譬如四 acre 或五〇〇美金的免除。

然而这种家产,在法律上,当然要有它的所有权的主体。这个所有权的主体,我以为应该就是家。因为家创设的一部分目的——法律所赋与于结婚的效力,第一就是共同生活、互相扶养和儿女的教育,所以使用于这等目的的家产,应该就以家为所有权者,以家产为家法人所有的财产。虽然,瑞士民法三三五条载 Ein Vermögen kann mit einer Familie dadurch verbunden werden, dass zur Bestreitung der Kosten der Erziehung, Ausstattung oder Unterstützung von Familienangehörigen oder zu ähnlichen Zwecken eine Familienstiftung nach den Regeln des Personenrechts oder des Erbrechts errichtet wird,或是以家属间的 Gemeinderschaftgul 做家产,或将家长的财产,划出一定限度,禁止债权者的扣押;然而与其设立家产的财团法人,或家产的总有状态,不若认为家法人所有,理论上比较彻底的多。或许他们还只注意抽象的家——家的系统,不注意具体的家——家的组织。

(原载《社会科学论丛》第 1 卷第 3 号[1929 年],第 28—38 页)

关于妾之解释判例之批评

    我国旧律上有关于妾之规定,我国现在社会上亦尚有许多人纳妾者。我国新《民法》则依据立法原则,并无关于妾之规定。《民法亲属编》立法原则第七点说明,称"妾之制度亟应废止,虽事实上尚有存在者,而法律上不容承认其存在;其地位如何,无庸以法典及单行法特为规定。"然而立法院所订之法律,关于妾虽不愿为明文之规定,社会上既有许多纳妾之事实,司法官仍不能不在立法院所订之法律上,发见关于一切妾问题之适用条文。于是新《民法亲属编》施行后,有许多关于妾问题之解释判例。

    关于妾问题之解释判例,或属于民事方面,或属于刑事方面。属于刑事方面之妾问题,当然,最重要看,系纳妾是否成立重婚罪。关于此点,余对于从来之判例解释及一般学说,虽有相当之意见,然余不愿自己所发表之文章,越出于自己之专门范围以外,本篇将仅论关于民事方面之解释判例。

    第一,关于妾是否得取得家属地位之问题。司法院解释院字第七三五号称:"妾虽为现《民法》所不规定,唯妾与家长既以永久共同生活为目的同居一家,依《民法》第一千一百二十三条第三项之规定,应视为家属。"①关于此号解释,最先发生疑问者,所称家长,果系何种意义? 从前

---

① 该号解释之第一条,系关于妾之遗腹子女,是否得准用《民法》一○六五条一项之问题。当然,对于该条之结论,余并不反对。

大理院关于妾之判例,亦常称家长;①此显系以清律服制图中"妾为家长族服之图"为根据。然而清律上关于家长之用语,原有二种不同之意义。妾为家长族服之图之辑注云:"妻则称夫,妾则称家长";该图所称之家长,事实上乃系夫之意义,唯因"妻者齐也,妾者侧也",特称家长,以示别耳。至于户律户役脱漏户口条称:"凡一户全不附籍,有赋役者,家长杖一百",其注云:"一家之事必由家长为之,故独坐之;此条之家长,则与新《民法》上所称之家长同一意义。②"该号解释上所称之家长,究系清律服制图上所称之家长,抑系新《民法》上所称之家长?虽在《民法亲属编》业已施行之后,司法院之解释,仍以清律服制图上之意义,用家长二字,应系用语之不注意;然而细绎该号解释之全文,与请求解释之原函,殊不能不认为系沿用从前大理院判例上之用语,而系清律服制图上所称之家长。③

　　夫清律服制图上所称之家长,在新《民法》上,有时仅系一个家属而已。④ 因一个家属,与他人有永久共同生活之目的,而使该他人居于自己所属之家中,该他人应不能遽取得家属之地位,盖新《民法》一一一四条规定,家长有扶养家属之义务。使无亲属关系之人加入为家属,增加

──────────

① 五年上字八四○号、五年上字一五三四号、六年上字三一○号等。
② 清律户役隐蔽差役条称,"凡豪民令子孙弟侄跟随官吏,隐蔽差役者,家长杖一百",又婚姻良贱为婚姻条称,"凡家长与奴婢良人女为妻者,杖八十";该二条之家长应亦系与新《民法》上之家长同一意义。
③ 该请求解释之原函,仅称生父业已死亡,妾所生之遗腹子女,事实上无所谓子女出生后生父之认领与抚育,并未提及妾所居之家之民法上之家长。而该号解释称"受胎在妾与家长关系存续中者,应认与生父抚育者同"。所称家长应即系生父,所称妾与家长关系,应即系从前大理院判例上所解为"夫妇类同之关系"。
④ 新《民法》一一二四条参照。我国向来习惯均无为家长之推定者;家中之辈尊年长者即家长。于是纳妾者若尚有父兄健在,应仅系一个家属。

家长之负担,自须有家长之同意也。^① 家长对于非亲属之家属扶养义务,条文解释上虽尚有得主张消极说之余地,^②余则以为应以采取积极说为是。^③ 且家长对于家属尚有监护之义务,^④因一八七条之规定,有时须对于家属之行为,负损害赔偿之责。基于此点之理由,无亲属关系之人,仅因一家属有与其永久共同生活之目的,而使其居于自己所属之家中,应亦不能遽取得家属之地位。^⑤

　　兹假定该号解释上所称之家长,既系清律服制图上之家长,又系新《民法》上之家长,则在权义之关系上,虽或不致发生问题,然在一一二三条三项条文之解释上,应仍不妥当。一一二三条三项称:"虽非亲属,而以永久共同生活为目的,同居一家者,视为家属";仅妾与家长以永久共同生活为目的,同居一家,应仍不能适用该项条文之规定,取得家属之地位。其理由如下:(一) 一一二二条之规定,"称家者,谓以永久共同生活为目的而同居之亲属团体"。黄右昌氏以为须"有以永久共同生活为目的而同居之意思及有以永久共同生活为目的而同居之事实,二者缺一,

---

① 扶养义务之发生,或基于亲属之身份关系,或基于当事人之意思。有亲属关系之人尚仅在一定范围以内,得请求扶养;今非新《民法》上之亲属,得依照一一一四条四款之规定,有请求扶养之权利,则其取得家属之地位(得请求扶养之资格),自须有家长之同意耳矣。

② 新《民法》一一一四条称:"下列亲属互负扶养之义务。"仅依照文理而为解释,则该条第四款之家属自系限于与家长有亲属关系之家属。

③ 余之所以采取积极说者,盖以一一二三条三项之规定,无论在立法者是否系仅抄袭瑞士之民法,将来适用之结果,必将变为解决童养媳、守贞妇及妾等法律问题之条文。若此等人仍不得享有扶养之权利,则虽使其取得家属之地位,实质上将无若何利益。黄右昌氏亦以为一一一四条四款之家属,包含非亲属之家属在内(黄氏法官训练所讲义《民法实用亲属编讲义》九〇页参照);唯黄氏并未论及该条有亲属二字明文而已。余意家属在原则上本系亲属,一一一四条用亲属二字,乃就一般情形而言也。

④ 新《民法》一一一一条、一〇九五条参照。

⑤ 当然次段(一) 之说明,亦适用于本段。依照次段所说明之理由,家属纳妾时,应亦不得以一己之意思,使妾取得家属之地位。

即不能谓之家"。① 余虽不以黄氏之说为然,然而依照该条条文之解释,若非客观的得认为有永久②共同生活之目的,自不能成立家之团体。③所谓客观的得认为有永久共同生活之目的者,可分为下列三种情形:(甲)因亲子关系或夫妻关系,法律规定其须永久共同生活者;(乙)为达到监护之目的,④或为依照亲属会议所决定之方法,履行扶养义务,⑤而永久共同生活者;(丙)因各亲属间有互相永久共同生活之意思。⑥ 一一二三条三项亦称永久共同生活之目的,然既非亲属,自无上述(甲)(乙)二种之情事,于是关于一一二二条之解释,余之意见虽与黄氏不同,一一二三条三项所称永久共同生活之目的,余则以为各亲属与该非亲属之人须均有互相永久共同生活之意思。是故妾之加入为家属,须家长与各家属均有与妾互相永久共同生活之意思。仅家长有与妾永久共同生活之

---

① 黄氏法官训练所讲义九八页参照。

② 所谓永久者,自不能作严格之解释。盖一一二七条、一一二八条亦有由家分离之明文规定。永久仅系非暂时之意。

③ 瑞民称营家族的共同生活 in dem gemeinsamen Haushalte leben,故学者以为只须有营家族的共同生活之事实足矣。然营家族的共同生活,亦非仅同居于一家而已。我国新《民法》既称目的云云,则其同居之事实,更非客观的得认为系基于永久共同生活之目的不可。

④ 例如对于婴孩之监护,一般情形,为达到监护之目的,自非同居一家共同生活不可。

⑤ 一一二〇条下段规定,扶养之方法由亲属会议定之,则亲属会议自亦得议定扶养权利者与扶养义务者须共同生活。

⑥ 所谓永久共同生活之意思者,并无表示之必要,只须有此内心的意思足矣。

黄氏之说之所以为余所不取者,因同居只须有此事实足矣,并无同居之意思之必要,彼新生之婴孩亦一家属也,果有何同居之意思? 又新生之婴孩乃至极度之精神病者,当然无决定共同生活之意思之能力,对于永久共同生活之目的,亦并无认识之能力,应不能认为有以永久共同生活为目的而同居之意思。

至于(甲)(乙)(丙)三种情形间之关系,试举以下二例以说明之。例如父死后,幼儿随同其母出嫁,夫妻既须共同生活,母子亦须共同生活,于是当初若无反对之表示,虽后夫之家之家属无与前夫之幼子永久共同生活之意思,前夫之幼子亦取得后夫家之家属之地位;又如亲属会议既决定某家之家长须与其亲属共同生活履行扶养义务,则该家之原各家属虽无与该亲属永久共同生活之意思,该亲属亦取得家属之地位。

意思,妾应仍不得取得家属之地位。(二)新《民法》规定家务系由家长管理,或将基此理由,以为妾之加入为家属,只须家长有与妾永久共同生活之意思足矣。然而家务者,因家之目的所生之事务也;家之目的,乃为家之现在各个组成员营永久的共同生活无疑,承认妾加入为家属,应并非家务。且永久共同生活之意思,并无表示之必要;家长之内心的意思亦不能视同各个家属之内心的意思。(三)家属与家属间虽并无若何权利义务,然而原家属不愿与妾互为家属者,自不免感受精神上之痛苦。因此家长应亦不能以一己之意思,强使原有之各家属与妾发生互为家属之关系。

依上所述,该号解释称"妾与家长既以永久共同生活为目的同居一家……应视为家属",无论纳妾者仅系家属抑同时又系一家之家长,理论上均欠充分之根据。虽余并不反对适用一一二三条三项之条文,妾得取得家属之地位,然余以为依照该项条文之规定,妾之取得家属之地位,须家长与各个家属(纳妾者与妾之其他组成员)均有与妾互相永久共同生活之意思。唯永久共同生活之意思,并无表示之必要。纳妾之后,妾在事实上已与纳妾者及家之其他组成员开始同居,而其他组成员并不为反对之表示者,则视为其他组成员有与妾永久共同生活之意思。①

第二,关于纳妾者与妾脱离关系之问题,最高法院民事判决二十一

————————————

① 下列二种情形,显以使妾不得取得家属之地位为是:(一)纳妾者并非家长,家长对于与家属之妾为永久共同生活,曾表示反对之意思者;(二)妻对于与妾为永久共同生活,曾表示反对之意思者。此二种情形,不但在条文之规定上,应作如是解释,事实上亦以作如是解释为妥当。

或将以为妾之制度,既如立法原则所云,"亟应废止",则妾应不能取得家属之地位。然而妇女每因经济上之压迫而为男子之妾,此当为我人所不能否认之事实。为保护经济的弱者起见,应有使妾取得家属地位之必要。且以妻之未表示反对之意思为条件,亦可认为对于事实之适当程度之妥协。

年上字第一〇九七号称："家长令妾脱离关系，须有正当理由，与妾之对于家长得自由离异者不同。"同年上字一〇九八号称："为人妾者，不愿为妾时，准其自由离异，系基于男女平等原则，俾向处不平等地位之女子，得脱离其为妾之拘束。至若家长欲与其妾脱离关系，则仍须有正当理由，方能准许。"对于该二号判例之理论上根据，余亦颇有怀疑之点。当然，该二号判例上所称之家长，亦系清律服制图上之家长，而非新《民法》上之家长；唯或清律服制图上之家长同时适系新《民法》上之家长而已。清律服制图上之家长，乃系纳妾者之意义。纳妾者与妾脱离关系，何以仍须有正当理由？最高法院判例或系以为契约一旦成立之后，原则的应不能以一方之意思，消灭其效力，是故纳妾者无正当理由，不得解除妾契约。从前大理院判例，即以此点理由，主张亦与纳妾者均须有不得已之事由，始得解除契约。① 然而最高法院判例既认妾得自由解除契约，妾与纳妾者同系契约之一方当事人，何以纳妾者独不得自由解除契约？最高法院判例称："妾之自由离异者，系基于男女平等原则。"纳妾者之使妾脱离妾之地位，固亦并无违背男女平等之原则也。② 且基于一夫一妻之原则，③ 纳妾者应亦得无须若何理由，使妾脱离关系。至于谓判例所关

---

① 五年上字八四〇号、六年上字八五二号等。

② 判例称妾之自由离异系基于男女平等原则者，想以为妾之自行请求离异，乃要求男女地位之平等，法院应无条件的予以准许。然而纳妾者使妾脱离关系，妾亦得恢复平等之地位，法院应不能以平等原则为理由，阻止纳妾者使妾脱离关系。

③ 或将以为既认妾为家属，实质上即已放弃一夫一妻之原则，然此乃为保护经济的弱者，对于事实为适当程度之妥协也。更申言之，除依照各当事人之意思，使妾加入为家属，以保障妾之生活外，并不能发见若何法律上之理由，令纳妾者以其他方式负担妾嗣后之生活费用故也（既不能以契约上之义务为说明，亦不能以侵雇行为之责任为说明）。至若纳妾者并无正当理由使妾脱离关系，则如下页注②所述，使纳妾者给予妾以相当数额（以足以维持嗣后之生活为标准）之金钱或其他财产，实有法律上充分之根据。且纳妾者既自愿使妾脱离关系，维持一夫一妻制度，而法律反加以阻止，是非非法律对于社会事实之不得已的让步，乃系法律以自己之力维持妾关系之存在，其不妥当也岂非明甚。

怀者,系关于妾之嗣后生活问题。仅因此点之顾虑,亦殊无主张纳妾者无正当理由不得使妾脱离关系之必要。关于纳妾是否系一个有效之契约,当于次段述之。纳妾契约纵系有效,余以为纳妾者若能保障妾嗣后生活之安全,给予妾以相当数额之金钱或其他财产,虽无正当理由,应亦得使妾脱离关系。① 详言之,因可归责于妾之事由,嗣后不能继续维持纳妾者与妾间从来之关系者,纳妾者得不给予金钱或其他财产,而解除契约;并无可归责于妾之事由,纳妾者欲使妾脱离关系,则须给予妾以相当数额之金钱或其他财产,始得为有效之解除。②

　　实则纳妾是否系一个有效之契约,应系疑问。从前大理院判例虽认为有效之契约,③观司法院之解释,《民法亲属编》施行后,纳妾契约应非有效。④ 当然,本篇所举之二个判例,其纳妾是否在《民法亲属编》施行以前或以后,不得而知,假定其纳妾系在《民法亲属编》施行以后,则余对于该二个判例,更将有根本不同之见解。查司法院解释院字七七〇号称:"《民法亲属编》施行后,不得以纳妾为缔结契约之目的,如有类此行为,即属与人通奸。"既称不得以纳妾为缔结契约之目的,则纳妾契约自系无效;且约定继续通奸若干年之法律行为,其为违背善良风俗而无效也更不待言。于是纳妾者与妾之间,实并无有效之契约关系,其存在者,

---

① 虽纳妾者因给予金钱或其他财产故,亦将不使妾脱离关系;然而若如判例之主张,则纳妾者虽给予相当数额之金钱或其他财产,有时仍不能使妾脱离关系。
② 关于此点,余以为得以新《民法》七二条为说明。契约之解除行为乃系一个法律行为。妾常不能自食其力;纳妾者使妾脱离关系时,若不给予以相当数额之金钱或其他财产,则妾嗣后将不能维持其生活,显系违背善良风俗。违背善良风俗之法律行无效。
③ 五年上字八四〇号、六年上字八六号等。
④ 司法院之解释,以为《民法亲属编》施行后纳妾之契约始系无效。实则依余之见,十六年八月十二日国府既通令从前一切之法律仅在不违背党义之范围内继续有效,则显系以党义为法律之最高原则。纳妾乃违背国民党所主张之男女平等原则,是故在该通令之后,纳妾契约应即系无效。

仅系事实关系而已。纳妾者之与妾脱离关系,无须为契约之解除行为。以契约之解除为出发点之前段之说明,将完全不能适用。妾之不加入纳妾者之家为家属者,纳妾者与妾之间,并无若何法律上之关系,法律上自无脱离关系之可言。妾之已加入纳妾者之家属者,纳妾者与妾之间,其法律上之关系乃系互为家属。若将使妾脱离关系,解为使妾脱离家属关系,则纳妾者以一家属之资格,虽有任何理由,亦不能使妾脱离家属关系。唯家长——新《民法》上之家长,并非清律服制图上之家长——始得使妾脱离家属关系。或将以为该二号判例所称之脱离关系,即妾脱离家属关系之意义;新《民法》一一二八条原有家长得使家属由家分离,而以正当理由为限之规定,该二号判例根据此条条文,故主张家长欲与其妾脱离关系,须有正当理由方能准许。然而该二号判例上所称之家长,仍系清律服制图上之家长,并非新《民法》上之家长,一〇九八号判决书所载一方当事人妾之供述,"我现在不能与他离,须俟那两案解决后再离",是其他方当事人为纳妾者无疑;至于纳妾者是否系其家之家长,则该号判决书并无关于此点事实之声叙。判例若以清律服制图上之家长,适用新《民法》上家长之规定,则其不妥当也将更甚。

　　依余之见,妾契约系有效者,所谓脱离关系,虽系妾契约关系之解除,①妾契约若系无效,则所谓脱离关系,只有家属关系之脱离。而其所脱离之法律关系不同,得诉请脱离之当事人亦因之而异。欲与妾脱离契约关系,纳妾者为原告;欲使妾脱离家属关系,则须家长为原告。纳妾者并非家长,而诉请使妾脱离家属关系者,法院应以一家属不能使他家属由家分离为理由,为原告败诉之判决。纳妾契约并非有效,而纳妾者诉

---

① 妾契约有效时,妾之契约关系存在,而妾依照一一二三条三项之规定,又复得取家属之地位。虽在一般情形,纳妾者若不愿与妾解除契约,家长常无单独使妾由家分离者,然在理论上,家长应仍得依照一一二八之规定,仅使妾脱离家属关系。

请解除契约关系者,因所解除之契约关系并不存在故,法院亦应为原告败诉之判决。当然新《民法》上之家长,得诉请使妾由家分离,与应依照一一二八条之规定,诉请使妾由家分离,自不待言。

至于何种情形,乃系家长得令妾由家分离之正当理由? 妾有与新《民法》一〇五二条二款、十款同样之情事,为保全家之名誉故,家长令妾由家分离,其应认为有正当理由也,自不待言。妻妾不和,或妾与其他家属不和,若妾能自食其力,或妾自有相当数额之私有财产,则不问妾有无过失,家长为维持家之和平故,均得令妾由家分离;若脱离家属关系后,妾不能自维持其生活,而纳妾者又事实上不能给予妾以相当数额之金钱或其他财产者,①则所谓维持家之和平者,唯在妾有过失时,始系令妾由家分离之正当理由。② 又食指浩繁,家长继续为妾之扶养,将使其他家属之扶养权利不能得到最低限度之满足者,若妾在脱离家属关系后,尚有其他方法可以维持其生活,③则家长亦得基此理由令妾由家分离。

既称纳妾者不能为金钱或其他财产之给予,自以纳妾者须给予金钱或其他财产为前提。何以纳妾者须为金钱或其他财产之给予? 妾契约若系有效,则虽在妾脱离家属地位之后,纳妾者自仍须负契约上之扶养义务。妾契约若系无效,纳妾者虽无契约上给予金钱或其他财产之义务,然而妾并无过失,家长令其脱离家属关系后,妾不能自己维持其生活,有资力之纳妾者不为相当数额之金钱或其他财产之给予,显系为现在社会上一般人之道德观念之所不许,依照一八四条一项下段之规定,

① 所谓纳妾者不能为金钱或其他财产之给予者,纳妾者业已死亡,或纳妾者失踪,或纳妾者无资力是也。

② 当然,家长于此种情形时,自愿酌予妾以相当数额之金钱或其他财产,使妾另为生活,以维持家之和平,其法律之所许,自不待言。

③ 例如妾并非衰老残疾,得自食其力,或得向纳妾者为金钱财产之请求,或尚有其他亲属能扶养妾之生活者是也。

妾仍得以损害赔偿之形式,请求纳妾者为金钱或其他财产之给予。

以上已关于妾之二个问题,详述余对于解释判例之批评,兹再略言余对于我国判例解释之一般的感想,以为本篇之结论。判例之有其独特的价值,此乃余之素所主张。然而判例并非条文,无拘束下级法院之力。判例之学问上的价值,亦须经学者最后之评定。法官不仅记熟判例而已也,更须为法律学充分之研究,辨识某号判例是否妥当,而决定自己对于该号判例之态度。最高法院原可以一定之方式,更改其自身从前所为之判例;唯有判例之更改,始有判例之进步。至于我国请求解释事件之繁多,殊使我人对于司法院有国立法官函授补习学校之感。观其所提出之问题之幼稚,我人对于司法界之现状更不胜悲观之至。关于此点,司法行政当局应知有所反省。且就解释内容之质的方面着想,与顾虑解释与立法之不同,解释应以由学者为之为宜。

(原载《社会科学论丛》第 4 卷第 8 号[1933 年],第 73—89 页)

寡妇的继承权问题

本篇所讨论的,是关于夫死后,妻对于夫的财产的继承权问题。

寡妇继承权的第一个问题,是寡妇应否有继承权。依照现行律的规定,妻对于夫的遗产,是没有继承的权利的;夫死,没有遗嘱,妻没有应继分;有遗嘱,妻也没有特留分。现在我人说明继承制度的存在理由,当然,(一)根据被继承人和继承人相互间的感情关系;(二)因为继承人对于被继承人的创产立业,也许有许多助力。"夫妻间之关系与亲子间之关系,孰更亲密,颇不宜判别;且男子创产立业,得力于内助者,世间不乏其例。"①那末,合于正义的立法,自应承认妻的继承权。并且已经有很长久历史的立嗣制度,一时决不易打破。② 我人考虑到嗣母和嗣子间的关系,更觉得法律有承认寡妇继承权的必要。

寡妇继承权的第二个问题,是继承权的次序。现行律否认寡妇的继承权,自无继承权次序之可言。《民律草案》一四六六条、一四六八条规定:没有亲生子孙或嗣子孙的时候,妻对于夫的遗产,才有继承权利。法制局《继承法草案》第十条规定:不问被继承人有无直系卑亲属,妻对于夫的遗产,都有继承的权利。《民律草案》承认妻的继承权次序在直系卑亲属之后,法制局《继承法草案》承认妻的继承权和直系卑亲属的继承权同一次序。现在世界各国法律,除在日本法律上妻的继承权或系第三位

---

① 引用法制局《继承法草案》之说明。
② 立嗣制度,决不是由我人的脑筋里描想一个领养制度可以取而代之的。

或系第二位以外，①都承认妻对于夫的遗产和直系卑亲属有同一次序的继承权。一八九一年以前的法国民法规定，被继承人没有十二亲等以内的血族或私生子的时候，妻才有继承权；②和罗马的法务官法 ius praeton'um 的规定一样，妻系最后次序的法定继承权人。对于继承权次序的问题，我人一想到继承制度存在的理由和嗣母嗣子间的关系，更其我人想到嗣母嗣子间关系的时候，也立刻能够知道法制局《继承法草案》的规定是妥当的。

　　寡妇继承权的第三个问题，是寡妇应该取得所有权呢或用益权。德国民法一九三一条规定：被继承人的直系卑亲属存在时，直系卑亲属取得遗产的四分之三，妻取得四分之一；被继承人的祖父母、父母、兄弟姐妹、侄、侄女、甥、甥女存在时，妻取得二分之一；被继承人的祖父母（包含外祖父母在内）及其直系卑亲属（指父母的兄弟姊妹及其他）存在时，妻除取得二分之一外，更取得该直系卑亲属的应继部分；③被继承人的子孙、父母、兄弟姊妹、侄、侄女、甥、甥女及祖父母都没有存在时，妻取得遗产的全部。以上遗产的取得，统系所有权。法国现行民法七六七条规定：被继承人没有前妻所生的儿子时，被继承人死亡时，妻或后妻没有受离婚或别居的确定判决者，得取得遗产四分之一的用益权；被继承人有前妻所生的儿子，后妻得取得一嫡出子最小额应继分的用益权，④但不得超过遗产的四分之一；被继承人没有婚姻所生的儿子时，妻取得遗产二分之一的用益权；被继承人没有十二亲等以内的血族或私生子的时

----

① 家督相续系第三位，遗产相继系第二位。

② 一八〇四年拿破仑法典七六七条规定："被继承人没有在继承顺位以内的血族，又无私生子时，继承财产属于未离婚之生存配偶者。"

③ 例如被继承的祖父和舅父存在时，祖父取得遗产四分之一，妻取得四分之三。

④ 法国民法，数嫡子之中，有时一嫡子或数嫡子的应继分较其他嫡子为多。

候,妻才取得遗产的全部——遗产全部的所有权。① 奥国民法七五七条、七五八条、七五九条规定:被继承人有三人或三人以上的儿子时,妻的应继分和子的应继分相同;被继承人只有二子或一子时,妻取得遗产四分之一的终身用益权;没有子,仅有其他法定继承人时,妻取得遗产四分之一的所有权;没有子,并且没有六系以内的亲族、准正子、养子及私生亲养亲时,妻取得遗产全部的所有权。瑞士民法四六二条规定:被继承人有直系卑亲属时,妻得自己选择,或取得遗产二分之一的用益权,或取得遗产四分之一的所有权;被继承人只有父母系的继承人时,妻取得遗产四分之一的所有权和四分之三的用益权;只有祖父母系的继承人时,妻取得遗产二分之一的所有权和二分之一的用益权;被继承之没有直系卑亲属及父母系、祖父母系的继承人时,妻取得遗产全部的所有权。以上所举德、法、奥、瑞士四国的民法,关于寡妇的继承权,显然是代表四种主义:(一)所有权继承主义;(二)用益权继承主义;(三)折中主义;(四)选择主义。法制局《继承法草案》关于寡妇的继承权规定,没有用益权的明文,自系所有权继承主义。

　　用益权继承主义的渊源,系自纪元五三七年、五四二年罗马儒帝Justinian 的敕令:夫死,有子时,妻只能取得遗产四分之一或和子同一应继分的用益权。用益权继承主义的理由,自不外乎家族主义的论调:只有血族才是真正的继承人,妻不是血族,应不能取得遗产的所有权。这种论调,原无什么价值。但是某种思想,不仅它有价值的时候,立法者应该容纳;纵使某种思想没有价值,它的存在,立法者也应考虑。某种思想的存在,假定有相当长久的历史,相当普遍,那就反对该某种思想的立

---

① 英国现行法律,亦系采用用益权主义。从前法律则系采用所有权主义,唯寡妇不得继承不动产。

法,徒增加人民相互间的讼诉而已——一方讼诉人根据该某种思想有相当长久历史,相当普遍的思想,他方讼诉人根据制定法的条文。司法者对于人民知不知法律,原无加以考虑的必要;但是最良好的立法,国家机关所颁布的法律,应该就是人民根据他们的社会生活体验所积的法律感情。并且罗马法系的立法虽然较之古来中国法系的立法精密得多;人民不违反某条法律的规定,而欲发生和该某条法律规定反对的法律效果,也是很容易的。我国人家族主义的思想,根深蒂固,当然更不喜欢将自己一部分遗产的完全所有权由妻继承。因为妻取得该一部遗产完全所有权后,可以自由处分一部遗产。将该一部分遗产携往后夫家里,或将该一部分遗产转赠母家,俱系法律之所许。虽然,妻对夫的创产立业,是有相当的内助,妻处分继承所得的遗产和处分自己劳力所创立的产业一样,并没有什么不合理处。但是我人要注意的,妻处分继承所得的遗产,虽系合理的;事实上,由妻将自己一部分遗产携往后夫家,或转赠母亲,仍系我国一般男子所不喜欢。因为他们不喜欢妻将自己遗产携往后夫家,或转赠母亲,他们可以利用特留分的规定,将自己的财产,在不背违特留分规定的范围以内,尽量的赠与或遗赠与儿子或其他血族。例如法制局《继承法草案》五六条规定,被继承人只须将自己财产的二分之一,留给直系卑亲属继承。被继承人有财产二万元,儿子三人时,被继承人因为不喜欢自己许多的遗产,任妻携往后夫家,或转赠母家,可以将自己财产的一半,先赠与或遗赠与各儿子,只留下一半即一万元由妻和各儿分配继承;依照同草案十六条、十八条的规定,妻只能取得二千五百元的所有权。较之用益权继承主义国家的法律,妻的继承反要不利益。

　　特留分规定的立法理由,原系为承认被继承人处分遗产的自由起见,因而限制一般继承权人的继承权利的,并不是因为夫不喜欢妻的自由处分遗产起见,而使夫得以限制妻的继承权利的。但是夫的不欢喜妻的自由处分遗产,也可以利用特留分的规定,限制妻的继承权利。并且夫这样限制妻的继承权利,他的方法并没有不合法的。这种事实,虽系余之想象,但是和社会上现存思想相隔离的立法,在各国法律施行史上,往往可以发见和此种相类似的事实。瑞士民法关于特留分的规定,被继承人有直系卑亲属时,妻的特留分和应继分相同;法制局《继承法草案》的规定,被继承人无直系卑亲属时,妻的特留分和应继分相同。假定我国将来继承法编订时,对于有无直系卑亲属时,都承认妻的特留分和应继分相同,虽可以防止余所想象的事实之发生;但是特留分既系承认被继承人自由处分遗产的制度,私见以为仍以采取德国民法之规定,以应继分二分之一为特留分为佳。

至于纯粹采取用益权继承主义,亦有以下几个反对理由。第一个反对理由:权利的归属最好是使用收益权人就是所有权人。把用益权和处分权分离,容易使法律关系发生许多纠纷。第二个反对理由:我国人既相信寡妇得处分继承所得的遗产是合理的,那末家族主义正在崩坏之中,合理总有战胜之一日。法典不是专为适合目前的情形而编订的,在可能的范围以外,自然还要考虑将来。

私见以为最好采取选择主义。瑞士民法四六二条第一项的规定,寡妇或取得所有权或取得用益权,系由寡妇自己选择的。我国将来编订继承法时,可以规定由夫以遗嘱表示选择的意思;夫没有表示意思时,才由妻自己选择。寡妇仅取得遗产的用益权时,较之取得所有权时的标的物的价额当然系二倍或二倍以上。寡妇取得所有权或取得用益权,其间利益并无若何厚薄之分。瑞士民法四六二条一项的规定,用益权标的物和所有权标的物系二和一之比。瑞士 Zürich 州民法九○五条的规定,用益权标的物和所有权标的物系四和一之比。

瑞士民法之规定,只在被继承人有直系卑亲属时,采取选择主义;被继承人没有直系卑亲属而有父母、兄弟姊妹、侄、侄女、甥、甥女的时候采取并用主义,妻取得一部分遗产的所有权和一部分遗产的用益权。瑞士 Zürich 州的民法,被继承人有父母系的继承人时,也采取选择主义,妻取得遗产全部的用益权或四分之一的所有权。法制局《继承法草案》的规定,继承权人除直系卑亲属和配偶外,为父母、兄弟、姊妹及祖父母。我国情形和瑞士不同,被继承人仅有妻、父母、兄弟、姊妹及祖父母时,妻的继承权亦以采取选择主义为佳。

瑞士民法,对于寡妇继承权,采取选择主义,它的理由因为瑞士各州的继承制度,在一九一二年民法典施行以前,可以分做三种:说德语的各州系所有权继承主义,说法语的系用益权主义,说意语的系奥、意二国的折衷主义。统一的立法,事实上无论如何是不可能的。瑞士的立法,Louis Bridel 所谓立法的杂色 bigarrure législative。我国将来继承法典的立法,若采取选择主义,那是一方面不蔑视事实的存在,一方不妨害理想的实现。换言之,能够考虑社会上现存事实的立法,终不致发生立法者在立法当时所意料不到的结果。①

关于采取选择主义,尚有几点应该决定的,就是:

(一)我国《民法物权编》的规定,只有土地上可以设立用益物权。地上权、永佃权,并且永佃权人之是以向土地所有人交付佃租为必要条件。寡妇取得土地的佃权,总可以债权的契约,使他人为耕种,取得佃租,但仍须向土地所有人即其他继承人为佃租之交付,事实上并无利益。《民法物权编》所规定用益物权的性质和寡妇用益权的性质不同,寡妇之

---

① 法制局《亲属法草案》《继承法草案》,一方限制立嗣,一方否认侄的继承权,它的立法理由,我人是可以了解的;但是将来继承法的立法,关于侄的继承权,假定和法制局草案采取同样的态度,余也可以预料立法者是要失望的。否认侄的继承权,事实上适以推行立嗣制度。

土地用益权应非《民法物权编》之地上权或永佃权。至于动产及权利之用益权,我国《民法物权编》并无和德国民法、瑞士民法一样之规定。私见以为一般人的用益权,《民法物权编》虽没有承认,但《民法》七五七条规定:"物权除本法或其他法律有规定外,不得创设。"《民法继承编》承认寡妇的用益权,和物权篇的规定,并无冲突。寡妇取得遗产用益权时,得不向遗产所有人支付报酬,而为遗产的使用收益。寡妇得自行使用构成遗产的不动产或动产。例如住居原系亡夫所有的房子,或使用原系亡夫所有的家具是;亡夫因消费借贷契约所发生的金钱债权,寡妇得领取利息;亡夫所遗留的土地,寡妇得收取地租或佃租是(被继承人的直系卑亲属或其他血族系土地的所有人,妻系收取地租或佃租的用益权人,第三人系地上权人或永佃权人。当然,被继承人的直系卑亲属或其他血族,亦得和被继承人的妻缔结租赁契约);①不动产用益权的设定,须为登记;动产用益权的设定,须交付占有;权利用益权的设定,须准用权利让与的规定。②《民法继承编》仅于规定寡妇继承权处,规定一条关于用益权的内容及设定方法,亦并无妨碍法律的体裁。

(二)寡妇的用益权,应不得让与或供担保。因寡妇的用益权系和寡妇的身分不能分离的权利。

(三)用益权应该以寡妇的再婚为消灭原因,或系终身的? 法国民法的规定,寡妇的遗产用益权系以再婚为消灭原因;奥、瑞民法的规定,系终身的。私见以为我国继承法的规定,亦应以再婚为消灭原因。

(四)用益权的物权,可否变更为定期金的债权? 我国《继承法》亦应和法、瑞民法一样,许多用益权得变更为定期金,使其他所有权继承人

---

① 当然,寡妇不得依据自己之用益权,在遗产土地上,为他人设定地上权或永佃权。
② 参照德国民法一千三百条以下、瑞士民法七四五条以下。

提出相当担保。唯法国民法的规定,其他所有权继承人得请求变更用益权为定期金;瑞士民法的规定,寡妇得请求变更用益权为年金。私见以为我国《继承法》的规定,应使寡妇和其他所有权继承人均得请求变更。

寡妇继承权的第四个问题,是寡妇的应继分。

(一)寡妇取得遗产所有权时的应继分

依照法制局《继承法草案》第十八条的规定:被继承人的直系卑亲属仅有一人或二人时,妻的应继分为遗产的三分之一;直系卑亲属为三人时,妻的应继分为遗产的四分之一;直系卑亲属为四人时,妻的应继分为五分之一;以下递减。妻的应继分,与遗产全部的比例及与直系卑亲属应继分的比例,俱因所生子女的多少而不同。法制局《继承法草案》关于此点的规定,系和普国民法同一主义。德、瑞民法典,以为不能因子女的多少,影响妻的应继分;人口政策的见地上,划一的规定妻的应继分为遗产四分之一。俄国民法四二〇条的规定,只求各继承权人间应继分比例的均等,不问直系卑亲属有几人,以一万金卢布以内的遗产,由被继承人的各直系卑亲属、妻及一定条件的扶养权者平均分配。对于继承财产额加以一定限制的俄国民法,只规定一切继承权人的应继分比例均等,自然在人口政策上并无若何阻碍;立法理由的说明上,更其简单明了。除以上所述外,还有德国民法编订当时的修正案,规定寡妇应继分的最小限度为遗产的几分之几,直系卑亲属少时,寡妇的应继分递增;为保护寡妇起见,这规定,也是有相当理由。但是我国将来继承法的立法,想系无限制的可以继承遗产的全部,私见仍以采取德民法、瑞民法的规定,划一的确定寡妇应继分占遗产几分之几为佳。因为继承法律对于人口增加积极的奖励,系力量很微的,但是万一消极的可以妨碍人口增加的条文,立法时应该有避免的必要。妻的应继分定为三分之一,一般的情形,子女的应继分,未免太少;妻的应继分亦规定五、四分之一。

法制局《继承法草案》规定：被继承人没有直系卑亲属时，妻取得遗产三分之一。德、法、瑞等国民法的规定只有父母、兄弟姐妹、祖父母时，妻的应继分，俱系有直系卑亲属或儿子时的应继分的二倍或二倍以上。自然，没有非二倍或二倍以上不可的理由。但是仅有父母和仅有兄弟姊妹或祖父母时，似应分别规定。因为翁姑对于子妇，依照法制局《亲属法草案》六十三条的规定，尚有扶养的义务，被继承人的兄弟姊妹或祖父母对于被继承人的妻，并无扶养的义务；被继承人仅有兄弟姊妹或祖父母时，私见以为应给与妻以遗产二分之一。

（二）寡妇取得遗产用益权时的应继分

依照瑞士民法四六二条一项所规定的比例，被继承人有直系卑亲属时，妻所取得的遗产用益权为遗产的二分之一；被继承人只有父母、兄弟姊妹、祖父母时，妻所取得的遗产用益权为遗产的三分之二或全部。

寡妇继承权的第五个问题，是寡妇的特留分。关于特留分的规定，私见以为为承认被继承人处分遗产的自由起见，各定为应继分的二分之一。

最后，试将关于寡妇继承权的条文，私拟如下。自然，夫的继承权应和妻的继承权作同样的规定，仿各国立法之例，称为生存配偶者。

1. 被继承人不问有无直系卑亲属时，生存配偶者均有继承之权。

2. 被继承人若有直系卑亲属时，生存配偶者之应继分为遗产四分之一之所有权或遗产二分之一之用益权。

被继承人仅有父母存在时，生存配偶者之应继分为遗产三分之一之所有权或遗产三分之二之用益权。

被继承人仅有兄弟姊妹或祖父母存在时，生存配偶者之应继分为遗产二分之一之所有权或遗产全部之用益权。

生存配偶者之应继分为所有权或用益权，由被继承人以遗嘱决定之;但遗嘱并无表示时,由生存配偶者自行选择。

3. 生存配偶者有遗产之用益权时,得为遗产之使用或收取遗产所生之孳息。

不动产用益权之设定,适用七五八条之规定;动产用益权之设定,须交付占有;权利用益权之设定,准用权利让与之规定。

4. 生存配偶者之用益权,以再婚为消灭原因。

生存配偶者之用益权,不得让与亦不得供担保。

5. 生存配偶者之用益权,得由生存配偶者或其他血族继承人请求变更为定期金。但血族继承人须提出担保。

6. 生存配偶者之特留分为应继分之二分之一。

(原载《社会科学论丛》第 2 卷第 2 号[1930 年],第 1—15 页)

举证责任之分配

一、关于举证责任分配之诸学说

最初先列举数个关于举证责任分配之重要学说:

(甲)法律要件分类说　现代学者,大多数皆采取此说,关于举证责任之分配,有一个本则与一个细则。举证责任之本则云者:主张权利或其他法律上效果之存在,关于发生该效果之法律要件,由主张者负举证责任;关于消灭或变更该效果之法律要件,则由对方负举证责任。细则云者:发生该效果之法律要件之构成事实,又复就其与效果发生之关系,分为一般要件与特别要件。主张效果之存在者,唯关于特别要件负举证责任;一般要件之欠缺,由对方负举证责任。同此对方就消灭或变更效果之法律要件之构成事实中,亦唯关于特别要件负举证责任。[①] 例如确认价金债权之诉,原告主张债权之存在。买卖契约系发生价金债权之法律要件,免除系消灭价金债权之法律要件。就买卖契约而言,标的物与价金之意思表示一致,乃其特别要件;双方当事人之有行为能力,乃其一般要件。就免除而言,意思表示之内容,系免除对方之债务,乃其特别要

[①] 甲说系日本雉本朗造氏所主张。参照《土方教授纪念私法论集》四七三页以下。所谓特别要件者,关于该个效果发生、消灭或变更所特有之必要事实是也;所谓一般要件者,关于一般效果发生、消灭或变更所共通之必要事实是也。

法律要件分类说以 Weber 氏主张为最早。雉本氏所主张者,系法律要件分类说中之特别要件。尚有因果关系说为 Hellmann, Wach 所主张,适当条件说为 Hellwig 所主张,通常之发生事实说为 Planck 所主张,最少限事实说为 Betzinger 所主张。

件;免除之意思表示,并非虚伪之意思表示,乃其一般要件。依甲说之主张,原告对于标的物与价金之意思表示一致及免除之意思表示系虚伪之意思表示,负举证责任;被告对于双方当事人之无行为能力及意思表示之内容系免除债务,负举证责任。

(乙)要证事实分类说　现代学者,主张完全根据要证事实之分类,确定举证责任之分担者颇少。此说之中,尚得我国一部分学者之赞同者,则唯日本之冈村氏说。冈村氏谓:无推定之积极事实,或有反对推定之消极事实,主张者有举证之责任;有推定之积极事实,或无反对推定之消极事实,主张者无举证之责任。若甲事实与乙事实均系无推定之积极事实,而非甲即乙,非乙即甲者,则自己所主张之事实被认定时,受积极的利益之人,有举证之责任,对方无举证之责任。[①] 例如请求履行债务之诉,原告主张清偿期之已届到及未清偿。清偿期之已届到,系无推定之积极事实,应由原告负举证责任;未清偿系无反对推定之消极事实,应由被告负举证责任(对于清偿)。又如甲之出生日,甲主张为某年十月五日,乙主张为同年十二月五日;甲乙所主张之事实,乃系二个无推定之积极事实,若甲之出生日系十月五日,甲可取得对于某丙遗产之继承权者,甲对于十月五日之出生,应负举证之责任。

(丙)Leonhard 氏说　Leonhard 氏之主张,系别具一个见地。L 氏谓从前学者乃系对于举证责任与举证作用,不为适当之区别;举证责任将实体法规积极的所规定之法律要件,就他方面为消极的规定而已。L 氏之原则:主张法律上效果之成立者,对于发生该效果所必要之法律要件之全部构成事实,均须负举证之责任;反之,成立后变更或消灭该效果

---

① 参照冈村玄治氏所著《举证责任论》。
　要证事实分类说之中,除消极的事实说之外,尚有外界事实说,为 Helmolt、Endemanm 所主张。

之法律要件之全部构成事实,则由对方负举证之责任。因盖然性之作用,与对于公平之顾虑起见,并不发生举证责任之转移,仅依照原则,不负举证责任之当事人发生举证之义务而已。甲方有举证责任时,一般情形,虽由甲方负举证义务,唯因诉讼之状况,有时由乙方负担陈述反对之详细事实而为证明之义务(举证义务)。乙方不履行该义务,视为甲方之利益;乙方履行该义务后,而事实仍真伪不明者,则由甲方负担该不利益之结果。①

以上所述,乃系现代学者关于举证责任分配之主张。至于罗马法上,关于举证责任之分配,只有二个极简单之原则:(一)原告有举证之义务 Semper necessitatis probandi incumbit illi qui agit;cum petitori Probationis onus incumbat;(二)肯定者须举证,否定者无需举证 Ei incumbit Probatio qui dicit,non qui negat。当然,第一原则系原告对于诉及再抗辩有举证义务,被告对于抗辩及再再抗辩有举证义务之意义。第二原则之肯定否定,究系对于权利存在之肯定否定(与原告被告同一意味),抑系对于事实之肯定否定,注释家之间,意见并不一致。唯该原则确系要证事实分类说(其中之消极事实说)之直接渊源、法律要件分类说之间接渊源。

二、举证责任举证义务及举证作用之意义

读过前节关于举证责任分配之各种主张后,或将发生举证责任自身意义之怀疑及举证责任观念与其他观念之混淆。

关于举证责任,一般学者所承认之意义,乃系举证之必要;系争事实真伪不明时,举证责任者须负担不利益之结果。例示之,一契约有效确

———————

① Leonhard, Die Beweislast 参照。

认之诉,被告主张自己在订约当时并无行为能力,假定对于行为能力之欠缺应由被告负举证责任,则行为能力之有无若真伪不明,法院应视为被告在订约当时有行为能力,而为判决。L 氏所称之举证责任,亦系此种意义。

然而(甲)(乙)二说者均仅称举证责任之分配,L 氏则承认有甲方负担举证责任,乙方负担举证义务之场合存在,双方分别负担举证责任与举证义务。举证责任之外,是否有另一个 L 氏所称举证义务观念之存在?L 氏谓甲方虽负担举证责任,有时系由乙方负举证义务,乙方不履行举证义务,视甲方所陈述之事实为真实。乙方不履行举证义务,事实之真伪不明,因而受不利益之判决,此种情形时,L 氏虽称为由乙方负举证义务,岂非与由乙方负举证责任同一意味?至于乙方已履行举证义务后,事实仍真伪不明者(关于乙方已履行举证义务后,事实仍真伪不明之疑问,当于第五节另述之),L 氏称由甲方负担不利益之结果,是有义务者不受不利益,无义务者,反受不利益,岂非不公平?因公平之要求,承认乙方有举证义务,结果仍不公平;L 氏于举证责任观念之外,创设举证义务之另一个观念,将完全失去其意义。多为学者不承认举证义务之另一个观念,于此种情形时,不承认乙方有举证义务,而承认乙方有举证责任,岂非较之 L 氏之主张为妥当?

假定欲举证责任与举证义务二个用语之同时存在,余以为唯有举证义务者始有举证责任,举证责任乃系举证义务不履行时之责任。不过举证义务不履行时,未必一定负担举证责任。盖负担举证义务者虽不履行义务,有时亦得因他方之举证作用,或言辞辩论之全部内容,法官心证其所主张之事实为真或伪,因是不至有事实真伪不明之状态之发生,无所谓举证责任之负担。再就反面言之,因将来有负担不利益的结果之危险故,有举证之必要。因有举证之必要故,称为有举证之义务。是故因有举证之责任故,而有举证之义务。当然举证义务乃系一种间接义务。

以上已述举证责任观念与举证义务观念之关系,至于举证责任与举证作用,理论上并非同其主体。一般事实,举证作用常系有举证责任者之行为。诉讼技术发达之结果,无举证责任者因自己虽不为举证,亦不至负担不利益之结果,常不为举证。然而举证作用之定义,并非有举证责任者之举证行为;举证作用是当事人为证明一定事实之真或伪起见,提出证据方法,使法院得有证据原因之行为。举证作用是包含双方当事人之行为在内。

三、举证责任观念存在之理由

举证责任之意义明了之后,或将又发生关于举证责任观念之合理性之怀疑。某种事实既系真伪不明,何为乎又得以该种事实之真或伪为裁判之基础? 简直的言之,某种事实既系真伪不明,则不能认之为真,亦不能认之为伪,举证责任之观念殊不合理。然而我人对于举证责任观念,只能就其必要性而说明;因现代民事诉讼之本质上要求,我人不能不承认举证责任观念而已。

在现代民事诉讼制度之下,确常有事实真伪不明之情形发生,欧洲中世纪时,投身于水,握铁而走,[①]假借神的力量,可以判断事实之真伪。我国从前严刑拷打,结果总可以得到当事人对于自己主张的否认,或他方主张的承认。但是神证刑讯,俱为现代民事诉讼所不许。又我国审判传说上所谓煎钱、打箕,[②]虽系贤明之证据调查方法,但是现代民事诉讼

---

① 投身于水,因其身之浮沉,握铁而走,因其负伤与否,而决定其事实之有无。

② 羊肉铺主人与相命者,互相争执一串钱之所有权,羊肉铺主人主张该一串钱为自己日常肉价之所积,相命者主张该一串钱为自己日常相命之收入。双方各有其主张,而各无若何证据方法之提出。审判官煎钱之结果,因该一串钱有羊肉气味故,判为羊肉铺主人之所有。又米店与面店互争一箕,米店主张该箕为自己盛米之箕,面店主张该箕为自己盛麦粉之箕,双方均无证据方法之提出。审判官打箕之结果,因有许多之麦粉故,判为面店之所有。

系采取不干涉审理主义。须由当事人主张事实，提出证据方法。当事人所未主张的事实，视为并不存在。当事人所未提出的证据方法，不能遽依之以为事实真伪的判断。当事人对于自己有利益之事实，虽极欲举出充分之证据，但有时终只能举出一部分事实的证据，或其证物本身的内容非常混乱，不堪置信。至于年代湮久之产业，更常无证据之可言。是现代法官不能以刑为讯，又须遵守不干涉之精神，不能认定事实之真伪，自所难免。

事实之真伪不能认定时，法官是否应为判决？或将以为此种情形时，因无判决之可能故，应不为判决。但是现代诉讼法上之原则，一切诉讼案件，只须具备有必要之诉讼要件，法院即须为实体之判决，认原告之主张为正当，或认被告之主张为正当。判决虽与实际之情形不相符合，司法政策上亦以迅速终结案件为最高之利益。一个权义关系不确定状态之持久，将引起其他许多之纠纷，就国家而言，不若稍牺牲某方当事人之利益，非真实的确定该个权义关系之为得策。然而依据证据，已无判决之可能，是故不能不承认举证责任之观念。

有举证责任之观念存在，则依据证据不能为判决时，尚可依据举证责任观念而为判决，以适应司法政策之要求，因采证作用不能决定事实之真伪时，视有举证责任者之主张为不真实，对方之主张为真实。认定举证责任应由何方负担，与采证作用发生同一之效果。例如请求返还借款之案件，借款曾否返还之事实，真伪不明，若假定借款业已返还之事实，须由借用人负举证责任，则法院视为借款尚未返还，为贷与人胜诉之判决，得以终结该借款请求返还之案件。

四、举证责任分配之理由

已于第二节、第三节说明举证责任之意义与举证责任观念之必要性。我人认其必要性之存在,就其已确定之意义,为举证责任分配问题之研究。所谓举证责任之分配者,关于某个诉讼案件之全部事实,其中一部分事实由原告负举证责任,他部分事实由被告负举证责任是也。举证责任分配之唯一理由,是求原被告地位之平等。假定一切之事实,均须由原告负举证责任,则被告只为事实之否认,不为任何关于证据上之陈述,事实容易陷于真伪不明之状态。一切事实,原告均非提出相当之证据方法不可;若原告自己不提出相当之证据方法,结果即系原告之败诉。例如原告提起某种权利确认之诉,若一切事实均须由原告负举证责任,是原告不但对于权利发生事实之存在,须提出证据方法,对于权利消灭事实之不存在,亦须提出证据方法。原告对于发生事实之存在,或消灭事实之不存在,自己不能提出相当之证据方法,结果即不能受权利之确认。是该权利确认之诉,不问其内容如何,原告之胜诉较之被告之胜诉困难远甚;被告不为若何关于证据上之陈述,亦有得胜诉之希望。一个诉讼案件,不问其内容如何,原告之胜诉,常较被告之胜诉困难,显系原被告地位之不平等。

因一切事实均须由原告负举证责任故,原被告之地位不平等。原被告地位不平等之结果,人民不愿为民诉案件之原告。私益受侵害时,必将取自力救济之方法,因此增加许多纠纷。狡猾者更将利用此不公平之地位,侵害他人之私益;他人虽诉之于法律,因自己是被告故,自己亦甚少败诉之危险。此种现象之发生,决非民诉制度之本旨,是故因司法政策上之要求,既须承认举证责任之观念,则为求原被告地位之平等起见,非分配举证之责任不可。

五、对于诸学说之批评

原告负举证责任,虽渊源于罗马法,罗马法上固尚有举证责任之第二原则,二者之间,互争其主从关系也。近代学者,依照前节所述之理由,莫不主张举证责任之分配,唯其标准不同而已。Leonhard 为适应公平之要求,于举证责任观念之外,创设举证义务之观念,结局与分配举证之责任无异;且 L 氏关于发生要件与消灭要件之间,亦主张举证责任之分配。本节将就第一节所举举证责任分配原则之各学说而为批评。

　　先就乙说而言。乙说以有推定与无推定,积极与消极,为举证责任分配之标准。既有推定,在无反证之前,事实已非真伪不明,原无举证责任之可言。唯乙说对于积极事实,虽主张须有推定,始无举证之责任,对于消极事实,则主张只须无反对之推定,则无举证之责任;显系因其所主张之事实为积极或消极,而重轻其举证责任。此种主张,以罗马法上"否定者无须举证"之原则为渊源。一部分罗马法注释家谓此原则所称之否定系消极之意义,消极之事实举证不能(Irnerius 谓消极之事实,理论上系举证不可能)。然而消极之事实,得以间接证据之方法为证明,并非举证不能。例如甲主张某年某月某日并未与乙在广州为契约之言词承诺,假定甲能证明同年同月同日在上海,则甲所主张之该消极的事实,当然系真实。消极的事实不但得以间接的方法为证明,有时亦得以直接之方法为证明;例如提出人证,证明当日并未为承诺是也。更就其难易之程度而言,消极事实之证明,并非一定较之积极事实之证明为困难。乙说以积极与消极,为举证责任分配之标准,殊为余所不取。

　　又乙说关于二个无推定之积极事实,适用上有时亦发生困难。假定一个继承事件,甲主张自己之出生日为某年某月某日,乙主张自己之出生日为某年某月某日;甲之主张被认定时,甲有继承权,乙之主张被认定时,乙有继承权。是甲乙两方在其自己所主张之事实被认定时,均有积极之利益。乙说者或将以为就判决之形式上而言,甲之继承权确认之诉,唯甲有积极之利益;乙之继承权确认之诉,唯乙有积极之利益。然而二个确认之诉,若以本诉反诉之形式互相提出,将如何决定其举证责任?乙说关于此点,应亦不可取。

就丙说而言,丙说谓发生要件之一切构成事实,原告均须负举证责任,系以举证责任乃实体法规定之反面为理由。然而发生要件中之某个构成事实真伪不明,并非该个构成事实之不存在,仅系该个构成事实之存在或不存在不明而已。实体法规定只能适用于某个构成事实存在或不存在之时,举证责任问题乃系发生于某个构成事实存在或不存在不明之时。举证责任应系实体法规定(规定某种法律上效果之发生,须有具备某数个构成事实之法律要件)以外之问题,而非实体法规定之反面。丙说关于举证责任分配原则(除发生要件与消极要件之标准外,不再分配举证责任之原则)之根本理由不能成立。

又丙说重要之内容,与其他说不同者:甲乙二方,甲方有举证责任,乙方有举证义务,乙方业已履行举证义务后,事实仍真伪不明时,甲方须负担不利益之结果。丙说之举证义务,已如上述,乃系陈述反对之事实而为证明之义务。陈述反对之事实而为证明之义务业已履行,依一般之解释,应系反对之事实业已证明其为真实。举证义务业已履行,而事实仍系真伪不明,观念上岂非互相矛盾?[①] 此点姑置勿论。举证义务业已履行,不作为事实业已证明解释,而作为曾以最大之努力为证据方法之提出解释,适用之结果,亦仍与创设举证义务观念之本旨相背驰。以最大之努力为证据方法之提出,只有以下两种意义。第一,关于一般同类事件所应有之证据,须全部提出。采取此种意义,则某个事件特别之证据,为一般同类事件所无者,虽不提出,亦视为举证义务业已履行。举证义务者有时得藏匿不利益于自己之证据;因举证责任系对方所负担故,

---

① 雉本氏论文一一六页参照。

而受胜诉之判决。第二,关于某个事件,就自己所知及得知之范围以内,提出全部(有利及不利)之证据方法。然而举证义务者,关于某个事件,曾否就自己所知及得知之范围以内,提出全部之证据,举证责任者既无从攻击,法官亦无从断定。采取第二种意义,结局,举证义务者亦得不提出不利益于自己之证据。虽举证义务者同时不能提出有利益于自己之证据,实义之真伪不明,因系对方负举证责任故,仍系举证义务者之利益。L氏创设举证义务之观念,其用意以为可以与举证责任之分配达到同一之效果。依上之说明,举证义务之观念,等于虚设,我人可知非分配举证之责任,不能达到当事人地位平等之目的。L氏之主张,在其适用之结果上,亦为我人所不取。

至于甲说,与余之主张,其结论完全相同。唯甲说以求原被告地位之平等为直接之理由,依发生要件与消灭或变更要件,特别要件与一般要件之关系,分配举证之责任,余则不免怀疑。仅使原告对于发生要件之特别要件,负举证之责任,结果比较公平,此为余所承认。然而我国新《民诉法》二六五条称:当事人主张有利于自己之事实者,就其事实有举证之责任。假定原告曾主张发生要件中一般要件之具备,依照该条之规定,原告岂非有举证之责任? 甲说者不能仅以地位之平等为理由,而拒却《民诉法》条文之适用。甲说者谓《民诉法》上所用原因二字,乃系特别要件之意义(我国新《民诉法》二三五条亦称诉讼标的及原因),解释未免过于牵强;原因二字或可以为因果关系说之根据,不免为特别要件说之根据。

六、关于举证责任分配之私见

然而余究以何种理由,而维持与甲说同一之结论? 原被告在诉讼法上地位之平等,固为我人应顾虑之一点;同时我人只能在法律解释所许可之范围以内,顾虑原被告地位之平等。余不主张以求原被告在诉讼上地位之平等为理由,使原告仅对于发生要件中之特别要件,与消灭或变更要件中之一般要件负举证责任。余主张原告仅对于发生要件中特别要件之存在,与消灭或变更要件中之一般要件之欠缺负主张责任,被告须对于发生要件中一般要件之欠缺,与消灭或变更要件中特别要件之存在负主张责任,因而适用《民诉法》二六五条之规定,原告仅对于发生要件中之特别要件,与消灭或变更要件中之一般要件,负举证责任,被告对于发生要件中之一般要件与消灭或变更要件中之特别要件,负举证责任。

如上述,分配主张之责任,法条上或理论上果有何根据?当事人之主张责任、《民诉法》上称判决应本于当事人言词辩论为之。不干涉审理主义之一个根本原则:当事人所未主张之事实,视为并不存在。发生要件之存在系有利于原告之事实,消灭或变更要件之存在系有利于被告之事实。原告不为发生要件之陈述,被告不为消灭或变更要件之陈述,则因被视为不存在故,负担不利益之结果。是故发生要件应系属于原告之主张责任,消灭或变更要件应系属于被告之主张责任。消灭或变更要件,原告虽不为陈述,结果视为存在,仍系原告之利益;被告不为发生要件之陈述亦然。原告对于消灭或变更要件,被告对于发生要件,应无主张责任。至于要件之构成事实之中,何以又因其为特别要件或一般要件,而异其主张责任之负担者?盖以为法律行为者,一般的常系有行为能力,为意思表示者,其意思表示一般的常非虚伪。有行为能力,意思表示之非虚伪等一般要件之存在,因盖然性之关系,当事人若无反对之陈述,法官即应为积极之认定。对于一般要件之存在,当事人无主张之责任,唯对于一般要件之不存在,当事人乃有主张之责任。所谓一般要件之主张责任,乃系指一般要件不存在之主张责任而言。假定特别要件之存在系有利于原告之事实,则一般要件之存在,亦系有利于原告之事实,一般要件之不存在,系有利于被告之事实;特别要件之存在系有利于被告之事实,则一般要件之不存在,系有利于原告之事实。特别要件之存在,与一般要件之不存在,视为有利之当事人既不相同,是故特别要件之存在与一般要件之不存在,其主张责任者亦不相同。发生要件中之特别要件属于原告之主张责任,发生要件中之一般要件属于被告之主张责任;消灭或变更要件中之特别要件属于被告之主张责任,消灭或变更要件中之一般要件属于原告之主张责任。

主张责任既已如上述分配之后,则原告不主张发生要件中特别要件之存在,消灭或变更要件中一般要件之不存在时,视为发生要件中之特别要件并不存在,消灭或变更要件中之一般要件并无欠缺;原告为主张时,依据二六五条之规定,对于该发生要件中之特别要件与消灭或变更中要件之一般要件,应负举证责任。被告不主张发生要件中一般要件之不存在,消灭或变更要件中特要别件之存在时,视为发生要件中之一般要件并无欠缺,消灭或变更要件中之特别要件并无存在;被告为主张时,依照二六五条之规定,对于发生要件中之一般要件与消灭或变更要件中之特别要件,应负举证责任。是故主张责任之分配,同时即系举证责任之分配。

读者或以为原告若不知消灭或变更要件中之特别要件,与发生要件中之一般要件,不属于原告之主张责任,而自行主张消灭或变更要件中特别要件之不存在,发生要件中之一般要件之具备,依照二六五条之规定,岂非仍须由原告负举证责任,与甲说陷于同一不缺点? 然而采取余说,余以为我国《民诉法》二六五条之解释,乃系有主张责任,必有举证责任,无主张责任,则无举证责任。盖当事人有主张责任之事实,系有利于自己之事实;当事人主张有利于自己之事实,有举证责任。是故有主张责任之当事人，为该事实之主张后，必有举证责任。假定原告对于某事实无主张责任，被告对于反对事实有主张责任，则被告对于反对事实应负举证责任。被告为反对事实之主张后，若反对事实真伪不明之时，则原告因无主张责任故，虽未为某事实之主张，法官仍应视为该事实之存在。原告未为该事实之主张时，既应认为该事实之存在，自不能因原告为该事实之主张故，反认该事实为不存在。申言之，原告未为该事实之主张时，事实真伪不明，既认为该事实存在，原告为该事实之主张，事实真伪不明，自不能反认该事实为不存在。原告虽无主张责任，而为事实之主张，并非违背若何法律上之义务，乃系当事人真实义务 Wahrheitsptlicht 之履行，不过不知巧妙的利用诉讼技术而已，应不能使其受不利益之结果。且被告既对于反对事实有举证责任，原告则不能对于正事实负举证责任；正事实与反对事实只有一个举证责任，由一方当事人负担。是故原告虽为关于消灭或变更要件中特别要件，发生要件中一般要件之主张，仍不至于负担举证责任。

　　读者对于余说之第二个疑问，或将以为余说以甲说结果之妥当为前提；若甲说适用之结果并不妥当，则余说亦不可取。学者有以为下列诉讼时，甲说分配举证责任之原则不能适用。解除权确认之诉，原告以被告之债务不履行为理由，主张契约之解除，被告主张债务业已因履行而消灭。债务不履行系解除权发生之特别要件，债务业已履行系债务消灭之特别要件。依照甲说举证责任之分配，岂非正事实与反对事实有二个举证责任，而由原被告分别负担？[①] 此点乃系反对学者之误解。消灭或变更要件之举证责任，并不适用于此诉讼。此诉讼之标的乃系解除权，并非债权。甲说之消灭变更云者，乃系指法律效果发生后之消灭变更而

---

① 冈村氏《举证责任论》五六页参照。

言。被告主张债务之已履行,纯系对于原告主张(解除权发生要件中特别要件之存在)之否认,并非主张解除权发生后消灭要件中特别要件之存在。反对学者又以为甲说适用之结果,有时并不公平,应以采取乙说为是。[①] 然而推定与举证责任,理论上原有先后之关系,并非互相排除其适用之观念。无推定,始有举证之必要;证据不能解决时,始发生举证责任之问题。《民诉法》二六九条规定,"法律上推定之事实无反证者,无应举证";经验律上受推定之事实亦然。因有推定,而移转其举证之责任,固为甲说与余说之所许。

读者对于余说之第三个疑问,或将以为举证责任之事实上理由,既系求原被告地位之平等,则法官只须就各个具体问题,在该目的之下,分配举证责任足矣;且唯此始可以得到具体之妥当。是说诚有相当之理由。唯举证责任,乃系在证据不能解决时,决定诉讼胜败之唯一关键,若无一般之原则,则诉讼之胜败,完全决定于法官之学问经验与良心,未免危险过甚;不能不以法律解释之方法,发见一个比较的合乎公平之原则,以资遵守。

以上已略述余关于举证责任分配之私见。当然余并非否认举证责任之分配,唯因有主张责任之分配,然后有举证责任之分配而已。甲说者固亦常将陈述责任与举证责任并称;Leonhard 之用语,亦称陈述反对详细事实而为证明之义务。我国《民诉法》学者邵勋氏亦谓"举证责任不可不谓为随主张责任之分配,以分配于当事人间";[②]唯未说明其理由而已。

(原载《社会科学论丛》第 3 卷第 10 号[1931 年],第 1—21 页)

---

① 冈村氏《举证责任论》五四页以下数页参照。
② 邵氏朝阳大学民诉法讲义中卷二〇二页参照。

律师制度存在的意义

古代罗马已经有律师,世界文明各国都有律师制度,我国在最近的将来,想亦不至于废止该种制度。律师制度应自有其存在的意义. 然而我国一般人对于律师的恶评,是一种不能否认的事实。律师既有恶评,何以律师制度又有存在的价值? 我人在说明律师制度存在的意义以前,应先研究我国人对于律师的恶评,是否系基因于律师制度的缺点。

我国人对于律师的恶评,大概是可以分为以下三种:第一种是嫌律师太贵,第二种是说律师时常做恶人的护身符,第三种是说请律师也没有多大效果。

一、嫌律师太贵,是律师的报酬问题。关于律师的报酬问题,最合理的,最适合民众要求的解决方法,当然不用说,以律师为国家官吏的一种,由国家发给月薪,不向人民请求报酬。然而,在国家律师制度未确立以前,律师因一定程度的工作,向当事人请求适当程度的报酬,并没有违背公平的原则。并且律师为维持自己的生活起见,在国家未发给月薪以前,不能不向当事人请求报酬。假定以为诉讼案件的辩护,只能够当作一种义侠的援助和慈善的行为,[①]万不能向当事人请求任何程度的报酬,律师的报酬问题诚然是基因于律师制度的缺点。现在律师请求适当程度的报酬,既系当事人所应容忍,那就一般律师索取过高的报酬,和律

---

① 律师制度的起源,原是邻人、朋友之义侠的援助,贵族学者之慈善的行为。George Sharswood, *An Essay on Professional Ethics* 参照。

师制度无关。律师章程只规定律师得请求约定之公费,对于公费之标准并无若何规定。律师索取过高的报酬,纯粹是因于律师执行职务采取营业的方法和具有营业的心理。关于采取营业的方法,我国虽无美国人所称 Ambulancer Chaser① 的律师,但是律师广布介绍网,和介绍人订立分配报酬的契约,我国少数地方,确有此种现象——或许多数地方均如此,亦未可知。律师的报酬既须分给其十分之二三或四五于介绍人,律师和当事人订立报酬契约时,自不得不将其工作,过高的估价。此种情形,律师虽或也可主张契约自由,且没有违背律师章程,然而显系违背律师道德。律师制度不仅要求律师须遵守关于律师的法律,同时还要求律师遵守律师道德。至于律师具有营业的心理,或许我国有一部分律师,犯了此种弊病。营业以收入增加为最高原则,律师具有营业的心理,自必在可能范围以内,力图其报酬额之增加。然而律师的职业,虽在国家律师制度未确立以前,也是司法之一部(A branch of the administration of justice),决非一个金钱的营业(A mere money getting trade)。律师决定报酬额时,若忘记了此个基础观念,那就是一个败类的律师——不是一个律师,是一个法律商人。此种法律商人,当然系法律道德之所不许。律师公会若能很勇敢的做法律道德的拥护者,此种法律商人就可以逐渐消灭。原来国家赋与律师公会以一种特别的地位,律师公会应该有此种职责。

　　以上所述,律师索取过高的报酬,并不是律师制度失掉它的存在意义,乃是各个律师不遵守律师道德。然而有律师道德者,应如何决定其报酬额? 美国律师会在一九〇八年,曾议决三十二条之美国律师会道德

---

① 美国繁华的都市,有一种律师,每日追随于负伤者运搬车之后,访问负伤者于外科病院,劝其提起请求损害赔偿之诉,归自己承办。

典范(*Code of Ethics of the American Bar Association*)①,该典范第十二条载:"决定报酬额时,律师不宜请求对于其助言及劳务,为过大或过小之评价。当事人虽富有支付能力,律师因之对于自己之劳务,为过高之评价者,亦并不正当。反之,当事人若系贫穷者,则须减少其报酬额,或不取报酬。"我国律师决定报酬额,若能符合于该典范第十二条的精神,一般人民应亦不至于嫌律师太贵。②

2. 律师时常做恶人的护身符,是有三种原因:第一种是律师要彻底的保护将案件委托于自己之当事人,第二种是律师要表示自己的能力,第三种是律师要得到成功谢金(Contingent Fees)。第一种原因是律师误认保护委托人是自己唯一最高义务。布鲁姆卿 Lord Brougham③ 说:"律对于委托人的神圣义务,执行职务时,只知道世界上有一人——只知道有委托人,不知道有以外的人。不顾他人和自己的危险、费用,以一切的方法,保护委托人,是律师最高的、最当然的义务。律师对于因辩护的结果,使他人受惊恐、损害、苦痛或破灭,均不应顾虑。进而言之,爱国者的义务亦应和律师的义务分离;必要的时候,律师应抛弃爱国者的义务。纵使因保护委托人故,有国家陷于祸乱的危险,律师仍应置之不顾,勇敢的履行他的律师义务"(William Forsyth, *Hortensius*: *Or*, *the Advocate*, p. 389.)。布鲁姆卿的这一段话,当然很明白的是对于律师

---

① 美国律师会和我国律师公会不同,是一个任意参加的团体;唯该会之道德典范后来渐为美国各州之律师会所采用。

② 该典范第十二条又规定有六款决定报酬额的具体条件。虽该条亦明言该六款条件仅系决定劳务真价之指针;该六款条件,余殊虽全部同意。故从略。

关于律师的报酬,虽亦有采取公定主义者;但是诉讼价额十元者,报酬一元,五十元者五元,一百元以上者五分,一千元以上者三分,一万元以上者一分,诸如此类,未免太过呆板,绝对采取公定主义,余窃以为不可。

③ 一八二〇年英国有名之卞鲁林 Caroline,卡罗琳皇后离婚诉讼,布鲁姆卿系皇后之辩护人。

义务的认识错误。"律师应该服从自己的良心，不可以服从委托人的良心"(He must obey his own conscience and not that of his client)①。律师取得委托人的报酬，只须在法律的范围以内，以自己的全部学识、全部能力，为委托人维持权利足矣；并没有为委托人，故意迟延诉讼或为其他不正行为的必要。律师不仅有因委托契约所生的义务，同时还有职业性质上当然的义务。律师不仅有为委托人维持权利的义务，同时还有为国家社会维持正义的义务。律师误认保护委托人是自己唯一最高的义务，乃系忘却律师职业性质上当然的维持正义的义务。所以律师为此种原因，做恶人的护身符，因而受一般人不好的评判，当然不是律师制度的缺点。

第二种原因，律师要表示自己能力，更其是和律师制度无关。律师要表示自己的能力，因而做恶人的护身符，它的间接的原因，还是因为当事人信仰做恶人护身符的律师。社会上一般人在做诉讼的局外人时，虽痛骂做恶人护身符的律师，但是一旦自身发生了诉讼，又必委托此种律师，以为唯此种律师才有学识、才有能力。是故许多律师为维持职业上信用起见，有时不能不照委托人的要求，或自动的，替委托人做不正的行为。当然律师以不正当的行为，维持职业上信用，不但他的不正当行为系违背道德，有时并应受法律的制裁，即其维持信用的动机，亦难免有营业的心理。

第三种原因，律师要得到成功谢金，我国律师，常于公费之外索取成功谢金，或不索取公费而仅索取成功谢金。律师因为一旦败诉，则不能得到成功谢金，是故律师对于之诉讼之成败，发生利害关系，事实上变为诉讼的当事人。"律师失去为贤明的助言之资格；关于诉讼的准备和实

---

① 美国律帅会道德典范第十五条最后之二句。

行,将和当事人同样的,受不公平及无廉耻之诱惑。"①因是律师的行为,不免有受恶人的护身符之讥。然而他国关于律师的法律中,虽有不禁止成功谢金者,②上述律师道德典范亦以为索取成功谢金,并非违背律师道德;至于我国律师章程第十九条第一项,则明白规定,"律师对于委托人,除约定之公费外,不得别立名目,索取报酬"。公费系指无关于诉讼胜败之报酬而言。律师和委托人订立成功报酬契约,依法原得予以惩戒。是故律师因为要成功谢金起见,致受一般人不好的批评,亦并非律师制度的缺点。

除以上所述律师以不正当的行为做恶人的护身符外,律师受托恶人的辩护,社会上一般人即深不满意。此点则系社会上一般人对于律师职务的误会。舆论虽以为某刑事被告人罪无可逭,律师执行职务,不能凭据舆论,而须依据在法庭上所发见之证据。依据证据的决定,刑事被告人的犯罪事实,律师认为毫无疑问,且又无可原情者,律师原不妨法庭上说刑事被告人有罪,或通知刑事被告人嘱其另请律师辩护;不然,则律师虽为舆论所认为恶人辩护,并无违背证据主义之诉讼上根本原则。

三、第三,社会上一般人对于律师的恶评,是说请律师也没有多大效果。民国初年时,差不多每案必有律师。现在那就就民事案件而言,双方都无律师者常有之,一方请律师,他方亦有不请律师;就刑事案件而言,被告人亦常有不请律师辩护。此种现象,应为法官和律师之所同认。此种现象,只可以作为两种不同的意义解释:(一)一般人民,对于从前所颁布的法律,自己已经完全能够了解,能够引用,最近所颁布的法律,

---

① 美国律师会道德典范第十三条是许可成功谢金的。波士顿律师协会［Boston Bar Association］修正该第十三条,而为典范之采用。"失去贤明的助言之资格"等语,即系该修正文之一段。

② 例如美国、日本是也。

实体法则用语带有很浓厚的通俗性,手续法则有极端的融通性;(二)一般人民,关于诉讼,虽尚有需于法律专门家的辅助,但是现在的律师不能满足人民的此种需要。假定第一种解释是和其他事实相符合,那就律师制度的确无存在的意义了,然而事实告诉我们,现在一般人民对于从前所颁布的法律,并未了解,并不能引用;最近所颁布的法律,并没有什么很浓厚的通俗性和极端的融通性。上述现象应只能作第二种意义解释。律师不能满足人民的需要,是否系律师制度的缺点?原来世界各国,充当律师者,都要经过正规学校的毕业,严格的考试,相当期间的学习;此种律师应可以作一个法律专门家,可以满足人民的需要。不过我国因为历来政治不安定的关系,对于律师未加以考试和强制其学习而已。当然,将来有许多整理的可能方法。

以上已经就社会上一般人对于律师的恶评,略加以考察,我人应可以知道现在律师所受的恶评判,并不足以摇动律师制度的存在意义。然而律师制度的存在理由,究在何处?(一)法治国事实上有许多法律系人民所不知;(二)法治国不许人民不知法律。法律的发生效力,虽均须经过公布的手续,然而政府公报的登载和一般报纸的转载,仍不能使全体人民知道新法律的产生。纵使知道它的产生,用语上,条文相互间和法典相互间的联络上,人民也不能完全了解。现在各国的立法,不是约法三章。法律科大学四年毕业,尚不能了解全体法律的四五分之一,任何法律的博学者,也不能了解自国法律的全部,何况一般人民,并未学过法律,对于自己所知道已经颁布的法律,如何能够完全了解?或许有人主张法律用语能够带有很浓厚的通俗性,则一般人民亦可以很容易的了解。法律采取很通俗的用语,一般人民对于某一条条文虽可容易了解——使人民能够个别的了解各条条文,是采取通俗用语的目的的全部。然而对于某一个法典全部的了解,乃至对于甲法典条义和乙法典条文相互间关系的了解，仍系困难。通俗的用语系意义极不精确的用语，若不以专门用语加以说明，则数条文须重复适用，或竞合适用，或甲条文系排斥乙条文的适用时，必至发生极度的困难。所谓法律的了解者，无非在事件未发生以前，知所遵从，事件已发生之后，主张自己的利益时，知所依据而已。人民不能适用法律，结局仍是不能了解法律。或又谓良好的法律，应无人民所不知者。良好的法律系人民所要求的法律，在法律未颁布之前，业已以某种形式存在。然而实体法中仅以调整法律关系为目的的法规及手续法，应仍为人民所不知。

　　法治国事实上既有许多法律系一般人民所不知者，但是法治国同时又不许人民不知法律。所谓不许人民不知法律，原是法治国运用法律上一个最大原则。无故开拆他人之封缄信封，不能以不知刑法三三三条，为无罪之辩护理由。请求权业已经过十五年间不行使者，不能以不知消灭时效之规定为理由，主张请求权仍旧继续存在。判决业已经过法定期间，不能以不知民诉法规定为理由，主张仍得提起上诉。盖不知法律者若不受法律的支配，是一国之中有一部分人——且系多数人不受法律的支配，当然和法治国的本旨不符，是故法治国，对于不知法律的人，亦强制其服从法律。

　　法治国有许多法律系一般人民所不知，无一个法典的全部系全体人民所皆知的此种现象，和法治国只要法律已经过了公布的手续——履行了以法律公告于人民的一个形式，即无论何个法律，均强制一般人民服从的此种要求，此种现象和此种要求显系互相矛盾。律师制度就因此矛盾而产生。此种矛盾系法治国所不能避免的矛盾，是故律师制度将于法治国永久存在。① 俄国虽一时废止一切居间业，结局仍恢复了律师制

―――――――――

① 不过将来或变为由国家发给月薪，而系一个纯粹之官吏。

度。盖法治国的机关和其构成分子须依照法律而为行动,以防止冲突的发生;一旦业已发生冲突之后,须依照法律而为解决。一般人民既多不知法律,此种依法的行动和依法的解决,自不能不赖律师为之辅助。以有法律学专门知识的人,辅助一般无法律知识的人民,为依法的行动和依法的解决,这就是律师制度存在意义的全部。

　　然而依法二字,系律师为辅助的目标,同时亦系律师为辅助的限度。所以律师受当事人的委托而为辅助,有时亦须不为委托人的辅助。林肯在第一次出席伊黑诺[Illinois,伊利诺斯]州最高法院时,曾做过以下一段辩论。"本案唯一的问题是有无先例的问题。余不能发见一个对于余有利的先例;对于对方有利的先例,反已发现数个。余谨以此数个先例,提出于法院,请法官自行裁夺。"是故律师制度存在的意义,换一句话说,是一方面直接的、积极的辅助人民,一方面间接的、消极的辅助法院。所谓间接的辅助法院,是律师以自己的专门学识,为当事人的利益而辩护,使法院能够听到各方当事人全部可能的主张,不至于因当事人的聪明和愚笨,影响于法院的裁判。所谓消极的辅助法院,是律师虽为人民的利益而辩护,但是以适当的程度为人民辩护,不至于使法院因惑于专门家的诡辩或巧妙的不正行为,而为不合于正义的裁判。

　　　　(原载《社会科学论丛》第 2 卷第 12 号[1930 年],第 17—28 页)

编后记

　　如果不是因为学院下了大决心编辑"同济法学先哲文存"、梳理同济法学院创办的历史,我应该没有什么机会关注这位本乡先贤(薛先生是温州瑞安人,距离我的出生地温州苍南不足 50 公里)。在收集、编校先生文集的过程中,感慨于先生思维缜密、文字清晰、研究艰深。尤难能可贵的是,先生虽严守法教义学之规范,而时时反观现实生活人民之困顿,反复申说"法律上只有'富生义务'之原则,决无穷负损失之原则"①。

　　但在法学界,很少有文献提及薛祀光先生。我作为后生晚辈稍有印象的是,1999 年郝铁川教授主持《法学》期刊,约请范忠信教授主持新设的"法林逸史"栏目,范老师在《"法林逸史"开栏致辞兼稿约》中拟定的人物类"可写的好题目"中即有"'薛老债'薛祀光",与诸多盛极一时的法界名流并列,②当时

---

① 薛祀光:《关于典业之回赎问题》,载《中山学报》第 1 卷第 4 期(1942 年)。已收入本书。
② 范忠信教授拟定的人物类"可写的好题目"尚有"隐于都市的法学通儒瞿同祖;梅汝璈与东京审判;倪征燠与海牙法庭里的公务;法学家'汉奸'董康;德国民法典的英译者王宠惠;民国民法典的灵魂人物胡汉民;从法入禅的吴经熊;杨兆龙与法的继承性罪案;孙晓楼为何自杀;盛振为的十余年劳改生涯;李达的学术与传奇生涯;名师名嘴江庸;建国后的杨鸿烈;去台后的陈顾远;寻找胡长清;'玉民大楼'与郑玉波;赵理海终于'理海';名律师章士钊与陈独秀案;史尚宽故事;梅仲协逸事;伍廷芳轶事;张友渔逸事;王伯琦逸事;范馨香逸事;卢峻逸事;黑脸姜瑞峰;女包公刘丽英……"。参见《"法林逸史"开栏致辞兼稿约》,载《法学》1999 年第 1 期。

尚略有诧异之感。① 范老师将"'薛老债'薛祀光"列出,或与范老师的中南政法学院的背景有关,至今中南财经政法大学民商法学科史,仍在传诵"薛老债",可能范老师任职中南政法学院时也曾听闻前辈言及。② 读先生《民法债编各论》,可知先生确不负"薛老债"之"诨号"。

关于先生的材料,主要见于地方史志,③这些材料似乎都来自于马锡鉴先生。马先生曾任温州师范学院副院长、中文系主任,是《温州市志》的顾问,曾于《温州师范学院学报(哲学社会科学版)》1998 年第 5 期"温籍学人传略"专栏发表《薛祀光传略》一文,内容较详细,或由薛先生

---

① 2000 年开始随业师何勤华教授与李秀清教授整理《民国法学论文精萃》(何勤华、李秀清主编,六卷本,法律出版社 2002—2004 年版)时才初次注意到民国时期法学家群体的规模。《民国法学论文精萃(第一卷)基础法律篇》收录了薛先生的《刺德布鲁夫(G. Radbruch)的相对主义法律哲学》,似乎是几十年来唯一一篇整理再版的薛先生的文章。

② 2003 年出版的《中南财经政法大学学科学术发展史》(赵凌云主编,中国财政经济出版社 2003 年版)第 244 页写道:"1958 年,中南政法学院与中南财经学院及中南政法干校、武汉大学法律系合并成为湖北大学,一大批在中国民法学界享有盛誉的教授加盟湖北大学。湖北大学设有法律系,内设民法学教研室,戴淳隆先生任教研室主任,从事民法学教学的有留学法国的教授谭藻芬女士、债法专家薛祀光教授等著名学者。特别是薛祀光教授在民法债权方面颇有造诣,早在 1948 年就由昆明书屋[昌明书屋]出版了《民法债编各论》一书,对债权部分作了十分深入的研究,该书迄今为止仍在中国台湾地区作为债法学习的必读书目,薛先生因此也被国内同仁尊称为'薛老债'。他还曾参与了日本投降战犯的法律辩护,引起国内外的广泛关注。"笔者曾经见过更早一些的中南的材料,有类似说法,一时未能寻得。或附带说明的是:薛先生 1972 年从湖北大学(当时已经改称湖北财经专科学校)退休,并未转入中南政法学院。

③ 温州市教育志编纂委员会编:《温州市教育志》,中华书局 1997 年版,第 604 页;温州市志编纂委员会编:《温州市志》,中华书局 1998 年版,第 720 页;浙江省哲学社会科学志编辑部编:《浙江省哲学社会科学志》,浙江人民出版社 1999 年版,第 669—670 页;周望森主编:《浙江古今人物大辞典(续编)》,方志出版社 2001 年版,第 587 页;瑞安市地方志编纂委员会编:《瑞安市志》,中华书局 2003 年版,第 1679 页;浙江省人物志编纂委员会编:《浙江省人物志》,浙江人民出版社 2005 年版,第 978 页;周川主编:《中国近现代高等教育人物辞典》,福建教育出版社 2012 年版,第 657 页。

家属提供材料。该文或系马先生为史志材料撰写的初稿。① 另外，薛祀光先生姻侄姜嘉镳先生于《温州日报》2015 年 11 月 22 日"瓯越·风土"专版第 3 版发表《募捐声援抗战的薛祀光》，较详细地叙述了薛先生募捐声援抗战的事迹及生平。②

　　2019 年 10 月，中山大学法学院编纂出版了《百年传承：中山大学法科学人(1924—1953)》，由黎翀先生撰写的第五章"薛祀光：中大法科著名民法学家和律师"，依据中山大学档案、薛先生哲嗣薛存宽先生的回忆及提供的材料，并全面收集了地方史志文献及中山大学学生的回忆文章，第一次完整地展现了先生在中山大学任教期间的情况，于后辈深切了解中山大学以及南京国民政府时期的法科教育，尤其是了解薛祀光先生，贡献卓著。③ 读者诸君自可参看，不另赘述。现仅就先生任教同济大学法学院的情况做些补充。

　　据笔者查阅同济大学档案，1947 年 8 月 13 日，先生与顾福漕、俞叔平、左仍彦等先生同聘为同济大学法学院教授。1948 年 9 月 3 日，法学院徐道隣院长提请学校聘请薛祀光先生为司法组主任；9 月 23 日，学校通告，法学院院长徐道隣请假三月，由司法组主任薛祀光教授兼代法学院院长。④ 在校期间，先生分别于 1947 学年度第一学期讲授民法物权、

---

① 这些志书条目的一些错误，与马先生此文大体相同。参见马锡鉴：《薛祀光传略》，载《温州师范学院学报(哲学社会科学版)》1998 年第 5 期。

② 姜嘉镳：《募捐声援抗战的薛祀光》，载《温州日报》2015 年 11 月 22 日"瓯越·风土"专版第 3 版。感谢瑞安市玉海文化研究会何光明先生提供先生晚年照片及部分地方史志材料。

③ 黄瑶、王薇、黎翀等：《百年传承：中山大学法科学人(1924—1953)》，中国法制出版社 2019 年版，第 75—93 页。

④ 同济大学档案馆藏，档案号：1-LS-430.0004；1-LS-430.0019。根据档案，先生代理院长职务实际至 1949 年 2 月 23 日张企泰教授任司法组主任兼代法学院院长时止。参见同济大学档案馆藏，档案号：1-LS-1354.0007。

民法债编各论;1947 学年度第二学期讲授民法讲习、民法物权;1948 学
年度第一学期讲授民法物权编;1948 学年度第二学期讲授民法物权编、
民法亲属编、民法继承编。①

先生生平履历,谨录档案材料两份说明。

其一是同济大学档案馆藏《国立同济大学法学院历届教员调查名
册》中 1948 学年度第二学期先生的履历材料:②

姓名	薛祀光
职别	教授
籍贯	浙江温州
年龄	四十八岁
学历	日本九州帝国大学法学士
经历	历任国立中山大学教授、院长
著述	《民法债编各论》
特长	民法
本校月薪	
备考	担任物权、亲属、继承讲授

其二是先生 1972 年 3 月 6 日填写的《国家机关工作人员退休呈报
表》,③根据该表所载,先生生于 1901 年 11 月 13 日,浙江瑞安人。现抄
录表中先生所填简历如下:

---

① 同济大学档案馆藏,档案号:1-LS-60.0034;1-LS-61.0011;1-LS-61.0017;1-LS-
670.0015。

② 同济大学档案馆藏,档案号:1-LS-1147.0001。另据档案所载,先生的教育部颁发教授
证书的证书号为第 1060 号。

③ 中南财经政法大学档案馆藏,档案号:1972-0000-019。感谢郑祝君老师于新冠疫情稍
缓之时即代为赴中南财经政法大学档案馆查询复制。

革命前后简历		
自何年月	至何年月	在何地何机关（团体）任何职务
1907.2	1913.6	浙江瑞安莘塍聚星小学读书
1913.8	1918.6	浙江温州第十师范学校读书
1918.8	1919.11	浙江瑞安莘塍聚星小学教员
1919.12	1928.2	在日本读书，日本九州帝国大学毕业
1928.4	1928.8	福建闽侯地方法院审判员
1928.8	1947.7	中山大学教授
1947.8	1951.2	同济大学教授
1950.1	1951.2	在北京中国新法学研究院学习
1951.2	1953.10	厦门大学教授
1953.10	1958.10	武汉大学教授
1958.10	到现在 （1972.6）	湖北大学教授①

根据上述两份先生简历及其他档案，大致可以确定以下两点：

其一，先生离开中山大学的时间最晚应该在 1947 年 8 月，并未应聘暨南大学教职。

其二，先生的学位为日本九州帝国大学法学士，未曾获得博士学位。②

另外，根据其他材料，尚可补充以下几点：

① 中南财经政法大学档案馆藏，档案号：1972-0000-019。原件本行"到现在"下注明"1972.6"。其时湖北大学已经撤销，原件本表"本单位意见"栏所盖的章为湖北财经专科学校革命委员会政工组及湖北省革命委员会文化教育局政治工作组。

② 王伟教授在《中国近代留洋法学博士考（1905—1950）》第一版（上海人民出版社 2011 年版）亦曾将先生列为法学博士（第 347—348 页），第二版（上海人民出版社 2019 年版）已将之删去（第 342—344 页）。

其一,关于先生是否为部聘教授事。各史志有此说法,不过黎翀先生就此存疑。^① 据沈卫威教授《民国部聘教授及其待遇》一文,薛祀光先生位列 1943 年 10 月第二批部聘教授法律科候选人名单,但未能当选。^②

其二,关于先生著述事。各文献列明先生著述大致有《债法各论》《民法债编各论》《法律丛书》《管子六法》《民法概论》。其中《债法各论》即《民法债编各论》的初版,原系先生在中山大学法学院授课的讲义,列入"国立中山大学法律丛书"第一种出版,此即为各文献所称"法律丛书"之来源,应别无名为《法律丛书》之专书。^③《管子六法》《民法概论》各种书目及各图书馆馆藏书目中均未著录,未知何故。先生著述,所见似从未涉及先秦思想,亦未提及管子思想,继续存疑。而《民法概论》恐系某一时期的校印教科书。^④ 先生《民法债编各论》一书曾于 1943 年获南京国民政府教育部学术审议委员会评选的第三届学术奖励作品三等奖,为全部 6 届评选中仅有的 5 种获奖法学著述之一。^⑤

---

① 参见黄瑶、王薇、黎翀等:《百年传承:中山大学法科学人(1924—1953)》,中国法制出版社 2019 年版,第 83 页,脚注 5。

② 第二批部聘教授法律科候选人共 7 人(分别为戴修瓒、余群宗、赵之远、杨兰荪、赵凤喈、蒋思道、薛祀光),戴修瓒教授当选。参见沈卫威:《民国部聘教授及其待遇》,《中山大学学报(社会科学版)》2019 年第 4 期。

③ 一些文献中将之误为"《法律业书》",或系将繁体字"叢"误认为"業"之故。

④ 据芮骏宇先生《20 世纪 30 年代广东的法律教育——以中山大学法律系的课程和讲义为例》(载《法学教育研究》2020 年第 1 期)一文所录《民国二十五年度国立中山大学法学院讲义》16 种,未见名为《民法概论》者。

⑤ 1941—1948 年间,南京国民政府教育部学术审议委员会先后评选 6 届学术奖励成果,共评出 281 件正式获奖作品,其中法学类仅有 5 种。分别为第二届二等奖胡元义《破产法》,第三届三等奖薛祀光《民法债编各论》、吴学义《民事诉讼法要论》,第四届二等奖吴学义《战时民事立法》,第五届三等奖张芳《民法总则》。参见张剑:《民国学术发展的一个估量:教育部学术审议委员会学术奖励成果类别分析》,《科学文化评论》2017 年第 5 期。

其三,1949 年以后,先生曾先后任中国政治法律学会第三届理事会(1958 年 8 月)、第四届理事会(1964 年 10 月)理事。

所见先生著述,大体均已收入本文集。未收入者,仅《关于教学上展开"百家争鸣"的两点意见》的发言(《教学月刊》1956 年第 2 期)。此外,各种文献目录中显示先生尚有几篇论文(文章),但均未寻获,只能付之阙如了。①

文集所录文献,得到了同窗冯引如老师、吴旭阳老师的大力协助;薛先生的生平材料及档案记录,得到了中南财经政法大学郑祝君教授,同窗潘成荣先生、吴旭阳老师,瑞安市玉海文化研究会何光明先生,同济大学档案馆林强馆长、孙洁科长,同济大学校史馆章华明馆长,中山大学韩光明老师,复旦大学王伟教授的大力协助;文集德文校阅,全赖冯引如老师协助,汪强老师、周小凡博士协助提供了参校文献;商务印书馆南京分馆各位编辑专业而杰出的编辑工作,为本书的顺利出版,提供了最大的帮助,谨此一并致谢!

同济大学法学院教授　陈　颐

2020 年 12 月于同济衷和楼

---

① 分别为:《法治与守法》,《广西日报》1943 年 12 月 26 日;《创制权与复决权》,《现代青年(广州民国日报副刊)》第 152 号(1928 年 11 月 23 日);《陪审制度论》,《现代青年(广州民国日报副刊)》第 157 号(1928 年 12 月 3 日)。

图书在版编目 (CIP) 数据

薛祀光集 / 薛祀光著 ; 陈颐编 . — 北京 : 商务印书馆 , 2021
（同济法学先哲文存）
ISBN 978-7-100-19829-5

Ⅰ . ①薛… Ⅱ . ①薛… ②陈… Ⅲ . ①法学—文集
Ⅳ . ① D90-53

中国版本图书馆 CIP 数据核字（2021）第 064602 号

同济法学先哲文存
薛祀光集
薛祀光　著
陈　颐　编

———————————————————

商 务 印 书 馆 出 版
（北京王府井大街 36 号　邮政编码 100710）
商 务 印 书 馆 发 行
江苏凤凰数码印务有限公司印刷
ISBN　978-7-100-19829-5

———————————————————

2021 年 9 月第 1 版　　　开本 880×1240　1/32
2021 年 9 月第 1 次印刷　　印张 21⅛

定价：96.00 元